KB221016

다시 보는
요한계시록

목차

제2부 본론 〈장별 해설〉　　110

가을에 써본 시

류 종재

사람들은 아직도
돌아오지 않았는데
가을은 어느새
다 지나가려하고 있습니다

이제 한번 만 더
바람이 불어오면
모든 것이 죽음같이
떨어지는데
태양도 달도 별들도
핏빛으로 떨어지는데

당신의 아이들은 아직도
돌아오지 않았습니다

- 때가 가을임을 아는 사람 - 1979년 가을

시작하는 말

요한계시록의 마지막 장 마지막 부분을 보면 요한계시록의 결론이요 신구약성경 전체의 결론으로 이렇게 기록되어 있습니다; "18내가 이 책의 예언의 말씀을 듣는 각인에게 증거하노니 **만일 누구든지 이것들 외에 더하면 하나님이 이 책에 기록된 재앙들을 그에게 더하실 터이요 19만일 누구든지 이 책의 예언의 말씀에서 제하여 버리면 하나님이 이 책에 기록된 생명 나무와 및 거룩한 성에 참예함을 제하여 버리시리라**"[계 22:18-19] 이것은 일점일획까지 정확하게 이루어지고 있는 성경말씀을 인간이 사사로이 해석하지 말라는 의미입니다. 성경말씀을 우리 인간의 생각과 상상으로 해석하게 될 때에 성경에 없는 내용을 더하게 되거나 제하게 되기 때문입니다. 그래서 베드로후서 1장 20절에 보시면 **"경의 모든 예언은 사사로이 풀 것이 아니니"**라고 분명하게 경고하고 있는 것입니다. 만일 성경을 우리 인간의 생각으로 사사로이 해석할 경우 **"멸망에 이를 것이라"**고 아주 엄중하게 경고하고 있습니다; "16또 그 모든 편지에도 이런 일에 관하여 말하였으되 그 중에 알기 어려운 것이 더러 있으니 무식한 자들과 굳세지 못한 자들이 다른 성경과 같이 그것도 **억지로 풀다가 스스로 멸망에 이르느니라.**"[벧후3:16] 성경을 개인적인 생각이나 추론으로 해석하여 본래의 성경내용에 더하거나 빼지 않는 것이 성경말씀을 기록된 그대로 이해하는 유일한 길입니다. 필자가 요한 계시록을 처음 강의한 것은 30여 년 전의 일이었습니다. 선교사 초년생으로 서부 아프리카 라이베리아에서 섬기고 있을 때 제자훈련센타에서 요한계시록을 강의한 것이 처음이었습니다. 제가 신학교 시절에 어느 교수님께서 무천년설과 후천년설과 전천년설 등을 소개하시면서 우리가 속한 교단은 무천년설을 믿고 있으나 교수님 자신은 전천년설을 믿는다고 말씀하셨던 것이 기억납니다. 당시만 해도 필자는 요한계시록은 아주 어려운 책으로 인식되어 있어서 감히 건드릴 생각조차 하지 못했습니다. 그저 누가 물으면 진리처럼 믿고 있는 무천년설을 믿는다고 서슴없이 대답했었고 그것을 입증할 성경구절조차 확실히 갖고 있지 못했었습니다. 당시 종말에 관한 책들이 국내에 번역되어 나오기 시작했는데 그 책들은 성도의 휴거가 대환란 전에 이루어지기 때문에 성도들은 대환란을 면제받게 된다는 세대주의의 전환란 전천년설에 입각한 것들이었습니다. 종말에 관한 별다른 책들이 나오지 않았기 때문에 교파를 초월하여 많은 사람들이 읽었고 영화와 비디오로까지 만들어져서 지금까지 전세계적으로 많은 사람들이 전환란 전천년설을 정설로 받아들이고 있는 실정입니다.

　라이베리아에서 요한계시록 강의를 준비하기 위하여 처음으로 요한계시록을 자세히 읽어가면서 여러 관련 서적들을 함께 읽게 되었는데 거의 저마다 다른 해석들로 차고 넘쳐서 혼란만 가중되었습니다. 주로 미국과 유럽과 호주에서 온 동료선교사들조차 요한계시록에 대하여 말할 때에는 자기가 속한 교단에 따라서 저마다 다른 견해를 가지고 있어서 논쟁을 하다가 종종 서로 얼굴을 붉히곤 하였습니다. 결국 필자는 관련서적들을 던져버리고 요한계시록을 직접 차근차근 읽어가면서 하나하나 도표를 그려가면서 성경은 해석하지 말아야하고 기록된 그대로 받아들여야 한다는 진리를 터득하게 되었습니다. 그것은 성경은 하나뿐인데 왜 이처럼 교단마다 서로 다른 교리들이 나오게 되었는지 그 위험성과 그 심각성을 그때에 비로소 깨닫게 되었기 때문이었습니다. 우리가 지금까지 성경말씀을 바로 깨닫지 못하고 교단마다 서로 자기의 교리가 옳고 다른 교리들은 틀렸다고 주장하는 것은 우리가 성경이 말하는 것을 듣지않고 신학이 주장하는 것을 듣고있기 때문이었습니다. 신학이란 성경에 대한 인간의 해석에 불과한 것입니다. 신학자들이 성경을 읽을 때 성경에 흐르는 어떤 원리원칙을 나름대로 발견하고 그들이 깨달았다는 원리원칙 안에 성경의 모든 말씀을 집어넣으려고 하는 것입니다. 그러나 문제는 그들이 발견했다는 원리들이 서로 다르다는 점입니다. 비근한 예를 들어 쉽게 설명하자면 가령 A라고 하는 교단의 신학자들이 발견한 원리를 가지고 '성경은 사각형이다'라고 주장하면서 성경의 모든 말씀을 사각형 안에서 이해해야 한다고 주장한다고 합시다. 그런데 유감스럽게도 모든 말씀이 다 사각형 안으로 들어가지 않습니다. 그래서 사각형 안에 들어가지 않는 말씀들을 사각형 이쪽으로 무리하게 집어넣으면 사각형 저쪽이 터져나오게 됩니다. 다시 말해서 A라고 하는 교단의 신학으로 성경의 모든 말씀이 다 이해되지 않는 것입니다. 그러면 B라고 하는 교단의 신학자들은 그들 나름대로 깨달은 원리원칙을 가지고 '성경은 삼각형이다'라고 주장한다고 합시다. 그러면서 성경의 모든 말씀을 삼각형 안에서 이해하려고 합니다. 하지만 역시 성경의 모든 말씀이 삼각형이라는 B라고 하는 교단의 신학으로 이해되어지지 않습니다. C라고 하는 교단의 신학자들도 나름대로 깨달은 원리를 가지고 '성경은 둥그런 원이다'라고 주장한다고 합시다. 그리고 성경의 모든 말씀을 원 안에서 이해하려고 무리하게 애쓰지만 역시 성경의 모든 말씀이 다 원 안에 들어가지 않습니다. 결국 C라고 하는 교단의 신학으로도 성경의 모든 말씀이 다 이해되어지지 않는 것입니다. 그 외에 인간이 만든 어떤 신학 이론으로도 성경에 기록된 모든 말씀이 완벽하게 이해되어지지 않는 것입니다. 이와 같이 성경은 하나인데 성경에 대한 해석은 서로 다르고 서로 자기의 주장이 옳다고 우기는 것이 소위 '신학'이라는 것입니다. 그래서 종파마다 구원론이 다르고 교회론이 다르고 종말론이 다른 것입니다. 그러므로 성경을 우리 인간이 해석하면 이렇게 서로 다른 신학들이 나오게 되고 그 신학들은 사람을 구원하는 것이 아니고 사람을 멸망시키게 되는 것입니다. 그러므로 성경은 우리 인간이 성경을 해석하는 것을 금하고 있는 것입니다.

베드로후서 1장 20-21절에 보시면 성경에 기록된 모든 말씀은 선지자들이 하나님의 말씀을 받을 때에도 그 하나님의 말씀을 선지자들이 인간적인 생각으로 해석하여 적어놓은 것이 아니고 성령의 감동을 받아 하나님이 주신 말씀을 그대로 적어놓은 것이라고 말하고 있습니다. ["20먼저 알 것은 **경의 모든 예언은 사사로이 풀 것이 아니니** 21예언은 언제든지 사람의 뜻으로 낸 것이 아니요 오직 성령의 감동하심을 입은 사람들이 하나님께 받아 말한 것임이니라."] 그러므로 성경은 분명히 우리가 성경을 사사로이 해석하지 말라고 명령하시면서 만일 성경을 해석할 경우 멸망에 이를 것이라고 경고하고 있습니다. "16또 그 모든 편지에도 이런 일에 관하여 말하였으되 **그 중에 알기 어려운 것이 더러 있으니** 무식한 자들과 굳세지 못한 자들이 다른 성경과 같이 **그것도 억지로 풀다가 스스로 멸망에 이르느니라.**"[벧후3:16] 여기서 **"그 중에 알기 어려운 것이 더러 있으니"라는 말씀처럼 성경말씀의 대부분은 다 사람들이 이해하기 쉬운 내용으로 가득차 있는데 더러 어려운 말씀이 있다는 뜻입니다. 그냥 읽어서는 빨리 이해되지 않는 말씀들이 더러 있습니다.** 결코 많지 않습니다. 정말 더러 있습니다. 그런 경우 우리는 어떻게 해야 합니까? 성경 안에서 그 구절과 관련이 되는 말씀들을 찾아보면 그 뜻을 분명하게 알 수 있게 되어 있습니다. 그러므로 "억지로" 즉 자기 생각을 가지고 사사로이 해석하는 것이 바로 억지로 해석하는 것이며 그 결과는 스스로 멸망에 이르게 된다고 경고하고 있는 것입니다. 성경말씀은 기록된 그대로 전할 때 하나님의 능력이 나타나서 사람을 구원할 수 있게 되는 것입니다. 오늘 우리 시대의 교회들이 이처럼 타락하고 사람을 구원할 수 없는 거짓 교회들이 된 것은 바로 교회들이 하나님의 말씀에서 벗어나 있기 때문입니다.

우리가 한가지 분명히 명심해야 할 것은 하나님이신 예수님조차 자기의 생각이나 자기의 견해를 보태어 전하지 아니하시고 자기를 보내신 아버지의 말씀을 가감없이 그대로 우리에게 전해주셨다는 점입니다. 예수님은 요한복음에서 이것을 여러 번 강조하셨습니다. 요한복음 7장 16,18절에 보시면 이렇게 말씀하셨습니다. '예수께서 대답하여 가라사대 <u>내 교훈은 내 것이 아니요 나를 보내신 이의 것이니라.</u>' '스스로 말하는 자는 자기 영광만 구하되 보내신 이의 영광을 구하는 자는 참되니 그 속에 불의가 없느니라.' 또 요한복음 14장 24절에는 '<u>너희의 듣는 말은 내 말이 아니요 나를 보내신 아버지의 말씀이니라.</u>'고 기록되어 있습니다. 또 요한복음 17장 8절에서는 '아버지께서 내게 주신 말씀을 저희에게 주었사오며'라고 기록하고 있습니다. 또 요한복음 12장 50절에서는 '나의 이르는 것은 <u>내 아버지께서 내게 말씀하신 그대로 이르노라.</u>'고 기록하고 있습니다. 예수님은 성부 하나님께서 전하라고 주신 말씀을 그대로 전하셨다고 기록하고 있습니다. **예수님은 정말 메신저로서 자기를 보내신 성부 하나님의 말씀만을 철저하게 전하셨습니다.** 그러면서 메신저가 보내신 이의 말씀을 전하지 않고 자기 스스로의 말을 전하는 자는 자기의 영광을 구하는 자라고 말씀하셨습니다. 예수님은 사람들의 환심을 사고 사람들로부터 환영을 받기 위해서 자신의 달콤한 말씀으로 사람들을 유혹하지 않으셨습니다. 예수님은 성부 하나님으로부터 받은 말씀에 한 마디라도 더하거나 빼지 아니하시고 받은 말씀 그대로를 우리에게 전해주셨습니다. **예수님은 하나님이신데도 그렇게 하셨는데 하물며 인간인 우리가 감히 어떻게 우리의 생각으로 해석하여 더하거나 빼거나 할 수 있겠습니까?**

만약 우리가 성경말씀을 그대로 받아들이지 않고 우리 개인의 생각과 상상으로 해석하게 되면 결국 성경에 없는 내용을 더하게 되고 그렇게 더하다 보면 있는 내용을 빼버려야 됩니다. 그래서 성경의 맨 마지막에서 하나님은 성경에 한 마디라도 더하거나 빼지 말라는 무서운 경고로 성경을 맺고 있는 것입니다; "18내가 이 책의 예언의 말씀을 듣는 각인에게 증거하노니 <u>만일 누구든지 이것들 외에 더하면 하나님이 이 책에 기록된 재앙들을 그에게 더하실 터이요 19만일 누구든지 이 책</u>

의 예언의 말씀에서 제하여 버리면 하나님이 이 책에 기록된 생명 나무와 및 거룩한 성에 참예

함을 제하여 버리시리라"[계 22:18-19]

    오늘 우리 시대의 교회들이 성경에 기록된 내용을 제하여 버리는 경우를 예로들어보면 다음과 같습니다. 우리 시대의 교회는 '구원은 오직 예수 그리스도를 믿는 믿음을 통해서만 얻을 수 있습니다. 그러므로 예수 믿고 구원을 받으십시오.'라고 자신있게 설교합니다. 아주 성경적이고 조금도 잘못됨이 없는 옳은 말씀입니다. 그런데 이렇게 복음을 전해가지고는 사람들을 결코 구원하지 못합니다. 왜냐하면 믿음으로 구원을 얻는다는 것이 무엇을 의미하는지를 상세하게 말해주지 않고 있기 때문입니다. 성경은 예수님을 믿는다는 것이 무엇을 의미하는지를 상세하게 말씀해주고 있습니다. 즉 마태복음 16장 24절에 보시면 "아무든지 나를 따라오려거든 자기를 부인하고 자기 십자가를 지고 나를 좇을 것이니라." 다시 말하면 예수님을 믿기 위해서는 자기를 부인하고 자기 십자가를 지고 와야 한다는 전제조건이 필요하다고 말씀하고 있습니다. 또 마태복음 6장 24절에서는 "한 사람이 두 주인을 섬기지 못할 것이니 혹 이를 미워하며 저를 사랑하거나 혹 이를 중히 여기며 저를 경히 여김이라. 너희가 하나님과 재물을 겸하여 섬기지 못하느니라." 즉 예수님을 믿는다는 것은 세상을 포기하고 내려놓아야 한다는 것을 분명하게 밝혀주고 있습니다. 또 요한일서 2장 15-17절에서는 "이 세상이나 세상에 있는 것들을 사랑치말라. 누구든지 세상을 사랑하면 아버지의 사랑이 그 속에 있지 아니하니 이는 세상에 있는 모든 것이 육신의 정욕과 안목의 정욕과 이생의 자랑이니 다 아버지께로 좇아 온 것이 아니요 세상으로 좇아 온 것이라. 이 세상도 그 정욕도 지나가되 오직 하나님의 뜻을 행하는 이는 영원히 거하느니라." 즉 세상이나 그 안에 있는 것들을 사랑하고 추구하는 사람들에게는 아버지의 사랑이 그 속에 있지 아니하다고 분명하게 선언하고 있습니다. 다시 말해서 아버지의 사랑 즉 독생자를 주신 그 십자가의 사랑이 그런 사람에게는 주어지지 않는다는 말씀입니다. 그러니까 예수님을 믿는다고 하면서 아직도 세상을 사랑하고 추구하는 사람은 십자가 대속의 사랑이 주어지지 않는다는 말입니다. 즉 그런 사람에게는 구원이 없다는 말입니다. 또 마태복음 7장 21절에 보시면 "나더러 주여 주여 하는 자마다 천국에 들어갈 것이 아니요 오직 내 아버지의 뜻대로 행하는 자라야 하리라"고 기록되어 있습니다. 그러니까 예수님을 믿는다고 주장하는 사람마다 다 천국에 들어간다는 것이 아니라는 것을 예수님께서 친히 증거하고 있습니다.

일상의 삶에서 아버지의 뜻대로 행하는 삶을 사는 것이 그의 믿음이 참 믿음이라는 것을 증명하는 것이란 말입니다. 그러니까 그의 믿음을 실제의 삶에서 행함으로 증명하지 못하면 그의 믿음은 가짜라는 뜻입니다. 또 요한계시록 20장 15절 말씀을 보시면 "누구든지 생명책에 기록되지 못한 자는 불못에 던지우더라"라고 기록되어 있습니다. 즉 예수님을 믿지 않는 사람들은 지옥불에 던지운다는 말씀입니다. 그러므로 "예수님을 구주로 믿으면 구원을 받습니다"라고 설교하려면 앞에서 언급한 이 모든 믿음의 조건들을 함께 전해야 한다는 말입니다. 즉 믿음으로 구원받는다는 것이 무엇을 의미하는지를 세세하게 다 전해야 하는 것입니다.

그러나 이 모든 믿음의 조건들을 다 전하게 되면 대부분의 사람들은 복음을 거부하고 저항하고 예수님께 나아올 사람들은 극히 소수에 불과하게 됩니다. 심지어 2천년 전 하나님이신 예수님이 직접 오셔서 말씀하셨는데도 처음에는 메시야라는 기대를 가지고 많은 사람들이 왔으나 예수님의 그런 믿음의 조건의 말씀들을 듣고 나서는 극렬하게 저항하고 대부분 돌아갔고 끝까지 예수님의 복음을 듣고 받아들인 사람들은 겨우 120명 정도에 불과했습니다. 그것도 대부분 열 두 제자들과 그 가족들이 대부분이었습니다. 하물며 오늘 우리 이 악한 말세시대에 물질주의와 출세주의와 관능주의가 판을 치는 이런 시대에 살고 있는 인간인 우리가 믿음에 관한 위의 말씀들을 조건으로 제시하면서 예수님을 믿는다는 것이 무엇을 의미하는 것인지를 정확하게 설교하면 대부분의 사람들은 그런 복음에 저항하며 교회를 떠나고 다시는 돌아오지 않게 될 것입니다. 그러므로 오늘 우리 시대의 교회는 이런 사람들에게 저항감을 주지 않기 위하여 '구원은 오직 예수 그리스도를 믿는 믿음을 통해서만 얻을 수 있습니다. 그러므로 예수 믿고 구원을 받으십시오.'라고 설교하면서 믿음이 무엇을 의미하는지에 대해서는 입을 굳게 다물고 있는 것입니다. 그러니까 오늘 우리 시대의 교회가 그렇게 전한 '예수 믿으면 구원을 얻는다'는 말씀자체는 결코 틀린 말은 아니었는데도 결코 사람을 구원하지는 못하는 것입니다. 이처럼 믿음에 관한 이런 상세한 전제조건들을 말해주지 않기 때문에 사람들은 자기를 부인하지도 않고 아니 오히려 세상을 음란하게 사랑하며 추구하면서도 입술로만 그리고 지식적으로만 예수님을 믿고 있기 때문에 예수를 믿는다고 하면서도 삶에는 아무런 변화가 없이 세상 사람들과 똑같이 살아가게 되는 것입니다. 그래서 우리 시대의 교회의 대부분의 사람들이 구원을 받지 못하게 된 것입니다.

그러므로 우리가 정말 사람들을 구원하려면 처음부터 숨기지 말고 예수님을 믿는다는 것이 무엇을 의미하는지를 처음부터 솔직하게 말해주어야 합니다. 전략상 처음에는 숨기다가 나중에 기회를 보아서 말한다는 것은 사람들을 속이는 것에 불과합니다. 만약 계약서에 기록된 상세한 조건들을 다 읽어보지도 않은채 그냥 서명한다면 당신은 나중에 크게 후회하면서 값비싼 대가를 치르게 될 것입니다. 당신이 가지고 있는 두꺼운 성경에는 믿음으로 얻는 구원이 무엇인지에 대하여 상세하게 그 모든 전제조건들과 실례들이 기록되어 있습니다. 만약 구원이 그렇게 믿는다는 입술의 고백 한마디로만 얻을 수 있는 단순한 것이라면 그냥 종이 한장에 적어주시면 충분하고도 남을 것을 하나님은 왜 그렇게 많은 조건들을 적어둔 두꺼운 성경책을 우리에게 주셨겠습니까? 오직 믿음으로 구원을 얻는다는 복음이 얼핏 듣기에는 단순하게 보이지만 사실은 성경 66권 전체로 풀어야 할 만큼 아주 세밀하고 생각보다 훨씬 심오한 것입니다.

예수님은 많은 사람들을 끌어모으기 위하여 처음에는 숨기다가 나중에 기회를 보아 말씀하신 적이 없으십니다. 사람들이 떠나가든지 말든지에 상관없이 아예 처음부터 솔직하게 부자청년에게 그의 재산을 다 팔아 가난한 자들에게 나눠주고 그 후에 와서 예수님을 따르라고 분명하게 말씀하셨습니다. 예수님을 믿는 것이 무엇을 의미하는지를 처음부터 숨기지 않고 솔직하게 말씀하셨습니다. 구원을 받기 원하여 예수님께 찾아왔던 부자 청년은 예수님을 믿는 것이 얼마나 값비싼 대가를 치러야 하는지를 깨닫고 예수님을 떠났습니다. 그러나 예수님은 그런 사람을 붙잡으려고 하지 않으시고 그냥 돌아가도록 버려두셨습니다. 이것은 오늘 우리 시대의 교회가 어떻게 복음을 증거하여 사람을 구원하여야 하는지를 분명하고 딱부러지게 보여주는 것입니다. 또 누가복음 9장 57-58절에 보시면 어떤 사람이 예수님을 따르겠다고 자원하였을 때에도 예수님은 예수님을 믿고 따르는 것이 얼마나 값비싼 대가를 치러야 하는지를 아무 숨김없이 처음부터 솔직하게 그 사람에게 말씀해 주셨습니다; "길 가실 때에 혹이 여짜오되 어디로 가시든지 저는 좇으리이다.

예수께서 가라사대 여우도 굴이 있고 공중의 새도 집이 있으되 인자는 머리 둘 곳이 없도다." 나 예수를 믿으면 이 세상에서 부요하고 편안하게 잘 살게 될 것이라고 착각하지 말라는 말씀입니다. 집도 없이 세상의 모든 것을 내려놓고 나를 따를 각오가 없이는 나를 믿고 따라올 생각 처음부터 버리라는 단호한 말씀입니다. 우리 시대의 교회가 들어야 할 말씀입니다. 그렇지 않으면 우리 시대의 교회는 사람을 구원하지 못합니다. 또 마가복음 1장 15절에서는 "회개하고 복음을 믿으라"고 세례 요한도 회개가 믿음의 전제조건임을 처음부터 전파하고 있습니다. 예수님도 누가복음 5장 32절에서 "죄인을 불러 회개시키러 왔노라"고 선포하시면서 믿음의 전제조건이 죄를 회개하는 것이라고 처음부터 솔직하게 말씀하고 있습니다. 죄의 회개를 믿음의 전제조건으로 철저하게 가르치지도 않고 앞에서 언급한 이런 믿음의 전제조건들 즉 예수님을 구주와 왕으로 믿는다는 것이 무엇을 의미하는 것인지를 처음부터 숨긴채 '예수만 믿으면 구원을 받는다'고 선포하는 오늘 우리 시대의 교회는 지금까지 수많은 사람들을 속여왔고 구원받지 못하게 한 것입니다. 이것이 바로 '천국문을 너희가 가로막고 자기도 들어가지 못하고 남도 들어가지 못하게 막는다'는 예수님의 무서운 경고의 말씀입니다; "화 있을찐저 외식하는 서기관들과 바리새인들이여 너희는 천국 문을 사람들 앞에서 닫고 너희도 들어가지 않고 들어가려 하는 자도 들어가지 못하게 하는도다"[마23:13] 이것이 바로 오늘 우리 시대의 교회가 '성경말씀에서 제하여 버리는' 죄를 범하여 수많은 사람들이 천국에 들어가는 것을 가로막고 지옥불에 던져지게 하는 것입니다.

또 한 가지 더 예를 들어보면 요즘 설교자들처럼 하나님은 사랑의 하나님이시기 때문에 하나님은 기독교인만 구원하시는 마음이 좁은 하나님이 아니고 종교를 초월하여 모든 종교의 사람들을 다 구원하신다면서 하나님의 사랑을 조잡한 사랑으로 해석하여 하나님의 고상하고 엄격하고 성결한 사랑을 조잡으로 변질시키고 있습니다. 하나님의 사랑을 그렇게 해석하여 그런 신학이론을 주장하다보니 '사랑의 하나님이 어떻게 그 무섭고 영원한 지옥을 만드실 수 있겠느냐?'면서 지옥의 존재를 부정하게 되는 것입니다. 이렇게 하여 성경에 없는 것을 더하게 되고 성경에 있는 것을 제하여 버리게 되는 것입니다. 결국 요한계시록의 결론의 말씀에서 더하지도 말고 제하지도 말라는 말씀은 성경을 해석하지 말라는 준엄한 경고인 것입니다.

그러므로 성경에 더하지도 않고 제하지도 않으려면 이제 우리는 성경을 우리의 생각으로 사사로이 해석하지 말아야 합니다. 우리 인간의 해석을 가지고 각각의 종파들은 사각형과 삼각형과 원 같은 교리와 신학을 만들어 낸 것입니다. 그러나 성경은 사각형도 아니고 삼각형도 아니고 원도 아닙니다. 성경 말씀은 어떤 획일적인 원리원칙으로 규명되어지지 않습니다. 하나님께서 자유로우신 분이시듯 성경 말씀도 자유롭습니다. 그러므로 우리는 그냥 성경이 말하는데까지만 말하고 성경이 멈추는 곳에서 멈추어야 합니다. 자기가 믿는 교리의 틀 안에서 모든 말씀을 강제로 꿰어 마추려고 하기 때문에 성경을 올바로 이해하지 못하는 것입니다. 다시 말해서 성경말씀을 자기가 속한 교단의 교리에 맞추어서 이해하려하지 말고 성경이 말씀하는 그대로를 받아들이고 따라가야 하는 것입니다. 성경을 사사로이 해석하지 않고 성경에 기록된 말씀을 그대로 전했다면 지금처럼 이렇게 많은 종파들이 생겨나지도 않았을 것입니다. 그러므로 우리가 성경말씀을 올바로 이해하기 위해서는 기존의 모든 신학사상들을 다 내려놓고 오직 성경이 말씀하는 것을 그대로 받아들여야만 합니다. 더구나 성경 말씀에 한 마디라도 더하거나 제거할 때 성경을 인간의 계명으로 변질시키는 것이며 인간의 계명으로 사람들을 가르칠 때에 다른 복음 다른 예수 다른 영을 전파하는 것이 되기 때문에 결국은 하나님을 헛되이 경배하게 되는 것입니다. **9사람의 계명으로 교훈을 삼아 가르치니 나를 헛되이 경배하는도다** 하였느니라 하시고(마15:9)

그러므로 이제부터 당신이 정말 성경말씀을 올바로 이해하기 원한다면 절대로 성경을 사사로이 해석하지 마십시오. 성경은 해석할 필요가 없도록 아주 평이한 언어로 기록되어 있기 때문입니다. 하나님께서 인간에게 성경을 기록된 인간의 말씀으로 주신 것은 인간이 성경말씀을 이해할 수 있게 하기 위해서입니다. 그러므로 하나님께서 우리 인간에게 성경말씀을 주실 때 누구나 다 이해할 수 있는 아주 쉬운 언어로 기록하여 주셨습니다. 우리가 흔히 성경말씀이 어렵다고 말하는 것은 말씀을 이해하기가 어려워서가 아니고 그 말씀을 실천하기가 어려워서 어려운 것입니다. 참으로 성경은 해석할 필요가 없을 정도로 아주 평이한 언어로 기록되어 있습니다. 그런데 누구나 다 이해할 수 있는 이렇게 평이한 성경말씀을 어렵게 만든 장본인이 바로 오늘날의 설교자들입니다. 그래서 마태복음 11장 25절에서 예수님은 이렇게 말씀하셨습니다. "25그 때에 예수께서 대답하여 가라사대 천지의 주재이신 아버지여 이것을 지혜롭고 슬기 있는 자들에게는 숨기시고 어린 아이들에게는 나타내심을 감사하나이다" 하나님은 어린 아이들이 이해할 수 있는 아주 평이한 수준으로 성경 말씀을 우리 인간에게 주셨습니다. 그런데 오늘날 설교자들은 이렇게 평이한 성경말씀을 가지고 아주 지성적으로 문학적으로 철학적으로 기복적으로 유창하고 아름다운 인간의 고상하고 유식한 어려운 언어로 그리고 남들이 할 수 없는 기발한 해석으로 명연설을 하고 있습니다. 또 그런 설교자들에게 많은 사람들이 몰려가고 있습니다. 다시 말합니다. 그러므로 당신은 절대로 성경을 사사로이 해석하지 마십시오. 성경은 하나이므로 해석하지 않고 그대로 전하면 누가 전해도 같은 구원론 같은 교회론 같은 종말론을 전하게 되어 있습니다.

그러므로 필자는 이제 요한계시록을 살펴볼 때에 "18내가 이 책의 예언의 말씀을 듣는 각인에게 증거하노니 만일 누구든지 이것들 외에 더하면 하나님이 이 책에 기록된 재앙들을 그에게 더하실 터이요 19만일 누구든지 이 책의 예언의 말씀에서 제하여 버리면 하나님이 이 책에 기록된 생명 나무와 및 거룩한 성에 참예함을 제하여 버리시리라"[계 22:18-19]라는 이 말씀을 명심하면서 전천년설, 후천년설, 무천년설, 세대주의설 등등 각교파의 사람들이 진리라고 믿고 있었던 기존 신학이론들을 다 던져버리고 오직 성경이 말하는 것을 기록된 그대로 파헤쳐 볼 것입니다. 이것만이 성경 말씀을 있는 그대로 이해할 수 있는 유일한 길이며 하나님 말씀이 하나님 말씀이 되게하는 유일한 길이기 때문입니다. 성경은 목사들이나 신학자들만이 깨달을 수 있는 그들의 전유물이 아닙니다. 주님께서 말씀하신 대로 오히려 그 지혜롭고 슬기로운 사람들에게는 성경말씀이 숨기어져 있어서 그들이 올바로 깨닫지 못하게 하셨습니다. 저는 무천년설로 세뇌되어 있었기 때문에 누가 제 앞에서 천년왕국에 대해서 이야기하면 그런 사람을 이단으로 생각하고 그런 사람과는 아예 말조차 섞으려고 하지 않았었습니다.

성경은 성령으로 거듭난 성도들에게는 누구든지 매일 읽고 이해할 수 있도록 하나님이 주신 만나입니다. 그러나 사람들은 성경에 나와있는 꿈이나 비유 그리고 숫자와 어려운 단어들이 많아서 평신도들은 이해할 수 없는 책으로 오해하고 꼭 성경전문가인 목사에게 가서 그 해설을 들어야 하는 것으로 잘못 알고 있습니다. 그래서 현대교회는 성경을 문자 그대로 받아들이는 것을 아주 잘못되고 위험한 것으로 가르쳐왔기 때문에 우리는 문자적으로 성경을 해석하는 것은 아주 위험한 것이라고 앵무새처럼 따라 말하였습니다. 그러나 예수님은 '천지가 없어지기 전에는 율법의 일점일획이라도 반드시 없어지지 아니하고 다 이루리라'[마5:18]고 분명하게 말씀하셨습니다. 즉 성경에 기록된 말씀은 모두 문자 그대로 성취될 것이란 말씀입니다. 그러므로 우리 생각으로 해석하지 않고 문자 그대로 받아들이는 것이 성경을 가장 올바로 이해하는 것임을 바로 우리 예수님께서 친히 강변하고 계신 것입니다. 그러므로 우리 시대의 교회가 성경을 문자적으로 받아들여야 한다는 예수님의 말씀을 거부하고 각기 자기들의 생각과 상상과 유추와 추론으로 해석을 해야 한다고 주장하다 보니 교파마다 학자마다 다 다르게 상상하고 추론하고 해석하여 지금까지 수많은 종파들과 교단들을 만들어 내고 엄청난 혼란만을 야기하게 된 것입니다. 어떤 사람들은 요한계시록은 영적으로 해석하여야 한다면서 말도 되지 않는 터무니 없는 이론을 전개하여 성경에 없는 것을 더하기도 하고 또 어떤 사람들은 성경은 신학적으로 정확하게 해석해야 한다면서 자기들이 만들어 놓은 신학이론에 얽매여 성경의 다른 구절들이 어떻게 말하든지 상관없이 잘못된 해석들을 올바른 해석이라고 고집스럽게 우기고 있는 것입니다. 그러나 '일점일획까지 다 이루어질 것'이라는 예수님의 말씀만을 의지하고 성경에 기록된 단어나 숫자를 그대로 받아들이면 당신은 놀랍게도 성경의 다른 구절들과 모순됨이나 충돌함이 없이 정확하게 그 전체의 윤곽과 의미를 균형있게 볼 수 있게 될 것입니다.

예를 들어서 하나님께서 꿈이나 비유같이 뜻을 알기 어려운 말씀들을 성경에 주셨을 때에는 그 해석까지 함께 기록해 주셔서 누구나 그 뜻을 정확하게 알 수 있게 해놓으셨습니다. 그리고 뜻이 좀 어렵다고 느껴지는 말씀들을 위해서는 거기에 관련된 말씀들을 여러 군데에 배치해 놓으셔서 그 말씀들을 찾아보면 뜻이 명료하게 드러나게 하셨습니다. 그러므로 아직 맞추어지지 않은 퍼즐처럼 되어 있는 성경 말씀을 여러 번 자세히 읽고 그 부분에 관하여 성경의 다른 곳에서는 어떻게 말씀하는지를 찾아보면 누구나 다 정확하게 이해할 수 있게 되어 있습니다. 성경은 정확무오한 하나님의 말씀이기 때문에 성경 말씀들이 이곳에서는 이렇게 말하고 저곳에서는 저렇게 말하는 그런 모순과 충돌이 없이 서로 잘 조화되어 있기 때문입니다. 해석은 아주 위험한 것입니다. 왜냐하면 해석은 당신의 견해와 당신의 사상과 당신의 편견과 당신의 무지가 들어가 있기 때문입니다. 그래서 성경은 하나밖에 없는데도 이렇게 많은 종파와 교파로 갈라져서 서로 자기의 신앙이 옳다고 우기는 것입니다. 즉 같은 성경말씀에 대하여 각교파마다 서로 다른 신학적 해석을 지니고 있어서 서로 다른 믿음을 주장하게 된 것입니다. 그래서 이쪽 종파에서 보면 저쪽 종파가 가짜고 저쪽 종파에서 보면 이쪽 종파가 가짜입니다. 그러나 하나님께서 보실 때에는 양쪽이 다 가짜가 되는 것이 오늘 우리 시대의 교회입니다. 에베소서 4장 4-6절에 보시면 교회도 주도 믿음도 세례도 하나님도 하나라고 하였습니다; "4몸이 하나이요 성령이 하나이니 이와 같이 너희가 부르심의 한 소망 안에서 부르심을 입었느니라 5주도 하나이요 믿음도 하나이요 세례도 하나이요 6하나님도 하나이시니 곧 만유의 아버지시라 만유 위에 계시고 만유를 통일하시고 만유 가운데 계시도다." 이 말씀이 이루어지게 하려면 성경말씀을 각자의 견해를 가지고 사사로이 해석하지 말고 기록된 그대로 받아들일 때에만 가능한 것입니다. 그러므로 주 안에서 하나 되는 것은 여러 종파들이 모여 한 조직에 가입하는 그런 조직적인 통일이 아닙니다. 즉 조직으로 하나가 되는 것이 아니란 말입니다. 오직 성경말씀을 해석하지 않고 기록된 그대로 믿고 받아들이고 그 한 성경말씀 안에 순종하고 살아갈 때에만 인종이나 국가나 언어나 문화의 차이나 시대적 차이나 지리적 거리에 상관없이 모두 다 비로소 주 안에서 하나가 될 수 있는 것입니다. 그러므로 다시 말합니다. 당신이 정말 성경의 말씀을 올바로 깨닫기 원한다면 부디 요한계시록 22장 18-19절의 말씀을 꼭 명심하면서 성경말씀을 절대로 사사로이 해석하지 마십시오. "18내가 이 책의 예언의 말씀을 듣는 각인에게 증거하노니 만일 누구든지 이것들 외에 더하면 하나님이 이 책에 기록된 재앙들을 그에게 더하실 터이요 19만일 누구든지 이 책의 예언의 말씀에서 제하여 버리면 하나님이 이 책에 기록된 생명 나무와 및 거룩한 성에 참예함을 제하여 버리시리라." 그리고 당신이 속한 교단의 신학과 교리를 미련없이 버리고 아무런 편견없이 그냥 성경에 기록된 내용을 그대로 믿고 따를 때 당신은 비로소 성경 말씀의 심오한 비밀을 올바로 이해하게 되고 성경이 말하는 구원을 얻게 될 것입니다.

자 그러면 성경에서 이해하기 어려운 말씀을 대하게 될 때에 우리는 어떻게 해야 합니까? 성경말씀을 성경의 말씀으로 해석할 때에만 우리는 성경의 말씀을 올바로 이해하게 되고 하나님의 뜻을 올바로 깨닫게 될 것입니다. 예를 들어서 요한 계시록에 나오는 '두 증인'에 대하여 대부분의 주석가들은 하나님으로부터 특별한 능력을 받은 두 사람의 개인이 대환란 기간에 활동하는 것이라고 자기들의 상상을 사용하여 해석하고 있습니다. 그러니까 성경을 이렇게 배운 평신도들은 혹시 한국의 유명한 아무개 목사님과 미국의 유명한 아무개 목사님 같은 분이 그 두 증인일까? 또 어떤 분들은 자기 아들들이 그 두 증인 중에 한 사람이 되게 해달고 기도하기도 합니다. 그러나 그 말씀을 인간의 추측이나 상상으로 해석하지 말고 성경을 여러 번 자세히 읽어보고 성경의 다른 부분에서는 어떻게 말씀하고 있는지를 찾아보면 아주 쉽고 분명하게 그 두 증인들이 누구인지를 깨닫게 됩니다. 요한계시록 11장 3절에 보시면 이 두 증인은 두 감람나무와 두 촛대라고 하였습니다. **'3) 내가 나의 두 증인에게 권세를 주리니 저희가 굵은 베옷을 입고 일천 이백 육십일을 예언하리라 4) 이는 이 땅의 주 앞에 섰는 두 감람 나무와 두 촛대니'** 나중에 본문에서 자세히 설명하겠습니다만 두 감람나무는 로마서 11장17-24절에서 밝히고 있습니다. 즉 하나님께서 택하셔서 구원의 복음을 땅끝 모든 백성들에게 전할 사명을 주신 이스라엘 백성을 참감람나무로 표현하고 있습니다. 그러나 그들이 복음전할 사명을 감당치 않고 불순종함으로써 하나님이 참감람나무를 꺾어버리시고 이방인을 택하여 참감람나무의 그루터기에 접목시킨 신약시대의 이방인 교회를 돌감람나무 라고 표현하고 있습니다. 그러므로 여기 두 감람나무는 그루터기로 남아서 예수 그리스도를 구주로 영접한 유대인 교회와 그 그루터기에 접목된 이방인 교회인 것을 알 수 있게 됩니다.또 이 두 증인들을 두 촛대라고 하였는데 요한계시록 1장 20절을 보시면 **'일곱 촛대는 일곱 교회'**라고 기록하고 있습니다. 즉 이 두 촛대는 두 교회 즉 이스라엘의 교회와 이방인 교회를 나타내는 것임을 금방 알 수 있게 됩니다.

또 본문에서 상세하게 다루겠지만 많은 사람들이 궁금해하는 요한계시록에 나오는 숫자에 대하여도 한 가지 더 예를 들어 보겠습니다. 요한계시록 7장 1- 4절을 보시면 14만 4천 이라는 숫자가 나옵니다;

(1) 이 일 후에 내가 네 천사가 땅 네 모퉁이에 선 것을 보니 땅의 사방의 바람을 붙잡아 바람으로 하여금 땅에나 바다에나 각종 나무에 불지 못하게 하더라 (2)또 보매 다른 천사가 살아 계신 하나님의 인을 가지고 해 돋는 데로부터 올라와서 땅과 바다를 해롭게 할 권세를

얻은 네 천사를 향하여 큰 소리로 외쳐 (3)가로되 우리가 우리 하나님의 종들의 이마에 인 치기까지 땅이나 바다나 나무나 해하지 말라 하더라 (4) 내가 인 맞은 자의 수를 들으니 이 스라엘 자손의 각 지파 중에서 인 맞은 자들이 십 사 만 사천이니

십사만 사천에 대한 전통적인 해석을 간추려보면 대략 아래 괄호 안에 기록된 내용과 같습니다; 유명한 신학자들이 만든 이런 전통적인 해석들이 잘못된 것은 그들이 얼마나 성경을 자세히 읽지 않고 있는지를 당신은 여기서 금방 알아차리게 될 것입니다.

[여기서 이스라엘의 12지파는 하나님의 택하신 백성을 의미한다. 숫자 12는 꽉 찬 수 충분한 전체를 의미한다. 이 열 둘이라는 하나님의 백성에다 큰 숫자 1000을 곱하여 다시 꽉 찬 수 12를 곱한 것은 하나님이 이스라엘을 비롯하여 전세계에서 하나님이 택하신 '더 큰 이스라엘'[Greater Israel]을 의미하는 것으로서 세상의 모든 '영적인 이스라엘 백성'을 의미한다. 즉 14만 4천이란 아담 이후 세상에서 구원 받은 모든 성도들을 의미하는 것이다. 이것은 로마서 9장에서 분명하게 언급되어 있다. '이스라엘에게서 난 그들이 다 이스라엘이 아니요 또한 아브라함의 씨가 다 그 자녀가 아니라 오직 이삭으로부터 난 자라야 네 씨라 칭하리라 하셨으니 곧 육신의 자녀가 하나님의 자녀가 아니라 오직 약속의 자녀가 씨로 여기심을 받느니라'[롬9:6-8] 그러므로 '이스라엘 자손의 각 지파 중에서 인 맞은 자들이 십 사 만 사천이라'는 말씀은 아브라함의 육신의 자손인 이스라엘의 열두 지파를 지칭하는 것이 아니고 아브라함이 가졌던 같은 믿음을 가지고 의롭다하심을 받은 모든 시대와 모든 나라의 구원받은 사람의 전체 수자를 의미하는 것이다.]

성경을 읽을 때에는 본문의 전후문맥을 잘 살펴보아야 올바로 이해할 수 있는 것입니다. '14만 4천'이라는 단어 하나만 보고 상상을 하다보니까 학자들이 큰 실수를 저지르게 된 것입니다. 여기서 네 천사가 땅 네 모퉁에서 서서 땅의 사방 바람을 땅이나 바다에 불지 못하게 한 때는 언제입니까? 또 다른 천사가 네 천사에게 하나님의 종들의 이마에 인을 치기까지는 땅이나 바다나 나무를 해하지 말라고 한 때는 언제입니까? 정답은 대환란 직전의 때입니다. 즉 인을 치는 목적이 대환란이 시작되기 전에 사람들에게 인을 쳐서 대환란 중에 그들을 보호하시기 위해서입니다. 그 대환란 직전에 인친

사람의 수가 십사만 사천이라고 하였습니다. 인을 친 시점이 대환란 직전이 란 말이 십사만 사천이 누구인지를 정확하게 알 수 있는 열쇠가 되는 것입 니다. 그러니까 아담 이후부터 구원받은 모든 사람들을 의미하는 것이 아니 란 말입니다. 왜냐하면 대환란 전에 믿고 구원받아서 이미 죽은 사람들은 대환란 때에는 더 이상 지구상에 인간의 육신으로 살고 있지 않기 때문입니 다. 그러므로 그들은 인침의 대상이 될 수가 없습니다. 이미 죽어서 이 세상 에 없는 사람들의 이마에 인을 친다는 것은 말이 되지 않습니다. 이미 죽어 서 영으로 사는 사람들에게는 땅에서 부는 대환란의 바람이 그들에게 아무 런 해가 되지 않습니다. 대환란 직전에 살고있는 사람들에게 인을 쳐서 대 환란 동안에 그들을 특별히 보호하겠다는 말씀입니다. 그러므로 14만 4천 은 아담 이후에 믿고 구원받은 모든 사람들을 의미하는 것이 아닙니다.

그러면 대환란 직전에 살고있는 사람들 중에서 누구에게 인을 친다는 말 입니까? 전세계에 사는 모든 믿는 사람들입니까 아니면 이스라엘 사람들 중에서 믿는 모든 사람들입니까? 요한계시록 7장 본문을 다시 잘 보시면 그들이 누구인지 분명히 드러납니다;

3가로되 우리가 우리 하나님의 종들의 이마에 인치기까지 땅이나 바다나 나무나 해하지 말라 하더라 4내가 인맞은 자의 수를 들으니 이스라엘 자손의 각 지파 중에서 인맞은 자들이 십 사만 사천이니 5유다 지파 중에 인맞은 자가 일만 이천이요 르우벤 지파 중에 일만 이천이요 갓 지파 중에 일만 이천이요 6아셀 지파 중에 일만 이천이요 납달리 지파 중에 일만 이천이요 므낫세 지 파 중에 일만 이천이요 7시므온 지파 중에 일만 이천이요 레위 지파 중에 일만 이천이요 잇사갈 지파 중에 일만 이천이요 8스불론 지파 중에 일만 이천이요 요셉 지파 중에 일만 이천이요 베냐 민 지파 중에 인맞은 자가 일만 이천이라.

여기서 보시는 대로 이스라엘 자손의 각 지파 중에서 인맞은 자들이 14 만 4천이라고 하면서 각 지파의 이름들까지 일일히 명시하고 있습니다. 그러 니까 아담 이후에 구원받은 사람들 전체를 말하는 것이 아닙니다. 이스라엘 백성들 중에서도 오직 회개하고 돌아와 예수님을 구주로 영접하여 구원을 받은 사람 십사만 사천명만이 인침을 받게 될 것이란 말입니다. 그러니까 이스라엘 백성이라고 해서 모두 다 인침을 받게된다는 말이 아닙니다. 다시 말해서 14만 4천명은 대환란 직전에 살고 있는 이스라엘 백성들 중에서 예수님을 구주로 믿고 구원받은 사람들입니다. 이스라엘 사람들 중에서 예수 믿고 구원받은 14만 4천명을 대환란 중에 특별히 보호하기 위하여 그들에게 인을 치는 것입니다.

그러면 왜 이스라엘 백성들 중에서 믿는 사람들에 대해서만 말씀하시나요? 당시 이방인들 중에서 예수 믿고 구원받은 사람들에 대해서는 말씀이 없으신가요? 바로 그 다음 절 즉 요한계시록 7장 9절부터 17절까지 보면 또 하나의 무리가 나타나는데 이는 흰 옷을 입은 큰 무리라고 기록되어 있습니다. 그러면 이들은 누구입니까? 먼저 9-10절을 잘 살펴 보시기 바랍니다. 7:9) 이 일 후에 내가 보니 **각 나라와 족속과 백성과 방언에서 아무라도 능히 셀 수 없는 큰 무리가 흰 옷을 입고** 손에 종려 가지를 들고 보좌 앞과 어린 양 앞에 서서 10) 큰 소리로 외쳐 가로되 구원하심이 보좌에 앉으신 우리 하나님과 어린 양에게 있도다 하니 여기에서는 이 세상의 각 나라와 각 족속에서 올라 온 수를 셀 수 없는 큰 무리가 흰 옷을 입고 보좌 앞과 어린 양 앞에서 찬양하는 장면을 보여주고 있습니다. 그러면 하나님 보좌 앞에서 찬양하는 이 사람들은 누구입니까? 상상이나 유추하지 말고 13-14절을 보십시오. 7:13) 장로 중에 하나가 응답하여 내게 이르되 이 흰 옷 입은 자들이 누구며 또 어디서 왔느뇨 14) 내가 가로되 내 주여 당신이 알리이다 하니 그가 나더러 이르되 **이는 큰 환난에서 나오는 자들인데 어린 양의 피에 그 옷을 씻어 희게 하였느니라** 이 사람들은 <u>대환란에서 나온 사람들이라고</u> 성경말씀이 친절하고도 분명하게 해석해주고 있습니다. 성경에서 말씀을 더 찾아보면 그들이 누구인지 더 확실하게 알게 될 것입니다. 즉 계시록 6장 9-11절까지 보시기 바랍니다. 계 6:9) 다섯째 인을 떼실 때에 내가 보니 **하나님의 말씀과 저희의 가진 증거를 인하여 죽임을 당한 영혼들이 제단 아래** 있어 10) 큰 소리로 불러 가로되 거룩하고 참되신 대주재여 땅에 거하는 자들을 심판하여 우리 피를 신원하여 주지 아니하시기를 어느 때까지 하시려나이까 하니 11) 각각 저희에게 흰 두루마기를 주시며 가라사대 **아직 잠시 동안 쉬되 저희 동무 종들과 형제들도 자기처럼 죽임을 받아 그 수가 차기까지 하라** 하시더라 이 사람들은 다섯째 인을 뗄 때에 언급된 순교자들의 영혼들입니다. 그 무서운 대환란 때에 전세계 각 나라 곳곳에서 예수 믿는 믿음을 지키며 예수의 복음을 전파하다가 붙잡혀 죽은 순교자들의 영혼들입니다. 그러니까 이 말씀은 대환란 전에 믿는 사람들은 다 휴거하여 대환란을 면제받게 된다는 세대주의 신학의 전환란 전천년설이 얼마나 잘못된 해석인지를 분명하게 보여주고 있습니다. 6장에 있는 이들은 대환란 중에도 믿음을 지키면서 담대하게 복음을 전파하다가 죽임을 당한 영혼들이라고 분명하게 기록하고 있으니 이들은 환란 전에 휴거한 성도들이 아닙니다. 다섯째 인을 뗄 때까지도 휴거는 아직 일어나지 않았습니다. 본론에서 자세히 살펴보겠습니다만 휴거는 여섯째인이 끝나는 시점에서 일어납니다. 부활한 성도들은 부활의 새 육신을 받은 사람들이지만 여기 있는 성도들은 대환란 중에 죽임을 당한 영혼들입니다. 6장 9절을 보시면 이들은 땅에 거하는 저 악한 사람들을 빨리 심판하여 자기들의 원한을 갚아주기를 하나님께 청원하고 있으나 땅에 아직도 순교 당할 사람들이 더 있어서 순교자들의 수가 찰 때까지 더 기다려야 한다는 하나님의 말씀을 듣고 흰 두루마기를 받아 입고 때를 기다리고 있는 순교한 성도들의 영혼들입니다. 흰 두루마기를 받아 입었다는 말은 그들의 죄가 예수 그리스도의 피로 정결케 씻음을 받은 성도들이라는 뜻이다. 7장 15–17절까지는 순교를 당한 그들을 위로하시는 말씀입니다.

7:15) 그러므로 그들이 하나님의 보좌 앞에 있고 또 그의 성전에서 밤 낮 하나님을 섬기매 보좌에 앉으신 이가 그들 위에 장막을 치시리니 16) 저희가 다시 주리지도 아니하며 목마르지도 아니하고 해나 아무 뜨거운 기운에 상하지 아니할찌니 17) 이는 보좌 가운데 계신 어린 양이 저희의 목자가 되사 생명수 샘으로 인도하시고 하나님께서 저희 눈에서 모든 눈물을 씻어 주실 것임이러라

　사탄이 주는 온갖 환란 중에서도 하나님의 말씀과 예수 믿는 믿음을 끝까지 지킨 이 성도들은 다시는 주리지도 목마르지도 아니하고 뜨거운 기운에 상하지도 아니할 것이며 어린양이 저희의 목자가 되시어 생명수 샘으로 인도하시고 하나님께서 저희 눈에서 모든 눈물을 씻어 주실 것입니다. 이들은 대환란 중에 죽어서 육신은 흙으로 돌아가고 구원받은 영혼들입니다. 그래서 다시는 주리지도 목마르지도 아니하고 뜨거운 기운에 상하지도 아니한 상태에 있는 것입니다. 이제 그 구원받은 영들이 대환란이 끝날 때까지 조금만 더 기다리면 주님께서 재림하실 때에 그들의 부활한 몸이 휴거하여 공중으로 올라올 때 그들의 구원받은 영과 부활한 몸이 하나로 연합하게 되어 드디어 하나님의 형상을 닮은 인간으로 최종완성되는 것입니다. 그때에 어린양 예수께서 그들의 목자가 되어 생명수 샘으로 인도하시면서 저희

눈에서 모든 눈물을 씻어 주실 것입니다.

　여기 흰옷을 입은 큰 무리는 이스라엘 백성들이 아니고 전세계 각 족속 [민족]에서 온 사람들로서 전세계의 모든 이방민족들 중에서 예수님을 믿고 믿음을 지키면서 대환란 중에서도 복음을 증거했던 그리스도인들입니다. **[각 나라와 족속과 백성과 방언에서 아무라도 능히 셀 수 없는 큰 무리가 흰 옷을 입고〈7:9〉]** 그러니까 14만 4천은 대환란 때에 지구 상에 살고 있는 이스라엘 사람들 중에서 대환란 시작 직전까지 회개하고 주님께 돌아온 구원받은 이스라엘 사람들의 숫자이며 그리고 아무라도 셀 수 없이 많은 흰 옷을 입은 큰 무리는 이방 민족들 중에서 예수님을 믿은 성도들이 대환란 때에 복음을 전하다가 순교한 성도들과 그들의 복음을 듣고 대환란 중에 예수님을 믿고 구원받은 성도들을 의미하는 것입니다. 그래서 이들을 대환란에서 나온 자들이라고 말씀하고 있는 것입니다.

　이와 같이 성경말씀을 자세히 읽고 또 읽어보면 그 모든 해석이 성경 안에 있음을 발견하게 될 것입니다. 그러므로 절대로 당신의 제한된 생각과 상상과 유추와 편견과 오해로 가득찬 지식으로 성경말씀을 사사로이 해석하지 마십시오. 성경 안에 모든 해석이 있습니다. 그래서 예수님도 성경말씀을 인용하여 대답하시기를 즐겨하셨습니다. 참으로 성경말씀은 이해하기가 어려워서 어려운 책이 아니고 그 말씀 그대로 순종하며 살기가 어려워서 어려운 책입니다.

　요한계시록을 올바로 이해하는데 있어서 또 하나의 비밀은 요한 계시록이 다루고 있는 전체기간이 어디서부터 언제까지인지를 정확하게 파악하는 것과 사도 요한이 본 많은 사건장면들과 보조설명들을 시간적인 순서대로 올바로 배열할 수 있느냐에 달려 있습니다. 본론에서 상세하게 설명하겠습니다만 사도 요한이 본 사건장면들이 시간적인 순서로 기록되다가 중간 중간에 보조설명이 기록되어 있는데 그 보조설명이 언급한 사건들이 어느 시간대에 속하는지를 파악하는 것이 중요한 열쇠인 것입니다. 예수님의 재림에 대한 기사도 한군데에 모두 다 기록되어 있지 않고 여러 장에 나누어서 조금씩 기록되어 있기 때문에 읽는 자의 세심한 주의가 요구된다는 점을 놓치지 말고 혼란에 빠지지 말아야 합니다.

　필자가 이 계시록 설교를 부득이 책으로 내는 특별한 이유가 있다면 그 것은 성도들로 하여금 스스로 요한계시록을 다시 읽어 보라고 도전하는 데에 있습니다. 왜냐하면 요지음 요한계시록에 대한 수없이 많은 이단사설들이 인터넷에 떠돌아다니고 있어서 많은 사람들이 혼란을 겪고 있기 때문입니다. 주님의 재림의 때가 점점 더 가까워오는 이 시대에 성도들은 요한계시록을 더 정확히 알아야 할 권리가 있고 그래서 요한계시록에 대한 올바른 이해는 그 어느 시대보다 더 절실하다고 생각합니다. 이 책은 여러 교단들이 각기 주장하는 모든 신학교리들을 과감하게 던져버리고 오직 성경으로만 성경을 조명한, 어떤 신학에도 오염되지 않은 청정 요한계시록 해설집입니다. 각교단마다 각종파마다 교회도 다르고 믿음도 다르고 성령도 다르고 세례도 다른 이 시대에 성경은 분명하게 오직 한 하나님, 한 성령님, 한 교회, 한 믿음을 가져야 한다고 말씀하고 있습니다; **4몸이 하나이요 성령이 하나이니 이와 같이 너희가 부르심의 한 소망 안에서 부르심을 입었느니라 5주도 하나이요 믿음도 하나이요 세례도 하나이요 6하나님도 하나이시니 곧 만유의 아버지시라 만유 위에 계시고 만유를 통일하시고 만유 가운데 계시도다(엡4:4-6)** 하루 속히 성경을 무수한 신학의 오염에서 해방시키는 길만이 이 시대의 교회들이 성경의 진리를 올바로 습득할 수 있는 유일한 길이라고 믿습니다. 이 책이 이 마지막 시대에 하나님 나라의 확장을 위하여 독자들에게 조금이라도 도전이 되고 성경이해에 도움이 될 수 있다면 더 이상의 바램이 없겠습니다.

2018년 알버커키 뉴 멕시코에서
류 종재 목사

제1부

서론 〈전체개관〉

인류역사에서 요한계시록이 다루고 있는 기간

서론에서 요한계시록을 올바로 이해하는데 있어서 또 하나의 비밀은 요한계시록이 다루고 있는 전체기간이 인류역사에서 어디서부터 어디까지를 다루고 있는지를 정확하게 파악하는 것이 중요하다고 말씀드렸습니다. 그러므로 요한계시록이 다루고 있는 기간이 인류역사에서 어느부분에 속하는지를 알아보기 위하여 먼저 다니엘서를 살펴보도록 하겠습니다. 다니엘은 주전 605 년 경에 바벨론의 포로로 끌려가서 고레스 왕 3 년 이후까지 살았던 유대인이었습니다. 그러니까 그는 90 세 이상을 살면서 바벨론 제국이 멸망하는 것과 메데 페르시아 제국이 세워지는 것을 직접 목격한 사람입니다. 포로로 끌려간 사람으로서 본국의 탁월한 사람들을 제치고 느브갓네살 왕, 벨사살 왕, 다리오 왕 그리고 고레스 왕 밑에서 신임을 받으며 고위관직을 누릴 수 있었던 것은 참으로 놀라운 일입니다. 그러나 이보다 더욱 놀라운 것은 하나님께서 다니엘을 통하여 인류역사의 종말까지 대략의 시간표를 미리 보여주셨다는 점입니다. 그러므로 다니엘서는 요한계시록을 이해하는 뼈대를 제공해 주는 책으로서 오늘 우리가 사는 시대가 몇시인지를 알려주는 중요한 자료를 제공해주는 책입니다. 따라서 요한계시록에 들어가기 전에 먼저 다니엘서를 살펴보기로 하겠습니다. 다니엘서는 요한 계시록이 다루고 있는 전체기간이 언제부터 언제까지인지를 정확하게 보여주고 있기 때문입니다.

칠십 이레[Seventy 'sevens']

다니엘서 9장은 아닥사스다 왕이 예루살렘을 중건하라는 명령이 하달 될 때부터 시작하여 인류의 종말까지의 인류역사의 시간표를 미리 보여주는 참으로 놀라운 장입니다. 당시의 역사적 배경을 살펴보면 이미 잘 알려진 바와 같이 느브갓네살 왕의 군대가 예루살렘을 완전히 훼파하였고 다니엘과 그 백성은 바벨론에 포로로 잡혀갔습니다. 이보다 앞서 선지자 예레미야는 예루살렘이 70년간 황폐하게 될 것이라고 예언하였습니다.[렘.25:11] 다니엘서 9장 1절부터 보시면 다리오 왕 원년에 다니엘은 예레미야서를 읽다가 바벨론에 의해 멸망한 자기 조국의 수도 예루살렘이 포로생활 70년이 끝나야 회복된다는 사실을 발견합니다. 그래서 그는 예루살렘성과 이스라엘 백성의 장래에 빛을 비춰달라고 기도합니다. 3절부터 보면 이에 다니엘은 자기 죄와 조국의 죄를 통회자복하며 금식기도에 들어갔습니다. 20절부터 보면 그가 이렇게 죄를 자복하고 간구할 때 그의 기도가 응답되었습니다. 24절부터27절까지 기록된 다니엘이 받은 기도 응답의 내용을 살펴보면 이렇습니다. 앞의 서론에서 언급한 것처럼 여기 칠십 이레를 살펴볼 때에도 각 교파의 신학사상이 이 부분에 대하여 어떻게 해석하고 있는지에 상관없이 그냥 성경이 말씀하는 대로 따라가는 것이 성경말씀을 바로 이해하는 유일한 비결이 될 것입니다.

24) 네 백성과 네 거룩한 성을 위하여 **칠십 이레로 기한을 정하였나니** 허물이 마치며 죄가 끝나며 죄악이 영속되며 영원한 의가 드러나며 이상과 예언이 응하며 또 **지극히 거룩한 자가 기름부음을 받으리라**

25) 그러므로 너는 깨달아 알지니라 **예루살렘을 중건하라는 영이 날 때부터 기름부음을 받은 자 곧 왕이 일어나기까지 일곱 이레와 육십 이 이레가 지날 것이요** 그 때 곤란한 동안에 성이 중건되어 거리와 해자가 이룰 것이며

26) **육십 이 이레 후에 기름부음을 받은 자가 끊어져 없어질 것이며** 장차 **한 왕의 백성이 와서 그 성읍과 성소를 훼파하려니와** 그의 종말은 홍수에 엄몰됨 같을 것이며 **또 끝까지 전쟁이 있으리니** 황폐할 것이 작정되었느니라

27) **그가 장차 많은 사람으로 더불어 한 이레 동안의 언약을 굳게 정하겠고 그가 그 이레의 절반에 제사와 예물을 금지할 것이며** 또 잔포하여 **미운 물건이 날개를 의지하여 설 것이며** 또 이미 정한 종말까지 진노가 황폐케 하는 자에게 쏟아지리라 하였느니라

한 구절씩 살펴보겠습니다. '이스라엘 백성들의 허물이 마치며 죄가 끝나며 죄악이 영원히 용서되며 영원한 의가 드러나며' 여기서 이스라엘 백성들의 죄가 끝나고 죄악

이 영원히 용서되고 영원한 의가 드러나는 때는 언제입니까? 그때는 당연히 인류역사의 맨끝 종말입니다. 인류역사의 맨끝에 이스라엘 백성들이 주님께 돌아오기 전까지는 아직도 이스라엘 백성들은 죄 가운데 있기 때문입니다. 로마서 11장 25-27절을 보면 이방인의 충만한 수가 차게 될 때 즉 종말에는 이스라엘 백성의 죄를 없이하고 그들을 구원하는 때라고 말씀하고 있습니다; "25형제들아 너희가 스스로 지혜 있다 함을 면키 위하여 이 비밀을 너희가 모르기를 내가 원치 아니하노니 이 **비밀은 이방인의 충만한 수가 들어오기까지** 이스라엘의 더러는 완악하게 된 것이라 26그리하여 온 이스라엘이 구원을 얻으리라 기록된바 구원자가 시온에서 오사 야곱에게서 경건치 않은 것을 돌이키시겠고 27**내가 저희 죄를 없이 할 때에** 저희에게 이루어질 내 언약이 이것이라 함과 같으니".〈롬11:25-27〉 다시 말해서 이스라엘 백성들의 죄가 없어지고 용서받아 영원한 의가 드러나는 때는 이스라엘 백성들이 종말에 회개하고 주님께 돌아 올 때입니다. 스가랴서 12장 10-11절을 보십시오; "내가 다윗의 집과 예루살렘 거민에게 은총과 간구하는 심령을 부어 주리니 그들이 그 찌른바 그를 바라보고 그를 위하여 애통하기를 독자를 위하여 애통하듯 하며 그를 위하여 통곡하기를 장자를 위하여 통곡하듯 하리로다 그 날에 예루살렘에 큰 애통이 있으리니 므깃도 골짜기 하다드림 몬에 있던 애통과 같을 것이라"〈슥12:10-11〉

그리고 '**이상과 예언이 응하며 또 지극히 거룩한 자가 기름부음을 받으리라**'고 하였는데 성경에 기록된 모든 이상과 예언이 이루어지는 때는 언제입니까? 당연히 인류역사의 맨 끝입니다. 왜냐하면 지금 현재까지도 성경에 기록된 이상과 예언이 다 이루어지지 않은 상태입니다. 인류역사의 끝이 되어야 비로소 성경에 기록된 모든 이상과 예언이 이루어질 것입니다. 그 때에 '**거룩한 자가 기름부음을 받는다**'고 하였으니 이것은 인류역사의 끝에 예수님이 왕의 왕으로 재림하시는 때를 말하는 것입니다. 요한계시록 10장 7절을 보면 "일곱째 천사가 소리 내는 날 그 나팔을 불게 될 때에 하나님의 비밀이 그 종 선지자들에게 전하신 복음과 같이 이루리라"고 기록하고 있습니다. 즉 마지막 나팔을 불 때에 예수님께서 왕의 왕으로 재림하게 될 것인데 그 때가 바로 성경에 기록된 모든 이상과 예언이 이루어지는 때인 것입니다. 요한계시록 11장 15절을 보면 마지막 나팔을 불 때에 예수님이 왕으로 재림하시어 그리스도의 왕국이 세워진다는 것을 알 수 있습니다; "일곱째 천사가 나팔을 불매 하늘에 큰 음성들이 나서 가로되 **세상 나라 가 우리 주와 그 그리스도의 나라가 되어 그가 세세토록 왕노릇하시리로다**" 그러므로 여기서 우리는 24절의 '기름부음을 받은 자'와 25절의 '기름부음을 받은 자'는 같은 분 예수님을 말하고 있음을 쉽게 알 수 있습니다. 25절에 기록된 기름부은 받은 자는 육십 이 이레 후에 나타났다가 끊어져 없어진다고 하였으니 이는 예수님의 초림을 얘기하는 것이며 칠십 이레 후에 즉 성경의 모든 예언이 다 이루어진 후에 나타날 기름부음을 받은 자는 재림의 예수님이 분명하기 때문입니다.

그런데 성경에 기록된 모든 이상과 예언들이 이루어지고 또 지극히 거룩한 자가 왕의 왕으로 기름부음을 받아 재림할 때까지는 모두 '칠십 이레'라는 시간이 걸릴 것이라고 하였습니다. 그러면 문제는 '칠십 이레'라는 기간은 과연 얼마나 긴 기간인가 하는 것입니다. 여기 '이레'라는 말은 히브리어로 '샤부아'라고 하는데 '일곱'이라는 뜻입니다. 그러므로 정확한 번역은 '칠십 이레'가 아니고 영어성경[NIV]에서처럼 '칠십 일곱들'[Seventy sevens]이라고 번역하는 것이 정확합니다. 그러면 칩십 일곱들이 얼마나 긴 기간인지를 알아보려면 우리가 우리의 상상으로 해석하지 말고 성경에서 그 해석을 찾아보는 것이 중요합니다. 창세기 29장 27절을 보시면 야곱에게 다시 7일을 채우면 라헬을 아내로 주겠다고 약속하면서 7년을 삼촌 라반을 위해서 일할 것을 요구합니다; **"27이를 위하여 칠일을 채우라 우리가 그도 네게 주리니 네가 그를 위하여 또 칠년을 내게 봉사할찌니라."** 그러니까 여기서 7일을 7년으로 계산한 경우를 보게 됩니다. 또 민수기 14장 34절에서도 40일을 40년으로 계산하고 있음을 볼 수 있습니다; **"34너희가 그 땅을 탐지한 날수 사십일의 하루를 일년으로 환산하여 그 사십 년간 너희가 너희의 죄악을 질찌니 너희가 나의 싫어 버림을 알리라 하셨다 하라"** 또 에스겔서 4장 6절에서도 그 동일한 예를 찾아볼 수 있습니다; **"6그 수가 차거든 너는 우편으로 누워 유다 족속의 죄악을 담당하라 내가 네게 사십일로 정하였나니 일일이 일년이니라"** 이와 같이 성경에서는 1일을 1년으로 계산한 경우를 볼 수 있습니다. 그러므로 여기서 '이레'는 7년을 의미하고 '칠십 이레'는 70 × 7년 = 490 년을 뜻하는 것을 쉽게 알 수 있습니다. 그러니까 칠십 이레는 그냥 상징적인 숫자로서 예수님의 초림 때까지의 기간을 의미하는 것이라고 막연하게 해석하는 신학자들의 해석은 얼마나 잘못된 것인지를 우리는 알게 됩니다. 이와 같이 칠십 이레를 숫자 그대로 받아들이기를 거부하고 상징적으로 해석하는 신학은 **'일점일획까지도 다 이루어지리라'**고 하신 예수님의 말씀을 전면적으로 부정하는 것입니다. 우리는 성경을 우리의 생각으로 해석하지 말고 성경에 쓰여진 그대로 받아들여야만 성경말씀을 가장 정확하게 이해할 수 있게 됩니다.

'칠십 이레'가 490년이라는 것을 염두에 두고 다시 24절로 돌아가 보면 '이스라엘 백성들의 허물이 마치며 죄가 끝나며 죄악이 영원히 용서되며 영원한 의가 드러나며 성경에 기록된 모든 이상과 예언들이 이루어지고 또 지극히 거룩한 자가 왕의 왕으로 기름부음을 받아 재림할 때까지는 모두 '칠십 이레' 즉 490년 이라는 시간이 걸릴 것이다.'라는 말입니다. 그러면 언제부터 계산해서 490년이 지나야 이스라엘의 모든 죄가 용서되고 영원한 의에 들어가며 거룩한 자가 왕의 왕으로 재림할 것인지를 살펴보아야 합니다. 25절을 보시기 바랍니다.

25) 그러므로 너는 깨달아 알지니라 **예루살렘을 중건하라는 영이 날 때부터 기름부음을 받은 자 곧 왕이 일어나기까지 일곱 이레와 육십 이 이레가 지날 것이요** 그 때 곤란한 동안에 성이 중건되어 거리와 해자가 이룰 것이며

즉 '칠십 이레'가 시작하는 시간은 예루살렘을 중건하라는 영이 날 때부터라고 하였습니다. 즉 예루살렘을 재건하라는 왕의 명령이 나는 날부터 계산한다는 뜻입니다. 그러면 예루살렘성을 중건하라는 왕의 명령이 떨어진 때는 언제입니까? 느헤미야 1장 3절에 보면 아닥사스다 왕 제 이십년에 수산 궁에서 왕을 섬기고 있던 느헤미야는 예루살렘성이 훼파되고 성문들이 불에 소화되었다는 소식을 고국을 방문했던 동료 유대인들로부터 듣습니다. 2장 5절에 보면 **'나를 유대 땅 나의 열조의 묘실에 있는 성읍에 보내어 그 성을 중건하게 하옵소서'**라고 느헤미야가 왕에게 청원하고 있습니다. 2장 8절부터 보면 왕이 조서를 내려 허락한 사실이 기록되어 있습니다. 그러면 왕이 허락한 그 때는 언제입니까? 느헤미야 2장 1절에 보시면 그 때는 아닥사스다 왕 이십년 니산월이라고 기록되어 있습니다. [**1아닥사스다왕 이십년 니산월에** 왕의 앞에 술이 있기로 내가 들어 왕에게 드렸는데 이전에는 내가 왕의 앞에서 수색이 없었더니 2왕이 내게 이르시되 네가 병이 없거늘 어찌하여 얼굴에 수색이 있느냐 이는 필연 네 마음에 근심이 있음이로다 그 때에 내가 크게 두려워하여 3왕께 대답하되 왕은 만세수를 하옵소서 나의 열조의 묘실 있는 성읍이 이제까지 황무하고 성문이 소화되었사오니 내가 어찌 얼굴에 수색이 없사오리이까 4왕이 내게 이르시되 그러면 네가 무엇을 원하느냐 하시기로 내가 곧 하늘의 하나님께 묵도하고 **5왕에게 고하되 왕이 만일 즐겨하시고 종이 왕의 목전에서 은혜를 얻었사오면 나를 유다 땅**

나의 열조의 묘실 있는 성읍에 보내어 그 성을 중건하게 하옵소서 하였는데 6그 때에 왕후도 왕의 곁에 앉았더라 왕이 내게 이르시되 네가 몇날에 행할 길이며 어느 때에 돌아 오겠느냐 하고 왕이 나를 보내기를 즐겨하시기로 내가 기한을 정하고 7내가 또 왕에게 아뢰되 왕이 만일 즐겨하시거든 강 서편 총독들에게 내리시는 조서를 내게 주사 저희로 나를 용납하여 유다까지 통과하게 하시고 8또 왕의 삼림 감독 아삽에게 조서를 내리사 저로 전에 속한 영문의 문과 성곽과 나의 거할 집을 위하여 들보 재목을 주게 하옵소서 하매 내 하나님의 선한 손이 나를 도우심으로 왕이 허락하고 9군대 장관과 마병을 보내어 나와 함께하게 하시기로 내가 강 서편에 있는 총독들에게 이르러 왕의 조서를 전하였더니〈느2:1-9〉 대영백과사전에 의하면 아닥사스다 왕의 즉위연대를 주전 465년으로 기록하고 있습니다. 그러므로 그가 즉위한지 이십년이 된 해는 주전 445년 니산월입니다. 그러므로 이날을 시작으로해서 '칠십 이레'를 계산해야 합니다.

　　[참고; 예루살렘성을 중건하라는 명령의 때가 주전 457년이라고 주장하는 잘못된 이론이 있는데 이것은 그 근거를 에스라 7장 7-13절에 두고 있습니다. 그러나 아닥사스다 왕 7년 5월에 에스라에게 주어진 조서는 예루살렘성을 중건하라는 조서가 아니고 제사장들과 레위 사람들 중에서 에스라와 함께 예루살렘으로 갈 뜻이 있는 사람들은 가도 좋다고 허락하는 조서입니다; 11여호와의 계명의 말씀과 이스라엘에게 주신 율례의 학사인 학사겸 제사장 에스라에게 아닥사스다 왕이 내린 조서 초본은 아래와 같으니라 12모든 왕의 왕 아닥사스다는 하늘의 하나님의 율법에 완전한 학사겸 제사장 에스라에게 13조서하노니 우리 나라에 있는 이스라엘 백성과 저희 제사장들과 레위 사람들 중에 예루살렘으로 올라갈 뜻이 있는 자는 누구든지 너와 함께 갈찌어다〈에스라7:11-13〉 이 잘못된 이론은 마지막 한 이레를 예수님의 죽으심을 전후한 7년으로 해석하고 있습니다. 즉 마지막 한 이레가 말세에 대한 것이 아니라고 주장합니다. 그러나 예수님은 말세에 대하여 말씀하신 마태복음 24장 15절에서 이 마지막 한 이레가 말세에 관한 것임을 분명하게 말씀하고 있습니다.[15그러므로 너희가 선지자 다니엘의 말한바 멸망의 가증한 것이 거룩한 곳에 선 것을 보거든 (읽는 자는 깨달을찐저)] 다니엘서 9장 26절에 '장차 한 왕의 백성이 와서 그 성읍과 성소를 훼파하려니와"라는 구절은 주후 70년에 로마군대에 의하여 예루살렘이 멸망할 것을 말하는 것입니다. 그리고 그 사건 후부터 끝까지[종말까지]는 전쟁이 있을 것이라고 하였고 그 후에 마지막 한 이레가 올 것이 언급되어 있습니다. 그러므로 마지막 한 이레가 예수님의 죽으심을 전후한 7년이라고 해석하는 것은

마태복음 24장 15절의 예수님의 말씀을 정면으로 부정하는 것입니다.]

그러니까 주전 465년을 시작으로해서 '칠십 이레'[70×7년]를 계산해보면 기름부음을 받은 자가 왕의 왕으로 재림하는 때가 되는 것입니다. 자 다시 24절의 말씀을 보십시오.

24) 네 백성과 네 거룩한 성을 위하여 **칠십 이레로 기한을 정하였나니** 허물이 마치며 죄가 끝나며 죄악이 영속되며 영원한 의가 드러나며 이상과 예언이 응하며 **또 지극히 거룩한 자가 기름부음을 받으리라**

그러니까 아닥사스다 왕이 즉위한지 20년이 되는 해 주전 445년부터 계산해서 칠십 이레[70×7년]가 지나면 하나님의 백성의 죄가 다 끝나고 죄악이 영원히 용서되고 영원한 의를 받게되며 성경에 기록되었던 모든 환상과 예언이 다 이루어지고 또 지극히 거룩한 자 메시야가 왕의 왕으로 기름부음을 받고 재림하게 된다는 것입니다. 간단히 말해서 주전 445년부터 계산해서 칠십 이레가 지나면 예수님의 재림이 있게된다는 말입니다.

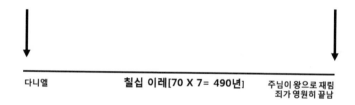

| 다니엘 | 칠십 이레[70 X 7 = 490년] | 주님이 왕으로 재림
죄가 영원히 끝남 |

일곱 이레[7×7년]

자 그러면 다음 25절을 보시기 바랍니다.

예루살렘을 중건하라는 영이 날 때부터' 기름부음을 받은 자 곧 왕이 일어나기까지 **일곱 이레와 육십 이 이레가 지날 것이요.**[25절]

여기서 기름부음을 받은 자는 왕 되신 메시야 예수 그리스도를 의미하는 것이므로 아닥사스다 왕이 예루살렘을 중건하라는 명령이 내릴 때부터 계산해서 예수 그리스도의 초림 때까지는 **일곱 이레와 육십 이 이레가 지날 것**이라는 말입니다. 그러니까 **'일곱 이레'[7×7]와 '육십 이 이레'[62×7]를 합하면 모두 육십 구 이레[69×7]가 걸린다는 뜻입니다.** '일곱 이레'는 7 × 7년이니까 49년을 의미하고 '육십 이 이레'는 62 × 7년이니까 434년을 의미합니다. 그러면 아닥사스다 왕이 칙령을 내릴 때부터 예수 그리스도께서 처음 오실 때까지의 기간을 육십 구 이레 즉 483년이라고 하지 않고 굳이 그 사이에 49년과 434년으로 나누어 언급한 이유는 무엇일까요? 아닥사스다 왕이십년[주전 445년]에 칙령을 발표할 때부터 '일곱 이레' 즉 49년이 지난 때는 주전 396년입니다. 이는 구약의 마지막 선지자 말라기 시대를 가리키는 것입니다. 그러니까 칙령이 발표되고 나서 '일곱 이레'가 지나는 시점을 굳이 언급한 것은 구약의 선지자 시대가 끝나는 역사적인 시점을 짚어주려는 것입니다. 사실 구약에서 선지자들의 역할은 매우 중요한 위치를 차지하였습니다. 그 선지자 시대가 끝나는 시점이 바로 아닥사스다 왕의 칙령발표 후 일곱 이레가 지나는 시점입니다. 실제로 말라기 선지자가 사라진 후에는 약 400년 동안 선지자가 없는 침묵의 기간이 있었습니다. 그 때는 유대인들이 바벨론 포로에서 돌아와 나라를 재건하기 위하여 애쓰는 기간이었으나 그리스 제국에서 갈라져 이집트 지역을 통치하던 톨레미 왕조와 시리아 지역을 통치하던 씰루쿠스 왕조의 식민통치 아래서 시달리던 시대로 영적으로나 정치적으로나 매우 어려운 시간이었으며 그리스 제국의 멸망과 함께 곧 이어서 로마제국의 식민통치 아래 시련이 계속되는 시기였습니다.

육십이 이레 [62×7년]

예루살렘을 중건하라는 영이 날 때부터' 기름부음을 받은 자 곧 왕이 일어나기까지 일곱 이레와 육십 이 이레가 지날 것이요.[25절]

일곱 이레가 지난 후에는 또 육십 이 이레가 지나야 한다고 하였는데 육십 이 이레는 62 × 7년이니까 434년이 또 지나야 기름부음을 받은 자가 나타난다는 말입니다. 그런데 26절을 보시면 육십 이 이레 후에 기름부음을 받은 자가 끊어져 없어질 것이며 라고 기록하고 있습니다. 그러니까 25절과 26절을 종합해 보면 아닥사스다 왕이 칙령을 발표한 주전 445년부터 계산하여 일곱 이레[49년]가 지나고 또 육십 이 이레[434년]가 지나면 기름부음을 받은 자 곧 메시야로 오실 예수 그리스도가 끊어져 없어질 것이란 말입니다. 즉 '육십 이' 이레는 그리스도께서 오셔서 공생애 사역을 모두 마치시고 승천하시게 된 시점을 가리키는 것입니다. 그러니까 말라기 이후부터 육십 이 이레

[434년]는 약 400년간의 침묵의 기간과 예수 그리스도의 지상에 계셨던 기간 약 30여년의 기간을 합한 것입니다. 그러니까 아닥사스다 왕의 칙령 후에 일곱 이레가 지난 후에는 선지자 시대가 끝날 것을 보여준 것이며 그 후에 또 육십 이 이레가 지난 후에는 그리스도가 공생애 사역을 마치는 시점을 미리 보여준 것입니다. 얼마나 놀라운 예언의 시간표입니까? 다니엘은 예수님보다 약 600년 전의 사람이었는데 메시야가 오셔서 대속사역을 마칠 시간을 이토록 정확하게 미리 보여준 것입니다.

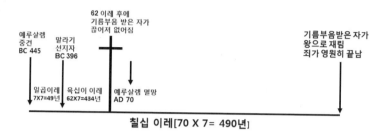

칠십 이레[70 X 7 = 490년]

25)<u>예루살렘을 중건하라는 영이 날 때부터</u>' 기름부음을 받은 자 곧 왕이 일어나기까지 <u>일곱 이레와 육십 이 이레가</u> 지날 것이요.
26)<u>육십 이 이레 후에 기름부음을 받은 자가 끊어져 없어질 것이며</u> 장차 한 왕의 백성이 와서 그 성읍과 성소를 훼파하려니와 그의 종말은 홍수에 엄몰됨 같을 것이며 또 끝까지 전쟁이 있으리니 황폐할 것이 작정되었느니라.

이스라엘의 달력을 오늘의 달력으로 환산하여 메시야의 날자를 계산해 보면 이렇습니다. 요한 계시록 13장 4-7절에 보시면 대환란의 기간을 달 수로는 '마흔 두 달'이라고 표기하였고 또 요한 계시록 12장 13-14절에 보면 대환란의 기간을 날 수로 1260일이라고 기록하고 있습니다. 그러므로 당시 이스라엘의 1개월은 30일이고 1년은 360일이었음을 알 수 있습니다. 아닥사스다 왕이 칙령을 발표할 때부터 그리스도께서 공생애 사역을 마칠 때까지는 일곱 이레[7 × 7년]와 육십 이 이레[62 × 7년]가 걸렸습니다. 그러니까 모두 육십 구 이레[69 × 7년 = 483 년]가 걸린다는 것입니다. 이것을 오늘의 달력으로 환산해 보면 비교적 정확한 날짜를 얻을 수 있을 것입니다. 모두 483년인데 이스라엘의 1년은 360일었으니까 483 년에 360일을 곱하면 153,880일이 됩니다. 칠십 이레의 시작 시간이 주전 445년 니산월인데 정확한 날자가 기록되지 않았으므로 니산월의 첫날로 가정하면 주전 445년 3월 14일이 됩니다. 그러면 주전 445년 3월 14일부터 시작해서 153,880일을 더하면 메시야의 날자를 알 수 있게 될 것입니다. 이것을 오늘날의 1년인 365일에다가 그 안에 들어 있는 윤년의 날수까지 다 포함한 수로 나누어 계산해 보면 기름부음을 받은 자가 끊어진 때 즉 그리스도께서 지상 사역을 마치고 승천하신 때는 우리의 달력으로 주후 32년 4월 6일이 됩니다. 참으로 놀라운 수치입니다. 주전 445년이라는 대영백과사전의 기록에 약간의 착오가 있음을 인정한다고 해도 그리고 로마 콘스탄틴 황제의 연대계산에 3-4년의 착오를 인정하더라도 주후 32년 이라는 이 수치는 실제 그리스도의 날자에 대단히 근접한 수치임에 틀림없습니다. 그러니까 일곱 이레와 육십 이 이레가 끝나는 때가 바로 그리스도께서 십자가 사역을 마치시고 승천하실 때이며 그 때가 바로 주후 32년 경이 된다는 말입니다. 얼마나 정확한 예언입니까?

공백 기간

26) 육십 이 이레 후에 기름부음을 받은 자가 끊어져 없어질 것이며 장차 한 왕의 백성이 와서 그 성읍과 성소를 훼파하려니와 그의 종말은 홍수에 엄몰됨 같을 것이며 또 끝까지 전쟁이 있으리니 황폐할 것이 작정되었느니라

27) 그가 장차 많은 사람으로 더불어 한 이레 동안의 언약을 굳게 정하겠고 그가 그 이레의 절반에 제사와 예물을 금지할 것이며 또 잔포하여 미운 물건이 날개를 의지하여 설 것이며 또 이미 정한 종말까지 진노가 황폐케 하는 자에게 쏟아지리라 하였느니라

26절과 27절을 주의 깊게 살펴 보면 육십 이 이레와 마지막 한 이레 사이에는 상당한 공백기간이 있음을 알 수 있습니다. 즉 '육십 이 이레 후에 기름부음을 받은 자가 끊어져 없어질 것이며' 이는 육십 이 이레의 끝에 그리스도는 십자가 죽음과 부활승천으로 지상에서 끊어져 없어질 것이라는 말입니다. 그리고 26절에 언급한 대로 장차 한 왕의 백성이 와서 그 성읍과 성소를 훼파 한다고 하였는데 이는 그리스도께서 승천하신지 약 40년 후인 주후 70년에 로마 제국의 군대[한 왕의 백성]가 예루살렘을 9개월간 포위하여 그 성읍과 성소[예루살렘과 그 성전]를 파괴한 것을 미리 보여주는 것입니다. 얼마나 정확한 예언입니까? 그리고 우리가 여기서 놓치지 말고 꼭 붙잡아야 할 중대한 사실은 **"끝[이 세상의 종말]까지는 전쟁이 있으리니"**라고 언급한 후에 마지막 남은 **"한 이레"**에 대하여 언급하고 있습니다. 다시 말해서 육십 이 이레와 마지막 한 이레의 사이에는 공백기간이 있다는 사실입니다. 즉 이 공백기간 동안에

즉 마지막 한 이레[1×7년]가 이르기 전까지는 이 세상에 늘 전쟁이 있을 것임을 예고하는 것입니다. 사실 역사학자들의 말에 따르면 인류역사에서 평균 매 30년마다 전쟁이 있었다고 합니다. 이 명백한 공백기간을 무시하고 육십 이 이레 후에 곧 바로 한 이레를 붙여서 해석하는 신학이론은 마지막 한 이레가 주후 70년 전후에 있었던 것으로 해석하고 있습니다. 즉 그들의 해석에 의하면 한 이레의 전반부인 1260일을 디도의 반란으로 보고 그 사건 후 즉 주후 70년 후부터 예수님의 재림까지를 한 이레의 후반부 1260일로 보는 견해입니다. 그러면 주후 70년의 전반부는 불과 수십년에 불과하고 후반부는 거의 2천년에 가까운데 어떻게 한 이레의 절반이라고 할 수가 있겠습니까? 한 이레의 절반이라고 했을 때에는 전반부와 후반부의 시간적 길이가 똑 같은 것임을 의미하는 것입니다. 만약 칠십 이레가 그렇게 상징적인 것이라면 왜 하나님은 칠십 이레를 굳이 일곱 이레와 육십 이 이레와 한 이레를 따로 따로 구분하여 말씀하셨겠습니까? 여기서 우리는 지금까지 요한계시록을 올바로 이해하지못하고 깊은 혼란 가운데 헤메이게 된 주된 원인이 바로 성경말씀을 기록된 그대로 받아들이지 아니하고 신학자들의 개인적인 생각과 무지와 고집과 편견으로 가득찬 다양한 해석들 때문에 기인한 것임을 솔직히 인정해야 합니다.

육십 이 이레와 마지막 한 이레 사이에는 분명히 공백기간이 있음을 성경 본문은 분명히 언급하고 있음을 명심해야 합니다. 다만 이 공백기간이 얼마나 오래 지속하게 될지는 아무도 모릅니다. 이 공백기간이 언제 끝이나서 마지막 **한 이레[7년]**가 시작될 지를 모르기 때문에 마태복음 24장 36절에서 예수님은 **'그날과 그 때는 아무도 모른다고 말씀하신 것입니다. 그런데 데살로니까 전서 5장 2절과 4절에 보시면 '주의 날이 밤에 도적같이 이를 줄을 너희 자신이 자세히 앎이라… 형제들아 너희는 어두움에 있지 아니하매 그날이 도적같이 너희에게 임하지 못하리니.'**라고 말씀하고 있습니다. 무슨 말씀입니까? 영적으로 잠자고 있는 사람들에게는 주의 재림이 도적같이 임하겠지만 영적으로 깨어있는 진짜 그리스도인들에게는 도적같이 임하지 아니한다는 말입니다. 그러나 여기서 우리가 한 가지 짚고 넘어가야 할 것은 어두움에 있지 아니한 참된 그리스도인들에게는 그날이 도적같이 임하지 못한다는 말씀입니다. 즉 어둠에 있지 아니한 참된 그리스도인들은 적그리스도가 와서 평화조약을 맺게하고 전세계를 거짓 평화로 통치할 때 그 때부터 한 이레[7년] 후에는 예수님의 재림이 있을 것이라는 것을 알 수 있기 때문입니다.

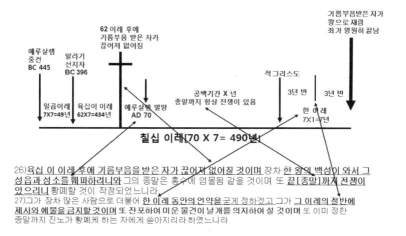

26)육십 이 이레 후에 기름부음을 받은 자가 끊어져 없어질 것이며 장차 한 왕의 백성이 와서 그 성읍과 성소를 훼파하려니와 그의 종말은 홍수에 엄몰됨 같을 것이며 또 끝[종말]까지 전쟁이 있으리니 황폐할 것이 작정되었느니라.
27)그가 장차 많은 사람으로 더불어 한 이레 동안의 언약을 굳게 정하겠고 그가 그 이레의 절반에 제사와 예물을 금지할 것이며 또 잔포하여 미운 물건이 날개를 의지하여 설 것이며 또 이미 정한 종말까지 진노가 황폐케 하는 자에게 쏟아지리라 하였느니라

한 이레

아닥사스다 왕이 칙령을 발표한 후에 예수님께서 승천하실 때까지는 일곱 이레[7 ×7 년 = 49년]와 그리고 육십 이 이레[62 × 7년 = 434년]가 지났습니다. 그러니까 모두 육십 구 이레[69 × 7 년 = 483년]가 지난 것입니다. 그러니까 하나님의 백성이 모든 죄를 영속하고 영원한 의에 들어가고 기름부음을 받은 자[그리스도]가 왕의 왕으로 재림할 때까지는 모두 칠십 이레[70 × 7년 = 490년]가 걸릴 것이라고 하였는데 지금까지 모두 69이레가 지났으므로 이제 남은 것은 한 이레[1 × 7년 = 7년]뿐입니다. 그런데 이 한 이레[7년]는 육십 구 이레 후에 긴 공백기간을 지난 다음에야 도래하는 것입니다. 이것이 바로 중요한 마지막 7년입니다. 이 마지막 7년이 지난 후에야 기름부음을 받은 자[그리스도]가 왕의 왕으로 재림하여 하나님의 백성들이 영원한 의에 들어가게 되는 것입니다. 즉 인류의 종말 직전에는 7년이라는 마지막 중요한 기간이 있게 된다는 것입니다.

[참고; 한 이레가 인류의 종말직전에 있을 7년이라는 해석을 거부하는 신학이론들은 마지막 한 이레가 주후 70년에 예루살렘이 멸망을 당함으로 다 이루어진 것이라고 주장하면서 마지막 한 이레를 세상의 종말사건으로 해석하

면 안된다는 것입니다. 그러니까 '그가 장차 많은 사람으로 더불어 한 이레 동안의 언약을 굳게 정하겠고 그가 그 이레의 절반에 제사와 예물을 금지할 것이며 또 잔포하여 미운 물건이 날개를 의지하여 설 것이며' 라는 한 이레의 사건이 주후 70년에 일어난 예루살렘 멸망을 의미하는 것이지 세상 종말에 일어날 사건이 아니라는 것입니다. 그런데 마태복음 24장 3절부터 보시면 예수님의 재림과 세상 끝에 일어날 사건들을 언급하면서 15절에서는 '그러므로 너희가 선지자 다니엘의 말한 바 멸망의 가증한 것이 거룩한 곳에 선 것을 보거든 읽는 자는 깨달을찐저'라고 예수님께서 직접 다니엘의 마지막 한 이레가 세상 종말에 있을 사건이라고 말씀하고 계십니다. 마지막 한 이레가 세상 종말에 있을 사건이 아니라고 주장하는 사람들은 마태복음 24장이 종말에 관한 말씀이 아니고 주후 70년에 있었던 예루살렘의 멸망이라고 주장하고 있습니다. 그러나 마태복음 24장 3절에 보시면 '또 주의 임하심[재림]과 세상 끝[종말]에는 무슨 징조가 있사오리까?'라는 제자들의 질문을 받으시고 4절부터 예수님이 세상 종말에 있을 징조들에 대하여 말씀하고 계십니다. 그리고 21절에서는 '이는 그때에 큰 환난이 있겠음이라 창세로부터 지금까지 이런 환난이 없었고 후에도 없으리라'고 말씀하셨습니다. 또 27절에 보시면 '번개가 동편에서 나서 서편까지 번쩍임같이 인자의 임함도 그러하리라'고 분명히 예수님의 재림에 대하여 언급하셨습니다. 주후 70년 예루살렘이 멸망할 때에 예수님이 재림하신 적이 있으십니까? 또 29절부터 보시면 '그날 후에 즉시 해가 어두워지며 달이 빛을 내지 아니하며 별들이 하늘에서 떨어지며 하늘의 권능들이 흔들리리라.'고 하였습니다. 주후 70년 예루살렘이 멸망할 때에 해와 달이 빛을 내지 않고 별들이 하늘에서 떨어졌습니까? 또 30절에 보시면 '그 때에 인자의 징조가 하늘에서 보이겠고 그때에 땅의 모든 족속들이 통곡하며 그들이 인자가 구름을 타고 능력과 큰 영광으로 오는 것을 보리라. 저가 큰 나팔소리와 함께 천사들을 보내리니 저희가 큰 나팔소리와 함께 천사들을 보내리니 저희가 그 택하신 자들을 하늘 이 끝에서 저 끝까지 사방에서 모으리라' 이것은 대환란의 끝부분에서 큰 나팔소리와 함께 예수님이 구름타고 재림하시는 것과 택하신 자들을 하늘 이 끝에서 저 끝까지 사방에서 모으는 성도들의 휴거에 대하여 말씀하고 있는 것입니다. 그러므로 마태복음 24장에서 언급한 사건이 이 세상 종말에 관한 사건이 아니고 주후 70년에 있었던 예루살렘의 멸망사건이라는 주장은 대단히 잘못된 해석입니다. 그럼에도 불구하고 많은 사람들은 마지막 한 이레가 종말에 있을 마지막 7년이라는 해석을 거부하고 있습니다. 그것은 단순히 이 해석이 세대주의자들에 의하여 주장되기 때문입니다. 그러므로 우리가 성경을 올

바로 이해하기 위해서는 인간이 만들어낸 신학교리에서 과감히 벗어나서 성경이 말하는 것을 그대로 믿고 받아들여야 합니다. 우리는 우리가 속한 교단의 교리와 신학을 버리고 예수님이 하신 말씀을 그대로 믿고 따라야 합니다. 마태복음 24장 15절에서 예수님은 분명히 다니엘이 말한 마지막 한 이레의 사건을 세상 종말에 있을 적그리스도의 출현이라고 말씀하고 계십니다. 이 예수님의 말씀에 대항하는 모든 이론들은 다 이단일 수 밖에 없는 것입니다.]

27) **그가 장차 많은 사람으로 더불어 한 이레 동안의 언약을 굳게 정하겠고 그가 그 이레의 절반에 제사와 예물을 금지할 것이며 또 잔포하여 미운 물건이 날개를 의지하여 설 것이며** 또 이미 정한 종말까지 진노가 황폐케 하는 자에게 쏟아지리라 하였느니라

여기 27절을 보시면 '그가 장차 많은 사람으로 더불어 한 이레 동안의 언약을 굳게 정하겠고'라고 하였습니다. 여기서 그는 누구입니까? 그는 중동분쟁 같은 국제분쟁을 능수능란하게 해결하고 평화조약을 성사시켜서 온 세상을 거짓 평화로 통치하게될 적그리스도입니다. 세상 사람들은 이제 전쟁이 없어져서 정말 살기 좋은 평화의 세상이 왔다며 기뻐할 것이며 그를 평화의 왕, 참된 그리스도로 숭배하게 될 것입니다. 그러나 우리 그리스도인들은 그 평화는 거짓 평화이며 평화조약이 체결된 후부터 인류의 역사는 한 이레[7년]만 남았다는 것을 깨달아야 할 것입니다. 27절을 다시 보십시오. '**그가 그 이레의 절반에 제사와 예물을 금지할 것이며 또 잔포하여 미운 물건이 날개를 의지하여 설 것이며**' 그러면 제사와 예물을 금지할 때가 언제부터입니까? 다시 말해서 적그리스도가 그리스도인들에게 하나님을 예배하지 못하게 하는 때가 언제부터입니까? 한 이레의 언약을 체결할 때부터입니까? 아닙니다. 한 이레의 절반이 될 때부터 그리스도인들은 하나님을 예배하지 못하게 되는 것입니다. 그러니까 적그리스도가 평화조약을 맺은 후에 3년 반이 되었을 때에 그는 그리스도인들이 하나님을 섬기는 것을 금지할 것이란 말입니다. 즉 평화조약을 맺은 지 3년 반이 되었을 때 그는 비로소 자기의 본색을 드러내면서 말로 하나님을 대적하고 하나님을 섬기는 성도들을 핍박하고 괴롭게 할 것입니다. 그러니까 마지막 남은 한 이레[1×7=7년]중에서 적그리스도가 주는 거짓 평화는 3년 반 만에 끝이나고 나머지 3년 반은 대환란의 기간이 되는 것입니다. 3년 반의 거짓 평화가 끝나면 미운 물건이 날개를 의지하여 설 것이라는

말처럼 적그리스도는 그리스도인들이 하나님을 예배하는 것을 금지할 뿐만 아니라 자기의 신상을 만들어 성전에 세워놓고 온 세상으로 하여금 자기를 하나님으로 섬기게 할 것입니다. 데살로니가 후서에서도 적그리스도에 대하여 예수님은 사도 바울을 통해서 같은 말씀을 하셨습니다. '3누가 아무렇게 하여도 너희가 미혹하지 말라 먼저 배도하는 일이 있고 저 불법의 사람 곧 멸망의 아들이 나타나기 전에는 이르지 아니하리니 4저는 대적하는 자라 범사에 일컫는 하나님이나 숭배함을 받는 자 위에 뛰어나 자존하여 하나님 성전에 앉아 자기를 보여 하나님이라 하느니라[살후2:3-4]

　예수님께서 마태복음 24장에서 마지막 대환란에 대하여 언급하시면서 바로 이 다니엘의 말한 마지막 한 이레를 언급하고 있는 것입니다. '그러므로 너희가 선지자 다니엘의 말한 바 멸망의 가증한 것이 거룩한 곳에 선 것을 보거든 읽는 자는 깨달을 진저.'[마.24:15] 예수님은 다니엘이 언급한 '그 이레의 절반에 제사와 예물을 금지할 미운 물건' 바로 대환란 때에 나타날 적그리스도임을 가르쳐주고 있습니다. 이 적그리스도가 바로 다니엘서 7장 8, 24, 25, 26절에서 언급한 작은 뿔로서 이 작은 뿔은 장차 말로 지극히 높으신 자를 대적하며 또 지극히 높으신 자의 성도를 괴롭게 할 자입니다. 즉 다니엘서 7장 25절에 기록된 대로 '그가 장차 말로 지극히 높으신 자를 대적하며 또 지극히 높으신 자의 성도를 괴롭게 할 것이며 성도는 그의 손에 붙인 바 되어 한 때와 두 때와 반 때를 지내리라.' 다니엘서 12장 1절을 보면 요한계시록에서 말하는 '대환란'에 대하여 언급하고 있습니다. "그때에 네 민족을 호위하는 대군 미가엘이 일어날 것이요. 또 환란이 있으리니 이는 개국 이래로 그때까지 없던 환란일 것이며 그때에 네 백성 중 무릇 책에 기록된 모든 자가 구원을 얻을 것이라" 이와 같이 다니엘서 12장은 대환란에 대하여 언급하면서 7절을 보시면 대환란의 기간이 한 때와 두 때와 반 때가 될 것이라고 기록하고 있습니다. 즉 **적그리스도는 성도의 권세가 다 깨어질 때까지 한 때와 두 때와 반 때 동안 성도를 괴롭힐 것이라고 하였습니다;** "내가 들은즉 그 세마포 옷을 입고 강물 위에 있는 자가 그 좌우 손을 들어 하늘을 향하여 영생하시는 자를 가리켜 맹세하여 가로되 반드시 한때 두때 반때를 지나서 성도의 권세가 다 깨어지기까지니 그렇게 되면 이 모든 일이 다 끝나리라 하더라." 즉 적그리스도가 한 때와 두 때와 반 때 동안에 하나님을 믿는 온 세상의 성도들을 핍박할 때가 바로 '대환란'이라는 말입니다. 그러면 요한계시록에서 말하는 대환란의 기간은 얼마나 긴 기간입니까? 요한계시록 12장 12절, 13절 14절과 17절을 보면 **대환란 기간에 용이 여자의 남은 자손 즉 하나님의 계명**

을 지키며 예수의 증거를 가진 자들을 대항하여 싸우는 기간이 **한 때와 두 때와 반 때라고** 기록하고 있습니다;12그러므로 하늘과 그 가운데 거하는 자들은 즐거워하라 그러나 땅과 바다는 화 있을찐저 이는 마귀가 자기의 때가 얼마 못된 줄을 알므로 크게 분내어 너희에게 내려 갔음이라 하더라 13용이 자기가 땅으로 내어쫓긴 것을 보고 남자를 낳은 여자를 핍박하는지라 14그 여자가 큰 독수리의 두 날개를 받아 광야 자기 곳으로 날아가 거기서 그 뱀의 낯을 피하여 **한 때와 두 때와 반 때를** 양육 받으매… 17용이 여자에게 분노하여 돌아가서 그 여자의 남은 자손 곧 하나님의 계명을 지키며 예수의 증거를 가진 자들로 더불어 싸우려고 바다 모래 위에 섰더라 〈계12:12,13,14,17〉

　그러므로 **다니엘서 9장에서 언급한 '한 이레의 절반' 그리고 다니엘서 12장 1절과 7절에서 언급한 대환란의 기간 '한 때와 두 때와 반 때'는 바로 요한계시록에서 대환란에 대하여 기록한 '한 때와 두 때와 반 때'를 가리키는 것이 분명해졌습니다.** 그러면 이 한 때와 두 때와 반 때는 얼마나 긴 기간입니까? 이 말씀의 짝을 찾아보면 그 기간이 얼마나 긴 기간인 줄을 알게 될 것입니다. 한 때와 두 때와 반 때를 모두 합하면 세 때 반이 됩니다. 그러면 우리는 한 이레의 절반이 바로 세 때 반이라는 것을 금방 알아차릴 수 있습니다. 그러면 한 이레 절반 즉 7년의 절반은 3년 반, 세 때 반입니다. 그러면 적그리스도가 지극히 높으신 자의 성도를 3년 반 동안 괴롭게하는 기간은 언제입니까? 한 이레의 절반 중에서 전반부입니까 아니면 후반부입니까? 27절에 **'한 이레의 절반에 제사와 예물을 금지할 것이라'**고 하였습니다. 그러니까 한 이레에서 절반이 지나는 시점에서 제사와 예물을 금지할 것이라고 하였으니 적그리스도가 성도들의 예배를 금지하는 때는 당연히 한 이레의 후반부가 될 것입니다. 그러면 지극히 높으신 자의 성도가 3년 반 동안 적그리스도의 손에 붙여져서 괴롭힘을 당하다가 마침내는 성도의 권세가 다 깨어진다는 다니엘서 12장 7절의 내용과 일치하는 말씀은 성경 어디에서 찾아볼 수 있습니까? 요한계시록 11장 2-12절에 기록되어 있습니다. 특히 2절과 7절에 주목하여 읽어 보시기 바랍니다.

　2성전 밖 마당은 척량하지 말고 그냥 두라 이것을 이방인에게 주었은즉 **저희가 거룩한 성을 마흔 두달 동안 짓밟으리라** 3내가 나의 **두 증인에게 권세를 주리니 저희가 굵은 베옷을 입고 일천 이백 육십 일을 예언하리라** 4이는 이 땅의 **주 앞에 섰는 두 감람나무와 두 촛대니** 5만일 누구든지 저희를 해하고자 한즉 저희 입에서 불이 나서 그 원수를 소멸할찌니 누구든지 해하려 하면 반드시 이와 같이 죽임을 당하리라 6저희가 권세를 가지고 하늘을 닫아 그 예언을 하는 날 동안 비 오지 못하게 하고 또 권세를 가지고 물을 변하여 피 되게 하고 아무 때든지 원하는 대로 여러가지 재앙으로 땅을 치리로다 7**저희가 그 증거를 마칠 때에 무저갱으로부터 올라오는 짐승이 저희로 더불어 전쟁을 일으켜 저희를 이기고 저희를 죽일터인즉** 8저희 시체가 큰 성길에 있으리니 그 성은 영적으로 하면 소돔이라고도 하고 애굽이라고도 하니 곧 저희 주께서 십자가에 못 박히신 곳이라 9백성들과 족속과 방언과 나라 중에서 사람들이 그 시체를 사흘 반 동안을 목도하며 무덤에 장사하지 못하게 하리로다 10이 두 선지자가 땅에 거하는 자들을 괴롭게 한고로 땅에 거하는 자들이 저희의 죽음을 즐거워하고 기뻐하여 서로 예물을 보내리라 하더라 11삼일 반 후에 하나님께로부터 생기가 저희 속에 들어가매 저희가 발로 일어서니 구경하는 자들이 크게 두려워하더라 12하늘로부터 큰 음성이 있어 이리로 올라오라 함을 저희가 듣고 구름을 타고 하늘로 올라가니 저희 원수들도 구경하더라〈계11:2~12〉

그러니까 한 이레의 절반인 3년 반은 개월 수로 계산하면 마흔 두달 [42개월]이 되고 3년 반을 날 수로 계산하면 1260일이 된다는 것을 알 수 있습니다.[성경에서 한 달을 30일로 계산, 예를 들어 42개월 = 1260일]] 그러니까 두 증인이 하늘로부터 받은 특별한 권능을 가지고 복음을 전파하다가 짐승인 적그리스도에게 죽임을 당하여 그 권세가 다 깨어질 때까지의 기간이 1260일 즉 3년 반이 된다는 말입니다. 그런데 그 두 증인은 서론에서 간단히 살펴본 대로 두 감람나무와 두 촛대로서 유대인 교회와 이방인 교회입니다. 그러니까 그 두 증인이 바로 한 이레의 절반 동안에 적그리스도의 손에 붙여져서 괴롭힘을 당하다가 그 권세가 다 깨어져서 죽게될 성도들이라는 것을 알 수 있습니다. 그러니까 인류역사에서 마지막 남은 한 이레 즉 7년의 기간 중에서 전반부 3년 반 동안은 거짓 평화의 기간이 될 것이고 후반부 3년 반의 기간은 적그리스도가 하나님을 대적하고 성도를 괴롭게 하는 기간이 될 것입니다. 결국 **다니엘서에서 언급한 '한 이레의 절반'인 그 3년 반의 기간이 바로 요한계시록에서 언급하고 있는 '한 때와 두 때와 반 때'와 '마흔 두 달'과 '1260일'인 것입니다.** 다시 말해서 바로 **한 이레의 후반부 3년 반 동안의 기간이 요한 계시록 6장부터19장에서 다루고 있는 대환란의 기간이 되는 것입니다.** 결국 다니엘서 9장에 기록된 칠십 이레에서 우리는 최소한 요한계시록에서 다루고 있는 대환란의 기간이 마지막 한 이레의 후반부에 속한다는 것을 알게 된 것입니다. 그러므로 세대주의신학이 주장하는 7년 대환란설은 잘못된 것이며 성경이 말하는 대환란의 기간은 '3년 반'입니다. 즉 다니엘서와 요한계시록이 사용하는 용어로 표현하면 '한 때와 두 때와 반 때', 또는 '마흔 두 달', 또는 '1260일'인 것입니다.

결론적으로 이 마지막 한 이레[7년]가 끝나면 칠십 이레의 모든 기간이 끝나고 24절에 성도들에게 약속한 것이 이루어질 것입니다. 즉 '네 백성과 네 거룩한 성을 위하여 칠십 이레로 기한을 정하였나니 허물이 마치며 죄가 끝나며 죄악이 영속되며 영원한 의가 드러나며 이상과 예언이 응하며 지극히 거룩한 자가 기름부음을 받으리라.' 여기에서 '지극히 거룩한 자가 기름부음을 받으리라'는 말은 왕의 왕으로 재림하시는 예수님을 가리키는 것이며 성경은 주님께서 재림하실 때에는 성도들의 휴거가 있을 것을 말하고 있습니다. 그러므로 두 증인이 대환란 기간인 3년 반 동안 즉 1260 일 동안 복음증거를 다 마친 후[계11:2]에는 짐승에게 죽임을 당하였다가 죽은지 3일 반 후에 공중으로 휴거하게 된다는 요한계시록 11장 7절과 12절의 말씀은 예수님의 재림과 성도의 휴거가 대환란의 맨 끝에 있게 될 것을 보여주고 있습니다;

[계 11:2내가 나의 두 증인에게 권세를 주리니 저희가 굵은 베옷을 입고 <u>일천 이백 육십 일을 예언하리라</u>

계 11:7<u>저희가 그 증거를 마칠 때에 무저갱으로부터 올라오는 짐승이 저희로 더불어 전쟁을 일으켜 저희를 이기고 저희를 죽일터인즉</u>

계11:12 <u>하늘로부터 큰 음성이 있어 이리로 올라오라 함을 저희가 듣고 구름을 타고 하늘로 올라가니</u> 저희 원수들도 구경하더라]

그러니까 두 증인들이 복음증거를 다 마칠 때까지는 1260일이 걸린다는 것을 알 수 있고 그 후에 두 증인들의 휴거가 있음을 알 수 있습니다. 그러므로 예수님의 재림과 성도의 휴거가 대환란 전에 있을 것이라고 해석하는 세대주의 신학이론이 터무니 없이 잘못된 것임을 여기서 잘 보여주고 있는 것입니다. 그러므로 성경을 자기의 생각을 가지고 사사로이 해석하지말고 성경에 기록된 그대로 받아들여야 하는 것입니다. 이와 같이 성경을 사사로이 해석하지 말고 성경에서 그 해석을 찾아보면 그 뜻이 분명하고도 정확하게 드러나는 것입니다. 그러면 지금까지 위에서 살펴본 것을 토대로 인류역사에서 요한계시록이 언급하고 있는 대환란이 다루는 기간을 도표로 그려보면 다음과 같습니다. 한 이레의 후반[1260일]에서도 마지막 부분에 즉 대환란이 끝나는 시점에 예수님의 재림과 성도의 부활이 있게 되는 것을 유념하면서 도표를 보시기 바랍니다.

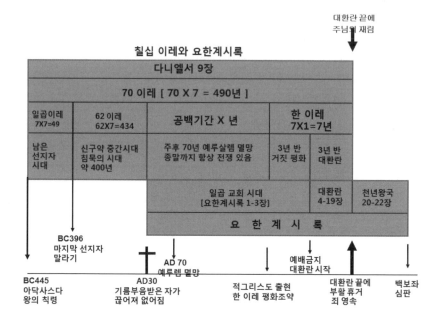

요한계시록에 기록된 사건들의 시간대별 위치

앞에서 우리는 요한계시록이 언급한 대환란의 부분 즉 6장부터 19장까지는 마지막 한 이레의 절반중에서 후반부에 속한다는 것을 확인하였습니다. 요한계시록은 모두 22장으로 구성되어 있습니다. 6장부터 19장까지는 대환란 기간 동안에 일어날 사건들을 다루고 있습니다. 그러면 이제부터는 1장부터 5장까지, 그리고 6장부터 19장까지 그리고 20장부터 22장까지는 어느 시간대에 속하는지를 먼저 살펴보아야 요한계시록의 전체 윤곽을 볼 수 있습니다. 그러므로 먼저 전체윤곽을 시대별로 확인해 본 다음에 각부분을 상세하게 살펴보도록 하겠습니다. 요한계시록의 전체윤곽을 파악하기 위해서 조금 높이 올라가서 성경을 내려다보겠습니다. 그러니까 여기서는 각장의 내용을 상세히 살펴보는 것이 아니고 각장에 기록된 사건이나 내용이 어느 시대에 속하는 것인지를 파악하는데에 주력하는 것입니다. 각장의 상세한 내용은 나중에 다룰 것입니다. 이제부터 각장을 읽어나갈 때에 밑줄친 큰 글씨로 굵게 쓰여진 것에 초점을 맞추어 읽으시기 바랍니다.

1 장

〈서론〉

1예수 그리스도의 계시라 이는 하나님이 그에게 주사 반드시 속히 될 일을 그 종들에게 보이시려고 그 천사를 그 종 요한에게 보내어 지시하신 것이라 2요한은 하나님의 말씀과 예수 그리스도의 증거 곧 자기의 본 것을 다 증거하였느니라 3이 예언의 말씀을 읽는 자와 듣는 자들과 그 가운데 기록한 것을 지키는 자들이 복이 있나니 때가 가까움이라 4요한은 아시아에 있는 일곱 교회에 편지하노니 이제도 계시고 전에도 계시고 장차 오실 이와 그 보좌 앞에 일곱 영과 5또 충성된 증인으로 죽은 자들 가운데서 먼저 나시고 땅의 임금들의 머리가 되신 예수 그리스도로 말미암아 은혜와 평강이 너희에게 있기를 원하노라 우리를 사랑하사 그의 피로 우리 죄에서 우리를 해방하시고 6그 아버지 하나님을 위하여 우리를 나라와 제사장으로 삼으신 그에게 영광과 능력이 세세토록 있기를 원하노라 아멘 7**볼찌어다 구름을 타고 오시리라 각인의 눈이 그를 보겠고 그를 찌른 자들도 볼터이요 땅에 있는 모든 족속이 그를 인하여 애곡하리니 그러하리라 아멘** 8주 하나님이 가라사대 나는 알파와 오메가라 이제도 있고 전에도 있었고 장차 올 자요 전능한 자라 하시더라 9나 요한은 너희 형제요 예수의 환난과 나라와 참음에 동참하는 자라 하나님의 말씀과 예수의 증거를 인하여 밧모라 하는 섬에 있었더니 10주의 날에 내가 성령에 감동하여 내 뒤에서 나는 나팔 소리 같은 큰 음성을 들으니 11가로되 너 보는 것을 책에 써서 에베소, 서머나, 버가모, 두아디라, 사데, 빌라델비아, 라오디게아 일곱 교회에 보내라 하시기로 12몸을 돌이켜 나더러 말한 음성을 알아 보려고 하여 돌이킬 때에 일곱 금 촛대를 보았는데 13촛대 사이에 인자 같은 이가 발에 끌리는 옷을 입고 가슴에 금띠를 띠고 14그 머리와 털의 희기가 흰 양털 같고 눈 같으며 그의 눈은 불꽃 같고 15그의 발은 풀무에 단련한 빛난 주석 같고 그의 음성은 많은 물 소리와 같으며 16그 오른손에 일곱 별이 있고 그 입에서 좌우에 날선 검이 나오고 그 얼굴은 해가 힘있게 비취는것 같더라 17내가 볼때에 그 발앞에 엎드러져 죽은 자 같이 되매 그가 오른손을 내게 얹고 가라사대 두려워 말라 나는 처음이요 나중이니 18곧 산 자라 내가 전에 죽었었노라 볼찌어다 이제 세세토록 살아 있어 사망과 음부의 열쇠를 가졌노니 19**그러므로 네 본 것과 이제 있는 일과 장차 될 일을 기록하라** 20네 본 것은 내 오른손에 일곱 별의 비밀과

일곱 금 촛대라 일곱 별은 일곱 교회의 사자요 일곱 촛대는 일곱 교회니라〈계1:1-19〉

먼저 1장을 살펴보면 1절에서 이 요한계시록은 예수 그리스도의 계시라고 선포하시면서 반드시 속히 될 일을 아시아에 있는 일곱 교회에 편지한다고 하였습니다. 그리고 7절에서는 예수님의 재림을 언급하면서 13절부터는 재림하시는 예수님의 모습이 간략하게 묘사되어있고 예수님의 오른 손에는 일곱 별과 일곱 촛대가 있는데 일곱 별은 일곱 교회의 사자들이고 일곱 촛대는 일곱 교회라고 설명하면서 19절에 보시면 "그러므로 네 본 것과 이제 있는 일과 장차 될 일을 기록하라"고 기록되어 있습니다. 바로 여기 19절에서 보듯이 요한계시록은 세 개의 서로 다른 시대를 다루고 있음을 알 수 있습니다. 세 개의 서로 다른 시대란 즉 사도 요한이 이미 보아온 과거의 일들과 사도 요한이 이 계시를 받을 당시에 직접 보고 있는 당시의 일들과 그리고 사도 요한이 아직 보지 못한 장래에 이루어질 일들을 기록하라는 것입니다. 사도 요한은 사도들 중에서 가장 장수한 사도였습니다. 다른 사도들은 주후 70년 전후로 모두 죽었습니다. 그러나 사도 요한은 주후 90년경까지 살았고 이 요한계시록을 밧모섬에서 받은 시점도 주후 90년 경입니다. 그러면 사도 요한이 이미 보아온 과거의 일은 주후 90년 전의 일들이어야 합니다. 그러니까 19절의 "네가 본 것"은 주후 90년 경 이전에 있었던 사건을 의미하는 것입니다. 그리고 "이제 있는 일"은 사도 요한이 주후 90년 경 당시에 보고 있는 일들을 의미하는 것입니다. 그리고 "장차 될 일"은 주후 90년 경 이후에 일어날 미래의 사건들을 의미하는 것입니다. 여기서 우리는 요한계시록이 다루고 있는 기간이 주후 90년 전의 사건들부터 시작하고 있다는 확실한 증거를 확보할 수 있게 된 것입니다. 그리고 사도 요한이 주후 90년경에 이 요한계시록을 받을 당시에 일어나는 일들과 그리고 주후 90년 경 이후에 일어날 일들을 다루고 있다는 것을 깨닫게 됩니다. 그러면 6장부터 19장까지는 마지막 한 이레의 후반부 3년 반 동안의 대환란의 사건들을 다루고 있다는 것을 염두에 두고 생각해보면 요한계시록 1장부터 19장까지는 주후 90년 경 전에 일어났던 사건들부터 시작하여 대환란이 끝나는 부분까지 다루고 있다는 것을 확인할 수 있게됩니다.

2 - 3 장

〈일곱교회시대〉

〈에베소 교회 시대 ; 주후 30-70년경〉

1에베소 교회의 사자에게 편지하기를 오른손에 일곱 별을 붙잡고 일곱 금 촛대 사이에 다니시는 이가 가라사대 2내가 네 행위와 수고와 네 인내를 알고 또 악한 자들을 용납지 아니한 것과 자칭 사도라 하되 아닌 자들을 시험하여 그 거짓된 것을 네가 드러낸 것과 3또 네가 참고 내 이름을 위하여 견디고 게으르지 아니한 것을 아노라 4그러나 너를 책망할 것이 있나니 너의 처음 사랑을 버렸느니라 5그러므로 어디서 떨어진 것을 생각하고 회개하여 처음 행위를 가지라 만일 그리하지 아니하고 회개치 아니하면 내가 네게 임하여 네 촛대를 그 자리에서 옮기리라 6오직 네게 이것이 있으니 네가 니골라당의 행위를 미워하는도다 나도 이것을 미워하노라 7귀 있는 자는 성령이 교회들에게 하시는 말씀을 들을찌어다 이기는 그에게는 내가 하나님의 낙원에 있는 생명나무의 과실을 주어 먹게 하리라〈계2:1-7〉

에베소 교회에 관하여 읽을 때 놓치지 말아야 할 것은 **에베소 교회는 사도들이 세웠던 사도시대의 교회**라는 점입니다. **사도라는 말은 예수님의 열두 제자들을 일컫는 말입니다.** 이 사도들은 직접 예수님으로부터 말씀을 배운 사람들입니다. 이 사도들 중에서 맨 마지막까지 교회사역을 했던 사도가 바로 사도 요한입니다. 사도들이 죽고 난 다음에는 사도들로부터 말씀을 배운 사람들이 교회를 개척하며 섬겼습니다. 그 사람들은 예수님을 본적도 없고 예수님의 열두제자가 아닌 사람들입니다. 사도들이 죽은 다음에는 더 이상 사도들은 없었기 때문에 그 후의 교회들은 사도라는 명칭을 사용하지 않았습니다. 그러니까 2장 2절에 '에베소 교회가 자칭 사도라 하되 아닌 자들을 시험하여 그 거짓된 것을 네가 드러냈다.'는 말은 에베소 교회가 **가짜 사도들이 살았던 시대에 있었던 사도시대의 교회라는 것을 보여줍니다.** 실제로 사도 바울은 고린도 교회가 '다른 예수' '다른 복음' '다른 영'을 따라갈 때에 신랄하게 그들을 책망하면서 **그 사람들의 정체를 '거짓 사도'라고 분명하게 밝혔습니다.** 고린도후서 11장 4절과 13절을 보십시오; "4만일 누가 가서 우리의 전파하지 아니한 **다른 예수**를 전파하거나 혹 너희의 받지 아니한 **다른 영**을 받게 하거나 혹 너희의 받지 아니한 **다른 복음**을 받게 할 때에는 너희가 잘 용납하는구나···13**저런 사람들은 거짓 사도요** 궤휼의 역군이니 자기를 그리스도의 사도로 가장하는 자들이니라." 이와 같이 다른 예수 다른 복음 다른 영을 전파하는 사람들을 **거짓 사도라고** 맹렬하게 비난하면서 복음진리를 바로 잡았던 교회는 사도들이 세웠던 초대교회였습니다. 즉 **'자칭 사도라 하되 아닌 자들'**을 시험하여 그 거짓된 것을 네가 드러낸 에베소 교회'가 바로 사도들이 세웠던 초대교회를 말하는 것입니다. 그러므로 사도 시대에 속한 초대교회들이 바로 계시록에서 말하는 에베소 교회였던 것입니다. 그러니까 에베소 교회는 대략 주후 30-70년대 전후 사이에 있었던 사도들이 개척하고 목회했던 사도시대의 교회들을 말하는 것입니다. 이것이 바로 1장 19절에서 (19) '그러므로 네 본 것과 이제 있는 일과 장차 될 일을 기록하라' 에서 '네가 본 것'[what you have seen] 즉 이미 지나간 과거부터 그 당시까지 사도 요한이 보아왔던 교회입니다. 즉 사도 요한이 요한계시록을 기록한 시점에서 볼 때 이미 지나간 과거에 속하는 교회가 바로 에베소 교회입니다. 대부분의 사도들은 주후 60년대 중반에 시작된 네로 황제의 핍박 때부터 사도 바울과 베드로의 죽음으로 시작하여 대략 주후 70년대 전후에 죽었으나 사도 요한은 주후 90년대까지 살아 남았던 장수한 사도였습니다. 그러므로 사도 요한은 예수님 승천 이후부터 최소한 약 40여년 동안 사도들이 개척하고 섬겼던 사도시대의 교회를 보아왔었습니다. **그러므로 에베소 교회는 '네가 본 것'에 해당하는 사도 시대의 교회라는 점을 놓치지 말아야 합니다.**

〈서머나 교회 시대 : 주후70-300년경〉

8서머나 교회의 사자에게 편지하기를 처음이요 나중이요 죽었다가 살아나신 이가 가라사대 9 **내가 네 환난과 궁핍을 아노니 실상은 네가 부요한 자니라 자칭 유대인이라 하는 자들의 훼방도 아노니 실상은 유대인이 아니요 사단의 회라 10네가 장차 받을 고난을 두려워 말라 볼찌어다 마귀가 장차 너희 가운데서 몇 사람을 옥에 던져 시험을 받게 하리니 너희가 십일 동안 환난을 받으리라** 네가 죽도록 충성하라 그리하면 내가 생명의 면류관을 네게 주리라 11귀 있는 자는 성령이 교회들에게 하시는 말씀을 들을찌어다 이기는 자는 둘째 사망의 해를 받지 아니하리라〈계2:8-11〉

8절을 보시면 과거부터 지금까지 고난을 당해 온 서머나 교회를 주님은 칭찬해주셨습니다. 그러나 그렇다고 고난이 이제 다 끝났다는 것이 아닙니다. 오히려 지금까지 받아온 환란과 고난은 작은 시작에 불과하고 이제부터 본격적인 환란이 닥쳐올 것이라는 뜻입니다. 앞으로도 십 일간이나 더 마귀의 역사가 있을 것을 예고해주고 계십니다. 그러므로 십 일이란 서머나 교회가 대략 주후 70년대 전후부터 300년대까지 계속되었던 황제들의 핍박 중에서도 그리스도인들을 가장 심하게 핍박했던 10 명의 황제시대를 상징하는 것으로 여겨집니다. 즉 서머나 교회가 상징하는 시대는 사도시대가 끝난 다음시대로서 특히 로마제국의 10대 악명 높은 황제들로부터 그리스도인들이 극심한 핍박을 받았던 시대였습니다. 도미시안 황제[주후 90년] 트라얀 황제[98], 하드리안 황제[117], 마르크스 아우렐리우스 황제[161], 셉티미우스 세베레스 황제[202] 막시민 황제[235] 데시우스 황제[249] 발레리안 황제[254] 아우렐리안 황제[270] 디오클레시안 황제[284]등 이들은 로마제국 전역에 흩어진 그리스도인들을 혹독하게 핍박한 황제들로 악명 높은 황제들이었습니다. 사도 요한은 다른 사도들이 죽고 나서도 20년에서 30년 이상 더 장수하면서 사도들이 세워놓았던 교회들이 로마 제국으로부터 가혹한 핍박을 당하는 것을 직접 보아왔었습니다. 그리고 그 핍박과 환란은 사도 요한이 이 계록을 쓰고있는 주후 90년경 그 당시에도 계속되고 있었습니다. 그러므로 서머나 교회는 계시록 1장 19절에서 (19) '그러므로 네 본 것과 <u>이제 있는 일</u>과 장차될 일을 기록하라' 에서 '<u>이제 있는 일</u>'에 <u>속하는 교회인 것입니다.</u> 사도 요한은 바로 십일 동안 환란을 받게 될 이 서머나 교회시대의 초기에 있었던 사람입니다. [10네가 장차 받을 고난을 두려워 말라 볼찌어다 마귀가 장차 너희 가운데서 몇 사람을 옥에 던져 시험을 받게 하리니 너희가 십일 동안 환난을 받으리라]

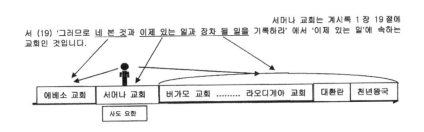

서 (19) '그러므로 네 본 것과 <u>이제 있는 일</u>과 장차 될 일을 기록하라' 에서 '이제 있는 일'에 속하는 교회인 것입니다.

| 에베소 교회 | 서머나 교회 | 버가모 교회 | .... | 라오디게아 교회 | 대환란 | 천년왕국 |

사도 요한

〈버가모 교회 시대 : 주후 300-600년경〉

12버가모 교회의 사자에게 편지하기를 좌우에 날선 검을 가진 이가 가라사대 **13**네가 어디 사는 것을 내가 아노니 거기는 사단의 위가 있는 데라 네가 내 이름을 굳게 잡아서 내 충성된 증인 안디바가 너희 가운데 곧 사단의 거하는 곳에서 죽임을 당할 때에도 나를 믿는 믿음을 저버리지 아니하였도다 **14**그러나 네게 두어가지 책망할 것이 있나니 거기 네게 발람의 교훈을 지키는 자들이 있도다 발람이 발락을 가르쳐 이스라엘 앞에 올무를 놓아 우상의 제물을 먹게 하였고 또 행음하게 하였느니라 **15**이와 같이 네게도 니골라당의 교훈을 지키는 자들이 있도다 **16**그러므로 회개하라 그리하지 아니하면 내가 네게 속히 임하여 내 입의 검으로 그들과 싸우리라 **17** 귀 있는 자는 성령이 교회들에게 하시는 말씀을 들을찌어다 이기는 그에게는 내가 감추었던 만나를 주고 또 흰 돌을 줄터인데 그 돌 위에 새 이름을 기록한 것이 있나니 받는 자 밖에는 그 이름을 알 사람이 없느니라〈계2:12-17〉

300년경에서 600년경까지의 교회 시대를 살펴보면 콘스탄틴 황제가 즉위하면서 교회는 정부의 특혜와 후원을 받아 외적인 핍박과 박해에서는 벗어났으나 교회 내부적으로는 교리적 논쟁으로 혼란의 와중에 휩싸이게 되었던 시대였습니다. 사탄은 교회가 그 동안 200 여년 동안 심한 박해를 받고도 와해되지 않고 오히려 교회가 더욱 단단히 뭉쳐 하나가 되니까 이번에는 평화로운 시대를 이용하여 사탄은 이단 교리를 만들어 왜곡된 진리로 성도들을 혼란시켜서 교회를 쓰러트리려고 시도하는 것입니다. 예를 들면 박해가 거의 끝나 갈 무렵에 알렉산드리아의 장로 아리우스는 하나님만이 시작이 없는 영원하신 분이고 아들 되신 예수는 시작이 있는 피조물이라고 주장하여 예수는 완전한 하나님이 아니라고 이단교리를 퍼트리기 시작하였습니다. 사탄은 아리우스 이단을 이용하여 예수 그리스도는 육체라는 점을 들어서 예수는 신이 아니고 인간이기 때문에 인간이 인간을 구원할 수 없다는 그런 속임수로 교회를 쓰트리려고 하였던 것입니다. 이에 대항하여 알렉산드리아의 감독 알렉산더는 신학자들을 소집하여 대회를 열고 아리우스의 이단설을 정죄하였습니다. 교회에서 추방당한 아리우스는 동방으로 진출하여 자기의 이단교리를 널리 전파하였고 로마의 황제 콘스탄틴은 주후 325년 5월 20일에 역사적으로 황제가 소집하는 첫 번째 성경교리 회의인 니케아 회의를 소집하였습니다. 하나님의 말씀을 올바로 해석하여 교회를 이단의 공격에서 보호하기 위한 첫번째 국가적인 시도였습니다. 약 300명의 감독들이 참가하였는데 성경을 놓고 독생자 예수 그리스도에 대하여 심도 있게 학자들이 토론을 벌인 끝에 알렉산더 감독의 후임으로 들어선 아다나시우스의 성부와 성자는 동질이며 따라서 성자 예수 그리스도는 영원하신 하나님이라는 해석이 인정을 받고 아리우스 일파는 이단으로 정죄되고 추방되었습니다. 그 후에도 콘스탄티노플 대회[381년], 칼타고 회의[412년] 에베소 회의[431년] 칼세돈 회의[451년] 콘스탄티노플 회의[553년] 등등 하나님의 말씀을 놓고 사탄과의 교리논쟁이 치열했던 시대였습니다. 참으로 "버가모 교회의 사자에게 편지하기를 **좌우에 날선 검을 가진 이가 가라사대[12절]**"라고 말씀하신 것은 **버가모 교회가 '좌우에 날선 검' 즉 성경말씀을 고수해야 했던 교회인 것임을** 보여줍니다. 그러므로 버가모 교회는 주후 약 300년경부터 600년경에 있었던 교리논쟁의 시대를 상징한다고 보여집니다.

〈두아디라 교회 시대 : 주후 600-1500년경〉

18두아디라 교회의 사자에게 편지하기를 그 눈이 불꽃 같고 그 발이 빛난 주석과 같은 하나님의 아들이 가라사대 19내가 네 사업과 사랑과 믿음과 섬김과 인내를 아노니 네 나중 행위가 처음것보다 많도다 20그러나 네게 **책망할 일이 있노라 자칭 선지자라 하는 여자 이세벨을 네가 용납함이니 그가 내 종들을 가르쳐 꾀어 행음하게 하고 우상의 제물을 먹게 하는도다** 21또 내가 그에게 회개할 기회를 주었으되 그 음행을 회개하고자 아니하는도다 22볼찌어다 내가 그를 침상에 던질터이요 또 그로 더불어 간음하는 자들도 만일 그의 행위를 회개치 아니하면 큰 환난 가운데 던지고 23또 내가 사망으로 그의 자녀를 죽이리니 모든 교회가 나는 사람의 뜻과 마음을 살피는 자인줄 알찌라 내가 너희 각 사람의 행위대로 갚아 주리라 24두아디라에 남아 있어 **이 교훈을 받지 아니하고 소위 사단의 깊은 것을 알지 못하는 너희에게 말하노니** 다른 짐으로 너희에게 지울 것이 없노라 25다만 너희에게 있는 것을 내가 올 때까지 굳게 잡으라 26이기는 자와 끝까지 내 일을 지키는 그에게 만국을 다스리는 권세를 주리니 27그가 철장을 가지고 저희를 다스려 질그릇 깨뜨리는 것과 같이 하리라 나도 내 아버지께 받은 것이 그러하니라 28내가 또 그에게 새벽 별을 주리라 29귀 있는 자는 성령이 교회들에게 하시는 말씀을 들을찌어다〈계2:18-29〉

두아디라 교회는 가난한 산업도시에 위치해 있으면서 사업과 사랑과 믿음과 섬김과 인내로서 칭찬을 받은 것은 이 교회가 주후 대략 600년경에서 1500년 경까지의 중세교회의 특징을 보여주는 것입니다. 주후 300년에서

600년경 사이의 교리 논쟁으로 외부적인 사업을 할 수 없었던 버가모 교회 시대를 막 벗어나서 두아디라 교회는 유럽 전역에 복음을 확산시켰던 600년경에서 약 1500년경 사이의 중세교회 전반시대를 상징한다고 볼 수 있습니다. 이 중세교회 전반시대에는 유럽 대륙선교의 시작과 십자군 운동, 수도원 개혁운동 등 외적으로 많은 업적과 사랑의 수고가 있었고 소위 르네쌍스 시대를 준비하는 시대였습니다. 그러므로 중세교회를 상징하는 두아디라 교회가 산업도시에 있었다는 것은 결코 우연의 일치가 아니었습니다. 중세교회는 사회봉사, 가난한 사람을 구제하는 일, 선교 그리고 이슬람 세력들을 싸워 무찌르는 일, 그리고 많은 젊은이들이 세속을 버리고 수도원에 들어가 금욕적인 생활과 기도생활에 힘쓰는 신부들과 수녀들이 되어 사회 구석구석에서 봉사활동을 펴며 가난하고 사회에서 소외된 병든 자들이나 고아 구제에 힘써 사랑과 믿음과 섬김과 인내를 실천하였던 교회였습니다. 주님은 중세교회가 이렇게 선한 일을 하는 것을 기뻐하시고 칭찬하셨습니다. 그러나 이와 같이 가난한 사람들을 돌보며 그들에게 사랑과 봉사와 섬김에 힘썼던 두아디라 교회가 책망을 받은 것은 자칭 선지자라 하는 여자 이세벨을 용납하여 그가 하나님의 종들을 가르쳐 꾀어 행음하게 하고 우상의 제물을 먹게하는 것이었습니다. 두아디라 교회가 거짓 선지자의 가르침을 받아드린 것을 '여자 이세벨'에 비유하였는데 이세벨은 구약 북이스라엘 왕국의 왕후로서 악한 왕 아합을 조정하여 백성으로 하여금 하나님을 멀리하고 바알 우상숭배에 빠지게 하였던 가장 악한 왕후였습니다.[왕상.16:31-33,19:1-2, 21:1-15, 왕하.9:7-10, 30-37] 여기서 거짓 선지자 이세벨을 두아디라 교회가 용납했다는 것은 교황의 권위를 성경보다 더 높였던 부패한 중세교회 전반부시대를 상징하는 것입니다. 그래서 24절에서 두아디라 교회가 사탄의 깊은 것을 알지 못한다고 책망하셨습니다. 참으로 중세교회는 유럽전역에 대한 해외선교와 가난한 사람들에 대한 사랑과 봉사와 성당건축이라는 미명하에 사탄의 깊은 것을 알지 못하고 백성들을 잘못된 믿음의 깊은 흑암으로 인도하고 있었던 것입니다. 사랑과 봉사라는 이름으로 진리를 왜곡하고 타협하는 것을 진리이신 주님께서는 결코 용납하실 수 없는 것입니다. '또 내가 그에게 회개할 기회를 주었으되 그 음행을 회개하고자 아니하는도다.'라고 말씀하고 계십니다. 주님은 중세교회에 다른 어떤 교회시대보다 더 많은 시간을 주어 회개하기를 기다리셨습니다. 그러나 중세교회는 회개하지 아니하였습니다. 그러므로 또 22-23절에 보시면 '볼지어다 내가 그를 침상에 던질 터이요 또 그로 더불어 간음하는 자들도 만일 그의 행위를 회개치 아니하면 큰 환난 가운데 던지고 또 내가 사망으로 그의 자녀를 죽이리니. 모든 교회가 나는 사람의 뜻과 마음을 살피는 자인 줄 알지라 내가 너희 각 사람의 행위대로 갚아 주리라.'라고 경고하고 있습니다. 그러니까 겉으로 나타난 사랑과 봉사에 속지 아니하시고 사람의 뜻과 마음을 살피시는 하나님이시라고 경고하고 있음을 우리는 놓치지 말아야 합니다. 이와 같은 두아디라 교회에 말씀하신 주님은 '그 눈이 불꽃같고 그 발이 빛난 주석과 같은 하나님의 아들로 묘사하고 있습니다. 그 눈이 불 꽃 같은 주님으로 묘사한 것은 중세교회가 겉으로는 사랑과 봉사와 섬김으로 위장하고 있으나 하나님은 그들의 속 중심에 있는 뜻과 생각을 감찰하시는 분으로서 하나님을 속일 수 없다는 뜻입니다. 그 발이 빛난 주석과 같다는 말씀은 주석은 '인내와 심판'을 상징하는 말로서 주님은 범죄한 중세교회가 회개하기를 인내로 기다리시며 회개하지 않을 때는 심판의 발로 짓밟으신다는 무서운 경고의 의미가 담겨져 있는 것입니다.

〈사대 교회 시대 : 1500-1700년경〉

1사대 교회의 사자에게 편지하기를 하나님의 일곱 영과 일곱 별을 가진이가 가라사대 **내가 네 행위를 아노니 네가 살았다 하는 이름은 가졌으나 죽은 자로다** 2너는 일깨워 그 남은바 죽게 된 것을 굳게 하라 내 하나님 앞에 네 행위의 온전한 것을 찾지 못하였노니 3그러므로 네가 어떻게 받았으며 어떻게 들었는지 생각하고 지키어 회개하라 만일 일깨지 아니하면 내가 도적 같이 이르리니 어느 시에 네게 임할는지 네가 알지 못하리라 **4그러나 사데에 그 옷을 더럽히지 아니한 자 몇명이 네게 있어 흰 옷을 입고 나와 함께 다니리니** 그들은 합당한 자인 연고라 5이기는 자는 이와 같이 흰 옷을 입을 것이요 내가 그 이름을 생명책에서 반드시 흐리지 아니하고 그 이름을 내 아버지 앞과 그 천사들 앞에서 시인하리라 6귀 있는 자는 성령이 교회들에게 하시는 말씀을 들을찌어다〈계3:1~6〉

1절에 '내가 네 행위를 아노니 **네가 살았다 하는 이름은 가졌으나 죽은 자로다.**' 라고 기록한 말씀을 놓치지 말아야 할 것입니다. '네 행위를 아노니'라고 한 점을 미루어 볼 때 사데 교회는 교회로서 예배의 형태를 갖추고 정기적으로 모이며 말씀의 가르침과 선한 구제 사업 등 교회가 해야 할 일들을 흉내낸 것은 분명한 것 같은데 주님 보시기에는 거듭난 생명이 없는 단지 종교적으로 모이는 형식주의 신앙만을 유지한 죽은 사람들이었습니다. 이러한 사데교회의 특징적인 모습을 교회역사에서 찾아보면 주후 약 1500년에서 1700년 경까지의 중세의 암흑시대를 연상하게 해줍니다. 이는 중세교회시대 전반기였던 600년경에서부터 1500년경까지 말씀에 기초한 믿음없는 사랑과 봉사로 겉만 화려하고 속은 생명이 없이 죽어가던 전반부 중세교회의 부패가 점진적으로 진행되다가 1500년경부터는 교황의 권위가 하늘 극에 달했던 부패할 대로 부패한 중세교회 말기시대를 상징하는 것입니다. 중세교회 시대의 교황절대주의는 중세교회를 죽음과 암흑 속에 빠트리는 결과를 초래하였습니다. 참으로 카톨릭 교회의 권세가 절정에 달한 때였습니다. 당시 카톨릭 교회에 등록하지 않고 가정에서 모이는 성도들을 무참히 고문하고 살해하는 일도 극에 달하였습니다. 당시에 카톨릭에 의하여 순교당한 가정교회 성도들의 수가 2차 대전 때에 죽은 사람들의 수를 능가하였다고 합니다. 성경에는 목사[장로]와 집사의 직 밖에는 하나님이 주신 직분이 없습니다. 그러나 카톨릭교회에는 성경에 없는 교황이라는 직분에서부터 말단 신부 사이에 수없이 많은 계급직분들을 만들어내고 신부들이 더 높은 계급으로 승진하기 위하여 말로 다 할 수 없는 부정부패가 중세교회 내부에서 발생하였습니다. 유럽 각국의 왕들은 교황의 통치 아래 절대 복종하면서 종교세를 로마 교황청에 보내야 했으며 유럽 여러 나라에 새로운 성당을 지을 때 마다 백성들의 피를 빨아 교황청에 바쳐야 했었습니다. 그러므로 주님께서 '내가 네 행위를 아노니 네가 살았다하는 이름은 가졌으나 실상은 네가 죽은자'라고 말씀하실 수 밖에 없는 것입니다.

그러나 이와 같이 책망을 받은 죽은 사데교회에도 한가지 희망이 있었습니다. 4절에서 보는 대로 '그러나 사데에 그 옷을 더럽히지 아니한 자 몇 명이 네게 있어 흰 옷을 입고 나와 함께 다니리니 그들은 합당한 연고'라고 기록하고 있습니다. 이는 로마교황청에 반기를 들고 일어난 용감한 개혁자들이 있었기 때문입니다. 지난 수 백년 동안 도미니끄, 위클리프, 성 프란시스, 존 후스 등 몇몇 개혁자들이 지하에서 개혁운동을 해온 덕분에 그동안 순수신앙을 지켜온 지하 가정교회 성도들이 힘을 얻을 수 있었던 것입니다.

〈필라델피아 교회 시대 : 1700-1800년대〉

7빌라델비아 교회의 사자에게 편지하기를 거룩하고 진실하사 다윗의 열쇠를 가지신 이 곧 열면 닫을 사람이 없고 닫으면 열 사람이 없는 그이가 가라사대 **8**볼찌어다 **내가 네 앞에 열린 문을 두었으되 능히 닫을 사람이 없으리라 내가 네 행위를 아노니 네가 적은 능력을 가지고도 내 말을 지키며 내 이름을 배반치 아니하였도다** **9**보라 사단의 회 곧 자칭 유대인이라 하나 그렇지 않고 거짓말 하는 자들 중에서 몇을 네게 주어 저희로 와서 네 발앞에 절하게 하고 내가 너를 사랑하는 줄을 알게 하리라 **10**네가 나의 인내의 말씀을 지켰은즉 내가 또한 너를 지키어 시험의 때를 면하게 하리니 이는 장차 온 세상에 임하여 땅에 거하는 자들을 시험할 때라 **11**내가 속히 임하리니 네가 가진 것을 굳게 잡아 아무나 네 면류관을 빼앗지 못하게 하라 **12**이기는 자는 내 하나님 성전에 기둥이 되게 하리니 그가 결코 다시 나가지 아니하리라 내가 하나님의 이름과 하나님의 성 곧 하늘에서 내 하나님께로부터 내려 오는 새 예루살렘의 이름과 나의 새 이름을 그이 위에 기록하리라 **13**귀 있는 자는 성령이 교회들에게 하시는 말씀을 들을찌어다 〈계3:7-13〉

8절에 보면 '볼지어다 내가 네 앞에 열린 문을 두었으되 능히 닫을 사람이 없으리라. 내가 네 행위를 아노니 네가 적은 능력을 가지고도 내 말을 지키며 내 이름을 배반치 아니하였도다.' 놀라운 칭찬입니다. 필라델피아 교회는 지하에서 모이는 가정교회들로서 죽은 거대한 조직 캐톨릭 교회에 비하면 아주 작은 교회였습니다. 세상의 화려함과 먹고 마시고 흥청대는 이런 도시에서 참으로 믿는 사람들을 찾기가 쉽지않습니다. 그러므로 성도의 숫자도 많지 않은 교회로서 숫자적으로나 재정적으로나 능력이 없는 작은 교회였지만 화려하고 번쩍이는 세상에 빠지지 않고 하나님 말씀을 철저히 지키며 주의 이름을 배반하지 않았다고 칭찬을 받았습니다. 더구나 종교개혁 운동으로 캐톨릭에서 탈퇴한 사람들까지 가정교회에 합세하였기에 가정교회는 힘을 더 얻을 수 있었습니다. '내가 네 행위를 아노니 네가 적은 능력을 가지고도 내 말을 지키며 내 이름을 배반치 아니하였도다.' 이 말씀은 필라델피아 교회의 성도들이 정말 그들의 삶에서 세상의 번쩍이는 것을 사랑하지 않고 주님의 말씀만 믿고 순종하면서 살아간 정말 거룩하고 진실한 성도들이었습니다.

그리고 주님은 이렇게 거룩하고 진실한 필라델피아 교회에게 세계를 선교할 수 있는 전도의 문을 열어주셨습니다. 8절에 보시면 '볼지어다 내가 네 앞에 열린 문을 두었으되 능히 닫을 사람이 없으리라.' 고 하셨습니다. 사람들은 교회가 대형화되어야 재정이 풍부해서 세계선교를 할 수 있다고 생각합니다. 그러나 하나님은 소수의 사람들이 모인 적은 능력을 가진 필라델피아 교회를 세계 선교에 사용하셨습니다. 그들이야 말로 환란과 핍박 속에서도 캐톨릭 교회 와 타협하지 않고 목숨을 걸고 끝까지 하나님의 말씀을 굳게 지켜낸 거룩 하고 참된 성도들이기 때문입니다. 하나님은 그들에게 이 복음 전도의 문을 열어주신 것입니다. 바로 이 시대에 진젠돌프[1700년]를 비롯하여 죠지 휫 트필드[1714년], 인도선교의 아버지 윌리암 캐리등 수많은 사람들이 유럽의 여러나라들과 아프리카와 아시아와 미국등지에 선교를 시작하여 복음이 전 세계로 전파되기 시작하였습니다.

세상의 화려함과 먹고 마시고 흥청대는 유흥산업도시에서 필라델피아 교 회는 힘없는 작은 교회이었지만 화려하고 번쩍이는 이세상을 추구하지 않고 오직 하나님 말씀을 철저히 지키며 주의 이름을 배반하지 않고 세계선교를 수행하였습니다. 주님은 그들에게 복음의 문을 활짝 열어 주시사 순수한 열 정으로 복음을 전파하여 유럽에서부터 북미와 아프리카와 아시아로 뻗어나 갈 수 있었습니다. 열면 닫을 사람이 없고 닫으면 열 사람이 없는 주님께서 18-19세기의 연약한 개신교회들에게 세계선교의 문을 활짝 열어주셨던 것 입니다. 이처럼 적은 능력을 가지고도 선교에 열중했던 필라델피아 교회를 교회역사에 비추어보면 주후 1700년에서부터 1900년대까지 이르는 '세계선 교시대'를 상징하는 것으로 이해됩니다. 이제 막 캐톨릭 교회의 박해에서 살 아남은 개신교회는 적은 능력을 가지고도 전세계로 나아가 하나님의 말씀 을 순수하게 전파하는 세계선교를 시작하였던 것입니다.

〈라오디게아 교회 시대 : 1900-현재〉

14라오디게아 교회의 사자에게 편지하기를 아멘이시요 충성되고 참된 증인이시요 하나님의 창 조의 근본이신 이가 가라사대 15내가 네 행위를 아노니 네가 차지도 아니하고 더웁지도 아니하 도다 네가 차든지 더웁든지 하기를 원하노라 16네가 이같이 미지근하여 더웁지도 아니하고 차 지도 아니하니 내 입에서 너를 토하여 내치리라 17네가 말하기를 나는 부자라 부요하여 부족한 것이 없다 하나 네 곤고한 것과 가련한 것과 가난한 것과 눈 먼것과 벌거벗은 것을 알지 못하도 다 18내가 너를 권하노니 내게서 불로 연단한 금을 사서 부요하게 하고 흰 옷을 사서 입어 벌거 벗은 수치를 보이지 않게 하고 안약을 사서 눈에 발라 보게 하라 19무릇 내가 사랑하는 자를 책망하여 징계하노니 그러므로 네가 열심을 내라 회개하라 **20볼찌어다 내가 문밖에 서서 두드리노니 누구든지 내 음성을 듣고 문을 열면 내가 그에게로 들어가 그로 더불어 먹고 그는 나로 더불어 먹으리라 21이기는 그에게는 내가 내 보좌에 함께 앉게 하여주기를 내가 이기고 아버지 보좌에 함께 앉은 것과 같이 하리라 22귀 있는 자는 성령이 교회들에게 하시는 말씀을 들을찌어다.**〈계3:14-22〉

라오디게아 교회는 스스로 부요하다고 생각하지만 사실은 곤고하고 가련하고 가난하고 눈멀고 벌거벗은 교회라고 주님은 책망하셨습니다. 당시 부유한 도시에 살고있었던 성도들이니까 분명히 라오디게아 교회가 물질적으로는 부요해서 그것을 하나님의 축복이라고 생각하고 전혀 부족한 것이 없다고 느꼈을지는 몰라도 영적으로는 하나님이 보시기에 그들은 가난하고 헐벗고 굶주린 불쌍한 영혼들이었습니다. 그들에게 안약을 사서 바르라는 말씀은 그들의 영적인 눈이 어두워서 하나님을 믿는 도리를 바로 알지 못하고 하나님의 선하시고 기뻐하시고 온전하신 뜻이 무엇인지 바로 깨닫지 못하기 때문입니다. 물질의 부요와 세상의 쾌락에 눈이 어두워지면 하나님의 진리를 바로 깨달을 수가 없습니다. 흰 옷을 사서 입고 벌거벗은 수치를 보이지 않게 하라는 말씀에서 '벌거벗은 수치'란 아직도 죄의 문제를 해결하지 못한 상태에 있음을 의미합니다. 그러므로 흰 옷을 사서 입으라는 말은 그리스도를 확실하게 구주로 영접하고 죄용서 받은 거듭난 성도가 되라는 말씀입니다. 그러므로 이상을 종합해보면 라오디게아 교회는 아직도 죄를 용서받지 못한 영적으로 죽은 교회라는 말입니다. 그래서 20절에 보면 예수님이 들어가시지 못하고 아직도 이 교회의 문밖에서 두드리고 계시는 죽은 교회의 모습을 보여주고 있습니다. 그러니까 이 교회는 세속적으로는 아주 부유한 교회인데 오직 예수님만 없는 교회입니다. 일곱 교회 중에서 가장 마지막 부분에 위치한 이 라오디게아 교회는 1900년대부터 시작된 교회시대의 마지막인 현대교회를 상징하는 교회임에 틀림없습니다. 1900년에 접어들면서 즉20세기에 들어서면서 이룩한 눈부신 과학발전과 물질문명으로 인하여 현대교회는 그 어느 시대보다 외적으로 양적으로 물질적으로 풍요한 시대를 맞이하게 되었습니다. 교육프로그램도 말할 수 없이 화려하고 다양하고 풍성합니다. 재정규모도 어마어마합니다. 선교의 규모도 세계적입니다. 교회역사에서 도무지 상상할 수 없을 만큼 많은 사람들이 모이는 대형교회가 우글거리는 시대가 되었습니다. 교회역사에서 찾아볼 수 없었던 수 만 명에서 수 십만 명씩 모이는 'giga church' 시대가 되어 부족한 것이 없다고 스스로 자랑하고 있지만 주님께서 보실 때에는 구원받은 진짜 성도를 찾아볼 수 없는 교회가 된 것입니다. 그러므로 믿는다는 사람들과 믿지 않는 사람들의 생활이 전혀 구분이 되지않는 시대가 되었습니다. 현대교회는 주일 아침에 한번 우르르 몰려 왔다가 화려한 프로그램 속에서 즐기다가 우르르 세상으로 몰려 나가는 떠들썩한 무리로 전락해가고 있습니다. 라오디게아 교회 시대는 하나님을 기쁘시게 하는 교회가 아니라 고객을 즐겁게 하는 교회가 되기 위하여 교회마다 각종 화려한 프로그램으로 풍성한 부요한 교회입니다. 20절에 기록된대로 예수님이 들어가시지 못하고 아직도 이 교회의 문밖에서 두드리고 계시는 죽은 교회, 참으로 세상의 모든 것은 다 가졌는데 예수님만 없는 교회가 바로 현대교회입니다. 그리고 이 라오디게아 교회의 끝에 대환란이 시작되는 것입니다.

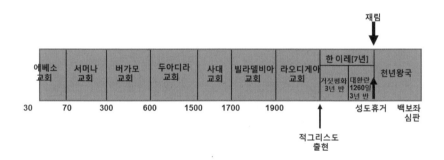

4 – 5 장

〈대환란 직전 천국의 상황〉

1이 일 후에 내가 보니 하늘에 열린 문이 있는데 내가 들은바 처음에 내게 말하던 나팔소리 같은 그 음성이 가로되 이리로 올라오라 이 후에 마땅히 될 일을 내가 네게 보이리라 하시더라 2내가 곧 성령에 감동하였더니 보라 하늘에 보좌를 베풀었고 그 보좌 위에 앉으신 이가 있는데 3앉으신 이의 모양이 벽옥과 홍보석 같고 또 무지개가 있어 보좌에 둘렸는데 그 모양이 녹보석 같더라 4또 보좌에 둘려 이십 사 보좌들이 있고 그 보좌들 위에 이십 사 장로들이 흰 옷을 입고 머리에 금 면류관을 쓰고 앉았더라 5보좌로부터 번개와 음성과 뇌성이 나고 보좌 앞에 일곱 등불 켠것이 있으니 이는 하나님의 일곱 영이라 6보좌 앞에 수정과 같은 유리 바다가 있고 보좌 가운데와 보좌 주위에 네 생물이 있는데 앞뒤에 눈이 가득하더라 7그 첫째 생물은 사자 같고 그 둘째 생물은 송아지 같고 그 세째 생물은 얼굴이 사람 같고 그 네째 생물은 날아가는 독수리 같은데 8네 생물이 각각 여섯 날개가 있고 그 안과 주위에 눈이 가득하더라 그들이 밤낮 쉬지 않고 이르기를 거룩하다 거룩하다 거룩하다 주 하나님 곧 전능하신이여 전에도 계셨고 이제도 계시고 장차 오실 자라 하고 9그 생물들이 영광과 존귀와 감사를 보좌에 앉으사 세세토록 사시는 이에게 돌릴 때에 10이십 사 장로들이 보좌에 앉으신 이 앞에 엎드려 세세토록 사시는 이에게 경배하고 자기의 면류관을 보좌 앞에 던지며 가로되 11우리 주 하나님이여 영광과 존귀와 능력을 받으시는 것이 합당하오니 주께서 만물을 지으신지라 만물이 주의 뜻대로 있었고 또 지으심을 받았나이다 하더라〈계4:1-11〉

1내가 보매 보좌에 앉으신 이의 오른손에 책이 있으니 안팎으로 썼고 일곱 인으로 봉하였더라 2또 보매 힘 있는 천사가 큰 음성으로 외치기를 누가 책을 펴며 그 인을 떼기에 합당하냐 하니 3하늘 위에나 땅 위에나 땅 아래에 능히 책을 펴거나 보거나 할 이가 없더라 4이 책을 펴거나 보거나 하기에 합당한 자가 보이지 않기로 내가 크게 울었더니 5장로 중에 하나가 내게 말하되 울지 말라 유대 지파의 사자 다윗의 뿌리가 이기었으니 이 책과 그 일곱 인을 떼시리라 하더라 6내가 또 보니 보좌와 네 생물과 장로들 사이에 어린 양이 섰는데 일찍 죽임을 당한것 같더라 일곱 뿔과 일곱 눈이 있으니 이 눈은 온 땅에 보내심을 입은 하나님의 일곱 영이더라 7어린 양이 나아와서 보좌에 앉으신 이의 오른손에서 책을 취하시니라 8책을 취하시매 네 생물과 이십 사 장로들이 어린 양 앞에 엎드려 각각 거문고와 향이 가득한 금 대접을 가졌으니 이 향은 성도의 기도들이라 9새 노래를 노래하여 가로되 책을 가지시고 그 인봉을 떼기에 합당하시도다 일찍 죽임을 당하사 각 족속과 방언과 백성과 나라 가운데서 사람들을 피로 사서 하나님께 드리시고 10저희로 우리 하나님 앞에서 나라와 제사장을 삼으셨으니 저희가 땅에서 왕노릇하리로다 하더라 11내가 또 보고 들으매 보좌와 생물들과 장로들을 둘러 선 많은 천사의 음성이 있으니 그 수가 만만이요 천천이라 12큰 음성으로 가로되 죽임을 당하신 어린 양이 능력과 부와 지혜와 힘과 존귀와 영광과 찬송을 받으시기에 합당하도다 하더라 13내가 또 들으니 하늘 위에와 땅 위에와 땅 아래와 바다 위에와 또 그 가운데 모든 만물이 가로되 보좌에 앉으신 이와 어린 양에 게 찬송과 존귀와 영광과 능력을 세세토록 돌릴찌어다 하니 14네 생물이 가로되 아멘 하고 장로 들은 엎드려 경배하더라〈계5:1-14〉

    4장과 5장을 보시면 땅의 일을 보여주는 것이 아니고 사도 요한을 하늘로 불러 올려서 하늘에서 이루어지고 있는 일을 보여주고 있습니다. 즉 4장 1절을 보시면 '이 일 후에 내가 하늘을 보니'라고 기록되어 있고 '이리로 올라오라 이후에 마땅히 될 일을 내가 네게 보이리라'고 기록되어 있습니다. "이 일 후에"라는 말은 사도 요한이 일곱교회시대에 관한 일은 다 본 후에 하늘을 보았더니 "이리로 올라오라'라는 음성을 들었습니다. 그래서 사도 요한은 이제 하늘로 올라가서 하늘에서 벌어지는 일을 보고 있는 것입니다. "이 후에 마땅히 될 내가 네가 보이리라"라는 말은 사도 요한에게 일곱 시대의 교회가 어떤 모습일지를 다 보여준 후에 즉 마지막 일곱번째 교회인 라오디게아 말세교회가 끝나고 난 후에 이루어질 일들을 보여주겠다는 뜻입니다. 4장과 5장은 창조주이시면서 장차 오실 자로 묘사된 예수님을 "일찍 죽임을 당하사 각 족속과 방언과 백성과 나라 가운데서 사람들을 피로 사서 하나님께 드리신 분"으로 묘사하면서 찬양을 받으시는 모습이 기록되어 있습니다. 그러므로 4장과 5장은 교회역사에서 맨 마지막에 있을 말세교회가 끝나는 시점에서 곧 대환란이 시작되기 직전에 하늘에서 이루어지는 일을 보여준 것입니다. 그리고 6장부터는 땅에서 이루어질 일곱 인 환란으로부터 3년 반의 대환란이 시작하여 19장에서 예수님의 재림하시는 모습으로 대환란이 끝나는 것을 기록하고 있습니다. 그러니까 라오디게아 교회 후에는 곧 바로 일곱 인 환란을 필두로 대환란이 시작되는 것입니다. 다시 말해서 라오디게아 교회는 대환란 직전의 말세교회시대를 보여주는 것이 분명합니다.

2 일곱교회시대 후의 대환란 기간의 시간대별 위치

지금까지는 1장부터 5장까지의 전체윤곽을 파악하기 위하여 일곱교회시대를 시간대별로 살펴보았습니다. 이제부터는 6장부터 19장까지에 언급된 대환란에 있을 사건들을 시간대별로 살펴볼 것입니다. 다니엘서 9장에 기록된 칠십 이레에서 우리는 요한계시록에서 다루고 있는 대환란의 기간이 마지막 한 이레의 후반부에 속한다는 것을 알게 되었습니다. 그런데 대환란에 대한 기록은 요한계시록 6장부터 19장에서 발견할 수 있습니다. **'한 이레의 절반'** 즉 여기 **'삼년 반'** 동안에는 **'일곱 인 재앙' '일곱 나팔 재앙'** 그리고 **'일곱 대접 재앙'**이 있을 것이라고 기록하고 있습니다. 그리고 중간 중간에는 대환란 기간 동안에 있을 '성도들의 행적' '사탄의 역사' 그리고 대환란의 거의 끝무렵에 '성도들의 휴거'와 '예수님의 재림'등등에 대하여 기록하고 있습니다. 이러한 사건들이 어느 시간대에 속하는지를 파악하는 것이 요한계시록을 올바로 이해하는 가장 중요한 열쇠가 되는 것입니다.

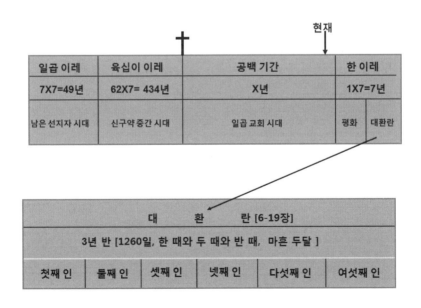

일곱 이레	육십이 이레	공백 기간	한 이레	
7X7=49년	62X7= 434년	X년	1X7=7년	
남은 선지자 시대	신구약 중간 시대	일곱 교회 시대	평화	대환란

대　　　환　　　란 [6-19장]					
3년 반 [1260일, 한 때와 두 때와 반 때, 마흔 두달]					
첫째 인	둘째 인	셋째 인	넷째 인	다섯째 인	여섯째 인

그러므로 이러한 시간대를 파악하기 위하여 먼저 아래에 기록된 6장부터 19장까지의 말씀을 밑줄친 굵은 글자로 된 부분만을 주의깊게 관찰하면서 각 장이 어떤 사건을 다루고 있는지 파악하시기 바랍니다. 각 사건의 내용들은 나중에 상세히 다루게 됩니다. 우리가 지도에서 우리가 찾고자 하는 목적지를 찾으려면 먼저 높이 올라가서 그 목적지가 어느 도시에 있는지를 먼저 찾아보고 그 도시를 찾은 다음에는 아래로 가까이 내려가서 그 목적지가 어느 동네의 어느 거리에 몇번지에 있는지를 찾아야 제대로 찾게 됩니다. 처음부터 가까이에서 목적지를 찾으려고 하면 그 목적지가 어느 나라 어느 도시에 위치하고 있는지를 알 수 없는 것처럼 말입니다. 성경을 볼 때에도 처음부터 가까이 내려가서 세부사항을 파악하려고 하면 전체 윤곽을 파악하지 못하였기 때문에 잘못된 해석을 내리게 되는 것입니다. 특히 요한계시록은 기록된 사건들의 시간적인 순서를 바로 파악하지 못하면 절대로 그 의미를 바로 이해할 수 없게됩니다. **그러므로 앞에서 한 것처럼 다음에 기록해 놓은 6장부터 19장까지의 성경말씀을 읽을 때에도 좀 더 높이 올라가서 성경을 내려다 보면서 전체윤곽을 먼저 파악하시기 바랍니다. 이를 위하여 각장에서 다루는 사건을 밑줄을 쳐서 굵은 글씨로 표시해 놓았습니다. 그러므로 여기서는 그 사건들이 어느 시간대에 속하는지를 파악하는데 중점을 두면서 보아야 하므로 그 자세한 내용들은 잠시 접어두시고 밑줄친 굵은 글자들에 초점을 맞추어 살펴보시기 바랍니다.** 그 후에 각 장의 내용을 상세하게 다루게 될 것입니다.

6 장

〈일곱 인 재앙〉

내가 보매 어린 양이 **일곱 인 중에 하나를 떼시는 그 때에** 내가 들으니 네 생물 중에 하나가 우뢰소리 같이 말하되 오라 하기로 (2)내가 이에 보니 흰 말이 있는데 그 탄 자가 활을 가졌고 면류관을 받고 나가서 이기고 또 이기려고 하더라 **(3)둘째 인을 떼실 때에** 내가 들으니 둘째 생물이 말하되 오라 하더니 (4)이에 붉은 다른 말이 나오더라 그 탄 자가 허락을 받아 땅에서 화평을 제하여 버리며 서로 죽이게 하고 또 큰 칼을 받았더라 **(5)세째 인을 떼실 때에** 내가 들으니 세째 생물이 말하되 오라 하기로 내가 보니 검은 말이 나오는데 그 탄 자가 손에 저울을 가졌더라 (6) 내가 네 생물 사이로서 나는 듯 하는 음성을 들으니 가로되 한 데나리온에 밀 한되요 한 데나리온에 보리 석되로다 또 감람유와 포도주는 해치 말라 하더라 **(7)네째 인을 떼실 때에** 내가 네째 생물의 음성을 들으니 가로되 오라 하기로 (8)내가 보매 청황색 말이 나오는데 그 탄 자의 이름은 사망이니 음부가 그 뒤를 따르더라 저희가 땅 사분 일의 권세를 얻어 검과 흉년과 사망과 땅의 짐승으로써 죽이더라 **(9)다섯째 인을 떼실 때에** 내가 보니 하나님의 말씀과 저희의 가진 증거를 인하여 죽임을 당한 영혼들이 제단 아래 있어 (10)큰 소리로 불러 가로되 거룩하고 참되신 대주재여 땅에 거하는 자들을 심판하여 우리 피를 신원하여 주지 아니하시기를 어느 때까지 하시려나이까 하니 (11)각각 저희에게 흰 두루마기를 주시며 가라사대 아직 잠시 동안 쉬되 저희 동무 종들과 형제들도 자기처럼 죽임을 받아 그 수가 차기까지 하라 하시더라 (12)내가 보니 **여섯째 인을 떼실 때에 큰 지진이 나며 해가 총담 같이 검어지고 온 달이 피 같이 되며 (13)하늘의 별들이 무화과나무가 대풍에 흔들려 선 과실이 떨어지는 것같이 땅에 떨어지며 (14)** 하늘은 종이 축이 말리는 것같이 떠나가고 **각 산과 섬이 제 자리에서 옮기우매 (15)땅의 임금들과 왕족들과 장군들과 부자들과 강한 자들과 각 종과 자주자가 굴과 산 바위틈에 숨어 (16)**산과 바위에게 이르되 우리 위에 떨어져 보좌에 앉으신 이의 낯에서와 **어린 양의 진노에서 우리를 가리우라** (17)그들의 진노의 큰 날이 이르렀으니 누가 능히 서리요 하더라 〈계.6:1-17〉

6장에서 놓치지 말아야 할 것은 일곱 인 재앙에서 첫째 인을 뗄 때에 대환

란이 시작되어서 여섯째 인을 뗄 때에는 대환란이 끝난다는 점입니다. 여섯째 인을 뗄 때에 해와 달이 검게되고 붉게되고 별들이 떨어진다는 점에 주목해야 합니다. 해와 달이 검게되고 붉게되고 별들이 떨어지는 때는 대환란의 끝입니다. 즉 여섯째인이 대환란의 마지막 부분을 보여주고 있다는 점을 명심해야 합니다. 일곱째인을 떼었을 때에는 여섯째인의 내용을 더 자세하게 보여줄 뿐입니다. 그리고 해와 달이 어두어지고 별들이 떨어지는 대환란의 끝에는 예수님의 재림과 성도들의 휴거가 있게 될 것이라고 마태복음 24장에서 예수님이 직접 말씀하셨습니다.

"29그 날 환난 후에 즉시 해가 어두워지며 달이 빛을 내지 아니하며 별들이 하늘에서 떨어지며 하늘의 권능들이 흔들리리라 30그 때에 인자의 징조가 하늘에서 보이겠고 그 때에 땅의 모든 족속들이 통곡하며 그들이 인자가 구름을 타고 능력과 큰 영광으로 오는 것[재림]을 보리라 31 저가 큰 나팔소리와 함께 천사들을 보내리니 저희가 그 택하신 자들을 하늘 이 끝에서 저 끝까지 사방에서 모으리라[휴거]"〈마24:29-31〉

그런데 여기6장 16-17절에 보면 해와 달이 어두워진 후에 사람들이 어린양의 진노를 두려워하여 숨어 있다고 기록하고 있습니다. 이것은 어린양이신 예수님이 구름을 타고 재림하시는 모습을 보았기 때문에 왕들로부터 시작하여 지상의 모든 사람들이 두려워서 숨어있는 것입니다. **그러니까 6장은 대환란의 시작인 첫째 인부터 대환란의 맨끝인 예수님의 재림까지 다 보여준 것입니다.** 대환란의 끝에 있을 중요한 사건들은 해와 달이 어두워지고 별들이 떨어지는 것과 예수님의 재림과 나팔 소리와 성도의 휴거 등등임을 명심하시기 바랍니다. 대환란에 대해서 대략적으로 예수님이 말씀하신 마태복음 24장을 비교하면서 보시면 요한계시록을 이해하는데에 도움이 됩니다. 그러니까 6장 내용을 조금 높이 올라가서 내려다 보면 다음과 같이 전체윤곽을 볼 수 있게 됩니다.

계시록	대환란 시작		대 환 란			대환란의 끝
	3년 반 [1260일, 마흔 두달, 한 때와 두 때와 반 때]					
	첫째 인 흰 말을 탄 자	**둘째 인** 화평제거 서로 죽임 큰 칼	**셋째 인** 한데나리온에 밀 한되	**넷째 인** 인류의 사분의 일이 전쟁과 흉년으로 사망	**다섯째 인** 순교자들의 영혼의 탄원과 순교자의 수가 차기까지 기다림	**여섯째 인** 해와 달이 어두워지고 별들이 떨어지고 산과 섬이 옮기우고 보좌에 앉으신 어린양의 얼굴이 보이기 시작하면서 땅의 유력한 자들이 어린양의 진노를 두려워 하여 숨음
마태복음	24:5	24:7	24:7-8	24:9-10	24:9-10	24:29-31
	미혹자	민족간에 전쟁	기근	많은 성도들이 죽음	성도들이 미움을 받고 죽게 됨	해와 달이 어두워지고 별이 떨어짐, 인자의 징조 보임, 큰 나팔소리, 택하신 자들을 땅 이끝에서 저끝까지 사방에서 모음 [휴거]

7 장

〈십사만 사천 명에게 인치는 일과 흰 옷을 입은 큰 무리〉

(1)이 일 후에 내가 네 천사가 땅 네 모퉁이에 선 것을 보니 땅의 사방의 바람을 붙잡아 바람으로 하여금 땅에나 바다에나 각종 나무에 불지 못하게 하더라 (2)또 보매 다른 천사가 살아 계신 하나님의 인을 가지고 해 돋는 데로부터 올라와서 땅과 바다를 해롭게 할 권세를 얻은 네 천사를 향하여 큰 소리로 외쳐 (3)가로되 우리가 우리 하나님의 종들의 이마에 인치기까지 땅이나 바다나 나무나 해하지 말라 하더라 (4)내가 인 맞은 자의 수를 들으니 이스라엘 자손의 각 지파 중에서 인 맞은 자들이 십 사만 사천이니 (5)유다 지파 중에 인 맞은 자가 일만 이천이요 르우벤 지파 중에 일만 이천이요 갓 지파 중에 일만 이천이요 (6)아셀 지파 중에 일만 이천이요 납달리 지파 중에 일만 이천이요 므낫세 지파 중에 일만 이천이요 (7)시므온 지파 중에 일만 이천이요 레위 지파 중에 일만 이천이요 잇사갈 지파 중에 일만 이천이요 (8)스불론 지파 중에 일만 이천이요 요셉 지파 중에 일만 이천이요 베냐민 지파 중에 인 맞은 자가 일만 이천이라

(9)이 일 후에 내가 보니 각 나라와 족속과 백성과 방언에서 아무라도 능히 셀 수 없는 큰 무리가 흰 옷을 입고 손에 종려 가지를 들고 보좌 앞과 어린 양 앞에 서서 (10)큰 소리로 외쳐 가로되 구원하심이 보좌에 앉으신 우리 하나님과 어린 양에게 있도다 하니 (11)모든 천사가 보좌와 장로들과 네 생물의 주위에 섰다가 보좌 앞에 엎드려 얼굴을 대고 하나님께 경배하여 (12)가로되 아멘 찬송과 영광과 지혜와 감사와 존귀와 능력과 힘이 우리 하나님께 세세토록 있을지로다 아멘 하더라 (13)장로 중에 하나가 응답하여 내게 이르되 이 흰옷 입은 자들이 누구며 또 어디서 왔느뇨 (14)내가 가로되 내 주여 당신이 알리이다 하니 그가 나더러 이르되 이는 큰 환난에서 나오는 자들인데 어린양의 피에 그 옷을 씻어 희게 하였느니라 (15)그러므로 그들이 하나님의 보좌 앞에 있고 또 그의 성전에서 밤낮 하나님을 섬기매 보좌에 앉으신 이가 그들 위에 장막을 치시리니 (16)저희가 다시 주리지도 아니하며 목마르지도 아니하고 해나 아무 뜨거운 기운에 상하지 아니할지니 (17)이는 보좌 가운데 계신 어린 양이 저희의 목자가 되사 생명수 샘으로 인도하시고 하나님께서 저희 눈에서 모든 눈물을 씻어 주실 것임이러라. 〈계.7:1~17〉

7장에서 놓치지 말아야 할 것은 **이스라엘 지파 사람들 십사만 사천 명에게 인을 치기 전에는 땅과 바다를 해하는 대환란이 시작되지 못한다는 점입**니다. 즉 **십사만 사천은 대환란 당시에 지상에 살아있는 이스라엘 사람들이라는 것과 그들에게 인을 치는 것으로 대환란이 시작된다는 점**을 놓치지 말아야 합니다. 다시 말해서 대환란 동안에 십사만 사천 명을 하나님께서 특별히 보호하시겠다는 뜻입니다. 그리고 7장에서 또 하나 기억해야 할 것은 **'각 나라와 족속과 방언에서 흰 옷을 입고 나온 큰 무리'에** 대하여 주목해야하고 **'그들이 대환란에서 나오는 자들'이라는 점에 주목**하시기 바랍니다.

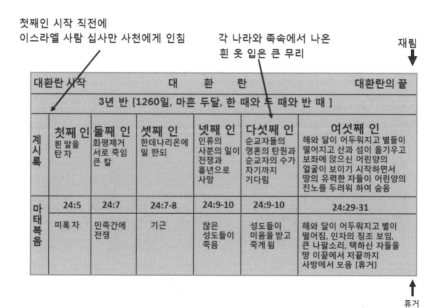

| 첫째인 시작 직전에
이스라엘 사람 십사만 사천에게 인침 | | | | 각 나라와 족속에서 나온
흰 옷 입은 큰 무리 | | 재림 |

8 - 9 장

〈일곱째 인을 뗄 때에 일곱 나팔 재앙〉

(1)일곱째 인을 떼실 때에 하늘이 반시 동안쯤 고요하더니 **(2)**내가 보매 하나님 앞에 시위한 **일곱 천사가 있어 일곱 나팔을 받았더라** (3)또 다른 천사가 와서 제단 곁에 서서 금 향로를 가지고 많은 향을 받았으니 이는 모든 성도의 기도들과 합하여 보좌 앞 금단에 드리고자 함이라 (4)향연이 성도의 기도와 함께 천사의 손으로부터 하나님 앞으로 올라가는지라 (5)천사가 향로를 가지고 단 위의 불을 담아다가 땅에 쏟으매 뇌성과 음성과 번개와 지진이 나더라 (6)일곱 나팔 가진 일곱 천사가 나팔 불기를 예비하더라 **(7)첫째 천사가 나팔을 부니** 피 섞인 우박과 불이 나서 땅에 쏟아지매 땅의 삼분의 일이 타서 사위고 수목의 삼분의 일도 타서 사위고 각종 푸른 풀도 타서 **사위더라 (8)둘째 천사가 나팔을 부니** 불붙는 큰 산과 같은 것이 바다에 던지우매 바다의 삼분의 일이 피가 되고 (9)바다 가운데 생명 가진 피조물들의 삼분의 일이 죽고 배들의 삼분의 일이 깨어지더라 **(10)세째 천사가 나팔을 부니** 횃불 같이 타는 큰 별이 하늘에서 떨어져 강들의 삼분의 일과 여러 물샘에 떨어지니 (11)이 별 이름은 쑥이라 물들의 삼분의 일이 쑥이 되매 그 물들이 쓰게 됨을 인하여 많은 사람이 죽더라 **(12)네째 천사가 나팔을 부니** 해 삼분의 일과 달 삼분의 일과 별들의 삼분의 일이 침을 받아 그 삼분의 일이 어두워지니 낮 삼분의 일은 비침이 없고 밤도 그러하더라 (13)내가 또 보고 들으니 공중에 날아가는 독수리가 큰 소리로 이르되 땅에 거하는 자들에게 화, 화, 화가 있으리로다 이 외에도 세 천사의 불 나팔소리를 인함이로다 하더라.〈계. 8:1-13〉

(1)다섯째 천사가 나팔을 불매 내가 보니 하늘에서 땅에 떨어진 별 하나가 있는데 저가 무저갱의 열쇠를 받았더라 (2)저가 무저갱을 여니 그 구멍에서 큰 풀무의 연기 같은 연기가 올라오매 해와 공기가 그 구멍의 연기로 인하여 어두워지며 (3)또 황충이 연기 가운데로부터 땅 위에 나오매 저희가 땅에 있는 전갈의 권세와 같은 권세를 받았더라 (4)저희에게 이르시되 땅의 풀이나 푸른 것이나 각종 수목은 해하지 말고 오직 이마에 하나님의 인 맞지 아니한 사람들만 해하라 하시더라 (5)그러나 그들을 죽이지는 못하게 하시고 다섯달 동안 괴롭게만 하게 하시는데 그

괴롭게 함은 전갈이 사람을 쏠 때에 괴롭게 함과 같더라 (6)그날에는 사람들이 죽기를 구하여도 얻지 못하고 죽고 싶으나 죽음이 저희를 피하리로다 (7)황충들의 모양은 전쟁을 위하여 예비한 말들 같고 그 머리에 금 같은 면류관 비슷한 것을 썼으며 그 얼굴은 사람의 얼굴 같고 (8)또 여자의 머리털 같은 머리털이 있고 그 이는 사자의 이 같으며 (9)또 철흉갑 같은 흉갑이 있고 그 날개들의 소리는 병거와 많은 말들이 전장으로 달려 들어가는 소리 같으며 (10)또 전갈과 같은 꼬리와 쏘는 살이 있어 그 꼬리에는 다섯달 동안 사람들을 해하는 권세가 있더라 (11)저희에게 임금이 있으니 무저갱의 사자라 히브리 음으로 이름은 아바돈이요 헬라 음으로 이름은 아볼루온이더라 (12)첫째 화는 지나갔으나 보라 아직도 이 후에 화 둘이 이르리로다 **(13)여섯째 천사가 나팔을 불매** 내가 들으니 하나님 앞 금단 네 뿔에서 한 음성이 나서 (14)나팔 가진 여섯째 천사에게 말하기를 큰 강 유브라데에 결박한 네 천사를 놓아 주라 하매 (15)네 천사가 놓였으니 그들은 그 년 월 일 시에 이르러 사람 삼분의 일을 죽이기로 예비한 자들이더라 (16)마병대의 수는 이만만이니 내가 그들의 수를 들었노라 (17)이같이 이상한 가운데 그 말들과 그 탄 자들을 보니 불빛과 자주빛과 유황빛 흉갑이 있고 또 말들의 머리는 사자 머리 같고 그 입에서는 불과 연기와 유황이 나오더라 (18)이 세 재앙 곧 저희 입에서 나오는 불과 연기와 유황을 인하여 사람 삼분의 일이 죽임을 당하니라 (19)이 말들의 힘은 그 입과 그 꼬리에 있으니 그 꼬리는 뱀 같고 또 꼬리에 머리가 있어 이것으로 해하더라 (20)이 재앙에 죽지 않고 남은 사람들은 그 손으로 행하는 일을 회개치 아니하고 오히려 여러 귀신과 또는 보거나 듣거나 다니거나 하지 못하는 금, 은, 동과 목석의 우상에게 절하고 (21)또 그 살인과 복술과 음행과 도적질을 회개치 아니하더라. 〈계.9:1-21〉

8장과 9장에서는 **일곱 나팔 재앙에 대하여 언급하고 있는데 여기서 주의를 요하는 것은 일곱째 인을 떼었을 때에 일곱 천사가 일곱 나팔을 받았다는 점**입니다; "1)일곱째 인을 떼실 때에 하늘이 반시 동안쯤 고요하더니 (2)내가 보매 하나님 앞에 시위한 **일곱 천사가 있어 일곱 나팔을 받았더라**" 무슨 말이냐 하면 일곱 나팔 재앙들은 일곱 인 재앙과 다른 별개의 재앙들이 아니고 일곱 인에 속한 재앙들이라는 말입니다. 즉 일곱 나팔들이 울릴 때에 쏟아지는 재앙들은 여섯째 인을 떼었을 때 쏟아진 재앙들과 동일한 재앙들인데 조금 더 자세하게 보여주고 있을 뿐이라는 점을 놓치지 말아야 합니다. 그러니까 일곱 나팔 재앙들은 여섯째 인을 떼었을 때 일어난 재앙들과 동일한 시간에 일어난 동일한 재앙들인 것입니다. 여섯째 인 재앙들과 일곱 나팔 재앙들을 비교하여 읽어보시기 바랍니다.

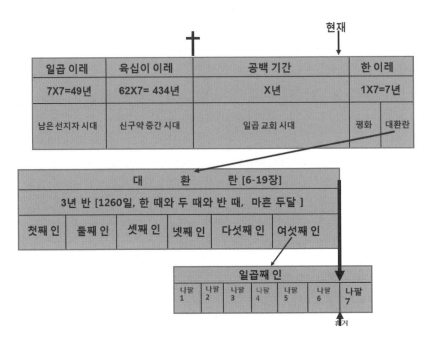

일곱 이레	육십이 이레	공백 기간	한 이레	
7X7=49년	62X7= 434년	X년	1X7=7년	
남은 선지자 시대	신구약 중간 시대	일곱 교회 시대	평화	대환란

대 환 란 [6-19장]					
3년 반 [1260일, 한 때와 두 때와 반 때, 마흔 두달]					
첫째 인	둘째 인	셋째 인	넷째 인	다섯째 인	여섯째 인

일곱째 인						
나팔 1	나팔 2	나팔 3	나팔 4	나팔 5	나팔 6	나팔 7

위의 도표에서 보는대로 여섯째 인의 끝에 예수님의 재림이 있고 일곱째 인을 떼었을 때에는 일곱 나팔들이 나왔는데 그 마지막 일곱째 나팔이 울릴 때에 예수님의 재림이 있습니다. 즉 여섯째 인에서의 재림과 일곱째 인에서 나온 일곱째 나팔이 울릴 때의 재림은 같은 시간대에 있는 동일한 사건인 것입니다. 그리고 다음 도표에서 여섯째 인의 내용을 일곱째 인에서 나온 일곱 나팔의 내용을 비교해보시기 바랍니다. 일곱 나팔이 울릴 때 내용들은 여섯째 인을 뗄에 나왔던 내용들과 동일한 내용들로서 조금 더 상세하게 기록했을 뿐임을 알게 됩니다.

여섯째 인	
1. 자연에 대한 재앙 – 큰 지진, 해가 검어짐, 온 달이 피같이 됨, 하늘의 별들이 땅에 떨어짐, 하늘이 떠나 감, 각 산과 섬이 옮겨짐. 2. 사람에 대한 재앙 – 땅의 임금들과 왕족들과 장군들과 부자들과 강한 자들과 각종 자주자가 굴과 바위 틈에 숨어 보좌에 앉으신 이와 어린양의 진노에서 우리를 가리우라고 함.	

일곱째 인						
자연에 대한 재앙을 구체적으로				사람에 대한 재앙을 구체적으로		
나팔1	나팔2	나팔3	나팔4	나팔5	나팔6	나팔7
피섞인 우박과 불이 땅에 쏟아짐, 땅 삼분의 일이 불에 탐.	불붙는 큰산이 바다에 던져짐, 바다의 삼분의 일이 피가 됨	쑥이라는 큰별이 하늘에서 떨어짐, 많은 사람이 죽음	해와 달과 별들의 삼분의 일이 어두어짐	다섯달 동안 머리에 인맞지 않은 사람들을 괴롭게 함, 철흉갑, 병거, 말들 진장,	사람 삼분의 일이 죽음, 마병대의 수는 이억, 말탄자들, 흉갑, 연기와 유황	주의 재림과 성도의 휴거, 일곱 대접 재앙을 부음

10 장

〈마지막 나팔을 불게될 때까지는 대환란 동안에 복음전파 계속〉

(1)내가 또 보니 힘센 다른 천사가 구름을 입고 하늘에서 내려 오는데 그 머리 위에 무지개가 있고 그 얼굴은 해 같고 그 발은 불기둥 같으며 (2)그 손에 펴 놓인 작은 책을 들고 그 오른발은 바다를 밟고 왼발은 땅을 밟고 (3)사자의 부르짖는 것같이 큰 소리로 외치니 외칠 때에 일곱 우뢰가 그 소리를 발하더라 (4)일곱 우뢰가 발할 때에 내가 기록하려고 하다가 곧 들으니 하늘에서 소리나서 말하기를 일곱 우뢰가 발한 것을 인봉하고 기록하지 말라 하더라 (5)내가 본바 바다와 땅을 밟고 섰는 천사가 하늘을 향하여 오른손을 들고 (6)세세토록 살아계신 자 곧 하늘과 그 가운데 있는 물건이며 땅과 그 가운데 있는 물건이며 바다와 그 가운데 있는 물건을 창조하신 이를 가리켜 맹세하여 가로되 지체하지 아니하리니 **(7)일곱째 천사가 소리 내는 날 그 나팔을 불게 될 때에 하나님의 비밀이 그 종 선지자들에게 전하신 복음과 같이 이루리라 (8)하늘에서 나서 내게 들리던 음성이 또 내게 말하여 가로되 네가 가서 바다와 땅을 밟고 섰는 천사의 손에 펴 놓인 책을 가지라 하기로 (9)내가 천사에게 나아가 작은 책을 달라 한즉 천사가 가로되 갖다 먹어버리라 네 배에는 쓰나 네 입에는 꿀 같이 달리라 하거늘** (10)내가 천사의 손에서 작은 책을 갖다 먹어버리니 내 입에는 꿀 같이 다나 먹은 후에 내 배에서는 쓰게 되더라 **(11)저가 내게 말하기를 네가 많은 백성과 나라와 방언과 임금에게 다시 예언하여야 하리라 하더라** 〈10:1~11〉

10장에서는 일곱째 나팔이 곧 지체하지 않고 울리게 될 것을 예고하면서 일곱째 나팔이 울릴 때가 '마지막 나팔에 주님이 재림하실 것이라'는 복음이 이루어지는 때로서 **11절에서 "저가 내게 말하기를 네가 많은 백성과 나라와 방언과 임금에게 다시 예언하여야 하리라".** 여기에서 **'내게' '네가'**라는 말은 사도 요한을 가리키는 말입니다. 그러니까 사도 요한은 지금 이 계시를 받은 후에도 다시 땅에 내려가서 복음을 계속 전파해야 하며 복음은 심지어 마지막 나팔을 불게되는 그 순간까지도 즉 대환란 중에도 복음이 계속 전파되어야 한다는 말입니다. 그러면 대환란 중에는 누가 복음을 전파하게 되겠습니까? 11장에 그 답이 있습니다.

11장

〈두 증인들의 사역〉

(1)또 내게 지팡이 같은 갈대를 주며 말하기를 일어나서 **하나님의 성전과 제단과 그 안에서 경배하는 자들을 척량하되** (2)성전 밖 마당은 척량하지 말고 그냥 두라 이것을 이방인에게 주었은즉 저희가 거룩한 성을 마흔 두달 동안 짓밟으리라 (3)내가 나의 **두 증인에게 권세를 주리니 저희가 굵은 베옷을 입고 일천 이백 육십 일을 예언하리라 (4)이는 이 땅의 주 앞에 섰는 두 감람나무와 두 촛대니** (5)만일 누구든지 저희를 해하고자 한즉 저희 입에서 불이 나서 그 원수를 소멸할지니 누구든지 해하려 하면 반드시 이와 같이 죽임을 당하리라 (6)저희가 권세를 가지고 하늘을 닫아 그 예언을 하는 날 동안 비 오지 못하게 하고 또 권세를 가지고 물을 변하여 피 되게 하고 아무 때든지 원하는 대로 여러가지 재앙으로 땅을 치리로다 (7)**저희가 그 증거를 마칠 때에 무저갱으로부터 올라오는 짐승이 저희로 더불어 전쟁을 일으켜 저희를 이기고 저희를 죽일 터인즉** (8)저희 시체가 큰 성 길에 있으리니 그 성은 영적으로 하면 소돔이라고도 하고 애굽이라고도 하니 곧 저희 주께서 십자가에 못박히신 곳이라 (9)백성들과 족속과 방언과 나라 중에서 사람들이 그 시체를 사흘 반 동안을 목도하며 무덤에 장사하지 못하게 하리로다 (10)이 두 선지자가 땅에 거하는 자들을 괴롭게 한 고로 땅에 거하는 자들이 저희의 죽음을 즐거워하고 기뻐하여 서로 예물을 보내리라 하더라 (11)**삼일 반 후에 하나님께로부터 생기가 저희 속에 들어가매** 저희가 발로 일어서니 구경하는 자들이 크게 두려워하더라 (12)**하늘로부터 큰 음성이 있어 이리로 올라 오라 함을 저희가 듣고 구름을 타고 하늘로 올라가니 저희 원수들도 구경하더라** (13)그 시에 큰 지진이 나서 성 십분의 일이 무너지고 지진에 죽은 사람이 칠천이라 그 남은 자들이 두려워하여 영광을 하늘의 하나님께 돌리더라. 14둘째 화는 지나갔으나 보라 세째 화가 속히 이르는도다 15**일곱째 천사가 나팔을 불매 하늘에 큰 음성들이 나서 가로되 세상 나라가 우리 주와 그 그리스도의 나라가 되어 그가 세세토록 왕노릇 하시리로다** 하니 16하나님 앞에 자기 보좌에 앉은 이십 사 장로들이 엎드려 얼굴을 대고 하나님께 경배하여 17가로되 감사하옵나니 옛적에도 계셨고 시방도 계신 주 하나님 곧 전능하신이여 친히 큰 권능을 잡으시고 왕노릇 하시도다 18이방들이 분노하매 주의 진노가 임하여 죽은 자를 심판하시며 종 선지자들과 성도

들과 또 무론대소하고 주의 이름을 경외하는 자들에게 상 주시며 또 땅을 망하게 하는 자들을 멸망시키실 때로소이다 하더라 19이에 하늘에 있는 하나님의 성전이 열리니 성전 안에 하나님의 언약궤가 보이며 또 번개와 음성들과 뇌성과 지진과 큰 우박이 있더라. 〈계11:1-19〉

11장에서는 **두 증인이 두 감람나무와 두 촛대라는 점과 그들이 1260일[대환란 기간] 동안 복음을 증거하다가 짐승에게 죽는다는 점과 그들이 죽은지 삼일 반 후에 부활하여 휴거했다는 점**을 놓치지 말아야 합니다. **두 증인에 대한 설명을 마친 후에는 15절에서 일곱째 나팔 즉 마지막 나팔이 울렸다고 과거시제로 기록하고 있으며 세상 나라가 그리스도의 나라가 되었다고 현재완료시제로 기록하고 있으며 이제 그리스도께서 세세토록 왕노릇 하시게 될 것이라고 설명하고 있다는 점**을 놓치지 말아야 합니다.

즉11장은 마지막 나팔에 그리스도의 재림과 성도의 휴거사건에 대하여 말하고 있는 것입니다. 이는 고린도전서 15장에서 마지막 나팔에 성도들의 부활이 있을 것이라는 말씀과 데살로니까전서 4장에서 언급한 하나님의 나팔로 그리스도께서 친히 강림하실 때에 성도들이 부활휴거한다는 말씀을 동시에

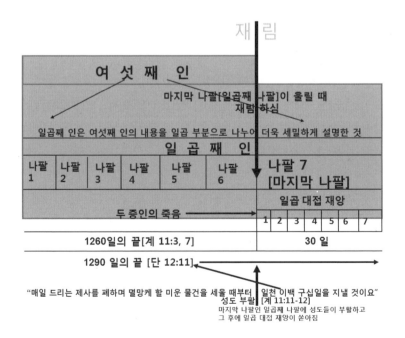

만족시켜주는 사건입니다.["16주께서 호령과 천사장의 소리와 **하나님의 나팔로 친히 하늘로 좇아 강림하시리니** 그리스도 안에서 죽은 자들이 먼저 일어나고 17그 후에 우리 살아 남은 자도 저희와 함께 구름 속으로 끌어 올려 공중에서 주를 영접하게 하시리니 그리하여 우리가 항상 주와 함께 있으리라"〈살전4:16-17〉, "51보라 내가 너희에게 비밀을 말하노니 우리가 다 잠잘 것이 아니요 **마지막 나팔에 순식간에 홀연히 다 변화하리니** 52나팔 소리가 나매 죽은 자들이 썩지 아니할 것으로 다시 살고 우리도 변화하리라"〈고전15:51-52〉] 나중에 14장과 19장에서는 그리스도의 재림의 모습을 더욱 상세하게 설명해주고 있습니다.

위의 도표에서 보듯이 일곱째 인은 여섯째 인의 내용을 일곱 나팔들을 통해서 좀더 상세하게 보여주는 것입니다. 그러므로 여섯째 인의 끝과 마지막 나팔인 일곱째 나팔이 울릴 때 예수님의 재림이 있고 재림과 성도의 부활 이후에는 일곱 대접 재앙이 쏟아지는 것입니다. 첫째 인부터 전체적으로 다시 그려보면 다음과 같습니다.

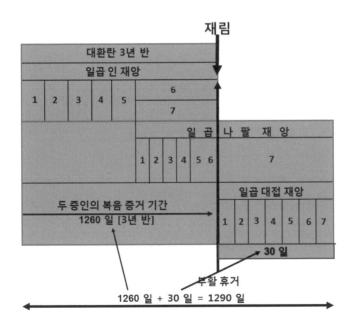

12장

〈큰 붉은 용의 정체〉

(1)하늘에 큰 이적이 보이니 해를 입은 한 여자가 있는데 그 발 아래는 달이 있고 그 머리에는 열두 별의 면류관을 썼더라 (2)이 여자가 아이를 배어 해산하게 되매 아파서 애써 부르짖더라 (3)하늘에 또 다른 이적이 보이니 보라 **한 큰 붉은 용이 있어 머리가 일곱이요 뿔이 열이라** 그 여러 머리에 일곱 면류관이 있는데 (4)그 꼬리가 하늘 별 삼분의 일을 끌어다가 땅에 던지더라 용이 해산하려는 여자 앞에서 그가 해산하면 그 아이를 삼키고자 하더니 (5)여자가 아들을 낳으니 이는 장차 철장으로 만국을 다스릴 남자라 그 아이를 하나님 앞과 그 보좌 앞으로 올려가더라 (6)그 여자가 광야로 도망하매 거기서 일천 이백 육십일 동안 저를 양육하기 위하여 하나님의 예비하신 곳이 있더라 (7)하늘에 전쟁이 있으니 미가엘과 그의 사자들이 용으로 더불어 싸울새 용과 그의 사자들도 싸우나 (8)이기지 못하여 다시 하늘에서 저희의 있을 곳을 얻지 못한지라 (9)큰 용이 내어 쫓기니 옛 뱀 곧 마귀라고도 하고 사단이라고도 하는 온 천하를 꾀는 자라 땅으로 내어 쫓기니 그의 사자들도 저와 함께 내어 쫓기니라 (10)내가 또 들으니 하늘에 큰 음성이 있어 가로되 이제 우리 하나님의 구원과 능력과 나라와 또 그의 그리스도의 권세가 이루었으니 우리 형제들을 참소하던 자 곧 우리 하나님 앞에서 밤낮 참소하던 자가 쫓겨 났고 (11)또 여러 형제가 어린 양의 피와 자기의 증거하는 말을 인하여 저를 이기었으니 그들은 죽기까지 자기 생명을 아끼지 아니하였도다 (12)그러므로 하늘과 그 가운데 거하는 자들은 즐거워하라 그러나 땅과 바다는 화 있을진저 이는 마귀가 자기의 때가 얼마 못된 줄을 알므로 크게 분내어 너희에게 내려 갔음이라 하더라 (13)용이 자기가 땅으로 내어쫓긴 것을 보고 남자를 낳은 여자를 핍박하는지라 (14)그 여자가 큰 독수리의 두 날개를 받아 광야 자기 곳으로 날아가 거기서 그 뱀의 낯을 피하여 **한 때와 두 때와 반 때를** 양육 받으매 (15)여자의 뒤에서 뱀이 그 입으로 물을 강 같이 토하여 여자를 물에 떠내려 가게 하려 하되 (16)땅이 여자를 도와 그 입을 벌려 용의 입에서 토한 강물을 삼키니 (17)**용이 여자에게 분노하여 돌아가서 그 여자의 남은 자손 곧 하나님의 계명을 지키며 예수의 증거를 가진 자들로 더불어 싸우려고 바다 모래 위에 섰더라.** 〈계.12:1~17〉

앞장에서는 두 증인들의 부활과 휴거와 주님의 재림에 대하여 언급한 후에 여기 12장에서는 '큰 붉은 용'이 누구인지와 '여자'가 누구인지 그리고 '그 여자의 남은 자손'이 누구인지에 대하여 보조 설명으로 기록하고 있음을 알아야 합니다. 먼저 여자의 정체에 대한 설명을 5절에서 보면 여자가 낳은 아들은 철장으로 만국을 다스릴 자인데 하나님 보좌 앞으로 올라갔다고 하였으니 아들은 예수님을 말하는 것이고 여자는 이스라엘 민족이라는 것을 알 수 있습니다. 그래서 1절을보면 해와 달과 열두 별의 면류관이 있다고 하였는데 이는 이스라엘 민족의 열두지파를 의미하는 것입니다. 창세기 37장 9절에 보면 "해와 달과 열한 별이 내게 절하더이다"라고 요셉이 말한 것을 보면 여자가 이스라엘 민족을 의미하는 것이 분명합니다. 6절에 보면 그 여자는 광야로 도망하여 1260일 동안 하나님이 보호하시고 계심을 알 수 있는데 이것은 이스라엘 12지파에서 각각 12000명씩 뽑아 모두 144000 명에게 인을 쳐서 대환란 기간 동안[1260일] 특별히 보호하신다는 것과 일치하는 내용입니다. 14절에서도 여자는 뱀의 낯을 피하여 한 때와 두 때와 반 때[3년 반, 1260일]를 특별히 하나님에 의하여 보호되고 있음을 알 수 있습니다. 그러므로 뱀[사탄]이 144000명의 인침을 받은 이스라엘 사람들을 해하지 못하고 17절에서 보는대로 그 여자의 남은 자손 즉 하나님의 계명을 지키며 예수의 증거를 가진 자들 곧 이방인 그리스도인들을 해하려고 바다 모래 위에 섰다고 하였습니다. 즉 대환란 기간중에 이방인 그리스도인들이 사탄의 공격을 집중적으로 받게 될 것을 보여주는 것입니다.

큰 용의 정체는 9절에서 밝히고 있는 바와 같이 '옛 뱀 곧 마귀라고도 하고 사탄이라고 하는 자'로서 머리가 일곱이요 뿔이 열이 있는 자입니다. 요한계시록17장 7-10절에 기록된 말씀을 읽어보면 "그 일곱 머리는 여자가 앉은 일곱 산이요 또 일곱 왕이라 다섯은 망하였고 하나는 있고 다른 이는 아직 이르지 아니하였으나 이르면 반드시 잠간 동안 계속하리라"[계17:10]고 하였습니다.

17:7) 천사가 가로되 왜 기이히 여기느냐 내가 **여자와 그의 탄 바 일곱 머리와 열 뿔 가진 짐승의 비밀을 네게 이르리라** 8) 네가 본 짐승은 전에 있었다가 시방 없으나 장차 무저갱으로부터 올라와 멸망으로 들어갈 자니 땅에 거하는 자들로서 창세 이후로 생명책에 녹명되지 못한 자들이 이전에 있었다가 시방 없으나 장차 나올 짐승을 보고 기이히 여기리라 9) 지혜 있

는 뜻이 여기 있으니 **그 일곱 머리는** 여자가 앉은 **일곱 산이요** 10) 또 **일곱 왕이라 다섯은 망하였고 하나는 있고 다른 이는 아직 이르지 아니하였으나** 이르면 반드시 잠간동안 계속하리라

　　여기서 일곱 머리는 일곱 산이요 일곱 왕이라고 하였는데 이것은 인류역사를 일곱개의 거대한 제국으로 나누어 설명한 것인데 다섯개의 제국은 사도 요한이 살고 있던 시대 이전에 다 없어졌고 하나가 있다는 말은 사도 요한이 살고 있었던 시대의 제국 즉 로마제국시대를 말하는 것이고 다른 하나의 제국은 사도 요한 시대에는 아직 나타나지 않았다는 말입니다. 붉은 용 사탄은 이처럼 인류역사를 지배하여 왔고 인류역사의 맨 마지막에는 십대 강국[열 뿔]의 출현이 있음을 말하고 있습니다. 그런데 "그 여러 머리에 일곱 면류관이 있는데 (4)그 꼬리가 하늘 별 삼분의 일을 끌어다가 땅에 던지더라…. ((7)하늘에 전쟁이 있으니 미가엘과 그의 사자들이 용으로 더불어 싸울새 용과 그의 사자들도 싸우나 (8)이기지 못하여 다시 하늘에서 저희의 있을 곳을 얻지 못한지라 (9)큰 용이 내어 쫓기니 옛 뱀 곧 마귀라고도 하고 사단이라고도 하는 온 천하를 꾀는 자라 땅으로 내어 쫓기니 그의 사자들도 저와 함께 내어 쫓기니라"는 구절을 보면 이는 과거에 천사였던 자가 자기의 위치를 벗어나서 하나님께 대항하다가 하늘에서 쫓겨나 저주를 받고 사탄 마귀가 되어 이 세상 흑암으로 떨어져 공중권세를 잡고 사탄의 포로가 된 죄인인간을 통치하는 왕이 된 사건을 설명해주고 있습니다. 이는 유다서 1장 6절의 내용을 더 소상하게 설명해주고 있는 것입니다; "6또 자기 지위를 지키지 아니하고 자기 처소를 떠난 천사들을 큰 날의 심판까지 영원한 결박으로 흑암에 가두셨으며"[유1:6] 여기 큰 붉은 용 사탄의 정체에 대하여 본론에서 상세하게 설명할 것입니다.

13장

〈짐승의 정체〉

(1)내가 보니 바다에서 **한 짐승이 나오는데 뿔이 열이요 머리가 일곱이라** 그 뿔에는 열 면류관이 있고 그 머리들에는 참람된 이름들이 있더라 (2)내가 본 짐승은 표범과 비슷하고 그 발은 곰의 발 같고 그 입은 사자의 입 같은데 용이 자기의 능력과 보좌와 큰 권세를 그에게 주었더라 (3)그의 머리 하나가 상하여 죽게 된 것 같더니 그 죽게 되었던 상처가 나으매 온 땅이 이상히 여겨 짐승을 따르고 (4)용이 짐승에게 권세를 주므로 용에게 경배하며 짐승에게 경배하여 가로되 누가 이 짐승과 같으뇨 누가 능히 이로 더불어 싸우리요 하더라 (5)또 **짐승이 큰 말과 참람된 말하는 입을 받고 또 마흔 두달 일할 권세를 받으니라** (6)짐승이 입을 벌려 하나님을 향하여 훼방하되 그의 이름과 그의 장막 곧 하늘에 거하는 자들을 훼방하더라 (7)**또 권세를 받아 성도들과 싸워 이기게 되고** 각 족속과 백성과 방언과 나라를 다스리는 권세를 받으니 (8)죽임을 당한 어린 양의 생명책에 창세 이후로 녹명되지 못하고 이 땅에 사는 자들은 다 짐승에게 경배하리라 (9)누구든지 귀가 있거든 들을지어다 (10)사로잡는 자는 사로잡힐 것이요 칼로 죽이는 자는 자기도 마땅히 칼에 죽으리니 성도들의 인내와 믿음이 여기 있느니라.〈계.13:1-10〉

13장에서는 **짐승이 큰 말과 참람된 말을 하는 자**라는 점을 감안할 때에 그의 정체가 적그리도인 것을 생각하면서 읽어야 하고 **또 적그리스도가** '**마흔 두 달 동안 일한다**'는 점과 '**성도들과 싸워 이기게 된다**'는 점에 주목하시기 바랍니다. 그러니까 성도들은 미리 휴거하여 대환란을 면제받게 된다는 세대주의 신학 이론이 잘못되었다는 것을 여기서 알 수 있습니다.

14 장

〈상〉〈십사만 사천의 정체〉

(1)또 내가 보니 보라 **어린 양이 시온산에 섰고 그와 함께 십 사 만 사천이 섰는데** 그 이마에 어린 양의 이름과 그 아버지의 이름을 쓴 것이 있도다 (2)내가 하늘에서 나는 소리를 들으니 많은 물소리도 같고 큰 뇌성도 같은데 내게 들리는 소리는 거문고 타는 자들의 그 거문고 타는 것 같더라 (3)저희가 보좌와 네 생물과 장로들 앞에서 새 노래를 부르니 땅에서 구속함을 얻은 십 사 만 사천인 밖에는 능히 이 노래를 배울 자가 없더라 (4)**이 사람들은 여자로 더불어 더럽히지 아니하고 정절이 있는 자라 어린 양이 어디로 인도하든지 따라가는 자며 사람 가운데서 구속을 받아 처음 익은 열매로 하나님과 어린 양에게 속한 자들이니 5그 입에 거짓말이 없고 흠이 없는 자들이더라**〈계14:1-5〉

여기서는 14만 4천이 부활 휴거한 것과 그들이 휴거하기 전에 이땅에서 어떻게 살았던 사람들인지를 보여주고 있다는 점에 주의해야 합니다. 그리고 **(4)이 사람들은 여자로 더불어 더럽히지 아니하고 정절이 있는 자라 어린 양이 어디로 인도하든지 따라가는 자며 사람 가운데서 구속을 받아 처음 익은 열매로 하나님과 어린 양에게 속한 자들이니 5그 입에 거짓말이 없고 흠이 없는 자들이더라** 라는 말씀을 보면 예수님을 믿는다고 아무나 다 부활 휴거하는 것이 아니라는 점을 알아차려야 하고 그러면 오늘 우리 시대에 예수 믿는다는 사람들이 과연 어떻게 살아야 부활 휴거할 수 있는지를 놓치지 말아야 합니다. 즉 믿음으로 구원을 얻는다는 것이 무엇을 의미하는지를 다시 한번 깊이 생각해 보아야 할 것입니다.

14 장

〈중〉〈재림 직전까지도 복음전파 계속〉

6또 보니 **다른 천사가** 공중에 날아가는데 땅에 거하는 자들 **곧 여러 나라와 족속과 방언과 백성에게 전할 영원한 복음을 가졌더라** 7그가 큰 음성으로 가로되 하나님을 두려워하며 그에게 영광을 돌리라 이는 그의 심판하실 시간이 이르렀음이니 하늘과 땅과 바다와 물들의 근원을 만드신 이를 경배하라 하더라 8또 다른 천사 곧 둘째가 그 뒤를 따라 말하되 무너졌도다 무너졌도다 큰 성 바벨론이여 모든 나라를 그 음행으로 인하여 진노의 포도주로 먹이던 자로다 하더라 9또 다른 천사 곧 세째가 그 뒤를 따라 큰 음성으로 **가로되 만일 누구든지 짐승과 그의 우상에게 경배하고 이마에나 손에 표를 받으면** 10그도 하나님의 진노의 포도주를 마시리니 그 진노의 잔에 섞인 것이 없이 부은 포도주라 거룩한 천사들 앞과 어린 양 앞에서 불과 유황으로 고난을 받으리니 11그 고난의 연기가 세세토록 올라가리로다 짐승과 그의 우상에게 경배하고 그 이름의 표를 받는 자는 누구든지 밤낮 쉼을 얻지 못하리라 하더라 12**성도들의 인내가 여기 있나니 저희는 하나님의 계명과 예수 믿음을 지키는 자니라** 13**또 내가 들으니 하늘에서 음성이 나서 가로되 기록하라 지금 이후로 주 안에서 죽는 자들은 복이 있도다** 하시매 성령이 가라사대 그러하다 저희 수고를 그치고 쉬리니 이는 저희의 행한 일이 따름이라 하시더라〈계14:6-13〉

"6또 보니 다른 천사가 공중에 날아가는데 땅에 거하는 자들 **곧 여러 나라와 족속과 방언과 백성에게 전할 영원한 복음을 가졌더라**" "12**성도들의 인내가 여기 있나니 저희는 하나님의 계명과 예수 믿음을 지키는 자니라** 13**또 내가 들으니 하늘에서 음성이 나서 가로되 기록하라 지금 이후로 주 안에서 죽는 자들은 복이 있도다**" 12절에 "**성도들의 인내가 여기 있나니 저희는 하나님의 계명과 예수 믿음을 지키는 자니라**" 라는 이 말씀을 보면 예수님의 재림 직전까지도 천사들의 도움으로 성도들이 대환란 중에서도 인내하면서 믿음을 지키며 복음을 계속 전파하고 있음을 알 수 있습니다[6, 12절] 다시 강조하여 말합니다. 여기 이 말씀에서 우리는 예수님께서 재림하시기 직전까지도 대환란 중에 성도들은 인내를 가지고 끝까지 믿음을 지켜야 한다는 것

[9,10, 12절]과 재림 직전까지도 순교할 자들이 있다는 것을 알 수 있습니다.[13절][(3)내가 나의 **두 증인에게 권세를 주리니 저희가 굵은 베옷을 입고 일천 이백 육십 일을 예언하리라 (4)이는 이 땅의 주 앞에 섰는 두 감람나무와 두 촛대니 (5)만일 누구든지 저 희를 해하고자 한즉 저희 입에서 불이 나서 그 원수를 소멸할지니 누구든지 해하려 하면 반드 시 이와 같이 죽임을 당하리라 (6)저희가 권세를 가지고 하늘을 닫아 그 예언을 하는 날 동안 비 오지 못하게 하고 또 권세를 가지고 물을 변하여 피 되게 하고 아무 때든지 원하는 대로 여 러가지 재앙으로 땅을 치리로다 (7)저희가 그 증거를 마칠 때에 무저갱으로부터 올라오는 짐승 이 저희로 더불어 전쟁을 일으켜 저희를 이기고 저희를 죽일 터인즉**〈계11:3-7〉] 즉 두 증인 들은 1260일[대환란 기간 3년 반] 동안 복음을 전파하고 나서 짐승에게 죽 임을 당한다는 말입니다. 이는 다니엘서 12장에서 대환란에 대하여 말씀하 면서 **"반드시 한 때와 두 때와 반 때[1260일, 3년 반의 대환란]를 지나서 성도의 권세가 다 깨 어지기 까지니 그렇게 되면 이 모든 일이 다 끝나리라"**고 하신 말씀과 일치하는 것입니 다. 그러니까 대환란 기간 3년 반이 끝나고 예수님이 재림하시는 재림하시 는 그 시점까지 성도는 그 대환란 중에서 끝까지 인내하면서 복음을 전파해 야 한다는 말입니다. 성경은 이와같이 대환란 중에도 순교를 무릎쓰고 복 음을 전하는 사람들이 있다는 것을 분명하게 증거하고 있습니다. 만약에 대 환란 직전에 성도들이 다 휴거하였다면 대환란 때에는 누가 복음을 증거하 겠습니까? 대환란 전에 성도들은 모두 휴거한다는 세대주의 신학교리가 얼 마나 성경과 어긋나는 것인지 깨달아야 합니다.

14 장

〈하〉〈예수님의 재림과 휴거〉

14 또 내가 바라보니, **보라, 흰 구름이 있고 그 구름 위에 사람의 아들[인자] 같은 분께서 앉으셨는데 그분의 머리 위에는 금관이 있고 그분의 손에는 예리한 낫이 있더라.** 15 또 다른 천사가 성전으로부터 나와 구름 위에 앉으신 분에게 큰 음성으로 외쳐 이르되, **주의 낫을 휘둘러 수확하소서. 땅의 수확물이 익어 주께서 수확하실 때가 이르렀나이다, 하니16 구름 위에 앉으신 분께서 자기의 낫을 땅 위에 휘두르사 땅을 수확하시니라.** 〈킹제임스 한글성경〉

[And I looked, and behold a white cloud, and upon the cloud one sat like unto the Son of man, having on his head a golden crown, and in his hand a sharp sickle. And another angel came out of the temple, crying with a loud voice to him that sat on the cloud, Thrust in thy sickle, and reap : for the time is come for thee to reap; for the harvest of the earth is ripe. And he that sat on the cloud thrust in his sickle on the earth; and the earth was reaped.] 〈계14:14-16〉

※ [이 중요한 부분의 한글번역이 잘못 번역되어 있어서 킹제임스 영어번역을 참고로 기재하였으며 그 한글번역은 킹제임스 한글성경을 인용하였음]

11장에서는 두 증인들의 부활과 휴거에 대하여 그리고 마지막 나팔이 울렸을 때에 세상 나라가 그리스도의 나라가 되어 주님께서 세세토록 왕노릇하게 된다는 음성이 하늘에서 나왔다고 기록하고 있습니다. 12장과 13장에서는 사탄과 적그리스도가 누구이며 어떤 일을 하는 자들인가에 대하여 설명한 후에 여기 14장에서는 십사만 사천명이 휴거하여 하늘의 시온산에 어린양 예수님과 함께 서있는 모습을 기록하고 있습니다.[22그러나 너희가 이른 곳은 **시온산과 살아계신 하나님의 도성인 하늘의 예루살렘과 천만 천사와 23하늘에 기록한 장자들의 총회와** 교회와 만민의 심판자이신 하나님과 및 온전케 된 의인의 영들과〈히12:22-23〉] 십사만 사천이 부활휴거한 후에 서있는 곳은 하늘에 있는 시온산으로서 하늘에 있는 예루살렘을 일컫는 말입니다. 예수님이 재림하신 후에 천년 동안 왕노릇하실 때에 바로 그 하늘에 있던 예루살렘이 지상으로 내려오는 것을 새 예루살렘이라고 부릅니다.[1또 내가 새 하늘과 새 땅을 보니 처음 하늘과 처음 땅이 없어졌고 바다도 다시 있지 않더라 2또 내가 보매 **거룩한 성 새 예루살렘이 하나님께로부터 하늘에서 내려오니 그 예비한 것이 신부가 남편을 위하여 단장한 것 같더라**〈계21:1-2〉] 그리고 동시에 공중으로 재림하셔서 구름 위에 앉으신 인자 같은 이가 수확하고 있는 모습을 보여주고 있다는 점에 주목해야 합니다. 즉 십사만 사천이 부활 휴거하여 하늘의 시온산에서 주님과 함께 서있는 사건은 11장에서 마지막 나팔이 울렸을 때 두 증인들이 부활휴거할 때에 함께 휴거했던 사람들입니다. 알곡은 모아 곡간에 들이고 쭉정이는 모아 불에 던지시겠다는 주님의 말씀이 이루어지는 것입니다.

15 장

〈일곱 대접 재앙 – 마지막 재앙〉

(1)또 하늘에 크고 이상한 다른 이적을 보매 **일곱 천사가 일곱 재앙을 가졌으니 곧 마지막 재앙이라 하나님의 진노가 이것으로 마치리로다** (2)또 내가 보니 불이 섞인 유리 바다 같은 것이 있고 짐승과 그의 우상과 그의 이름의 수를 이기고 벗어난 자들이 유리바다 가에 서서 하나님의 거문고를 가지고 (3)하나님의 종 모세의 노래, 어린 양의 노래를 불러 가로되 주 하나님 곧 전능하신 이시여 하시는 일이 크고 기이하시도다 만국의 왕이시여 주의 길이 의롭고 참되시도다 (4)주여 누가 주의 이름을 두려워하지 아니하며 영화롭게 하지 아니하오리까 오직 주만 거룩하시니이다 주의 의로우신 일이 나타났으매 만국이 와서 주께 경배하리이다 하더라 (5)또 이 일 후에 내가 보니 하늘에 증거 장막의 성전이 열리며 (6)일곱 재앙을 가진 일곱 천사가 성전으로부터 나와 맑고 빛난 세마포 옷을 입고 가슴에 금띠를 띠고 (7)네 생물 중에 하나가 세세에 계신 하나님의 진노를 가득히 담은 금대접 일곱을 그 일곱 천사에게 주니 (8)하나님의 영광과 능력을 인하여 성전에 연기가 차게 되매 일곱 천사의 일곱 재앙이 마치기까지는 성전에 능히 들어갈 자가 없더라. 〈계15:1–8〉

바로 앞장에서 예수님이 공중으로 재림하시고 성도들은 부활휴거하는 사건을 언급한 후에 15장에서는 일곱대접 재앙이 대환란의 마지막 재앙이라는 점에 다시 한번 주목하시기 바랍니다. 15장 1절에서 '**일곱 천사가 일곱 재앙을 가졌으니 곧 마지막 재앙이라** 하나님의 진노가 이것으로 마치리로다'라는 말은 11장에서 일곱째 나팔이 울릴 때에 주님께서 재림하셨고 두 증인들은 부활하여 휴거하였습니다. 여기까지가 둘째 화라고 하였습니다. 그리고 이제 곧 셋째 화가 임할 것이라고 하였는데 그것은 마지막 나팔에 성도들의 부활휴거가 이루어지고 난 후에 쏟아질 일곱 대접 재앙을 의미하는 것입니다. 그것으로 하나님의 진노를 마치게 된다는 의미입니다. 그러니까 11장에서 마지막 나팔인 일곱째 나팔이 울렸으니까 예수님께서 공중으로 재림하는 일이 있었고 동시에 지상에서는 성도들이 부활휴거하였고 그 때에 십사만 사천도 함께 휴거하였습니다. 그런데 그것으로 대환란이 다 끝나지 않습니다. 일곱째 나팔이 울리고 나면 일곱 대접 재앙이 쏟아지게 되어있는데 이것이 바로 대환란의 맨 마지막 부분으로서 가장 혹독한 재앙이 될 것입니다. 여기서 주의할 것은 두증인이 증거를 마칠 때는 1260일이 끝날 때입니다. 그러므로 그들이 1260일동안 복음증거를 마치고 휴거한 후에 일곱 대접 재앙이 쏟아지는 것입니다. 일곱 대접이 쏟아지는 기간은 1260일이 지난 후에 30일이 될 것임을 다니엘서 12장 11절이 정확하게 짚어주고 있습니다. **"매일 드리는 제사를 폐하며 멸망케 할 미운 물건을 세울 때부터 일천 이백 구십일[1260 + 30]을 지낼 것이요"[단12:11]** 나중에 본론에서 상세하게 설명할 것입니다.

16 장

〈일곱 대접 재앙과 아마겟돈 전쟁〉

(1)또 내가 들으니 성전에서 큰 음성이 나서 **일곱 천사에게 말하되 너희는 가서 하나님의 진노의 일곱 대접을 땅에 쏟으라** 하더라 (2)**첫째가 가서 그 대접을 땅에 쏟으매** 악하고 독한 헌데가 짐승의 표를 받은 사람들과 그 우상에게 경배하는 자들에게 나더라 (3)**둘째가 그 대접을 바다에 쏟으매** 바다가 곧 죽은 자의 피 같이 되니 바다 가운데 모든 생물이 죽더라 (4)**세째가 그 대접을 강과 물 근원에 쏟으매** 피가 되더라 (5)내가 들으니 물을 차지한 천사가 가로되 전에도 계셨고 시방도 계신 거룩하신이여 이렇게 심판하시니 의로우시도다 (6)저희가 성도들과 선지자들의 피를 흘렸으므로 저희로 피를 마시게 하신 것이 합당하니이다 하더라 (7)또 내가 들으니 제단이 말하기를 그러하다 주 하나님 곧 전능하신 이시여 심판하시는 것이 참되시고 의로우시도다 하더라 (8)**네째가 그 대접을 해에 쏟으매** 해가 권세를 받아 불로 사람들을 태우니 (9)사람들이 크게 태움에 태워진지라 이 재앙들을 행하는 권세를 가지신 하나님의 이름을 훼방하며 또 회개하여 영광을 주께 돌리지 아니하더라 (10)또 **다섯째가 그 대접을 짐승의 보좌에 쏟으니** 그 나라가 곧 어두워지며 사람들이 아파서 자기 혀를 깨물고 (11)아픈 것과 종기로 인하여 하늘의 하나님을 훼방하고 저희 행위를 회개치 아니하더라 (12)또 **여섯째가 그 대접을 큰 강 유브라데에 쏟으매** 강물이 말라서 동방에서 오는 왕들의 길이 예비되더라 (13)또 내가 보매 개구리 같은 세 더러운 영이 용의 입과 짐승의 입과 거짓 선지자의 입에서 나오니 (14)저희는 귀신의 영이라 이적을 행하여 **온 천하 임금들에게 가서 하나님 곧 전능하신 이의 큰 날에 전쟁을 위하여 그들을 모으더라** (15)보라 내가 도적 같이 오리니 누구든지 깨어 자기 옷을 지켜 벌거벗고 다니지 아니하며 자기의 부끄러움을 보이지 아니하는 자가 복이 있도다 (16)**세 영이 히브리 음으로 아마겟돈이라 하는 곳으로 왕들을 모으더라** (17)**일곱째가 그 대접을 공기 가운데 쏟으매** 큰 음성이 성전에서 보좌로부터 나서 가로되 되었다 하니 (18)번개와 음성들과 뇌성이 있고 또 큰 지진이 있어 어찌 큰지 사람이 땅에 있어 옴으로 이같이 큰 지진이 없었더라 (19)큰 성이 세 갈래로 갈라지고 만국의 성들도 무너지니 큰 성 바벨론이 하나님 앞에 기억하신 바 되어 그의 맹렬한 진노의 포도주잔을 받으매 (20)각 섬도 없어지고 산악도 간데 없더라 (21)또 중수가 한 달란트나 되는 큰 우박

이 하늘로부터 사람들에게 내리매 사람들이 그 박재로 인하여 하나님을 훼방하니 그 재앙이 심히 큼이러라 〈계.16:1-21〉

16장에서 우리가 명심할 것은 일곱 대접 재앙들은 3년 반의 대환란[1260일]이 끝난 후 즉 예수님의 재림과 성도들의 부활 휴거가 이루어진 후에 있을 재앙들로서 하나님의 진노를 마치게 하는 재앙입니다.[계15:1] 19절과 20절을 보시면 큰 지진으로 세상 만국의 도시들이 무너지고 각 섬과 산들도 없어졌다고 기록하고 있습니다. 이 재앙은 자연재앙의 극치와 전쟁의 극치를 보여주는 가장 치열하고 혹독한 환란입니다. 그러나 성도들은 일곱대접 재앙 직전에 즉 마지막 나팔에 휴거하였으므로 이 일곱대접환란을 면제받은 것입니다. "10네가 나의 인내의 말씀을 지켰은즉 내가 또한 너를 지키어 시험의 때를 면하게 하리니 이는 장차 온 세상에 임하여 땅에 거하는 자들을 시험할 때라"[계3:10] 그러나 이 일곱대접재앙에서 인류의 모두가 죽는 것은 아닙니다. 스가랴서 13장 8-9절을 보시면 인류의 삼분의 일은 이 재앙 속에서도 살아남아 천년왕국에 들어가게 됩니다. ["8여호와가 말하노라 이 온 땅에서 삼분지 이는 멸절하고 **삼분지 일은 거기 남으리니 9내가 그 삼분지 일을 불 가운데 던져 은 같이 연단하며 금 같이 시험할 것이라 그들이 내 이름을 부르리니 내가 들을 것이며 나는 말하기를 이는 내 백성이라 할 것이요 그들은 말하기를 여호와는 내 하나님이시라** 하리라"〈슥13:8-9〉] 일곱대접재앙이 쏟아질 때에는 대환란 중에 즉 1260일 동안 복음을 전했던 성도들은 이미 부활휴거 하였기 때문에 여기 이 사람들은 구원의 복음을 들을 기회가 없습니다. 그러므로 이 사람들은 이 혹독한 일곱대접 재앙 속에서 휴거한 성도들이 휴거 전에 믿으라고 말했었던 여호와 하나님의 이름을 기억하면서 여호와 하나님을 부르며 구원해달라고 울부짖으며 스스로 회개하여 정결케 한 사람들입니다. 그래서 **"삼분지 일은 거기 남으리니 9내가 그 삼분지 일을 불 가운데 던져 은 같이 연단하며 금 같이 시험할 것이라"고 말씀하고 있습니다.** 또 다니엘서 12장 10절에서도 같은 말씀을 하고 있습니다. [**10많은 사람이 연단을 받아 스스로 정결케 하며 희게 할 것이나** 악한 사람은 악을 행하리니 악한 자는 아무도 깨닫지 못하되 오직 지혜 있는 자는 깨달으리라] 그러니까 재림과 휴거 후에 있을 일곱대접재앙에서 자기의 죄를 회개하고 스스로 정결케하며 여호와 하나님을 부르는 자들이 당시 인류의 삼분의 일이 될 것이라는 말입니다. 나머지 사람들은 악한 사람들로서 그 혹독한 재앙 속에서도 회개하기를 거부하고 하나님을 거부하여 그 재앙 속에서 멸망하는 것입니다. 스가랴서 14장 9-21절까지 보시면 여기서 살아남은 삼분의 일이 천년왕국에 들어가서 살게 될 것을 보여줍니다. 특히 16절을 주목하십시오. ["9여호와께서 천하의 왕이 되시리니 그 날에는 여호와께서 홀로 하나이실 것이요 그 이름이 홀로 하나이실 것이며 10온 땅이 아라바 같이 되되 게바에서 예루살렘 남편 림몬까지 미칠 것이며 **예루살렘이 높이 들려 그 본처에 있으리니** 베냐민 문에서부터 첫문 자리와 성 모퉁이 문까지 또 하나넬 망대에서부터 왕의 포도주 짜는 곳까지라 11**사람이 그 가운데 거하며 다시는 저주가 있지 아니하리니 예루살렘이 안연히 서리로다** 12예루살렘을 친 모든 백성에게 여호와께서 내리실 재앙이 이러하니 곧 섰을 때에 그 살이 썩으며 그 눈이 구멍 속에서 썩으며 그 혀가 입속에서 썩을 것이요13그 날에 여호와께서 그들로 크게 요란케 하시리니 피차 손으로 붙잡으며 피차 손을 들어 칠 것이며 14유다도 예루살렘에서 싸우리니 이 때에 사면에 있는 열국의 보화 곧 금 은과 의복이 심히 많이 모여질 것이요 15또 말과 노새와 약대와 나귀와 그 진에 있는 모든 육축에게 미칠 재앙도 그 재앙과 같으리라 16**예루살렘을 치러 왔던 열국 중에 남은 자가 해마다 올라와서 그 왕 만군의 여호와께 숭배하며 초막절을 지킬 것이라** 17천하 만국 중에 그 왕 만군의 여호와께 숭배하러 예루살렘에 올라 오지 아니하는 자에게는 비를 내리지 아니하실 것인즉 18만일 애굽 족속이 올라 오지 아니할 때에는 창일함이 있지 아니하리니 여호와께서 초막절을 지키러 올라오지 아니하는 열국 사람을 치시는 재앙을 그에게 내리실 것이라 19애굽 사람이나 열국 사람이나 초막절을 지키러 올라오지 아니하는 자의 받을 벌이 이러하니라 20**그 날에는 말 방울에까지 여호와께 성결이라 기록될 것이라** 여호와의 전에 모든 솥이 제단 앞 주발과 다름이 없을 것이니21예루살렘과 유다의 모든 솥이 만군의 여호와의 성물이 될 것인즉 제사 드리는 자가 와서 이 솥을 취하여 그 가운데 고기를 삶으리라 그 날에는 만군의 여호와의 전에 가나안 사람이 다시 있지 아니하리라"(슥14:9-21)]

재림하신 예수님은 만왕의 왕이 되셔서 천하를 다스리게 되는 때에 [9절] 높이 들려진 예루살렘은 다시는 저주가 없는 새 예루살렘입니다. ["1또 내가 **새 하늘과 새 땅을 보니** 처음 하늘과 처음 땅이 없어졌고 바다도 다시 있지 않더라 2또 내가 보매 **거룩한 성 새 예루살렘이 하나님께로부터 하늘에서 내려오니** 그 예비한 것이 신부가 남편을 위하여 단장한 것 같더라 3내가 들으니 보좌에서 큰 음성이 나서 가로되 **보라 하나님의 장막이 사람들과 함께 있으매 하나님이 저희와 함께 거하시리니 저희는 하나님의 백성이 되고 하나님은 친히 저희와 함께 계셔서 4모든 눈물을 그 눈에서 씻기시매 다시 사망이 없고 애통하는 것이나 곡하는 것이나 아픈 것이 다시 있지 아니하리니** 처음 것들이 다 지나갔음이러라(계21:1-4)] 대환란 때에 예루살렘을 치러왔던 열국 백성들 중에서 살아남은 삼분의 일의 사람들〈슥14:16, 13:8〉은 천국과 이 세상이 겹쳐져 있는 천년왕국에서 천년동안 살게 되는데 그들은 해마다 거룩한 성 새 예루살렘에 예물을 가지고 들어가서 경배해야 합니다. 요한계시록 21장을 보시면 이런 조건이 기록되어 있습니다.["24만국이 그 빛 가운데로 다니고 땅의 왕들이 자기 영광을 가지고 그리로 들어오리라 25성문들을 낮에 도무지 닫지 아니하리니 거기는 밤이 없음이라 26사람들이 만국의 영광과 존귀를 가지고 그리로 들어오겠고 27무엇이든지 속된 것이나 가증한 일 또는 거짓말 하는 자는 결코 그리로 들어오지 못하되 오직 어린 양의 생명책에 기록된 자들뿐이라"〈계 21:23-27〉 대환란 기간에 성도들이 전한 복음을 듣고 죄를 회개하고 주님을 영접한 사람들은 다 구원을 받아서 대환란의 끝에 예수님께서 재림하실 때에 부활휴거하였습니다. 그러나 그들이 부활휴거하고 난 후에 일곱대접재앙 때에 스스로 정결케 한 사람들은 구원을 받지 못한 채로 천년왕국에 들어와서 아직도 오늘 우리들처럼 육신을 가지고 사는 만국의 사람들입니다. 그러나 재림 때에 부활휴거한 사람들은 더 이상 죄의 육신을 가진 사람들이 아니고 이미 부활의 몸을 가지고 천국의 사람들이 되어서 왕의 왕되신 예수님과 함께 천년동안 왕노릇하면서 육신을 가지고 새 땅에 살고 있는 천년왕국에 들어와 사는 만국 사람들을 통치하는 것입니다. 그런데 이미 부활휴거한 성도들의 통치를 받으면서 천년왕국에 사는 사람들 중에는 천년왕국에서 예수님의 십자가 복음을 받아들여 그 이름이 생명책에 기록된 성도가 된 사람들도 있고 천년왕국에 살면서도 복음을 받아들이지 않고 사는 사람들도 있습니다. 그래서 천년왕국이 끝나면 반드시 사탄을 다시 풀어놓아 천년왕국에서 살았던 사람들의 믿음을 테스트하여 끝까지 믿음을 지킨 사람들은 부활하고 휴거하여 영원한 천국으로 들어가고 사탄이 미혹하는 믿음의 테스트에서 실패한 사람들은 사탄과 함께 지옥불에 던져지기 위하여 심판의 부활로 부활하여 심판을 받고 지옥불에 던져지는 것입니다. ["1또 내가 보매 천사가 무저갱 열쇠와 큰 쇠사슬을 그 손에 가지고 하늘로서 내려와서 2용을 잡으니 곧 옛 뱀이요 마귀요 사단이라 잡아 일천년 동안 결박하여 3무저갱에 던져 잠그고 그 위에 인봉하여 천년이 차도록 다시는 만국을 미혹하지 못하게 하였다가 그 후에는 반드시 잠간 놓이리라 4또 내가 보좌들을 보니 거기 앉은 자들이 있어 심판하는 권세를 받았더라 또 내가 보니 예수의 증거와 하나님의 말씀을 인하여 목 베임을 받은 자의 영혼들과 또 짐승과 그의 우상에게 경배하지도 아니하고 이마와 손에 그의 표를 받지도 아니한 자들이 살아서 그리스도로 더불어 천년 동안 왕노릇 하니 5(그 나머지 죽은 자들은 그 천년이 차기까지 살지 못하더라) 이는 첫째 부활이라 6이 첫째 부활에 참예하는 자들은 복이 있고 거룩하도다 둘째 사망이 그들을 다스리는 권세가 없고 도리어 그들이 하나님과 그리스도의 제사장이 되어 천년 동안 그리스도로 더불어 왕노릇 하리라 7천년이 차매 사단이 그 옥에서 놓여 8나와서 땅의 사방 백성 곧 곡과 마곡을 미혹하고 모아 싸움을 붙이리니 그 수가 바다 모래 같으리라 9저희가 지면에 널리 퍼져 성도들의 진과 사랑하시는 성을 두르매 하늘에서 불이 내려와 저희를 소멸하고 10또 저희를 미혹하는 마귀가 불과 유황 못에 던지우니 거기는 그 짐승과 거짓 선지자도 있어 세세토록 밤낮 괴로움을 받으리라 11또 내가 크고 흰 보좌와 그 위에 앉으신 자를 보니 땅과 하늘이 그 앞에서 피하여 간데 없더라12또 내가 보니 죽은 자들이 무론 대소하고 그 보좌 앞에 섰는데 책들이 펴 있고 또 다른 책이 펴졌으니 곧 생명책이라 죽은 자들이 자기 행위를 따라 책들에 기록된대로 심판을 받으니 13바다가 그 가운데서 죽은 자들을 내어주고 또 사망과 음부도 그 가운데서 죽은 자들을 내어주매 각 사람이 자기의 행위대로 심판을 받고 14사망과 음부도 불못에 던지우니 이것은 둘째 사망 곧 불못이라 15누구든지 생명책에 기록되지 못한 자는 불못에 던지우더라〈계 20:1-15〉]

17 장

〈큰 음녀가 받을 심판〉

(1)또 일곱 대접을 가진 일곱 천사 중 하나가 와서 내게 말하여 가로되 이리 오라 많은 물 위에 앉은 **큰 음녀의 받을 심판을 네게 보이리라** (2)땅의 임금들도 그로 더불어 음행하였고 땅에 거하는 자들도 그 음행의 포도주에 취하였다 하고 (3)곧 성령으로 나를 데리고 광야로 가니라 내가 보니 **여자가 붉은 빛 짐승을 탔는데 그 짐승의 몸에 참람된 이름들이 가득하고 일곱 머리와 열 뿔이 있으며** (4)그 여자는 자주 빛과 붉은 빛 옷을 입고 금과 보석과 진주로 꾸미고 손에 금 잔을 가졌는데 가증한 물건과 그의 음행의 더러운 것들이 가득하더라 (5)**그 이마에 이름이 기록되었으니 비밀이라, 큰 바벨론이라, 땅의 음녀들과 가증한 것들의 어미라** 하였더라 (6)또 내가 보매 이 여자가 성도들의 피와 예수의 증인들의 피에 취한지라 내가 그 여자를 보고 기이히 여기고 크게 기이히 여기니 (7)천사가 가로되 왜 기이히 여기느냐 내가 **여자와 그의 탄바 일곱 머리와 열 뿔 가진 짐승의 비밀을 네게 이르리라** (8)네가 본 짐승은 전에 있었다가 시방 없으나 **장차 무저갱으로부터 올라와 멸망으로 들어갈 자니** 땅에 거하는 자들로서 창세 이후로 생명책에 녹명되지 못한 자들이 이전에 있었다가 시방 없으나 장차 나올 짐승을 보고 기이히 여기리라 (9)지혜 있는 뜻이 여기 있으니 **그 일곱 머리는 여자가 앉은 일곱 산이요** (10)**또 일곱 왕이라 다섯은 망하였고 하나는 있고 다른 이는 아직 이르지 아니하였으나 이르면 반드시 잠간 동안 계속하리라** (11)전에 있었다가 시방 없어진 짐승은 여덟째 왕이니 일곱 중에 속한 자라 저가 멸망으로 들어가리라 (12)네가 보던 열 뿔은 열 왕이니 아직 나라를 얻지 못하였으나 다만 짐승으로 더불어 임금처럼 권세를 일시 동안 받으리라 (13)**저희가 한 뜻을 가지고 자기의 능력과 권세를 짐승에게 주더라** (14)저희가 어린 양으로 더불어 싸우려니와 어린 양은 만주의 주시요 만왕의 왕이시므로 저희를 이기실터이요 또 그와 함께 있는 자들 곧 부르심을 입고 빼내심을 얻고 진실한 자들은 이기리로다 (15)또 천사가 내게 말하되 네가 본바 **음녀의 앉은 물은 백성과 무리와 열국과 방언들이니라** (16)네가 본바 이 열 뿔과 짐승이 음녀를 미워하여 망하게 하고 벌거벗게 하고 그 살을 먹고 불로 아주 사르리라 (17)하나님이 자기 뜻대로 할 마음을 저희에게 주사 한 뜻을 이루게 하시고 저희 나라를 그 짐승에게 주게 하시되 하나님 말씀이 응하기까지 하심이니라

(18)또 네가 본바 **여자는 땅의 임금들을 다스리는 큰 성이라** 하더라. 〈계.17:1-18〉

12장에서 "철장으로 만국을 다스릴 남자 아이"를 낳은 '**여자**'는 하나님이 택하신 백성 이스라엘 나라를 의미합니다. 그런데 여기 17장에서는 '**큰 음녀**'가 누구인지에 대하여 말하고 있습니다. 12장에서 언급한 '여자'는 죄인 인간을 구원하기 위해서 오신 '예수님'을 낳은 하나님의 택하신 민족 이스라엘 나라를 의미합니다. 그리고 성경은 그 여자의 후손인 '교회'를 그리스도의 '신부'인 정결한 여자로 묘사하고 있습니다. 그런데 여기 이 큰 음녀는 "**붉은 빛 짐승을 탔는데 그 짐승에는 일곱 머리와 열 뿔이 있으며 그 여자는 자주 빛과 붉은 빛 옷을 입고 금과 보석과 진주로 꾸미고 손에 금잔을 가졌는데 가증한 물건과 그의 음행의 더러운 것들이 가득하더라 (5)그 이마에 이름이 기록되었으니 비밀이라, 큰 바벨론이라, 땅의 음녀들과 가증한 것들의 어미라** 하였더라." 그 음녀는 금, 은, 보석과 진주와 금잔을 가졌다고 하였는데 그 안에는 가증한 것들과 음행의 더러운 것들로 가득 찼다고 하였습니다. 이는 이 큰 음녀가 사람들을 더러운 세상의 부귀영화와 쾌락으로 만취하게 하여 사람들로 하여금 하나님을 버리고 세상의 부귀영화를 따라 살게 하려는데 그 목적이 있는 것입니다. 15절에 온 세상의 백성과 무리와 열국과 방언들은 이 음녀가 깔고 앉은 물이라고 하였습니다. 즉 이 세상이 악령인 큰 음녀가 주는 독주로 충만하여 사람들이 세상의 번쩍이는 것에 도취하여 살아간다는 것을 보여주는 것입니다. 그 큰 음녀의 이마에는 '큰 바벨론이라 땅의 음녀들과 가증한 것들의 어미'라고 쓰여있습니다. 바벨론 제국은 사탄이 통치하는 세상왕국 전체를 상징하는 것으로서 느브갓네살 왕이 꿈에 본 신상에서는 네 개의 거대한 세상왕국이 각각 상징적으로 보여졌는데 금으로 만들어진 머리 부분에 해당하는 바벨론 제국이 세상왕국 전체를 대표적으로 상징하는 것입니다. 그래서 바벨론을 땅의 음녀들과 가증한 것들의 어미라고 말한 것입니다. 이 바벨론 제국은 그 후에 나타날 다른 제국들과 함께 마지막 때에 돌[그리스도]에 맞아 모두 멸망한다는 것을 우리는 다니엘서에서 찾아볼 수 있습니다. [34또 왕이 보신즉 사람의 손으로 하지 아니하고 뜨인 돌이 신상의 철과 진흙의 발을 쳐서 부숴뜨리매 35때에 철과 진흙과 놋과 은과 금이 다 부숴져 여름 타작마당의 겨 같이 되어 바람에 불려 간곳이 없었고 우상을 친 돌은 태산을 이루어 온 세계에 가득하였었나이다 36그 꿈이 이러한즉 내가 이제 그 해석을 왕 앞에 진술하리이다… **44이 열왕의 때에 하늘의 하나님이 한 나라를 세우시리니 이것은 영원히 망하지도 아니할 것**

이요 그 국권이 다른 백성에게로 돌아가지도 아니할 것이요 도리어 이 모든 나라를 쳐서 멸하고 영원히 설 것이라 45왕이 사람의 손으로 아니하고 산에서 뜨인 돌이 철과 놋과 진흙과 은과 금을 부숴뜨린 것을 보신 것은 크신 하나님이 장래 일을 왕께 알게 하신 것이라 이 꿈이 참되고 이 해석이 확실하니이다〈단2:34-45〉 18절에 보면 이 큰 음녀가 누구인지 명확하게 밝혀주고 있습니다. 또 네가 본바 여자는 땅의 임금들을 다스리는 큰 성이라 하더라. 참으로 음녀는 아담의 범죄 이후부터 마지막 때까지 인류역사 전체에서 큰 성[사탄의 나라, 바벨론]에 속한 인간들을 깔고앉아 더럽고 음란한 세상죄악이라는 독주에 취하게 했던 악령인 것입니다. 주님의 교회는 성령으로 충만한 하나님의 가족인것처럼 캐톨릭 교회는 악령으로 충만한 사탄의 가족일 뿐입니다.

교황을 비롯하여 천주교 사제들이 입고 있는 옷의 색갈이 자주 빛과 붉은 옷이라는 것과 그들이 사용하는 금잔과 그들의 사치와 부정과 음행한 행각은 이미 만천하에 잘 알려진 것과 너무나 일치하여 소름이 돋게 합니다. 천주교는 성령에 이끌림을 받는 교회가 아니고 큰 음녀 악령의 통치를 받는 사탄의 교회이기 때문입니다. 교황의 권력은 이미 중세 때에 유럽전역의 왕국들을 휘두를 때부터 지금 전세계의 정치지도자들도 그 앞에서 무릎을 꿇게하는 막강한 권세를 자랑하고 있습니다. 참으로 로마 캐톨릭교회는 사탄이 보낸 악령 큰 음녀가 지배하는 정치조직이며 그 뒤에는 장차 적그리스도로 나타날 짐승과 정한 때가 되면 그 짐승을 이 세상에 보낼 사탄 마귀가 도사리고 있는 것입니다. 다만 사탄이 자신을 광명한 천사로 위장하기 위하여 교회의 탈을 쓰고 있는 것 뿐입니다. 6절에 보시면 "또 내가 보매 이 여자가 성도들의 피와 예수의 증인들의 피에 취한지라"라고 기록한 것처럼 로마캐톨릭교회는 이미 중세 때에 로마 캐톨릭교회에 등록하지 않고 가정에서 모여 예배드리는 참 성도들을 잡아 잔인하게 고문하고 죽인 사람들의 수가 2차 세계대전 때에 죽은 사람들의 수를 능가하고 있다고 역사는 기록하고 있습니다. 그러나 그것은 한낱 서곡에 불과하고 앞으로 대환란 기간 동안에는 캐톨릭교회의 교황인 적그리스도에 의하여 수많은 참 성도들이 순교를 당하게 될 것입니다. 적그리스도가 1260일 동안 성도를 괴롭히고 죽게 하여 성도의 권세가 다 깨어질 것이라고 성경은 분명하게 말씀하고 있습니다. "1그 때에 네 민족을 호위하는 대군 미가엘이 일어날 것이요 또 환난이 있으리니 이는 개국 이래로 그 때까지

없던 환난일 것이며 그 때에 네 백성 중 무릇 책에 기록된 모든 자가 구원을 얻을 것이라 6그중에 하나가 세마포 옷을 입은 자 곧 강물 위에 있는 자에게 이르되 **이 기사의 끝이 어느 때까지냐 하기로** 7내가 들은즉 그 세마포 옷을 입고 강물 위에 있는 자가 그 좌우 손을 들어 하늘을 향하여 영생하시는 자를 가리켜 맹세하여 **가로되 반드시 한때 두때 반때를 지나서 성도의 권세가 다 깨어지기까지니 그렇게 되면 이 모든 일이 다 끝나리라** 하리라[단. 12:1, 6-7] 참으로 로마 캐톨릭교회는 겉으로는 교회라는 이름으로 위장하고 있으나 속으로는 땅의 음녀들과 가증한 것들의 어미인 마귀의 집단인 것을 우리는 깨달아야 합니다.

그리고 그 여자가 탄 짐승은 일곱머리와 열 뿔이 있다고 하였습니다. 이것은 그 짐승이 공중권세를 잡은 사탄의 부하로서 과거부터 지금까지 사탄과 함께 인류역사를 주관해왔던 흑암의 세력이었음을 보여주고 있습니다. 앞에서 언급한 바와 같이 요한계시록17장 7-10절에 기록된 말씀을 읽어보면 "**그 일곱 머리는 여자가 앉은 일곱 산이요 또 일곱 왕이라 다섯은 망하였고 하나는 있고 다른 이는 아직 이르지 아니하였으나 이르면 반드시 잠간동안 계속하리라**"[계17:10]고 하였습니다.
7) 천사가 가로되 왜 기이히 여기느냐 내가 여자와 그의 탄 바 일곱 머리와 열 뿔 가진 짐승의 비밀을 네게 이르리라 8) 네가 본 짐승은 전에 있었다가 시방 없으나 장차 무저갱으로부터 올라와 멸망으로 들어갈 자니 땅에 거하는 자들로서 창세 이후로 생명책에 녹명되지 못한 자들이 이전에 있었다가 시방 없으나 장차 나올 짐승을 보고 기이히 여기리라 9) 지혜 있는 뜻이 여기 있으니 그 일곱 머리는 여자가 앉은 일곱 산이요 10) 또 일곱 왕이라 **다섯은 망하였고 하나는 있고 다른 이는 아직 이르지 아니하였으나 이르면 반드시 잠간동안 계속하리라**〈계17:7-10〉

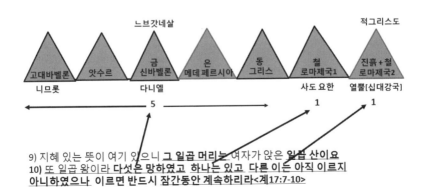

9) 지혜 있는 뜻이 여기 있으니 **그 일곱 머리는** 여자가 앉은 **일곱 산이요**
10) **또 일곱 왕이라 다섯은 망하였고 하나는 있고 다른 이는 아직 이르지 아니하였으나 이르면 반드시 잠간동안 계속하리라**〈계17:7-10〉

"9) 지혜 있는 뜻이 여기 있으니 그 일곱 머리는 여자가 앉은 일곱 산이요 10) 또 일곱 왕라 다섯은 망하였고 하나는 있고 다른 이는 아직 이르지 아니하였으나 이르면 반드시 잠간동안 계속하리라" 일곱 머리는 일곱 산이라고 하였는데 그 일곱 산은 일곱 왕이라고 하였습니다. 그중에서 '다섯은 망하였다'는 말은 사도요한이 이 계시의 말씀을 받을 당시를 기준으로 했을 때 그 전에 존재했던 사탄의 왕국 다섯개의 거대한 제국을 말하는 것입니다. 니므롯이 세웠던 거대한 고대바벨론을 필두로 해서 사도요한이 살고 있었던 로마제국 바로 직전의 그리스제국까지 다섯개의 제국은 이미 망해서 없어졌다는 뜻입니다. 그리고 '하나는 있고'라는 말은 사도요한이 살고 있었던 때에 존재하고 있었던 로마제국을 의미하는 것입니다. 그리고 '다른 이는 아직 이르지 아니하였으나 이르면 반드시 잠간동안 계속하리라'라는 말은 로마제국이 망한 다음에 나타날 신성로마제국을 의미하는 것입니다. 신성로마제국은 유럽전역이 로마바티칸의 통치아래 들어가는 시대를 필두로 하여 그 후에 유럽문명이 아시아와 아프리카와 북미 남미 등 전세계로 그 영향력을 확대하여 적그리스도가 출현할 때까지 온세상이 신성로마제국의 영향 아래 들어가는 시대로서 그 제국의 마지막에는 열뿔이 나타나는 즉 십대강국이 출현하게 되고 십대강국의 권세가 잠간동안 계속될 것을 보여줍니다. 잠간동안이라 함은 십대강국이 나타나서 그 권세를 적그리스도에게 주고 적그리스도가 통치하는 마지막 '한 이레'[7년]의 기간을 의미하는 것입니다.

18 장

〈멸망하는 음녀의 모습〉

(1)이 일 후에 다른 천사가 하늘에서 내려오는 것을 보니 큰 권세를 가졌는데 그의 영광으로 땅이 환하여지더라 (2)힘센 음성으로 외쳐 가로되 **무너졌도다 무너졌도다 큰 성 바벨론이여** 귀신의 처소와 각종 더러운 영의 모이는 곳과 각종 더럽고 가증한 새의 모이는 곳이 되었도다 (3)**그음행의 진노의 포도주를 인하여 만국이 무너졌으며 또 땅의 왕들이 그로 더불어 음행하였으며 땅의 상고들도 그 사치의 세력을 인하여 치부하였도다** 하더라 (4)**또 내가 들으니 하늘로서 다른 음성이 나서 가로되 내 백성아, 거기서 나와 그의 죄에 참예하지 말고 그의 받을 재앙들을 받지 말라** (5)그 죄는 하늘에 사무쳤으며 하나님은 그의 불의한 일을 기억하신지라 (6)그가 준 그대로 그에게 주고 그의 행위대로 갑절을 갚아주고 그의 섞은 잔에도 갑절이나 섞어 그에게 주라 (7)그가 어떻게 자기를 영화롭게 하였으며 사치하였든지 그만큼 고난과 애통으로 갚아 주라 그가 마음에 말하기를 나는 여황으로 앉은 자요 과부가 아니라 결단코 애통을 당하지 아니하리라 하니 (8)그러므로 하루 동안에 그 재앙들이 이르리니 곧 사망과 애통과 흉년이라 그가 또한 불에 살라지리니 그를 심판하신 주 하나님은 강하신 자이심이니라 (9)그와 함께 음행하고 사치하던 땅의 왕들이 그 불붙는 연기를 보고 위하여 울고 가슴을 치며 (10)그 고난을 무서워하여 멀리 서서 가로되 화 있도다 화 있도다 큰 성, 견고한 성 바벨론이여 일시간에 네 심판이 이르렀다 하리로다 (11)땅의 상고들이 그를 위하여 울고 애통하는 것은 다시 그 상품을 사는 자가 없음이라 (12)그 상품은 금과 은과 보석과 진주와 세마포와 자주 옷감과 비단과 붉은 옷감이요 각종 향목과 각종 상아 기명이요 값진 나무와 진유와 철과 옥석으로 만든 각종 기명이요 (13)계피와 향료와 향과 향유와 유향과 포도주와 감람유와 고운 밀가루와 밀과 소와 양과 말과 수레와 종들과 사람의 영혼들이라 (14)바벨론아 네 영혼의 탐하던 과실이 네게서 떠났으며 맛 있는 것들과 빛난 것들이 다 없어졌으니 사람들이 결코 이것들을 다시 보지 못하리로다 (15)바벨론을 인하여 치부한 이 상품의 상고들이 그 고난을 무서워하여 멀리 서서 울고 애통하여 (16)가로되 화 있도다 화 있도다 큰 성이여 세마포와 자주와 붉은 옷을 입고 금과 보석과 진주로 꾸민 것인데 (17)그러한 부가 일시간에 망하였도다 각 선장과 각처를 다니는 선객들과 선인들과 바다에서 일하

는 자들이 멀리 서서 (18)그 불붙는 연기를 보고 외쳐 가로되 이 큰 성과 같은 성이 어디 있느뇨 하며 (19)티끌을 자기 머리에 뿌리고 울고 애통하여 외쳐 가로되 화 있도다 화 있도다 이 큰 성이여 바다에서 배 부리는 모든 자들이 너의 보배로운 상품을 인하여 치부하였더니 일시간에 망하였도다 **(20)하늘과 성도들과 사도들과 선지자들아 그를 인하여 즐거워하라 하나님이 너희를 신원하시는 심판을 그에게 하셨음이라 하더라 (21)이에 한 힘센 천사가 큰 맷돌 같은 돌을 들어 바다에 던져 가로되 큰 성 바벨론이 이같이 몹시 떨어져 결코 다시 보이지 아니하리로다 (22)또** 거문고 타는 자와 풍류하는 자와 퉁소 부는 자와 나팔 부는 자들의 소리가 결코 다시 네 가운데서 들리지 아니하고 물론 어떠한 세공업자든지 결코 다시 네 가운데서 보이지 아니하고 또 맷돌 소리가 결코 다시 네 가운데서 들리지 아니하고 (23)등불 빛이 결코 다시 네 가운데서 비취지 아니하고 신랑과 신부의 음성이 결코 다시 네 가운데서 들리지 아니하리로다 너의 상고들은 땅의 왕족들이라 네 복술을 인하여 만국이 미혹되었도다 (24)선지자들과 성도들과 및 땅 위에서 죽임을 당한 모든 자의 피가 이 성중에서 보였느니라 하더라. 〈계.18:1~24〉

앞의 17장에서는 먼저 음녀가 누구인지 그녀의 정체를 보여주었습니다. 그리고 여기 18장에서는 음녀가 심판을 받아 멸망하는 모습을 보여주고 있습니다. 여기 18장에서는 마지막 나팔이 울리는 시기에 성도의 휴거와 휴거 직후의 일곱대접재앙으로 멸망하고 고통하는 땅의 모습을 보여주고 있으며 다음 19장에서는 같은 시기에 즉 마지막 나팔이 울리는 시기의 하늘의 모습을 보여주고 있습니다. 즉 여기 18장에서는 사탄과 함께 음란하게 부귀영화와 쾌락을 먹고 마시던 세상이 비참하게 멸망하는 세상왕국의 모습을 보여주고 있습니다. 9절부터 20절까지는 사탄의 왕국이 일시간에 다 망하였음을 보여주고 있습니다. 21절부터 24절까지는 세상의 쾌락이 일시간에 다 끝이 났음을 보여주고 있습니다.

19장

〈만왕의 왕으로 재림하시는 예수님의 모습〉

(1)이 일 후에 내가 들으니 **하늘에 허다한 무리의 큰 음성 같은 것이 있어 가로되 할렐루야 구원과 영광과 능력이 우리 하나님께 있도다** (2)그의 심판은 참되고 의로운지라 음행으로 땅을 더럽게 한 큰 음녀를 심판하사 자기 종들의 피를 그의 손에 갚으셨도다 하고 (3)두번째 가로되 할렐루야 하더니 그 연기가 세세토록 올라가더라 (4)또 이십 사 장로와 네 생물이 엎드려 보좌에 앉으신 하나님께 경배하여 가로되 아멘 할렐루야 하니 (5)보좌에서 음성이 나서 가로되 하나님의 종들 곧 그를 경외하는 너희들아 무론대소하고 다 우리 하나님께 찬송하라 하더라 (6)또 내가 들으니 허다한 무리의 음성도 같고 많은 물 소리도 같고 큰 뇌성도 같아서 가로되 할렐루야 주 우리 하나님 곧 전능하신 이가 통치하시도다 (7)**우리가 즐거워하고 크게 기뻐하여 그에게 영광을 돌리세 어린 양의 혼인 기약이 이르렀고 그 아내가 예비하였으니** (8)그에게 허락하사 빛나고 깨끗한 세마포를 입게 하셨은즉 **이 세마포는 성도들의 옳은 행실이로다** 하더라 (9)천사가 내게 말하기를 **기록하라 어린 양의 혼인 잔치에 청함을 입은 자들이 복이 있도다** 하고 또 내게 말하되 이것은 하나님의 참되신 말씀이라 하기로 (10)내가 그 발 앞에 엎드려 경배하려 하니 그가 나더러 말하기를 나는 너와 및 예수의 증거를 받은 네 형제들과 같이 된 종이니 삼가 그리하지 말고 오직 하나님께 경배하라 예수의 증거는 대언의 영이라 하더라 (11)**또 내가 하늘이 열린 것을 보니 보라 백마와 탄 자가 있으니 그 이름은 충신과 진실이라 그가 공의로 심판하며 싸우더라** (12)**그 눈이 불꽃 같고 그 머리에 많은 면류관이 있고 또 이름 쓴 것이 하나가 있으니 자기 밖에 아는 자가 없고** (13)**또 그가 피 뿌린 옷을 입었는데 그 이름은 하나님의 말씀이라 칭하더라** (14)**하늘에 있는 군대들이 희고 깨끗한 세마포를 입고 백마를 타고 그를 따르더라** (15)**그의 입에서 이한 검이 나오니 그것으로 만국을 치겠고 친히 저희를 철장으로 다스리며 또 친히 하나님 곧 전능하신 이의 맹렬한 진노의 포도주 틀을 밟겠고** (16)**그 옷과 그 다리에 이름 쓴 것이 있으니 만왕의 왕이요 만주의 주라 하였더라** (17)또 내가 보니 한 천사가 해에 서서 공중에 나는 모든 새를 향하여 큰 음성으로 외쳐 가로되 와서 하나님의 큰 잔치에 모여 (18)왕들의 고기와 장군들의 고기와 장사들의 고기와 말들과 그 탄 자들의 고기와 자유한 자들이나 종들이나 무론대

소하고 모든 자의 고기를 먹으라 하더라 (19)또 내가 보매 그 짐승과 땅의 임금들과 그 군대들이 모여 그 말 탄 자와 그의 군대로 더불어 전쟁을 일으키다가 (20)짐승이 잡히고 그 앞에서 이적을 행하던 거짓 선지자도 함께 잡혔으니 이는 짐승의 표를 받고 그의 우상에게 경배하던 자들을 이적으로 미혹하던 자라 이 둘이 산채로 유황불 붙는 못에 던지우고 (21)그 나머지는 말 탄 자의 입으로 나오는 검에 죽으매 모든 새가 그 고기로 배불리우더라. 〈계.19:1-21〉

19장에서는 예수님께서 만왕의 왕으로 재림하시는 모습을 보여주고 있습니다. [16절] 그리고 평화를 상징하는 백마를 타시고 재림하시는데[11절] 그 눈은 불꽃같고 그 머리에는 많은 면류관을 쓰셨고[12절] 죄인을 구원하시기 위하여 일찍이 십자가를 지셨던 분이시기에 피 뿌린 옷을 입으셨고 그분의 별명은 하나님의 말씀이신 예수님이셨습니다.[13절] 그분의 입에서는 예리한 검이 나와서 그것으로 만국을 치신다고 하였습니다.[15절] 요한계시록 14장 14절부터 16절까지에서 언급한 것과 동일한 내용입니다;[14 또 내가 바라보니, **보라, 흰 구름이 있고 그 구름 위에 사람의 아들[인자] 같은 분께서 앉으셨는데 그분의 머리 위에는 금관이 있고 그분의 손에는 예리한 낫이 있더라. 15 또 다른 천사가 성전으로부터 나와 구름 위에 앉으신 분에게 큰 음성으로 외쳐 이르되, 주의 낫을 휘둘러 수확하소서. 땅의 수확물이 익어 주께서 수확하실 때가 이르렀나이다. 하니16 구름 위에 앉으신 분께서 자기의 낫을 땅 위에 휘두르사 땅을 수확하시니라.**〈계14:14-16〉] 아래 기록된 스가랴서 14장에서도 예수님이 재림하시는 여호와의 날에 대하여 설명하고 있습니다. 즉 예수님이 재림하실 때에 친히 나가셔서 세상만국을 치신다[3절]고 기록하고 있습니다. 그리고 예수님의 발이 감람산에 서실 것이라고 하였고[4절] 5절에서는 주님이 재림하실 때에는 모든 거룩한 자가 함께 하리라고 하였습니다. 이는 요한계시록14장 1절에서 언급된 십사만 사천과 함께 예수님이 시온산에 서있는 것과 일치하는 것으로서 데살로니까전서 4장 14잘에서 언급한 대로 예수님이 재림하실 때에 예수 안에서 죽었던 모든 성도들을 함께 데리고 오신다는 말씀과 일치하는 것입니다.[14우리가 예수의 죽었다가 다시 사심을 믿을찐대 이와 같이 **예수 안에서 자는 자들도 하나님이 저와 함께 데리고 오시리라**〈살전4:14〉] 그리고 스가랴서 14장 9절에서도 재림하시는 예수님은 천하의 왕으로 오실 것이라고 말씀하고 있습니다.[**"1여호와의 날이 이르리라** 그 날에 네 재물이 약탈되어 너의 중에서 나누이리라 **2내가 열국을 모아 예루살렘과 싸우게 하리니 성읍이 함락되며 가옥이 약탈되며 부녀가 욕을 보며 성읍 백성이 절반이나 사로잡혀 가려니와 남은 백성은 성읍에서 끊쳐지지 아니하**

리라 3그 때에 여호와께서 나가사 그 열국을 치시되 이왕 전쟁 날에 싸운것 같이 하시리라 4그 날에 그의 발이 예루살렘 앞 곧 동편 감람산에 서실 것이요 감람산은 그 한가운데가 동서로 갈라져 매우 큰 골짜기가 되어서 산 절반은 북으로, 절반은 남으로 옮기고 5그 산 골짜기는 아셀까지 미칠찌라 너희가 그의 산 골짜기로 도망하되 유다 왕 웃시야 때에 지진을 피하여 도망하던 것 같이 하리라 **나의 하나님 여호와께서 임하실 것이요 모든 거룩한 자가 주와 함께하리라** 6그 날에는 빛이 없겠고 광명한 자들이 떠날 것이라 7여호와의 아시는 한 날이 있으리니 낮도 아니요 밤도 아니라 어두워 갈 때에 빛이 있으리로다 8그 날에 생수가 예루살렘에서 솟아나서 절반은 동해로, 절반은 서해로 흐를 것이라 여름에도 겨울에도 그러하리라 9것며 **여호와께서 천하의 왕이 되시리니 그 날에는 여호와께서 홀로 하나이실 것이요 그 이름이 홀로 하나이실 것이며**"(슥14:1~9).]

그러므로 11장에서 마지막 일곱째 나팔이 불 때에 있었던 예수님의 재림과 성도의 부활휴거 사건을 간단히 언급한 후에 여기 19장에서는 14장에서와 마찬가지로 예수님의 재림에 대하여 좀 더 상세하게 보조로 설명하고 있는 것입니다. 지금까지 우리는 1장부터 19장까지에 기록된 사건들이 어느 시간대에 속하는지를 파악하기 위하여 각장에 어떤 사건들이 기록되어 있는지를 대충 살펴보았습니다. 그 사건들의 자세한 내용들은 나중에 상세하게 살펴볼 것입니다. 지금까지 앞에서 읽은 각장에 기록된 사건들을 장별로 간추려 보면 다음과 같습니다.

〈대환란 전에 있는 일곱교회시대〉
1장 – 서론
2~3장 – 일곱교회시대
4~5장 – 대환란 직전 천국의 상황

〈대환란의 시작인 첫째 인 재앙부터 대환란의 마지막인 일곱 대접 재앙까지〉
6장 – 첫째 인 재앙에서부터 여섯째 인 재앙
7장 – 십사만 사천 명에게 인치는 일과 흰 옷을 입은 큰 무리
8~9장 – 일곱째 인을 뗄 때에 일곱 나팔 재앙
10장 – 마지막 나팔을 불 때까지 복음 전파 계속
11장 – 두 증인들의 사역과 부활 휴거 사건 그리고 예수님의 재림 사건
12장 – 큰 붉은 용

〈멸망하는 큰 음녀의 모습과 재림 예수님의 승리의 모습〉

요한계시록을 그냥 생각없이 읽다보면 도무지 무엇을 얘기하는 것인지 몰라서 혼란하기만 했었는데 이제는 일목요연하게 보이게 될 것입니다. 지금까지 우리는 대환란에 있을 사건들을 시간순서대로 살펴보았고 그 중간 중간에는 보조 해설들이 삽입되어 있는 것을 발견하게 되었습니다. 일곱교회 시대가 끝난 후에 3년 반 동안의 대환란 기간[6장 –19장]에 있게될 사건들을 아래 도표에서 잘 살펴보시기 바랍니다. 그러니까 대환란중에 있을 실제 사건들은 6장에 있는 첫째인에서부터 여섯째 인을 뗄 때에 일어나는 사건들이 시간순서로 기록되어 있고 8–9장에서는 여섯째 인을 뗄 때에 일어나는 사건들을 보다 더 자세하게 일곱 부분으로 나누어 보여주기 위하여 일곱째 인을 뗄 때에 일곱 천사들이 나와서 각기 차례대로 나팔을 부는 사건들이 기록되어 있습니다. 나팔을 불 때마다 여섯째 인에서 보여주었던 재앙들이 더 구체적으로 나타나있습니다. 그리고 11장에서는 두 증인들이 대환란 때에 복음을 증거하다가 1260일의 끝에 모두 갇히거나 죽었고 1260일이 지난 후에는 일곱째 나팔 즉 마지막 나팔이 울릴 때 예수님의 재림과 성도들의 부활휴거가 발생하게 되는 사건들이 기록되어 있습니다. 그리고 16장에서는 일곱대접재앙이 실행되는 사건이 기록되어 있고 18장에서는 큰 음녀가 멸망하는 사건이 기록되어 있습니다. 그리고 나머지 장들은 144000, 흰옷입은 큰 무리들, 사탄, 이스라엘 민족, 짐승인 적그리스도 등등에 대한 보조해설들입니다. 즉 예를 들어서 14장과 19장에 기록된 예수님의 재림하시는 장면은 11장에서 일곱째 나팔이 울릴 때 그리고 성도들이 부활휴거하는 때에 재림하시는 예수님의 모습을 더 상세하게 설명해주는 것입니다. 여기서 보조해설을 제외하고 사건들만 추려보면 3년 반의 대환란 기간에는 결국 일곱

인 재앙과 일곱나팔 재앙과 주의 재림과 성도의 부활사건이 있고 그 후에는 일곱대접 재앙이 있음을 알게 됩니다. 이것들이 바로 대환란 기간중에 있을 기본뼈대가 되는 것입니다. 다음과 같이 도표로 그려볼 수 있습니다.

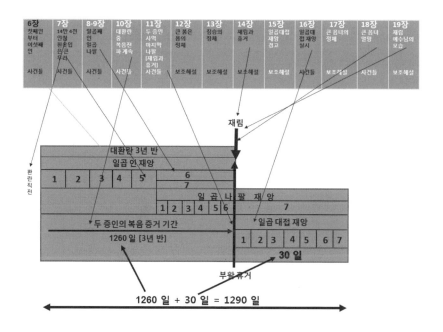

그리고 3년 반의 대환란 기간의 이 기본 뼈대 위에 중간 중간에 들어가 있는 보조해설을 곁드리면 다음과 같이 전체윤곽을 볼 수 있는 것입니다. 이것이 바로 6장부터 19장까지의 전체윤곽입니다.

3 대환란 후에 있을 천년왕국의 시간대별 위치
지금까지는 6장부터 19장까지 대환란 기간중에 있는 사건들이 어느 시간대에 속하는지를 파악하기 위하여 각장에 어떤 사건들이 기록되어 있는지를 살펴보았습니다. 그 다음 20장부터 22장까지는 예수님의 재림 후에 천년왕국이 있을 것임을 분명하게 보여주고 있습니다.

20장

〈천년왕국 시대〉

1또 내가 보매 천사가 무저갱 열쇠와 큰 쇠사슬을 그 손에 가지고 하늘로서 내려와서 **2용을 잡으니 곧 옛 뱀이요 마귀요 사단이라 잡아 일천년 동안 결박하여 3무저갱에 던져 잠그고 그 위에 인봉하여 천년이 차도록 다시는 만국을 미혹하지 못하게 하였다가 그 후에는 반드시 잠간 놓이리라** 4또 내가 보좌들을 보니 거기 앉은 자들이 있어 심판하는 권세를 받았더라 또 내가 보니 예수의 증거와 하나님의 말씀을 인하여 목 베임을 받은 자의 영혼들과 또 짐승과 그의 우상에게 경배하지도 아니하고 이마와 손에 그의 표를 받지도 아니한 자들이 살아서 그리스도로 더불어 천년 동안 왕노릇 하니 5(그 나머지 죽은 자들은 그 천년이 차기까지 살지 못하더라) 이는 **첫째 부활**이라 6이 **첫째 부활에 참예하는 자들은** 복이 있고 거룩하도다 둘째 사망이 그들을 다스리는 권세가 없고 도리어 그들이 **하나님과 그리스도의 제사장이 되어 천년 동안 그리스도로 더불어 왕노릇 하리라 7천년이 차매 사단이 그 옥에서 놓여 8나와서** 땅의 사방 백성 곧 곡과 **마곡을 미혹하고 모아 싸움을 붙이리니** 그 수가 바다 모래 같으리라 9저희가 지면에 널리 퍼져 성도들의 진과 사랑하시는 성을 두르매 하늘에서 불이 내려와 저희를 소멸하고 10**또 저희를 미혹하는 마귀가 불과 유황 못에 던지우니 거기는 그 짐승과 거짓 선지자도 있어 세세토록 밤낮 괴로움을 받으리라** 11또 내가 **크고 흰 보좌와 그 위에 앉으신 자를 보니** 땅과 하늘이 그 앞에서 **피하여 간데 없더라** 12또 내가 보니 죽은 자들이 무론 대소하고 그 보좌 앞에 섰는데 책들이 펴 있고 또 다른 책이 펴졌으니 곧 생명책이라 죽은 자들이 자기 행위를 따라 책들에 기록된대로 심판을 받으니 13바다가 그 가운데서 죽은 자들을 내어주고 또 사망과 음부도 그 가운데서 죽은 자들을 내어주매 **각 사람이 자기의 행위대로 심판을 받고** 14사망과 음부도 불못에 던지우니 이것은 둘째 사망 곧 불못이라 15**누구든지 생명책에 기록되지 못한 자는 불못에 던지우더라**〈계 20:1-15〉

20장에서 놓치지 말아야 할 것은 왕의 왕으로 재림하신 예수님께서 천년 동안 왕노릇한다는 것과 예수님의 재림 때에 부활휴거했던 성도들이 예수님과 함께 천년동안 왕노릇한다는 점입니다. 그리고 그 천년동안에 사탄은 묶여있어서 세상만국의 사람들을 미혹하지 못한다는 점입니다. 그러니까 초림과 재림 사이의 지금이 천년왕국이라고 주장하는 무천년설이 얼마나 성경과 맞지 않는 잘못된 교리라는 것을 깨달아야 합니다. 왜냐하면 사탄은 지금도 공중권세를 잡고 만국을 미혹하는 일을 계속하고 있기 때문입니다. 그리고 예수님께서 왕의 왕으로 천년동안 통치하신 후에는 반드시 사탄이 잠시 동안 풀려나서 천년왕국에서 살았던 만국의 백성들을 다시 미혹하게 된다는 점을 성경이 분명히 언급하고 있음을 명심해야 합니다. 그리고 사탄의 미혹이 있은 이후에 백보좌심판이 있고 그 심판을 받은 사람들이 모두 지옥불에 던져지게 된다는 점입니다. 그러니까 우리가 여기서 놓치지 말아야 할 것은 예수님의 재림으로 인류역사가 끝나는 것이 아니고 재림하신 후에도 천년이라는 아주 긴 기간 즉 예수님이 왕으로 통치하시고 사탄의 미혹이 없는 천년왕국이 끝난 다음에야 백보좌심판이 있다고 성경이 말하고 있다는 점입니다. 즉 예수님의 재림은 심판의 시작일 뿐이고 최후의 심판은 천년동안 왕노릇하신 후에 백보좌 심판에서 이루어지는 것입니다. 예수님의 재림이 이세상의 끝이라고 주장하는 무천년설은 인간의 잘못된 해석인 것입니다. 그러므로 우리는 자기 교단의 신학교리가 말하는 것을 믿지 말고 성경이 말씀하는 것을 믿어야 합니다.

21장

〈천년왕국의 모습〉

1또 내가 **새 하늘과 새 땅을 보니** 처음 하늘과 처음 땅이 없어졌고 바다도 다시 있지 않더라 2또 내가 보매 **거룩한 성 새 예루살렘이 하나님께로부터 하늘에서 내려오니** 그 예비한 것이 신부가 남편을 위하여 단장한 것 같더라 3내가 들으니 보좌에서 큰 음성이 나서 가로되 보라 **하나님의 장막이 사람들과 함께 있으매 하나님이 저희와 함께 거하시리니 저희는 하나님의 백성이 되고 하나님은 친히 저희와 함께 계셔서 4모든 눈물을 그 눈에서 씻기시매 다시 사망이 없고 애통하는 것이나 곡하는 것이나 아픈 것이 다시 있지 아니하리니** 처음 것들이 다 지나갔음이러라 5보좌에 앉으신 이가 가라사대 **보라 내가 만물을 새롭게 하노라** 하시고 또 가라사대 이 말은 신실하고 참되니 기록하라 하시고 6또 내게 말씀하시되 이루었도다 나는 알파와 오메가요 처음과 나중이라 내가 생명수 샘물로 목 마른 자에게 값 없이 주리니 7이기는 자는 이것들을 유업으로 얻으리라 나는 저의 하나님이 되고 그는 내 아들이 되리라 8그러나 두려워하는 자들과 믿지 아니하는 자들과 흉악한 자들과 살인자들과 행음자들과 술객들과 우상 숭배자들과 모든 거짓말 하는 자들은 불과 유황으로 타는 못에 참예하리니 이것이 둘째 사망이라 9**일곱 대접을 가지고 마지막 일곱 재앙을 담은 일곱 천사중 하나가 나아와서 내게 말하여 가로되 이리 오라 내가 신부 곧 어린 양의 아내를 네게 보이리라** 하고 10**성령으로 나를 데리고 크고 높은 산으로 올라가 하나님께로부터 하늘에서 내려오는 거룩한 성 예루살렘을 보이니** 11**하나님의 영광이 있으매 그 성의 빛이 지극히 귀한 보석 같고 벽옥과 수정 같이 맑더라** 12크고 높은 성곽이 있고 열 두 문이 있는데 문에 열 두 천사가 있고 그 문들 위에 이름을 썼으니 이스라엘 자손 열 두 지파의 이름들이라 13동편에 세 문, 북편에 세 문, 남편에 세 문, 서편에 세 문이니 14그 성에 성곽은 열 두 기초석이 있고 그 위에 어린 양의 십 이 사도의 열 두 이름이 있더라 15내게 말하는 자가 그 성과 그 문들과 성곽을 척량하려고 금 갈대를 가졌더라 16그 성은 네모가 반듯하여 장광이 같은지라 그 갈대로 그 성을 척량하니 일만 이천 스다디온이요 장과 광과 고가 같더라 17그 성곽을 척량하매 일백 사십 사 규빗이니 사람의 척량 곧 천사의 척량이라 18그 성곽은 벽옥으로 쌓였고 그 성은 정금인데 맑은 유리 같더라 19그 성의 성곽의 기초석은 각색 보석으로 꾸몄는데 첫째 기초석은 벽옥이요 둘째는 남보석이요 세째는 옥수요 네째는 녹보석이요 20다섯째는 홍마노요 여섯째는 홍보석이요 일곱째는 황옥이요 여덟째는 녹옥이요 아홉째는 담황옥이요 열째는 비취옥이요 열 한째는 청옥이요 열 둘째는 자정이라 21그 열 두 문은 열 두 진주니 문마다 한 진주요 성의 길은 맑은 유리 같은 정금이더라 22성안에 성전을 내가 보지 못하였으니 이는 주 하나님 곧 전능하신 이와 및 어린 양이 그 성전이심이라 23그 성은 해나 달의 비침이 쓸데 없으니 이는 하나님의 영광이 비취고 어린 양이 그 등이 되심이라 24만국이 그 빛 가운데로 다니고 땅의 왕들이 자기 영광을 가지고 그리로 들어오리라 25성문들을 낮에 도무지 닫지 아니하리니 거기는 밤이 없음이라 26사람들이 만국의 영광과 존귀를 가지고 그리로 들어오겠고 27무엇이든지 속된 것이나 가증한 일 또는 거짓말 하는 자는 결코 그리로 들어오지 못하되 오직 어린 양의 생명책에 기록된 자들뿐이라〈계21:1–27〉

21장에서 우리가 놓치지 말아야 할 것은 20장에서 언급한 천년왕국이 어떤 것인지에 대하여 더 상세하게 보조설명을 해주고 있다는 점입니다. 즉 천년동안 예수님께서 왕의 왕으로 통치하실 천년왕국은 **'새 하늘'**과 **'새 땅'**이라고 표현하고 있습니다. 그리고 이것은 **'만물을 새롭게 한 것'**이라고 분명하게 기록하고 있습니다. 즉 이 물질세상을 새롭게 다시 창조한 것이 새 하늘과 새 땅입니다. 만물을 새롭게 한 이곳에 하늘에서 내려온 **'거룩한 성 새 예루살렘'**에 대하여 언급하고 있습니다. 그 거룩한 성은 하늘에서 내려온 천국이기 때문에 해나 달이 필요없는 영적인 하나님의 나라 곧 천국입니다. 그러므로 천국인 그 거룩한 성의 영광을 찬란한 보석에 비유하여 설명하고 있습니다. 즉 천년왕국이란 이 물질세상을 새롭게 창조하신 새 땅에 천국이 내려와서 천국과 이 세상이 함께 겹쳐져 있는 에덴동산 같은 낙원임을 보여주고 있습니다. 하늘에서 내려온 천국인 거룩한 성 새 예루살렘에는 부활휴거한 성도들이 왕의 왕으로 오신 예수님과 함께 거하면서 천년동안 왕으로서 이 세상 만국을 통치하는 곳입니다. 예수님의 재림 때에 부활휴거한 성도들은 이미 천국에 들어가서 사는 천국의 사람들이 된 것입니다. 그리고 새 땅에 살고 있는 만국의 왕들과 백성들도 그 거룩한 성을 방문할 수 있게 하였으나 속된 것이나 가증한 일이나 거짓말 하는 자들은 허용되지 아니하고 오직 생명책에 기록된 자들에게만 허용된다고 기록하고 있는 점입니다. 즉 천년왕국에는 아직도 세상만국이 있고 왕들이 있고 사람들이 있고 생명책에 기록되지 않은 사람들도 있다는 점을 놓치지 말아야 합니다. 스가랴서 13장에서 이미 예언한 것처럼 대환란에서 믿지 않은 모든 사람들이 다 죽는 것이 아니고 전세계 인구의 삼분의 일이 살아남아서 천년왕국에 들어가게 되는 것입니다. [8여호와가 말하노라 **이 온 땅에서 삼분지 이는 멸절하고 삼분지 일은 거기 남으리니 9내가 그 삼분지 일을 불 가운데 던져 은 같이 연단하며 금 같이 시험할 것이라** 그들이 내 이름을 부르리니 내가 들을 것이며 나는 말하기를 이는 내 백성이라 할 것이요 그들은 말하기를 여호와는 내 하나님이시라 하리라〈슥13:8-9〉] 이 삼분의 일이 누군지에 대해서는 나중에 본론에서 천년왕국을 다룰 때에 자세히 설명할 것입니다. 그러니까 21장의 새 하늘과 새 땅은 천국과 이 세상이 함께 겹쳐져 있는 천년왕국을 말하는 것입니다. 아래 그림에서 이세상과 영원한 천국이 겹쳐져 있는 1천년의 기간이 소위 천년왕국입니다.

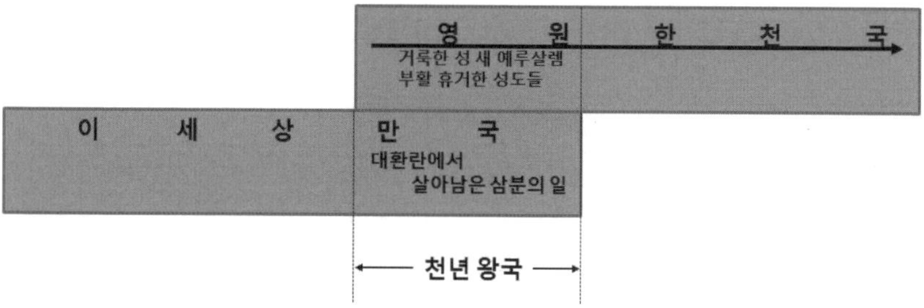

2 2 장

〈맺는 말〉

1또 저가 수정 같이 맑은 생명수의 강을 내게 보이니 하나님과 및 어린 양의 보좌로부터 나서 2 길 가운데로 흐르더라 강 좌우에 생명 나무가 있어 열 두가지 실과를 맺히되 달마다 그 실과를 맺히고 그 나무 잎사귀들은 만국을 소성하기 위하여 있더라 3다시 저주가 없으며 하나님과 그 어린 양의 보좌가 그 가운데 있으리니 그의 종들이 그를 섬기며 4그의 얼굴을 볼터이요 그의 이름도 저희 이마에 있으리라 5다시 밤이 없겠고 등불과 햇빛이 쓸데 없으니 이는 주 하나님이 저희에게 비취심이라 저희가 세세토록 왕노릇하리로다 6또 그가 내게 말하기를 이 말은 신실하고 참된지라 주 곧 선지자들의 영의 하나님이 그의 종들에게 결코 속히 될 일을 보이시려고 그의 천사를 보내셨도다. 7보라 내가 속히 오리니 이 책의 예언의 말씀을 지키는 자가 복이 있으리라 하더라 8이것들을 보고 들은 자는 나 요한이니 내가 듣고 볼 때에 이 일을 내게 보이던 천사의 발앞에 경배하려고 엎드렸더니 9저가 내게 말하기를 나는 너와 네 형제 선지자들과 또 이 책의 말을 지키는 자들과 함께 된 종이니 그리하지 말고 오직 하나님께 경배하라 하더라 10또 내게 말하되 이 책의 예언의 말씀을 인봉하지 말라 때가 가까우니라 11불의를 하는 자는 그대로 불의를 하고 더러운 자는 그대로 더럽고 의로운 자는 그대로 의를 행하고 거룩한 자는 그대로 거룩되게 하라 12보라 내가 속히 오리니 내가 줄 상이 내게 있어 각 사람에게 그의 일한대로 갚아 주리라 13나는 알파와 오메가요 처음과 나중이요 시작과 끝이라 14그 두루마기를 빠는 자들은 복이 있으니 이는 저희가 생명 나무에 나아가며 문들을 통하여 성에 들어갈 권세를 얻으려 함이로다 15개들과 술객들과 행음자들과 살인자들과 우상 숭배자들과 및 거짓말을 좋아하며 지어내는 자마다 성밖에 있으리라 16나 예수는 교회들을 위하여 내 사자를 보내어 이것들을 너희에게 증거하게 하였노라 나는 다윗의 뿌리요 자손이니 곧 광명한 새벽별이라 하시더라 17성령과 신부가 말씀하시기를 오라 하시는도다 듣는 자도 오라 할 것이요 목마른 자도 올 것이요 또 원하는 자는 값 없이 생명수를 받으라 하시더라 18내가 이 책의 예언의 말씀을 듣는 각인에게 증거하노니 만일 누구든지 이것들 외에 더하면 하나님이 이 책에 기록된 재앙들을 그에게 더하실 터이요 19만일 누구든지 이 책의 예언의 말씀에서 제하여 버리면 하나님이 이 책에 기록된 생명 나무와 및 거룩한 성에 참예함을 제하여 버리시리라 20이것들을 증거하신 이가 가라사대 내가 진실로 속히 오리라 하시거늘 아멘 주 예수여 오시옵소서 21주 예수의 은혜가 모든 자들에게 있을찌어다 아멘〈계22:1~21〉

22장에서 놓치지 말아야 할 것은 에덴동산에서와 같이 생명나무들이 생명강가에 심겨져 있으며 그 나무 잎사귀들은 만국을 치료하기 위하여 있다는 점입니다. 즉 천년왕국 직전 예수님이 재림하실 때에 부활휴거한 성도들은 이미 천국의 사람들이 되어 천년왕국에서부터 하나님과 어린양의 얼굴을 직접 보며 하나님을 섬기는 다시는 저주가 없는 영원한 천국의 삶을 누리고 있으나 천년왕국 직전에 있었던 대환란에서 죽지 않고 살아남은 삼분의 일의 사람들은 천년왕국에서도 예수님을 믿고 구원을 받아야 할 치료가 필요한 사람들입니다. 그러므로 그 나무 잎사귀들은 만국을 치료하기 위하여 있다는 말입니다.

그리고 성경말씀을 맺는 결론으로서 이 책에 단 한 마디라도 더하지 말고 빼지도 말라고 한 것은 성경말씀을 사사로이 해석하지 말라는 뜻입니다. 성경말씀은 일점일획까지도 다 이루어진다고 하셨으니 우리는 문자 그대로 받아들여야 합니다. 만일 성경을 우리 인간의 상상으로 유추로 해석할 때에 바로 성경에 없는 내용을 더하는 것이 되고 성경에 있는 내용을 빼는 것이 되는 것입니다. 어느 말씀이 쉽게 이해되지 않을 때에는 성경 안에서 다른 구절들이나 성경전체에 흐르는 내용에 비추어 그 올바른 의미를 찾아야 하는 것입니다.

그러므로 위에서 살펴본대로 요한계시록은 크게 나누어서 세 개의 시대별로 나누어집니다. 즉 1장은 계시록에 대한 서론이고 2장과 3장은 일곱교회 시대를 기록하고 있으며 4장과 5장은 교회시대가 끝날 때에 대환란 직전의 천국의 상황을 보여주고 있으며 그 다음 6장부터 19장까지는 3년 반 동안 있게 될 대환란시대이며 대환란의 끝에 예수님의 재림 후부터 시작될 천년왕국시대로 구분됩니다.

칠십 이레 도표와 요한계시록 도표와 함께 보시면 요한계시록이 다루는 시간대를 정확하게 볼 수 있습니다.

<칠십 이레와 요한계시록>

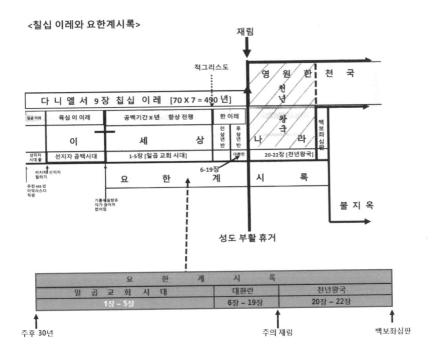

재림

적그리스도

영 원 한 천 국

다 니 엘 서 9장 칩십 이레 [70 X 7 = 490 년]

일곱 이레	육십 이 이레	공백기간 x 년 항상 전쟁	한 이레				백보좌심판
	이	세	상	전삼년반	후삼년반	나 라	
선지자 시대 끝	선지자 공백시대	1-5장 [일곱 교회 시대]	대환란			20-22장 [천년왕국]	

천년 왕국

요 한 계 시 록

6-19장

불 지 옥

미지막 선지자 말라기

주전 445 년
아닥사스다 칙령

기름부음받은
자가 살어져
없어짐

성도 부활 휴거

요 한 계 시 록		
일 곱 교 회 시 대	대환란	천년왕국
1장 – 5장	6장 – 19장	20장 – 22장

주후 30년

주의 재림

백보좌심판

109

제 2 부

본론 〈장별 해설〉

지금까지는 요한계시록에 기록된 사건들의 시간대별 위치를 파악하기 위하여 조금 높이 위로 올라가서 요한계시록의 전체윤곽을 내려다 보았습니다. 이제부터는 아래로 가까이 내려가서 1장부터 22장까지 각장에 기록된 내용들을 자세히 살펴보겠습니다. 앞에서 살펴본 전체윤곽을 시간대별로 기억하면서 각장의 내용들을 살펴보시기 바랍니다.

1 장

〈서론〉

(1)**예수 그리스도의 계시라** 이는 하나님이 그에게 주사 반드시 속히 될 일을 그 종들에게 보이시려고 그 천사를 그 종 요한에게 보내어 지시하신 것이라 (2)요한은 하나님의 말씀과 예수 그리스도의 증거 곧 자기의 본 것을 다 증거하였느니라 (3)이 예언의 말씀을 읽는 자와 듣는 자들과 그 가운데 기록한 것을 지키는 자들이 복이 있나니 때가 가까움이라 (4)**요한은 아시아에 있는 일곱 교회에 편지하노니** 이제도 계시고 전에도 계시고 장차 오실 이와 그 보좌 앞에 일곱 영과 (5)또 충성된 증인으로 죽은 자들 가운데서 먼저 나시고 땅의 임금들의 머리가 되신 예수 그리스도로 말미암아 은혜와 평강이 너희에게 있기를 원하노라 우리를 사랑하사 그의 피로 우리 죄에서 우리를 해방하시고 (6)그 아버지 하나님을 위하여 우리를 나라와 제사장으로 삼으신 그에게 영광과 능력이 세세토록 있기를 원하노라 아멘 (7)**볼지어다 구름을 타고 오시리라 각인의 눈이 그를 보겠고 그를 찌른 자들도 볼 터이요 땅에 있는 모든 족속이 그를 인하여 애곡하리니 그러하리라 아멘** (8)주 하나님이 가라사대 나는 알파와 오메가라 이제도 있고 전에도 있었고 장차 올 자요 전능한 자라 하시더라 (9)나 요한은 너희 형제요 예수의 환난과 나라와 참음에 동참하는 자라 하나님의 말씀과 예수의 증거를 인하여 밧모라 하는 섬에 있었더니 (10)주의 날에 내가 성령에 감동하여 내 뒤에서 나는 나팔 소리 같은 큰 음성을 들으니 (11)가로되 **너 보는 것을 책에 써서 에베소, 서머나, 버가모, 두아디라, 사데, 빌라델비아, 라오디게아 일곱 교회에 보내라** 하시기로 (12)몸을 돌이켜 나더러 말한 음성을 알아 보려고 하여 돌이킬 때에 일곱 금 촛대를 보았는데 (13)촛대 사이에 인자 같은 이가 발에 끌리는 옷을 입고 가슴에 금띠를 띠고 (14)그 머리와 털의 희기가 흰 양털 같고 눈 같으며 그의 눈은 불꽃 같고 (15)그의 발은 풀무에 단련한 빛난 주석 같고 그의 음성은 많은 물 소리와 같으며 (16)그 오른손에 일곱 별이 있고 그 입에서 좌우에 날선 검이 나오고 그 얼굴은 해가 힘있게 비취는 것 같더라 (17)내가 볼 때에 그 발 앞에 엎드러져 죽은 자 같이 되매 그가 오른손을 내게 얹고 가라사대 두려워 말라 나는 처음이요 나중이니 (18)곧 산 자라 내가 전에 죽었었노라 볼지어다 이제 세세토록 살아 있어 사망과 음부의 열쇠를 가졌노니 (19)그러므로 **네 본 것과 이제 있는 일과 장차 될 일을 기록하라** (20)네 본 것은 내 오른손에 일곱 별의

비밀과 일곱 금 촛대라 **일곱 별은 일곱 교회의 사자요 일곱 촛대는 일곱 교회니라.** 〈계.1:1-20〉

1장 1절에 '예수 그리스도의 계시라' 고 서두를 시작하고 있습니다. 이 책의 발신자가 사도 요한이 아니고 예수 그리스도이심을 처음부터 분명히 밝혀 독자로 하여금 오해하지 않게 하는 것입니다. 그러면 인류역사의 마지막에 일어날 미스테리한 일들을 계시로 미리 보여주신 이 예수 그리스도는 어떤 일을 하신 분이십니까? 말세가 되면 예수 그리스도의 이름을 가지고 와서 많은 사람들을 미혹할 사람들이 많이 있게 될 것이므로[5많은 사람이 내 이름으로 와서 이르되 나는 그리스도라 하여 많은 사람을 미혹케 하리라〈마.24:5〉] 여기 이 예수 그리스도가 어떤 일을 하신 분인지를 밝히는 것은 매우 중요한 것입니다. 5절을 보십시오. '또 충성된 증인으로 죽은 자들 가운데서 먼저 나시고 땅의 임금들의 머리가 되신 예수 그리스도로 말미암아 은혜와 평강이 너희에게 있기를 원하노라 **우리를 사랑하사 그의 피로 우리 죄에서 우리를 해방하시고**' 그러니까 이 계시의 말씀을 주신 분은 다름아닌 십자가에서 우리 죄를 위하여 죽으셨던 분이시며 사흘 만에 사망권세를 깨트리고 죽은 자 가운데서 부활하셔서 그의 보혈로 우리를 죄와 사망에서 영원히 해방시켜주신 바로 그 분 예수 그리스도이십니다. 그리고 6절을 보면 그 분은 하나님을 위하여 '우리를 나라와 제사장'으로 삼아주신 분이십니다. 우리를 '나라'로 삼아주셨다는 뜻은 우리를 그의 왕국의 백성으로 삼아주셨다는 뜻입니다. 그리고 우리를 '제사장'으로 삼아주셨다고 하였는데 '제사장'은 하나님과 죄인 인간 사이에서 중보의 일을 하는 사람으로서 그리스도의 복음을 세상 사람들에게 전하는 하나님 나라의 일군으로 삼아주셨다는 뜻입니다. 7절을 보시면 '볼지어다 **구름을 타고 오시리라 각인의 눈이 그를 보겠고 그를 찌른 자들도 볼 터이요 땅에 있는 모든 족속이 그를 인하여 애곡하리니.**'라고 기록하고 있습니다. 그분은 구름을 타고 다시 오실 분이신데 세상의 모든 사람들의 눈이 그분을 볼 것이며 심지어 그분을 십자가에 못박은 자들도 그분을 보게 될 것이라고 하였습니다. 그러니까 여러분과 나를 포함하여 산 사람이나 죽은 사람이나 지상에 인간으로 태어났던 사람들은 그가 살아있던지 죽어있던지 동서고금 인종과 국경과 문화와 언어를 초월하여 남녀노소를 막론하고 모두 그분의 재림을 보게 될 것이라는 말입니다. 심지어 그분을 십자가에 못박았던 2000년 전의 로마 군병들까지도 그분의 재림을 보게 될 것이며 평생에 그분을 거역하고 대적하며 그분의 성도들을 핍박하고 그분의 교회를 훼방하던 이 세상의 모든 사람들도 그분의 위엄에 차고 찬란하고 영광스런 왕의 왕으로 재림하시는 것을 두 눈으로 똑바로 보게 될 것입니다. 수 많은 역경 속에서도 신앙의 순결을 지키며 그 날까지 주님을 순종하던 성도들에게는 얼마나 영광스런 승리의 시간이 되겠습니까! 그러나 그분을 불순종하고 그분에게 대적하던 사람들에게는 얼마나 무서운 파멸의 시간이 될 것입니까! 그러므로 그분의 재림 당시의 땅의 모든 족속이 그분의 재림을 인하여 애곡할 것이 분명합니다.

그런데 죽었다가 다시 사시고 구름타고 재림하실 그분을 또 누구라고 소개하고 있습니까? 13절을 보면 그분은 '촛대 사이에 인자 같은 이가 발에 끌리는 옷을 입고' 있는 분으로 묘사되어 있습니다. 기억하십니까? 이 긴 옷은 선지자들[슥.3:4]과 제사장들[레.16:4]과 왕들[삼상.24:5,12]이 입었던 의복이었습니다. 그러니까 그분이 발에 끌리는 긴 옷을 입었다는 것은 그분이 선지자로 제사장으로 그리고 왕으로서 우리에게 오셨었다는 말입니다. 그분이 선지자로 오셨다는 말은 예수 그리스도께서 우리에게 하나님의 말씀을 전하여 주시고 미래의 일들을 미리 가르쳐주시는 분이시란 뜻입니다. 그분이 제사장으로 오셨다는 말씀은 예수 그리스도가 오늘도 우리의 대제사장으로서 하나님과 우리 사이에서 중보자의 일을 하신다는 말씀입니다. 또 그분이 왕으로 오셨다는 뜻은 예수 그리스도께서 우리의 삶을 날마다 친히 통치하시는 분이시라는 말씀입니다. 다시 말해서 거듭난 성도들은 예수 그리스도의 통치를 받고 살아가는 그의 충성스런 백성으로서 일상생활에서 늘 그분의 통치에 순종하는 삶을 사는 사람들이라는 말입니다. 여러분과 저는 바로 그런 사람들 중에 한 사람이 아닙니까?

또한 1절을 다시 보시면 '반드시 속히 될 일'이라고 기록하고 있습니다. 또 3절에 보면 이 예언의 말씀을 읽는 자와 듣는 자들과 그 가운데 기록한 것을 지키는 자들이 복이 있나니 때가 가까움이라 고 기록하고 있습니다. 여기서 '반드시 속히 될 일' 그리고 '때가 가까움'이라는 말은 이 책이 말세에 관해서 기록한 책이라는 말입니다. 히브리서 1장2절에 보시면 하나님은 예수 그리스도를 이 세상의 마지막 날에 우리에게 보내셨다고 기록하고 있습니다. 그러면 어떻게 2000년 전부터 말세가 될 수 있단 말인가? 그러나 길고 긴 인류의 역사를 아담 때부터 대충 나누어 보면 아담에서 아브라함까지 대략 2000년으로서 인류역사의 초기에 해당합니다. 그리고 아브라함 때부터 예수 그리스도 때까지가 또 대략 2000년으로서 중기에 해당합니다. 그러므로 예수 그리스도의 초림 때부터 재림 때의 기간이 인류역사의 말기로서 말세의 기간이 되는 것은 결코 이상한 일이 아닙니다. 히브리서 1장 2절을 보십시오. **'이 모든 날 마지막에 아들로 우리에게 말씀하셨으니 이 아들을 만유의 후사로 세우시고 또 저로 말미암아 모든 세계를 지으셨느니라.'** 그렇습니다. 하나님은 이 모든 날 마지막, 즉, 말세에 예수 그리스도를 우리에게 보내셨던 것입니다. 그러므로 사도 바울이나 사도 베드로가 2000년 전의 성도들에게 말세에 대비하라며 가르친 것은 전혀 잘못이 아닙니다. 즉 성경이 말하는 말세의 기간은 예수님의 초림에서부터 예수님의 재림 때까지의 기간입니다. 예수님의 초림의 결과로 말세 시대에 초대교회가 탄생하였습니다. 다시 말해서 이 초대교회시대부터 주님의 재림 직전까지가 말세의 기간입니다. 그러므로 이 말세 시대에 시작된 초대교회 당시에 일어나고 있는 일부터 장차 될 일까지 기록한 것이 계시록입니다. 다시 말해서 교회시대로부터 시작하여 대환란과 그 후에 이어질 천년 왕국의 마지막 때까지를 보여주는 것이 이 책의 내용입니다. 그러므로 이제 이미 과거 오순절[주후 30년 경]에 시작하여 사도 요한 당시[주후 90년 경]까지 존재하고 있었던 초대교회로 부터 시작하여 사도 요한 당시 핍박을 당하고 있는 교회들의 형편과 그리고 장차 미래에 일어날 교회들의 형편과 말세지말에 일어날 일들까지 보여주시기 때문에 19절에는 '그러므로 **네 본 것과 이제 있는 일과 장차 될 일을** 기록하라.'고 한 것입니다. 1절에서는 '반드시 속히 될 일'이라고 기록한 것은 이 책에 기록된 모든 것들이 반드시 기록된 그대로 이루어진다는 뜻이며 이 반드시 될 일이 지금 우리에게는 벌써 거의 다 이루어지고 우리는 이제 말세기간 중에서도 거의 마지막 부분에 와있다는 것을 부

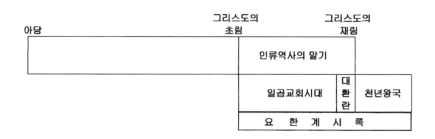

114

인할 수 없습니다. 그러므로 21세기에 막 진입한 우리 시대의 교회들에게 계시록의 메시지는 아주 절박하고도 중대한 의미를 가지고 있는 것입니다.

3절에 '이 예언의 말씀을 읽는 자와 듣는 자들과 그 가운데 기록한 것을 지키는 자들이 복이 있나니 때가 가까움이라.'고 하였습니다. 그러므로 말세의 성도들이 이 예언의 말씀을 어렵다고 덮어만 두지 말고 읽고 듣고 그 말씀을 지키는 것은 참으로 복된 일이 될 것입니다. 이 계시록에 기록된 예언의 말씀은 믿지 않는 사람들에게는 사망과 저주와 공포와 절망과 멸망의 무서운 말씀이 될 것입니다. 그러나 믿고 구원받은 우리 성도들에게는 영생과 축복과 환희와 영원한 승리로 가득찬 위로와 희망의 말씀이 될 것입니다. 9절에 <u>나 요한은 너희 형제요 예수의 환난과 나라와 참음에 동참하는 자라</u>' 고 기록하고 있습니다. 사도 요한이 예수 그리스도께서 당하셨던 고난과 핍박에 동참하는 자로서 오늘날 하나님나라 확장을 위하여 고난과 핍박을 당하는 우리들을 형제라고 불러주는 것은 우리에게 얼마나 큰 위로와 긍지와 격려가 됩니까! 오늘 우리들도 저 마지막 최후의 장엄한 승리를 위하여 이 예언의 말씀을 부지런히 읽고 듣고 지켜서 '그리스도의 남은 고난을 나의 육체에 채우노라'고 고백한 사도 바울의 신앙고백을 본받아 예수 그리스도께서 재림하실 그 날까지 어떠한 고난과 환란에서도 두려워하지 아니하고 끝까지 자기를 부인하며 자기 십자가를 지고 주님을 따르는 참 성도들이 되어야 합니다. 기억하십시오! '이 예언의 말씀을 읽는 자와 듣는 자들과 그 가운데 기록한 것을 지키는 자들이 복이 있나니 때가 가까움이라.'

4절에 보면 '요한은 아시아에 있는 일곱 교회에 편지하노니'라고 하였습니다. 아세아에 있었던 일곱 교회들은 11절에 기록된 대로 '에베소, 서머나, 버가모, 두아디라, 사데, 빌라델비아, 라오디게아 교회'입니다. 일곱 교회에 보낸다는 말은 단순히 당시의 소아시아에 있는 일곱 교회들에게만 보낸다는 말이 아닙니다. 지상에 있는 모든 시대의 모든 교회들에게 보낸다는 뜻입니다. 이 예언의 말씀을 일곱 교회에게 주신다는 말씀은 당시 사도 요한이 생존했던 초대교회 때부터 예수 그리스도의 재림으로 교회가 휴거할 때까지의 지상의 모든 교회들에게 주시는 말씀이라는 뜻입니다. 다시 말하자면 여기 일곱 교회들은 분명히 초대교회 시대 때부터 예수재림 때의 교회시대까지의 기간을 일곱 부분으로 나누어 각시대의 교회들의 특징을 묘사하고 있다는 점입니다. 그러니까 예수 그리스도는 교회시대를 일곱 시대로 구분하여 사도 요한에게 초대교회에서부터 시작해서 각 시대의 교회들의 특징들을 시대별로 보여주시고 교회시대의 맨 마지막 시대인 오늘 우리 시대의 교회를 상징하는 리오디게아 교회시대가 끝나는 시점에서 대환란이 시작되는 것을 보여주려는 것입니다. **'하필이면 왜 일곱 교회 뿐인가?'를 생각해보십시오.** 당시에 사도들과 성도들이 세운 교회들이 무수히 많았는데 왜 오직 소아시아에 있었던 일곱 교회들 사이만을 다니시는 분이실까요? 예수 그리스도는 오직 아시아에 있는 일곱 교회에만 특별한 관심을 가지시고 이 비밀의 계시를 그 일곱 교회에만 주신다는 뜻일까요? 여기 일곱교회들에게 이 서신을 보내는 이유는 당시 소아시아의 일곱교회들 하나 하나가 장차 나타날 각 시대의 교회의 특징들을 미리 잘보여주고 있기 때문입니다. 성경본문을 자세히 보면 이 교회들은 시간적으로 다른 시대에 존재하는 교회들이라는 점이 분명히 언급되어 있습니다. 요한 계시록 1장19절에 기록된 대로 이책은 **'네가 본 것과 이제 있는 일과 장차 될 일을 기록**'한 책이므로 여기 일곱 교회에 보낸다는 말은 네가 보아온 과거의 교회과 이제 있는 현재의 교회와 장차 나타날 모든 시대의 교회들에게 보낸다는 뜻입니다.** 그러니까 이 예언의 말씀을 일곱 교회에게 주신다는 말씀은 당시 사도 요한이 생존했던 초대교회 때부터 예수 그리스도의 재림으로 교회가 휴거할 때까지의 지상의 모든 시대의 교회들에게 주시는 말씀입니다. (19) 그러므로 **네 본 것과 이제 있는 일과 장차 될 일을** 기록하라(계 1:19)

그러니까 요한계시록은 이 책을 기록한 사도 요한의 시점에서 볼 때 과거와 현재와 미래의 일을 보여주는 책이라는 말입니다. 따라서 당시의 일곱 교회의 상황만을 보여주려는데 있는 것이 아니고 과거에 있었던 교회와 사도 요한이 계시를 받고 있는 그 시대의 교회와 장차 나타날 교회의 특징들을 보여주려는 것입니다. 그래서 이 일곱 교회들은 분명히 초대교회 시대 때부터 예수재림 직전까지의 기간을 일곱 부분으로 나누어 각시대의 교회들의 특징을 묘사하고 있는 것입니다. 이 예수 그리스도가 촛대 사이에 다니시는 분으로 묘사되어 있는 것을 잘 생각해보십시오. 20절을 보면 일곱 금촛대는 일곱 교회를 의미 한다고 하였습니다. 그렇다면 그분이 촛대 사이에 다니시는 분이라는 것은 예수 그리스도가 교회의 머리로서 교회를 친히 감독하시고 돌아보시며 통치하시는 분이심을 보여주는 것입니다. 그러므로 여기 요한계시록에 언급된 일곱 교회는 당시 소아시아에 있었던 일곱 교회를 의미하는 것이지 일곱시대의 교회가 아니라고 주장하는 신학자들의 이론은 전적으로 틀린 인간의 추측이며 잘못된 해석입니다. 당시에 사도들과 성도들이 세운 교회들이 무수히 많았는데 그 교회들은 다 버리시고 오직 소아시아에 있었던 일곱 교회 사이만을 다니시는 분이신가요? 예수 그리스도는 오직 아시아에 있는 일곱 교회에만 특별한 관심을 가지시고 이 비밀의 계시를 그 일곱 교회에만 주신다는 뜻인가요? 절대로 아닙니다. 그러니까 위에서 언급한 대로 일곱 교회들이란 시간과 공간을 초월해서 과거와 현재와 미래에 지상에 존재하는 그리스도의 모든 교회를 말하는 것입니다. 그러니까 예수 그리스도는 교회시대를 일곱 시대로 구분하여 사도 요한에게 이미 과거가 된 사도시대의 초대교회에서부터 시작해서 각 시대의 교회들의 특징들을 시대별로 보여주시고 교회시대의 맨 마지막 시대인 현대교회를 상징하는 라오디게아 교회시대가 끝나는 시점에서 대환란이 시작되는 것과 대환란의 내용을 여러 장면으로 상세히 보여준 후에는 교회가 완성되는 천년왕국까지 질서있게 체계적으로 마치 슬라이드로 보여주듯이 한 장면 한 장면씩 보여주신 것입니다.

그러면 우리는 요한계시록이 다루는 기간이 언제부터 언제까지인지를 전보다 조금 더 상세하게 알게 되었습니다. 즉 지난 번에는 요한계시록 6–19장까지의 대환란 기간이 한 이레의 후반부 3년 반 기간에 있을 것이라는 것을 깨닫게 되었습니다. 그런데 이제는 요한계시록 1–3장까지에 기록된 일곱 교회들은 초대교회시대부터 시작하여 오늘 우리 시대의 교회에 이르기까지의 7시대로 구분된 각시대의 교회들의 특징이라는 것을 알게되었습니다. 즉 요한계시록 1–19장은 예수님 승천하신 후에 오순절부터 시작된 초대교회시대부터 시작하여 오늘 우리 시대의 교회와 우리 시대의 교회 직후에 시작될 3년 반 동안의 대환란시대까지를 다루고 있다는 것을 우리는 알게 된 것입니다. 즉 요한계시록이 다루는 시작 시기는 예수님이 승천하신지 열흘 후에 있었던 오순절에 탄생한 초대교회시대부터입니다.사도 요한이 이미 보아왔던 교회와 사도 요한이 당시에 보고 있는 교회와 사도 요한 이후 장차 나타날 교회들과 그 후에 나타날 대환란을 기록한 것이 요한계시록이라는 점을 기억하시기 바랍니다. 그러므로 도표를 아래와 같이 다시 그려봅니다.

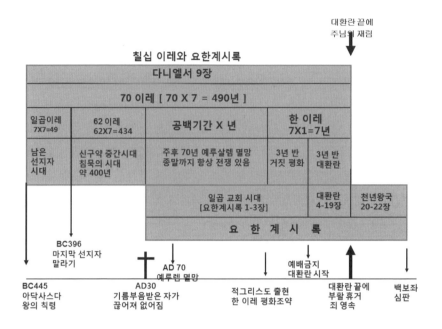

대환란 끝에
주님의 재림

칠십 이레와 요한계시록

다니엘서 9장					
70 이레 [70 X 7 = 490년]					
일곱이레 7X7=49	62 이레 62X7=434	공백기간 X 년	한 이레 7X1=7년		
남은 선지자 시대	신구약 중간시대 침묵의 시대 약 400년	주후 70년 예루살렘 멸망 종말까지 항상 전쟁 있음	3년 반 거짓 평화	3년 반 대환란	
		일곱 교회 시대 [요한계시록 1-3장]		대환란 4-19장	천년왕국 20-22장
		요 한 계 시 록			

BC396
마지막 선지자
말라기

BC445
아닥사스다
왕의 칙령

AD 70
예루렘 멸망

AD30
기름부음받은 자가
끊어져 없어짐

적그리스도 출현
한 이레 평화조약

예배금지
대환란 시작

대환란 끝에
부활 휴거
죄 영속

백보좌
심판

그분은 또한 '가슴에 금띠를 띠고'[13절] 계신 분으로 묘사되어 있습니다. 구약시대의 대제사장이 성소에 들어가 하나님을 만날 때에는 가슴에 금으로 만든 판결흉패를 차게 되어 있었고 그 판결흉패에는 12개의 보석들이 매어달려 있었고 보석에는 12지파의 이름이 하나씩 기록되어 있었습니다.[출.28:29] 이것은 예수 그리스도께서 그의 보혈로 값을 주고 사신 그의 모든 백성들을 가슴에 품고 심판 날에 하나님 앞에 나아가 그가 피로 값을 주고 사신 백성들을 최후의 심판에서 구원하신다는 말씀입니다.

그분은 또한 '그 머리와 털의 희기가 흰 양털 같고 눈 같으며'[14절]라고 기록되어 있는데 이는 그분이 도무지 단 한 점의 흠도 티도 없이 죄없으신 분으로서 얼마나 성결하시고 거룩하시고 깨끗하신 분이신가를 생각나게 해주는 말씀입니다. 또 '그의 눈은 불꽃 같다'[14절]고 묘사하고 있는데 이는 그분이 마지막 대심판의 심판자로서 그의 통찰력이 예리하고 정확하여 그 불꽃 같은 눈으로 우리 인생의 모든 것을 꿰뚫어 보시고 가장 정확하게 심판하시기에 가장 합당하신 분이라는 것을 알게 해 줍니다. 그분은 우리의 깊은 것까지도 다 알고 계시는 분으로서 아무도 그분 앞에서 죄를 숨길 수 없을 것입니다. 불꽃 같은 눈을 지니신 그분 앞에서게 되는 그 날에는 그 동안 숨기었던 인간의 깊은 곳에 있는 은밀한 죄까지도 낱낱이 다 드러나게 될 것입니다. 불꽃 같은 눈을 지니신 그분 앞에서 감히 '주여 우리가 주의 이름으로 선지자 노릇하고 주의 이름으로 귀신을 내어쫓으며 주의 이름으로 많은 기적을 행하였나이다' 라고 말할 수 있는 사람들은 아마도 용감하고도 불쌍한 오늘 우리 시대의 교회밖에는 없을 것입니다. 철저한 회개없는 믿음을 선포하고 거듭났다고 하면서도 실제 삶에서는 거듭난 열매가 없는 행함이 없는 죽은 믿음의 삶을 살아가는 오늘 우리 시대의 교회밖에는 그분 앞에 감히 담대하게 설 어리석을 자가 없을 것입니다. 세상의 것은 다 가져서 부족한 것이 없어 부요하다고 자랑하지만 오직 예수님만 없는 라오디게아 교회밖에는 감히 그분 앞에 당당하게 설 어리석은 교회가 없을 것입니다.

또한 15절을 보면 '그의 발은 풀무에 단련한 빛난 주석 같다.'고 묘사하고 있습니다. 이사야 52장 7절은 좋은 소식, 평화의 소식, 복된 소식을 시온에 가져올 그분의 아름다운 발을 노래하고 있지만 여기서는 풀무 불에 단련한 빛난 주석 같은 그의 발을 보여주고 있습니다. 무엇을 뜻하는 것입니까? 그분이 풀무 불에 단련한 빛난 주석 같은 발을 지니고 계시다는 말은 그분이 얼마나 강하시고 얼마나 오래 참으시는 분이신지를 상징하는 것으로서 그분의 발은 오래 참으시며 인내를 가지고 복음의 좋은 소식을 끝까지 전파하는 발이시지만 그러나 마지막 심판 날에는 그 어떤 강한 원수들도 짓 밟으실 수 있는 강한 발이 될 것임을 시사하는 것이 아닙니까! 그렇다면 그 분이 아름다운 발을 가지고 우리에게 오셔서 복된 평화의 복음을 전해주실 때 우리는 어찌해야 하겠습니까?

15절과 16절에 보면 '그의 음성은 많은 물 소리와 같으며 그 오른손에 일곱 별이 있고 그 입에서 좌우에 날선 검이 나오고'라고 기록하고 있습니다. 이것은 그분이 우리에게 주시는 한 말씀 한 말씀이 바로 하나님의 위엄과 권위를 지니고 있다는 말입니다. 나이아가라 폭포에서 쏟아지는 물소리의 장엄하고 웅장함을 상상해 보십시오. 우리가 성경에서 대하는 그분의 한 마디 한 마디가 얼마나 큰 위엄과 권위로 가득 차있는 말씀인가를 우리는 깨달아야 합니다. 성경에 기록된 그분의 말씀을 단 한 마디라도 우습게 여기고 대항하는 자는 풀무 불에 단련한 빛나는 주석 같은 그의 발 밑에서 산산이 깨어질 뿐입니다.

또한 '그 오른 손에 일곱 별이 있다'는 것은 20절에서 밝히고 있는 바와 같이 '교회의 사자'들로서 그분이 택하시고 보내시고 다스리시는 그분의 모든 종들을 의미합니다. 그 분이 세운 교회를 위하여 그분이 친히 보내신 모든 종들을 그분이 친히 그분의 오른 손으로 붙잡아 주신다는 말입니다. 그분을 위하여 부름을 받고 지금도 많은 역경 중에서 신실하게 그분을 섬기시는 세상의 모든 참된 주의 종들은 위로를 받으십시오. 당신이 지금 처한 많은 고난과 역경과 핍박 중에서도 그분은 크신 능력과 위로로서 당신을 보호하시며 세상 끝날 까지 함께하실 것입니다. 또한 '그 입에서 좌우에 날선 검이 나오고'라는 말씀은 히브리서 4장12절에 기록된 대로 사람들의 심혼골수를 찔러 쪼개기까지 하시며 마음의 생각과 뜻을 감찰하시는 예리한 말씀을 지니신 분이라는 뜻이 아닙니까? 그분이 말씀으로서 사람들의 완악한 죄를 찔러 쪼개는 것은 사람들을 아프게 하고 망하게 하려는 것이 아닙니다. 그분은 오히려 그들로 하여금 죄를 깨닫고 회개케 하여 죄를 치유하시는 분이시란 말씀입니다.

또한 16-18절 까지 보면 그분은 해가 힘있게 비취는 빛나는 얼굴을 가지셨으며 그분은 처음과 나중이며 한 때 죽었다가 다시 사신 분으로서 세세토록 사시는 분이시며 사망과 음부의 열쇠를 가진 분이라고 하였습니다. 마태복음17장 2절에서 그분은 이미 변화산에서 해같이 빛나는 그의 얼굴을 그의 제자들에게 보여주신 적이 있었습니다. 그분은 단순히 죄가 없으신 깨끗하시고 정결하시고 거룩하신 분이실 뿐 아니라 하나님의 존귀와 영광과 위엄으로 가득차신 찬란하게 빛나는 분이십니다. 18절에 '내가 전에 죽었었노라'하신 말씀은 그토록 영화로우신 분이 하나님의 영광을 버리시고 한 때 비천한 인간의 몸을 입으시고 죄인들에게 온갖 조롱과 모함과 핍박을 당하시며 저와 여러분의 죄를 대신 지시고 십자가에서 죽으셨다는 뜻입니다. 그분이 부활하셔서 이제는 세세토록 사시며 사망과 음부의 열쇠를 가지셨다는 말씀은 그분이 죄인들을 죄와 사망에서 구원하시는 구세주이실 뿐 아니라 사탄과 마귀와 그의 추종자들인 불신자들을 영원한 사망과 지옥불에 던져 잠그시는 분이라는 것을 의미합니다. 참으로 그분은 '처음이요 나중이라' 하였고 이제도 있고 전에도 있었고 장차 올 자요 전능한 자라 하였으니 그분은 이 세상과 인생을 창조하시고 시작하신 창조 주 하나님이시며 이 세상을 끝내 주실 심판 주이십니다.

2 - 3장

〈일곱교회 시대〉

에베소 교회

(1)에베소 교회의 사자에게 편지하기를 오른손에 일곱 별을 붙잡고 일곱 금 촛대 사이에 다니시는 이가 가라사대 (2)내가 네 행위와 수고와 네 인내를 알고 또 악한 자들을 용납지 아니한 것과 **자칭 사도라 하되 아닌 자들을 시험하여 그 거짓된 것을 네가 드러낸 것과** (3)또 네가 참고 내 이름을 위하여 견디고 게으르지 아니한 것을 아노라 (4)그러나 너를 책망할 것이 있나니 너의 처음 사랑을 버렸느니라 (5)그러므로 어디서 떨어진 것을 생각하고 회개하여 처음 행위를 가지라 만일 그리하지 아니하고 회개치 아니하면 내가 네게 임하여 네 촛대를 그 자리에서 옮기리라 (6)오직 네게 이것이 있으니 **네가 니골라당의 행위를 미워하는도다** 나도 이것을 미워하노라 (7) 귀 있는 자는 성령이 교회들에게 하시는 말씀을 들을지어다 이기는 그에게는 내가 하나님의 낙원에 있는 생명나무의 과실을 주어 먹게 하리라. 〈계.2:1~7〉

　　앞에서 살펴본 말씀을 다시 간략하게 되새겨봅니다. 1장 1절에 '예수 그리스도의 계시라' 고 서두를 시작하고 있듯이 요한 계시록은 예수 그리스도께서 계시하신 말씀입니다. 즉 이 책에서 말씀하시는 분이 사도 요한이 아니고 예수 그리스도이심을 처음부터 분명히 밝히고 있다는 점을 명심하시기 바랍니다. 자 그런데 이 예수 그리스도가 촛대 사이에 다니시는 분으로 묘사되어 있는 것은 무슨 뜻이라고 하였습니까? 1장 20절을 보면 일곱 금 촛대는 일곱 교회를 의미 한다고 하였습니다. 그렇다면 그분이 촛대 사이에 다니시는 분이라는 것은 예수 그리스도가 교회의 머리로서 교회를 친히 감독하시고 돌아보시며 통치하시는 분이심을 보여주는 것입니다. 앞에서도 언급하였듯이 하필이면 왜 일곱 교회뿐입니까? 당시에 사도들과 성도들이 세운 교회들이 무수히 많았는데 왜 일곱 교회 사이만을 다니시는 분이십니까? 예수 그리스도는 오직 아시아에 있는 일곱 교회에만 특별한 관심을 가지시고 이 비밀의 계시를 그 일곱 교회에만 주신다는 뜻입니까? 결코 아닙니다. 일곱 교회란 시간과 공간을 초월해서 과거와 현재와 미래에 지상에 존재하는 그리스도의 모든 교회를 말하는 것입니다. 그러니까 요한계시록은 교회시대에 있을 모든 교회들에게 보내는 말씀입니다. 이 일곱 교회들은 분명히 초대교회 시대 때부터 예수님의 재림 직전까지의 기간을 일곱 부분으로 나누어 각시대의 교회들의 특징을 묘사하고 있다는 점을 놓쳐서는 안 될 것입니다. 이 일곱 교회들이 목회서신이 아닌 예언서인 요한계시록에 기록되어 있다는 점을 간과해서는 안될 것입니다. 그리고 일곱 교회의 특징들과 초대교회 때 부터 지금까지의 교회역사를 비교해 보았을 때 놀라울 정도로 일치하고 있다는 점을 간과하지 말아야 할 것입니다. 그리고 일곱 번째 교회인 라오디게아 교회를 기록한 다음에 곧 바로 대환란의 내용이 기록되고 있다는 점을 염두에 두시기 바랍니다. 그러니까 예수 그리스도는 교회시대를 일곱 시대로 구분하여 사도 요한에게 초대교회에서부터 시작해서 각 시대의 교회들의 특징들을 시대별로 보여주시고 교회시대의 맨 마지막 시대인 현대교회를 상징하는 라오디게아 교회시대가 끝나는 시점에서 대환란이 시작되는 것과 대환란의 내용을 여러 장면으로 상세히 보여준 후에는 교회가 완성되는 천년왕국까지 질서있게 체계적으로 마치 슬라이드로 보여주듯이 한 장면 한 장면 씩 보여주신 것입니다. 여기서 우리가 또 한 가지 명심할 것은 대환란의 내용들이 반드시 슬라이드를 본 순서대로 일어나는 것은 아니라는 점입니다. 다시 말해서 대환란의 내용들이 1장부터 22장까지 반드시 장별 순서대로 일어나는 것이 아니라는 점을 명심해야 합니다. 어떤 내용들은 몇 장 앞에서 일어났던 사건들을 보조로 설명하고 있기 때문입니다. 마치 어떤 소설책에서 어떤 사건들을 시간대 순서로 잘 이끌어가다가 다시 어느 과거시점으로 돌아가서 그 사건의 배후가 되는 중요한 상황을 자세히 설명해야 하는 경우가 있는 것처럼 말입니다. 대환란의 내용전개도 마찬가지입니다. 예를 들어서 사건들을 시간대별로 서술하다가 사탄에 대하여 설명할 때에는 사탄이 누구인지 어떤 일을 해온 자인지를 보조로 설명하기 위하여 대환란 훨씬 이전의 시간으로 거슬러 올라가서 설명할 때가 있는 것입니다. 이런 점을 명심하면서 요한계시록을 읽으시기 바랍니다. 자 그러면 그 첫번째의 슬라이드 장면을 사도 요한에게 보여주시는데 그것이 바로 에베소 교회입니다.

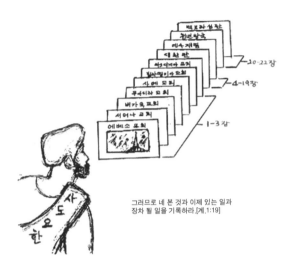

그러므로 네 본 것과 이제 있는 일과
장차 될 일을 기록하라.[계.1:19]

계 2:1) 에베소 교회의 사자에게 편지하기를 오른손에 일곱 별을 붙잡고 일곱 금촛대 사이에 다
   니시는 이가 가라사대

　요한계시록에 기록된 일곱교회들은 교회시대를 일곱 시대로 구분하여 초
대교회에서부터 시작해서 각 시대의 교회들의 특징들을 시대별로 보여주고
교회시대의 맨 마지막 시대인 현대교회를 상징하는 라오디게아 교회시대가
끝나는 시점에서 대환란이 시작되는 것이라고 앞에서 말씀드렸습니다. 여기
일곱교회들이 각시대의 교회를 상징하는 것인지를 증명하려면 지난 2천년
동안의 교회역사를 살펴보면서 대조해보는 길 밖에는 다른 방법이 없습니
다. 그러면 먼저 에베소 교회에 대하여 기록된 특징들을 살펴보면 대략 주
후 30년경에서 70년대 전후 사이에 있었던 사도들이 개척하고 목회했던 사
도시대의 교회들을 연상하게 됩니다. 에베소 교회에게 말씀하신 주님을 '오
른손에 일곱 별을 붙잡고 일곱 금촛대 사이에 다니시는 이'로 묘사한 점에
주의해야 합니다. 즉 주님이 오른 손에 일곱 별을 붙잡고 일곱 금촛대 사이
에 다니신다는 말은 주님이 친히 교회를 감독하시고 다스리시는 분으로서
주님이 교회의 머리요 주인이시며 교회의 창시자임을 나타내는 것입니다. 그
러므로 에베소 교회에 대하여 주님을 '오른손에 일곱 별을 붙잡고 일곱 금촛대 사이
에 다니시는 이'로 묘사한 것은 에베소 교회가 주님의 보배로운 피로 값주고 사
서 세우신 사도시대의 교회라는 것을 나타내는 말입니다.

에베소에 대한 역사적인 기록들을 요약해보면 대략 다음과 같습니다. 에베소는 소아시아[지금의 터어키]의 서쪽 해안에 위치한 항구 도시입니다. 당시 로마제국의 동부지역에서는 에베소 항구가, 시리아의 안디옥 그리고 이집트에 위치한 알렉산드리아와 함께 3대 무역항구 도시로 알려진 유명한 상업 도시였습니다. 에베소는 로마제국 안에서 몇 개 안되는 직할시로서 자치권이 허용된 도시였습니다. 이 도시는 거대한 운동경기장과 넓은 장터를 지니고 있었으며 2만 5천명을 수용할 수 있는 대형 극장이 항구전체를 내려다 볼 수 있는 언덕에 세워져있었습니다. 무엇보다도 고대 7대 불가사의 하나로 여겨지는 아데미 신전도 이 에베소에 있었습니다. 로마의 여신 '다이아나'와 동일시 되는 아데미 여신전은 길이가 425피트, 넓이가 220피트 그리고 높이가 60피트로서 대리석 기둥만 127개가 되는 어마어마한 규모의 건물입니다. 어떤 기둥들은 금과 보석들로 꾸며지기도 했습니다.

이 아데미 신전에는 수천명의 남자 사제들과 여자 사제들이 고용되었습니다. 헬라의 여신 '아데미'는 '번식의 여신'으로서 괴물처럼 생긴 머리와 가슴에 여러 개의 유방을 가진 여신으로서 이 신전에 예배하러 온 신도들은 여자 사제들과의 음란한 성접촉에서 만족을 찾았습니다. 이 도시는 1세기 중반에 점차 흙으로 덮이게 되면서 무역항으로서의 기능이 떨어지게 되자 아데미 신전을 중심으로 하는 종교산업이 호황을 누리면서 아데미 여신상을 만들어 파는 업이 주종을 이루게 되었습니다.[행.19:21-41] 이 곳에서 만들어지는 여신상 조각은 주로 관광객을 통하여 해외로 수출되어 로마제국 전역으로 보급되었습니다. 이 외에도 무역산업이 퇴조하면서 아데미 신전을 중심으로 씨이저를 비롯한 황제숭배를 위한 신전들이 곳곳에 세워지고 기타 여러 종류의 미신 종교들이 난립하는 우상숭배의 도시로 타락해가고 있었습니다.

사도행전19장1-7절에 보면 이와 같은 우상숭배의 도시에서 약 12 명쯤되는 성도들을 중심으로 교회를 개척한 사도 바울은 3년간 목회하면서[행20:31] 복음을 증거한 적이 있습니다. 처음 3개월 동안은 회당에서 유대인들에게 복음을 전했으나 유대인들이 복음을 받지 않고 오히려 비방함으로 나중에는 헬라철학을 가르치는 학교 두란노로 장소를 옮겨서 복음을 증거하였습니다.[행.19:8-10] 하나님을 알지 못하는 사람들의 음란한 우상숭배가 난립하고 또한 하나님을 안다고 자처하는 유대인들이 더 악하게 핍박하고 괴롭히는 이런 어려운 상황에서 사도 바울은 소수의 성도들을 데리고 역경을 인내하고 유대인들의 악한 방해공작을 눈물로 참으면서 가정에서 모이는 교회들을 개척하였습니다. 이 에베소 교회는 역경 속에서 인내와 수고로 세워진 교회로서 사도들의 눈물과 헌신으로 이루어진 초대교회의 전형적인 모습이었습니다. 게다가 아직 기록된 신약성경이 없었던 시대이기 때문에 하나님을 안다고 자처하는 유대인들 중에서 거짓 사도들과 거짓 선생들이 이곳 저곳에서 우후죽순처럼 생겨나 이제 겨우 세워놓은 교회들을 혼란하게 하기 때문에 그들을 가려내어 경계하고 연약한 성도들을 보호하는 것은 쉬운 일이 아니었습니다.

사도행전19장23-29절에 여신상을 만들어 파는 은장색들의 조합이 군중을 내세워 사도 바울을 반대하도록 부추기는 것은 사도 바울이 증거하는 복음이 자기들의 사업을 방해하기 때문이었습니다.

23) 그 때쯤 되어 이 도로 인하여 적지 않은 소동이 있었으니 24) 즉 데메드리오라 하는 어떤 은장색이 아데미의 은감실을 만들어 직공들로 적지 않은 벌이를 하게 하더니 25) 그가 그 직공들과 이러한 영업하는 자들을 모아 이르되 여러분도 알거니와 우리의 유족한 생활이 이 업에 있는데 26) 이 바울이 에베소뿐 아니라 거의 아시아 전부를 통하여 허다한 사람을 권유하여 말하되 사람의 손으로 만든 것들은 신이 아니라 하니 이는 그대들도 보고 들은 것이라 27) 우리의 이 영업만 천하여질 위험이 있을 뿐 아니라 큰 여신 아데미의 전각도 경홀히 여김이 되고 온 아시아와 천하가 위하는 그의 위엄도 떨어질까 하노라 하더라 28) 저희가 이 말을 듣고 분이 가득하여 외쳐 가로되 크다 에베소 사람의 아데미여 하니 29) 온 성이 요란하여 바울과 같이 다니는 마게도냐 사람 가이오와 아리스다고를 잡아가지고 일제히 연극장으로 달려들어가는지라

이런 영적 전쟁터에서 3년간 어렵게 수고하며 목회하였던 사도 바울은 밀레도에서 예루살렘으로 떠나기 직전에 에베소 교회의 장로들을 밀레도로 오게 하여 작별인사를 하면서 다음과 같이 경고하였습니다.[행.20:29-31]

29) 내가 떠난 후에 흉악한 이리가 너희에게 들어와서 그 양 떼를 아끼지 아니하며 30) 또한 너희 중에서도 제자들을 끌어 자기를 좇게 하려고 어그러진 말을 하는 사람들이 일어날 줄을 내

가 아노니 31) 그러므로 너희가 일깨어 내가 삼 년이나 밤낮 쉬지 않고 눈물로 각 사람을 훈계하던 것을 기억하라

이런 곳에서 사도 바울은 어려운 3년간의 목회를 눈물로 감당하였습니다. 그리고 자기가 떠난 후에 이 교회에 닥쳐 올 험악한 문제들을 훤히 내다 보는 바울의 경고어린 고별설교를 들은 장로들의 각오는 어떠하였겠습니까? 예나 지금이나 다름없이 양의 탈을 쓴 이리들의 특징은 성도들로 하여금 예수님을 따르게 하는 것이 아니고 자기들을 좇게하는 것이 목적이었습니다. 대부분 이와 같은 양의 탈을 쓴 이리를 좋아가는 사람들은 '성경에 예수님이 이렇게 말씀하셨기 때문에 이렇게 해야 된다고 믿습니다.'라고 말하지 않고 '아무게 목사님이 이렇게 말했기 때문에 이렇게 해야 됩니다.'라고 말합니다. 우리는 어떤 목사의 말이나 어떤 교파가 정한 교리와 신학을 좇아가지 말고 항상 영원한 진리의 근거인 성경이 어떻게 말하는지에 귀를 기울여야 합니다.

에베소 교회가 받은 칭찬
본문 2-3절에서 예수님은 이 에베소교회를 이렇게 칭찬하였습니다.
2) 내가 네 행위와 수고와 네 인내를 알고 또 악한 자들을 용납지 아니한 것과 **자칭 사도라 하되 아닌 자들을 시험하여 그 거짓된 것을 네가 드러낸 것과**
3) 또 네가 참고 내 이름을 위하여 견디고 게으르지 아니한 것을 아노라

사도 요한이 이 계시를 받아 적었던 시대는 주후 90년 경입니다. 그러므로 예수님이 30세 쯤에 승천하시고 나서 오순절에 시작된 교회는 사도들이 복음을 전하여 세운 사도시대의 교회들이었습니다. 사도라는 말은 예수님의 열두 제자들을 일컫는 말입니다. 이 사도들은 직접 예수님으로부터 말씀을 배운 사람들입니다. 이 사도들 중에서 맨 마지막까지 교회사역을 했던 사도가 바로 사도 요한입니다. 사도들이 죽고 난 다음에는 사도들로부터 말씀을 배운 사람들이 교회를 개척하며 섬겼습니다. 그 사람들은 예수님을 본적도 없고 예수님의 열두제자가 아닌 사람들입니다. 주후 70년 전후로 사도들이 죽은 다음에는 더 이상 사도들은 없었기 때문에 그 후의 교회들은 사도라는 명칭을 사용하지 않았습니다. 그러니까 사도시대는 주후 30년경

부터 주후 70년대전후까지로 보여집니다. 예수님의 열두 제자들인 사도들이 목회할 때에는 가짜 사도들이 판을 치면서 사도들이 세운 교회들을 변질시키려하였기 때문에 사도 바울도 다른 예수 다른 복음 다른 영을 전파하는 사람들을 거짓 사도들이라고 신랄하게 비판하면서 성도들을 책망하고 있었던 것입니다.

여기 본문 2장 2절에 '에베소 교회가 **자칭 사도라 하되 아닌 자들을** 시험하여 그 거짓된 것을 네가 드러냈다.'는 말은 에베소 교회가 **가짜 사도들이 살았던 시대에 있었던 교회라는 것을 보여줍니다.** 즉 앞에서 언급한 대로 에베소 교회가 사도시대의 교회들을 상징하는 것을 보여주는 말입니다. 실제로 사도 바울은 고린도 교회가 다른 예수 다른 복음 다른 영을 따라갈 때에 신랄하게 그들을 책망하면서 **그 사람들의 정체를 '거짓 사도'라고 분명하게 밝혔습니다.** 고린도후서 11장 4절과 13절을 보십시오;
"4만일 누가 가서 우리의 전파하지 아니한 **다른 예수를** 전파하거나 혹 너희의 받지 아니한 **다른 영을** 받게 하거나 혹 너희의 받지 아니한 **다른 복음을** 받게 할 때에는 너희가 잘 용납하는구나…13**저런 사람들은 거짓 사도요** 궤휼의 역군이니 자기를 그리스도의 사도로 가장하는 자들이니라."

또 갈라디아 교회가 다른 예수 다른 복음 다른 영을 따라갈 때에 그들을 신랄하게 책망하면서 우리가 전한 복음 외에 다른 복음을 전하면 비록 그가 천사일찌라도 저주를 받으라고 강하게 책망하였습니다; 6그리스도의 은혜로 너희를 부르신 이를 이같이 속히 떠나 **다른 복음** 좇는 것을 내가 이상히 여기노라. 7다른 복음은 없나니 다만 어떤 사람들이 너희를 요란케 하여 그리스도의 복음을 변하려 함이라 8**그러나 우리나 혹 하늘로부터 온 천사라도 우리가 너희에게 전한 복음 외에 다른 복음을 전하면 저주를 받을찌어다** 9우리가 전에 말하였거니와 내가 지금 다시 말하노니 만일 누구든지 너희의 받은 것 외에 다른 복음을 전하면 저주를 받을찌어다 10이제 내가 사람들에게 좋게 하랴 하나님께 좋게 하랴 사람들에게 기쁨을 구하랴 내가 지금까지 사람의 기쁨을 구하는 것이었더면 그리스도의 종이 아니니라

이와 같이 다른 예수 다른 복음 다른 영을 전파하는 사람들을 거짓 사도라고 맹렬하게 비난하면서 복음진리를 바로 잡았던 교회는 사도들이 세웠

던 초대교회였습니다. 즉 **'자칭 사도라 하되 아닌 자들을** 시험하여 그 거짓된 것을 네가 드러낸 에베소 교회'가 바로 사도들이 세웠던 초대교회를 말하는 것입니다. 그러므로 사도 시대에 속한 초대교회들이 바로 계시록에서 말하는 에베소 교회였던 것입니다. 그러니까 에베소 교회는 대략 주후 30-70년대 전후 사이에 있었던 사도들이 개척하고 목회했던 사도시대의 교회들을 말하는 것입니다.

이것이 바로 1장 19절에서 (19) '그러므로 <u>네 본 것</u>과 <u>이제 있는 일</u>과 <u>장차 될 일</u>을 기록하라' 에서 **'네가 본 것'**[what you have seen] 즉 이미 지나간 과거부터 그 당시까지 사도 요한이 보아왔던 교회입니다. 즉 사도 요한이 요한계시록을 기록한 시점에서 볼 때 이미 지나간 과거에 속하는 교회가 바로 에베소 교회입니다. 대부분의 사도들은 주후 60년대 중반에 시작된 네로 황제의 핍박 때부터 사도 바울의 순교와 주후 64년에 순교당한 베드로의 죽음으로 시작하여 대략 주후 70년대전후에 죽었으나 사도 요한은 주후 90년대까지 살아 남았던 장수한 사도였습니다. 그러므로 사도 요한은 예수님 승천 이후부터 최소한 약 40여년 동안 사도들이 개척하고 섬겼던 사도시대의 교회를 친히 목격한 사람이었습니다. 그러므로 에베소 교회는 '네가 본 것'에 해당하는 사도 시대의 교회였던 것입니다.

에베소교회가 받은 또 하나의 칭찬은 니골라당의 행위를 미워한 것입니다. 계 2:6) 오직 네게 이것이 있으니 **네가 니골라당의 행위를 미워하는도다** 나도 이것을 미워하노라 니골라당은 예수를 믿는다고 하면서도 에베소에 만연된 우상숭배와 성적 부도덕과 타협한 사람들을 지칭합니다. 헬라어 *'니골라당'*은 히브리어로 *'발람의 사람들'*이란 뜻입니다. 이방의 점성가 발람은 모압 여인들을 사용하여 이스라엘 사람들을 성적으로 유혹하여 우상을 섬기게 한 거짓 선지자였습니다. 이와 같이 에베소에 살던 니골라당은 예수 믿는다고 자처하는 사람들인데 로마의 시민으로서 황제를 숭배하는 것이나 로마제국이 허용하는 여러 신상의 우상에 절하는 것이 죄가 아니라고 생각하여 기꺼이 우상숭배에 가담했던 사람들로 알려져 있습니다. 그러나 에베소교회는 우상숭배의 죄와 타협하는 사람들을 용납하지 않고 철저하게 치리하여 성결을 지키려고 함으로써 칭찬을 받았습니다. 즉 에베소 교회가 니골라당의 행위를 미워하였다고 칭찬을 받게된 것은 바로 사도들이 고린도교회를 비롯하여 성경에 기록된 시도시대의 초대교회들에게 음란한 우상숭배에 대하여 강하게 경고하고 책망하였기 때문에 가능하였던 것입니다; "20대저 이방인의 제사하는 것은 귀신에게 하는 것이요 하나님께 제사하는 것이 아니니 나는 너희가 귀신과 교제하는 자 되기를 원치 아니하노라 21너희가 주의 잔과 귀신의 잔을 겸하여 마시지 못하고 주의 상과 귀신의 상에 겸하여 참예치 못하리라〈고전 10:20-21〉

에베소 교회가 받은 책망

(계 2:4) 그러나 너를 책망할 것이 있나니 너의 처음 사랑을 버렸느니라

에베소교회는 음란한 우상숭배를 미워하고 악한 자들을 용납하지 아니하고 거짓 사도들을 몰아내는 일에는 열심하여 칭찬까지 받았으면서도 처음 사랑을 버렸다고 책망을 받았습니다. 앞에서 언급한 대로 에베소 교회는 대략 주후 30년에서 70년대 전후 사이에 있었던 사도들이 개척하고 목회하는 사도시대의 교회들을 상징합니다. 사도들이 세운 초대교회들은 초기에는 정말 뜨거운 사랑을 가지고 열정적으로 하나님을 섬겼던 교회들이었습니다. 사도행전 2장 42-47절을 보십시오.

42) 저희가 사도의 가르침을 받아 서로 교제하며 떡을 떼며 기도하기를 전혀 힘쓰니라 44) 믿는 사람이 다 함께 있어 모든 물건을 서로 통용하고 45) 또 재산과 소유를 팔아 각 사람의 필요를 따라 나눠 주고 46) 날마다 마음을 같이 하여 성전에 모이기를 힘쓰고 집에서 떡을 떼며 기쁨과 순전한 마음으로 음식을 먹고 47) 하나님을 찬미하며 또 온 백성에게 칭송을 받으니 주께서 구원받는 사람을 날마다 더하게 하시니라

에베소 교회는 회개하여 첫 사랑을 회복하지 않으면 촛대를 옮기시겠다는 심한 책망을 받았습니다. 회개하지 않으면 주님께서 에베소 교회를 버리시겠다는 것입니다. 죄악에 물들지 않고 성결을 지키기 위해서 그토록 몸부림친 교회를 주님은 왜 이렇게 심하게 책망하셨을까요? 이렇게 뜨거운 사랑으로 충만했던 교회가 왜 사랑이 식어진 냉랭한 교회가 되었을까요? 그것은 주님의 복음전파를 위하여 기꺼이 목숨을 바치고 소유를 팔아 가난한 사람들과 함께 나누던 그 뜨거운 열정과 사랑으로 시작되었던 사도시대

의 초대교회들이 시간이 지나가면서 점점 사랑이 식어지게 되어서 사도들은 사랑에 대하여 엄한 경고성 발언을 서슴지 않았습니다; "15만일 형제나 자매가 헐벗고 일용할 양식이 없는데 16너희 중에 누구든지 그에게 이르되 평안히 가라, 더웁게 하라, 배부르게 하라 하며 그 몸에 쓸 것을 주지 아니하면 무슨 이익이 있으리요"〈약2:16〉 "20누구든지 하나님을 사랑하노라 하고 그 형제를 미워하면 이는 거짓말 하는 자니 보는바 그 형제를 사랑치 아니하는 자가 보지 못하는바 하나님을 사랑할 수가 없느니라"〈요일4:20〉

결국 에베소 교회는 믿음의 순결을 지키기 위해서 많은 어려움 가운데서도 수고를 아끼지 않아서 칭찬을 받았습니다. 그러나 첫 사랑을 잃어버린 것 때문에 책망을 받았습니다. 첫 사랑을 회복하지 않으면 주님께서 떠나신다고 하셨습니다. 주님이 계시지 않는 교회에서 혼자 아무리 성결하다고 주장해 봐야 무슨 소용이 있겠습니까? 아무리 성결을 지켜도 사랑이 식어진 행위는 아무 소용이 없는 휴머니즘에 불과합니다. 심지어 아무리 선한 일을 많이 하고 재산을 다 팔아 가난한 자를 구제하고 돌봐주고 자기 몸을 불살라 희생한다고 해도 그리스도의 사랑으로 하지 않으면 그것은 자기 독선이며 자기 의에 도취한 바리새인과 다름이 없을 것입니다. 그래서 사도 바울은 이렇게 말했습니다. "내가 내게 있는 모든 것으로 구제하고 또 내 몸을 불사르게 내어 줄지라도 사랑이 없으면 내게 아무 유익이 없느니라"〈고전 13:3〉

"귀 있는 자는 성령이 교회들에게 하시는 말씀을 들을지어다 이기는 그에게는 내가 하나님의 낙원에 있는 생명나무의 과실을 주어 먹게 하리라"〈계 2:7〉 그러니까 사랑을 잃은 에베소 교회에게 주신 마지막 경고는 과연 에베소 교회가 사랑을 잃고도 천국에 들어가서 생명나무의 과실을 먹을 수 있겠는가 하는 것입니다. 이와 같이 에베소 교회는 처음에는 주님에 대한 뜨거운 열정으로 성도들을 서로 사랑하며 섬기고 희생하는 교회로 시작하였다가 나중에는 사랑이 식어진 교회가 되어 책망을 받았습니다. 이 에베소 교회가 바로 사도들이 세웠던 초대교회의 모습이었습니다. 아래의 도표를 보면서 에베소 교회가 일곱교회 시대에서 어느 시대에 속하는지를 다시 한번 확인하시기 바랍니다.

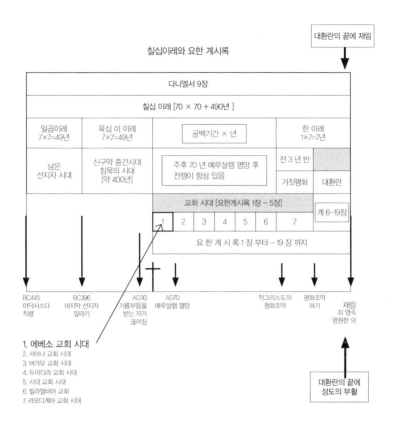

칠십이레와 요한 계시록

대환란의 끝에 재림

다니엘서 9장
칠십 이레 [70 × 70 + 490년]

일곱이레 7×7=49년	육십 이 이레 7×7=49년	공백기간 × 년		한 이레 1×7=7년	
남은 선지자 시대	신구약 중간시대 침묵의 시대 [약 400년]	주후 70 년 예루살렘 명망 후 전쟁이 항상 있음		전 3 년 반	
				거짓평화	대환란

교회 시대 [요한계시록 1장 – 5장]

계 6–19장

1	2	3	4	5	6	7

요 한 계 시 록 1장 부터 – 19 장 까지

BC445
아닥사스다
칙령

BC396
마지막 선지자
말라기

AD30
기름부음을
받는 자가
끊어짐

AD70
예루살렘 멸망

적그리스도의
평화조약

평화조약
파기

재림
죄 영속
영원한 의

1. 에베소 교회 시대
2. 서머나 교회 시대
3. 버가모 교회 시대
4. 두아디라 교회 시대
5. 사데 교회 시대
6. 빌라델비아 교회
7. 라오디게아 교회 시대

대환란의 끝에
성도의 부활

서머나 교회

(8)서머나 교회의 사자에게 편지하기를 처음이요 나중이요 죽었다가 살아나신 이가 가라사대 **(9)내가 네 환난과 궁핍을 아노니 실상은 네가 부요한 자니라 자칭 유대인이라 하는 자들의 훼방도 아노니 실상은 유대인이 아니요 사단의 회라** (10)네가 장차 받을 고난을 두려워 말라 볼지어다 **마귀가 장차 너희 가운데서 몇 사람을 옥에 던져 시험을 받게 하리니 너희가 십일 동안 환난을 받으리라** 네가 죽도록 충성하라 그리하면 내가 생명의 면류관을 네게 주리라 (11)귀 있는 자는 성령이 교회들에게 하시는 말씀을 들을지어다 이기는 자는 둘째 사망의 해를 받지 아니하리라. 〈계.2:8–11〉

서머나에 대한 역사적인 기록들을 살펴보면 대략 다음과 같습니다. 서머나는 에베소에서 북쪽으로 약 35 마일 거리에 위치한 항구 도시였습니다.

에베소는 현재 폐허로 남아있지만 서머나는 현재까지도 인구 20만의 꽤 큰 항구도시로 존재하고 있습니다. 이 책에서 언급한 일곱 도시 중에서 유일하게 현재까지 존재하는 도시로서 오늘날 터어키의 '이즈미르'[Izmir]가 바로 그 서머나입니다. '서머나'[Smyrna]라는 이름은 '미르'[myrrh]에서 유래된 것으로 그 뜻은 '몰약'인데 이것은 맛이 매우 쓴 것으로서 주로 향유를 만드는 재료로 쓰여졌고 시체의 방부제로 사용되었으며 그리고 여성의 정결을 위해, 또는 통증을 완화시키는 약으로 사용되었다고 합니다. 이것은 그 이름이 보여주듯이 서머나 교회가 쓰디쓴 고통과 핍박 속에서도 믿음의 향기를 잃지 않은 아름다운 교회임을 보여주는 것입니다. 제우스 신전에서 시플린 여신전까지 이 도시를 가로지르는 거리에는 아폴로 신전을 비롯해 아스클레피우스 신전 그리고 아프로다이트 신전등 유명한 신전들이 즐비하게 늘어 서있었습니다. 이는 서머나 시가 당시 소아시아에서 얼마나 황제숭배가 성행했는지를 보여주는 것입니다. 이 도시에는 일찌기 티베리우스 황제[주전23]를 위한 신전이 세워졌으며 도미시안 황제가 통치하던 시대[주후 81-96]에는 로마제국의 모든 시민들이 일년에 한번씩 '씨이저는 주님이시다'라고 외치며 씨이저 황제의 신전에 향을 피우며 참배하는 것이 의무화되었다고 합니다. 또한 참배를 마친 사람에게는 시민의 의무를 다했다는 자격증을 발부하기도 하였습니다. 따라서 그리스도인들은 이 참배를 거부할 수 밖에 없었고 거기에서 오는 불이익은 핍박과 경제적인 고통이었습니다.

이 외에도 서머나 시가 지닌 또 하나의 특징은 다른 도시에 비해 특히 유대인들이 많이 몰려 살았던 도시로서 유대인들이 서머나 시에 미치는 영향력은 지대하였습니다. 유대인들은 서머나 시의 유력한 자리에 많이 진출하였으며 시의 관리들과 로마의 지방정부에 큰 영향력을 행사하였습니다. 유대인들은 서머나 시의 발전을 위하여 거액을 헌납하기도 하였습니다. 이 유대인들은 그리스도인들을 박해하는데 앞장섰던 사람들입니다. 구약의 의식종교에 빠진 유대인들은 자기들이야 말로 하나님의 율법을 지키는 경건한 하나님의 사람들이라 믿고 그리스도를 따르는 그리스도인들을 부도덕하고 음란한 이단집단으로 취급하여 바리새인이었던 바울이 그리스도인들을 핍박하였던 것같이 서머나의 유대인들은 그리스도인들을 핍박하였습니다.

이와 같이 황제를 숭배하는 이방인들과 구약의 율법주의에 빠진 유대인들 사이에서 살아야 했던 서머나의 그리스도인들은 엄청난 핍박과 고난을 받지 않을 수 없었습니다. 또한 황제숭배가 시민의 의무로 정해지면서부터 많은 그리스도인들이 처형을 당하지 않을 수 없었습니다. 서머나 교회의 초대 감독이었던 폴리갑[Polycarp]은 서머나의 12번째 순교자로 86세에 화형당했다는 기록이 남아있습니다. '가이사는 주님'이라고 한번만 고백하면 살려주겠다는 로마 총독의 권유에 폴리갑의 대답은 오늘날까지 그리스도인의 마음을 울립니다. '나의 주님 예수님은 86년 동안 단 한번도 나를 배반하지 않으셨는데 어찌 나를 구속하신 나의 왕을 배반하겠습니까?' 라고 대답하고 담대하게 장작불이 활활 불타고 있는 화형장으로 걸어갔습니다. 이것은 우리 그리스도인들이 어떠한 고난 속에서도 좌절하지 않고 믿음의 향기를 끝까지 지켜야 한다는 것을 보여주는 것이 아닙니까? 그리스도인들에게 고난을 면제해준다는 말씀은 성경 어디에도 없습니다. 다만 고난 속에서의 승리를 약속하고 있을 뿐입니다. 사탄이 왕으로 통치하는 이 세상에서 사탄의 통치를 단호히 거부하고 그리스도를 구주와 왕으로 모시고 그리스도의 통치에 복종하여 사는 모든 그리스도인들은 불가피하게 핍박과 고난을 당하게 되어있습니다. 그러나 그리스도인은 결코 멸망하지 않으며 궁극적인 승리는 그리스도인의 것입니다. 그러므로 극심한 핍박과 고난을 당하는 서머나 교회에게 말씀하신 주님을 '처음이요 나중이요 죽었다가 살아나신 이'로 묘사한 것은 극심한 환란을 당하는 서머나 교회에게 큰 위로와 소망과 최후의 승리를 주려함입니다. 또한 서머나 교회에 말씀하신 주님을 '처음이요 나중이요 죽었다가 살아나신 이'로 묘사한 것은 '서머나 교회가 로마제국의 핍박시대의 교회'라는 국면을 보여주는 것이기도 합니다.

서머나 교회가 받은 칭찬

앞에서 살펴 본 에베소 교회에게 말씀하신 주님은 '오른 손에 일곱 별을 붙잡고 일곱 금 촛대 사이에 다니시는 주님'으로 나타나셨습니다. 여기서 일곱 촛대는 일곱 교회라고 말씀하십니다. 즉 에베소 교회가 지상 최초의 초대교회를 상징하는 만큼 이 에베소 교회에게 말씀하신 주님은 교회를 처음으로 세우신 창립자로서 에베소 교회에 말씀하고 계신 것입니다. 그러나 여기 서머나 교회에게 말씀하신 주님은 '처음이요 나중이요 죽었다가 살아나신 이'로 묘사하고 있습니다. 즉, 에베소 교회가 사도들이 세웠던 사도시대의 교회였다면 서머나 교회는 사도들이 대부분 죽고 난 사도후기 시대 즉 속사도시대의 교회의 모습을 보여주는 것입니다. 사도시대가 지난 후의 교회들은 로마황제들로부터 심한 핍박을 받았던 교회로서 역사상 가장 극심한 핍박을 당했던 이 시대를 교회사는 교회핍박시대로 구분하고 있습니다. 그러므로 이렇게 고난과 핍박을 당하는 교회에게 처음이요 나중이요 죽었다가 살아나신 주님이 말씀을 주시고 있는 것입니다. 이는 처음부터 끝까지 고난을 견디시고 죽음에까지 이르는 극심한 고난을 당하셨다가 사망을 이기시고 다시 살아서 부활하신 소망의 주님이 말씀하여 주심으로써 극심한 고난 가운데 있는 서머나 교회를 위로하고 처음부터 끝까지 인내하여 영생의 부활에 이르는 소망을 주기 위함입니다.

일곱 교회 중에서 빌라델비아 교회와 서머나 교회만 책망을 받지 않았습니다. 서머나 교회는 심한 고난가운데 있었으나 책망을 받지않았습니다. 우리는 자칫하면 서머나 교회가 필경 무슨 죄가 많아서 저렇게 큰 고난을 받았나 보다라고 생각할지 모릅니다. 그러나 고난을 심하게 받은 이 서머나 교회는 주님으로부터 칭찬만 받았고 책망은 받지 않은 아름다운 교회였습니다. 거짓 그리스도인으로서 죄가 많은 사람들은 고난을 당할 때 인간의 더러운 악취를 풍기지만 참된 그리스도인은 고난을 당할 때일수록 더욱 고상한 향기를 풍깁니다. 고난 중에서도 향기를 풍기는 서머나 교회를 향해 주님은 이렇게 칭찬하셨습니다. **계 2:9) 내가 네 환난과 궁핍을 아노니 실상은 네가 부요한 자니라 자칭 유대인이라 하는 자들의 훼방도 아노니 실상은 유대인이 아니요 사단의 회라**

서머나의 그리스도인들은 하나님을 가장 잘 믿는다고 자처하는 동족인 유대인들로부터 핍박을 받아야 했습니다. 예수님 시대에는 하나님을 가장 정통으로 잘 믿는다는 바리새인들에 의하여 그리스도인들이 고난과 핍박을 받았습니다. 중세 암흑시대에는 캐톨릭 교회에 가담하지 않았다는 이유로 가정에서 따로 모이는 가정교회 성도들이 캐톨릭 교회로부터 엄청난 핍박과 고난을 당해야 했습니다. 어느 시대나 하나님을 가장 잘 믿는다고 스스로 정통 의인인 체하는 사람들에 의하여 많은 그리스도인들이 고난을 받아왔습니다. 그러므로 서머나의 그리스도인들도 예외없이 정통 유대교인들에 의하여 심한 고난을 받아야 했던 것은 결코 이상한 일이 아니었습니다. 그러나 다행하게도 주님은 서머나의 그리스도인들을 위로해주십니다. '너희를 핍박하는 저 유대인들은 실상 참 유대인들이 아니다'라고 말씀해주셨습니다. 즉 그들을 하나님을 믿는 하나님의 백성으로 여기지 말라는 것입니다. 다음의 말씀들을 읽어 보십시오.

롬 2:28) 대저 표면적 유대인이 유대인이 아니요 표면적 육신의 할례가 할례가 아니라

마 3:8) 그러므로 회개에 합당한 열매를 맺고 9) 속으로 아브라함이 우리 조상이라고 생각지 말라 내가 너희에게 이르노니 하나님이 능히 이 돌들로도 아브라함의 자손이 되게 하시리라

갈 3:28) 너희는 유대인이나 헬라인이나 종이나 자주자나 남자나 여자 없이 다 그리스도 예수 안에서 하나이니라 29) 너희가 그리스도께 속한 자면 곧 아브라함의 자손이요 약속대로 유업을 이을 자니라

결국 이 모든 말씀을 종합해보면 육신적으로 아브라함의 자손이라고 해서 다 유대인이 아니라는 말씀입니다.[롬.9:7-9] 유대인이라고 해서 다 하나님의 백성이 아니라는 말씀입니다. 거듭나서 그리스도께 속한 사람들만이 아브라함의 자손 곧 유대인이라는 말씀입니다. 그러므로 서머나에서 그리스도인들을 핍박하는 유대인들은 참 유대인이 아니고 오히려 **'사탄의 회'**라고 주님은 말씀해주셨습니다. '하나님의 택하신 백성'이라고 자부하는 그 유대인들은 하나님을 예배한다고 회당에 모이지만 그들이 바로 참으로 하나님을 믿는 백성들을 훼방하고 비방하고 핍박하는 사탄의 단체라는 말씀입니다. 그러므로 '너희를 대적하는 자가 사탄이라면 염려하지 말라.'는 뜻입니다. '나도 사탄의 대적이다. 사탄을 마지막 날에 내가 다 멸할 것이다. 그러므로 너희는 처음부터 마지막까지 인내하고 믿음을 지켜라.' 그런 말씀입니다.

거기에다 로마의 황제들을 숭배하지 않는다는 이유로 서머나의 그리스도인들은 생명의 위협과 핍박에서 오는 고난을 당해야 했으며 사회적으로는 배척을 받는 입장이기 때문에 자연히 경제적으로는 궁핍할 수 밖에 없었습니다. 그러나 그들의 고난과 궁핍한 사정을 주님은 다 알고 계신다고 위로

하십니다. 주님이 우리의 모든 고난과 어려운 형편을 알아주신다면 이 보다 더 큰 위로가 어디 있겠습니까? 만약 주님께서 우리가 당하는 많은 억울함과 고난을 모르신다고 외면하신다면, 우리가 당하는 그 모든 고난은 무슨 의미가 있겠습니까? 그것은 단지 비참한 형벌이요 저주일 뿐입니다. 그러나 주님께서는 '아무 염려 말아라. 나는 네가 나를 위하여 당하는 그 모든 고난을 처음부터 끝까지 매일매일 지켜보고 있다. 나는 너의 모든 아픔을 다 알고 있다. 처음이요 나중이며 죽었다가 다시 살아난 내가 너에게 말한다. 너도 처음부터 나중까지 끝까지 인내하여라. 죽음 같은 고난에서 부활의 생명에 이르기까지 끝까지 믿음의 향기를 풍겨라. 부활의 주님인 내가 항상 너와 함께 있느니라. 실상은 네가 부요한 자니라. 너는 알아라. 너는 궁핍하고 가난한 자가 아니다. 너는 부요한 사람이다.' 라고 서머나 교회를 칭찬하고 있는 것입니다. 오늘 우리는 이런 음성을 듣고 있습니까? 매일 아침 큐티에서 바로 이런 주님의 분명한 음성을 당신은 듣고 있습니까? 계 2:10) **네가 장차 받을 고난을 두려워 말라** 볼지어다 마귀가 장차 너희 가운데서 몇 사람을 옥에 던져 시험을 받게 하리니 **너희가 십 일 동안 환난을 받으리라 네가 죽도록 충성하라** 그리면 내가 생명의 면류관을 네게 주리라

사도 요한은 다른 사도들이 죽고 나서도 20년에서 30년 이상 더 장수하면서 사도들이 세워놓았던 교회들이 로마 제국으로부터 가혹한 핍박을 당하는 것을 보아왔었습니다. 그리고 그 핍박과 환란은 이 계록을 쓰고있는 그 당시에도 계속되고 있었습니다. 그러므로 서머나 교회는 계시록 1장 19절에서 (19) '그러므로 **네 본 것**과 **이제 있는 일**과 **장차 될 일**을 기록하라' 에서 '이제 있는 일' 에 속하는 교회인 것입니다.

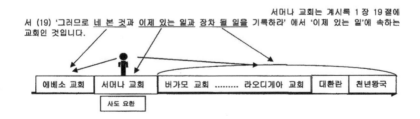

서머나 교회는 계시록 1 장 19 절에서 (19) '그러므로 네 본 것과 이제 있는 일과 장차 될 일을 기록하라' 에서 '이제 있는 일'에 속하는 교회인 것입니다.

에베소 교회	서머나 교회	버가모 교회 .... 라오디게아 교회	대환란	천년왕국

사도 요한

8절을 보시면 주후 70년대 이후 지금까지 고난을 당해 온 서머나 교회를 주님은 칭찬해주셨습니다. 그러나 그렇다고해서 고난이 이제 다 끝났다는 것이 아닙니다. 오히려 지금까지 받아온 환란과 고난은 작은 시작에 불과하고 이제부터 본격적인 환란이 닥쳐올 것이라는 뜻입니다. 앞으로 서머나 교회가 통과해야 할 고난이 산너머 산이라라고 말씀하면서 두려워 말라고 격려해 주시는 것입니다. 앞으로도 십 일간이나 더 마귀의 역사가 있을 것을 예고해주고 계십니다. 그러므로 십 일이란 서머나 교회가 대략 주후 70년대 전후부터 300년대까지 계속되었던 황제들의 핍박 중에서도 그리스도인들을 가장 심하게 핍박했던 10 명의 황제시대를 상징하는 것으로 여겨집니다. 즉 서머나 교회가 상징하는 시대는 사도시대가 끝난 다음시대로서 특히 로마제국의 10대 악명 높은 황제들로부터 그리스도인들이 극심한 핍박을 받았던 시대였습니다. 도미시안 황제[주후 90년] 트라얀 황제[98], 하드리안 황제[117], 마르크스 아우렐리우스 황제[161], 셉티미우스 세베레스 황제[202] 막시민 황제[235] 데시우스 황제[249] 발레리안 황제[254] 아우렐리안 황제[270] 디오클레시안 황제[284]등 이들은 로마제국 전역에 흩어진 그리스도인들을 혹독하게 핍박한 황제들로 악명 높은 황제들이었습니다. 콘스탄틴 황제는 전쟁 중에 그리스도를 만나는 체험을 통해 회심하고 그리스도인이 되어 핍박을 중지하고 기독교를 오히려 로마국교의 하나로 선포하기도 하였습니다.

서머나 교회에 주시는 메시지는 고난 당하는 성도들에게 주시는 메시지입니다. 하나님의 자녀로서 이 세상을 살아갈 때 그리스도인은 누구든지 사탄으로부터 훼방과 핍박과 말로 다 할 수 없는 고난을 당한다는 사실을 가르쳐줍니다. 그러므로 이와 같은 환난을 당할 때 우리 믿는 사람들은 고난을 두려워하지 말고 끝까지 믿음을 지켜 죽도록 주님께 충성해야 한다는 말씀입니다. 또한 고난은 생각보다 더 길어질 수 있다는 것과 생각보다 더 극심한 것일 수도 있다는 것을 가르쳐줍니다. 그러나 주님은 고난 중에 있는 우리의 형편을 낱낱이 살피시고 우리가 당하는 고난의 모든 내용을 알고 계시며 우리를 붙드시고 우리를 도우시고 끝내는 저 생명의 부활에 도달할 때까지 도우신다는 사실을 깨닫고 우리는 힘을 내야 할 것입니다. 고난을 피하지 마십시오. 왜냐하면 하나님이 이 모든 영적싸움을 주관하시고 있기 때문입니다. 다만 죽도록 충성하십시오. 생명의 면류관은 우리의 것입니다. 귀 있는 자는 성령이 교회들에게 하시는 말씀을 들을지어다 이기는 자는 둘째 사망의 해를 받지 아니하리라.[2:11] 둘째 사망이란 지옥 불을 의미합니다.[계.20:14; "사망과 음부도 불못에 던지우니 이것은 둘째 사망 곧 불못이라.] 그리스도를 위하여 고난을 받은 성도들은 처음이요 나중이며 죽었다가 다시 살아나신 그리스도 안에서 처음부터 끝까지 주님의 보호 아래서 영생의 부활에 참여하게 될 것인즉 결코 둘째 사망의 해를 받지 않게 될 것입니다. 그러므로 이제 우리는 서머나 교회가 어느 시대에 속하는 교회들인지를 알게 되었습니다. 아래 도표를 참조하시기 바랍니다.

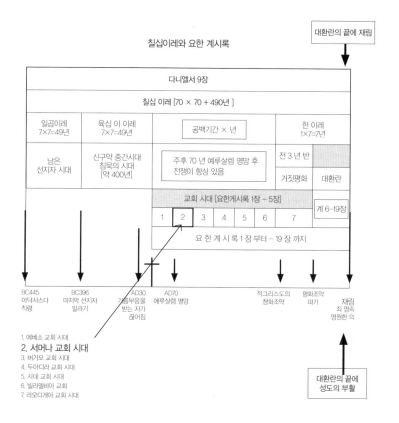

칠십이레와 요한 계시록

버가모 교회

(12)버가모 교회의 사자에게 편지하기를 **좌우에 날선 검을 가진 이가 가라사대** (13)**네가 어디 사는 것을 내가 아노니 거기는 사단의 위가 있는 데라** 네가 내 이름을 굳게 잡아서 내 충성된 증

인 안디바가 너희 가운데 곧 사단의 거하는 곳에서 죽임을 당할 때에도 나를 믿는 믿음을 저버리지 아니하였도다 (14)그러나 네게 두어가지 책망할 것이 있나니 거기 네게 발람의 교훈을 지키는 자들이 있도다 발람이 발락을 가르쳐 이스라엘 앞에 올무를 놓아 우상의 제물을 먹게 하였고 또 행음하게 하였느니라 (15)이와 같이 네게도 니골라당의 교훈을 지키는 자들이 있도다 (16)그러므로 회개하라 그리하지 아니하면 내가 네게 속히 임하여 내 입의 검으로 그들과 싸우리라 (17)귀 있는 자는 성령이 교회들에게 하시는 말씀을 들을지어다 이기는 그에게는 내가 감추었던 만나를 주고 또 흰 돌을 줄 터인데 그 돌 위에 새 이름을 기록한 것이 있나니 받는 자 밖에는 그 이름을 알 사람이 없느니라. 〈계.2:12-17〉

버가모에 관한 역사적인 자료들을 요약하면 대략 다음과 갑습니다. 버가모는 약 400년 동안 소아시아의 수도로서 로마제국 산하에서 아시아의 제국주의 행정의 중심지였습니다. 버가모는 로마제국의 통치자인 황제를 숭배하는 것을 공개적으로 지원한 소아시아 최초의 도시로 알려져 있습니다. 로마 정부는 가이사 황제의 명예와 업적을 기리기 위하여 제국 전역에 황제숭배를 위한 신전과 제단들을 세우게 하고 제국의 시민들은 일년에 한 번씩 신전에 나아와 '가이사는 주님이시다'라고 고백하게 하였는데 소아시아에서는 버가모가 바로 로마행정부의 중심으로서 이 일을 적극적으로 추진하고 시행하고 있는 도시였습니다.

또한 황제숭배와 함께 이교숭배도 그 극치를 이루었는데 이 도시의 중심에 우뚝 솟은 300미터 높이의 아크로폴리스 신전 터에는 제우스[Zeus]신전, 아데네[Athene]신전, 디오니소스[Dionysus]신전, 그리고 아스클레피우스[Asclepius] 신전들이 연이어 세워졌습니다. 아스클레피우스 신전은 뱀의 모양을 한 치유의 신 아스클레피우스를 섬기는 신전입니다. 이 신전들 중에서 가장 유명한 신전은 제우스 신전으로서 가장 크고 가장 정교하게 지어진 제단으로 알려져 있습니다. 버가모의 또 하나의 명물은 도서관인데 당시 로마제국 전역에서 이집트의 알렉산드리아 도서관에 이어 두 번째로 크고 명성이 높은 도서관으로서 당시에 20만 권의 도서를 소유한 이 도서관은 버가모의 자랑거리였다고 합니다. 도서의 대부분은 그리스의 철학 도서로서 이 도시가 교육과 문화가 발달한 지성인이 많은 도시임을 암시해주는 것입니다. 이 같은 그리스 철학이 주도하는 교육과 문화와 종교는 하나님을 대항하는 사상으로서 이 도시의 지성인들은 자기들이 숭배하는 사상이나 종교의 교리를 논리적으로 설명하고 가르치고 주장하고 논쟁할 수 있는 사람들이었습니다.

13절에 보면 버가모 교회의 성도들은 '사단의 위가 있는 곳.'에서 살고 있다고 기록하고 있습니다. 버가모를 '사탄의 위[보좌]'가 있는 곳이라고 한 것은 정치적으로는 버가모가 소아시아의 수도이기 때문입니다. 하나님을 대항하는 세속정부인 로마제국의 정부의 앞잡이로서 로마의 황제들을 신으로 섬기는 일에 소시아의 여러 도시들을 주관하고 다스리는 위치에 있었기 때문에 버가모를 '사탄의 위'가 있는 곳이라고 불러 마땅하였습니다. 또한 종교적으로는 황제숭배뿐만 아니라 제우스 신 같은 이교의 우상들을 섬기는 일에도 앞장선 우상의 도시이기 때문에 '사탄의 위'가 있는 곳이라고 불리었던 것입니다. 그러니까 버가모 교회의 성도들은 바로 이와 같은 사탄의 보좌가 있는 곳에서 신앙생활을 해야만 했던 것입니다.

버가모 교회가 받은 칭찬
2:13 네가 내 이름을 굳게 잡아서 내 충성된 증인 안디바가 너희 가운데 곧 사단의 거하는 곳에서 죽임을 당할 때에도 나를 믿는 믿음을 저버리지 아니하였도다

황제숭배를 강요하는 정치적인 압력과 하나님을 대항하는 그리스 철학이 주도하는 교육과 문화와 종교 속에서 자기들 나름대로 논리적인 교리를 다룰 줄 알고 주장하고 논쟁할 수 있는 이런 이교 지성인 사회에서 버가모 교회가 성경말씀을 바로 붙잡고 믿음을 지키는 일은 쉽지 않았을 것입니다. 그러나 주님은 버가모 교회에 안디바 같은 충성 된 증인이 있어서 사단이 거하는 곳에서 목숨을 바쳐 끝까지 주님을 믿는 믿음을 저버리지 아니하였다고 칭찬하고 있습니다. 즉 버가모 교회는 안디바처럼 목숨을 걸고 로마 황제숭배를 거부했으며 어떠한 그럴듯한 철학과 이교의 교리와도 타협하지 아니하였습니다. 그러므로 주님은 이런 어려운 환경에서도 예수의 이름을 굳게 잡고 예수 믿는 믿음을 저버리지 아니하였다고 버가모 교회를 칭찬하였던 것입니다.

앞에서 언급한 대로 에베소 교회는 주후 30년경 오순절에서 시작된 초대 교회 때부터 약 주후 70년대전후까지 사도들이 목회했던 사도교회시대를 상징합니다. 서머나 교회는 열 두 사도들이 거의 사라져가는 주후 70년경부터 300년 경까지 로마의 악명 높은 10대 황제들이 교회를 핍박했던 교회박해시대를 상징합니다. 버가모 교회는 주후 약 300년경부터 600년경에 있었던 교리논쟁의 시대를 상징한다고 보여집니다. 300년경에서 600년경까지의 교회 시대를 살펴보면 콘스탄틴 황제가 즉위하면서 교회는 정부의 특혜와 후원을 받아 외적인 핍박과 박해에서는 벗어났으나 교회 내부적으로는 교리적 논쟁으로 혼란의 와중에 휩싸이게 되었던 시대였습니다.

사탄은 교회가 그 동안 200 여년 동안 심한 박해를 받고도 와해되지 않고 오히려 교회가 더욱 단단히 뭉쳐 하나가 되니까 이번에는 평화로운 시대를 이용하여 이단 교리를 만들어 왜곡된 진리로 성도들을 혼란시켜서 교회를 쓰러트리려고 시도하는 것입니다. 박해가 거의 끝나 갈 무렵에 알렉산드리아의 장로 아리우스는 하나님만이 시작이 없는 영원하신 분이고 아들 되신 예수는 시작이 있는 피조물이라고 주장하여 예수는 완전한 하나님이 아니라고 이단교리를 퍼트리기 시작하였습니다. 사탄은 아리우스 이단을 이용하여 예수 그리스도는 육체라는 점을 들어서 예수는 신이 아니고 인간이기 때문에 인간이 인간을 구원할 수 없다는 그런 속임수로 교회를 쓰러트리려고 하였던 것입니다. 이에 대항하여 알렉산드리아의 감독 알렉산더는 신학자들을 소집하여 대회를 열고 아리우스의 이단설을 정죄하였습니다. 교회에서 추방당한 아리우스는 동방으로 진출하여 자기의 이단교리를 널리 전파하였고 로마의 황제 콘스탄틴은 주후 325년 5월 20일에 역사적으로 황제가 소집하는 첫 번째 성경교리 회의인 니케아 회의를 소집하였습니다. 하나님의 말씀을 올바로 해석하여 교회를 이단의 공격에서 보호하기 위한 첫번째 국가적인 시도였습니다. 약 300명의 감독들이 참가하였는데 성경을 놓고 독생자 예수 그리스도에 대하여 심도있게 학자들이 토론을 벌인 끝에 알렉산더 감독의 후임으로 들어선 아다나시우스의 성부와 성자는 동질이며 따라서 성자 예수 그리스도는 영원하신 하나님이라는 해석이 인정을 받고 아리우스 일파는 이단으로 정죄되고 추방되었습니다.

그러나 사탄은 여기서 쉽게 물러서지 않았습니다. 이번에는 정반대의 교리를 퍼트리는 이단을 앞세워 또 다시 교회를 공격하였습니다. 즉, 지난번 아리우스 이단 때에는 예수의 신성을 부인하다가 참패를 당한 점을 고려하여 이번에는 예수의 신성만을 주장하여 예수의 인성을 부인하려는 전략이었습니다. 라오디게아의 감독 아폴리나리우스를 이용하여 예수가 사람의 육신을 가졌다면 죄를 짓지 않을 수 없다는 논리를 전개하여 예수의 신성만 강조하고 인성은 부인하여 사실상 십자가의 대속죽음을 부인하려는 속임수였습니다. 그러므로 두 번째 성경교리 대회가 주후 381년에 개최되었는데 이것이 바로 콘스탄티노플 대회입니다. 이 대회에서 아폴리나리우스의 이단설이 정죄되고 예수께서 신성과 인성을 다함께 공유하신 분임을 확인하였습니다. 이와 같이 성자론 그리고 성령론, 인간론 등 여러 분야에서 사탄은 이단 교리를 가지고 교회를 공격해 왔으나 381년 콘스탄티노플 대회에서 성자론과 함께 성령론도 다루어 졌고 그 후에도 칼타고 회의[412]와 에베소 회의[431]에서는 인간의 죄는 아담에서 그치고 후손에게는 미치지 않음으로 구원은 율법이나 복음이 없이도 가능하다는 펠라기우스의 이단교리가 어거스틴의 원죄설에 밀려 이단으로 정죄되었습니다. 그 후에도 칼세돈 회의 [451], 콘스탄티노플 회의[553] 등을 거쳐 성자론 교리가 정통 교리로 채택되어야 할 정도로 주후 300년경부터 600년경까지는 사탄이 하나님의 말씀을 집요하게 헐뜯고 진리를 혼란케 하여 성도들로 하여금 올바른 믿음을 갖지 못하게 하려고 시도하였던 시대였습니다.

오늘 본문의 버가모 교회는 바로 300년경에서 600년경까지의 교회시대를 상징하는 교회로서 사탄의 보좌가 있는 곳에서 끝까지 예수의 이름을 굳게 붙잡고 믿음을 지킨 교회'라고 주님은 버가모 교회를 칭찬하고 있습니다. 그러나 사탄의 공격은 집요합니다. 이단교리로 교회를 쓰러트릴려는 그의 계획이 실패하자 이제는 발람을 사용하여 우상숭배로 교회를 공격하였습니다.

버가모 교회가 받은 책망

계 2:14) 그러나 **네게 두어 가지 책망할 것이 있나니 거기 네게 발람의 교훈을 지키는 자들이 있도다 발람이 발락을 가르쳐 이스라엘 앞에 올무를 놓아 우상의 제물을 먹게 하였고 또 행음하**

앞에서도 언급한 것처럼 니골라당은 예수를 믿는다고 하면서도 우상숭배와 성적부도덕과 타협한 사람들을 지칭합니다. 헬라어 '니골라당'은 히브리어로 '발람의 사람들'이란 뜻입니다. 이방의 점성가 발람은 모압 여인들을 사용하여 이스라엘 사람들을 성적으로 유혹하여 우상을 섬기게 한 거짓 선지자였습니다. 이와 같이 니골라당은 예수를 믿는다고 자처하는 사람들인데 로마의 시민으로서 황제를 숭배하는 것이나 로마제국의 여러 종교를 따르는 것이 죄가 아니라고 생각하여 기꺼이 우상숭배에 가담했던 사람들입니다. '이 성전을 허물라'는 주님의 가르침을 받았던 주님의 제자들은 교회당이라는 건물을 지은 적이 전혀 없습니다. 성경을 자세히 보면 초대교회의 성도들은 가정 집에서 모였고 예수님의 지체가 된 그들 자신들이 교회였습니다. [아시아의 교회들이 너희에게 문안하고 아굴라와 브리스가와 및 **그 집에 있는 교회가** 주 안에서 너희에게 간절히 문안하고〈고전16:19〉 라오디게아에 있는 형제들과 눔바와 **그 여자의 집에 있는 교회에** 문안하고〈골4:15〉] 원래 '교회'라는 말의 헬라어 원어는 '에클레시아'로서 전치사 '에크'[밖으로]와 '칼레오'[내가 부르다]라는 1인칭 단수 동사의 합성명사로서 그 의미는 '내가 밖으로 불러낸 사람들'입니다. 그러므로 교회라는 말의 본 뜻은 멸망하는 죄악세상에 사는 사람들 중에서 예수님을 구주와 왕으로 믿고 사는 사람들을 밖으로 불러낸 사람들입니다. 그러니까 교회라는 말이 처음부터 건물이 아니고 구원받은 하나님의 사람들을 의미하는 것입니다. 그러므로 예수님께서는 성전이라는 건물을 허물라고 하시면서 내가 사흘 안에 다시 세우겠다고 하신 것입니다. [19 예수께서 대답하여 가라사대 너희가 이 성전을 헐라 내가 사흘 동안에 일으키리라 〈요2:19〉] 그러므로 제자들과 초대교회 성도들은 교회당이라는 건물을 세운적이 없던 것입니다. 그들은 오직 하나님의 사람들을 세우는 일에 평생을 바쳤던 사람들이었습니다. 그러나 콘스탄틴 황제가 크리스찬이 된 후에 자기의 정치세력을 확장하기 위하여 당시 로마제국에 가장 널리 만연해 있었던 태양신 숭배자들을 기독교로 끌어들이기 위하여 이방종교의 거대하고 화려한 신전처럼 성당이라는 신전건물을 이곳 저곳에 많이 지어주었습니다. 라토렡 교수는 그의 저서 '기독교 역사'에서 증언하고 있습니다. [Constantine erected numerous church buildings in various parts of the Empire and endowed them. – By Kenneth Scott Lattourette, A History of Christianity [vol.1] P 213 Prince Press] 그리고 그 성당 안에는 태양신 종교의 문양으로 치장하고 태양신 종교의식을 그대로 들여와 그때부터 기독교가 우상숭배의 종교로 변질되기 시작하였는데 그것이 바로 로마 캐톨릭 교회의 시작이 된 것입니다. 또 바로 이 버가모 교회 시대인 4세기와 5세기에는 동정녀 마리아에 대한 우상숭배가 급증하여 마침내 마리아가 '하나님의 어머니'로 선포되기에 이르렀습니다. 라토렡 교수는 이부분도 잘 지적하고 있습니다. [The Virgin Mary was early viewed with great respect, but in the fourth and fifth centuries the importance accorded her rapidly mounted and her cult increased. As we have seen, she was acclaimed as the 'Mother of God'.– By Kenneth Scott Lattourette, A History of Christianity [vol.1] P 209 Prince Press] **결국 에베소 공회[431년]에서는 마리아를 '하나님의 어머니'라고 선언하였고 칼세돈 공회[451년]에서는 마리아 숭배를 제정하였습니다. 사도시대부터 그 때까지는 가정에서 잘 모여왔던 지하교회들이 점차 가정교회를 이탈하여 성당이라는 건물을 짓고 마리아를 하나님의 어머니로 숭배하는 캐톨릭 교회들로 변질되기 시작한 것이 바로 이 버가모 교회시대입니다. 바로 여기 버가모 교회시대가 우상을 숭배하는 로마 캐톨릭교회가 시작된 시점입니다.** 사탄은 자기를 광명의 천사로 위장하고 교회 안으로 들어와 로마 캐톨릭 교회를 만들고 사탄이 거하는 보좌로 삼기 시작한 것입니다. **그러나 이런 상황에서도 끝까지 가정교회를 포기하기 않고 순교의 믿음을 가지고 신앙의 절개를 지킨 참 성도들이 있어서 주님은 그들에게 다음과 같이 말씀하셨던 것입니다;** "(13)네가 어디 사는 것을 내가 아노니 거기는 사단의 위[보좌]가 있는 데라 네가 내 이름을 굳게 잡아서 내 충성된 증인 안디바가 너희 가운데 곧 사단의 거하는 곳에서 죽임을 당할 때에도 나를 믿는 믿음을 저버리지 아니하였도다."

에베소 교회는 니골라당의 행위를 미워하여 음란한 우상숭배의 죄와 타협하는 행위에 절대로 가담하지 않고 자기의 성결을 지켰기에 칭찬을 받았습니다. 그러나 콘스탄틴 황제의 정치적인 야망에 미혹되어 가정교회에서 나와 크고 멋진 성당 건물에서 예배를 드리는 로마 캐톨릭 교회로 변질된 버가모 교회 성도들을 향해서는 '니골라당의 유혹을 못이기고 우상숭배에 가담하는 자라고 책망을 받게 된 것입니다. 그러므로 버가모 교회시대의 성도들에게는 "버가모 교회의 사자에게 편지하기를 좌우에 날선 검을 가진 이가 가라사대[12절]"라고 말씀하신 것입니다. 참으로 버가모 교회의 성도들은 '좌우에 날선 검[성경말씀]을 가지신 이'가 주신 메시지에 귀를 기울여야 했습니다. 그래서 오늘 우리 시대의 교회들도 하나님이 주신 성경말씀을 바로 알고 바로 믿고 바로 사는 것이 그토록 중요한 것입니다. 암 8:11) 주 여호와께서 가라사대 보라 날이 이를지라 내가 기근을 땅에 보내리니 양식이 없어 주림이 아니며 물이 없어 갈함이 아니요 여호와의 말씀을 듣지 못한 기갈이라 12) 사람이 이 바다에서 저 바다까지, 북에서 동까지 비틀거리며 여호와의 말씀을 구하려고 달려 왕래하되 얻지 못하리니 13) 그 날에 아름다운 처녀와 젊은 남자가 다 갈하여 피곤하리라

두아디라 교회

(18)두아디라 교회의 사자에게 편지하기를 그 눈이 불꽃 같고 그 발이 빛난 주석과 같은 하나님의 아들이 가라사대 (19)내가 **네 사업과 사랑과 믿음과 섬김과 인내를 아노니 네 나중 행위가 처음 것보다 많도다** (20)그러나 **네게 책망할 일이 있노라 자칭 선지자라 하는 여자 이세벨을 네가 용납함이니** 그가 내 종들을 가르쳐 꾀어 행음하게 하고 우상의 제물을 먹게 하는도다 (21)또 내가 그에게 회개할 기회를 주었으되 그 음행을 회개하고자 아니하는도다 (22)볼지어다 내가 그를 침상에 던질 터이요 또 그로 더불어 간음하는 자들도 만일 그의 행위를 회개치 아니하면 큰 환난 가운데 던지고 (23)또 내가 사망으로 그의 자녀를 죽이리니 모든 교회가 나는 사람의 뜻과 마음을 살피는 자인 줄 알지라 내가 너희 각 사람의 행위 대로 갚아 주리라 (24)두아디라에 남아 있어 이 교훈을 받지 아니하고 **소위 사단의 깊은 것을 알지 못하는 너희에게 말하노니** 다른 짐으로 너희에게 지울 것이 없노라 (25)다만 너희에게 있는 것을 내가 올 때까지 굳게 잡으라 (26)이기는 자와 끝까지 내 일을 지키는 그에게 만국을 다스리는 권세를 주리니 (27)그가 철장을 가지고 저희를 다스려 질그릇 깨뜨리는 것과 같이 하리라 나도 내 아버지께 받은 것이 그러하니라 (28)내가 또 그에게 새벽 별을 주리라 (29)귀 있는 자는 성령이 교회들에게 하시는 말씀을 들을지어다. 〈계2:18-29〉

두아디라에 대한 역사적인 여러 자료들에 따르면 두아디라는 가난한 노동자들이 우글거리는 작은 산업도시였습니다. 에베소나 버가모처럼 정치 경제 문화 교육의 중심지가 아니었기 때문에 부유한 사람들이나 고등교육

을 받은 상류층 사람들이 사는 도시가 아니었습니다. 직조, 의류 산업과 염색, 가죽제조, 동과 철을 사용하여 여러 가지 기구를 만드는 제조업과 질그릇 자기 제조업이 성행하는 산업의 중심지였습니다. 빌립보에서 사도 바울을 만나 빌립보 교회의 첫 번째 성도가 되었던 루디아라는 여인은 바로 이 두아디라에서 온 옷 장사였습니다. [14두아디라성의 자주 장사로서 하나님을 공경하는 루디아 하는 한 여자가 들었는데 주께서 그 마음을 열어 바울의 말을 청종하게 하신지라 〈행.16:14〉] 주로 가내 수공업을 통해서 생산된 제품들은 각 지역에 결성된 판매조합을 통하여 판매되었습니다. 두아디라는 에베소나 버가모처럼 무슨 거대한 신전이나 대형 극장 같은 문화 시설이 없는 단지 산업이 발달한 작은 변방 공업도시로서 이 도시의 시민들은 두아디라의 수호신 아폴로를 섬기고 있었습니다. 아폴로는 제우스의 아들로서 육신의 몸을 입고 이 세상에 나타난 신으로서 로마제국의 황제들 중에서 신격화된 우상들은 다 제우스의 아들들로 여겨져 이폴로와 함께 섬김의 대상이었습니다. 개인이 생산한 제품을 널리 그리고 지속적으로 판매하기 위해서는 동업조합에 가입해야 했는데 조합원들은 한 주일에 한번씩 만나는 자리에서 식사를 같이 하게 되고 준비된 음식은 먼저 두아디라의 수호신 제우스의 아들 아폴로 신에게 바쳐야 하는 종교의식이 치르어졌습니다. 그러므로 두아디라 교회의 성도들은 이와 같은 우상의 제물을 먹지 않고는 조합에 가입할 수 없었고 조합에 가입하지 않으면 생계를 꾸려가기가 어려운 입장이었습니다. 대부분이 고등 교육을 받지 못하고 영세 가내 수공업에 의지해서 살아가는 가난한 노동자들이 우글거리는 도시에서 두아디라 교회는 서로를 돌아보고 가난하고 병든 자들을 돌아보며 살아가지 않으면 안되었습니다. 사회봉사를 통한 사랑의 실천이 요구되는 사회 환경이었습니다. 이러한 상황에서 두아디라 교회는 어떻게 처신했으며 그들이 받은 칭찬과 책망은 무엇이었습니까?

두아디라 교회가 받은 칭찬
2:19) 내가 네 사업과 사랑과 믿음과 섬김과 인내를 아노니 네 나중 행위가 처음 것보다 많도다

두아디라 교회가 받은 칭찬은 사업과 사랑과 믿음과 섬김과 인내가 처음보다 더 많아졌다는 것입니다. 두아디라 교회는 가정에서 모이는 교회에 속한 성도들이든지 캐톨릭 교회에 속한 성도들이든지 상관없이 산업도시에서

가난하게 살아가는 노동자들을 돌보고 구제하고 섬기는 일에 힘썼던 교회였기 때문에 칭찬을 받았습니다. 이와 같이 두아디라 교회가 가난한 산업도시에 위치해 있으면서 사업과 사랑과 믿음과 섬김과 인내로서 칭찬을 받은 것은 이 교회가 주후 대략 600년경에서 1500년 경까지의 중세교회의 특징을 보여주는 것입니다. 주후 300년에서 600년경 사이의 교리 논쟁으로 외부적인 사업을 할 수 없었던 버가모 교회 시대를 막 벗어나서 두아디라 교회는 유럽 전역에 복음을 확산시켰던 600년경에서 약 1500년경 사이의 중세교회의 전반부를 상징하는 것으로 여겨집니다. 이 중세교회 전반시대에는 캐톨릭 교회의 극심한 핍박을 이기지 못하여 많은 사람들이 가정에서 모이는 교회를 포기하고 캐톨릭 교회로 들어가 캐톨릭 교회는 번창하였고 유럽 대륙선교의 시작과 십자군 운동, 수도원 개혁운동 등 외적으로 많은 업적과 사랑의 수고가 있었고 소위 르네쌍스 시대를 준비하는 시대였습니다. 그러므로 중세교회를 상징하는 두아디라 교회가 산업도시에 있었다는 것은 결코 우연의 일치가 아니었습니다.

겉으로보면 중세교회는 사회봉사, 가난한 사람을 구제하는 일, 선교 그리고 이슬람 세력들을 싸워 무찌르는 일, 그리고 많은 젊은이들이 세속을 버리고 수도원에 들어가 금욕적인 생활과 기도생활에 힘쓰는 신부들과 수녀들이 되어 사회 구석구석에서 봉사활동을 펴며 가난하고 사회에서 소외된 병든 자들이나 고아 구제에 힘써 사랑과 믿음과 섬김과 인내를 실천하였던 교회였습니다. 오늘날도 천주교회는 중세교회의 전통을 그대로 본받아 많은 신부들과 수녀들이 속세를 떠나 전세계의 그늘진 곳에 들어가 가난한 사람들을 구제하고 고아들을 돌보며 병든 자들을 돌아보는 사회봉사와 구제와 섬기는 일을 교회의 주요사명으로 알고 실천하는 것을 긍지로 삼고 있습니다. 주님은 중세교회가 이렇게 선한 일을 하는 것을 기뻐하시고 칭찬하셨습니다. 하나님은 믿지 않는 사람들이라도 선을 행하는 그 자체를 기뻐하시는 분이십니다. 두아디라 교회는 처음 사랑을 버렸던 에베소 교회와는 정반대였습니다. 진리수호를 위한 교리논쟁 때문에 사랑이 식어지고 봉사활동을 할 수 없었던 버가모 교회시대에서 나와 두아디라 교회는 점점 더 사랑과 봉사와 섬김을 실천하였기 때문에 칭찬을 받았던 것입니다.

두아디라 교회가 받은 책망

2:20) 그러나 네게 책망할 일이 있노라 **자칭 선지자라 하는 여자 이세벨을 네가 용납함이니** 그가 내 종들을 가르쳐 꾀어 행음하게 하고 우상의 제물을 먹게 하는도다 21) 또 내가 그에게 회개할 기회를 주었으되 그 음행을 회개하고자 아니하는도다 2:22) 볼지어다 내가 그를 침상에 던질 터이요 또 그로 더불어 간음하는 자들도 만일 그의 행위를 회개치 아니하면 큰 환난 가운데 던지고 23) 또 내가 사망으로 그의 자녀를 죽이리니 모든 교회가 나는 사람의 뜻과 마음을 살피는 자인 줄 알지라 내가 너희 각 사람의 행위대로 갚아 주리라 24) 두아디라에 남아 있어 이 교훈을 받지 아니하고 **소위 사단의 깊은 것을 알지 못하는 너희에게** 말하노니 다른 짐으로 너희에게 지울 것이 없노라

이와 같이 가난한 사람들을 돌보며 그들에게 사랑과 봉사와 섬김에 힘썼던 두아디라 교회가 책망을 받은 것은 자칭 선지자라 하는 여자 이세벨을 용납하여 그가 하나님의 종들을 가르쳐 꾀어 행음하게 하고 우상의 제물을 먹게하는 것이었습니다. 두아디라 교회가 거짓 선지자의 가르침을 받아드린 것을 '여자 이세벨'에 비유하였는데 이세벨은 구약시대의 북이스라엘 왕국의 왕후로서 악한 왕 아합을 조정하여 백성으로 하여금 하나님을 멀리하고 바알 우상숭배에 빠지게 하였던 가장 악한 왕후였습니다.[왕상.16:31–33,19:1–2, 21:1–15, 왕하.9:7–10, 30–37] 여기서 거짓 선지자 이세벨을 두아디라 교회가 용납했다는 것은 교황의 권위를 성경보다 더 높였던 부패한 중세교회 전반부시대를 상징하는 것입니다. 48년 동안 천주교 신자였고, 22년 동안 사제로 살다가 그리스도를 발견하고서 천주교를 떠난 리차드 베테트는 다음과 같이 썼습니다.

"교황 그레고리 7세 (힐데브란드)는 그보다 앞선 그 어떤 교황보다 야망이 컸다. 그는 교황의 통치는 하나님의 통치가 이 땅에 임하는 것으로서 영적이든 세속적이든 모든 권세와 권력이 "베드로의 보좌"에 복종해야 한다고 확신하였다. 장래에 세워질 방대한 교황 체제를 꿈꾸던 장본인이 바로 교황 그레고리 7세였다. 그의 목표는 교황이 교회와 국가의 모든 지도자들 가운데 최고의 통치자와 최고 재판관이 되는 것이었다. 그는 교황 직위는 하나님의 권한에 의해 세워진 것이라고 주장하면서 황제들과 왕들 위에 교황이 통치해야 한다는 것을 분명하게 요구하였다. 그러한 그의 꿈은 하루아침에 이루어지지는 않았다. 하지만 그레고리 7세의 명석함과 힘찬 야망은 로마 카톨릭 교회가 소유하고 있는 어마어마한 부를 통해 현실 속에서 구현되기 시작하였다. 이

러한 사악한 구현은 고레고리 7세(1073-1085)의 재임 기간 동안에도 열매를 맺기 시작하였다. 그의 뒤를 이은 교황들은 그레고리 7세가 구축해 놓은 제도를 계속 발전시켰다. 그들은 거짓과 십자군과 금령 등을 통해 온 세계를 정치적으로 교황 아래 두기 위해 온갖 노력을 하였다. 고레고리 7세의 재임 이후로 약 200년 동안 교황의 권력과 영광은 계속 증가하였다. 이를 위해 로마의 종교 이름 하에 수천만의 사람들이 희생 되었고 수많은 왕들이 폐위되었으며 수많은 도시들이 파괴되었고 셀 수 없이 많은 주택과 농가들이 황폐하여졌다.

교황 이노켄티우스 3세(1198-1216)와 교황 보니파티우스 8세(1294-1303)는 교황이 종교 및 정치 권력을 모두 휘어잡는데 있어서 극적인 역할을 해내었다. 교황 이노켄티우스 3세는 알비주아파를 대항하여 십자군 전쟁을 선포한 후에 누구든지 그 전쟁에 참여하는 자는 연옥을 거치지 않고 천국에 곧바로 들어갈 수 있도록 모든 죄를 사하여 주겠다고 약속하였다. 이 전쟁은 상상을 초월할 정도로 잔인하게 치러졌다. 모든 마을과 주민들은 무차별하게 살해되었다. 수천 명의 사람들이 화형에 처해졌고 셀 수 없이 많은 사람들이 끔찍한 고문을 받았다. 그 잔인하고 끔찍한 행위들과 살해 행위는 수많은 기록에 의해 역사에 남겨져 있다. 교황 보니파티우스 8세는 완고하면서도 야망이 많고 지적인 사람이었다. 그러나 변덕이 심하고 허망한 사람이었다. 그는 실제로 교황이 이 땅에서 그리스도의 대리자(Vicar)이며 이에 절대 권력을 지니고 있다고 믿었다. 그가 그의 교황 칙서인 "우남상탐(Unum Sanctum)"에서 언급한 내용은 매우 유명하다.

"우리는 모든 인간들에게 그들이 구원을 받으려면 필수적으로 로마 교황에서 전적으로 복종해야 한다고 선포하고 말하고 정의하고 공포한다."10) 교황 이노켄티우스 3세로부터 교황 피우스 7세때까지 75명의 교황이 재임하면서 끔찍한 종교 재판을 통해 고문과 살인과 화형과 재산 몰수를 강행하였다. **고문을 당하면서 살해당한 대다수가 진정한 그리스도인들이었다.** 형틀은 카톨릭 교회가 사용하던 고문 방식 중에 하나였다. 이 기구는 고문 대상을 평면 위에 눕힌 후에 그의 손과 발목을 사방으로 잡아당길 수 있도록 고안되어 있었다. 교황의 종교 재판관은 고문 대상의 사지를 점점 더 당기면서 심문을 진행하였다. 고문을 받는 자의 몸은 점점 찢어질듯 당겨지면서 엄청난 고통을 당하였다. 고문관은 기구를 사용하여 심문 대상의 몸을 계속 당기다가 실제로 심문 대상의 몸의 사지가 연결부분에서 빠지기도 하였다. 고문의 궁극적인 목적은 고문 대상을 졸도 시키거나 상해를 입혀 죽이는 것이었다. 만일 그리스도인이 계속 로마 카톨릭 교회에 복종하기를 거절하면 그 사람은 화형장으로 보내어졌다."

그러므로 주님은 오늘 본문 24절에서 두아디라 교회가 사탄의 깊은 것을 알지 못한다고 책망하셨습니다. 참으로 중세교회는 유럽전역에 대한 해외선교와 가난한 사람들에 대한 사랑과 봉사와 성당건축이라는 미명하에 사탄의 깊은 것을 알지 못하고 백성들을 잘못된 믿음의 깊은 흑암으로 인도하고 있었던 것입니다. 사랑과 봉사라는 이름으로 진리를 왜곡하고 타협하는 것을 진리이신 주님께서 어떻게 용납하실 수 있단 말인가! 23절에 보시면 '모든 교회가 나는 사람의 뜻과 마음을 살피는 자인 줄 알지라 내가 너희 각 사람의 행위대로 갚아 주리라.'고 하시면서 겉으로 나타난 사랑과 봉사에 속지 아니하시고 사람의 뜻과 마음을 살피시는 하나님이시라고 경고하고 있음을 우리는 간과하지 말아야 합니다. 캐톨릭 교회는 그 때 이후로 지금까지도 가난하고 소외된 사람들을 위하여 전세계적으로 사랑과 봉사와 섬김을 실천하고 있으나 교황절대주의는 아직도 버리지 않고 있으며 2차 세계대전의 살인마 히틀러를 지지하기 위하여 공식석상에서 안수 기도한 것도 캐톨릭에 의해서 자행되었습니다. 바로 이 중세교회시대 전반부부터 종교개혁 때까지 캐톨릭 교회에 등록을 거부하고 지하 가정교회에서 모이는 성도들을 이단으로 몰아 고문하고 죽인 숫자는 2차 대전 때에 죽은 사람들 수보다 더 많다는 것은 지울 수 없는 역사의 기록으로 남아있습니다. 교황은 최근에 캐톨릭 교회가 개신교에 대하여 과거에 저질렀던 과오에 대하여 사과한다는 성명을 발표하였으나 그 저의는 세상의 모든 종교를 하나로 통합하려는 음흉한 음모로서 적그리스도가 온세상을 통치하게 하기 위한 발판을 마련하려는 차원이었습니다. 하나님은 사람의 뜻과 마음을 살피시는 하나님이십니다. 중세교회의 사랑과 봉사 뒤에 숨은 거짓을 하나님 앞에서는 감출 수가 없는 것입니다.

'또 내가 그에게 회개할 기회를 주었으되 그 음행을 회개하고자 아니하는도다.'라고 말씀하고 계십니다. 주님은 중세교회에 다른 어떤 교회시대보다 더 많은 시간을 주어 회개하기를 기다리셨습니다. 그러나 중세교회는 회개하지 아니하였습니다. 그러므로 또 22-23절에 보시면 '볼지어다 내가 그를 침상에 던질 터이요 또 그로 더불어 간음하는 자들도 만일 그의 행위를 회개치 아니하면 큰 환난 가운데 던지고 또 내가 사망으로 그의 자녀를 죽이리니.'라고 경고하셨습니다. 가난한 사람들에 대한 사랑과 봉사와 섬김이라는 미명하에 진리를 왜곡하고 거짓 선지자를 세운 두아디라 교회에게 주님은 단호하게 회개를 명령하셨으나 회개하지 아니하였습니다. 그러므로 그들을 큰 환란 가운데 던지고 그의 자녀를 죽이시겠다고 선언하신 것입니다. 이것은 우리가 아무리 훌륭한 사랑과 봉사로 사람들을 돕고 섬긴다고 할찌라도 성경이 말하는 참된 믿음을 지니지 못하면 결코 구원을 받을 수 없다는 것을 여기 두아디라 교회가 극명하게 잘 보여주고 있는 것입니다.

이와 같은 두아디라 교회에 말씀하신 주님은 '그 눈이 불꽃같고 그 발이 빛난 주석과 같은 하나님의 아들'로 묘사하고 있습니다. 그 눈이 불 꽃 같은 주님으로 묘사한 것은 중세교회가 겉으로는 사랑과 봉사와 섬김으로 위장하고 있으나 하나님은 그들의 속 중심에 있는 뜻과 생각을 감찰하시는 분으로서 하나님을 속일 수 없다는 뜻입니다. 그 발이 빛난 주석과 같다는 말씀은 주석은 '인내와 심판'을 상징하는 말로서 주님은 범죄한 중세교회가 회개하기를 인내로 기다리시며 회개하지 않을 때는 심판의 발로 짓밟으신다는 무서운 경고의 의미가 담겨져 있습니다. 또한 이 교회에 말씀하시는 주님을 '하나님의 아들'로 묘사한 것은 두아디라 교회가 사랑을 베풀어 가난한 노동자들이 생계를 꾸려가도록 교리를 타협하여 우상의 제물을 먹게 한 것은 하나님의 아들 예수를 기쁘시게 하는 것이 아니고 제우스의 아들 아폴로를 기쁘게 한다는 것임을 깨우쳐주기 위함입니다.

말씀진리를 기록된 그대로 믿고 순종하는 참된 믿음이 결여된 봉사와 사랑과 섬김은 불꽃 같은 눈을 가지신 주님 앞에서 말짱 헛일이었습니다. 진선미에서 진리가 우선되지 않는 선과 미는 기껏해야 방탕이요 타락일 수밖에 없습니다. 다시 말해서, 하나님 말씀진리를 우선으로 하지 않는 믿음과 사랑과 봉사는 기껏해야 값싼 자선사업과 얄팍한 휴매니즘에 불과하다는 것을 우리는 깨달아야 합니다. 하나님은 그들이 행한 선한 일들 때문에 회개할 수 있는 시간을 충분히 주시고 오래 기다려 주셨습니다. 그러나 회개하지 않으면 큰 환란과 사망에 던져질 것이라고 하셨는데 이는 무서운 지옥형벌을 의미하는 것입니다. 오늘 우리는 진리를 수호한다는 이름 아래 첫 사랑을 잃어버렸던 에베소 교회와 사랑과 봉사와 섬김만을 앞세워 진리를 무시하고 경시 했던 두아디라 교회를 비교해 보면서 말씀진리의 기초 위에 그 열매로서의 사랑과 봉사와 섬기이 있어야 하는 것이 얼마나 중요한 것인지를 다시 한번 깨닫게 됩니다.

사데교회

(1)사데 교회의 사자에게 편지하기를 하나님의 일곱 영과 일곱 별을 가진 이가 가라사대 내가 네 행위를 아노니 **네가 살았다 하는 이름은 가졌으나 죽은 자로다** (2)너는 일깨워 그 남은바 죽게 된 것을 굳게 하라 내 하나님 앞에 네 행위의 온전한 것을 찾지 못하였노니 (3)그러므로 네가 어떻게 받았으며 어떻게 들었는지 생각하고 지키어 회개하라 만일 일깨지 아니하면 내가 도적 같이 이르리니 어느 시에 네게 임하는지 네가 알지 못하리라 (4)**그러나 사데에 그 옷을 더럽히지 아니한 자 몇명이 네게 있어 흰 옷을 입고 나와 함께 다니리니 그들은 합당한 자인 연고라** (5)이기는 자는 이와 같이 흰 옷을 입을 것이요 내가 그 이름을 생명책에서 반드시 흐리지 아니하고 그 이름을 내 아버지 앞과 그 천사들 앞에서 시인하리라 (6)귀 있는 자는 성령이 교회들에게 하시는 말씀을 들을지어다. 〈계.3:1-6〉

사데에 대한 역사적인 자료들에 의하면 사데는 두아디라에서 동남쪽으로 약 30마일 정도 거리에 위치한 부유한 도시로서 원래는 트몰루스 산맥의 한 봉우리에 세워진 도시로서 높이가 약 450미터되는 벼랑 위에 위치하고 있었습니다. 그러나 인구가 늘어나면서 도시가 계곡 아래로 확장되어 신시가지가 형성되었습니다. 신시가지에는 극장, 운동장이 건설되었고 거대한 아데미 신전은 착공은 했으나 끝내 완공하지는 못하였습니다. 산 위의 옛 도시에도 신전이 하나 있었으며 전시에는 시민들의 피난처가 되기도 하였습니다. 사데는 또한 잘 관리되고 공원처럼 꾸며진 수많은 공동묘지로 둘러싸여 있는 것으로 유명한 도시였습니다. 주전 수 백년 전에 사데는 그리스와 터어키 사이에 있는 에에게 바다의 많은 섬들과 무역하는 도시로 잘 알려져 있습니다. 사데에는 한 때 금광도 있었고 금전과 은전이 주조되는 곳이기도 하였으며 면직물을 염색하는 도시로도 유명하였습니다. 주후 17년에 발생한 강력한 지진은 이 도시에 가장 막대한 피해를 입혔으며 인근 필라데피아와 라오디게아까지 피해를 입혔다고 합니다. 산 위에 위치한 구도시는 삼면이 높은 바위 벼랑으로 둘러싸여 있어서 난공불락의 천연요새이었으나 여러 번에 걸친 외부의 침략에서 두 번 함락 당했던 쓰라린 아픔을 간직한 도시이기도 합니다. 한 번은 주전 6세기에 페르시아의 고레스 왕에게 함락을 당했고 주전 3세기에는 안티오쿠스 대제에 의하여 정복된 기록이 남아있습니다.

그러나 화려했던 과거의 명성과는 달리 로마제국의 통치하에서는 이름없는 3류 도시로 전락하게 되었습니다. 종교적으로 사데는 시벨리 여신을 섬겼고 다른 도시들과 마찬가지로 황제숭배도 있었습니다. 사데는 씨이저를 위한 신전건립을 로마 당국에 요청했으나 거절당하고 그 특권이 대신 서머나에게 돌아갔습니다. 사데는 경제적인 부요가 도덕적 타락을 유발하여 쇠퇴한 도시로서 거기에 지진 같은 자연재해와 전쟁으로 인한 두 번의 재앙이 과거의 명성을 사멸하여 도시의 명맥은 유지되고 있었으나 사실은 활기가 없는 죽은 도시나 다름없었습니다. 이 도시에 있는 교회에 대하여 상세한 기록은 지금까지 발견되지 않고 있으나 사도 요한이 이곳에 교회를 세운 것과 변증가이며 주석가로 유명했던 멜리토가 이 교회의 감독으로 있었다는 교부들의 기록이 약간 있을 뿐입니다. 주님은 이러한 사데에서 신앙생활을 하고 있는 사데교회를 일컬어 '살았다고 하는 이름은 가졌으나 실상은 네가 죽은 자' 라고 책망하셨습니다.

사데교회가 받은 책망

사실 엄밀히 말하자면 사데 교회는 칭찬을 받은 것이 없습니다. 1절에 보시면 '내가 네 행위를 아노니 네가 살았다 하는 이름은 가졌으나 죽은 자로다.' 라고 기록하고 있습니다. '네 행위를 아노니'라고 한 점을 미루어 볼 때 사데 교회는 교회로서 예배의 형태를 갖추고 정기적으로 모이며 말씀의 가르침과 선한 구제 사업 등 교회가 해야 할 일들을 흉내낸 것은 분명한 것 같은데 주님 보시기에는 거듭난 생명이 없는 단지 종교적으로 모이는 형식주의 신앙만을 유지한 죽은 사람들이었습니다. 이 사데교회는 차지도 덥지도 않은 미지근한 상태가 아니고 아예 생명이 없는 죽은 교회라고 책망하신 점을 우리는 명심해야 합니다.

그러므로 이 사데교회에 말씀하신 주님은 '하나님의 일곱 영과 일곱 별을 가지신 이'로 묘사하고 있습니다. 즉 '하나님의 일곱 영'은 온전하신 하나님의 영 '성령'을 가리키고 '일곱 별'은 하나님의 교회의 사자들 즉 '교회 지도자들'을 가리키는 바 사데교회는 특별히 그 지도자들이 영적으로 죽은 교회로서 교회에 성령의 역사가 없는 죽은 교회가 되었음을 보여줍니다. 이것은 수많은 공동묘지로 둘러싸인 사데의 죽은 모습을 생각나게 해줍니다. 사데교회는 외적인 형식과 모습만 갖추었을 뿐 그리스도의 생명이 넘치는 신령한 모습을 찾아볼 수 없는 죽은 교회였음을 단적으로 증거 해줍니다.

이러한 사데교회의 특징적인 모습을 교회역사에서 찾아보면 주후 약 1500년에서 1700년 경까지의 중세의 암흑시대를 연상하게 해줍니다. 이는 중세교회시대 전반기였던 600년경에서부터 1500년경까지 말씀에 기초한 믿음이 없이 사랑과 봉사로 겉만 화려하고 속은 생명이 없이 죽어가던 전반부 중세교회의 부패가 점진적으로 진행되다가 1500년경부터는 교황의 권위가 하늘 극에 달했던 부패할 대로 부패한 중세교회 말기시대를 상징하는 것입니다. 중세교회 시대의 교황절대주의는 중세교회를 죽음과 암흑 속에 빠트리는 결과를 초래하였습니다. 참으로 카톨릭 교회의 권세가 절정에 달한 때였습니다. 당시 카톨릭 교회에 등록하지 않고 가정에서 모이는 성도들을 무참히 고문하고 살해하는 일도 극에 달하였습니다. 당시에 카톨릭에 의하여 순교당한 가정교회 성도들의 수가 2차 대전 때에 죽은 사람들의 수를 능가하였다고 합니다. 성경에는 목사[장로]와 집사의 직 밖에는 하나님이 주신 직분이 없습니다. 그러나 카톨릭교회에는 성경에 없는 교황이라는 직분에서부터 말단 신부 사이에 수없이 많은 계급직분들을 만들어내고 신부들이 더 높은 계급으로 승진하기 위하여 말로 다 할 수 없는 부정부패가 중세교회 내부에서 발생하였습니다. 유럽 각국의 왕들은 교황의 통치 아래 절대 복종하면서 종교세를 로마 교황청에 보내야 했으며 유럽 여러 나라에 새로운 성당을 지을 때 마다 백성들의 피를 빨아 교황청에 바쳐야 했었습니다. 마틴 루터가 수도사로 있을 당시에 교황 레오 십세는 베드로 성당을 완공하기 위하여 심지어 속죄권 판매를 강행하고 있었습니다. 100년 동안 끌어온 공사를 마무리하기 위하여 속죄권 판매를 재개하였던 것입니다. 믿지 않고 죽은 선조들의 구원을 위하여 헌금을 하면 동전이 헌금함에 딸랑 떨어지는 소리와 동시에 죽은 조상들이 연옥에서 천국으로 올라간다는 거짓교리를 수도사들이 얼굴 하나 붉히지 않고 각 동네를 다니며 외치고 있었습니다. 중세교회 전반부에서는 믿음으로 얻는 생명은 없었어도 그래도 사회봉사, 가난한 사람을 구제하는 일, 선교 그리고 이슬람 세력들을 싸워 무찌르는 일, 그리고 많은 젊은 이들이 세속을 버리고 수도원에 들어가 금욕적인 생활과 기도생활에 힘쓰는 신부들과 수녀들이 되어 사회 구석구석에서 봉사활동을 펴며 가난하고 사회에서 소외된 병든 자들이나 고아 구제에 힘써 사랑과 믿음과 섬김과 인내를 실천하였던 교회였습니다. 그러나 말기로 들어서면서 교황의 권위는 성경보다 점점 더 높은 자리에 올라가고 선한 사회봉사도 형식에 그치고 종교 지도자들의 권력다툼에 혈안이 되어 사치와 부정과 부패는 극에 달하여 교회역사상 가장 어두운 교회의 암흑시대를 기록하였습니다. 그러므로 주님께서 **'내가 네 행위를 아노니 네가 살았다하는 이름은 가졌으나 실상은 네가 죽은자'**라고 말씀하실 수 밖에 없는 것입니다. 참으로 중세교회는 사방이 공동묘지로 둘러싸인 사데처럼 생명이 없는 죽은 캄캄한 교회시대였습니다.

그러나 이와 같이 책망을 받은 죽은 사데교회에도 한가지 희망이 있었습니다. 4절에서 보는 대로 '그러나 사데에 그 옷을 더럽히지 아니한 자 몇 명이 네게 있어 흰 옷을 입고 나와 함께 다니리니 그들은 합당한 연고'라고 기록하고 있습니다. 이는 로마교황청에 반기를 들고 일어난 용감한 개혁자들이 있었기 때문입니다. 지난 수 백년 동안 도미니끄, 위클리프, 성 프란시스, 존 후스 등 몇몇 개혁자들이 지하에서 개혁운동을 해온 덕분에 그동안 순수신앙을 지켜온 지하 가정교회 성도들이 힘을 얻을 수 있었던 것입니다. 교회사 책들을 이곳 저곳을 열어보면 다음 내용들을 쉽게 발견하게 됩니다. 이를 요약해 보면, 1300년대에 이르러서는 위클리프가 본격적으로 성경을 영어로 번역하여 유럽에 배포하기 시작하였고 1400년대에는 로마교황의 본 고장인 이탈리아에서 수도사 사바놀라는 플로렌스[Florence]에서 담대하게 교황의 호화스러운 사치를 비방하는 설교를 통해 로마교회의 부정부패를 만천하에 드러내기도 하였습니다. 그는 교리적으로는 공격하지 못하였으나 종교지도층의 부패를 신랄하게 비판함으로써 1498년에 교수형에 처해지고 시체는 불에 태워졌습니다. 그러나 1500년대에 들어서서는 아주 본격적인 개혁운동이 전개되었습니다. 1517년 10월 31일에는 마틴 루터에 의하여 드디어 교회개혁의 깃발이 드높이 올려졌습니다. 마틴 루터는 속죄권을 판매하는 부패한 수도사들을 보면서 참지 못하고 드디어 로마 교황에게 정면으로 도전장을 내었던 것입니다. 사랑과 봉사라는 미명하에 진리를 왜곡하고 선행과 고행으로 구원을 받는다는 잘못된 교리와 교황만이 성경해석권을 갖는다는 잘못된 교리 등을 반박하면서 오직 믿음으로 구원을 얻는다는 이신득의의 교리를 주장하면서 95개 조항을 또박또박 펜으로 써서 로마교회가 진리에서 벗어난 죽은 교회임을 낱낱이 밝혀 로마교황에게 도전하는 도전장을 위텐베르그 성당 문에 붙여놓았습니다. 일개의 이름없는 수도사가 유럽 천하를 호령하는 교황에게 반기를 든 것은 죽음을 무릅쓴 용감한 행동이 아닐 수 없었습니다. 또한 당시 유럽의 3대 지성인 중에 하나였던 법학자 요한 칼빈은 성경교리를 조직적으로 정리하여 27세의 나이에 '기독교 강요'를 출간하였으며 그 후 계속 캐톨릭 학자들과 공개 토론을 통해서 캐톨릭 교리가 잘못되었음을 온 유럽에 전파하면서 성경을 창세기에서부터 요한계시록까지 주석하였습니다. 교황이 칼빈을 죽이려하자 그의 제자들이 그를 본국 불란서에서 도피시켜 스위스에 망명하게 하였고 제네바에서 1559년 대학을 세우고 불란서, 독일, 항가리, 이탈리아, 폴랜드, 스페인, 영국 등지에서 5년간 몰려온 1300여명의 학생들을 1564년 그가 죽기까지 말씀으로 가르쳐 수많은 개혁자들을 배출함으로써 종교개혁은 불일듯 유럽 전역으로 번져 나갔습니다. 칼빈으로부터 배운 죤 낙스는 스콧틀랜드를 장로교 국가로 만드는데 기여한 인물로서 스콧틀랜드는 드디어 1560년 장로교 신조를 채택하기에 이르렀습니다. 또한 크롬웰은 칼빈의 가르침을 받고 돌아가 영국의 왕정을 뒤엎고 칼빈의 개혁주의로 영국을 성경말씀으로 강력하게 통치하였습니다. 그러나 칼빈의 개혁주의가 너무 지나치다는 반발에 부딪쳐 결국 왕정복고를 허용하였지만 영국교회는 칼빈주의 영향을 입은 39개 신조를 채택하게 되었습니다. 그 후에 칼빈주의 신앙을 고수하는 사람들에 의해 청교도 운동이 일어나 많은 청교도들이 신앙의 자유를 찾아 신대륙 아메리카로 건너와 미국을 건설하였습니다. 이상에서 살펴본 대로 **'사데에 그 옷을 더럽히지 아니하고 흰 옷을 입은 자들 몇 명이 있었다'**는 말씀은 비록 소수의 무리이지만 중세 로마 캐톨릭이라는 죽은 교회에 속하지 않고 지하 가정교회에서 신앙을 지키면서 성경으로 돌아가자는 개혁운동을 과감하게 펼쳤던 개혁신앙자들이 있었다는 것을 가리키는 말씀입니다.

5절에 보면 '이기는 자는 이같이 흰옷을 입을 것이요 내가 그 이름을 반드시 생명책에서 흐리지 아니하고 그 이름을 내 아버지 앞과 그 천사들 앞에서 시인하리라.'고 약속하셨습니다. 주님께서 오늘 밤에 당신을 부르시면 당신은 저 빛나는 천국에 들어갈 준비가 되어있는가? 당신의 이름은 저 생명책에 기록되어 있는가? 우리는 기독교의 종교의식이나 형식적인 예배의식이나 사랑과 구제로 위장하지 말고 그리스도의 대속죽음을 믿는 믿음으로 의롭게 되는 확실한 구원교리로 반석이신 그리스도의 말씀진리에 바로 서서 영원한 생명을 소유한 교회가 되어야 합니다. 인간의 죄는 지옥불에서 영원토록 벌을 받아야 할 만큼 크나큰 죄이기 때문에 이 세상에 그 어떤 것으로도 그 죄값을 대신 할 수 없기에 하나님이 오셔서 죽으셔야만 했던 것입니다. 하나님이 죽으셔야만 내 죄가 용서될 수 있다면 내 죄가 얼마나 중대한 것인가를 짐작할 수 있을 것입니다. 그러므로 우리 인간의 어떤 선한 행실로도 우리 스스로는 구원을 이룰 수가 없는 것입니다. 그러므로 우리의 죄를 대속하기 위해서 십자가에서 죽으신 예수님을 구주와 왕으로 믿는 것 즉 예수님을 그리스도[메시야]로 믿는 믿음만이 우리를 영원한 죄와 사망에서 구원할 수 있는 것입니다. 그러니까 구원은 전적인 하나님의 은혜로 이루어진 것입니다. 우리 공로는 하나도 없이 100 퍼센트 하나님의 은혜로만 얻어지는 것입니다. 그리고 하나님께서 우리 죄를 위하여 대신 죽으심으로써 우리가 100 퍼센트 하나님의 은혜로만 구원을 받았다는 것을 믿는다면 우리는 그 하나님께 어떤 태도를 가지고 살아야 되겠습니까? 우리가 전적인 하나님의 은혜로 구원을 받았다면 우리는 하나님께 100 퍼센트 순종하고 굴복하는 삶을 살 수 밖에 없는 처지가 된 것입니다. 그러므로 100 퍼센트 전적인 하나님의 은혜로 구원을 받은 우리는 우리의 매일의 삶에서 구원자이시면서 왕이되신 주님께 100 퍼센트 복종하여 살아야 하는 의무가 생긴 것입니다. 그리고 100퍼센트 절대복종하는 삶을 살기 위하여 날마다 자신을 부인하고 세상을 내려놓고 자기 십자가를 지고 주님을 따르는 삶을 살므로서 우리가 예수님을 구주와 왕으로 믿고 섬기고 있음을 삶으로써 증명해야 하는 것입니다. 그러므로 그리스도인의 사랑과 봉사와 섬김은 구원받은 결과로 나타나는 열매이어야 합니다. 사랑과 봉사와 섬김이 구원을 얻기 위한 우리의 선한 행실이라면 그런 것을 가지고는 도저히 구원을 받을 수가 없는 것입니다. **참으로 구원을 받은 진정한 그리스도인은 구원을 받기 위하여 선과 의를 행하는 것이 아니고 이미 전적인 하나님의 은혜로 구원을 받았기 때문에 그 구원받은 결과로서 구원받은 하나님의 자녀답게 선과 의를 행하는 것뿐입니다.** 만약에 예수님을 구주로 믿는다고 고백하는 사람이 그 사람의 일상생활에서 선과 의를 그 열매로 나타내지 못하면 그의 믿음은 죽은 믿음입니다. 그래서 행함이 없는 믿음은 죽은 믿음이라고 야고보서에서 말씀하고 있는 것입니다. 그러나 중세교회는 구원을 받기 위하여 스스로 온갖 고행을 하면서 사랑과 봉사와 섬김에 힘썼던 것입니다. 그러므로 중세교회가 사랑과 봉사와 섬김으로 구원을 얻으려고 힘들게 고행하면서 많은 수고를 하였지만 결국 구원을 얻을 수가 없어서 죽은 교회로 선포 되었던 것입니다.['내가 네 행위를 아노니 네가 살았다하는 이름은 가졌으나 실상은 네가 죽은자니라']

사실 인간의 수준으로 보면 바리새인들은 구원을 얻기 위하여 율법을 지켜서 의를 행하려고 발버둥쳤던 수준 높은 도덕주의자들이었습니다. 그래서 주님은 이렇게 말씀하셨습니다. '너희의 의가 서기관과 바리새인의 의보다 더 낫지 못하면 결단코 천국에 들어가지 못하리라〈마5:20〉.' 즉 주님도 바리새인들의 도덕수준이 인간적인 차원에서 볼 때는 높은 수준인 것을 인정하신 것입니다. 그러나 그 높은 인간의 도덕수준으로는 아무도 구원에 이를 수 없음을 말씀하신 것입니다. 그러면 과연 서기관과 바리새인의 의보다 더 높고 구원에 이를 수 있는 높은 도덕수준에 도달하는 길은 무엇입니까? 그것은 하나님이시면서 우리의 죄를 위하여 십자가에서 대신 형벌을 받으시고 그의 보혈로 우리의 죄를 씻어주시고 그의 의로 우리를 옷입혀 주신 참으로 점도 흠도 없이 완전하시고 거룩하시고 의로우신 예수님을 구주와 왕으로 영접하고 그의 의로우신 통치에 전적으로 복종하는 삶을 매일의 삶에서 열매로 나타내야 하는 것입니다. 오늘날에도 믿음으로 거듭난다는 설교하지말고 천국 지옥에 대한 설교하지 말고 도덕적으로 고상한 사람이 되라고 하는 설교만 하면 교회 열심히 나오겠다는 사람들이 많이 있습니다. 그러나 정말 설교자들이 그렇게 도덕적으로 살라고 설교하면 당신은 하나님 앞에서 구원을 받을 수 있을 만큼 거룩하고 의로운 완전한 삶을 살수 있습니까? 도덕적으로 의를 행하여 하나님 앞에서 의롭다고 인정을 받고 구원을 받을 수 있는 사람은 이 세상에 아무도 없습니다. 그것은 어려운 일이 아니고 불가능한 일이기 때문입니다. 여기에 기독교의 깊은 진리가 있는 것입니다. 그래서 루터와 칼빈은 '오직 믿음'[sola fide]이라는 기치를 들고 교황에게 항거한 것입니다.

생각해보십시오. 우리가 도대체 얼마만큼 구제를 하고 얼마만큼 선한 일을 하고 얼마만큼 의로워야 하나님께서 인정하시는 수준에 도달하여 구원을 받을 수 있겠습니까?

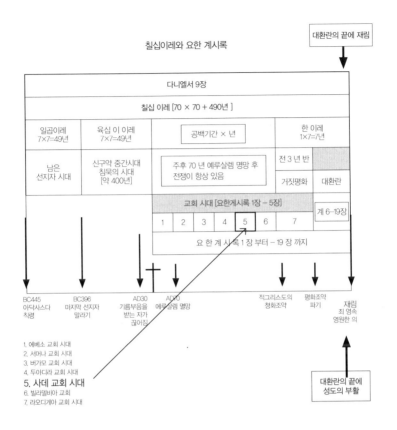

칠십이레와 요한 계시록

대환란의 끝에 재림

다니엘서 9장				
칠십 이레 [70 × 70 + 490년]				
일곱이레 7×7=49년	육십 이 이레 7×7=49년	공백기간 × 년		한 이레 1×7=7년
남은 선지자 시대	신구약 중간시대 침묵의 시대 [약 400년]	주후 70 년 예루살렘 명망 후 전쟁이 항상 있음	전 3 년 반	
			거짓평화	대환란
		교회 시대 [요한게시록 1장 – 5장]		계 6–19장
		1 2 3 4 5 6 7		
		요 한 계 시 록 1장 부터 – 19 장 까지		

BC445
아닥사스다
칙령

BC396
마지막 선지자
말라기

AD30
기름부음을
받는 자가
끊어짐

AD70
예루살렘 멸망

적그리스도의
청화조약

평화조약
파기

재림
죄 영속
영원한 의

대환란의 끝에
성도의 부활

1. 에베소 교회 시대
2. 서머나 교회 시대
3. 버가모 교회 시대
4. 두아디라 교회 시대
5. 사데 교회 시대
6. 빌라델비아 교회
7. 라오디게아 교회 시대

  우리가 아무리 의로워져도 우리의 의로는 하나님 앞에서 결코 구원을 받을 수가 없습니다. 한 때는 뜨거워져서 겸손하고 친절하고 사랑하며 열심히 선과 의를 행하다가도 또 얼마나 쉽게 차가워져서 미워하고 정죄하며 교만하며 악해집니까! 우리는 오직 하나님의 은혜로만 구원을 받는다는 사실을 알고 있습니까? 우리의 구제, 우리의 선행, 우리의 의는 더러운 옷[걸래 조각]과 같다[사.64:6]고 주님은 말씀하시지 않았습니까?. 우리의 어줍잖은 작은 의와 선한 봉사를 내세워 함부로 교만한 눈으로 찌푸리며 겁없이 다른 사람들을 정죄하지 말아야 합니다. 선한 일을 열심히 하되 오른 손이 하는 것을 왼손이 모르게 하고, 의롭게 살려고 몸부림치되 *나는 죄인 중에 괴수라고 가슴을 치며 나의 나 된 것은 오직 주 예수의 은혜로다* 라고 고백한 바울 사도처럼 오직 주 예수의 십자가 보혈의 공로를 의지할 수 밖에 없는 죄인임을 고백하며 주님만 의지하는 믿음으로 살면서 그 믿음이 진짜라는 것을 날마다의 삶의 행위로 증명해야 합니다. 중세교회는 사회봉사와 구제활동과 형식적인 예배의식으로 위장했으나 주님은 그들을 죽은 교회라고 책망하셨음을 기억하십시오. 종교 지도자들이 거듭나지 않아서 진리를 왜곡하고 인간적인 선행이나 고행을 강조하면서 영적으로 죽은 흑암의 중세교회에서 목숨을 걸고 바른 신앙회복을 위해 성경으로 돌아가자는 개혁운동을 벌인 것은 오늘 우리에게 시사하는 바가 큽니다. 진정한 교회개혁은 제도나 예배형식이나 얄팍한 도덕생활의 개혁이 아닙니다. 오직 성령으로 거듭나서 우리의 삶 전체가 그리스도의 은혜 안으로 들어가 왕 되신 그 분의 통치에 전적으로 굴복하는 삶을 사는 것입니다. 캐톨릭교회는 여기서 이미 죽은 교회로 선포되었고 공동묘지에 안장된 것입니다. 다시 말해서 일곱 교회시대에서 캐톨릭교회는 더 이상 교회로 여김을 받지 못하고 여기서 그 막을 내린 것입니다. 이후로는 4절에서 말씀하신대로 [4 **그러나 사데에 그 옷을 더럽히지 아니한 자 몇 명이 네게 있어 흰 옷을 입고 나와 함께 다니리니 그들은 합당한 연고라**] **'그 옷을 더럽히지 아니한 몇 명**'에 의하여 시작된 개신교회의 역사[빌라델비아 교회와 라오디게아 교회]에 대하여 말씀하십니다.

빌라델비아 교회

(7)빌라델비아 교회의 사자에게 편지하기를 거룩하고 진실하사 다윗의 열쇠를 가지신 이 곧 **열면 닫을 사람이 없고 닫으면 열 사람이 없는 그이가 가라사대** (8)볼지어다 내가 네 앞에 열린 문을 두었으되 능히 닫을 사람이 없으리라 내가 네 행위를 아노니 네가 적은 능력을 가지고도 내 말을 지키며 내 이름을 배반치 아니하였도다 (9)보라 사단의 회 곧 자칭 유대인이라 하나 그렇지 않고 거짓말 하는 자들 중에서 몇을 네게 주어 저희로 와서 네 발 앞에 절하게 하고 내가 너를 사랑하는 줄을 알게 하리라 (10)네가 나의 인내의 말씀을 지켰은즉 내가 또한 너를 지키어 시험의 때를 면하게 하리니 이는 장차 온 세상에 임하여 땅에 거하는 자들을 시험할 때라 (11)내가 속히 임하리니 네가 가진 것을 굳게 잡아 아무나 네 면류관을 빼앗지 못하게 하라 (12)이기는 자는 내 하나님 성전에 기둥이 되게 하리니 그가 결코 다시 나가지 아니하리라 내가 하나님의 이름과 **하나님의 성 곧 하늘에서 내 하나님께로부터 내려 오는 새 예루살렘의 이름과 나의 새 이름을 그이 위에 기록하리라** (13)귀 있는 자는 성령이 교회들에게 하시는 말씀을 들을지어다〈계3:7-13〉

먼저 역사적인 자료들을 살펴보면 빌라델비아는 소아시아의 중앙고원으로 가는 관문 도시로서 버가모의 시민들이 세웠습니다. 주변에 미시아, 루디아 그리고 브루기아로 가는 무역통로로 사용되었는데 브루기아는 나중에 빌라델비아로 흡수되었습니다. 특히 로마에서 보내는 우편물들이 통과하는 도시로서 동방으로 가는 관문이었다고 합니다. 빌라델비아는 로마제국도로에 접해있었는데 이 도로는 해안에서부터 곧장 동방의 여러 주요 도시로 통하는 제국의 국도였습니다. 그러므로 이 도시를 통과하기 위하여 방문하고 체류하고 거기서 사업하는 많은 사람들이 거쳐가는 도시로서 주로 많은 사업가들, 군인들 학자들 여행자들 그리고 정치가들이 지나가는 도시였습니다. 북쪽으로 펼쳐진 평원은 포도를 재배하는 지역이었는데 여기서 생산된 포도주가 이 도시를 지나가는 여행자들을 접대하는 유흥업에 일조하였고 농업과 함께 산업이 발달한 도시로 알려져 있습니다. 이처럼 빌라델비아는 항상 지나가는 사람들이 많아서 유흥업이 발달한 바쁘고 활기차고 흥청대는 도시였습니다. 또한 로마제국도로에 접해있어서 지나가는 사람들로부터 세상 돌아가는 소식을 폭 넓게 그리고 가장 빠르게 접할 수 있는 도시이기도 했습니다. 다른 도시의 사람들처럼 한 도시에 파묻혀 우물 안의 개구리처럼 살지 않고 로마제국내의 다른 도시의 사람들이 어떻게 살아가는지 세상형편이 어떻게 돌아가는지 훤히 알고 살 수 있었던 도시였습니다.

주후 17년에 사데를 폐허로 만들었던 큰 지진은 같은 지진대에 속해있는 빌라델비아를 대부분 파괴시켰습니다. 이 지진 후에 티베리우스 황제의 명령에 따라 로마정부의 도움으로 도시를 재건하였고 시민들은 로마정부에 감사한다는 뜻으로 로마 황제의 이름을 따서 도시 이름을 개명하여 '네오가이사'라고 하였으나 얼마 후 다시 이름을 바꾸어 '플라비아' 그 다음에는 '작은 아데네' 라고 명명하였는데 이는 이 도시에 아데네처럼 신전들과 종교축제가 많이 있었기 때문이라고 합니다. 이 도시를 대표하는 종교는 디오니소스를 예배하는 것이었습니다. 이와같은 상황에 있었던 빌라델비아 교회는 세상의 화려하고 먹고 마시고 흥청대는 유흥과 세속을 등지고 오로지 조용히 주님을 따르는 일에만 몰두했던 부도 명성도 없는 작은 교회였습니다. 그러면 이 교회가 받은 칭찬은 무엇입니까?

빌라델비아 교회가 받은 칭찬

8절에 보면 '볼지어다 **내가 네 앞에 열린 문을 두었으되 능히 닫을 사람이 없으리라.** 내가 네 행위를 아노니 **네가 적은 능력을 가지고도 내 말을 지키며** 내 이름을 배반치 아니하였도다.' 놀라운 칭찬입니다. 앞에서 캐톨릭 교회인 사데 교회는 죽었다고 선포하셨기 때문에 더 이상 캐톨릭 교회에 대하여 언급하지 않습니다. 빌라델비아 교회는 지하에서 모이는 가정교회들로서 죽은 거대한 조직 캐톨릭 교회에 비하면 아주 작은 교회였습니다. 세상의 화려함과 먹고 마시고 흥청대는 이런 도시에서 참으로 믿는 사람들을 찾기가 쉽지않습니다. 그러므로 성도의 숫자도 많지 않은 교회로서 숫자적으로나 재정적으로나 능력이 없는 작은 교회였지만 화려하고 번쩍이는 세상에 빠지지 않고 하나님 말씀을 철저히 지키며 주의 이름을 배반하지 않았다고 칭찬을 받았습니다. 더구나 종교개혁 운동으로 캐톨릭에서 탈퇴한 사람들까지 가정교회에 합세하였기에 가정교회는 힘을 더 얻을 수 있었습니다. '**내가 네 행위를 아노니 네가 적은 능력을 가지고도 내 말을 지키며 내 이름을 배반치 아니하였도다.**' 이 말씀은 빌라델비아 교회의 성도들이 정말 그들의 삶에서 세상의 번쩍이는 것을 사랑하지 않고 주님의 말씀만 믿고 순종하면서 살아간 정말 거룩하고 진실한 성도들이었습니다. 7절에 보시면 이 교회에 편지하신 주님은 '거룩하고 진실하신 주님'으로 묘사하고 있습니다.

그리고 주님은 이렇게 거룩하고 진실한 빌라델비아 교회에게 세계를 선교할 수 있는 전도의 문을 열어주셨습니다. 8절에 보시면 '볼지어다 **내가 네 앞에 열린 문을 두었으되 능히 닫을 사람이 없으리라.**' 고 하셨습니다. 세계선교는 아무 교회나 할 수 있는 것이 아닙니다. 사람들은 교회가 대형화되어야 재정이 풍부해서 세계선교를 할 수 있다고 생각합니다. 그러나 하나님은 소수의 사람들이 모인 적은 능력을 가진 빌라델비아 교회를 세계선교에 사용하셨습니다. 그들이야 말로 환란과 핍박 속에서도 캐톨릭 교회와 타협하지 않고 목숨을 걸고 끝까지 하나님의 말씀을 굳게 지켜낸 거룩하고 참된 성도들이기 때문입니다. 하나님은 그들에게 이 복음 전도의 문을 열어주신 것입니다. '볼지어다 내가 네 앞에 열린 문을 두었으되 능히 닫을 사람이 없으리라.' 이는 '내가 네 행위를 아노니 네가 적은 능력을 가지고도 내 말을 지키며 내 이름을 배반치 아니하였기 때문이라'고 하였습니다. 주님은 거룩하고 진실한 빌라델비아 교회가 이 도시를 지나가는 로마제국 산하의 여러 나라에서 온 많은 사람들에게 복음을 전파하게 하신 것이었습니다. 그들은 지나가는 사람들이기 때문에 예수를 영접하고 거듭나도 이 교회에 남아 있지 못하고 자기 나라로 돌아가야 하기 때문에 빌라델비아 교회는 수적으로는 성장할 수가 없었던 작은 교회였습니다. 그러나 빌라델비아 교회는 선교하는 교회였습니다. 교회가 작다고 주님은 책망하시지 않았습니다. 오히려 일곱 교회들 중에서 오직 고난이 많았던 서머나 교회와 이 작은 빌라델비아 교회만 책망을 받지 않고 칭찬만 받은 영광스러운 교회가 되었습니다. 자기 교회만 커지게 하기 위해서 숫자만 채우기 위하여 사람들이 구원을 받았던지 받지않았던지 상관없이 사람들로만 가득 채우려는 오늘 우리 시대의 교회들과는 전혀 다른 모습입니다. 자기 교회의 성도의 숫자가 늘어나지 않아도 열심히 지나가는 사람들을 선교하는 일에 몰두했던 이 작은 빌라델비아 교회는 정말 이름 그대로 형제를 사랑하는 '필라델피아'[형제사랑] 교회였습니다. 7절에 보시면 이 빌라델비아 교회에 말씀하신 주님은 '다윗의 열쇠를 가지신 이 곧 열면 닫을 사람이 없고 닫으면 열 사람이 없는 그 이가 가라사대'라고 묘사하고 있습니다. 오늘의 교회들도 참으로 선교하는 교회가 되려면 화려한 세상을 초개와 같이 버리고 오직 주님의 말씀을 열심히 배우고 매일의 삶 속에서 순종하며 살아가려는 거룩하고 진실한 성도들로 가득 차야 합니다. 오늘 우리 시대의 교회들도 성경에서 처럼 가정에서 모이는 진짜 그리스도인들로 구성되는 그런 진짜 교회가 될 때 주님은 우리에게 복음전도의 문을 활짝 열어주실 것입니다.

이처럼 적은 능력을 가지고도 선교에 열중했던 빌라델비아 교회를 교회역사에 비추어보면 주후 1700년에서부터 1900년대까지 이르는 '세계선교시대'를 상징하는 것으로 이해됩니다. 중세 암흑 시대에는 캐톨릭 교회에 가담하지 않고 따로 지하 가정교회에서 모이는 성도들이 대략 6천만명이나 캐톨릭 교회에 의하여 잔인하게 살해되었습니다. 그러므로 이 시대는 중세 암흑시대에 캐톨릭 교회의 그 무서운 박해 속에서도 살아남은 지하 가정교회의 성도들이 비록 숫자가 적고 미약한 형편에 있었으나 참된 신앙을 가지고 복음의 말씀을 힘차게 온세계에 전파했던 세계선교를 여는 시대였습니다. 당시 르네쌍스의 결과로 영국에서 일어난 산업혁명은 급속히 유럽전역으로 확산되었고 인간의 무한한 가능성, 과학의 만능, 공업의 발달은 유럽인들로 하여금 하나님을 부정하고 인간의 힘을 의지하게 하였습니다. 1700년대의 합리주의는 인간이성이 지배했던 계몽주의 시대로서 종교의 초자연성을 말살시키려 하였습니다. 그러나 이에 대한 반동으로 1800년대에는 정서를 중요시하고 자연으로 돌아가자는 낭만주의가 대두되기도 하였습니다. 철학에 있어서 낭만주의는 프랑스의 잔자크 룻소가 그 선구자로서 그 동안 합리주의로 위축되었던 인간의 감정을 중시하고 종교에 대하여 새로운 관심을 기울이기 시작하였습니다. 1768년에서 1834년까지 살았던 슐라이에르 마허는 낭만주의 철학자로서 종교를 하나의 감정작용에 불과한 것으로 정의하고 칸트에 대항하여 종교의 영역을 도덕이나 형이상학에만 국한시킬 수 없고 하나님을 향한 의존감정에서만 찾음으로써 현대자유주의 신학의 기초를 쌓아가고 있었습니다. 그 후 1808년부터 1874년까지 활동했던 데이빗 스트라우스는 예수님의 생애에서 신비적이고 초자연적인 요소를 모두 부인하고 예수님의 생애를 단순히 인간적인 면에서만 이해하려고 시도하였습니다. 복음서에 나오는 예수님의 이적이나 초자연적인 요소는 모두 복음서 기자들이 꾸며낸 것으로 보았고 예수님은 높은 수준의 도덕적인 삶을 살았던 한 성자에 불과하다고 주장하였습니다. 이렇게 외적으로는 눈부신 산업의 발전과 정신적으로는 계몽주의와 낭만주의와 자유주의 신학사상에 세상 사람들이 도취해 있는 어려운 상황에서 이제 막 캐톨릭 교회의 박해에서 살아남은 개신교회는 적은 능력을 가지고도 전세계로 나아가 하나님의 말씀을 순수하게 전파하는 세계선교를 시작하였던 것입니다.

진젠돌프는 오스트리아의 한 백작의 후예로서 1700년 독일의 드레스덴에서 태어났습니다. 그는 어렸을 때 십자가에 달리신 그리스도가 그려져 있는 성화에 '이것이 내가 너를 위하여 한 것이다 너는 나를 위하여 무엇을 하느냐?' 라고 쓰여진 글을 보고 크게 감동을 받고 그의 생애를 그리스도를 위하여 헌신한 인물이 되었습니다. 그는 경건주의파 루터교에 속해있었습니다. 그는 열살 때 할레 신학교에 들어가 동료 신학생들을 중심으로 '겨자씨 모임'을 조직하여 봉사활동을 하였으며 그 학교에서 세계선교의 꿈을 키워나갔습니다. 그러나 가족들의 반대로 신학을 계속하지 못하고 위텐베르그 대학교에서 법률을 공부하고 1721년에 삭손의 정부기관의 관리가 되었습니다. 그러나 그의 꿈은 선교사업에 일생을 투자하는 것이었습니다. 마침내 1727년에 자기 집을 내 놓아 구교의 종교적 박해를 피해 나온 피난민들의 안식처로 제공하였습니다. 피난민들은 주로 종교 개혁자 존 후쓰의 추종자들로서 그 수가

300 여명이 넘어서 피난민 촌을 만들어 주님의 망대라고 이름을 짓고 진젠돌프를 지도자로하여 초대교회와 같은 공동체를 이룩하였습니다. 난민들의 대부분은 모라비아 사람들이었습니다. 그는 이들을 루터교에 가입하려고 하였으나 이들은 따로 장로교 교리에 가까운 모라비안 교회를 세웠습니다. 1734년에 진젠돌프는 루터교회에서 목사 안수를 받고 모라비안 교회를 전세계에 복음을 전파하는 그리스도의 군사로 키우려고 프랑스 및 스칸디나비아의 여러 나라를 여행하면서 세계선교를 위한 조직을 시도했습니다. 그러나 1736년 삭손 정부에서 추방되어 유럽의 여러 나라와 영국과 미국에까지 와서 선교하였습니다. 이 작은 모라비안 교회가 전세계에 복음전파를 시도한 첫번째 선교교회가 되었습니다. 진젠돌프가 이끄는 이 모라비안 교회는 아프리카와 아시아와 그린랜드, 미국등지에 선교사를 파송하여 교회를 개척하였습니다. 데이벳 짜이스버거는 이 모라비안 교회가 파송한 선교사로서 1808년 그가 87세가 될 때까지 63년동안 미국의 인디언들에게 선교한 선교사로서 선교역사상 가장 오래 동안 선교한 선교사로서 기록되고 있습니다. 모라비안 경건파 교회는1750년에서 1798년까지 크리스챤 슈바르츠를 인도에 보내어 그가 죽을 때까지 인도에서 선교하였습니다. 모라비안 교회는 몇몇 사람들이 모여 시작한 아주 작은 가정교회로서 대담한 선교를 시작하였습니다. 참으로 이 교회가 초기에 작은 가정교회로서 이룩한 선교의 업적은 지대한 것이었습니다. 그러나 그후 모라비안 교회도 일반 교회들처럼 규모가 커지면서 그 초기의 열정과 능력을 더이상 찾아볼 수 없게 된 것은 참으로 안타까운 일입니다. 원래 주님께서 세우신 교회는 소수의 사람들이 모이는 가족공동체이기 때문에 그 규모가 커지면 자연히 그 힘과 순수성을 잃어갈 수 밖에 없는 것입니다.

18세기 초 영국 사회는 정신적 파산에 직면하였습니다. 이 때 영국은 사회적으로 산업혁명을 겪어 공업시대로 돌입하고 있었습니다. 윌리엄 로우와 존 버틀러가 이성론과 종교의 유추론을 써내어 봤지만 산업사회의 매력에 빠진 영국의 지성을 돌이키기에는 역부족이었습니다. 인간의 무한한 가능성, 과학의 만능, 그리고 공업의 발달은 영국사회로 하여금 하나님에 대한 무관심을 자아내게 하는 원동력이 되었습니다. 1769년 제임스 왓트는 증기 기관차를 발명하고 1770년에는 제임스 하그리브스가 다축 방직기계를 만들어 수공업에서 중공업으로 산업제도의 변화를 초래하였습니다. 18세기 당시 유럽의 지성은 인문주의의 영향으로 합리주의와 계몽주의와 자연신론에 빠져 하나님을 멀리하고 퇴폐적인 도덕생활에 빠지고 있었습니다. 이에 영향을 받은 신학자들은 성경의 권위를 무시하고 설교자들은 복음의 절대성을 잃어가고 있었습니다. 이러한 사회적 정신적 변화과정에서 경건주의파의 진젠돌프를 중심으로 일어난 세계선교는 불붙는 복음주의를 일으키게 하였습니다.

죠오지 휫트필드는 1714년에 영국 글로체스타에서 태어나 옥스포드 대학을 나온 수재입니다. 그는 청중을 완전히 사로잡는 당대의 가장 위대한 설교자가 되었습니다. 그는 미국 죠지아주에 가서 선교사 생활을 한 후 영국에 돌아와 복음적인 설교로 전영국을 변화시키며 그의 본부를 런던에 두고 세계적으로 활동한 위대한 설교자였습니다. 대중교통이 발달하지 않았던 그 시대에 미국을 일곱번이나 건너가 복음을 전한 열정적인 선교사요 설교자였습니다. 이와 같이 휫트필드가 일으킨 복음주의는 18세기 합리주의 운동을 제지시키고 산업화로 퇴폐해가는 도덕을 쇄신시키고 영적으로는 대각성운동을 일으켰습니다. 이 같은 복음주의 운동은 1795년 '런던선교사단체'를 조직하게 하였고 1845년에는 복음주의 연맹이 결성케 되어 전세계를 향하여 선교의 불을 뿜었습니다. 또한 윌리암 캐리는 최초의 침례교 선교사로서 1761-1834년까지 인도에서 선교하였습니다.

세상의 화려함과 먹고 마시고 흥청대는 유흥산업도시에서 빌라델비아 교회는 힘없는 작은 교회이었지만 화려하고 번쩍이는 이세상을 추구하지 않고 오직 하나님 말씀을 철저히 지키며 주의 이름을 배반하지 않고 세계선교를 수행하였습니다. 이 교회가 바로 1700에서 1800년대의 교회로서 캐톨릭교회의 극심한 박해에서도 신앙을 지켜 살아남은 힘없는 작은 개신교회 빌라델비아 교회였습니다. 주님은 그들에게 복음의 문을 활짝 열어 주시사 순수한 열정으로 복음을 전파하여 유럽에서부터 북미와 아프리카와 아시아로 뻗어나갈 수 있었습니다. 열면 닫을 사람이 없고 닫으면 열 사람이 없는 주님께서 17-18세기의 연약한 개신교회들에게 세계선교의 문을 활짝 열어주셨던 것입니다.

3:10) 네가 나의 인내의 말씀을 지켰은즉 내가 또한 너를 지키어 시험[trial]의 때를 면하게 하리니 이는 장차 온 세상에 임하여 땅에 거하는 자들을 시험[test]할 때라.

여기서 '장차 온 세상에 임하여 땅에 거하는 자들을 시험할 때'란 대환란의 때를 의미합니다. 나중에 일곱인 환란을 설명할 때에 자세히 설명하겠습니다만 미리 말씀드리면 이는 대환란의 끝에 있을 일곱 대접 환란을 면제받게 된다는 의미입니다. 필라델피아 교회의 성도들처럼 대환란에서도 끝까지 참 신앙을 지킨 사람들만이 마지막 나팔이 울리고 예수님이 재림하실 때에 휴거하여 마지막 일곱 대접 환란을 면하게 되는 것입니다.

라오디게아 교회

(14)라오디게아 교회의 사자에게 편지하기를 아멘이시요 충성되고 참된 증인이시요 하나님의 창조의 근본이신 이가 가라사대 (15)**내가 네 행위를 아노니 네가 차지도 아니하고 더웁지도 아니하도다** 네가 차든지 더웁든지 하기를 원하노라 (16)네가 이같이 미지근하여 더웁지도 아니하고 차지도 아니하니 내 입에서 너를 토하여 내치리라 (17)**네가 말하기를 나는 부자라 부요하여 부족한 것이 없다 하나 네 곤고한 것과 가련한 것과 가난한 것과 눈 먼 것과 벌거벗은 것을 알지 못하도다** (18)**내가 너를 권하노니 내게서 불로 연단한 금을 사서 부요하게 하고 흰 옷을 사서 입어 벌거벗은 수치를 보이지 않게 하고 안약을 사서 눈에 발라 보게 하라** (19)무릇 내가 사랑하는 자를 책망하여 징계하노니 그러므로 네가 열심을 내라 회개하라 (20)**볼지어다 내가 문밖에 서서 두드리노니 누구든지 내 음성을 듣고 문을 열면 내가 그에게로 들어가 그로 더불어 먹고 그는 나로 더불어 먹으리라** (21)이기는 그에게는 내가 내 보좌에 함께 앉게 하여주기를 내가 이기고 아버지 보좌에 함께 앉은 것과 같이 하리라 (22)귀 있는 자는 성령이 교회들에게 하시는 말씀을 들을지어다.〈계3:14-22〉

라오디게아에 대한 역사적 자료들을 살펴보면 라오디게아는 필라델피아에서 동남쪽으로 약45마일 거리에 위치한 도시입니다. 라오디게아는 지금까지 살펴 본 일곱도시들 중에서 가장 부유한 도시였습니다. 라오디게아는 특히 은행업무로 유명했던 금융업이 발달한 도시였습니다. 이 도시에서는 또한 값비싼 비단을 제조하는 것으로 알려졌고 안약을 개발한 의과대학까지 있었다고 합니다. 그러므로 본문에서 라오디게아 교회를 부요하다고 한 것이라든지 안약을 사서 눈에 바르라고 하신 말씀은 도시의 이러한 특징을 빗대어 하신 말씀으로 여겨집니다. 버가모가 로마가 있는 서양으로 통하는 수도였던 것처럼 라오디게아는 동방으로 가는 통로로서 동서무역의 교차지점이었습니다. 에베소에서 동방으로가는 간선도로에 바로 라오디게아가 위치하고 있었습니다. 빌라델피아와 사데를 파멸시켰던 주후 17년의 강력한 지진으로 라오디게아도 대부분 파괴되었습니다. 그러나 다른 두 도시들은 로마정부로부터 재정지원을 받아 도시를 재건하였으나 경제적으로 부유했던 라오디게아는 자체적으로 도시를 재건하였다고 합니다. 그러나 이 도시의 문제는 물 부족이었습니다. 서북쪽에 위치한 도시 히에라폴리스로부터 뜨거운 온천수를 수로를 통하여 공급받았지만 물이 라오디게아까지 도달할 때는 물이 식어서 미지근하게 된다는 것입니다. 또한 물의 질도 철분이 많은 금속성 물이기 때문에 깨끗하지 못하고 찝찔한 맛이었습니다. 종교적으로는 황제숭배와 치유의 신 아스클레피우스, 그리고 제우스를 섬겼습니다. 이 도시에도 상당수의 유태인이 살았던 것으로 전해지고 있습니다. 이곳 라오디게아에 교회를 세운 사람은 에바브로로 여겨집니다. [12그리스도 예수의 종인 너희에게서 온 에바브라가 너희에게 문안하니 저가 항상 너희를 위하여 애써 기도하여 너희로 하나님의 모든 뜻 가운데서 완전하고 확신있게 서기를 구하나니 13그가 너희와 라오디게아에 있는 자들과 히에라볼리에 있는 자들을 위하여 많이 수고하는 것을 내가 증거하노라 〈골.4:12-13〉] 사도 바울이 이 교회를 방문했는지는 알려지지 않았지만 확실한 것은 사도 바울이 라오디게아 교회에도 편지를 썼으며 골로새 교회에게 보낸 편지를 라오디게아의 가정 교회의 성도들에게도 읽게하였다는 것은 골로새서 4장16절에 기록되어 있습니다. [16) 이 편지를 너희에게서 읽은 후에 라오디게아인의 교회에서도 읽게 하고 또 라오디게아로서 오는 편지를 너희도 읽으라 〈골4:16〉]

칭찬없이 책망만 받은 교회

라오디게아 교회는 일곱 교회 중에서 유일하게 칭찬을 받지 못한 교회였습니다. 오히려 책망만 받은 교회였습니다. 3:15) **내가 네 행위를 아노니 네가 차지도 아니하고 더웁지도 아니하도다** 네가 차든지 더웁든지 하기를 원하노라 16) 네가 이같이 미지근하여 더웁지도 아니하고 차지도 아니하니 내 입에서 너를 토하여 내치리라

주님은 라오디게아 교회가 차지도 않고 덥지도 않다고 책망하셨습니다. 히에라폴리에서 끌어 온 온천수가 라오디게아까지 와서는 다 식어버려 차지

도 않고 덥지도 않은 미지근한 물이 되었던 것에 빗대어 주님은 라오디게아 교회의 영적인 미지근함을 책망하셨습니다. 믿는 건지 안 믿는 건지 구분이 안갈 정도로 성경찬송 들고 교회 예배에 출석하고 멀쩡하게 기도하고 찬송하고 교회에서 봉사하는 것을 보면 분명히 믿는 사람 같은데 그러나 가정이나 직장이나 사회에서 사기치고 거짓말하고 싸움질하고 세상의 부귀영화쾌락을 좇아 지속하게 세상에 빠져 살아가는 것을 보면 도무지 믿는 사람 같지가 않습니다. 주님은 이런 사람들을 토하여 내치리라고 하셨습니다. 라오디게아의 물처럼 찝찔하고 도무지 맛이 없기 때문입니다. 금속성이 많은 짠물은 정말 먹을 수가 없습니다. 17-18절을 보십시오. **3:17) 네가 말하기를 나는 부자라 부요하여 부족한 것이 없다 하나 네 곤고한 것과 가련한 것과 가난한 것과 눈먼 것과 벌거벗은 것을 알지 못하도다** 18) 내가 너를 권하노니 내게서 불로 연단한 금을 사서 부요하게 하고 흰 옷을 사서 입어 벌거벗은 수치를 보이지 않게 하고 안약을 사서 눈에 발라 보게 하라

라오디게아 교회는 스스로 부요하다고 생각하지만 주님께서 보실 때에는 곤고하고 가련하고 가난하고 눈멀고 벌거벗은 교회라고 주님은 책망하셨습니다. 부유한 도시에 살고있는 성도들이니까 분명히 라오디게아 교회가 물질적으로는 부요해서 그것을 하나님의 축복이라고 생각하고 전혀 부족한 것이 없다고 느꼈을지는 몰라도 영적으로는 하나님이 보시기에 그들은 가난하고 헐벗고 굶주린 불쌍한 영혼들이었습니다. 그들에게 안약을 사서 바르라는 말씀은 그들의 영적인 눈이 어두워서 하나님을 믿는 도리를 바로 알지 못하고 하나님의 선하시고 기뻐하시고 온전하신 뜻이 무엇인지 바로 깨닫지 못하기 때문입니다. 물질의 부요와 세상의 쾌락에 눈이 어두워지면 하나님의 진리를 바로 깨달을 수가 없습니다. 흰 옷을 사서 입고 벌거벗은 수치를 보이지 않게 하라는 말씀에서 '벌거벗은 수치'란 아직도 죄의 문제를 해결하지 못한 상태에 있음을 의미합니다. 그러므로 흰 옷을 사서 입으라는 말은 그리스도를 확실하게 구주로 영접하고 죄용서 받은 거듭난 성도가 되라는 말씀입니다. 그러므로 이상을 종합해보면 라오디게아 교회는 아직도 죄를 용서받지 못한 영적으로 죽은 교회라는 말입니다. 그래서 20절에 보면 예수님이 들어가시지 못하고 아직도 이 교회의 문밖에서 두드리고 계시는 죽은 교회의 모습을 보여주고 있습니다. 그러니까 이 교회는 세상적인 것으로는 모든 것을 다 지닌 부요한 교회인데 오직 예수님만 없는 교회입니다. "예수

님만 없는 교회" 그것이 바로 죽은 교회입니다. 그러므로 19절에 보면 이렇게 기록되어 있습니다. 3:19) 무릇 내가 사랑하는 자를 책망하여 징계하노니 그러므로 네가 열심을 내라 회개하라

'네가 열심을 내라 회개하라'고 책망하고 계십니다. 구원의 확신이 없이 그냥 교회에 적당히 왔다갔다하는 사람들은 '열심'이 없기 마련입니다. 아직 주님을 구주로 영접하지 않은 사람들은 자기가 죄인인 것을 확실히 깨닫지 못할 뿐 아니라 그 죄의 심각성을 인식하지 못합니다. 그들은 천국과 지옥을 대수롭지 않게 생각합니다. 그들은 교회는 오래 다녔는지 몰라도 사실 예수님을 구주로 영접하지 않은 믿음 없는 사람들입니다. 그들은 하나님의 은혜와 믿음을 대단히 오해하고 있는 사람들입니다. 그들은 세상의 부귀영화를 얻기 위해서 아니면 그저 점잖게 살기 위해서 고상하게 살기 위해서 교회에 출석하는 사람들이 대부분입니다. 라오디게아 교회는 세상의 번쩍이는 것들은 다 가지고 있는데 오직 예수님만 없는 교회입니다. 그러므로 20절에 보면 예수님은 교회 안으로 들어가지 못하시고 밖에서 두드리고 계신 모습입니다. 바로 오늘 우리 시대의 교회의 모습입니다. 3:20) 볼지어다 내가 문 밖에 서서 두드리노니 누구든지 내 음성을 듣고 문을 열면 내가 그에게로 들어가 그로 더불어 먹고 그는 나로 더불어 먹으리라

마음 문을 열고 예수님을 구주로 영접하라는 말씀입니다. 라오디게아 교회는 세상의 부요와 물질의 풍요에 빠져 구원의 필요성을 느끼지 못하고 종교적으로 살았던 가짜 성도들로 가득찬 교회이었습니다. 일곱 교회 중에서 가장 마지막 부분에 위치한 이 라오디게아 교회는 1900년대부터 시작된 교회시대의 마지막인 현대교회를 상징하는 교회임에 틀림없습니다. 1900년에 접어들면서 즉20세기에 들어서면서 이룩한 눈부신 과학발전과 물질문명으로 인하여 오늘 우리 시대의 교회는 그 어느 시대보다 외적으로 양적으로 물질적으로 풍요한 시대를 맞이하게 되었습니다. 교육프로그램도 말할 수 없이 화려하고 다양하고 풍성합니다. 재정규모도 어마어마합니다. 선교의 규모도 세계적입니다. 교회역사에서 도무지 상상할 수 없을 만큼 많은 사람들이 모이는 대형교회가 우글거리는 시대가 되었습니다. 예전에 찾아볼 수 없었던 수 만 명에서 수 십만 명씩 모이는 'giga church' 시대가 되었습니

다. 그러나 교회의 크기는 엄청나게 커져 가는 대신 거듭나지 않은 많은 사이비 성도들로 교회마다 가득가득 차고 넘치는 시대가 되었습니다. 그러므로 믿는 사람들과 믿지 않는 사람들의 생활이 전혀 구분이 되지않는 시대가 되었습니다. '열심'도 없습니다. 모이기도 싫어합니다. 그저 한 주일에 한두 번만 얼굴을 내밀면 그만입니다. 성경공부에도 기도모임에도 점점 관심이 없어집니다. 그런 것들은 다 구시대의 유물일 뿐입니다. 오늘 우리 시대의 교회는 주일 아침에 한번 우르르 몰려 왔다가 화려한 프로그램 속에서 즐기다가 우르르 세상으로 몰려 나가는 떠들썩한 무리로 전락해가고 있습니다. 라오디게아 교회 시대는 하나님을 기쁘시게 하는 교회가 아니라 고객을 즐겁게 하는 교회가 되기 위하여 교회마다 프로그램 개발에 몸부림치는 시대입니다. 그러므로 힘들게 불신자를 전도하는 교회가 되려고 하지 않고 화려한 프로그램으로 다른 교회의 교인들을 빼앗아 오는 일을 서슴지 않는 시대입니다. 각 나라마다 매년 교회에 출석하는 사람들의 전체숫자는 줄어드는데도 대형교회는 계속 생겨납니다. 이것은 교인들의 수평이동으로 이곳 저곳에 대형교회가 솟아나고 그 도시의 작은 교회들은 문을 닫고 있기 때문입니다.

서론에서 언급한대로 **현대교회는 '구원은 오직 예수 그리스도를 믿는 믿음을 통해서만 얻을 수 있습니다. 그러므로 예수 믿고 구원을 받으십시오.'라고 자신있게 설교합니다. 아주 성경적이고 조금도 잘못됨이 없는 옳은 말씀입니다. 그런데 이렇게 복음을 전해가지고는 사람들을 결코 구원하지 못합니다. 왜냐하면 현대교회는 믿음으로 구원을 얻는다는 것이 무엇을 의미하는지를 상세하게 말해주지 않고 있기 때문입니다.** 다시 말해서 성경은 오직 믿음으로 구원을 얻는다는 것이 무엇인지를 상세하게 말씀해주고 있습니다. 즉 마태복음 16장 24절에 보시면 "아무든지 나를 따라오려거든 자기를 부인하고 자기 십자가를 지고 나를 좇을 것이니라." 다시 말하면 예수님을 믿기 위해서는 자기를 부인하고 자기 십자가를 지고 와야 한다는 전제조건이 필요하다고 말씀하고 있습니다. 또 마태복음 6장 24절에서는 "한 사람이 두 주인을 섬기지 못할 것이니 혹 이를 미워하며 저를 사랑하거나 혹 이를 중히 여기며 저를 경히 여김이라. 너희가 하나님과 재물을 겸하여 섬기지 못하느니라." 즉 예수님을 믿는다는 것은 세상을 포기하고 내려놔야 한다는 것을 분명하게 밝혀주고 있습니다. 또 요한일서 2장 15-17절에서는 "이 세상이나 세상에 있는 것들을 사랑치말라. 누구든지 세상을 사랑하면 아버지의 사랑이 그 속에 있지 아니하니 이는 세상에 있는 모든 것이 육신의 정욕과 안목의 정욕과 이생의 자랑이니 다 아버지께로 좇아 온 것이 아니요 세상으로 좇아 온 것이라. 이 세상도 그 정욕도 지나가되 오직 하나님의 뜻을 행하는 이는 영원히 거하느니라." 즉 세상이나 그 안에 있는 것들을 사랑하고 추구하는 사람들에게는 아버지의 사랑이 그 속에 있지 아니하다고 분명하게 선언하고 있습니다. 다시 말해서 아버지의 사랑 즉 독생자를 주신 그 십자가의 사랑이 그런 사람에게는 주어지지 않는다는 말씀입니다. 그러니까 예수님을 믿는다고 하면서 아직도 세상을 사랑하고 추구하는 사람은 십자가 대속의 사랑이 주어지지 않는다는 말입니다. 즉 그런 사람에게는 구원이 없다는 말입니다. 또 마태복음 7장 21절에 보시면 "나더러 주여 주여 하는 자마다 천국에 들어갈 것이 아니요 오직 내 아버지의 뜻대로 행하는 자라야 하리라"고 기록되어 있습니다. 그러니까 예수님을 믿는 사람마다 다 천국에 들어간다는 것이 아니라는 것을 여기서 분명히 말씀하고 있습니다. 또 요한계시록 20장 15절 말씀을 보시면 "누구든지 생명책에 기록되지 못한 자는 불못에 던지우더라"라고 기록되어 있습니다. 즉 예수님을 믿지 않는 사람들은 지옥불에 던지운다는 말씀입니다. 그러니까 "예수님을 구주로 믿으면 구원을 받습니다"라고 설교하려면 앞에서 언급한 이 모든 믿음의 조건들을 함께 전해야 한다는 말입니다.

그러나 이 모든 믿음의 조건들을 다 전하게 되면 대부분의 사람들은 복음을 거부하고 저항하고 예수님께 나아올 사람들은 극히 소수에 불과하게 됩니다. 심지어 2천년 전 하나님이신 예수님이 직접 오셔서 말씀하셨는데도 사람들은 처음에는 메시야라는 기대를 가지고 많은 사람들이 왔으나 예수님의 그런 믿음의 조건의 말씀을 듣고 나서는 극렬하게 저항하고 대부분 돌아갔고 예수님의 복음을 듣고 받아들인 사람들은 겨우 120명 정도에 불과했습니다. 그것도 대부분 열 두 제자들과 그 가족들이 대부분이었습니다. 하물며 오늘 우리 이 악한 말세시대에 물질주의와 출세주의와 관능주의가 판을 치는 이런 시대에 인간인 우리가 믿음에 관한 위의 말씀들을 조건으로 제시하면서 예수님을 구주로 믿어야 한다고 설교하면 대부분의 사람들은 그런 복음에 저항하며 교회를 떠나고 다시는 돌아오지 않게 될 것입니다. **그러므로 현대교회는 이런 사람들에게 저항감을 주지 않기 위하여 '구원**

은 오직 예수 그리스도를 믿는 믿음을 통해서만 얻을 수 있습니다. 그러므로 예수 믿고 구원을 받으십시오.'라고 설교하면서 믿음으로 얻는 구원이 무엇을 의미하는지에 대해서는 굳게 입을 다물고 있는 것입니다. 그러니까 오늘 우리 시대의 교회가 그렇게 전한 '예수 믿으면 구원을 얻는다'는 말씀자체는 결코 틀린 말은 아니었는데도 사람을 구원하지 못하는 것입니다. 이처럼 믿음에 관한 이런 상세한 전제조건들을 말해주지 않기 때문에 사람들은 자기를 부인하지도 않고 아니 오히려 세상을 음란하게 사랑하며 추구하면서도 입술로만 그리고 지식적으로만 예수님을 믿고 있기 때문에 예수를 믿는다고 하면서도 삶에 아무런 변화가 없이 세상 사람들과 똑같이 살아가게 되는 것입니다. 그래서 오늘 우리 시대의 교회의 대부분의 사람들이 구원을 받지 못하게 된 것입니다.

그러므로 우리가 정말 사람들을 구원하려면 처음부터 숨기지 말고 예수님을 믿는다는 것이 무엇을 의미하는지를 처음부터 솔직하게 말해주어야 합니다. 전략상 처음에는 숨기다가 나중에 기회를 보아서 말한다는 것은 사람들을 속이는 것에 불과합니다. 만약 계약서에 기록된 상세한 조건들을 다 읽어보지도 않은채 그냥 서명한다면 당신은 나중에 크게 후회하면서 값비싼 대가를 치르게 될 것입니다. 당신이 가지고 있는 두꺼운 성경에는 믿음으로 얻는 구원이 무엇인지에 대하여 상세하게 그 모든 전제조건들과 실례들이 상세하게 기록되어 있습니다. 만약 구원이 그렇게 믿음으로만 얻는 단순한 것이라면 그냥 종이 한장이면 충분하고도 남을 것을 하나님은 왜 그렇게 두꺼운 성경책을 우리에게 주셨겠습니까? 예수님은 많은 사람들을 끌어모으기 위하여 처음에는 숨기다가 나중에 기회를 보아 말씀하신 적이 없으십니다. 사람들이 떠나든 말든 상관없이 아예 처음부터 솔직하게 부자청년에게 그의 재산을 다 팔아 가난한 자들에게 나눠주고 그 후에 와서 예수님을 따르라고 분명하게 말씀하셨습니다. 예수님을 믿는 것이 무엇을 의미하는지를 처음부터 숨기지 않고 솔직하게 말씀하셨습니다. 구원을 받기 원하여 예수님께 찾아왔던 부자 청년은 예수님을 믿는 것이 얼마나 값비싼 대가를 치러야 하는지를 깨닫고 예수님을 떠났습니다. 그러나 예수님은 그런 사람을 붙잡으려고 하지 않으시고 그냥 돌아가도록 버려두셨습니다. 이것은 오늘 우리 시대의 교회가 어떻게 복음을 증거하여 사람을 구원하여야 하는지를 분명하고 딱부러지게 보여주는 것입니다. 또 누가복음 9장 57-58절을 보면 어떤 사람이 예수님을 따르겠다고 자원하였을 때에도 예수님은 예수님을 믿고 따르는 것이 얼마나 값비싼 대가를 치러야 하는지를 아무 숨김없이 처음부터 솔직하게 그 사람에게 말씀해 주셨습니다; "길 가실 때에 혹이 여짜오되 어디로 가시든지 저는 좇으리이다. 예수께서 가라사대 여우도 굴이 있고 공중의 새도 집이 있으되 인자는 머리 둘 곳이 없도다." 나 예수를 믿으면 이 세상에서 부요하고 편안하게 잘 살게 될 것이라고 착각하지 말라는 말씀입니다. 집도 없이 세상의 모든 것을 내려놓고 나를 따를 각오가 없이는 나를 믿고 따라올 생각 처음부터 버리라는 단호한 말씀입니다. 우리 시대의 교회가 들어야 할 말씀입니다. 그렇지 않으면 우리 시대의 교회는 사람을 구원하지 못합니다. 또 마가복음 1장 15절에서는 "회개하고 복음을 믿으라'고 세례 요한도 회개가 믿음의 전제조건임을 처음부터 전파하고 있습니다. 예수님도 누가복음 5장 32절에서 "죄인을 불러 회개시키러 왔노라'고 선포하시면서 믿음의 전제조건이 죄를 회개하는 것이라고 처음부터 솔직하게 말씀하고 있습니다. 죄의 회개를 믿음의 전제조건으로 철저하게 가르치지도 않고 앞에서 언급한 이런 믿음의 전제조건들 즉 예수님을 구주와 왕으로 믿는다는 것이 무엇을 의미하는 것인지를 처음부터 숨긴채 '예수만 믿으면 구원을 받는다'고 선포하는 오늘 우리 시대의 교회는 지금까지 수많은 사람들을 속여왔고 구원받지 못하게 한 것입니다. 이것이 바로 천국 문을 너희가 가로막고 자기도 들어가지 못하고 남도 들어가지 못하게 막는다는 예수님의 무서운 경고의 말씀입니다; "화 있을찐저 외식하는 서기관들과 바리새인들이여 너희는 천국 문을 사람들 앞에서 닫고 너희도 들어가지 않고 들어가려 하는 자도 들어가지 못하게 하는도다"[마23:13] <u>이것이 바로 우리 시대의 교회가 '성경말씀에서 제하여 버리는' 는 죄[계22:18-19]를 범하여 수많은 사람들이 천국에 들어가는 것을 가로막고 지옥불에 던져지게 하는 것입니다.</u>

이것이 바로 부요하여 부족한 것이 없다고 스스로 자랑하던 죽은 라오디게아 대형교회의 모습입니다. 이같이 거듭나지 않은 사람들로 가득찬 오늘 우리 시대의 교회는 주님께서 영적으로 보실 때 너무도 가난하고 헐벗고 굶주리고 눈먼 교회입니다. 천국과 지옥에 대한 설교를 한다든지, 거듭나는 것을 강조하는 설교를 한다든지, 죄를 건드리는 설교를 하면 큰일납니다. 회개할 생각은 안하고 자기들을 까는 설교를 한다고 협박합니다. 그래서 오늘 우리 시대의 교회는 사람들의 귀를 즐겁게 해주는 기복신앙을 얘기해야 하고 가능한한 모임횟수를 줄이고 성도들의 비유를 맞춰가며 적당히 그리고 아주 기술적으로 목회를 해야 부흥합니다. 설교도 20분 정도에서 빨리 끝내서 예배시간을 한시간에 재빨리 해치우는 수퍼 하이테크를 개발하지 못하면 교회는 처지고 몰락하는 시대가 되었습니다. 그야말로 하나님을 기쁘시게 하는 교회가 아니고 고객을 즐겁게 하는 교회로 전락한 것입니다. 하나님의 요구에 순종하는 교회가 아니고 사람들의 요구에 굴복하는 교회로 전락하였습니다. 디모데후서 3장 1-5절까지 보시면 말세의 특징을 이렇게 묘사하였습니다. 딤후 3:1) 네가 이것을 알라 말세에 고통하는 때가 이르리니 2) 사람들은 자기를 사랑하며 돈을 사랑하며 자긍하며 교만하며 훼방하며 부모를 거역하며 감사치 아니하며 거룩하지 아니하며 3) 무정하며 원통함을 풀지 아니하며 참소하며 절제하지 못하며 사나우며 선한 것을 좋아 아니하며 4) 배반하여 팔며 조급하며 자고하며 쾌락을 사랑하기를 하나님 사랑하는 것보다 더하며 5) 경건의 모양은 있으나 경건의 능력은 부인하는 자니 이같은 자들에게서 네가 돌아서라

이러한 상황에서 오늘 우리 시대의 교회는 아무것도 할 수 없는 무능한 교회, 차지도 아니하고 덥지도 아니한 미지근한 교회 예수님의 생명을 받지 못한 죽은 교회가 될 수밖에 없습니다. 1700년대와 1800년대에 불을 뿜었던 세계선교의 열정으로 샤마니즘과 우상숭배의 케케묵은 어둠 속에서 방황하던 우리 한반도에도 1884년에 복음이 들어와서 우리민족에게 구원과 생명의 빛을 비추어주었습니다. 그러나 이와 같은 복음주의에 바탕을 둔 순수한 선교의 열정은 1900년대에 들어서면서 그 복음의 내용이 변질되어가기 시작했습니다. 아프리카의 성자로 알려진 밀림의 선교사 슈바이처는 흑인들에게 성육신하신 그리스도를 전파하는 대신 지고한 도덕 선생이신 예수를 전파했고 1960년대에 남미에서 시작된 해방신학은 인간의 영혼구원을 부정하고 거듭나는 도리를 멸시하면서 이 땅 위에서 정치적으로 이루어지는 하나님 나라를 부르짖고 대정부 전복활동과 학생데모를 선동하는 투쟁적인 선교를 시작하여 우리 나라를 비롯 제 3세계의 구석구석으로 번져나갔습니다. 이같은 선교 단체들은 아프리카의 앙골라 반군에게 쏘련제 무기를 지원하면서 공산주의자들과 함께 앙골라 정부를 전복하는 일에 힘을 기울였습니다. 엄청난 복음의 변질이었습니다. 이와 같이 선교의 내용을 변질

시킨 근본 원인은 중세 르네쌍스 시대부터 시작된 인간의 이성을 중시하는 계몽주의의 영향으로 자유주의 신학운동이 그 동안 꾸준히 뿌리를 내리면서 성장하여1900년대에 들어서면서부터는 본격적으로 자유주의 신학을 따르는 교회들이 활발히 번져나갔기 때문입니다. 또한 1900년대에 들어서면서 서구의 선교는 유럽제국주의의 도구로 이용되기도 하여 나이지리아에서 발생한 비아프라 내전을 발단으로 백인배척운동과 독립운동이 확산되어 아프리카에서는 1960년대에 신생독립국가들이 일어나기 시작하였습니다. 유럽에서는 자유주의 신학의 영향으로 교회들이 서서히 죽어가면서 제국주의의 산물인 자본주의의 폐단에 대항하여 노동자들의 파업이 전유럽을 휩쓸었고 1919년에는 드디어 러시아에서 볼셰비키 혁명이 일어나 유럽의 정치와 사회제도와 경제판도를 바꾸기 시작하였습니다. 전쟁과 난리의 소문은 계속 퍼져나가고 드디어 일차 이차 세계대전을 치루면서 주님께서 말씀하신 마지막 시대로 박차를 가하기 시작하였습니다.

주후 70년에 예루살렘이 멸망하면서 이스라엘 국가는 멸망하고 백성은 전세계로 흩어진지 거의 2000년 만에 본토로의 귀환이 시작되어 1947년 유엔의 가결로 이스라엘 백성들은 본토에 돌아와 국가를 재건하고 1948년 유엔의 회원국가로 탄생하였습니다. 지금 현재까지도 이스라엘 백성들이 계속 세계 곳곳에서 이스라엘 본토로 돌아오고 있습니다. 이는 말세가 되면 흩어진 이스라엘 백성을 고토로 다시 데려와 회복시켜주시겠다는 성경의 예언이 이루어지고 있는 것입니다. [8여러날 후 곧 말년에 네가 명령을 받고 그 땅 곧 오래 황무하였던 이스라엘 산에 이르리니 **그 땅 백성은 칼을 벗어나서 열국에서부터 모여 들어오며 이방에서부터 나와서 다 평안히 거하는 중이라**〈겔38:8〉] 이스라엘의 정치적 회복이 우리가 살고있는 라오디게아 시대에 이루어지기 시작했다는 점에서 1900년대부터 시작된 라오디게아 교회 시대가 주님께서 재림하실 말세 시대임을 알려주는 중요한 사건임에 틀림없습니다.

우리는 지금 라오디게아 교회 시대를 살아가고 있습니다. 이방인 교회시대의 끝입니다. 라오디게아 시대가 끝나는 다음 장부터는 대환란이 시작되는 것을 성경은 보여주고 있습니다. 이 라오디게아 교회시대가 앞으로 얼마나 더 계속될지는 아무도 알지 못하나 별로 멀지않은 장래일 것이라고 짐작

이스라엘 시대
[롬.11:17-25]
택함받은 이스라엘

이방인 교회시대
[롬.11:1-29]
오순절에 이방인 교회탄생
[참감람나무는꺾여지고
돌감람나무가 접붙여짐]

천년왕국시대
[롬.9:6-29]
회복된 이스라엘
[유대인과 이방인]

버림받은 이스라엘
[롬.9:30-10:21]

정치적국가 멸망 주후 70년
영적국가 멸망 주후 30년
[마.21:43 '하나님의 나라를 너희는
빼앗기고 열매맺는 백성이 받으리라.']

될 뿐입니다. 이제는 우리가 우리 자신의 기준으로 돌아보아도 참으로 오늘 우리 시대의 교회는 칭찬이 없는 책망만 받아 마땅한 교회입니다. 우리는 말씀을 듣고 미지근함에서 벗어나야 합니다. 열심을 내어 주님을 섬겨야 할 것입니다. 그러기 위해서는 주님을 구주로 확실하게 영접하고 거듭나야 합니다. 기도와 말씀에 열중해서 영의 눈을 떠야 합니다. 대환란 시대를 대비하여 어서 속히 죽은 전통적인 교회에서 해방되어 참 믿음으로 주님의 통치에 날마다 복종하여 사는 참 성도들로 구성되는 '에클레시아' 교회들이 마을마다 고을마다 도시 구석 구석에 생겨나야 합니다. 거대한 인간의 죽은 조직이 아닌 성령으로 거듭난 참 그리스도의 사람들로 구성된 참 믿음과 성도의 교제가 확실한 하나님의 가족으로 모이는 작은 교회들이 많이 생겨나서 사회 구석구석으로 파고 들어가야 합니다. 참으로 우리가 예수님을 그리스도로 믿는다면 이제 더이상 세상풍조에 휩쓸리지 않고 말씀에 절대 복종하면서 일상생활 속에서 실천하며 경건하고 의롭게 살아가는 진짜 교회들로 세워져야 합니다. 주님은 오늘 우리 시대의 교회인 라오디게아 교회에 들어가지 못하신채 아직도 문밖에서 두드리고 계십니다. [20볼찌어다 **내가 문밖에 서서 두드리노니** 누구든지 내 음성을 듣고 문을 열면 내가 그에게로 들어가 그로 더불어 먹고 그는 나로 더불어 먹으리라(계3:20)] 당신의 심령의 문을 열고 주님을 영접할 때 주님은 당신과 함께 거하시며 동행하십니다. 당신은 예수님을 구주와 주님으로 확실히 영접하셨습니까? 14)라오디게아 교회의 사자에게 편지하기를 아멘이시요 충성되고 참된 증인이시요 하나님의 창조의 근본이신 이가 가라사대 말세의 오늘 우리 시대의 교회를 상징하는 라오디게아 교회에게 주님은 왜 *아멘이시요 충성되고 참된 증인이시요 하나님의 창조의 근본이신 이*로 소개되어 있을까요? 대환란 직전의 오늘 우리 시대의 교회의 특징이 영적으로 죽어 진리를 아멘으로 받아들이지 못하기 때문에 주님을 아멘이라고 소개하고 있으며 오늘 우리 시대의 교회가 차지도 않고 덥지도 않고 미지근하기 때문에 주님을 충성되신 분으로 소개하고 있습니다. 또한 오늘 우리 시대의 교회시대가 진리를 왜곡하는 거짓 증인들이 많은 시대이기 때문에 주님을 참된 증인이라고 소개하고 오늘 우리 시대의 교회시대가 인류역사를 마감하는 마지막 시대이기 때문에 머지 않아 인류를 심판하시고 인류역사를 마감하기 위하여 인류역사를 시작하신 창조의 근본이신 하나님이 말씀하신다 라고 소개하고 있는 것은 매우 자연스럽고 또한 의미심장한 일입니다.

우리는 지금까지 계시록 1장에서 3장까지를 다루면서 예수 그리스도의 십자가 사건 이후 오순절에서 시작된 초대교회에서부터 현대교회에 이르기까지의 기간을 일곱 개의 교회시대로 나누어 살펴보았습니다. 이제 말세시대의 교회를 상징하는 라오디게아 교회시대가 3장에서 끝나고 그 다음 4장과 5장에서는 대환란을 시작하기 위하여 하늘 보좌에서의 심상찮은 움직임을 보여주고 있습니다. 그리고 나서 6장부터 19장까지에서 대환란이 진행되는 내용을 시작부터 끝까지 세세히 보여주다가 20장에서 22장까지는 대환란 후에 있을 천년왕국과 그 후에 있을 백보좌 심판에 대하여 서술함으로써 계시록을 마감하고 있습니다. 이것은 요한 계시록이 초대교회시대부터 시작하여 말세시대의 교회와 대환란 시대를 거처 천년왕국에 이르기까지의 사건을 연대적으로 보여주는 참으로 자연스런 순서입니다.

칠십이레와 요한 계시록

대환란의 끝에 재림

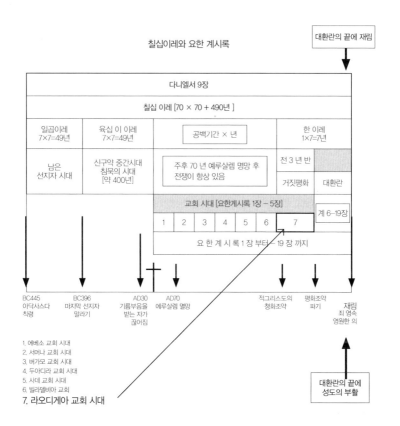

다니엘서 9장				
칠십 이레 [70 × 70 + 490년]				
일곱이레 7×7=49년	육십 이 이레 7×7=49년	공백기간 × 년		한 이레 1×7=7년
남은 선지자 시대	신구약 중간시대 침묵의 시대 [약 400년]	주후 70 년 예루살렘 명망 후 전쟁이 항상 있음	전 3 년 반	
		교회 시대 [요한계시록 1장 – 5장]	거짓평화	대환란
		1 2 3 4 5 6 7	계 6–19장	
		요 한 계 시 록 1 장 부 터 – 19 장 까 지		

BC445
아닥사스다
칙령

BC396
마지막 선지자
말라기

AD30
기름부음을
받는 자가
끊어짐

AD70
예루살렘 멸망

적그리스도의
청화조약

평화조약
파기

재림
죄 영속
영원한 의

1. 에베소 교회 시대
2. 서머나 교회 시대
3. 버가모 교회 시대
4. 두아디라 교회 시대
5. 사대 교회 시대
6. 빌라델비아 교회
7. 라오디게아 교회 시대

대환란의 끝에
성도의 부활

4 - 5 장

〈대환란 직전의 천국 상황〉

(1)이 일 후에 내가 보니 하늘에 열린 문이 있는데 내가 들은바 처음에 내게 말하던 나팔소리 같은 그 음성이 가로되 **이리로 올라 오라 이 후에 마땅히 될 일을 내가 네게 보이리라 하시더라** (2)내가 곧 성령에 감동하였더니 **보라 하늘에 보좌를 베풀었고 그 보좌 위에 앉으신 이가 있는데** (3)앉으신 이의 모양이 벽옥과 홍보석 같고 또 무지개가 있어 보좌에 둘렸는데 그 모양이 녹보석 같더라 (4)또 보좌에 둘려 이십 사 보좌들이 있고 그 보좌들 위에 이십 사 장로들이 흰 옷을 입고 머리에 금 면류관을 쓰고 앉았더라 (5)보좌로부터 번개와 음성과 뇌성이 나고 보좌 앞에 일곱 등불 켠 것이 있으니 이는 하나님의 일곱 영이라 (6)**보좌 앞에 수정과 같은 유리 바다가 있고 보좌 가운데와 보좌 주위에 네 생물이 있는데 앞뒤에 눈이 가득하더라** (7)그 첫째 생물은 사자 같고 그 둘째 생물은 송아지 같고 그 세째 생물은 얼굴이 사람 같고 그 네째 생물은 날아가는 독수리 같은데 (8)네 생물이 각각 여섯 날개가 있고 그 안과 주위에 눈이 가득하더라 그들이 밤낮 쉬지 않고 이르기를 거룩하다 거룩하다 거룩하다 주 하나님 곧 전능하신이여 전에도 계셨고 이제도 계시고 장차 오실 자라 하고 (9)**그 생물들이 영광과 존귀와 감사를 보좌에 앉으사 세세토록 사시는 이에게 돌릴 때에** (10)이십 사 장로들이 보좌에 앉으신 이 앞에 엎드려 세세토록 사시는 이에게 경배하고 자기의 면류관을 보좌 앞에 던지며 가로되 (11)우리 주 하나님이여 영광과 존귀와 능력을 받으시는 것이 합당하오니 주께서 만물을 지으신지라 만물이 주의 뜻대로 있었고 또 지으심을 받았나이다 하더라〈계4:1~11〉

하나님의 보좌[4장]

앞의 2장과 3장에서는 지상에서 과거에 있었던 교회와 장차 나타날 교회들에 대하여 요한에게 보여주셨습니다. 그러나 4장과 5장에서는 요한을 직접 하늘로 데려가서 교회시대가 끝나고 나타날 대환란에 대하여 하늘 본부에서의 준비상황을 보여주고 있습니다. 거기서 요한은 하나님 보좌의 찬란한 모습과 그 주변에서 일어나는 일들을 자기가 본대로 기록하고 있습니다.

3절을 보면 보좌 위에 '앉으신 이의 모양이 벽옥과 홍보석 같고 또 무지개가 있어 보좌에 둘렸는데 그 모양이 녹보석 같더라.' 고 하였습니다. 여기에 나타난 벽옥, 홍보석 그리고 녹보석 같은 보석들은 하나님의 아름다우심과 존귀하심과 영광으로 찬란하게 빛나는 영화로우신 하나님의 모습을 상징하는 것입니다. 무지개는 하나님의 자비하심과 죄인들을 구원해주시는 은혜의 새 언약을 상징하는 것입니다. 또 5절에 보면 '보좌로부터 번개와 음성과 뇌성이 나고 보좌 앞에 일곱 등불 켠 것이 있으니 이는 하나님의 일곱 영이라.' 번개는 어둠이 조금도 틈탈 수 없는 밝은 광명을 상징하고, 하나님의 음성은 성경에서 많은 물소리와 같은 소리로 묘사되었는데 이는 전능하신 통치력의 위엄과 능력과 무한한 권세와 장엄함을 상징하는 것으로서 하나님의 보좌는 하나님의 음성과 말씀과 명령이 나오는 자리입니다. 뇌성은 그의 위엄을 상징하고 일곱 등불은 본문이 밝혀주는 대로 하나님의 일곱 영을 의미하는 것으로서 일곱은 완전수를 나타내는 바 이는 그가 거룩하심과 의로우심과 사랑하심과 그의 존재와 사고와 행동의 모든 면에 있어서 조금도 부족함이 없는 완전하신 영임을 의미하는 것으로 하나님의 보좌는 거룩함이 가득찬 신령한 분위기임을 보여주는 것입니다. 10절과 11절에는 보좌에 앉으신 이를 '세세토록 사시는 이'와 '만물을 지으신 자' 라고 표현함으로써 하나님은 스스로 영원히 계시는 분으로서 천지 만물을 창조하신 창조주로서 우주만물의 영원한 주인이심을 보여주고 있습니다. 하나님을 만물을 창조하신 이로 선포하는 이 말씀을 보면 하나님의 존재를 부정하고 하나님의 창조를 부인하는 진화론은 자기멸망의 때가 다 된 줄 알고 있는 사탄이 준비한 마지막 몸부림임을 알 수 있습니다. 참으로 믿는 진짜 성도들은 땅에서의 이 모든 수고를 마치고 멀지 않아 바로 저 찬란하고 위엄에 찬 보좌 앞에 서서 우리 생명의 주인 되신 영광스런 주님을 얼굴과 얼굴로 직접 뵙게 될 것입니다.

하나님의 보좌 둘레

4절을 보면 '또 보좌에 둘려 이십사 보좌들이 있고 그 보좌들 위에 이십사 장로들이 흰 옷을 입고 머리에 금면류관을 쓰고 앉았더라' 하나님의 보좌 둘레에는 24 장로를 위한 24보좌가 둘러있습니다. 24보좌에 앉아있는 장로들은 흰 옷을 입었고 머리에는 황금 면류관을 썼습니다. 여기서 장로들은 천국에서 하나님을 보좌하는 최고의 지도적 위치에 있는 존재들입니다. 분명한 것은 그들이 하고 있는 일들이 천사들이 하는 일과 동일한 점입니다. 예를 들면 그들이 하는 일은 하나님과 어린양 예수를 찬양하는 것입니다.[5:9-10] 그들은 성도들의 기도가 담긴 금대접을 가지고 있었습니다. 그들은 하나님의 보좌 가장 가까이에서 섬기는 자들입니다. 그러면 여기 이십사 장로들의 정체는 무엇입니까? 5장8-10절을 보면 그들이 누구인지를 알 수 있는 단서가 있습니다.

'(8)책을 취하시매 네 생물과 이십 사 장로들이 어린 양 앞에 엎드려 각각 거문고와 향이 가득한 금 대접을 가졌으니 이 향은 성도의 기도들이라 (9)새 노래를 노래하여 가로되 책을 가지시고 그 인봉을 떼기에 합당하시도다 일찍 죽임을 당하사 각 족속과 방언과 백성과 나라 가운데서 **사람들을** 피로 사서 하나님께 드리시고 (10)**저희로** 우리 하나님 앞에서 나라와 제사장을 삼으셨으니 **저희가** 땅에서 왕 노릇하리로다 하더라'

　　여기에서 한국어 번역에는 10절에 '저희로' 제사장을 삼으셨고 '저희로' 왕 노릇하리로다 라고 기록하고 있습니다. 그래서 자칫 여기 '저희'는 이십사 장로가 아닌 예수님의 피로 구속함을 받은 인간들이고 이십사 장로는 그들과 다른 하늘의 존재들인것처럼 오해하기 쉽습니다. 그러나 헬라어를 찾아보면 정확한 번역은 **'사람들을 피로 사서'가 아니고 '우리를 피로 사서'가 맞고 '저희로 제사장을 삼으셨으니'가 아니고 '우리를 하나님 앞에서 제사장을 삼으셨으니'가 맞고 '저희가 땅에서 왕 노릇하리로다'가 아니고 '우리가 땅에서 왕 노릇하리로다'가 맞는 것입니다.** 영어번역들 중에서는 킹제임스 번역이 맞습니다. [8Now when He had taken the scroll, the four living creatures and the twenty-four elders fell down before the Lamb, each having a harp, and golden bowls full of incense, which are the prayers of the saints. 9And they sang a new song, saying: "You are worthy to take the scroll, And to open its seals;For You were slain, And have redeemed us to God by Your blood Out of every tribe and tongue and people and nation, 10And have made us kings and priests to our God; And we shall reign on the earth.(NKJV)] 그러니까 여기 이십사 장로들은 천사들이 아닙니다. 왜냐하면 그리스도의 피로 사서 하나님께 드린 사람들이라고 하였으니까 구속함을 받은 우리 인간들 중에서 뽑힌 사람들임을 알 수 있습니다. 그런데 24장로들이 하는 일 중에서 한가지 인상적인 것은 보좌에 앉으신 이 앞에 엎드려 경배하는 일입니다.[10절] 그들은 하나님을 가장 가까이 섬기는 자들로서 자기의 면류관을 하나님 보좌 앞에 던지면서 [10절] 오직 하나님께만 모든 영광과 존귀와 능력을 돌리고 있습니다.[10절] 그들이 그처럼 철저하게 하나님께만 영광과 존귀와 모든 권세를 드리는 것에서 우리는 참 섬김의 태도를 배워야 합니다. 하나님은 바로 만물을 지으신 창조 주이시기 때문일 뿐 아니라 피조물이며 또한 죄인이었던 인간이 그리스도의 대속죽음으로 구원받은 사람들이기에 마땅히 하나님을 그렇게 정중하게 그리고 몸과 마음과 정성과 목숨을 다해 사랑하고 경배해야 할 것입니다.[11절] 오늘 하나님께 대한 우리들의 무성의한 태도를 생각해 보십시오. 정말 우리가 하나님을 우주의 대창조주요, 우리의 생명을 지으신 창조자요, 우리의 생사화복을 주관하시는 우주만물의 통치자라고 믿는다면 우리가 이렇게 적당히 소홀하게 하나님을 섬길 수 있을까요? 우리가 만약 하나님을 우리의 창조주로 바로 알고 믿는다면 우리는 분명히 모든 것을 제쳐두고 24장로들처럼 최선을 다하여 그리고 두렵고 떨리는 마음으로 목숨을 다하고 마음을 다하고 뜻을 다하여 하나님을 섬기게 될 것입니다.

그런데 여기 이 장로들과 함께 하나님을 섬기는 또 다른 존재들이 있습니다. 그들은 네 생물들[beasts〈짐승들〉]입니다. 이들은 날개를 가진 자들로서 천사들을 상징하는데 이들도 또한 특별히 하나님을 가까이에서 보좌하는 자들로서 수석급 천사들입니다. 사도 요한은 보좌 한 가운데에서와 보좌 주위에서 네 생물을 보았는데 그 모양은 그 얼굴들이 사자, 송아지[황소], 사람, 독수리 같았고 네 생물은 각각 여섯 날개가 있고 그 안과 주위에 눈이 가득하였습니다.[7-8절] 이 네 생물들의 정체가 누구인지를 알기 위해서 에스겔서1장을 살펴보겠습니다.

1제 삼십년 사월 오일에 내가 그발강 가 사로잡힌 자 중에 있더니 하늘이 열리며 하나님의 이상을 내게 보이시니 2여호야긴왕의 사로잡힌지 오년 그 달 오일이라 3갈대아 땅 그발강 가에서 여호와의 말씀이 부시의 아들 제사장 나 에스겔에게 특별히 임하고 여호와의 권능이 내 위에 있으니라 4내가 보니 북방에서부터 폭풍과 큰 구름이 오는데 그 속에서 불이 번쩍번쩍하여 빛이 그 사면에 비취며 그 불 가운데 단쇠 같은 것이 나타나 보이고 5그 속에서 **네 생물의 형상이 나타나는데** 그 모양이 이러하니 사람의 형상이라 6**각각 네 얼굴과 네 날개가 있고** 7그 다리는 곧고 그 발바닥은 송아지 발바닥 같고 마광한 구리 같이 빛나며 8그 사면 날개 밑에는 각각 사람의 손이 있더라 그 네 생물의 얼굴과 날개가 이러하니 9날개는 다 서로 연하였으며 행할 때에는 돌이키지 아니하고 일제히 앞으로 곧게 행하며 10그 얼굴들의 모양은 넷의 앞은 **사람의 얼굴이요** 넷의 우편은 **사자의 얼굴이요** 넷의 좌편은 **소의 얼굴이요** 넷의 뒤는 **독수리의 얼굴이니** 11그 얼굴은 이러하며 그 날개는 들어 펴서 각기 둘씩 서로 연하였고 또 둘은 몸을 가리웠으며 12신이 이느 편으로 가려면 그 생물들이 그대로 가되 돌이키지 아니하고 일제히 앞으로 곧게 행하며 13또 생물의 모양은 숯불과 횃불 모양 같은데 그 불이 그 생물 사이에서 오르락 내리락 하며 그 불은 광채가 있고 그 가운데서는 번개가 나며 14그 생물의 왕래가 번개 같이 빠르더라 15내가 그 생물을 본즉 그 생물 곁 땅 위에 바퀴가 있는데 그 네 얼굴을 따라 하나씩 있고 16그 바퀴의 형상과 그 구조는 넷이 한결 같은데 황옥 같고 그 형상과 구조는 바퀴 안에 바퀴가 있는 것 같으며 17행할 때에는 사방으로 향한대로 돌이키지 않고 행하며 18그 둘레는 높고 무서우며 **그 네 둘레로 돌아가면서 눈이 가득하며** 19생물이 행할 때에 바퀴도 그 곁에서 행하고 생물이 땅에서 들릴 때에 바퀴도 들려서 20어디든지 신이 가려하면 생물도 신의 가려하는 곳으로 가고 바퀴도 그 곁에서 들리니 이는 생물의 신이 그 바퀴 가운데 있음이라 21저들이 행하면 이들도 행하고 저들이 그치면 이들도 그치고 저들이 땅에서 들릴 때에는 이들도 그 곁에서 들리니 이는 생물의 신이 그 바퀴 가운데 있음이더라 22그 생물의 머리 위에는 수정 같은 궁창의 형상이 펴 있어 보기에 심히 두려우며 23그 궁창 밑에 생물들의 날개가 서로 향하여 펴 있는데 이 생물은 두 날개로 몸을 가리웠고 저 생물도 두 날개로 몸을 가리웠으며 24생물들이 행할 때에 내가 그 날개소리를 들은즉 많은 물 소리와도 같으며 전능자의 음성과도 같으며 떠드는 소리 곧 군대의 소리와도 같더니 그 생물이 설 때에 그 날개를 드리우더라 25그 머리 위에 있는 궁창 위에서부터 음성이 나더라 그 생물이 설 때에 그 날개를 드리우더라 26그 머리 위에 있는 궁창 위에 보좌의 형상이 있는데 그 모양이 남보석 같고 그 보좌의 형상 위에 한 형상이 있어 사람의 모양 같더라 27내가 본즉 그 허리 이상의 모양은 단 쇠 같아서 그 속과 주위가 불 같고 그 허리 이하의 모양도 불 같아서 사면으로 광채가 나며 28그 사면 광채의 모양은 비 오는날 구름에 있는 무지개 같으니 이는 여호와의 영광의 형상의 모양이라 내가 보고 곧 엎드리어 그 말씀하시는 자의 음성을 들으니라〈겔1:1-28〉

사도 요한이 본 네 생물들은 세세토록 사시는 이에게 밤낮 쉬지 않고 영광과 존귀와 감사를 돌리며 찬양하고 있습니다. '거룩하다 거룩하다 거룩하다 주 하나님, 곧 전능하신이여 전에도 계셨고 이제도 계시고 장차 오실 자라'[8] 여기서 에스겔이 본 것과 사도 요한이 본 것과 다른점은 에스겔은 하나님이 운행하시는 모습을 보았고 사도 요한은 하나님이 보좌에 좌정하신 모습을 본 것입니다. 이 네 생물들은 하나님이 보좌에 좌정해 계실 때나 이곳 저곳으로 운행하실 때나 항상 하나님을 보좌하며 어디든지 모시고 다니는 수행원과 같은 책임을 맡은 존재들입니다. 그러면 장로들과 생물들의 차이점은 무엇입니까? 장로들은 통치권을 부여받은 존재들로서 하나님과 함께 왕 노릇하고 있다는 점이며 생물들은 수행원처럼 종의 직분을 받은 점이 다른 것입니다. 그래서 생물들은 날개를 지니고 있다는 점[사.6:1-3]과 항상 하나님을 보좌하며 어디든지 모시고 다니는 수행원과 같은 직분을 가진 점을 고려할 때[겔.1:4-28] 그들이 둘 다 하나님 보좌 가까이에서 섬기는 존재들이지만 장로들과 네 생물들은 그 사역내용에서 전혀 다른 일을 하고 있음을 알 수 있습니다.

6절에 보면 하나님 보좌 앞에는 수정과 같은 유리바다가 있습니다. 이는 하나님 앞에 나아오는 자는 누구든지 그의 모습이 거울에 비추어 낱낱이 드러나게 되어 하나님 앞에서 한 점의 죄악도 숨길 수 없을 것입니다. 이 유리바다를 통과하여 하나님 앞에 서기 위해서는 우리는 우리의 죄를 대속해 주시고 우리의 부족하고 부끄러운 삶을 위하여 대신 온전하신 삶을 살아 주신 주 예수 그리스도를 필요로 합니다. 그러니까 우리는 오직 그 분의 품에 안기어서만 저 유리바다를 건너 하나님 앞에 설 수 있게 되는 것입니다. 그러므로 2절을 보면 사도 요한을 먼저 성령으로 감동시킨 후에야 하늘 보좌를 보게 하셨습니다. 사도 요한을 이와 같이 존귀한 하늘 보좌로 불러주신 이유는 이후에 마땅히 될 일을 보여주기 위함이라고 본문 1절에서 밝히고 있습니다. 사도 요한에게 보여주신 것을 다 기록하라 하신 것은 그가 본 것을 오늘 우리 믿는 사람들이 똑같이 보게 하기 위해섭니다. 믿음을 가진 사람들만 사도 요한이 본 것을 그대로 볼 수 있게 될 것입니다. 우리는 여기서 하나님이 얼마나 존귀하시고 위엄이 있으시고 높으신 분이며 얼마나 성결하시고 의로우시고 거룩하시며 찬란한 영광으로 빛나는 분이신지를 깨닫게 됩니다. 우리가 하나님을 믿는다고 하면서도 너무도 하나님을 만홀히 여기는 것이 아닌가 생각해 볼 필요를 느낍니다. 우리가 만약 사도 요한처럼 하늘나라에 잠시 초대를 받고 이 엄청난 장면을 직접 보고 다시 이 세상에 돌아 올 수 있다면 아마 세상의 모든 것을 다 버리고 최선을 다하여 두렵고 떨리는 마음으로 하나님을 섬기게 될 것입니다. 사도 바울은 바로 셋째 하늘에 올라 가서 보았던 그 말로 다할 수 없는 신비로운 체험 때문에 그의 여생을 주님을 위해 철저하게 남김없이 다 바칠 수 있었을 것입니다. 하나님은 사도 요한과 사도 바울 같은 주의 귀한 종들을 통해서 오늘 우리에게 하늘의 비밀을 가르쳐 주시고 믿게 하십니다. 여기 우리는 네 생물들처럼 24 장로들처럼 늘 하나님을 두렵고 떨리는 마음으로 예배하고 경배하고 섬기는 진지하고 거룩한 삶을 살아야 할 것입니다. 우리가 지금 우리의 삶에서 가장 중요하게 여기는 것은 무엇입니까? 우리는 지금 무슨 일에 열중하고 있습니까? 하나님 섬기는 일을 결코 가볍게 여겨서는 안될 것입니다. 분명히 우리에게도 머지 않아 저 수정 같이 맑은 유리바다를 지나 하나님 앞에 서야 할 그 날이 이를 것이기 때문입니다.

일곱 인으로 봉하여진 책[5장]

(1)내가 보매 보좌에 앉으신 이의 오른손에 책이 있으니 안팎으로 썼고 일곱 인으로 봉하였더라 (2)또 보매 힘 있는 천사가 큰 음성으로 외치기를 누가 책을 펴며 그 인을 떼기에 합당하냐 하니 (3)하늘 위에나 땅 위에나 땅 아래에 능히 책을 펴거나 보거나 할 이가 없더라 (4)이 책을 펴거나 보거나 하기에 합당한 자가 보이지 않기로 내가 크게 울었더니 **(5)장로 중에 하나가 내게 말하되 울지 말라 유대 지파의 사자 다윗의 뿌리가 이기었으니 이 책과 그 일곱 인을 떼시리라 하더라** (6)내가 또 보니 보좌와 네 생물과 장로들 사이에 어린 양이 섰는데 일찍 죽임을 당한 것 같더라 일곱 뿔과 일곱 눈이 있으니 이 눈은 온 땅에 보내심을 입은 하나님의 일곱 영이더라 (7)**어린 양이 나아와서 보좌에 앉으신 이의 오른손에서 책을 취하시니라** (8)책을 취하시매 네 생물과 이십사 장로들이 어린 양 앞에 엎드려 각각 거문고와 향이 가득한 금 대접을 가졌으니 이 향은 성도의 기도들이라 (9)새 노래를 노래하여 가로되 책을 가지시고 그 인봉을 떼기에 합당하시도다 일찍 죽임을 당하사 각 족속과 방언과 백성과 나라 가운데서 사람들을 피로 사서 하나님께 드리시고 (10)저희로 우리 하나님 앞에서 나라와 제사장을 삼으셨으니 저희가 땅에서 왕 노릇하리로다 하더라 (11)내가 또 보고 들으매 보좌와 생물들과 장로들을 둘러 선 많은 천사의 음성이 있으니 그 수가 만만이요 천천이라 (12)큰 음성으로 가로되 죽임을 당하신 어린 양이 능력과 부와 지혜와 힘과 존귀와 영광과 찬송을 받으시기에 합당하도다 하더라 (13)내가 또 들으니 하늘 위에와 땅 위에와 땅 아래와 바다 위에와 또 그 가운데 모든 만물이 가로되 보좌에 앉으신 이와 어린 양에게 찬송과 존귀와 영광과 능력을 세세토록 돌릴지어다 하니 (14)네 생물이 가로되 아멘 하고 장로들은 엎드려 경배하더라.〈계.5:1-14〉

일곱 인으로 봉하여진 책

1) 내가 보매 보좌에 앉으신 이의 오른손에 책이 있으니 안팎으로 썼고 일곱 인으로 봉하였더라

바로 앞장에서 사도 요한은 천사들을 상징하는 네 짐승들과 그리고 구속함을 받은 이십사 장로들이 하나님을 찬양하고 경배하는 진지하고 위엄있고 영광이 가득한 장엄한 장면을 보았습니다. 그런데 여기 본문에 보면 사도 요한은 이제 보좌에 앉으신 하나님의 오른 손에 들고 계신 이상한 한 책을 보았습니다. 그 책은 안팎으로 썼고 일곱인으로 봉하여진 책이었습니다. 즉 지금까지 한번도 펼쳐진 적이 없는 비밀의 책이었습니다. 안팎으로 쓰여졌다는 말은 그 책에 많은 내용들이 들어있음을 보여줍니다. 한 두개의 인이 아니고 일곱 인으로 봉해졌다는 말은 그 기록된 내용이 얼마나 중요하고 심각한 것인지를 생각하게 해줍니다. 그 책은 다음 장부터 보시면 알게되겠지만 인류 역사의 종말에 일어날 사건들을 기록한 대환란과 주님의 재림과 천년왕국과 백보좌 심판에 관한 책이기 때문입니다.

이렇게 중요한 책을 이제 하나님은 오른 손에 드시고 누구라도 이 책을 펴서 그 내용을 실행하기에 합당한 자에게 주시려고 손을 내밀고 계십니다. 이는 인류역사를 심판하실 마지막 때가 다 되었다는 것을 보여주는 것입니다. 즉 일곱교회시대의 마지막인 라오디게아 교회시대가 이제 다 끝나고 대환란이 시작된다는 것을 보여주는 것입니다. 사도 요한이 하나님의 오른 손에 있는 책을 정신없이 보고 있는 동안에 힘있는 천사 하나가 큰 음성으로 외치는 소리를 들었습니다. '누가 이 책을 펴기에 합당하고 누가 그 인을 떼기에 합당하냐?' 하는 큰 음성이 울려 퍼졌습니다. 3절에 보면 '하늘 위에나 땅 위에나 땅 아래에 능히 책을 펴거나 보거나 할 이가 없더라.' 라고 하였습니다. 무슨 말씀입니까? 하늘에 있는 그 많은 천사들 중에서도 아무도 이 책을 열고 그 내용을 수행할 자격이 있는 자가 없었습니다. 위로 하늘에는 스랍들과 그룹들 그리고 구속함을 받은 최고의 지도자들인 24장로들과 네 생물 등 다양한 계층의 천사들이 있었지만 그 중에 아무도 이 책을 열고 이 세상을 심판할 수 있는 자격을 구비한 자가 없었습니다. 아무리 거룩한 천사라 해도 인간을 죄인이라고 정죄하고 심판할 자격이 없는 것입니다. 아래로 땅 위에는 유명한 많은 정치 지도자들, 교육자들, 도덕가들, 자선사업가들, 그리고 과학자들과 목사들을 포함한 수많은 교회 지도자들과 거룩하게 살아가는 성도들이 있지

만 그 중에 아무도 이 심판의 책을 열고 사람들을 죄인이라고 정죄하고 심판할 수 있는 거룩하고 의로운 사람은 아무도 없었습니다. 죄 없는 자가 먼저 돌로 치라고 말씀하신 주님 앞에서 감히 누가 누구를 죄인이라고 정죄하고 심판 할 수 있단 말입니까? 참으로 하늘 위에나 땅 위에나 땅 아래에 있는 그 어떤 자도, 즉 죽은 자들 중에서 과거 인류역사에 길이 빛났던 그 어떤 위인도 '내가 인류의 악한 죄를 정죄하고 심판할 수 있습니다.' 라고 주장하고 나설 수 있는 사람은 하나도 없다는 말입니다. 하나님은 책을 든 손을 내밀고 계시는데 그 책을 열자가 아무도 나타나지 않자 요한은 크게 울었습니다. 교회의 창립멤버 중에 한 사람인 사도요 교회의 지도자로서 장로가 된 요한 자신도 그 책을 열 자격이 없는 죄 많은 자신을 생각하고 괴로워서 울었을까요? 아니면 그 책에 담겨진 비밀을 알고 싶은데 그 책을 열 수 있는 자격을 갖춘 사람을 하나도 찾을 수 없는 안타까움 때문에 울었을까요?

예수 그리스도

7절을 보면 다윗의 뿌리 어린양 예수그리스도께서 나아와서 이 책을 받으셨습니다.

7) 어린 양이 나아와서 보좌에 앉으신 이의 오른손에서 책을 취하시니라

하나님께서 심판의 책을 오른 손에 드시고 이 책을 펴기에 합당한 자를 찾으려는 시도가 하늘과 땅의 온 우주에 걸쳐 시행되었습니다. 그러나 이 책을 펴서 죄인들을 심판할 만큼 선하고 의롭고 거룩하고 깨끗하고 완전한 자가 아무도 없었습니다. 인간을 창조하신 인간의 주인이시며 또한 인간의 죄악을 대신 지시고 십자가를 지셨던 예수 그리스도 밖에 과연 누가 인간을 심판할 자격이 있단 말입니까! 7절에서 보는 대로 예수 그리스도께서 이 책을 받으셨습니다. 이 책을 열고 심판을 수행할 수 있는 분이 예수 그리스도 밖에 아무도 없는 이유는 이 책의 내용 때문입니다. 이 책은 마지막 때에 알곡과 쭉정이를 가르는 책이기 때문입니다. 알곡은 거두어 천국에, 쭉정이는 거두어 지옥 불에 던지는 것입니다. 참과 거짓을 판별하여 참된 것은 천국에 거짓된 것은 지옥 불에 던져넣는 일입니다. 그러므로 이 책은 참 성도들에게는 구원의 책이요 희망의 책이요 영원한 승리의 책입니다. 그러나 이

책은 거짓 성도들과 불신자들에게는 일곱 눈을 가지신 그리스도의 완전하시고 예리하시고 정확하신 판결로 심판하여 그들의 죄악을 낱낱이 드러내시고 그들을 지옥 불에 던져넣는 무서운 심판과 영원한 벌과 절망과 저주의 책입니다. 이와 같이 이 책은 참 믿는 자는 천국으로, 불신자는 지옥으로 가는 인류의 마지막 운명을 결정하는 운명의 책입니다.

그런데 바로 이 운명의 책이 하나님의 오른 손에 들려있다는 것을 우리는 주목해야 합니다. 우리는 인류의 운명이 하나님의 손 안에 있음을 다시 한번 깊이 깨달아야 할 것입니다. 하나님만이 우주를 창조하신 주인이십니다. 하나님만이 이 모든 생명체를 관리하고 계신 주인이십니다. 우리의 인류 역사가 하나님의 손 안에 있음을 우리는 명심해야 합니다. 우리는 지금 우리 앞에 당면한 많은 문제들로 고민하고 있습니다. 타락한 정치, 흔들리는 경제, 방황하는 교육, 심각해지는 지구 환경오염과 점점 거세지는 자연재앙들, 점증하는 테러와 국제적인 분쟁과 전쟁의 문제, 식량의 문제, 마약과 폭력과 범죄의 문제, 성도덕의 타락과 가정의 파괴, 인류 양심과 지성의 타락, 질병의 문제, 인구의 문제 등 제한된 자원을 가진 작은 지구 땅 덩어리 위에 수 많은 문제들로 우리는 미래를 놓고 염려하고 있습니다. 그러나 어떤 과학 기술이나 경제력이나 교육이나 도덕운동이나 그 어떤 탁월한 정치로도 현재 인류가 당면하고 있는 이 어려운 문제들을 결코 스스로 해결할 능력과 지혜가 없음을 우리는 솔직하게 인정해야 합니다.

지난 세기의 유명한 역사학자이며 문명학자인 영국의 토인비 교수는 과학이 인류를 구원하지 못하고 오히려 멸망시킬 것이라고 경고하였습니다. 그는 핵은 인류에게 유익한 것이지만 그 핵을 관리하는 인간의 양심이 악하기 때문에 결국은 인류를 파멸로 이끌 것이라고 예언했습니다. 그는 인류의 참 희망은 종교에 있다고 지적하면서 기독교, 불교, 천주교, 이슬람교, 그리고 힌두교 같은 세계의 고등종교 지도자들로 구성된 최고의 도덕적인 정부를 구성할 때 인류의 미래는 가능할 것이라고 말했습니다. 그러나 이것은 얄팍한 인간의 생각이요 무신론자의 망상일 뿐입니다. 중세 때에 캐톨릭교회가 캐톨릭 교회에 가입하지 않은 자들을 1억 5천 만명이나 죽였던 사실을 아십니까? 그 중에 가정에서 비밀리에 모이던 개신교도가 6천만명이 살해된 것을 알고 계십니까? 북아일랜드에서 캐톨릭과 개신교가 얼마나 오랫동안 피흘리며 싸웠습니까? 기독교와 이슬람교가 얼마나 오래 동안 피 흘리며 지금까지 싸우고 있습니까? 인도와 파키스탄에서는 지금도 힌두교와 이슬람교가 얼마나 치열하게 싸우고 있습니까? 다른 종교는 그만두고 라도 같은 종교 안에서 얼마나 치열하게 싸우고 있습니까! 이슬람교 안에서 시아파와 수니파가 지금까지 얼마나 치열하게 싸우고 있습니까! 한국에서 불교 지도자들이 싸우는 것을 생각해 보십시오. 몽둥이와 칼과 불을 들고 치열한 격투를 벌리는 것을 CNN 탑 뉴스로 볼 때 아무리 남의 종교라고 할지라도 참으로 부끄럽고 경악할 일이었습니다. 아니 구태여 남의 얘기 할 필요가 뭐 있겠습니까! 우리 기독교 안에서 목사들이 정죄하고 모함하고 싸우며 교회 안에서 성도들이 서로 정죄하고 싸우고 갈라지는데 어떻게 타종교간에 연합정부를 구성하여 고등도덕으로 인류를 통치하는 것이 가능하겠습니까? 얄팍한 종교사상이나 철학이나 도덕이 인류의 당면한 문제를 결코 해결하지 못합니다. 고등종교 지도자들을 세계정부 지도자로 세워 인류의 문제를 풀어보겠다는 토인비의 사상은 무신론자의 망상일 뿐입니다. 또한 최첨단 과학의 산물인 복제인간도 그것을 해결해주지 못합니다. 최고 고성능 컴퓨터도 이 문제들을 해결해주지 못합니다. 또한 인간의 심성을 지닌 로봇을 만든다면 인간은 그 로봇에 의하여 멸망할 것입니다. 그러나 우리 믿는 사람들은 인류의 역사가 하나님의 손 안에 있음을 보아야 합니다. 이 우주와 천하만물과 인간을 창조하신 창조주 하나님만이 우주에 대한 완전한 계획과 목적을 가지고 계십니다. 그 계획과 목적을 가지신 주 예수님만이 인류의 마지막 역사를 수행하실 수 있으십니다. 5절부터 보십시오.

5) 장로 중에 하나가 내게 말하되 울지 말라 유대 지파의 사자 다윗의 뿌리가 이기었으니 이 책과 그 일곱 인을 떼시리라 하더라 6) 내가 또 보니 보좌와 네 생물과 장로들 사이에 어린 양이 섰는데 일찍 죽임을 당한 것 같더라 일곱 뿔과 일곱 눈이 있으니 이 눈은 온 땅에 보내심을 입은 하나님의 일곱 영이더라 7) 어린 양이 나아와서 보좌에 앉으신 이의 오른손에서 책을 취하시니라

5절을 보시면 장로 중에 한 사람이 요한에게 나아와서 다윗의 뿌리가 이 책을 열고 그 일곱 인을 뗄 것이라고 가르쳐주었습니다. 다윗의 후손으

로 친히 사람의 몸을 입으시고 이 죄악의 땅에 오셔서 우리 죄인의 죄를 대속하기 위하여 십자가에서 죽으시고 부활하사 교회의 머리가 되신 하나님의 어린양은 예수이십니다. 예수 그리스도만이 바로 이 책을 펴서 그 내용을 수행하실 수 있는 유일한 분이었습니다. 그는 다윗의 뿌리로 오신 분이십니다. 그는 다윗의 후손 메시야로 오셨다는 말입니다. 그는 어린양으로서 일찍 죽임을 당하셨습니다. 그는 하나님의 어린양으로 이 땅에 오셔서 우리 죄악를 대신 지시고 십자가에서 죽으신 예수 그리스도란 말입니다. 5절을 보시면 '다윗의 뿌리가 이기었으니'라고 하였습니다. 이는 그리스도께서 죄를 이기시고 사탄을 이기시고 사망권세를 이기셨다는 말입니다. 거룩하시고 선하시고 의로우시고 완전하시고 깨끗하셔서 죄를 이기신 예수 그리스도 만이 죄인 인류를 심판하실 수 있는 유일하신 분이셨습니다. 그러니까 예수님만이 인류를 심판할 권세를 받으신 이유는 예수님이 죄인을 구원하시기 위하여 친히 성육신하셔서 우리 인류의 죄값을 지불하시고 구원하신 분이시기 때문입니다. 그래서 요한복음 5장 22절과 27절에서 예수님은 이렇게 말씀하셨습니다.

"22아버지께서 아무도 심판하지 아니하시고 <u>심판을 다 아들에게 맡기셨으니</u>… 27또 <u>인자됨을 인하여 심판하는 권세를 주셨느니라</u>"

그렇습니다. 예수님께서 심판할 권세를 받으신 이유는 그가 인간의 육신을 입으시고 인자[사람의 아들]로 오셨기 때문입니다.

6절을 보면 예수 그리스도는 '일곱 뿔'을 가지신 분이라고 하였습니다. 요한계시록 17장 12절을 보면 '뿔'은 '왕', '통치자'를 의미합니다. 성경에서 일곱은 완전, 충만, 가장 이상적인 상태를 상징합니다. 그러므로 예수님은 가장 이상적인 우주의 최고 통치자요 권능자로서 이 책을 열고 세상을 심판하실 수 있는 적합하신 분으로서 우주의 창조주요 주권자요 최고 통수권자가 아니십니까! 6절을 보시면 또한 그분은 '일곱 눈'을 가지신 분이라고 하였습니다. 일곱 눈은 지식과 지능과 지혜에 있어서 완전함을 상징합니다. 즉 예수 그리스도는 모든 것을 다 정확하게 아시기 때문에 이 세상을 심판하심에 있어서 일말의 착오도 없이 정확하게 판단하시고 심판하셔서 마땅히 정죄할 자를 정죄하시고 마땅히 칭찬하실 자를 칭찬하실 것입니다. 우리처럼 외모로 잘못 판단하거나 편견을 가지고 자기 친구나 자기 편에 유리하게 판단하여 싸움을 일으키고 억울하게 상처를 주는 일이 전혀 없으신 분이십니다. 우리 예수님은 인간 판사들처럼 죄없는 사람을 잘못 판정하여 억울하게 수십년 동안 감옥에 갇히게 하는 일도 없으십니다. 8절부터 보시면 인류를 심판하시고 하나님의 창조의 최종목적을 이루시기에 합당하신 예수 그리스도께서 이 책을 취하심으로써 네 생물과 24장로들이 어린양 앞에 엎드려 거문고[하아프]와 향이 가득한 금 대접을 가지고 새 노래로 찬양하고 있습니다.

8) 책을 취하시매 네 생물과 이십사 장로들이 어린 양 앞에 엎드려 각각 거문고와 향이 가득한 금대접을 가졌으니 이 향은 성도의 기도들이라

거문고는 성도들이 하나님을 찬양할 때 쓰이는 악기로서 이는 성도의 찬양을 의미합니다. 향이 가득한 금 대접은 성도의 기도라고 하였습니다. 이는 주 예수께서 심판하러 오실 때까지 우리 성도들은 주님을 찬양하고 쉬지 않고 기도해야 함을 가르쳐줍니다. 사탄이 통치하는 이 죄악세상에서 하나님의 자녀로 살아갈 때 사탄은 그의 부하들을 보내어 믿는 성도들을 괴롭히고 훼방하고 모함하고 핍박하고 정죄할 것입니다. 그러나 성도들은 주님이 오실 때까지 끝까지 낙심치 않고 찬양과 기도를 계속해야 함을 가르쳐주는 것입니다. 고난 중에서의 성도의 찬양과 눈물의 기도는 결코 헛되지 않고 저 금 대접에 채워질 것입니다. 그리고 주님께서 그 마지막 날에 친히 심판하실 때에 그 금 대접을 열어 성도들의 억울함을 다 풀어주실 것입니다.

11절과 13절에 나타난 찬양의 규모를 살펴보면 하늘 위에와 땅 위에와 땅 아래와 바다 위에와 만물이 다 그를 찬양하고 또 장로들과 네 생물과 천천만만의 수를 셀 수 없는 엄청난 수의 천사들이 찬양하는 장엄한 찬양으로 가득 차 있습니다. 찬양의 내용을 보면 9절에 예수 그리스도의 죽으심과 그의 대속 죽음으로 세상의 모든 족속 중에서 믿는 자를 구원하여 하나님께 드린 그리스도의 피 공로를 찬양하고 있습니다. 또한 10절을 보시면 구원 받아 하나님의 백성이 된 성도들이 하나님의 제사장이 되어 땅에서 왕노릇 하게 된 것을 찬양하고 있습니다. 이는 예수님의 재림 후에 있을 천년왕국에서 이루어질 사건입니다. 천국은 이 세상과는 달리 시간과 공간의 제한

이 없는 무시간 무공간 차원의 세상이기 때문에 천년왕국 전에도 과거와 현재와 미래의 사건들을 언제나 현재상태에서 다 볼 수 있는 것입니다. 12절을 보시면 십자가에서 죽음을 당하셨던 그리스도의 능력과 부와 지혜와 힘과 존귀와 영광을 찬양하고 있습니다. 그런 그들이 드린 찬양은 새 노래였습니다. 전에 부르던 찬양이 아니고 새로운 노래를 지어 그리스도를 찬양하고 있습니다. 항상 새 노래로 여호와를 찬양하라는 주님의 말씀을 생각나게 합니다. 우리가 지금 부르고 있는 찬송은 우리 믿음의 조상들이 받은 구원에 감사하여 자기들의 감격을 노래로 표현한 선조들의 신앙고백입니다. 마찬가지로 오늘 우리도 우리가 받은 구원에 대하여 감사하고 감격한 것을 노래로 표현할 수 있는 우리의 신앙고백이 있어야 합니다. 그것이 바로 새 노래로 찬양하라는 말씀의 의미입니다. 그러나 안타까운 것은 오늘 우리시대가 만들어 부르는 대부분의 새 노래는 주님을 만나고 거듭난 영혼이 심령 깊은 곳에서 우러나온 신령한 노래가 아니고 음악을 전공한 음악전문인들이 컴퓨터 앞에서 머리를 짜내어 인위적으로 지어낸 노래들이기 때문에 감동이 없고 세속적인 유행가처럼 들리는 것이 문제입니다. 그래서 신령한 노래로 찬양하는 예배가 되지 못하고 전문 음악인들의 공연이 되는 것이 오늘 우리 시대의 교회의 문제중에 하나입니다. 오늘 우리 시대의 교회에는 참으로 거듭난 진짜 성도를 찾아보기 힘들기 때문에 그런 경건하고 신령한 노래가 만들어질 확률이 그만큼 낮을 수 밖에 없는 것입니다. 우리는 주님 오실 때까지 어떠한 역경과 핍박 속에서도 낙심하지 아니하고 찬양과 기도로서 열심으로 주님을 섬겨야 합니다. 저속하고 관능적인 노래로 말초신경을 자극하여 현대인의 이성을 마비시키며 젊은이들을 광란하게 하는 오늘 이 말세 시대에 우리 성도들은 창조 주 하나님을 찬양하는 경건한 찬양으로 하나님을 예배해야 합니다. 아름다운 악기로 비파로 퉁소로 거문고로 주님을 크게 찬양해야 합니다만 예배찬양이 결코 공연이 되어서는 안됩니다. 그리고 우리가 구원 받은 것을 감사하는 찬양으로만 끝내서는 안됩니다. 우리 주변에 불신 영혼들을 구원하기 위하여 기도하는 소리를 높여야 합니다. 그어느 때 보다도 내 주변의 불신 영혼들을 구원하기 위하여 기도의 소리를 높여야 합니다. 우리 주님께서 오셔서 인류의 산적한 모든 어려운 문제들을 다 해결하러 오실 재림의 그 날까지 말입니다. 천사가 쥐고 있는 금대접을 지금 우리의 기도의 향으로 채워야하기 때문입니다.

그러면 우리 지금까지 살펴본 4장[하나님의 보좌]과 5장[일곱 인으로 봉하여진 책]은 어느 시대에 속하는 것일까요? 일곱교회시대가 끝나는 시점에 즉 대환란이 시작되기 직전에 천국에서의 상황을 보여주고 있는 것입니다. 그러니까 일곱교회시대의 끝인 라오디게아 교회시대의 끝에 대환란이 시작되는 것입니다

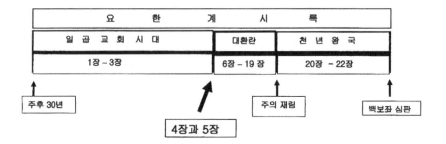

6 장

〈첫째 인부터 여섯째 인 재앙〉

1내가 보매 어린 양이 **일곱 인 중에 하나를 떼시는** 그 때에 내가 들으니 네 생물 중에 하나가 우뢰소리 같이 말하되 오라 하기로 2내가 이에 보니 흰 말이 있는데 그 탄 자가 활을 가졌고 면류관을 받고 나가서 이기고 또 이기려고 하더라 3**둘째 인을 떼실 때에** 내가 들으니 둘째 생물이 말하되 오라 하더니 4이에 붉은 다른 말이 나오더라 그 탄 자가 허락을 받아 땅에서 화평을 제하여 버리며 서로 죽이게 하고 또 큰 칼을 받았더라 5**세째 인을 떼실 때에** 내가 들으니 세째 생물이 말하되 오라 하기로 내가 보니 검은 말이 나오는데 그 탄 자가 손에 저울을 가졌더라 6내가 네 생물 사이로서 나는듯하는 음성을 들으니 가로되 한 데나리온에 밀 한되요 한 데나리온에 보리 석되로다 또 감람유와 포도주는 해치 말라 하더라 7**네째 인을 떼실 때에** 내가 네째 생물의 음성을 들으니 가로되 오라 하기로 8내가 보매 청황색 말이 나오는데 그 탄 자의 이름은 사망이니 음부가 그 뒤를 따르더라 저희가 땅 사분 일의 권세를 얻어 검과 흉년과 사망과 땅의 짐승으로써 죽이더라 9**다섯째 인을 떼실 때에** 내가 보니 하나님의 말씀과 저희의 가진 증거를 인하여 죽임을 당한 영혼들이 제단 아래 있어 10큰 소리로 불러 가로되 거룩하고 참되신 대주재여 땅에 거하는 자들을 심판하여 우리 피를 신원하여 주지 아니하시기를 어느 때까지 하시려나이까 하니 11각각 저희에게 흰 두루마기를 주시며 가라사대 아직 잠시 동안 쉬되 저희 동무 종들과 형제들도 자기처럼 죽임을 받아 그 수가 차기까지 하라 하시더라 12내가 보니 **여섯째 인을 떼실 때에** 큰 지진이 나며 해가 총담 같이 검어지고 온 달이 피 같이 되며 13하늘의 별들이 무화과나무가 대풍에 흔들려 선 과실이 떨어지는것 같이 땅에 떨어지며 14하늘은 종이 축이 말리는것 같이 떠나가고 각 산과 섬이 제 자리에서 옮기우매 15땅의 임금들과 왕족들과 장군들과 부자들과 강한 자들과 각 종과 자주자가 굴과 산 바위틈에 숨어 16산과 바위에게 이르되 우리 위에 떨어져 보좌에 앉으신 이의 낯에서와 어린 양의 진노에서 우리를 가리우라 17그들의 진노의 큰 날이 이르렀으니 누가 능히 서리요 하더라〈계6:17〉

첫째 인

계.6:1-2) 내가 이에 보니 **흰 말이 있는데** 그 탄자가 활을 가졌고 또 면류관을 받았고 이기고 [정복하고] 이기려고[정복하려고] 하더라.'

여기가 3년 반의 대환란의 시작입니다. 그러나 앞에서 언급한대로 대환란이 시작되기 직전에 먼저 144000명의 이스라엘 사람들에게 인을 쳐서 대환란 중에 그들이 특별하게 보호를 받게 된다는 것을 기억하시기 바랍니다. 여기 흰 말을 탄 자는 사람을 미혹하는 적그리스도를 의미합니다. 그가 평화를 상징하는 흰 말을 탄 것은 이미 세상에 거짓평화를 준 자이기 때문입니다. 그는 평화의 왕으로 오실 그리스도로 가장한 적그리스도로서 활을 가지고 있습니다. 참된 평화의 왕으로 오실 예수 그리스도는 활과 같은 무기가 필요 없으신 분이십니다. 그러나 여기 적그리스도는 '**활을 가졌고 또 면류관을 받았고 이기고[정복하고] 이기려고[정복하려고] 하더라.**'고 하였습니다. 그리스도는 누구에게 면류관을 받으실 필요도 없으시며 면류관을 받고 난 후에 또 정복하려고 애쓰실 필요도 없으신 분이십니다. 그는 이미 우리의 왕으로서 면류관을 쓰시고 계신 분이시며 그는 활을 들고 정복하려고 애쓰시는 분이 아니십니다. 거짓평화를 정착시킨 이 적그리스도는 그 이레[7년]의 절반이 되자 평화조약을 깨트리고 온 세상을 정복하려고 무기를 들고 싸움을 시작하려는 것입니다. 이 때가 바로 난리와 난리의 소문이 퍼지면서 대환란이 시작되는 때이지만 그러나 아직 대환란의 끝인 종말은 아닙니다. 오직 대환란의 시작일 뿐입니다. 그러니까 여기 흰 말을 탄자는 적그리스도로서 마침내 그 본색을 드러내고 자기의 일을 시작하기 위하여 활을 들고 정복을 준비하는 장면입니다. 이는 마태복음 24장 5절에 예수님께서 예언하신 '많은 사람을 미혹하는 자' 곧 적그리스도입니다: "**마 24:5) 많은 사람이 내 이름으로 와서 이르되 나는 그리스도라 하여 많은 사람을 미혹케 하리라**" 이와 같이 적그리스도는 거짓평화로 3년 반 동안 세계를 통치한 후에 갑짜기 자기를 하나님으로 예배할 것을 명령합니다. 그래서 이 적그리스도는 자기에게 예배하기를 거부하는 참 그리스도들에게 하나님을 예배하는 것을 금지하는 것입니다. 다니엘서 9장 27절에서 "**그가 그 이레의 절반에 제사와 예물을 금지할 것이며 또 잔포하여 미운 물건이 날개를 의지하여 설 것이며**"라고 기록된 것이 바로 적그리스도가 참 그리스도인들의 예배를 금지하는 것을 뜻하는 것입니다. 예수님도 마태복음 24장에서 대환란에 대하여 말씀하시는 중에 바로 적그리스도가 자기를 예배하도록 명령하는 이 사건을 언급하고 있습니다. 마태복음 24장 15절을 보시면 다니엘이 언급한 **"한 이레의 절반에 제사와 예물을 금지한 그"**가 바로 적그리스도라고 밝히면서 이렇게 경고하셨습니다 ; **"그러므로 너희가 선지자 다니엘이 말한 바 멸망의 가증한 것이 거룩한 곳에 선 것을 보거든 읽는 자는 깨달을찐저"** 요한계시록에 기록된 대환란의 내용들은 예수님이 마태복음 24장에서 언급하신 종말의 내용들과 일치함으로 요한계시록과 마태복음 24장의 내용들을 비교하면서 살펴보겠습니다.

대 환 란						
3 년 반[한 때와 두 때와 반 때, 120일, 마흔 두달]						
계시록	첫째 인 흰 말을 탄 자.	둘째 인	셋째 인	넷째 인	다섯째 인	여섯째 인
마태복음	24:5 미혹자					

둘째 인

계 6:3) 둘째 인을 떼실 때에 내가 들으니 둘째 생물이 말하되 오라 하더니 4) 이에 **붉은 다른 말이 나오더라 그 탄 자가 허락을 받아 땅에서 화평을 제하여 버리며 서로 죽이게 하고 또 큰 칼을 받았더라**

붉은 말은 피흘리는 전쟁을 의미합니다. 적그리스도는 마침내 땅에서 화평을 제거하는 전쟁을 시작했습니다. 인종간에 국가간에 노사간에 부부간에 평화를 제거하여 분쟁과 싸움이 온 세상에 가득할 것입니다. 사람들은 이 전쟁을 3차세계대전이라고 부를 것입니다. 초반에는 나라와 나라가 대적하여 일어나고 민족과 민족이 대적하는 전쟁으로 시작되었다가 마지막 나팔을 불기 전 그러니까 여섯째 나팔이 울릴 때에는 전쟁이 확산되어 싸우는 군사의 수는 무려 2억에 이르고 세계인구의 삼분의 일이 죽임을 당하게 될 것입니다. [13**여섯째 천사가 나팔을 불매** 내가 들으니 하나님 앞 금단 네 뿔에서 한 음성이 나서14나팔 가진 여섯째 천사에게 말하기를 큰 강 유브라데에 결박한 네 천사를 놓아 주

197

라 하매 15네 천사가 놓였으니 그들은 그 년 월 일 시에 이르러 **사람 삼분의 일을 죽이기로 예비한 자들이더라** 16**마병대의 수는 이만만[2억]이니** 내가 그들의 수를 들었노라 170이같이 이상한 가운데 그 말들과 그 탄 자들을 보니 불빛과 자주빛과 유황빛 흉갑이 있고 또 말들의 머리는 시지 머리 같고 그 입에서는 불과 연기와 유황이 나오더라 180이 세 재앙 곧 저희 입에서 나오는 불과 연기와 유황을 인하여 **사람 삼분의 일이 죽임을 당하니라**〈계9:13-18〉 그리고 이 세계대전은 러시아가 우크라이나를 비롯 동구라파의 나라들을 동맹국으로 삼고 이란[1970년대초까지 페르시아로 불리었던 이란]과 아랍나라들을 동맹국으로 삼아 이스라엘을 침략하는 것으로 마치게될 것입니다. 이 세계대전은 3년 반 동안의 대환란 기간 동안 지속되면서 전세계의 그리스도인들을 멸하다가 예수 그리스도의 재림으로 마침내 끝나게 될 것입니다. 이 기간동안 이스라엘 백성들은 특별한 보호를 받다가[14**그 여자가 큰 독수리의 두 날개를 받아 광야 자기 곳으로 날아가 거기서 그 뱀의 낯을 피하여 한 때와 두 때와 반 때를 양육 받으매** 15여자의 뒤에서 뱀이 그 입으로 물을 강 같이 토하여 여자를 물에 떠내려 가게 하려 하되 16땅이 여자를 도와 그 입을 벌려 용의 입에서 토한 강물을 삼키니 170용이 여자에게 분노하여 돌아가서 **그 여자의 남은 자손[이방인 그리스도인들] 곧 하나님의 계명을 지키며 예수의 증거를 가진 자들로 더불어 싸우려고 바다 모래 위에 섰더라**〈계12:14-17〉] 그리스도의 재림으로 러시아와 그 동맹국들이 멸망하는 것을 보고 이스라엘 백성들은 죄를 회개하고 마침내 예수님을 메시야[그리스도]로 영접하고 하나님께 돌아오게 됩니다. 예수님이 이 세상에 오시기 5백여년 전에 기록된 에스겔서를 보십시오. 이 내용이 놀라울 정도로 상세하게 기록되어 있습니다. 먼저 에스겔서 37장 1-10절까지 보면 하나님은 에스겔 선지자에게 해골이 가득한 골짜기를 보여주십니다. 그런데 그 마른 뼈들 위에 힘줄을 두르고 살을 입히고 가족으로 덮어 그들 속에 생기를 불어넣으셨더니 그들이 살아나서 큰 군대가 되었습니다. 11절에 보시면 이렇게 기록되어 있습니다 '또 내게 이르시되 인자야 **이 뼈들은 이스라엘 온 족속이라** 그들이 이르기를 우리의 뼈들이 말랐고 우리의 소망이 없어졌으니 우리는 다 멸절되었다 하느니라.' 무슨 말입니까? 이것은 바로 아브라함 이후 전세계 모든 민족에게 복음을 전하라는 사명을 받은 이스라엘 민족이 하나님께 불순종하여 전하라는 복음은 전하지 않고 오히려 이방민족들의 우상을 섬기는 불순종의 삶을 살았기 때문에 하나님은 이스라엘 민족을 세상의 땅끝 모든 나라에 흩으셔서 지난 2천년 동안 마른 뼈들처럼 소망이 없고 멸절된 민족이라고 생각하게 된 이스라엘 민족을 상징하는 것이었습니다. 그리고

12절에는 이렇게 기록되어 있습니다. '그러므로 너는 대언하여 그들에게 이르기를 주여호와의 말씀에 **내 백성들아 내가 너희 무덤을 열고 너희로 거기서 나오게 하고 이스라엘 땅으로 들어가게 하리라.**' 하나님은 에스겔 선지자를 통해서 이스라엘 백성들이 옛 이스라엘 땅으로 돌아가게 하실 것이라는 말씀을 주셨습니다. 예수님이 오시기 5백여년 전에 기록된 놀라운 예언의 말씀입니다. 그러면 이스라엘 백성들이 옛 이스라엘 땅으로 다시 돌아가서 살게 될 때는 언제입니까? 에스겔서 38장 8절에 보면 이렇게 기록되어 있습니다; '**여러날 후 곧 말년에 네가 명령을 받고 그 땅 곧 오래 황무하였던 이스라엘 산에 이르리니 그 땅 백성은 칼을 벗어나서 열국에서부터 모여 들어오며 이방에서부터 나와서 다 평안히 거하는 중이라**' '여러날 후 곧 말년에' 이스라엘 땅으로 돌아가게 해주신다고 말씀하셨습니다. 즉 말세가 되면 이스라엘 백성들이 다시 옛 이스라엘 땅으로 돌아가서 살게 된다는 예언의 말씀입니다. 놀랍게도 이스라엘 민족은 이스라엘 땅에서 쫓겨난지 거의 2천년만에 유엔의 가결로 1948년에 이스라엘 땅으로 돌아가게 되었습니다. 그때부터 현재까지도 전세계로 흩어졌던 이스라엘 백성들이 속속 이스라엘 땅으로 돌아오고 있습니다. 그러므로 지금이 말세라는 것은 이스라엘 백성들이 거의 2천년간 잃었던 옛 땅으로 다시 돌아오고 있기 때문에 더욱 확실해진 것입니다.

그런데 여기서 주목해야 할 것은 이스라엘 백성들이 이스라엘 땅으로 돌아와서 살고 있을 때에 하나님이 러시아와 그의 동맹국들을 끌어다가 이스라엘 민족을 치게 하신다는 점입니다. 에스겔서 38장3-6절까지 보시기 바랍니다. 3이르기를 **주 여호와의 말씀에 로스와 메섹과 두발 왕 곡아 내가 너를 대적하여 4너를 돌이켜 갈고리로 네 아가리를 꿰고 너와 말과 기병 곧 네 온 군대를 끌어내되 완전한 갑옷을 입고 큰 방패와 작은 방패를 가지며 칼을 잡은 큰 무리와 5그들과 함께 한바 방패와 투구를 갖춘 바사[페르시아 즉 이란]와 구스[이디오피아]와 붓[리비아]과 6고멜과 그 모든 떼와 극한 북방의 도갈마 족속과 그 모든 떼 곧 많은 백성의 무리[러시아의 동맹국들]를 너와 함께 끌어 내리라 7너는 스스로 예비하되 너와 네게 모인 무리들이 다 스스로 예비하고 너는 그들의 대장이 될찌어다 8여러날 후 곧 말년에 네가 명령을 받고 그 땅 곧 오래 황무하였던 이스라엘 산에 이르리니 그 땅 백성은 칼을 벗어나서 열국에서부터 모여 들어 오며 이방에서부터 나와서 다 평안히 거하는 중이라**

지구상에서 극한 북방에 위치한 나라는 러시아입니다. '로스'라는 말은 '원어 발음으로는 '로쉬'이며 '머리'라는 뜻입니다. 그리고 '곡'은 '로스와 메섹과 두발 왕'이라고 기록하고 있습니다. 그러니까 '곡'은 그 의미가 '거인'이라는 뜻으로 세계에서 영토가 제일 큰 러시아를 가리키는 말입니다. 그러니까 러시아가 머리 즉 대장이 되어 여러 동맹국들을 이끌고 이스라엘을 치러 오게 된다는 예언의 말씀입니다. 계속해서 38장 14-16절을 더 보십시오. **14인자야 너는 또 예언하여 곡에게 이르기를** 주 여호와의 말씀에 내 백성 이스라엘이 평안히 거하는 날에 네가 어찌 그것을 알지 못하겠느냐 **15네가 네 고토 극한 북방에서 많은 백성 곧 다 말을 탄 큰 떼와 능한 군대와 함께 오되 16구름이 땅에 덮임 같이 내 백성 이스라엘을 치러 오리라** 곡아 끝날에 내가 너를 이끌어다가 내 땅을 치게 하리니 이는 내가 너로 말미암아 이방 사람의 목전에서 내 거룩함을 나타내어 그들로 다 나를 알게 하려 함이라 16절에서 보는대로 극한 북방에서 많은 백성 곧 능한 군대를 이끌어다가 내 백성 이스라엘 땅을 치게하신다면서 이를 통해서 이방 사람들의 목전에서 하나님의 거룩함을 나타내어 세상의 모든 이방사람들이 하나님을 알게 하시겠다고 하셨습니다. 이것을 통해서 어떻게 하나님의 영광을 나타낼 수 있습니까? 39장 1-7절을 보시면 그 답이 있습니다. **1그러므로 인자야 너는 곡을 쳐서 예언하여 이르기를 주 여호와의 말씀에 로스와 메섹과 두발 왕 곡아 내가 너를 대적하여 2너를 돌이켜서 이끌고 먼 북방에서부터 나와서 이스라엘 산 위에 이르러 3네 활을 쳐서 네 왼손에서 떨어뜨리고 네 살을 네 오른손에서 떨어뜨리리니 4너와 네 모든 떼와 너와 함께한 백성이 다 이스라엘 산 위에 엎드러지리라** 내가 너를 각종 움키는 새와 들짐승에게 붙여 먹게 하리니 5네가 빈들에 엎드러지리라 이는 내가 말하였음이니라 나 주 여호와의 말이니라 6 내가 또 불을 마곡과 및 섬에 평안히 거하는 자에게 내리리니 그들이 나를 여호와인줄 알리라 7 **내가 내 거룩한 이름을 내 백성 이스라엘 가운데 알게 하여 다시는 내 거룩한 이름을 더럽히지 않게 하리니** 결국이 나를 여호와 곧 이스라엘의 거룩한 자인줄 알리라 하셨다 하라 그렇습니다. 하나님께서 초자연적인 능력으로 러시아와 그 동맹국들을 쳐서 엎드러지게 하심으로 하나님의 영광을 만천하에 드러낼 것입니다. 에스겔 38장 18-23절에 보시면 하나님의 초자연적인 역사가 구체적으로 언급되어 있습니다. **18나 주 여호와가 말하노라 그 날에 곡이 이스라엘 땅을 치러 오면 내 노가 내 얼굴에 나타나리라** 19내가 투기와 맹렬한 노로 말하였거니와 그 날에 큰 지진이 이스라엘 땅에 일어나서 20바다의 고기들과 공중의 새들과 들의 짐승들과 땅에 기는 모든 벌레와 지면에 있는 모든 사람이 내 앞에서 떨 것이며 모든 산이 무너지며 절벽이 떨어지며 모든 성벽이 땅에 무너지리라 21나 주 여호와가 말하노라 내가 내 모든 산 중에서 그를 칠 칼을 부르리니 각 사람의 칼이 그 형제를 칠 것이며 **22내가 또 온역과 피로 그를 국문하며 쏟아지는 폭우와 큰 우박덩이와 불과 유황으로 그와 그 모든 떼와 그 함께한 많은 백성에게 비를 내리듯하리라** 23이와 같이 내가 여러 나라의 눈에 내 존대함과 내 거룩함을 나타내어 나를 알게 하리니 그들이 나를 여호와인줄 알리라 참으로 놀라운 일입니다. 이런 내용이 예수님이 오시기 5백여년 전에 기록되었다는 것은 정말 놀라운 일입니다. 이런 일을 보고 전세계의 모든 민족들만 여호와 하나님을 알아보는 것이 아니고 그동안 예수님을 선지자로만 여기고 메시야로 받아들이기를 거부했던 이스라엘 민족까지 깨닫고 여호와 하나님께 회개하고 돌아오게 될 것이라고 39장 21-29절까지 기록되어 있습니다.

21내가 내 영광을 열국 중에 나타내어 열국으로 나의 행한 심판과 내가 그 위에 나타낸 권능을 보게 하리니 **22그 날 이후에 이스라엘 족속은 나를 여호와 자기들의 하나님인줄 알겠고** 23열국은 이스라엘 족속이 그 죄악으로 인하여 사로잡혀 갔던줄 알찌라 그들이 내게 범죄하였으므로 내 얼굴을 그들에게 가리우고 그들을 그 대적의 손에 붙여 다 칼에 엎드러지게 하였으되 24내가 그들의 더러움과 그들의 범죄한대로 행하여 그들에게 내 얼굴을 가리웠었느니라 25그러므로 나 주 여호와가 말하노라 내가 이제 내 거룩한 이름을 위하여 열심을 내어 야곱의 사로잡힌 자를 돌아오게 하며 이스라엘 온 족속에게 긍휼을 베풀찌라 **26그들이 그 땅에 평안히 거하고 두렵게 할 자가 없게 될 때에 부끄러움을 품고 내게 범한 죄를 뉘우치리니 27곧 내가 그들을 만민 중에서 돌아오게 하고 적국 중에서 모아내어 열국 목전에서 그들로 인하여 나의 거룩함을 나타낼 때라** 28전에는 내가 그들로 사로잡혀 열국에 이르게 하였거니와 후에는 내가 그들을 모아 고토로 돌아오게 하고 그 한 사람도 이방에 남기지 아니하리니 그들이 나를 여호와 자기들의 하나님인줄 알리라 29내가 다시는 내 얼굴을 그들에게 가리우지 아니하리니 이는 내가 내 신을 이스라엘 족속에게 쏟았음이니라 나 주 여호와의 말이니라

이 말씀을 보면 그리스도께서 재림하시어 러시아와 그 동맹국들을 초자연적인 능력으로 멸하시는 것을 보고 이스라엘은 회개하고 하나님께 돌아오게 될 것입니다. 그리고 세상의 모든 나라들도 지난 2천년 가까이 이스라엘 민족이 온세상에 흩어져서 핍박을 당했던 것이 이스라엘의 불순종의 죄악 때문이었다는 것을 깨닫게 될 것이라고 기록하고 있습니다. **26그들이 그 땅에 평안히 거하고 두렵게 할 자가 없게 될 때에 부끄러움을 품고 내게 범한 죄를 뉘우치리니 27곧 내가 그들을 만민 중에서 돌아오게 하고 적국 중에서 모아내어 열국 목전에서 그들로 인하**

여 나의 거룩함을 나타낼 때에라.

스가랴서에서도 이 부분에 대하여 정확하게 언급하고 있습니다. 슥 12:9) 예루살렘을 치러 오는 열국을 그 날에 내가 멸하기를 힘쓰리라 10) 내가 다윗의 집과 예루살렘 거민에게 은총과 간구하는 심령을 부어 주리니 그들이 그 찌른 바 그를 바라보고 그를 위하여 애통하기를 독자를 위하여 애통하듯 하며 그를 위하여 통곡하기를 장자를 위하여 통곡하듯 하리로다 11) 그 날에 예루살렘에 큰 애통이 있으리니 므깃도 골짜기 하다드림몬에 있던 애통과 같을 것이라 12) 온 땅 각 족속이 따로 애통하되 다윗의 족속이 따로 하고 그 아내들이 따로 하며 나단의 족속이 따로 하고 그 아내들이 따로 하며 슥 13:1) 그 날에 죄와 더러움을 씻는 샘이 다윗의 족속과 예루살렘 거민을 위하여 열리리라 여기 스가랴서의 말씀은 대환란 3년 반의 끝에 즉 예수님이 재림하셔서 이스라엘의 적들을 물리치신 후에 있을 이스라엘 민족의 속죄절에 관한 말씀입니다. 레위기 23장 26-32절까지 보시면 이스라엘 민족이 지킬 속죄절에 대하여 기록하고 있는데 이것은 장차 이스라엘 백성들이 예수님이 재림하실 때에 회개하고 하나님께 돌아올 것에 대하여 기록한 내용입니다. 예수님보다 1500 년 전에 모세를 통해서 주신 말씀이었습니다. 이 내용을 잠깐 살펴보겠습니다.

1. 이스라엘 민족은 모든 민족에게 복음을 전하기 위해 택함을 받은 민족이었습니다. [창.12:1-3]
첫째 - 하나님은 먼저 아브라함에게 구원의 복을 주시고 그의 후손을 통하여 땅끝까지 흩어진 모든 민족에게 구원의 복을 주시기를 원하셨습니다. "내가 너로 큰 민족을 이루고 네게 복을 주어 네 이름을 창대케 하리니 너는 복의 근원이 될지라 너를 축복하는 자에게는 내가 복을 내리고 너를 저주하는 자에게는 내가 저주하리니 땅의 모든 족속이 너를 인하여 복을 얻을 것이니라 하신지라"[창12:2-3] 갈라디아서 3장 8-9절을 보시면 '땅의 모든 족속이 너를 인하여 복을 얻을 것이니라' 라고 하신 복이 바로 복음을 듣고 구원을 받아 의로운 자가 되는 복이라고 설명하고 있습니다. 8또 하나님이 이방을 믿음으로 말미암아 의로 정하실 것을 성경이 미리 알고 먼저 아브라함에게 복음을 전하되 모든 이방이 너를 인하여 복을 받으리라 하였으니 9그러므로 믿음으로 말미암은 자는 믿음이 있는 아브라함과 함께 복을 받느니라〈갈3:8-9〉

둘째 - 땅의 모든 족속이 이스라엘을 인하여 복을 얻게 하시기 위하여 하나님은 이스라엘민족이 하나님의 말씀을 모든 민족에게 전파하도록 하나님의 말씀을 이스라엘 민족에게 맡기셨습니다. **"범사에 많으니 첫째는 저희가 하나님의 말씀을 맡았음이니라"**〈롬3:2〉

셋째 – 하나님은 이스라엘 민족을 전 세계 모든 민족에게 복음을 전할 제사장 나라가 되기를 원하셨습니다. 제사장 나라가 되기 위해서 이스라엘은 하나님의 말씀을 잘 순종하는 민족이 되어야 한다고 명령하셨습니다.[출.19:3–8] "3) 모세가 하나님 앞에 올라가니 여호와께서 산에서 그를 불러 가라사대 너는 이같이 야곱 족속에게 이르고 이스라엘 자손에게 고하라 4) 나의 애굽 사람에게 어떻게 행하였음과 내가 어떻게 독수리 날개로 너희를 업어 내게로 인도하였음을 너희가 보았느니라 5) 세계가 다 내게 속하였나니 **너희가 내 말을 잘 듣고 내 언약을 지키면 너희는 열국 중에서 내 소유가 되겠고 6) 너희가 내게 대하여 제사장 나라가 되며 거룩한 백성이 되리라** 너는 이 말을 이스라엘 자손에게 고할지니라 7) 모세가 와서 백성의 장로들을 불러 여호와께서 자기에게 명하신 그 모든 말씀을 그 앞에 진술하니 8) **백성이 일제히 응답하여 가로되 여호와의 명하신 대로 우리가 다 행하리이다**"[출19:3–8]

넷째 – 이 큰 사명을 잘 수행하면 이스라엘을 세계 모든 민족 위에 뛰어나게 하실 것이라고 약속하셨습니다.[신.28:1] **"네가 네 하나님 여호와의 말씀을 삼가 듣고 내가 오늘날 네게 명하는 그 모든 명령을 지켜 행하면 네 하나님 여호와께서 너를 세계 모든 민족 위에 뛰어나게 하실 것이라"**[신28:1]

다섯째 – 그러나 이 사명을 잘 수행하지 못하면 이스라엘을 들어가 얻을 가나안 땅에서 뿌리 채 뽑아내어 땅 이 끝에서 저 끝가지 만민 중에 흩으실 것이라고 경고하셨습니다.[신.28:63–64] "63) 이왕에 여호와께서 너희에게 선을 행하시고 너희로 번성케 하시기를 기뻐하시던 것같이 이제는 여호와께서 너희를 망하게 하시며 멸하시기를 기뻐하시리니 너희가 들어가 얻는 땅에서 뽑힐 것이요 64) **여호와께서 너를 땅 이 끝에서 저 끝까지 만민 중에 흩으시리니** 네가 그 곳에서 너와 네 열조의 알지 못하던 목석 우상을 섬길 것이라"[신28:63–64]

2. 그러므로 하나님은 이스라엘을 버리시고 대신 이방인을 불러 교회를 세우시고 모든 민족에게 복음을 전하게 하셨습니다.[말.1:6-11][벧전.2:9-10]

그후로 많은 선지자들을 보내시면서 계속 회개하고 돌아와 여호와께 순종할 것을 전하셨으나 이스라엘 민족은 제사장 나라로서의 사명을 지키기는커녕 오히려 이방나라들의 우상을 섬기며 하나님께 불순종하였으며 따라서 모든 민족에게 복음을 전하지 못한 고로 하나님의 저주를 받았습니다. 마침내 마지막 선지자 말라기를 통해서 불순종하는 이스라엘의 예배를 거부하시고 이방인들을 구원하여 그들로부터 예배를 받으실 것을 말씀하셨습니다.

"6) 내 이름을 멸시하는 제사장들아 나 만군의 여호와가 너희에게 이르기를 아들은 그 아비를, 종은 그 주인을 공경하나니 내가 아비일진대 나를 공경함이 어디 있느냐 내가 주인일진대 나를 두려워함이 어디 있느냐 하나 너희는 이르기를 우리가 어떻게 주의 이름을 멸시하였나이까 하는도다 7) 너희가 더러운 떡을 나의 단에 드리고도 말하기를 우리가 어떻게 주를 더럽게 하였나이까 하는도다 이는 너희가 주의 상은 경멸히 여길 것이라 말함을 인함이니라 8) 만군의 여호와가 이르노라 너희가 눈먼 희생으로 드리는 것이 어찌 악하지 아니하며 저는 것, 병든 것으로 드리는 것이 어찌 악하지 아니하냐 이제 그것을 너희 총독에게 드려보라 그가 너를 기뻐하겠느냐 너를 가납하겠느냐 9) 만군의 여호와가 이르노라 너희는 나 하나님께 은혜를 구하기를 우리를 긍휼히 여기소서 하여 보라 너희가 이같이 행하였으니 내가 너희 중 하나인들 받겠느냐 **10) 만군의 여호와가 이르노라 너희가 내 단 위에 헛되이 불사르지 못하게 하기 위하여 너희 중에 성전문을 닫을 자가 있었으면 좋겠도다 내가 너희를 기뻐하지 아니하며 너희 손으로 드리는 것을 받지도 아니하리라 11) 만군의 여호와가 이르노라 해 뜨는 곳에서부터 해 지는 곳까지의 이방 민족 중에서 내 이름이 크게 될 것이라 각처에서 내 이름을 위하여 분향하며 깨끗한 제물을 드리리니 이는 내 이름이 이방 민족 중에서 크게 될 것임이니라"**[말1:6-11]

첫째 – 이스라엘이라는 참 감람나무는 잘라 버리시고 그 그루터기에 이방인인 돌 감람나무가 접 붙임이 되어 모든 민족에게 복음을 전하는 하나님의 백성이 되었습니다. 이것이 바로 이방인 교회입니다.[롬.11:17-20] "17) 또한 **가지 얼마가 꺾여졌는데 돌감람나무인 네가 그들 중에 접붙임이 되어 참감람나무 뿌리의 진액을 함께 받는 자 되었은즉** 18) 그 가지들을 향하여 자긍하지 말라 자긍할지라도 네가 뿌리를 보전하는 것이 아니요 뿌리가 너를 보전하는 것이니라 19) 그러면 네 말이 가지들이 꺾이운 것은 나로 접붙임을 받게 하려 함이라 하리니 20) 옳도다 저희는 믿지 아니하므로 꺾이우고 너는 믿으므로 섰느니라 높은 마음을 품지 말고 도리어두려워하라"[롬11:17-20]
"9) 오직 너희는 택하신 족속이요 왕 같은 제사장들이요 거룩한 나라요 그의 소유된 백성이니 이는 너희를 어두운 데서 불러 내어 그의 기이한 빛에 들어가게 하신 자의 아름다운 덕을 선전하게 하려 하심이라 10) 너희[이방인들]가 전에는 백성이 아니더니 이제는 하나님의 백성이요 전에는 긍휼을 얻지 못하였더니 이제는 긍휼을 얻은 자니라"[벧전2:9-10]

둘째 - 하나님이 이스라엘의 마음을 강팍하게 하여 이방인의 숫자가 차기까지는 그들이 하나님께 회개하고 돌아 올 수 없게 하셨습니다.[롬.11:25] [행.28:25-28]

"25) 형제들아 너희가 스스로 지혜 있다 함을 면키 위하여 이 비밀을 너희가 모르기를 내가 원치 아니하노니 이 비밀은 이방인의 충만한 수가 들어오기까지 이스라엘의 더러는 완악하게 된 것이라"[롬11:25]

"25) 서로 맞지 아니하여 흩어질 때에 바울이 한 말로 일러 가로되 성령이 선지자 이사야로 너희 조상들에게 말씀하신 것이 옳도다 26) 일렀으되 이 백성에게 가서 말하기를 너희가 듣기는 들어도 도무지 깨닫지 못하며 보기는 보아도 도무지 알지 못하는도다 27) 이 백성들의 마음이 완악하여져서 그 귀로는 둔하게 듣고 그 눈을 감았으니 이는 눈으로 보고 귀로 듣고 마음으로 깨달아 돌아와 나의 고침을 받을까 함이라 하였으니 28) 그런즉 하나님의 이 구원을 이방인에게로 보내신 줄 알라 저희는 또한 들으리라 하더라"[행28:25-28] 사도 바울은 로마제국 어디를 가나 먼저 자기 동족 유대인이 모이는 회당을 찾아가서 복음을 전했으나 항상 유대인들로부터 심한 핍박과 저항을 받고 난 후 이사야 선지자가 예언한 말씀이 맞다고 고백하면서 이제 이후로는 이방인들에게만 복음을 증거하겠다고 다짐하는 내용입니다. 사도 바울도 구원이 이방인에 넘어간 것을 뒤늦게나마 깨달은 것입니다. [그런즉 하나님의 이 구원을 이방인에게로 보내신 줄 알라 저희는 또한 들으리라]

셋째 - 이스라엘 민족이 가나안 땅에서 뿌리 채 뽑혀 땅 끝까지 흩어짐을 당하게 되었습니다

"63) 이왕에 여호와께서 너희에게 선을 행하시고 너희로 번성케 하시기를 기뻐하시던 것같이 이제는 여호와께서 너희를 망하게 하시며 멸하시기를 기뻐하시리니 너희가 들어가 얻는 땅에서 뽑힐 것이요 64) 여호와께서 너를 땅 이 끝에서 저 끝까지 만민 중에 흩으시리니 네가 그 곳에서 너와 네 열조의 알지 못하던 목석 우상을 섬길 것이라"[신28:63-64]

1) 예수께서 성전에서 나와서 가실 때에 제자들이 성전 건물들을 가리켜 보이려고 나아오니

2) 대답하여 가라사대 너희가 이 모든 것을 보지 못하느냐 **내가 진실로 너희에게 이르노니 돌하나도 돌 위에 남지 않고 다 무너뜨리우리라**"[마24:1-2]

"7) 요한이 많은 바리새인과 사두개인이 세례 베푸는 데 오는 것을 보고 이르되 **독사의 자식들아 누가 너희를 가르쳐 임박한 진노를 피하라 하더냐 8) 그러므로 회개에 합당한 열매를 맺고 9) 속으로 아브라함이 우리 조상이라고 생각지 말라 내가 너희에게 이르노니 하나님이 능히 이 돌들로도 아브라함의 자손이 되게 하시리라**"[마3:7-9]

37예루살렘아 예루살렘아 **선지자들을 죽이고 네게 파송된 자들을 돌로 치는 자여 암탉이 그 새끼를 날개 아래 모음 같이 내가 네 자녀를 모으려 한 일이 몇번이냐 그러나 너희가 원치 아니하였도다 38보라 너희 집이 황폐하여 버린바 되리라**〈마23:37-38〉

주후 70년에 로마군대가 예루살렘을 9개월간 포위한 후 예루살렘은 함락되었고 그 후 이스라엘 백성은 본토에서 뿌리채 뽑혀 로마제국 전역으로 흩어졌습니다. 로마제국이 멸망한 후에는 유럽 전역으로 흩어져서 이 나라 저 나라로 쫓기다가 2차 대전 때 독일 나치스에게 6백만 명이나 학살을 당한 후 1948년 유엔의 결의로 흩어졌던 이스라엘 민족이 근 2000년 만에 본토로 돌아오기 시작해서 지금까지도 계속 돌아오고 있는 중입니다.

3. 대환란의 끝에 이스라엘 백성들이 하나님께 회개하고 돌아 올 수 있게 허락하십니다.[겔.38:8, 11:17-21][렘. 31:31-34][렘.50:20]

첫째 - 말세가 되면 이스라엘 백성이 잃었던 옛 땅으로 돌아오게 해주십니다.

8여러날 후 곧 말년에 네가 명령을 받고 그 땅 곧 오래 황무하였던 이스라엘 산에 이르리니 **그 땅 백성은 칼을 벗어나서 열국에서부터 모여 들어 오며 이방에서부터 나와서 다 평안히 거하는 중이라**〈겔38:8〉

"17) 너는 또 말하기를 주 여호와의 말씀에 **내가 너희를 만민 가운데 모으며 너희를 흩은 열방 가운데서 모아 내고 이스라엘 땅으로 너희에게 주리라 하셨다 하라 18) 그들이 그리로 가서 그 가운데 모든 미운 물건과 가증한 것을 제하여 버릴지라 19) 내가 그들에게 일치한 마음을 주고 그 속에 새 신을 주며 그 몸에서 굳은 마음을 제하고 부드러운 마음을 주어서 20) 내 율례**

를 좇으며 내 규례를 지켜 행하게 하리니 그들은 내 백성이 되고 나는 그들의 하나님이 되리라 21) 그러나 미운 것과 가증한 것을 마음으로 좇는 자는 내가 그 행위대로 그 머리에 갚으리라 나 주 여호와의 말이니라"[겔11:17-21]

둘째 - 그들의 굳은 마음을 제거하고 부드러운 마음을 주어그들이 죽인 그 리스도를 바라보고 애통하며 회개하도록 허락하실 것입니다. "9) 예루살렘을 치러 오는 열국을 그 날에 내가 멸하기를 힘쓰리라. 10) 내가 다윗의 집과 예루살렘 거민에게 은총과 간구하는 심령을 부어 주리니 그들이 그 찌른 바 그를 바라보고 그를 위하여 애통하기를 독자를 위하여 애통하듯 하며 그를 위하여 통곡하기를 장자를 위하여 통곡하듯 하리로다 11) 그 날에 예루살렘에 큰 애통이 있으리니 므깃도 골짜기 하다드림몬에 있던 애통과 같을 것이라 12) 온 땅 각 족속이 따로 애통하되 다윗의 족속이 따로 하고 그 아내들이 따로 하며 나단의 족속이 따로 하고 그 아내들이 따로 하며"[슥12:9-12]

"1) 그 날에 죄와 더러움을 씻는 샘이 다윗의 족속과 예루살렘 거민을 위하여 열리리라"[슥 13:1]

셋째 - 하나님께서 그들의 죄를 다 씻어 주시고 하나님이 그들의 하나님이 되어 주시고 이스라엘은 그의 백성이 되도록 허락해 주십니다. "31) 나 여호와가 말하노라 보라 날이 이르리니 내가 이스라엘 집과 유다 집에 새 언약을 세우리라 32) 나 여호와가 말하노라 이 언약은 내가 그들의 열조의 손을 잡고 애굽 땅에서 인도하여 내던 날에 세운 것과 같지 아니할 것은 내가 그들의 남편이 되었어도 그들이 내 언약을 파하였음이니라 33) 나 여호와가 말하노라 그러나 그 날 후에 내가 이스라엘 집에 세울 언약은 이러하니 곧 내가 나의 법을 그들의 속에 두며 그 마음에 기록하여 나는 그들의 하나님이 되고 그들은 내 백성이 될 것이라 34) 그들이 다시는 각기 이웃과 형제를 가리켜 이르기를 너는 여호와를 알라 하지 아니하리니 이는 작은 자로부터 큰 자까지 다 나를 앎이니라 내가 그들의 죄악을 사하고 다시는 그 죄를 기억지 아니하리라 여호와의 말이니라"[렘31:31-34]

"20) 나 여호와가 말하노라 그 날 그 때에는 이스라엘의 죄악을 찾을지라도 없겠고 유다의 죄를 찾을지라도 발견치 못하리니 이는 내가 나의 남긴 자를 사할 것임이니라"[렘50:20]

그리스도의 십자가의 보혈이 그날에 이스라엘 사람들에게 적용될 것입니다. 그때서야 이스라엘 사람들은 그리스도께서 자신들의 죄를 위하여 십자가를 지신 메시야라는 사실을 깨닫게 되고 눈물과 통곡으로 스스로를 괴롭게 하며 회개하게 됩니다. 그들이 그 찌른바 그를 바라보고 애통한다고 기록하고 있습니다. 그들이 찌른 바 그 분은 누구십니까? 예수 그리스도이십니다. 그들이 애통하기를 독자를 위하여 한다는 말은 무슨 뜻입니까? 독생자 예수 그리스도를 위하여 애통한다는 말입니다. 또 통곡하기를 장자를 위하여 통곡한다는 말은 무슨 뜻입니까? 독생자 그리스도의 대속 죽음으로 우리를 양자로 삼아 주셔서 그리스도는 우리를 형제라고 부르시니 그가 우리의 장자가 된 것입니다. 그 날에 예루살렘에 큰 애통이 있으리라고 하였는데 이것이 바로 속죄일입니다. 여기서 레위기를 쓴 모세는 예수님이 오시기 전 1500년 전에 살았던 사람이고 스가랴 선지자는 예수님 보다 500여년 전 사람입니다. 이들이 쓴 이 예언들은 앞으로 다시 오실 예수님의 재림에 대한 예언들입니다. 얼마나 놀라운 일입니까?

이스라엘 민족은 기회가 주어졌을 때 하나님을 바로 섬기지 못하고 영적 교만으로 이방민족을 멸시하고 그들에게 복음을 전하지 않았습니다. 또한 이스라엘 민족은 하나님의 말씀을 먼저 맡은 자였으나 복음을 남에게 전하지 않았을 뿐 아니라 그 말씀을 스스로 지키지도 아니하였습니다. 즉 이스라엘 민족은 천국 문을 가로막고 자기도 들어가지 아니하고 남도 들어가지 못하게 하는 죄를 범하였다고 예수님은 이스라엘의 영적지도자들을 저주하셨습니다. "13화 있을찐저 외식하는 서기관들과 바리새인들이여 너희는 천국 문을 사람들 앞에서 닫고 너희도 들어가지 않고 들어가려 하는 자도 들어가지 못하게 하는도다"[마23:13] 그러므로 이스라엘 백성은 하나님의 저주를 받고 2000년 동안 나라 없이 헤매며 심령이 강퍅해지고 영의 눈이 어둡게 되어 예수 그리스도를 메시야로 받아들이지 못한 채 오늘 날까지 다른 메시야를 기다리면서 이방인들을 멸시하고 자기들만이 하나님이 택하신 선민이라는 착각 속에서 그리스도인들을 멸시하는 영적교만에 빠져있는 것입니다. 그러므로 이스라엘 민족은 천국에 들어가지 못하고 그 나라의 열매맺는 백성이 들어가게 될 것이라고 예수님께서 직접 냉정하게 말씀하셨습니다. [43그러므로 내가 너희에게 이르노니 하나님의 나라를 너희는 빼앗기고 그 나라의 열매 맺는 백성이 받으리라〈마21:43〉] 오늘 우리는 어떠합니까? 구약시대에 이스라엘에게 주어졌던 모든 민족에게 복음을 전파하라는 명령이 이제는 오늘 신약시대의 교회들에게 주어졌습니다. 땅끝까지 나아가 복음을 전파하라고 주님은 명령하셨습니다. 우리는 이 명령을 잘 수행하고 있습니까? 또한 이 명령을 잘 수행하기 위해서는 먼저 우리자신이 하나님의 말씀을 잘 지키고 순종하는 사람들이 되어야 하는 것입니다. 이스라엘 민족은 하나님의 말씀을 맡은 자이지만 먼저 말씀을 잘 지키지 못했기 때문에 그 말씀을 전파할 수 도 없었던 것입니다. 오늘날 우리 시대의 교회가 이스라엘 백성들처럼 불순종하면 우리도 영적으로 눈이 멀게 되고 강퍅한 마음이 되어 교회에만 다니면 하나님의 구원 받은 백성이라고 착각하면서 자기도 천국에 들어가지 못하고 남들도 들어가지 못하게 하는 무서운 죄를 범하게 되는 것입니다.

자 이제 다시 요한계시록 둘째 인으로 돌아갑니다. 둘째 인을 뗄 때에 지구상에는 3차 세계대전이 일어나는 것입니다 마태복음 24장에서 예수님이 언급하신 대환란에 대한 말씀과 일치하는 내용입니다. 요한계시록의 일곱 인 환란과 마태복음 24장에서 예수님이 말씀하신 내용을 계속 비교하면서 살펴보시기 바랍니다. 마태복음 24장 7절 전반부를 보십시오. '민족이 민족을, 나라가 나라를 대적하여 일어나겠고.'

대 환 란						
3 년 반[한 때와 두 때와 반 때, 1260일, 마흔 두달]						
계 시 록	첫째 인 흰 말을 탄 자.	둘째 인 화평제거 서로죽임 큰 칼	셋째 인	넷째 인	다섯째 인	여섯째 인
마 태 복 음	24:5 미혹자	24:7 민족간에 전쟁				

셋째 인

계 6:5) **세째 인을 떼실 때에 내가 들으니 세째 생물이 말하되 오라 하기로 내가 보니 검은 말이 나오는데 그 탄 자가 손 저울을 가졌더라** 6) 내가 네 생물 사이로서 나는 듯하는 음성을 들으니 가로되 **한 데나리온에 밀 한 되요 한 데나리온에 보리 석 되로다 또 감람유와 포도주는 해치 말라 하더라**

여기 검은 말은 기근을 상징합니다. 검은 말을 탄자가 손에 저울을 가졌다고 하였는데 이는 계속되는 3차세계대전으로 인하여 경제가 파멸되고 처처에 기근이 들어 적그리스도가 통치하는 정부는 식량을 통제할 수 밖에 없는 상황입니다. 그 때의 식량 가격은 한 데나리온에 밀 한 되요 한 데나리온에 보리 석 되라고 하였습니다. 당시 한 데나리온은 대략 하루의 임금에 해당하는 액수라고 합니다. 그러니까 대환란 시대에는 하루 열심히 일해서 겨우 하루치의 식량 밖에 살수 없게 될 것입니다. 감람유와 포도주는 해치 말라고 하였는데 이는 감람유와 포도주가 사치품이었음을 고려할 때 대환란 시에도 지도층과 부유층은 대부분의 백성들의 고통을 아랑곳 하지 않고 넉넉한 식량을 유지하며 사치스러운 생활을 계속할 것입니다. 민족과 민족 간에 나라와 나라와 간에 치열한 전쟁이 계속되고 여기에 자연재앙인 지진까지 곳곳에서 발생하게 되니 식량을 생산할 수가 없게 되고 따라서 세계곳곳에 기근이 생기는 것은 당연한 것입니다. 이제는 정말 큰 환란과 재난이 본격적으로 시작된 것입니다. 예수님은 그때의 상황을 이렇게 말씀하셨습니다. **"7) 민족이 민족을, 나라가 나라를 대적하여 일어나겠고 처처에 기근과 지진이 있으리니 8) 이 모든 것이 재난의 시작이니라"**[마24:7]

대 환 란						
			3 년 반			
계 시 록	첫째 인 흰 말을 탄 자.	둘째 인 화평제거 서로죽임 큰 칼	셋째 인 한데나리온에 밀 한되	넷째 인	다섯째 인	여섯째 인
마 태 복 음	24:5 미혹자	24:7 민족간에 전쟁	24:7-8 기근			

넷째 인

계 6:7) **네째 인을 떼실 때에 내가 네째 생물의 음성을 들으니 가로되 오라 하기로 8) 내가 보매 청황색 말이 나오는데 그 탄 자의 이름은 사망이니 음부가 그 뒤를 따르더라 저희가 땅 사분 일의 권세를 얻어 검과 흉년과 사망과 땅의 짐승으로써 죽이더라**

이 말을 탄자의 이름이 사망이라고 한 것처럼 여기 청황색 말은 죽음을 상징합니다. 넷째 인을 뗄 때에 땅의 약 사분의 일이 전쟁과 흉년과 사망과 질병으로 파괴될 것입니다. 계속되는 전쟁과 흉년과 기근으로 엄청난 수의 많은 사람들이 죽게 될 것입니다. 이 때에 많은 믿는 사람들도 순교를 당하게 될 것입니다. 그들은 예수 그리스도의 말씀을 믿고 그리스도를 체험한 증거를 가진 성도들로서 적그리스도의 통치를 단호하게 거부하고 믿음의 순결을 지키려는 성도들입니다. 거듭나지 않은 가짜 그리스도인들도 자기들이 살아남기 위하여 함께 교제하던 교우들을 당국에 고발하며 환란에 넘겨줄 것이며 거듭나지 않은 사람들끼리도 서로 그리스도인 인줄 알고 고발하여 서로 미워하는 일이 있을 것입니다. 계시록의 이 넷째 인은 마태복음 24장 9절과 10절의 부분과 일치하는 내용으로서 같은 시점의 사건을 얘기하고 있는 것입니다. "9) 그 때에 사람들이 너희를 환난에 넘겨주겠으며 너희를 죽이리니 너희가 내 이름을 위하여 모든 민족에게 미움을 받으리라 10) 그 때에 많은 사람이 시험에 빠져 서로 잡아 주고 서로 미워하겠으며"[마24:9]

계 시 록	대 환 란					
	3 년 반 [한 때와 두 때와 반 때, 1260일, 마흔 두달]					
	첫째 인 흰 말을 탄 자.	둘째 인 화평제거 서로죽임 큰 칼	셋째 인 한데나리온에 밀 한되	넷째 인 인류의 사분 의 일이 전쟁과 흉년으로 사망	다섯째 인	여섯째 인
마 태 복 음	24:5 미혹자	24:7 민족간에 전쟁	24:7-8 기근	24:9-10 많은 성도들이 죽음		

다섯째 인

계 6:9) 다섯째 인을 떼실 때에 내가 보니 하나님의 말씀과 저희의 가진 증거를 인하여 죽임을 당한 영혼들이 제단 아래 있어 10) 큰 소리로 불러 가로되 거룩하고 참되신 대주재여 땅에 거하는 자들을 심판하여 우리 피를 신원하여 주지 아니하시기를 어느 때까지 하시려나이까 하니 11) 각각 저에게 흰 두루마기를 주시며 가라사대 아직 잠시 동안 쉬되 저희 동무 종들과 형제들도 자기처럼 죽임을 받아 그 수가 차기까지 하라 하시더라 여기 제단 아래 있는 영혼들은 그리스도의 말씀을 믿기 때문에 적그리스도의 통치를 거부하다가 네째 인 재앙 때에 피흘려 순교 당한 성도들의 영혼들입니다. 이 사람들은 전쟁과 기근이라는 환란 속에서도 믿음을 지킨 참 성도들입니다. 적그리스도는 하나님을 믿는 성도들을 집요하게 추적하여 배교할 것을 강요합니다. 교회에 다니던 대부분의 사람들이 살기 위해서 배교할 것입니다. 그러나 참 성도들은 어떠한 환란과 고통 중에서도 배교를 단호히 거부하고 끝까지 믿음을 지켜 순교를 택할 것입니다. 수 많은 참 성도들이 순교를 당하게 될 것입니다. 그들은 아직 주님이 재림하시지 않았고 따라서 성도의 부활도 휴거도 아직 발생하지 않았기 때문에 아직도 그들의 영이 순교자로서 제단 아래 있으면서 언제 주님이 재림하셔서 땅에 거하는 적그리스도의 사람들을 심판하여 자기들의 원수를 갚아 주실 것인지를 안타깝게 기다리며 하루 속히 원수를 갚아 주시기를 하나님께 큰 소리로 간구하는 장면입니다. 그러나 11절에서 주님은 순교자의 수가 차기까지 잠시만 더 기다리라고 그들에게 말씀하십니다. "11) 각각 저에게 흰 두루마기를 주시며 **가라사대 아직 잠시 동안 쉬되 저희 동무 종들과 형제들도 자기처럼 죽임을 받아 그 수가 차기까지 하라 하시더라.**" 마가복음을 보면 다니엘 선지자가 말한 멸망의 가증한 것이 거룩한 곳에 서서 자칭 그리스도라고 주장하고 평화의 왕으로서 세계를 다스리는 적그리스도의 통치 아래서도 하나님은 믿는 성도들이 많은 환란을 당할지라도 결코 굴하지 않고 끝까지 예수 그리스도의 천국복음을 전파하기를 원하십니다. 그러니까 대환란 전에 성도들은 다 휴거하여 대환란을 면제받는다는 세대주의자들의 교리는 성경말씀과 맞지않는 잘못된 교리라는 것을 우리는 여기서 알 수 있는 것입니다. "9) 너희는 스스로 조심하라 사람들이 너희를 공회에 넘겨주겠고 너희를 회당에서 매질하겠으며 나를 인하여 너희가 관장들과 임금들 앞에 서리니 이는 저희에게 증거되려 함이라 10) 또 복음이 먼저 만국에 전파되어야 할 것이니라 11) 사람들이 너희를 끌어다가 넘겨줄 때에 무슨 말을 할까 미리 염려치 말고 무엇이든지 그 시에 너희에게 주시는 그 말을 하라 말하는 이는 너희가 아니요 성령이시니라 12) **형제가 형제를 아비가 자식을 죽는데 내어주며 자식들이 부모를 대적하여 죽게 하리라 13) 또 너희가 내 이름을 인하여 모든 사람에게 미움을 받을 것이나 나중까지 견디는 자는 구원을 얻으리라 14) 멸망의 가증한 것이 서지 못할 곳에 선 것을 보거든 [읽는 자는 깨달을 진저]** 그 때에 유대에 있는 자들은 산으로 도망할찌어다"[막13:9-14]

그 무서운 대환란에서도 한 사람이라도 더 구원하시기 위하여 하나님은 성도들이 복음을 증거하기를 원하십니다. 복음을 전하다가 죽을 그 순교자들의 정한 수가 차기까지 먼저 순교 당한 영혼들은 조금 더 기다려야 한다고 주님은 말씀하고 계십니다. 그 때는 거짓 그리스도들과 거짓 선지자들이 나타나 큰 표적과 기사를 행할 것이므로 믿는 자들은 그들에게 미혹 당하지 말아야 합니다. 21이는 **그 때에 큰 환난이 있겠음이라 창세로부터 지금까지 이런 환난이 없었고 후에도 없으리라 22그 날들을 감하지 아니할 것이면 모든 육체가 구원을 얻지 못할 것이나 그러나 택하신 자들을 위하여 그 날들을 감하시리라 23그 때에 사람이 너희에게 말하되 보라 그리스도가 여기 있다 혹 저기 있다 하여도 믿지 말라 24거짓 그리스도들과 거짓 선지자들이 일어나 큰 표적과 기사를 보이어 할 수만 있으면 택하신 자들도 미혹하게 하리라**〈마 24:21-24〉 이 대환란 중에 재림한 예수가 여기 있다 저기 있다 하여도 속지 말아야 할 것을 당부하고 있습니다. 왜냐하면 그리스도의 재림은 다섯째 인 환란이 지나고 여섯째 인을 떼는 환란 끝에 있게 될 것이기 때문입니다.

다섯째 인의 내용은 마태복음 24장9-27절까지의 내용과 일치하는 것으로서 역시 같은 시점의 사건을 얘기하는 것입니다. 이 때는 멸망의 가증한 것이 거룩한 곳에 서서 성도들을 심히 괴롭히고 멸하는 때입니다. 이 때는 성도들이 주님을 위하여 모든 민족에게 미움을 받고 환란에 넘겨지고 죽임을 당하는 때입니다. 그리고 성도들을 미혹하기 위하여 거짓 선지자들이 많이 활동하는 때입니다. 마태복음 24장24-27절에 보면 이 때는 거짓 그리스도들과 거짓 선지자들이 일어나 큰 기적을 베풀 것이지만 아직 그리스도는 재림하시지 않았으므로 미혹을 당하지 말라고 경고하고 있습니다. 그러나 놀라운 것은 이러한 위험한 상황에도 불구하고 그리스도인들은 목숨을 걸고 순교를 당할 때까지 복음을 전파할 것입니다.

이와 같이 다섯째 인에서도 계속하여 많은 그리스도인들이 억울하게 순교를 당하게 됩니다. 그러면 순교를 당하고 흰 두루마기를 입고 제단 아래서 기다리는 사람들은 누구입니까? 대환란 전에 성도의 휴거를 주장하는 세대주의자들은 대환란 동안에 환란을 당하는 사람들은 유대인이라고 주장합니다. 그러면 여기 순교를 당하여 흰 두루마기를 입고 기다리는 영혼들이 정말 유대인일까요? 요한계시록 7장9-14절까지 보시기 바랍니다.
"(9)이 일 후에 내가 보니 **각 나라와 족속과 백성과 방언에서 아무라도 능히 셀 수 없는 큰 무리**

가 흰 옷을 입고 손에 종려 가지를 들고 보좌 앞과 어린 양 앞에 서서 (10)큰 소리로 외쳐 가로 되 구원하심이 보좌에 앉으신 우리 하나님과 어린 양에게 있도다 하니 (11)모든 천사가 보좌와 장로들과 네 생물의 주위에 섰다가 보좌 앞에 엎드려 얼굴을 대고 하나님께 경배하여 (12)가로 되 아멘 찬송과 영광과 지혜와 감사와 존귀와 능력과 힘이 우리 하나님께 세세토록 있을지로다 아멘 하더라 (13)장로 중에 하나가 응답하여 내게 이르되 이 흰옷 입은 자들이 누구며 또 어디서 왔느뇨 (14)내가 가로되 내 주여 당신이 알리이다 하니 그가 나더러 이르되 **이는 큰 환난에서 나 오는 자들인데** 어린양의 피에 그 옷을 씻어 희게 하였느니라"[계7:9-14]

   여기 아무라도 능히 셀 수 없는 큰 무리가 흰 옷을 입고 있는데 **이들은 대 환란에서 나온 자들**이라고 하였습니다. 즉 이들은 대환란 전에 휴거한 자들 이 아니고 대환란 도중에 나온 자들이라고 분명하게 기록하고 있습니다. 그 러니까 대환란 중에서 순교를 당한 사람들입니다. 예수의 이름과 그의 말 씀을 증거하다가 죽임을 당한 사람들입니다. 그러니까 넷째 인과 다섯째 인 을 뗄 때에 순교 당했던 성도들입니다. 그런데 9절을 보시면 **그들은 한 족속 에서 나온 자들**이 아니고 각 나라에서 각 족속에서 각 언어권에서 나온 자들 **이라고 기록되어** 있습니다. 그러니까 이들은 유대인들이 아니고 여러 민족에 서 구원받은 성도들입니다. 그들 중에는 한국인들도 있고 일본인들도 있고 미국인들도 있다는 말입니다. 이 말씀을 보면 성도들은 대환란이 시작하기 전에 부활하고 휴거하여 공중에서 재림 예수를 만나 대환란을 면하게 된다 는 주장이 얼마나 잘못된 해석인지를 금방 알 수 있습니다. 성도의 휴거에 대하여 예수님은 무엇이라고 말씀하셨는지 주의 깊게 읽어보시기 바랍니다.

"9) 그 때에 사람들이 너희를 환난에 넘겨주겠으며 너희를 죽이리니 너희가 내 이름을 위하여 모든 민족에게 미움을 받으리라 10) 그 때에 많은 사람이 시험에 빠져 서로 잡아 주고 서로 미 워하겠으며 11) 거짓 선지자가 많이 일어나 많은 사람을 미혹하게 하겠으며 12) 불법이 성하므로 많은 사람의 사랑이 식어지리라 13) 그러나 끝까지 견디는 자는 구원을 얻으리라 14) **이 천국 복 음이 모든 민족에게 증거되기 위하여 온 세상에 전파되리니 그제야 끝이 오리라** 15) 그러므로 너희가 선지자 다니엘의 말한바 멸망의 가증한 것이 거룩한 곳에 선 것을 보거든(읽는 자는 깨 달을찐저) 16) 그 때에 유대에 있는 자들은 산으로 도망할찌어다 21) 이는 그 때에 큰 환난이 있 겠음이라 창세로부터 지금까지 이런 환난이 없었고 후에도 없으리라 22) 그 날들을 감하지 아 니할 것이면 모든 육체가 구원을 얻지 못할 것이나 그러나 택하신 자들을 위하여 그 날들을 감하시리라 23) 그 때에 사람이 너희에게 말하되 보라 그리스도가 여기 있다 혹 저기 있다 하여도 믿지 말라 24) 거짓 그리스도들과 거짓 선지자들이 일어 큰 표적과 기사를 보이어 할 수만 있으면 택하신 자들도 미혹하게 하리라 25) 보라 내가 너희에게 미리 말하였노라. 26) 그러면 사람들이 너희에게 말하되 보라 그리스도가 광야에 있다 하여도 나가지 말고 보라 골방에 있다 하여도 믿지 말라 27) 번개가 동편에서 나서 서편까지 번쩍임 같이 인자의 임함도 그러하리라 28) 주검이 있는 곳에는 독수리들이 모일찌니라 29) **그 환난 후에 즉시 해가 어두워지며 달이 빛을 내지 아니하며 별들이 하늘에서 떨어지며 하늘의 권능들이 흔들리리라 30) 그때에 인자의 징조가 하늘에서 보이겠고 그때에 땅의 모든 족속들이 통곡하며 그들이 인자가 구름을 타고 능력과 큰 영광으로 오는 것을 보리라. 31) 저가 큰 나팔소리와 함께 천사들을 보내린 저희가 그 택하신 자들을 하늘 이 끝에서 저 끝까지 사방에서 모으리라**"[마24:9~31]

위에서 읽은 대로 먼저 믿는 사람들이 그리스도의 이름을 위하여 모든 민족으로부터 미움을 받게 될 것입니다. 그리고 천국복음이 환란 중에서도 계속 전파될 것입니다. 다니엘이 예언한 그 가증한 적 그리스도가 자기를 거룩한 하나님이라고 선언할 때 성도들에 대한 핍박이 시작될 것입니다. 그 선언이 바로 전무후무한 큰 환란 즉 대환란의 시작이 될 것입니다. 성도들은 3년 반 동안의 대환란 기간 중에 환란을 당하게 될 것입니다. **그리고 여기 잘 보세요. 29절에서 처럼 3년 반의 환란이 끝나는 시점에 해가 어두워지고 달이 빛을 내지 아니하며 별들이 하늘에서 떨어지는 그 때에 그리스도께서 구름을 타고 재림하시게 된다고 30절에서 언급하고 있습니다. 31절에 보시면 큰 나팔소리와 함께 예수님이 공중으로 재림하시고 동시에 택하신 자들을 사방에서 모으신다고 하셨는데 그것이 바로 성도의 휴거입니다. 그러면 해가 어두워지며 달이 빛을 내지 아니하는 때가 언제입니까? 그것은 바로 다음에 나오는 여섯째 인 재앙, 즉 3년 반의 대환란에서 맨 끝부분에 해당하는 여섯째 인 재앙에서 언급하고 있는 사건입니다. 그러니까 성도의 휴거는 대환란 전에 있는 것이 아니고 대환란 끝부분에 해당하는 여섯째 인 재앙 때에 일어난다는 것을 예수님이 분명하게 언급하셨음을 우리는 명심해야 합니다.** 만약 대환란 전에 성도의 휴거가 있었다면 성경은 분명히 첫째 인 환란 전에 성도의 휴거를 언급해야 합니다. 그러나 아무리 눈을 씻고 보아도 첫째 인 전에는 휴거에 대한 기록이 전혀 없으며 마지막 나팔이 울렸다는 기록도 없습니다. **마지막 나팔과 성도의 휴거는 분명히 여기 대환란의 맨 끝 부분에서 언급하고 있습니다.**

그런데 22절에 보시면 성도들을 위하여 그 환란의 날들을 감해주신다고 하셨습니다. 이것은 성도들은 환란의 거의 끝 무렵인 마지막 나팔이 울릴 때 휴거하게 되고 마지막 나팔 즉 일곱째 나팔이 울린 후에 오게될 가장 치열하고도 가공할 만한 일곱대접 재앙은 면하게 된다는 말입니다. 그러니까 성도들은 마지막 일곱대접 재앙 직전에 휴거하는 것입니다. 22절에서 택하신 자들을 위하여 그 날들을 감하신다고 말씀하신 것이 바로 그 말입니다. 택하신 자들을 위하여 그 날들을 감하신다고 말씀하신 직후에 주님의 재림에 대하여 언급하심에 주의하기 바랍니다. 그 때에 거짓 그리스도들과 거짓 선지자들이 일어나 큰 표적과 기사를 보이면서 택하신 자들을 미혹하려 할 것입니다. 왜냐하면 적 그리스도와 그의 추종자들도 마지막 일곱 째 나팔이 울리면 주님께서 재림하신다는 것을 알고 있기 때문입니다. 성도들은 그들에게 미혹당하지 말아야 합니다. 곧 마지막 나팔 즉 일곱 째 나팔이 울릴 때 그리스도께서 재림하시되 번개가 동편에서 난서 서편까지 번쩍임같이 주님의 재림도 그러하기 때문입니다.

여기서 우리가 명심할 것은 무엇입니까? 대환란의 끝에 마지막 나팔이 울리기 전까지는 성도들은 환란을 통과해야 한다는 말입니다. 그리고 많은 성도들이 대환란 중에서도 말씀을 붙들고 신앙을 지킨다는 이유 때문에 온 세상으로부터 미움을 받고 죽임을 당하게 된다는 사실을 명심해야 합니다. 또한 대환란 때에는 거짓 그리스도들과 거짓 선지자들이 나타나 많은 기적을 행하여 사람들을 미혹한다는 사실을 우리는 기억하고 이런 대환란이 오기 전에 우리는 믿음을 견고히 해 놓아야 합니다. 대환란이 가까워 올수록 그리스도인에 대한 핍박은 점점 더 심해질 것이고 거짓 선지자들이 많아 바른 복음을 접하기가 어려울 것입니다. 아직 평안하다 할 바로 지금 이 시대에 우리는 믿음으로 잘 무장해야 합니다.

대 환 란					
3 년 반[한 때와 두 때와 반 때, 1260일, 마흔 두달]					
	첫째 인	둘째 인	셋째 인	넷째 인	다섯째 인	여섯째 인
계시록	흰 말을 탄 자.	화평제거 서로죽임 큰 칼	한데나리온에 밀 한되	인류의 사분의 일이 전쟁과 흉년으로 사망	순교자들의 영혼의 탄원과 순교자의 수가 차기까지 기다림	
마태복음	24:5	24:7	24:7-8	24:9-10	24:9-10	
	미혹자	민족간에 전쟁	기근	많은 성도들이 죽음	성도들이 미움을 받고 죽게 됨	

여섯째 인

계 6:12) 내가 보니 여섯째 인을 떼실 때에 큰 지진이 나며 해가 총담같이 검어지고 온 달이 피 같이 되며 13) 하늘의 별들이 무화과 나무가 대풍에 흔들려 선 과실이 떨어지는 것 같이 땅에 떨어지며 14) 하늘은 종이 축이 말리는 것같이 떠나가고 각 산과 섬이 제 자리에서 옮기우매 15) 땅의 임금들과 왕족들과 장군들과 부자들과 강한 자들과 각 종과 자주자가 굴과 산바위 틈에 숨어 16) 산과 바위에게 이르되 우리 위에 떨어져 보좌에 앉으신 이의 낯에서와 어린 양의 진노에서 우리를 가리우라 17) 그들의 진노의 큰 날이 이르렀으니 누가 능히 서리요 하더라

앞에서 여러번 언급한 대로 여섯째 인이 바로 대환란의 마지막 부분입니다. 즉 3년 반의 끝부분입니다. 이때에 큰 지진이 나며 해와 달이 어두워집니다. 하늘의 별들이 떨어집니다. 산과 섬이 옮겨집니다. 재림하시는 주님의 낯을 피하여 굴과 산과 바위 틈에 숨어서 어린양 예수님의 얼굴을 뵙는 것이 너무 두려워 차라리 산과 바위가 자기들 위에 떨어져 어린양의 진노에서 자기들을 가리우게 해달라고 부르짖는 모습이 보입니다. 다시 말하면 대환란의 마지막 순간에서 어린양 그리스도의 재림하는 모습을 그들이 보고있는 것입니다. 이것이 바로 여기 여섯째 인을 떼었을 때 일어나는 사건입니다.

바로 환란의 마지막 부분에서 예수님이 재림하신다는 사실을 우리는 여기 여섯째 인에서 발견하게 됩니다. 마태복음 24장에서도 해와 달이 어두워지는 사건이 있은 다음에야 재림이 있을 것이라고 주님께서 말씀하셨습니다. 여섯째 인의 내용과 다음의 마태복음 24장의 내용을 주의 깊게 비교해 보십시오.

"29) 그 날 환난 후에 즉시 해가 어두워지며 달이 빛을 내지 아니하며 별들이 하늘에서 떨어지며 하늘의 권능들이 흔들리리라 30) 그 때에 인자의 징조가 하늘에서 보이겠고 그 때에 땅의 모든 족속들이 통곡하며 그들이 인자가 구름을 타고 능력과 큰 영광으로 오는 것을 보리라 31) 저가 큰 나팔 소리와 함께 천사들을 보내리니 저희가 그 택하신 자들을 하늘 이 끝에서 저 끝까지 사방에서 모으리라"[마24:29-31]

여기서 보면 계시록에 나타난 주님의 재림의 때가 환란의 끝에 해가 총담

같이 검어지고 달이 피같이되며 하늘의 별들이 떨어지는 때입니다. 마태복음 24장에서도 인자가 구름을 타고 재림하시는 때는 환란 후에 해가 어두워지고 달이 빛을 내지 아니하고 별들이 떨어지는 때입니다. '환란 후'라는 말은 '3년 반[1260일] 후'에 라는 말입니다. 예수님도 환란 끝에 재림과 휴거가 있다는 것을 말씀하고 있는 것입니다. 마태복음 24장 31절에 보면 **바로 이 때에 큰 나팔 소리와 함께 천사들을 보내어 그 택하신 자들을 하늘 이 끝에서 저 끝 까지 사방에서 모은다고 하였는데 이것이 바로 성도의 휴거입니다.** 그러면 여기 그 택하신 자들을 하늘 이 끝에서 저 끝까지 사방에서 모을 때 부는 큰 나팔은 언제 불게 될 것인가? 고린도전서 15:51절을 보십시오. '보라 내가 너희에게 비밀을 말하노니 우리가 다 잠잘 것이 아니요 **마지막 나팔에 순식간에 홀연히 다 변화하리니 나팔 소리가 나매 죽은 자들이 썩지 아니할 것으로 다시 살고 우리도 변화하리라.'** 부활과 휴거를 알리는 나팔은 분명히 마지막 나팔입니다. 그러면 계시록에서 마지막 나팔은 무엇입니까? 일곱째 인을 떼면 일곱 나팔이 순서대로 나와서 여섯째 인의 내용을 일곱 부분으로 나누어 대환란의 마지막 부분을 상세하게 보여줍니다. 잎에서 본 도표를 잘 기억하시기 바랍니다. <u>그러니까 일곱 개의 나팔 중에서도 일곱번째 나팔은 맨 마지막 나팔이 되는 것입니다. 바로 이 일곱번째 나팔이 마지막 나팔임이 분명합니다.</u> [15일곱째 천사가 나팔을 불매 하늘에 큰 음성들이 나서 가로되 **세상 나라가 우리 주와 그 그리스도의 나라가 되어 그가 세세토록 왕노릇 하시리로다** 하니(계11:15)] 여기 보는 대로 요한계시록 11장 15절에서 일곱째 나팔이 울릴 때에 예수님이 왕으로 통치하시는 나라가 임하게 된다고 분명하게 말씀하고 있습니다. 그러니까 일곱째 나팔이 예수님께서 왕의 왕으로 재림하실 때에 울릴 마지막 나팔입니다. 이 마지막 나팔이 울릴 때 하나님은 천사들을 보내어 그 택하신 자들을 하늘 이 끝에서 저 끝까지 사방에서 모읍니다. 이것이 성도의 부활이요 휴거가 아니고 무엇입니까! <u>그러니까 성도의 휴거가 대환란의 시작 전에 발생하는 것이 아니고 환란 후에 큰 나팔 소리 즉 일곱째 나팔 소리가 울릴 때입니다.</u> 우리가 살펴보았지만 대환란이 시작하기 직전 즉 첫째인이 떼어지기 전에 마지막 나팔이 울렸다는 말씀도 없고 성도들이 휴거한다는 말씀이 전혀 없었습니다. 성도의 휴거가 대환란 전에 발생한다면 왜 성경은 대환란의 시작점인 첫째인을 뗄때에 재림과 휴거에 대하여 아무런 말씀이 없었을까요? 대환란 전에 재림과 휴거가 발생한다는 세대주의의 교리는 잘못된 해석임을 성경은 이렇게 명명백백하게 증거하고 있습니다.

대 환 란					
3년 반 [한 때와 두 때와 반 때, 1260일, 마흔 두 달]					
계시록	첫째 인 흰 말을 탄 자.	둘째 인 화평제거 서로죽임 큰 칼	셋째 인 한데나리온에 밀 한되	넷째 인 인류의 사분의 일이 전쟁과 흉년으로 사망	다섯째 인 순교자들의 영혼의 탄원과 순교자의 수가 차기까지 기 다림	여섯째 인 해와 달이 어두워지고 별들 이 떨어지고 산과 섬이 옮기 우고 보좌에 앉으신 어린양 의 얼굴이 보이기 시작하면 서 땅의 유력한 자들이 어린 양의 진노를 두려워 하여 숨 음
마태복음	24:5 미혹자	24:7 민족간에 전쟁	24:7-8 기근	24:9-10 많은 성도들이 죽음	24:9-10 성도들이 미움을 받고 죽게됨	24:29-31 해와 달이 어두워지고 별이 떨어짐, 인자의 징조 보임, 큰 나팔소리, 택하신 자들을 땅 이끝에서 저끝까지 사방 에서 모음 [휴거]

　위의 도표에서 보는 대로 마태복음에서 예수님이 언급하신 대환란의 내용의 순서와 계시록에 기록된 대환란의 내용의 순서는 정확하게 일치합니다. 그러므로 대환란이 오기 전에 성도들이 휴거하여 공중에서 주를 맞이한다는 해석은 옳은 해석이 아닙니다. 위의 도표를 잘 살펴보십시오. 성도의 휴거가 첫째 인을 떼기 전에 발생한다는 아무런 말씀이 없습니다. 예수님이 언급하신 마태복음 24장의 내용을 보아도 그렇고 여기 계시록 6장의 내용을 분석해 보아도 예수 그리스도의 재림과 성도의 부활과 휴거는 결코 대환란 전에 나타나지 않습니다. 환란 후에 해와 달이 어두워지는 사건이 있기 전에는 결코 주의 재림이 나타나지 않습니다. 그리고 마태복음 24장에서도 요한계시록 6장에서도 대환란의 끝에 해와 달이 어두워지는 사건이 언급되어 있습니다. 계시록 6장에서 3년 반의 대환란이 끝나는 때에 여섯째 인의 내용에서 해와 달이 어두워지고 별들이 떨어지고 어린 양의 얼굴이 나타납니다. 마태복음 24장에서는 해와 달이 어두워지는 사건과 함께 큰 나팔 소리가 언급되어 있습니다. 그러나 계시록 6장의 여섯째 인에서는 해와 달이 어두워지는 사건은 기록되어 있는데 나팔 소리는 기록되어 있지 않습니다. 왜 그렇습니까? 앞에서 언급한대로 여섯째 인의 내용을 더 상세하게 설명해주는 것이 일곱째 인이기 때문입니다. 그러므로 일곱째 인을 뗄 때에 일곱 나팔이 나와서 차례로 불다가 마지막 일곱째 나팔이 울릴 때에 예수님이 왕으로 재림하는 것이 나타나는 것입니다.

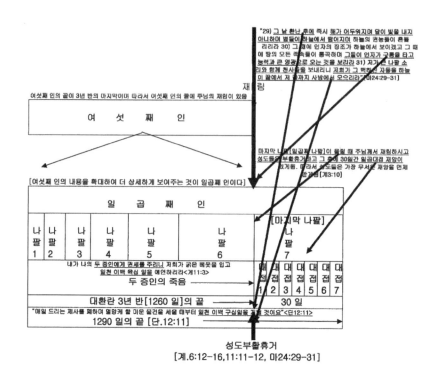

"29) 그 날 환난 후에 즉시 해가 어두워지며 달이 빛을 내지 아니하며 별들이 하늘에서 떨어지며 하늘의 권능들이 흔들리리라 30) 그 때에 인자의 징조가 하늘에서 보이겠고 그 때에 땅의 모든 족속들이 통곡하며 그들이 인자가 구름을 타고 능력과 큰 영광으로 오는 것을 보리라 31) 저가 큰 나팔 소리와 함께 천사들을 보내리니 저희가 그 백성의 자들을 하늘 이 끝에서 저 끝까지 사방에서 모으리라" [마24:29-31]

재림

여섯째 인의 끝이 3년 반의 마지막이며 따라서 여섯째 인의 끝에 주님의 재림이 있음

여 섯 째 인

[여섯째 인의 내용을 확대하여 더 상세하게 보여주는 것이 일곱째 인이다]

마지막 나팔[일곱째 나팔]이 울릴 때 주님께서 재림하시고 성도들이 부활휴거하고 그 후에 30일간 일곱대접 재앙이 있게됨. 따라서 성도들은 가장 무서운 재앙을 면제 받게됨[계3:10]

일 곱 째 인

나팔 1	나팔 2	나팔 3	나팔 4	나팔 5	나팔 6	[마지막 나팔] 나팔 7

[마지막 나팔]

| | | | | | | 대접 1 | 대접 2 | 대접 3 | 대접 4 | 대접 5 | 대접 6 | 대접 7 |

내가 나의 두 증인에게 권세를 주리니 저희가 굵은 베옷을 입고 일천 이백 육십 일을 예언하리라<계11:3>
두 증인의 죽음

대환란 3년 반[1260 일]의 끝 | 30 일

"매일 드리는 제사를 폐하며 멸망케 할 미운 물건을 세울 때부터 일천 이백 구십일을 지낼 것이요"<단12:11>

1290 일의 끝 [단.12:11]

성도부활휴거
[계.6:12-16,11:11-12, 마24:29-31]

위의 도표를 잘 보면서 다시 정리해 봅니다. 우리는 지금까지 여섯째 인가지의 환란의 내용을 살펴 보았습니다. 위의 도표에서 보는 대로 일곱째 인의 내용은 여섯째 인의 내용을 확대하여 좀더 상세하게 보여주고 있습니다. 일곱째 인을 떼었을 때 맨 끝에 마지막 일곱째 나팔이 울리면 주님의 재림과 성도의 휴거가 발생합니다. 그 후에 일곱개의 대접이 쏟아집니다. 성도들은 일곱째 나팔 즉 마지막 나팔소리와 함께 휴거하였으므로 가장 치열한 일곱대접 환란을 면하게 되는 것입니다.[계3:10] 그런데 위의 도표를 자제히 보시면 일곱 대접 재앙은 3년 반의 대환란이 끝난 후에 있습니다. 다시 말해서 3년 반 즉 1260일이 끝날 때에 일곱째 나팔 즉 마지막 나팔이 울리면 그 때에 예수님이 재림하시게 되고 성도들은 휴거하게 됩니다. 그러니까 일곱대접재앙은 1260일 후에 나오는 것입니다. 따라서 성도들은 일곱 인 재앙과 여섯개의 나팔 재앙까지는 대환란 가운데 거하지만 가장 혹심한 재앙인 일곱대접재앙 전에 휴거하기 때문에 일곱대접재앙은 면하게 되는 것입니다. [10네가 나의 인내의 말씀을 지켰은즉 내가 또한 너를 지키어 시험의 때를 면하게 하리니 이는

장차 온 세상에 임하여 땅에 거하는 자들을 시험할 때라(계3:10)] 그러므로 대환란의 재 앙의 날 수는 3년 반이 조금 더 되는 기간입니다. 그러면 일곱 대접 재앙의 기간은 얼마나 될까요? 다니엘서 12장 11-12절을 보시면 이 기간이 30일임을 알 수 있습니다.

"11매일 드리는 제사를 폐하며 멸망케 할 미운 물건을 세울 때부터 일천 이백 구십일을 지낼 것이요 12기다려서 일천 삼백 삼십 오일까지 이르는 그 사람은 복이 있으리라"(단12:11-12)

적그리스도가 한 이레의 절반에 자신의 정체를 드러내면서 그리스도인들이 하나님을 예배하는 것을 금지할 때부터 시작해서 즉 첫째 인으로 시작되는 대환란이 시작될 때부터 계산해서 1290일을 지낼 것이라고 하였습니다. 1290일은 1260일보다 30일 더 많은 대환란의 날 수 입니다. 그러니까 첫째 인부터 1260일 동안의 환란의 날들이 지나면 주님의 재림과 성도들의 부활 휴거가 있게 되고 그 후에는 일곱 대접 재앙의 날들이 있게되는데 그 날 수가 30일이 되는 것임을 알 수 있습니다.

앞에서도 여러 번 언급하였듯이 이제 다음에 나올 일곱째 인은 여섯째 인 환란 후에 이어지는 연속적인 사건이 아닙니다. 다시 말하지만 여섯째 인 환란은 대환란의 마지막 부분으로서 더 치열하기 때문에 이 여섯째 인 환란의 내용을 더욱 상세하게 보여주는 것이 일곱째 인입니다. 그러니까 시간적으로 볼 때 여섯째 인을 뗄 때 일어났던 사건들은 일곱째 인을 뗄 때 일어난 사건들과 동일한 시간에 일어난 동일한 사건들입니다. 다만 일곱째 인은 여섯째 인의 환란의 내용을 좀더 상세하게 설명해 주었을 뿐입니다. 일곱째 인을 떼면 일곱 개의 나팔들이 나오면서 나팔이 하나씩 울릴 때마다 여섯째 인을 뗄 때에 보여주었던 내용들을 다시 일곱 부분으로 나누어 더 상세하게 보여주는 것 뿐입니다. 그러므로 이것을 도표로 그리면 다음과 같습니다. 도표에서 여섯째 인과 일곱 째 인이 동일한 시간대에 있는 것에 주의하기 바랍니다. 다만 일곱째 나팔은 여섯째 인이 끝난 시간 후에 조금 더 연장된 시간에 그려져 있습니다.

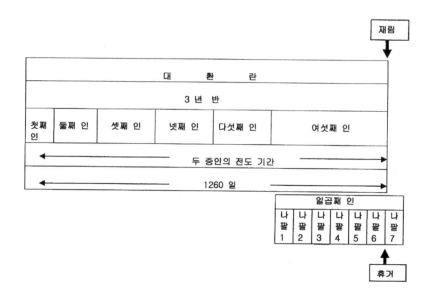

　지금까지 살펴보신대로 대환란 중에는 세 가지의 재앙이 있게됩니다. 즉 처음에는 일곱 인 재앙, 그 다음에는 일곱 나팔 재앙,그리고 일곱 대접 재앙이 마지막 재앙으로 기록되어 있습니다. 그리고 앞에서 살펴본대로 중간 중간에 두 증인들의 사역, 큰 붉은 용과 짐승의 정체와 사역, 그리고 휴거와 재림 등등의 사건들이 삽입되어 있습니다. 요한계시록을 이해하는데 있어서 많은 사람들에게 혼란을 주게 되는 원인중에 하나가 바로 이 세가지 재앙을 오해하는데서 비롯된 것입니다. 처음에는 일곱 인 재앙의 내용들이 기록되어 있고 그 다음에는 일곱 나팔 재앙의 내용들이 기록되어 있고 그 다음에는 일곱 대접 재앙의 내용이 기록되어 있습니다. 그래서 자칫하면 이 세 개의 재앙들이 세 개의 서로 다른 시간에 순서대로 일어난 것으로 오해하게 되는 것입니다. 다시 말씀드리면 먼저 일곱 인 재앙이 끝나고 나면 일곱 나팔 재앙이 임하고 일곱 나팔 재앙이 끝나고 나면 일곱 대접 재앙이 임하는 것으로 오해하게 되는 것입니다. 위의 세가지 환란을 오해해서 그려보면 다음과 같은 잘못된 도표가 나오게 됩니다.

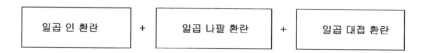

그러나 이 세가지 재앙의 내용들을 주의깊게 살펴보면 이 재앙들은 연속적으로 일어난 세 개의 서로 다른 재앙이 아니라는 것을 알 수 있습니다. 즉 일곱 나팔 환란은 일곱째 인의 내용 즉 여섯째 인의 내용을 더 자세하게 보여준 것이며 일곱 대접 환란은 마지막 나팔 즉 일곱째 나팔이 울렸을 때의 내용을 상세하게 보여준 것입니다. 그러니까 일곱 인 환란 안에 일곱 나팔 환란도 일곱 대접 환란도 들어가 있는 것입니다. 일곱 나팔 환란과 일곱 대접 환란은 결국 일곱 인 환란의 마지막 치열하고 극렬한 상황을 보다 상세하게 보여준 것입니다. 성경은 다니엘서에서도 요한계시록에서도 그렇고 대환란[단 12:1]의 기간을 '한 이레의 절반'[단9:27], '한 때와 두 때와 반 때'[단.12:7, 계 12:14] 그리고 '마흔 두 달'[계11:2, 13:4] 그리고 '1260 일'[계 11:3, 12:6] 이라는 세가의 용어로 함께 표현하고 있습니다. 이것은 대환란의 기간이 3년 반을 의미한다는 것을 분명히 나타내기 위함입니다. 만약 대환란의 기간을 이 세가지 중에서 한 가지 용어로만 표현하였다면 예를 들어 '1260 일' 이라는 용어만 사용하였다면 사람들은 이것을 1260년으로 해석거나 아니면 어떤 한 긴 기간을 의미한다고 자기 멋대로 해석할 수 있기 때문에 3 년 반을 뜻하는 위의 세가지 용어를 함께 사용함으로써 그러한 혼란과 오해를 사전에 방지하려는 것입니다. 세가지 용어가 모두 3년 반의 기간을 정확하게 의미하는 용어이기 때문에 대환란의 기간을 3년 반 이외의 다른 것으로 해석하는 것은 결코 올바른 해석이 아니라는 것을 알 수 있습니다.

　이 점을 염두에 두면서 세 가지 재앙들의 내용을 살펴보면 처음 일곱 인 재앙에서 첫째 인부터 여섯째 인까지가 대환란의 기간 3년 반에 해당하는 내용입니다. 그러니까 첫째 인으로 대환란이 시작되어 여섯째 인으로 대환란이 끝나는 것입니다. 무슨 말이냐 하면 일곱 나팔 재앙은 여섯째 인의 내용을 더 상세하게 보여주는 것에 불과한 것입니다. 예를 들어 자세히 보시면 일곱째 인을 뗄 때에 일곱 천사가 나팔을 가지고 나옵니다. 그리고 그들이 차례를 따라서 나팔을 불 때에 나오는 재앙의 내용들은 여섯째 인을 뗄 때에 나왔던 내용들을 조금 더 상세하게 보여주는 같은 내용의 재앙들이기 때문입니다. 이것을 확인하기 위해서 여섯째 인을 떼었을 때에 나타난 재앙들과 일곱째 인을 떼었을 때 나타난 일곱 나팔들이 가져온 재앙들과 비교해 보시기 바랍니다.

〈여섯째 인을 떼었을 때 나타난 재앙들〉;

12내가 보니 **여섯째 인을 떼실 때에 큰 지진이** 나며 해가 **총담 같이 검어지고 온 달이 피 같이 되며** 13하늘의 별들이 무화과나무가 대풍에 흔들려 선 과실이 떨어지는것 같이 땅에 떨어지며 14하늘은 종이 축이 말리는것 같이 떠나가고 각 산과 섬이 제 자리에서 옮기우매 15땅의 임금들과 왕족들과 장군들과 부자들과 강한 자들과 각 종과 자주자가 굴과 산 바위틈에 숨어 16산과 바위에게 이르되 우리 위에 떨어져 보좌에 앉으신 이의 낯에서와 어린 양의 진노에서 우리를 가리우라

〈일곱 째 인을 떼었을 때 나타난 일곱 나팔 재앙들〉;

1일곱째 인을 떼실 때에 하늘이 반시 동안쯤 고요하더니 2내가 보매 **하나님 앞에 시위한 일곱 천사가 있어 일곱 나팔을 받았더라**⋯ 7**첫째 천사가 나팔을 부니 피 섞인 우박과 불이 나서 땅에 쏟아지매 땅의 삼분의 일이 타서 사위고 수목의 삼분의 일도 타서 사위고 각종 푸른 풀도 타서** 사위더라 8**둘째 천사가 나팔을 부니 불붙는 큰 산과 같은 것이 바다에 던지우매** 바다의 삼분의 일이 피가 되고 9**바다 가운데 생명 가진 피조물들의 삼분의 일이 죽고 배들의 삼분의 일이 깨어지더라** 10**세째 천사가 나팔을 부니 횃불 같이 타는 큰 별이 하늘에서 떨어져** 강들의 삼분의 일과 여러 물샘에 떨어지니 11이 별 이름은 쑥이라 물들의 삼분의 일이 쑥이 되매 그 물들이 쓰게 됨을 인하여 많은 사람이 죽더라 12**네째 천사가 나팔을 부니 해 삼분의 일과 달 삼분의 일과 별들의 삼분의 일이 침을 받아 그 삼분의 일이 어두워지니** 낮 삼분의 일은 비침이 없고 밤도 그러하더라

1**다섯째 천사가 나팔을 불매** 내가 보니 **하늘에서 땅에 떨어진 별 하나가 있는데 저가 무저갱의 열쇠를 받았더라** 2저가 무저갱을 여니 그 구멍에서 큰 풀무의 연기 같은 연기가 올라오매 해와 공기가 그 구멍의 연기로 인하여 어두워지며 3또 황충이 연기 가운데로부터 땅 위에 나오매 저희가 땅에 있는 전갈의 권세와 같은 권세를 받았더라 4저희에게 이르시되 땅의 풀이나 푸른 것이나 각종 수목은 해하지 말고 **오직 이마에 하나님의 인 맞지 아니한 사람들만 해하라 하시더라** 5그러나 그들을 죽이지는 못하게 하시고 다섯달 동안 괴롭게만 하게 하시는데 그 괴롭게 함은 전갈이 사람을 쏠 때에 괴롭게 함과 같더라 6그날에는 사람들이 죽기를 구하여도 얻지 못하고 죽고 싶으나 죽음이 저희를 피하리로다 7황충들의 모양은 전쟁을 위하여 예비한 말들 같고 그 머리에 금 같은 면류관 비슷한 것을 썼으며 그 얼굴은 사람의 얼굴 같고 8또 여자의 머리털 같은 머리털이 있고 그 이는 사자의 이 같으며 9또 철흉갑 같은 흉갑이 있고 그 날개들의 소리는 병거와 많은 말들이 전장으로 달려 들어가는 소리 같으며 10또 전갈과 같은 꼬리와 쏘는 살

이 있어 그 꼬리에는 다섯달 동안 사람들을 해하는 권세가 있더라 11저희에게 임금이 있으니 무저갱의 사자라 히브리 음으로 이름은 아바돈이요 헬라 음으로 이름은 아볼루온이더라 12**첫째 화는 지나갔으나 보라 아직도 이 후에 화 둘이** 이르리로다 13**여섯째 천사가 나팔을 불매** 내가 들으니 하나님 앞 금단 네 뿔에서 한 음성이 나서14나팔 가진 여섯째 천사에게 말하기를 큰 강 유브라데에 결박한 네 천사를 놓아 주라 하매 15네 천사가 놓였으니 **그들은 그 년 월 일 시에 이르러 사람 삼분의 일을 죽이기로 예비한 자들이더라 16마병대의 수는 이만만이니 내가 그들의 수를 들었노라 17이같이 이상한 가운데 그 말들과 그 탄 자들을 보니 불빛과 자주빛과 유황빛 흉갑이 있고 또 말들의 머리는 사자 머리 같고 그 입에서는 불과 연기와 유황이 나오더라** 18이 세 재앙 곧 저희 입에서 나오는 불과 연기와 유황을 인하여 사람 삼분의 일이 죽임을 당하니라 19이 말들의 힘은 그 입과 그 꼬리에 있으니 그 꼬리는 뱀 같고 또 꼬리에 머리가 있어 이것으로 해하더라 20이 재앙에 죽지 않고 남은 사람들은 그 손으로 행하는 일을 회개치 아니하고 오히려 여러 귀신과 또는 보거나 듣거나 다니거나 하지 못하는 금, 은, 동과 목석의 우상에게 절하고 21또 그 살인과 복술과 음행과 도적질을 회개치 아니하더라 〈계8:1~9:21〉

14**둘째 화는 지나갔으나 보라 세째 화가 속히 이르는도다** 15**일곱째 천사가 나팔을 불매** 하늘에 큰 음성들이 나서 가로되 **세상 나라가 우리 주와 그 그리스도의 나라가 되어 그가 세세토록 왕 노릇 하시리로다** 하니 〈계11:14~15〉

여섯째 인을 뗄 때에 나타난 재앙들은 큰 지진, 해가 총담 같이 검어지고 온 달이 피 같이 되고, 그리고 하늘의 별들이 땅에 떨어지며 각 산과 섬이 제 자리에서 옮겨짐 그리고 땅의 사람들은 그들이 임금들이든지 하인들이든지 상관없이 굴과 산 바위틈에 숨어 '보좌에 앉으신 이의 낯에서와 어린 양의 진노에서 우리를 가리우라'고 공포에 떨며 숨어있습니다. 즉 세상의 사람들이 굴과 바위 틈에 숨어 '어린양의 진노'에서 자기들을 가려달라고 하는 것은 그들이 주님의 재림하시는 그 위엄과 영광을 보았기 때문입니다. 구름을 타고 왕의 왕으로 재림하시는 그 위엄과 영광을 보지 않았으면 그들은 굴과 바위 틈에 숨지도 않았을 것이며 '어린양의 진노'라는 표현을 사용할 줄도 모를 것입니다.

즉 여섯째 인을 뗄 때에는 해와 달이 검어지고 별들이 떨어지고 예수님의 재림하시는 모습이 간략하게 묘사되어 있습니다. 그러나 일곱째 인을 뗄 때에 나타난 일곱 나팔 재앙들은 여섯째 인을 뗄 때에 나타난 재앙들과 동일한 내용들을 좀 더 상세하게 보여주고 있습니다. 여섯째 인을 뗄 때에는 해와 달이 검어지고 별들이 떨어진다고 그때에 내릴 자연재앙에 대하여 아주 간략하게 언급하고 있지만 일곱 나팔 재앙에서는 훨씬 더 다양하고 폭넓게 보여주고 있습니다. 즉 자연재앙에 대하여 더 상세하게 피섞인 우박과 불이 나서 땅에 쏟아지매 땅의 삼분의 일이 타서 사위고 수목의 삼분의 일도 타서 사위고 각종 푸른 풀도 타서 없어진다는 것과 불붙는 큰 산과 같은 것이 바다에 던지운다는 것과 그로 인하여 바다 가운데 생명 가진 피조물들의 삼분의 일이 죽고 배들의 삼분의 일이 깨어진다는 것, 횃불 같이 타는 큰 별이 하늘에서 떨어져 많은 사람이 죽게 된다는 것, 해와 달이 그냥 총담같이 단순히 어두워진다는 것이 아니고 해 삼분의 일과 달 삼분의 일과 별들의 삼분의 일이 침을 받아 그 삼분의 일이 어두워진다고 더 구체적으로 보여주고 있습니다. 또 하늘에서 땅에 떨어진 별 하나가 있는데 저가 무저갱의 열쇠를 받아서 오직 이마에 하나님의 인 맞지 아니한 사람들만 해하여 그들을 죽이지는 못하게 하시고 다섯달 동안 괴롭게만 한다는 것과 인구의 삼분의 일을 죽이는 이억[이만만]명의 군대가 싸우게 되는 큰 전쟁이 있을 것이라는 것과 그리고 주님의 재림하시는 모습도 여섯째 인에서는 "보좌에 앉으신 이의 낯에서와 어린 양의 진노에서 우리를 가리우라"고 재림하시는 예수님의 모습을 간략하게 보여주고 있으나 일곱째 인을 떼었을 때에는 "세상 나라가 우리 주와 그 그리스도의 나라가 되어 그가 세세토록 왕노릇 하시리로다"라고 좀 더 상세하게 기록하고 있습니다.

이것은 3년 반 동안의 대환란 기간 중에서도 맨 마지막 부분에 속하는 여섯째 인을 떼는 기간은 재앙이 가장 극에 달하는 치열한 환란의 기간이기 때문에 그 기간을 좀더 자세하게 보여주기 위하여 여섯째 인 기간을 다시 일곱부분으로 나누어 더 상세하게 보여주기 위해서 일곱째 인을 떼었을 때에는 일곱 천사가 나타나서 일곱개의 나팔들을 부는 것입니다. 그리고 그 일곱 나팔 환란 중에서도 맨 마지막 부분인 일곱번째 마지막 나팔이 부는 때가 마지막 중에서도 가장 마지막 기간이기 때문에 또다시 일곱 대접 환란으로 나누어 아주 상세하게 보여주는 것입니다.

그러므로 대환란 3년 반 동안에 있게될 재앙들은 세 가지인데 그것들을 시간적으로 분류해보면 앞에서도 보셨지만 다음과 같이 도표로 그려볼 수 있습니다. 즉 여섯째 인과 일곱째 인[첫째 나팔부터 여섯째 나팔]이 같은 시간대에 있는 같은 사건들임을 주지해야 합니다.

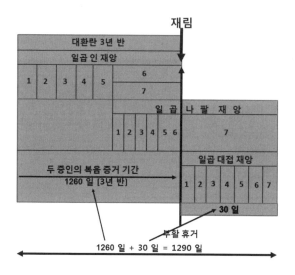

그런데 위의 도표를 자세히 보면 일곱 대접 재앙은 3년 반이 끝난 후에 있습니다. 다시 말해서 3년 반 즉 1260일이 끝날 때에 일곱째 나팔 즉 마지막 나팔이 울리면 그 때에 예수님이 재림하시게 되고 성도들은 휴거하게 됩니다. 그러니까 1260일 후에 일곱 대접 재앙이 나옵니다. 따라서 성도들은 일곱 인 재앙과 여섯개의 나팔 재앙까지는 대환란 가운데 거하지만 가장 혹심한 재앙인 마지막 재앙 전에 휴거하기 때문에 일곱 대접 재앙을 면하게 되는 것입니다.[계3:10] 그러므로 대환란의 재앙의 날 수는 3년 반이 조금 더 되는 기간입니다.

자 그러면 앞에서 설명했던 1260일과 1290일 이야기로 다시 돌아가 보겠습니다. 일곱 대접 재앙의 기간은 다니엘서 12장 11-12절을 보시면 이 기간이 30일임을 알 수 있다고 말씀드렸습니다.

"11매일 드리는 제사를 폐하며 멸망케 할 미운 물건을 세울 때부터 일천 이백 구십일을 지낼 것이요 12기다려서 일천 삼백 삼십 오일까지 이르는 그 사람은 복이 있으리라"〈단12:11-12〉

그러면 여기 "매일 드리는 제사를 폐하며 멸망케 할 미운 물건을 세울 때부터 일천 이백 구십일을 지낼 것이요 기다려서 일천 삼백 삼십 오일까지 이르는 그 사람은 복이 있으리라"라고 하였는데 그 복이 있는 사람은 어떤 사람을 말하는 것입니까? 1260일의 대환란이 시작되기 전부터 예수님을 믿은 사람들은 대환란 중에 두 증인들로서 복음을 전하다가 1260일이 끝나고 마지막 나팔[일곱째 나팔]이 울릴 때에 주님이 재림하심과 동시에 이미 부활 휴거하였기 때문에 이 세상에는 없습니다. 또 대환란 중에 그 두 증인들로부터 복음을 듣고 예수님을 구주로 영접하여 구원을 받은 사람들도 주님이 재림하실 때에 부활휴거하였기 때문에 더 이상 이 세상에 살지 않습니다. 그들은 1260일이 끝날 때에 주님의 재림과 동시에 부활휴거하였기 때문에 이 세상에 더 이상 존재하지 않습니다. 그러면 1260일이 지나고 난 후에 일곱대접 재앙기간 동안 30일을 더 이 세상에 살아남고 또 기다려서 1335일까지 이르는 사람은 복이 있다고 하였는데 그 사람들은 누구를 말하는 것입니까?

이 복있는 사람들은 적그리스도가 한 이레의 절반에 자신의 정체를 드러내면서 그리스도인들이 하나님을 예배하는 것을 금지할 때부터 시작해서 즉 **첫째 인으로 시작되는 대환란이 시작될 때부터 계산해서 1290일을 지낼 것이라고 하였습니다. 1260일보다 30일 더 많은 대환란의 날 수 입니다. 그러니까 첫째인부터 1260일 동안의 환란의 날들이 지나면 주님의 재림과 성도들의 부활 휴거가 있게 되고 그 후에는 일곱 대접 재앙의 날들이 있게되는데 그 날 수가 30일이 되는 것입니다.** 그러니까 성도들이 1260일 후에 부활휴거 한 후에 30일 동안 있을 일곱대접환란에서도 죽지 않고 지상에 살아남은 사람들을 말하는 것입니다.

그러면 이 사람들은 어떤 사람들이기에 가장 혹독한 일곱대접 재앙에서도 죽지 않고 살아남을 수 있었을까요? 그리고 얼마나 많은 사람들이 그 혹독한 일곱대접 재앙에서 죽지 않고 살아남게 될까요? 스가랴서 13장 8-9절을 보시면 1260일의 대환란에서도 살아남고 일곱대접 재앙에서도 죽지 않고 살아남아서 천년왕국에 들어갈 사람들이 누구인지 그리고 얼마나 될 것인지를 보여주고 있습니다; **"8여호와가 말하노라 이 온 땅에서 삼분지 이는 멸절하고 삼분지 일은 거기 남으리니 9내가 그 삼분지 일을 불 가운데 던져 은 같이 연단하며 금 같이 시험할 것이라 그들이 내 이름을 부르리니 내가 들을 것이며 나는 말하기를 이는 내 백성이라 할 것이요 그들은 말하기를 여호와는 내 하나님이시라 하리라"** 즉 이 사람들은 두 증인들로부터 복음을 듣고 구원받은 사람들이 아니고 혹독한 일곱대접 재앙 속에서 스스로 정결케한 사람들입니다. 성도들이 부활휴거한 다음이기 때문에 그들은 복음을 들을 수가 없는 상황이었습니다. 그들은 3년 반 동안의 환란 기간에 그리스도인들이 전하는 복음을 무시하고 듣지 않고 오히려 그들을 핍박하고 죽이는 사람들이었으나 3년 반의 끝에 그리스도께서 재림하시는 것을 보았고 또 그리스도인들이 부활휴거하는 것을 본 사람들입니다. 그러므로 일곱대접 재앙 때에 자신들의 죄를 회개하고 스스로 정결케하면서 그리스도인들이 믿었던 여호와 하나님께 구원해달라고 부르짖은 사람들입니다. 그래서 하나님은 그들을 환란에서 건져내어 일단 천년왕국에 들어가게 해주신 것입니다. 천년왕국에서 그리스도는 왕으로서 그들을 천년동안 통치하실 것이기 때문에 그들을 '내 백성'이라고 칭해주신 것입니다. 그러므로 다니엘서 12장에서 1335일을 언급하기 전에 이 사람들이 대환란에서 연단을 받을 사람들이라고 분명하게 짚어주신 것입니다. "**10많은 사람[삼분의 일에 해당하는 사람들]이 연단을 받아 스스로 정결케 하며 희게 할 것이나 악한 사람은 악을 행하리니 악한 자는 아무도 깨닫지 못하되[삼분의 이에 해당하는 사람들] 오직 지혜 있는 자는 깨달으리라 11매일 드리는 제사를 폐하며 멸망케 할 미운 물건을 세울 때부터 일천 이백 구십일을 지낼 것이요 12기다려서 일천 삼백 삼십 오일까지 이르는 그 사람은 복이 있으리라**"

그러니까 천년왕국에 들어가는 사람들은 두 종류가 있습니다. 하나는 예수님을 메시야로 믿고 구원받아서 주님의 재림 때에 부활휴거한 사람들이고 부활휴거 사건 이후에 일곱대접 재앙에서 살아남은 사람들은 부활하지 못한채 천년왕국에 들어가는 사람들입니다. 천년왕국은 이미 천국백성이 되어 부활의 몸을 받은 사람들과 부활의 몸을 받지 못하고 오늘 우리와 같은 육체를 지닌 사람들이 함께 살게 되는 곳입니다. 천국의 사람들과 이 세상사람들이 함께 사는 곳이 천년왕국입니다. 천년왕국은 부활휴거한 천국의 사람들이 부활의 몸을 지니지 못한 육체의 사람들을 천년동안 통치하는 곳입니다. 마치 부활하신 예수님께서 부활하지 못한 제자들과 40일 동안 이 땅에 함께 계시면서 그들을 가르치셨던 것처럼 말입니다.

그런데 12절을 보시면 "**기다려서 일천 삼백 삼십 오일까지 이르는 그 사람은 복이 있으리라**"고 하였는데 여기서 '기다려서'라는 말은 주님 재림 후에는 천년왕국이 있고 그 후에는 천년왕국 동안에 묶여있었던 사탄이 잠시 풀려나서 다시 만국을 미혹하고 싸움하는 환란의 기간이 있는데 그 환란의 기간이 45일이 될 것을 보여주는 것입니다. 그러니까 그 환란의 기간은 천년을 기다린 후에 있을 환란이기 때문에 '기다려서'라고 말한 것입니다.

1또 내가 보매 천사가 무저갱 열쇠와 큰 쇠사슬을 그 손에 가지고 하늘로서 내려와서 2용을 잡으니 곧 옛 뱀이요 마귀요 사단이라 잡아 일천년 동안 결박하여 3무저갱에 던져 잠그고 그 위에 인봉하여 천년이 차도록 다시는 만국을 미혹하지 못하게 하였다가 그 후에는 반드시 잠깐 놓이리라. 4또 내가 보좌들을 보니 거기 앉은 자들이 있어 심판하는 권세를 받았더라 또 내가 보니 예수의 증거와 하나님의 말씀을 인하여 목 베임을 받은 자의 영혼들과 또 짐승과 그의 우상에게 경배하지도 아니하고 이마와 손에 그의 표를 받지도 아니한 자들이 살아서 그리스도로 더불어 천년 동안 왕노릇 하니 5(그 나머지 죽은 자들은 그 천년이 차기까지 살지 못하더라) 이는 첫째 부활이라 6이 첫째 부활에 참예하는 자들은 복이 있고 거룩하도다 둘째 사망이 그들을 다스리는 권세가 없고 도리어 그들이 하나님과 그리스도의 제사장이 되어 천년 동안 그리스도로 더불어 왕노릇 하리라 7천년이 차매 사단이 그 옥에서 놓여 8나와서 땅의 사방 백성 곧 곡과 마곡을 미혹하고 모아 싸움을 붙이리니 그 수가 바다 모래 같으리라 9저희가 지면에 널리 퍼져 성도들의 진과 사랑하시는 성을 두르매 하늘에서 불이 내려와 저희를 소멸하고 10또 저희를 미혹하는 마귀가 불과 유황 못에 던지우니 거기는 그 짐승과 거짓 선지자도 있어 세세토록 밤낮 괴로움을 받으리라〈계20:1-10〉

그러니까 1260일에 재림 후에 있을 일곱대접 재앙 30일을 더하면 1290일이 되고 또 천년왕국 동안은 '기다렸다가' 천년왕국이 끝난 후에 사탄이 풀려나서 다시 만국을 미혹하고 싸움하는 환란의 날 45일을 더하면 1335일이 됩니다. 즉 1335일은 환란의 날 수를 모두 합산한 것입니다. 즉 대환란[1260일] 시작 때부터 환란의 날 수를 계산하면 모두 1335일이 된다는 말입니다. 대환란의 시작 때부터 계산해서 최후의 심판인 백보좌심판 때까지는 모두 1335일의 환란의 날이 있는데 이 환란의 날들을 다 통과하고 지옥에 떨어지지 않고 천국에 들어갈 수 있는 사람은 복되다는 말입니다. 예수님의 재림 때에 부활한 성도들은 이미 천국에 들어간 상태임으로 그들이 겪어야 환란의 날수는 1260일입니다. 그러나 주님의 재림 때에 부활하지 못한 불신자들은 재림 후에도 30일이나 되는 일곱대접 환란을 겪게 됩니다. 그 일곱대접 환란에서 죽지않고 살아남을 사람들은 세계인구의 삼분의 일이라고 성경은 예언하고 있습니다. 앞에서 살펴본대로 스가랴서 13장 8-9절을 보시면 대환란과 일곱대접환란을 통과하고 천년왕국에 들어갈 사람들이 누구인지 얼마나 될 것인지를 잘 보여주고 있습니다; "8여호와가 말하노라 이 온 땅에서 삼분지 이는 멸절하고 삼분지 일은 거기 남으리니 9내가 그 삼분지 일을 불 가운데 던져 은 같이 연단하며 금 같이 시험할 것이라 그들이 내 이름을 부르리니 내가 들을 것이며 나는 말하기를 이는 내 백성이라 할

것이요 그들은 말하기를 여호와는 내 하나님이시라 하리라" 하나님은 이 사람들을 대환란 속에서 은같이 연단하며 금같이 시험하신 후에 그들을 '내 백성'이라 칭하시며 천년왕국에 들어가게 하시는 것입니다. 그러나 이스라엘 백성을 '내 백성'이라고 칭하셨지만 이스라엘을 다 구원하지 아니하시고 오직 끝까지 믿음을 지킨 사람들만이 구원을 받게 하시는 것처럼 대환란에서 연단을 받고 '내 백성'이라는 칭호를 받고 천년왕국에 들어간 사람들이라고 해서 천년왕국 후에 다 천국에 들어가는 것이 보장되는 것이 아닙니다. 천년왕국이 끝난 후에 그들은 다시 믿음의 테스트를 받아야 하겠기에 하나님은 사탄을 잠시 풀어 그들의 믿음을 최종적으로 테스트하시는 것입니다. 그러니까 이 사람들은 부활하지 못한채 천년왕국에 들어가서 천년이 끝날 때까지 재림 때에 부활한 성도들의 통치를 받으며 [4**또 내가 보좌들을 보니 거기 앉은 자들이 있어 심판하는 권세를 받았더라 또 내가 보니 예수의 증거와 하나님의 말씀을 인하여 목 베임을 받은 자의 영혼들과 또 짐승과 그의 우상에게 경배하지도 아니하고 이마와 손에 그의 표를 받지도 아니한 자들이 살아서 그리스도로 더불어 천년 동안 왕노릇 하니〈계20:4〉**] 천년왕국이 끝날 때까지 살게 됩니다. 그러니까 천년왕국에 들어가서 살게 되었다고해서 천년왕국 후에 그들이 다 천국에 들어가는 것이 보장되는 것이 아닙니다. 그들의 믿음을 테스트하기 위하여 천년왕국이 끝나고 나면 반드시 사탄을 잠시 풀어주어 사탄이 천년왕국에서 그리스도의 통치를 받고 살았던 사람들을 미혹하며 공격하게 되는데 그 환란의 기간이 45일이 된다는 말입니다. 천년왕국이 끝난 후에 사탄이 다시 미혹하며 공격할 때에 사탄에게 미혹되지 않고 끝까지 믿음을 지키는 사람들은 부활하여 재림 때에 먼저 부활한 성도들과 함께 영원한 천국으로 들어가게 됩니다. 또한 천년왕국에서 살았지만 천년왕국 후에 사탄에게 미혹당한 사람들과 아담 이후에 구원받지 못하고 죽은 모든 사람들은 심판의 부활로 부활하여 백보좌심판에서 심판을 받고 지옥불에 던져지는 것입니다. 그러므로 부활이 모두 세번 있게 될 것인데 첫째는 부활의 첫 열매인 예수님의 부활이고 둘째 부활은 주님이 재림하실 때에 그에게 속한 자들[아담 이후 재림 때까지 예수님을 믿고 구원받은 모든 사람들]로서 천년왕국에서 예수님과 함께 왕노릇하게 될 성도들이며 셋째 부활은 마지막 부활인데 예수님께서 천년왕국에서 누렸던 왕권을 아버지께 바칠 때입니다. 즉 예수님께서 천년왕국을 마치시고 백보좌심판을 끝낸 후에는 그의 왕권을 아버지께 바치는 것입니다. 이 내용이 바로 고린도전서 15장 22-25절에 다음과 같이 기록되어 있습니다. "22아담 안에서 모든 사람이 죽은것 같이 그리스도 안에서 모든 사람이 삶을 얻으리라 23그러나 각각 자기 차례대로 되리니 먼저[1]는 첫 열매인 그리스도요[첫째 부활] 다음[2]에는 그리스도 강림하실 때에 그에게 붙은 자요[둘째 부활은 재림 때 부활할 성도들] 24그 후에는 나중[3]이니[마지막 부활] 저가 모든 정사와 모든 권세와 능력을 멸하시고 나라를 아버지 하나님께 바칠 때라[천년왕국이 끝날 때 왕권을 아버지께 돌려드릴 때에 부활] 25저가 모든 원수를 그 발아래 둘 때까지 불가불 왕노릇 하시리니"〈고전 15:22-25〉

그러면 부활의 첫 열매이신 예수님의 부활을 제외하고 인간들 중에서의 부활의 순서를 살펴보겠습니다.

첫째 부활 : 인간들 중에서 첫째로 부활할 사람들은 예수님 재림 때에 부활휴거하여 천년동안 예수님과 함께 왕노릇하게 될 성도들입니다. 이 첫째 부활에 참예하는 자들은 복이 있고 거룩한 사람들로서 그들이 하나님과 그리스도의 제사장이 되어 천년 동안 그리스도로 더불어 왕노릇 하게 될 것입니다.

이들은 아담 이후부터 재림 직전까지 예수 믿는 믿음을 지키기 위하여 우상숭배를 거부하고 말씀을 증거하다가 순교를 당하거나 핍박을 받고 죽었던 각 시대의 모든 참성도들과 예수님의 재림시에 살아남은 참성도들 모두를 말합니다 ; "4또 내가 보좌들을 보니 거기 앉은 자들이 있어 심판하는 권세를 받았더라 또 내가 보니 예수의 증거와 하나님의 말씀을 인하여 목 베임을 받은 자의 영혼들과 또 짐승과 그의 우상에게 경배하지도 아니하고 이마와 손에 그의 표를 받지도 아니한 자들이 살아서 그리스도로 더불어 천년 동안 왕노릇 하니 5(그 나머지 죽은 자들은 그 천년이 차기까지 살지 못하더라) 이는 첫째 부활이라 6이 첫째 부활에 참예하는 자들은 복이 있고 거룩하도다 둘째 사망이 그들을 다스리는 권세가 없고 도리어 그들이 하나님과 그리스도의 제사장이 되어 천년 동안 그리스도로 더불어 왕노릇 하리라"〈계20:4-6〉

마지막 부활 : 예수님 재림 때에 부활하지 못한 나머지 모든 사람들은 천년왕국이 끝나고 부활하게 됩니다. 5절에 괄호 안에 기록된 "(그 나머지 죽은 자들은 그 천년이 차기까지 살지 못하더라)"가 바로 여기에 해당하는 사람들입니다. 그런데 천년왕국 후에 백보좌심판 직전에 있을 이 마지막 부활에는 두 종류의 부활이 있습니다. 즉 생명의 부활과 심판의 부활입니다; "27또 인자됨을 인하여 심판하는 권세를 주셨느니라 28이를 기이히 여기지 말라 무덤 속에 있는 자가

다 그의 음성을 들을 때가 오나니 29선한 일을 행한 자는 생명의 부활로, 악한 일을 행한 자는 심판의 부활로 나오리라" 〈요5:27-29〉

천년왕국에서 예수님의 통치를 천년 동안 받으면서 믿음을 가지고 주님의 통치에 복종하며 살다가 천년왕국이 끝난 후에 사탄이 시험할 때에도 끝까지 믿음을 지켜서 1335일의 끝까지 죽지않고 살아남은 사람들은 복이 있는 사람들이라고 하였는데 이는 그들이 생명의 부활로 부활하여 재림 때에 부활한 성도들과 함께 영원한 천국으로 들어가게 될 것이기 때문입니다. 즉 이 사람들은 비록 예수님의 재림 때에 부활하지는 못했지만 그 후에 일곱대접 재앙 때에 스스로 정결케하여 일곱대접 재앙에서 살아남아 천년왕국에 들어갔던 사람들로서 천년왕국 후에 있을 사탄이 주는 마지막 환란[45일]에서도 믿음을 끝까지 지켜서 죽지 않고 1335일에 이르러 구원을 받은 복있는 사람들입니다. 그러나 일곱대접환란 때에 스스로 정결케하여 죽지않고 살아남아서 예수님이 통치하시는 천년왕국에 들어와서 살았어도 천년왕국 후에 사탄이 미혹할 때에 그 45일 동안의 환란을 통과하지 못하고 사탄을 따라간 사람들은 심판의 부활로 부활하여 백보좌심판을 받고 지옥불에 던져지게 됩니다. 그리고 아담 이후부터 천년왕국이 끝날 때까지의 믿지 않고 죽었던 모든 불신자들도 바로 이 때에 심판의 부활로 부활하여 백보좌심판에서 심판을 받고 지옥불에 던져지게 되는 것입니다.

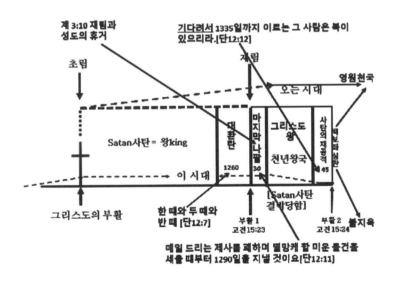

7 장

〈십사만 사천에게 인치는 일과 흰옷을 입은 큰 무리〉

십사만 사천과 흰옷을 입은 큰 무리

(1)이 일 후에 내가 네 천사가 땅 네 모퉁이에 선 것을 보니 땅의 사방의 바람을 붙잡아 바람으로 하여금 땅에나 바다에나 각종 나무에 불지 못하게 하더라 (2)또 보매 다른 천사가 살아 계신 하나님의 인을 가지고 해 돋는 데로부터 올라와서 **땅과 바다를 해롭게 할 권세를 얻은 네 천사를 향하여 큰 소리로 외쳐** (3)가로되 **우리가 우리 하나님의 종들의 이마에 인치기까지 땅이나 바다나 나무나 해하지 말라 하더라** (4)내가 인 맞은 자의 수를 들으니 **이스라엘 자손의 각 지파 중에서 인 맞은 자들이 십 사만 사천이니** (5)유다 지파 중에 인 맞은 자가 일만 이천이요 르우벤 지파 중에 일만 이천이요 갓 지파 중에 일만 이천이요 (6)아셀 지파 중에 일만 이천이요 납달리 지파 중에 일만 이천이요 므낫세 지파 중에 일만 이천이요 (7)시므온 지파 중에 일만 이천이요 레위 지파 중에 일만 이천이요 잇사갈 지파 중에 일만 이천이요 (8)스불론 지파 중에 일만 이천이요 요셉 지파 중에 일만 이천이요 베냐민 지파 중에 인 맞은 자가 일만 이천이라

(9)이 일 후에 내가 보니 **각 나라와 족속과 백성과 방언에서 아무라도 능히 셀 수 없는 큰 무리가 흰 옷을 입고 손에 종려 가지를 들고 보좌 앞과 어린 양 앞에 서서** (10)큰 소리로 외쳐 가로되 구원하심이 보좌에 앉으신 우리 하나님과 어린 양에게 있도다 하니 (11)모든 천사가 보좌와 장로들과 네 생물의 주위에 섰다가 보좌 앞에 엎드려 얼굴을 대고 하나님께 경배하여 (12)가로되 아멘 찬송과 영광과 지혜와 감사와 존귀와 능력과 힘이 우리 하나님께 세세토록 있을지로다 아멘 하더라 (13)장로 중에 하나가 응답하여 내게 이르되 **이 흰옷 입은 자들이 누구며 또 어디서 왔느뇨** (14)내가 가로되 내 주여 당신이 알리이다 하니 그가 나더러 이르되 **이는 큰 환난에서 나오는 자들인데 어린양의 피에 그 옷을 씻어 희게 하였느니라** (15)그러므로 그들이 하나님의 보좌 앞에 있고 또 그의 성전에서 밤낮 하나님을 섬기매 보좌에 앉으신 이가 그들 위에 장막을 치시리니 (16)저희가 다시 주리지도 아니하며 목마르지도 아니하고 해나 아무 뜨거운 기운에 상하지 아니할지니 (17)이는 보좌 가운데 계신 **어린 양이 저희의 목자가 되사 생명수 샘으로 인도하시고 하나님께서 저희 눈에서 모든 눈물을 씻어 주실 것임이러라.** 〈계.7:1-17〉

6장에서 하나님은 사도 요한에게 슬라이드 필름을 보여주듯이 첫 째 인에서 여섯 째 인까지 3 년 반 동안에 있을 환란의 내용을 여섯 개의 장면으로 나누어 한 장면 한 장면 씩 순서대로 보여주셨습니다. 여섯 째 인의 내용은 바로 대환란의 가장 마지막 부분으로서 3 년 반 동안의 대환란 중에서도 가장 무서운 재앙이 쏟아지는 부분입니다. 즉 여섯 째 인을 떼는 장면은 대환란의 가장 마지막 부분으로서 하늘의 별들이 떨어지고 큰 지진이 나며 해와 달이 검어지는 등 천체에 변화가 생기고 마침내 예수 그리스도의 재림이 이루어지는 시간입니다. 여섯 째 인의 내용이 이렇게 중요하기 때문에 8장부터 11 장에서는 여섯 째 인의 내용을 다시 일곱 부분으로 세밀하게 나누어 일곱개의 나팔이 하나씩 울릴 때 마다 여섯째 인의 내용을 더욱 상세하게 보여주고 있습니다. 그런데 환란의 마지막 부분을 자세히 보여주기 전에 먼저 여기 7장에서는 특별히 두 개의 장면을 따로 취급하여 보여주시는데 바로 대환란 때에 우리 성도들은 어떻게 될 것인가를 보여주는 부분입니다. 두개의 장면 중에서 첫째 장면의 내용은 1–8절에 수록된 **십사만 사천**이고 둘째 장면은 9–17절에 기록된 *흰 옷을 입은 큰 무리*입니다. 먼저 1절을 보시면 '이 일 후에 내가 보니'라는 말은 앞의 6장에서 언급한대로 '여섯째 인이 떼어지는 것을 본 후에'라는 말입니다. 그러니까 3 년 반의 대환란 기간에 이루어질 일들을 여섯 부분으로 나누어 개략적으로 보여주신 다음에 마지막 여섯째 부분의 내용을 상세하게 보여주시기 전에 특별히 대환란 기간동안에 성도들은 어떻게 될 것인지에 대하여 보여주시는 것입니다. 다시 말해서 이것은 사건의 시간적 순서를 기록한 것이 아니고 대환란 기간 중에 십사만 사천과 흰 옷을 입은 큰 무리가 누구인지를 설명해주는 보조해설인 것입니다. 다시 말해서 십사만 사천을 인치는 사건과 흰옷을 입은 큰 무리가 나타나는 시점이 여섯째 인을 뗀 후에 있을 것이라는 시간적 순서를 기록한 것이 아니고 대환란 기간 중에 성도들이 어떻게 될 것인지를 보조로 해설해주는 것입니다. 왜냐하면 첫째 인부터 여섯째 인까지 그러니까 대환란 3년 반의 전체 기간에 있을 재앙에 대하여 보여주시면서 다섯째 인을 뗄 때에 제단 아래에 순교당한 성도들이 부르짖는 것에 대한 언급 외에는 전체 성도들이 그 기간 동안에 어떻게 될 것이지에 대하여는 자세한 언급이 없었기 때문입니다.

십사만 사천

(1)이 일 후에 내가 네 천사가 땅 네 모퉁이에 선 것을 보니 땅의 사방의 바람을 붙잡아 바람으로 하여금 땅에나 바다에나 각종 나무에 불지 못하게 하더라 (2)또 보매 다른 천사가 살아 계신 하나님의 인을 가지고 해 돋는 데로부터 올라와서 땅과 바다를 해롭게 할 권세를 얻은 네 천사를 향하여 큰 소리로 외쳐 (3)가로되 우리가 우리 하나님의 종들의 이마에 인치기까지 땅이나 바다나 나무나 해하지 말라 하더라 (4)내가 인 맞은 자의 수를 들으니 이스라엘 자손의 각 지파 중에서 인 맞은 자들이 십 사만 사천이니 (5)유다 지파 중에 인 맞은 자가 일만 이천이요 르우벤 지파 중에 일만 이천이요 갓 지파 중에 일만 이천이요 (6)아셀 지파 중에 일만 이천이요 납달리 지파 중에 일만 이천이요 므낫세 지파 중에 일만 이천이요 (7)시므온 지파 중에 일만 이천이요 레위 지파 중에 일만 이천이요 잇사갈 지파 중에 일만 이천이요 (8)스불론 지파 중에 일만 이천이요 요셉 지파 중에 일만 이천이요 베냐민 지파 중에 인 맞은 자가 일만 이천이라 〈계7:1-8〉

'십사만 사천' 그들은 누구이며 언제 그들에게 인을 치는 것입니까? 언제 인을 쳤습니까? 2절과 3절을 보시면 이렇게 기록되어 있습니다; "다른 천사가 살아 계신 하나님의 인을 가지고 해 돋는 데로부터 올라와서 땅과 바다를 해롭게 할 권세를 얻은 네 천사를 향하여 큰 소리로 외쳐 (3)가로되 우리가 우리 하나님의 종들의 이마에 인치기까지 땅이나 바다나 나무나 해하지 말라 하더라" 이부분을 설명하기 전에 먼저 유명한 신학자들은 이 부분을 어떻게 해석하였는지 아래의 글을 읽어보시기 바랍니다. 이런 전통적인 해석들이 잘못된 것은 그들이 얼마나 성경을 자세히 읽지 않고 있는가를 당신은 곧 알아차리게 될 것입니다. 그들이 영적으로 혹은 신학적으로 해석하였다는 내용을 요약하면 다음과 같습니다.

[여기서 이스라엘의 12지파는 하나님의 택하신 백성을 의미한다. 숫자 12는 꽉 찬 수 충분한 전체를 의미한다. 이 열 둘이라는 하나님의 백성에다 큰 숫자 1000을 곱하여 다시 꽉 찬 수 12를 곱한 것은 하나님이 이스라엘을 비롯하여 전세계에서 하나님이 택하신 '더 큰 이스라엘'[Greater Israel]을 의미하는 것으로서 세상의 모든 '영적인 이스라엘 백성'을 의미한다. 즉 세상에서 구원 받은 모든 성도들을 의미하는 것이다. 이것은 로마서 9장에서 분명하게 언급되어 있다. '이스라엘에게서 난 그들이 다 이스라엘이 아니요 또한 아브라함의 씨가 다 그 자녀가 아니라 오직 이삭으로부터 난 자라야 네 씨라 칭하리라 하셨으니 곧 육신의 자녀가 하나님의 자녀가 아니라 오직 약속

의 자녀가 씨로 여기심을 받느니라'[롬9:6-8] 그러므로 '이스라엘 자손의 각 지파 중에서 인 맞은 자들이 십 사만 사천'이라는 말씀은 아브라함의 육신의 자손인 이스라엘의 열두 지파를 지칭하는 것이 아니고 아브라함이 가졌던 같은 믿음을 가지고 의롭다하심을 받은 모든 시대와 모든 나라의 구원받은 사람을 의미하는 것이다.]

그러니까 신학자들이 만든 전통적인 해석들에 따르면 여기 '십사만 사천'이란 아담 이후로부터 대환란 때까지의 구원받은 전세계의 모든 성도들을 의미한다는 것입니다. 그러나 2절과 3절을 주의깊게 읽어보십시오. "(2)또 보매 다른 천사가 살아 계신 하나님의 인을 가지고 해 돋는 데로부터 올라와서 **땅과 바다를 해롭게 할 권세를 얻은 네 천사를 향하여 큰 소리로 외쳐 (3)가로되 우리가 우리 하나님의 종들의 이마에 인치기까지 땅이나 바다나 나무나 해하지 말라** 하더라" 여기서 "**우리 하나님의 종들의 이마에 인치기까지 땅이나 바다나 나무나 해하지 말라**"는 뜻은 무엇입니까? 즉 하나님의 종들의 이마에 인을 치기 전에는 지구 땅 전체에 대환란을 시작하지 말라는 뜻입니다. 다시 말해서 대환란 동안에 하나님의 종들이 할 일이 남아있기 때문에 대환란 직전에 그들의 이마에 인을 쳐서 그들을 특별히 보호하시겠다는 뜻입니다. 그러면 전통적인 해석이 왜 잘못된 것인지 생각해보십시오. 아담 이후부터 대환란 때까지 구원받은 사람들은 대부분이 대환란 때에는 이 지구상에 존재하지 않습니다. 아담 이후부터 대환란이 일어나기 전에 죽은 성도들은 이미 주님과 함께 낙원에 들어가 있습니다. 그들은 대환란 때에 지구상에 존재하지 않습니다. 그들은 이미 낙원에 들어가서 주님과 함께 있습니다. 그런데 지구상에 있을 대환란에서 이미 낙원에서 주님과 함께 있는 그들을 보호하기 위하여 그들의 이마에 인을 친다는 말입니까? 말도 안되는 소리입니다. 아담 이후에 구원받고 죽은 사람들은 이미 낙원에 들어가 있어서 이 지상에 있을 대환란이 그들에게는 아무런 위협이 되지 않습니다. 그러므로 그들을 대환란 중에서 보호하기 위해서 그들의 이마에 인을 친다는 것은 말도 되지않는 해석입니다.

그러면 십사만 사천은 누구입니까? 본문의 전후문맥을 잘 살펴보시기 바랍니다. "땅과 바다를 해롭게 할 권세를 얻은 네 천사들에게 땅이나 바다나 나무나 해하지 말라"고 했습니다. 땅이나 바다나 나무를 해하지 말라는 뜻은 무엇입니까? 땅과 바다를 해롭게 할 대환란을 아직 시작하지 말라는 뜻입니다. 십사만 사천명의 이마에 인을 치기까지는 지상에 어떠한 재앙도 내리지 말라는 뜻입니다. 그러니까 십사만 사천명에게 인을 치는 사건은 대환란을 시작하기 직전의 사건임을 보여주는 것입니다. 그러면 어떤 사람들에게 인을 치라고 하였습니까? 5절부터 보면 이스라엘의 열두 지파를 일일이 호명하면서 각 지파에 일만 이천 명씩 인을 쳐서 모두 십사만 사천 명에게 인을 치라고 하였습니다. 즉 대환란을 시작하기 직전에 지상에 살고있는 이스라엘 사람들입니다. 또 막연히 이스라엘 백성 십사만 사천이라고 하지 않고 열두 지파의 이름을 분명하게 명시하면서 각지파에서 인침을 받은 사람의 숫자가 1만 2천이라고 명확하게 명시한 것을 보면 이것은 대환란 직전 당시에 주님을 구주로 믿고 구원받은 이스라엘 백성이 십사만 사천이라는 것임을 보여주는 것입니다. 그러니까 '십사만 사천'은 대환란 기간에 하나님께서 쓰시기 위하여 보호하시는 이스라엘 백성들 중에서 예수님을 믿고 구원받은 유대인 그리스도인들입니다.

그러니까 14만 4천은 아담 이후에 믿고 구원받은 사람들 전체를 말하는 것이 아닙니다. 대환란 직전에 살고있는 이스라엘 백성들 중에서 예수님을 믿고 구원받은 성도들 십사만 사천 명만이 인침을 받게 될 것이란 말입니다. 그러니까 이스라엘 백성이라고 해서 모두 다 인침을 받게된다는 말이 아닙니다. 그러니까 14만 4천명은 대환란 직전에 살고 있는 이스라엘 백성들 중에서 예수님을 구주로 믿고 구원받은 사람들입니다. 이들은 주후 70년에 가나안 땅에서 뿌리채 뽑혀 전세계로 흩어졌다가 말세에 다시 이스라엘 땅으로 돌아온 남은 사람들 중에서 예수님을 구주로 믿고 구원받은 사람들입니다. 요엘서 2장 28-32절을 보면 '[28그 후에[말세에] 내가 내 신을 만민에게 부어 주리니….시온산과 예루살렘에서 피할 자가 있을 것이요 남은 자 중에 나 여호와의 부름을 받을 자가 있을 것임이니라'(욜2:28-32) 주후 70년 이후 거의 2천년 동안 전세계에 흩어졌던 이스라엘 사람들이 말세에 시온산과 예루살렘에 돌아와서 거하는 남은 자 중에 여호와의 부름을 받을자가 있다는 말입니다. 1947년 유엔이 이스라엘의 본토귀환을 가결하였고 1948년에는 이스라엘이 유엔의 정식회원국이 되었습니다. 1947년 유엔이 가결한 이후 이스라엘 사람들은 현재까지도 계속하여 본토로 돌아오고 있는 중입니다. 그러니까 1947년부터 이스라엘이 본토로 귀환하기 시작하였다는 것은 우리가 지금 말세가 이미 시작된 시간에 살고 있음을 보여주는 것입니다. 에스겔서38:1-8, 14-16까지 보시기 바랍니다. [1여호와의 말씀이 내게 임하여 가라사대 2인자야 너는 마곡 땅에 있는 곡 곧 로스와 메섹과 두발 왕에게로 얼굴을 향하고 그를 쳐서 예언하여 3이르기를 주 여호와의 말씀에 로스와 메섹과 두발 왕 곡아 내가 너를 대적하여 4너를 돌이켜 갈고리로 네 아가리를 꿰고 너와 말과 기병 곧 네 온 군대를 끌어내되 완전한 갑옷을 입고 큰 방패와 작은 방패를 가지며 칼을 잡은 큰 무리와 5그들과 함께 한바 방패와 투구를 갖춘 바사와 구스와 붓과 6고멜과 그 모든 떼와 극한 북방의 도갈마 족속과 그 모든 떼 곧 많은 백성의 무리를 너와 함께 끌어 내리라 7너는 스스로 예비하되 너와 네게 모인 무리들이 다 스스로 예비하고 너는 그들의 대장이 될찌어다 8**여러날 후 곧 말년[말세]에** 네가 명령을 받고 그 땅 곧 오래 황무하였던 이스라엘 산에 이르니니 **그 땅 백성은 칼을 벗어나서 열국에서부터 모여 들어 오며 이방에서부터 나와서 다 평안히 거하는 중이라….** 14인자야 너는 또 예언하여 곡에게 이르기를 주 여호와의 말씀에 내 백성 이스라엘이 평안히 거하는 날에 네가 어찌 그것을 알지 못하겠느냐 15**네가 네 고토 극한 북방에서 많은 백성 곧 다 말을 탄 큰 떼와 능한 군대와 함께 오되 16구름이 땅에 덮임같이 내 백성 이스라엘을 치러 오리라 곡아 끝날[말세]에 내가 너를 이끌어다가 내 땅을 치게 하리니 이는 내가 너로 말미암아 이방 사람의 목전에서 내 거룩함을 나타내어 그들로 다 나를 알게 하려 함이니라**〈겔38:1-8, 14-16〉]

위의 말씀은 '**여러날 후 말세에**'[8절] 하나님께서 극한 북방에 있는 나라 곡 곧 로스와 메섹 즉 현재의 러시아와 그의 동맹국들[바사 즉 페르시아[이란]을 포함한 여러나라들]을 끌어다가 이스라엘을 공격하게 할 것인데 그 때는 이스라엘 백성[그 땅 백성]이 흩어졌던 여러 이방 나라에서 돌아와 평안히 거하는 때라고 하였습니다. 즉 이스라엘이 1947년 이후 본토로 귀환하게 된 때가 말세임을 보여주고 있으며 하나님은 그 때에 이스라엘을 공격해오는 나라들을 멸하심으로 이스라엘을 특별히 보호하시겠다는 것을 이미 예수님이 오시기 500여 년 전에 에스겔 선지자를 통해서 자세히 말씀해주고 있습니다. 14만 4천은 말세에 여러 이방 나라에서 돌아와 이스라엘 땅에 거하는 '남은 자'들 중에서 여호와의 이름을 부르는 구원받은 이스라엘 사람들을 말하는 것입니다. 다시 한번 말하지만 우리는 성경을 우리의 상상으로 해석하지말고 기록된 그대로를 받아들이고 믿어야 합니다. 14만 4천 이라는 숫자를 상징적인 것이라고 주장하면서 학자들의 상상과 추측으로 해석하여 아담 이후에 구원받은 모든 성도들이라고 해석하는 것은 성경의 본문과 일치하지 않는 크나큰 오류를 범하는 것입니다. 왜냐하면 성경에 기록된 말씀들의 일 점일획까지도 다 이루어질 것이라고 우리 주님이신 예수님께서 엄중하게 선언하셨기 때문입니다. 우리의 생각으로 성경을 해석하면 성경의 다른 부분의 구절들과 맞지않고 충돌을 일으키게 됩니다. 그냥 기록된 그대로 받아들이면 성경 다른 곳에 기록된 말씀들과 아무 충돌없이 성경을 정확하게 깨닫게 되는 것입니다. 만약 대환란 동안에 특별히 보호받기 위하여 인침을 받은 14만 4천이 아담 이후에 예수 믿고 죽은 전세계의 모든 성도들이라고 해석하게 되면 바로 다음 구절에서 언급하고 있는 '흰 옷 입은 큰 무리'와 충돌하게 되는 것입니다. 왜냐하면 다음에 기록된 이방인 그리스도인들은 대환란 동안에 특별히 보호되지 않고 감옥에 갇히거나 순교당했기 때문입니다.

흰 옷을 입은 큰 무리

(9)이 일 후에 내가 보니 **각 나라와 족속과 백성과 방언에서 아무라도 능히 셀 수 없는 큰 무리가 흰 옷을 입고 손에 종려 가지를 들고 보좌 앞과 어린 양 앞에 서서** (10)큰 소리로 외쳐 가로되 구원하심이 보좌에 앉으신 우리 하나님과 어린 양에게 있도다 하니 (11)모든 천사가 보좌와 장로들과 네 생물의 주위에 섰다가 보좌 앞에 엎드려 얼굴을 대고 하나님께 경배하여 (12)가로되 아멘 찬송과 영광과 지혜와 감사와 존귀와 능력과 힘이 우리 하나님께 세세토록 있을지로다 아멘 하더라 (13)장로 중에 하나가 응답하여 내게 이르되 **이 흰옷 입은 자들이 누구며 또 어디서 왔느뇨** (14)내가 가로되 내 주여 당신이 알리이다 하니 그가 나더러 이르되 **이는 큰 환난에서 나오는 자들인데 어린양의 피에 그 옷을 씻어 희게 하였느니라** (15)그러므로 그들이 하나님의 보좌 앞에 있고 또 그의 성전에서 밤낮 하나님을 섬기매 보좌에 앉으신 이가 그들 위에 장막을 치시리니 (16)저희가 다시 주리지도 아니하며 목마르지도 아니하고 해나 아무 뜨거운 기운에 상하지 아니할지니 (17)이는 보좌 가운데 계신 **어린 양이 저희의 목자가 되사 생명수 샘으로 인도하시고 하나님께서 저희 눈에서 모든 눈물을 씻어 주실 것임이러라.** 〈계.7:9-17〉

십사만 사천을 언급한 후에 7장 9절부터17절까지 보시면 또 하나의 무리가 나타나는데 이는 **흰 옷을 입은 큰 무리라고** 기록되어 있습니다. 그러면 이들은 어디서 온 누구입니까? 먼저 9-10절을 잘 살펴 보시기 바랍니다.

7:9) 이 일 후에 내가 보니 **각 나라와 족속과 백성과 방언에서 아무라도 능히 셀 수 없는 큰 무**

리가 흰 옷을 입고 손에 종려 가지를 들고 **보좌 앞과 어린 양 앞에 서서** 10) 큰 소리로 외쳐 가로되 구원하심이 보좌에 앉으신 우리 하나님과 어린 양에게 있도다 하니〈계7:9-10〉 여기에서는 이 세상의 각 나라와 각 족속에서 올라 온 수를 셀 수 없는 큰 무리가 흰 옷을 입고 보좌 앞과 어린 양 앞에서 찬양하는 장면을 보여주고 있습니다. 즉 이들은 이방인 그리스도인들입니다. **그러면 하나님 보좌 앞에서 찬양하는 이 사람들은 누구입니까?** 13-14절을 보겠습니다. 7:13) 장로 중에 하나가 응답하여 내게 이르되 **이 흰 옷 입은 자들이 누구며 또 어디서 왔느뇨** 14) 내가 가로되 내 주여 당신이 알리이다 하니 그가 나더러 이르되 **이는 큰 환난에서 나오는 자들인데** 어린 양의 피에 그 옷을 씻어 희게 하였느니라 〈계7:13-14〉 여기서 보는대로 **이 사람들은 '대환란에서 나온 사람들이라'고 성경말씀이 친절하고도 분명하게 해석해주고 있습니다.** 계시록 6장 9-11절까지 보시기 바랍니다. 계 6:9) **다섯째 인을 떼실 때에 내가 보니 하나님의 말씀과 저희의 가진 증거를 인하여 죽임을 당한 영혼들이 제단 아래 있어** 10) 큰 소리로 불러 가로되 거룩하고 참되신 대주재여 땅에 거하는 자들을 심판하여 우리 피를 신원하여 주지 아니하시기를 어느 때까지 하시려나이까 하니 11) 각각 저희에게 흰 두루마기를 주시며 **가라사대 아직 잠시 동안 쉬되 저희 동무 종들과 형제들도 자기처럼 죽임을 받아 그 수가 차기까지 하라 하시더라** 〈계6:9-11〉 **이 사람들은 다섯째 인을 뗄 때에 언급된 순교자들의 영혼들입니다. 전세계 각 나라 곳곳에서 예수 믿는 믿음을 지키다가 그리고 그 무서운 대환란 중에도 믿음을 지키며 예수의 복음을 전파하다가 붙잡혀 죽은 이방인 순교자들의 영혼들입니다.** 그러니까 대환란 동안에 특별히 보호 받기 위해서 인침을 받은 14만 4천이 아담 이후에 구원받은 모든 그리스도인이라는 해석이 얼마나 잘못된 것인지 여기서도 금방 드러나는 것입니다. 그리고 또한 **이 말씀은 대환란 전에 믿는 사람들은 다 휴거하여 대환란을 면제받게 된다는 세대주의 신학의 전환란 전천년설이 얼마나 잘못된 해석인지를 분명하게 보여주고 있습니다.** 6장에 있는 이들은 대환란 중에도 믿음을 지키면서 담대하게 복음을 전파하다가 죽임을 당한 영혼들이라고 분명하게 기록하고 있으니 이들은 환란 전에 휴거한 성도들이 아닙니다. 다섯째 인을 뗄 때까지도 휴거가 일어났다는 기록이 아직까지 없었습니다. 앞에서도 살펴보았습니다만 휴거는 여섯째 인이 끝나는 시점에서 일어납니다. 즉 마지막 나팔이 울릴 때 주님의 재림과 성도의 부활 휴거가 일어납니다. 부활한 성도들은 부활의 새 육신을 받은 사람들이지만 여기 있는 성도들은 대환란 중에 죽임을 당한 영혼들입니다. 아직도 부활의 몸을 받지 못한 영들입니다. 6장 9절을 보시면 이들은 땅에 거하는 저 악한 사람들을 빨리 심판하여 자기들의 원한을 갚아주기를 하나님께 청원하고 있으나 땅에 아직도 순교 당할 사람들이 더 있어서 순교자들의 수가 찰 때까지 조금 더 기다려야 한다는 하나님의 말씀을 듣고 흰 두루마기를 받아 입고 때를 기다리고 있는 순교한 성도들입니다. 흰 두루마기를 받아 입었다는 말은 그들의 죄가 예수 그리스도의 피로 정결케 씻음을 받은 성도들이라는 뜻입니다. 7장 15-17절까지는 순교를 당한 그들을 위로하시는 말씀입니다. 7:15) 그러므로 그들이 하나님의 보좌 앞에 있고 또 그의 성전에서 밤 낮 하나님을 섬기매 보좌에 앉으신 이가 그들 위에 장막을 치시리니 16) 저희가 다시 주리지도 아니하며 목마르지도 아니하고 해나 아무 뜨거운 기운에 상하지 아니할찌니 17) 이는 보좌 가운데 계신 어린 양이 저희의 목자가 되사 생명수 샘으로 인도하시고 하나님께서 저희 눈에서 모든 눈물을 씻어 주실 것임이러라 〈계7:15-17〉 그리고 땅에 아직도 순교 당할 사람들이 더 있어서 순교자들의 수가 찰 때까지 조금 더 기다려야 한다는 하나님의 말씀을 보면 여섯째 인의 끝에 해와 달이 어두워져서 예수님께서 재림하실 때까지는 아직도 지상에서 복음을 증거하는 성도들이 살아 남아 있다는 말입니다. 즉 아직도 성도의 휴거가 발생하지 않았다는 말입니다. 대환란 중에 믿음을 지키며 복음을 증거하다가 순교당하여 제단 아래 있는 이 영혼들은 사탄이 주는 온갖 환란 중에서도 하나님의 말씀과 예수 믿는 믿음을 끝까지 지켰기에 다시는 주리지도 목마르지도 아니하고 뜨거운 기운에 상하지도 아니할 것이며 어린양이 저희의 목자가 되시어 생명수 샘으로 인도하시고 하나님께서 저희 눈에서 모든 눈물을 씻어 주실 것입니다. 이들은 이미 죽어서 육신은 흙으로 돌아간 구원받은 영혼들입니다. 이제 그 구원받은 영들이 대환란이 끝날 때까지 조금만 더 기다리면 주님께서 재림하실 때에 그들의 부활한 몸이 휴거하여 공중으로 올라올 때 그들의 구원받은 영과 부활한 몸이 하나로 연합하게 되어 드디어 하나님의 형상을 닮은 인간으로 최종완성되는 것입니다. 그때에 어린양 예수께서 그들의 목자가 되어 생명수 샘으로 인도하시면서 저희 눈에서 모든 눈물을 씻어 주실 것입니다. 이들은 이스라엘 백성들이 아니고 전세계 각 족속[민족]에서 온 사람들로서 전세계의 모든 이방민족들 중에서 예수님을 믿고 믿음을 지키면서 대환란 중에서도 복음을 증거했던 그리스도인들입니다.

그러니까 십사만 사천은 대환란 직전 당시에 이스라엘 백성들 중에서 주님

을 믿고 구원받은 성도들로서 대환란 동안에 특별히 보호를 받으며 하나님의 종들로 쓰임을 받게될 이스라엘 사람들의 숫자이며 그리고 아무라도 셀 수 없이 많은 흰 옷을 입은 큰 무리는 이방 민족들 중에서 예수님을 믿고 구원받은 성도들이 대환란 동안에 복음을 전하다가 순교한 성도들과 그들의 복음을 듣고 대환란 중에 예수님을 믿고 구원받아 복음을 전파하다가 순교한 성도들을 의미하는 것입니다. 그래서 이들을 대환란에서 나온 자들이라고 말씀하고 있는 것입니다.

그런데 7장 9절에 보면 '흰 옷을 입은 큰 무리는 아무라도 셀 수 없는 많은 사람들이라'고 기록하고 있습니다.[7:9) 이 일 후에 내가 보니 각 나라와 족속과 백성과 방언에서 아무라도 능히 셀 수 없는 큰 무리가 흰 옷을 입고 손에 종려 가지를 들고 보좌 앞과 어린 양 앞에 서서(계7:9)] '아무라도 셀 수 없이 많은 흰 옷을 입은 큰 무리'란 과연 얼마나 많은 사람들을 의미하는 것입니까? 이들은 대환란 당시에 믿음을 지키며 복음을 증거하다가 순교한 사람들입니다. 이것은 오늘날 교회에 다니는 10억이 넘는 전세계의 모든 교인들을 의미하는 것일까요? 사실은 우리가 생각하는 것보다 훨씬 적은 수의 사람들입니다. 교회에 다니는 사람들 중에서 구원받은 사람들의 수가 지극히 소수이기 때문입니다. 그러면 아무라도 셀 수없이 많다는 말은 무슨 뜻입니까? 성경의 이곳 저곳에서 말씀을 찾아보면 셀 수 없이 많다는 말이나 바닷가의 모래처럼 많다는 말은 우리가 생각하는 그렇게 큰 수자를 의미하는 것이 아닙니다. 사무엘상 13장 5절을 보십시오. 5블레셋 사람이 이스라엘과 싸우려 하여 모였는데 병거가 삼만이요 마병이 육천이요 백성은 해변의 모래 같이 많더라 그들이 올라와서 벧아웬 동편 믹마스에 진 치매(삼상 13:5) 여기서 블레셋 백성의 인구가 정말 해변의 모래같이 많다는 뜻입니까? 군사들을 돕기 위해서 전쟁에 나온 백성들의 수가 수천 수만명쯤 되는 것을 해변의 모래와 같이 많다고 표현한 것입니다. 또 역대하 5장 6절을 보십시오. 6솔로몬왕과 그 앞에 모인 이스라엘 회중이 궤 앞에 있어 양과 소로 제사를 드렸으니 그 수가 많아 기록할 수도 없고 셀 수도 없었더라(대하5:6) 여기서 솔로몬이 성전을 헌당할 때에 제사 드렸던 양과 소의 수가 정말 셀 수 없이 많았다는 말입니까? 열왕기상 8장 63절을 보십시오. 63솔로몬이 화목제의 희생을 드렸으니 곧 여호와께 드린 소가 이만 이천이요 양이 십 이만이라 이와 같이 왕과 모든 이스라엘 자손이 여호와의 전의 낙성식을 행하였는데(왕상 8:63) 보십시오. 솔로몬이 헌당식 때에 드린 소와 양이 2만 2천과

12만이었습니다. 2만 2천과 12만을 역대기하에서는 셀 수도 없이 많다고 표현한 것입니다. 성경은 이처럼 수천 수만 이상 되는 많은 수를 바닷가의 모래와 같이 많은 혹은 셀 수 없이 많은 것으로 표현하고 있습니다. 성경은 아브라함의 후손도 바닷가의 모래처럼 하늘의 별처럼 셀 수 없이 많을 것이라고 표현하고 있습니다. 그러나 정말 아브라함의 후손이 바닷가의 모래처럼 하늘의 별처럼 셀 수 없이 그렇게 많아 질 수 있다고 생각하십니까? 전세계의 인구 모두를 합산해도 다 셀 수 있습니다. 하물며 그 중에서 아브라함의 후손만 계산한다면 그 보다 훨씬 적은 수가 될 것입니다. 그러면 아무라도 셀 수 없이 많은 흰 옷을 입은 큰 무리는 얼마나 되는 사람이겠습니까? 이스라엘 사람들 중에서 인맞은 사람의 수는 14만 4천이라고 하나님이 직접 가르쳐 주셔서 사도 요한은 알았습니다. 그러나 여기 흰 옷을 입은 큰 무리의 사람의 수는 몇 명이라고 가르쳐 주시지 않았습니다. '내가 보니 각 나라와 족속에서 아무라도 셀 수 없는 큰 무리가 흰 옷을 입고 보좌 앞과 어린 양 앞에 서서' 즉 큰 무리가 서있는 모습을 사도 요한이 본 것입니다. 보좌 앞에 수천 수만명이 운집해서 서있어도 사도 요한뿐만 아니라 누가 그 장면을 보았더라도 그들이 몇 명인지를 정확히 세기에는 너무나 많게 보이는 것입니다. 그래서 사도 요한은 '아무라도 셀 수 없는 큰 무리'라고 표현한 것 뿐입니다. 14만 4천이라는 숫자를 가르쳐주지 않고 그냥 14만 4천 명이 서있는 모습을 보여주기만 하였다면 사도 요한은 14만 4천에 대해서도 '아무라도 셀 수 없는 큰 무리'라고 표현했을 것입니다. 결국 대환란 기간에 믿음을 지키며 복음을 전파하다가 순교할 참 성도들의 수는 우리가 생각하는 만큼 많지 않다는 것을 우리는 알 수 있습니다.

8 - 9 장

〈일곱째 인을 뗄 때에 일곱나팔 재앙〉

일곱째 인[1]

⑴**일곱째 인을 떼실 때에** 하늘이 반시 동안쯤 고요하더니 ⑵내가 보매 하나님 앞에 시위한 **일곱 천사가 있어 일곱 나팔을 받았더라** ⑶또 다른 천사가 와서 제단 곁에 서서 금 향로를 가지고 많은 향을 받았으니 이는 모든 성도의 기도들과 합하여 보좌 앞 금단에 드리고자 함이라 ⑷향연이 성도의 기도와 함께 천사의 손으로부터 하나님 앞으로 올라가는지라 ⑸천사가 향로를 가지고 단 위의 불을 담아다가 땅에 쏟으매 뇌성과 음성과 번개와 지진이 나더라 ⑹일곱 나팔 가진 일곱 천사가 나팔 불기를 예비하더라 ⑺**첫째 천사가 나팔을 부니** 피 섞인 우박과 불이 나서 땅에 쏟아지매 땅의 삼분의 일이 타서 사위고 수목의 삼분의 일도 타서 사위고 각종 푸른 풀도 타서 사위더라 ⑻**둘째 천사가 나팔을 부니** 불붙는 큰 산과 같은 것이 바다에 던지우매 바다의 삼분의 일이 피가 되고 ⑼바다 가운데 생명 가진 피조물들의 삼분의 일이 죽고 배들의 삼분의 일이 깨어지더라 ⑽**세째 천사가 나팔을 부니** 횃불 같이 타는 큰 별이 하늘에서 떨어져 강들의 삼분의 일과 여러 물샘에 떨어지니 ⑾이 별 이름은 쑥이라 물들의 삼분의 일이 쑥이 되매 그 물들이 쓰게 됨을 인하여 많은 사람이 죽더라 ⑿**네째 천사가 나팔을 부니** 해 삼분의 일과 달 삼분의 일과 별들의 삼분의 일이 침을 받아 그 삼분의 일이 어두워지니 낮 삼분의 일은 비침이 없고 밤도 그러하더라 ⒀내가 또 보고 들으니 공중에 날아가는 독수리가 큰 소리로 이르되 땅에 거하는 자들에게 화, 화, 화가 있으리로다 이 외에도 세 천사의 불 나팔소리를 인함이로다 하더라.〈계. 8:1-13〉

지난 6장에서 살펴 본 대로 3 년 반 동안 즉 마흔 두달 동안의 대환란 기간은 6개의 기간으로 나누어 시행되고 있습니다. 그러니까 한 개의 인을 뗄 때 마다 평균 7 개월의 환란이 계속되었음을 알 수 있습니다. 물론 각 기간마다 조금씩 더 길고 더 짧을 수 있으나 평균적으로 보면 7 개월이라는 말입니다. 아마도 여섯째 인을 뗄 때에 대환란의 마지막 부분은 평균치인 7 개월보다 더 긴 기간이 될지도 모릅니다. 그리고 대환란 중에서도 이 마지막 기간은 더욱 치열하고 무서운 공포의 시간이 될 것입니다. 그것은 여섯째 인을 뗄 때에는 서론적으로 보여주었던 이 마지막 부분을 일곱 째 인에서는 아주 상세하게 보여주기 위하여 이 마지막 부분을 다시 일곱 개의 부분으로 나누이 구체적으로 보여주고 있기 때문입니다.

많은 향이 담긴 금 향로

1-2절을 보면 일곱째 인을 뗄 때에 일곱 천사가 나와서 일곱 나팔을 받았습니다. 3-5절까지 보면 또 다른 천사가 금 향로를 가지고 많은 향을 받았는데 5장 8절을 보면 이 향은 성도들의 기도들이라고 하였습니다. 지상에서 그 동안 성도들이 드린 모든 기도들이 이 금 향로에 담아져서 보좌에 계신 하나님 앞에 드려지는 것입니다. 그 동안 핍박과 환란 중에서 고통 가운데 부르짖었던 성도들의 기도들이 이제 이 마지막 대환란 때에 다 이루어지는

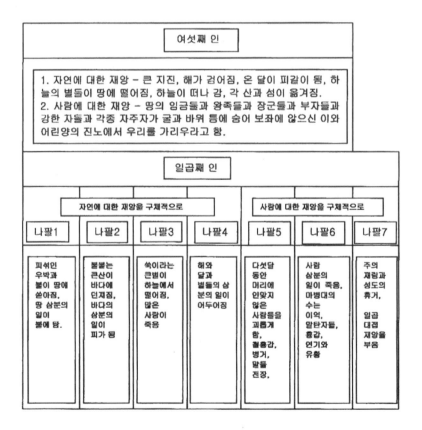

순간입니다. 어려움을 당할 때 아무리 기도해도 응답이 되지않고 오히려 억울하게 고난과 핍박을 당하고 심지어는 순교까지 당했던 그 모든 응답되지 않았던 눈물의 기도들이 드디어 하나님 앞에 상달 되어 바야흐로 이제 하나님이 그 원수를 갚아주시는 형벌의 시간이 도래하는 순간입니다. 그러므로 오늘 우리는 예수 믿기 때문에, 그리고 주님의 일을 하기 때문에 악령의 세력으로부터 비난과 핍박과 정죄와 모함과 억울함과 위협과 조롱을 당하는 이 모든 고난 속에서 낙심하지 말고 계속 기도해야 할 것입니다. 야고보서 4장 11절과 12절을 보십시오. 심판과 정죄는 하나님께 속한 것이라고 하였습니다. 그러므로 우리가 교만하게 감히 하나님의 자리에 앉아서 함부로 남을 정죄하고 심판하는 무서운 죄를 범하지 말아야 할 것입니다. 잘 생각해 보십시오. 성령에 붙들린 사람은 결코 그런 일을 하지 않을 것입니다. 오직 악령에 사로잡힌 사람들만이 그런 무서운 죄를 범하게 될 것입니다. 성령은 위로하는 영이요 사탄은 비난하는 영이기 때문입니다. 우리는 성도로서 다만 악한 사람들을 기도로 하나님께 맡기며 주님이 심판하시고 정죄하시는 그 대환란의 때까지 참고 기다려야 할 것입니다.

6절을 보면 일곱 천사가 나팔을 불려고 준비태세를 갖추고 있습니다. 이제 앞의 도표를 참고하면서 여섯째 인 환란의 내용을 일곱째 인에서 나팔이 하나 씩 울릴 때마다 쏟아지는 환란의 내용들과 비교해 보시기 바랍니다. 일곱째 인에서 나오는 내용들은 여섯째 인에서 나온 내용들을 더 상세하게 보여주고 있습니다. 일곱째 인을 떼니까 일곱 천사가 나팔을 하나 씩 받아 들고 나타납니다. 먼저 6장 12-17절까지 보면 여섯째 인의 내용이 대충 몇 마디로 다음과 같이 요약되어 기록되어 있습니다. 여섯째 인의 내용은 크게 두 가지로 나누어지는데 즉 12절부터 14절까지는 주로 자연에 대한 재앙이고 15절부터 17절까지는 주로 사람들에 대한 재앙입니다.

6:12) 내가 보니 여섯째 인을 택하실 떼에 큰 지진이 나며 해가 총담같이 검어지고 온 달이 피같이 되며 13) 하늘의 별들이 무화과 나무가 대풍에 흔들려 선 과실이 떨어지는 것 같이 땅에 떨어지며 14) 하늘은 종이 축이 말리는 것같이 떠나가고 각 산과 섬이 제 자리에서 옮기우매

15) 땅의 임금들과 왕족들과 장군들과 부자들과 강한 자들과 각 종과 자주자가 굴과 산 바위 틈

에 숨어 16) 산과 바위에게 이르되 우리 위에 떨어져 보좌에 앉으신 이의 낯에서와 어린 양의 진노에서 우리를 가리우라 17) 그들의 진노의 큰 날이 이르렀으니 누가 능히 서리요 하더라

앞에 있는 도표를 보면서 여기 일곱 나팔들의 내용을 보고 여섯째 인의 내용과 비교해 보시기 바랍니다. 일곱 나팔들의 내용은 여섯째 인의 내용을 보다 더 상세하게 기록하고 있음을 알 수 있습니다. 일곱째 인의 내용을 분석해 보면 처음 4개의 나팔이 울릴 때까지는 여섯째 인에서 대충 보여주었던 자연에 대한 재앙을 좀더 구체적으로 네 번으로 나누어 보여주고 있습니다. 그리고 다섯째 나팔부터 일곱째 나팔이 울릴 때까지는 여섯째 인에서 대충 보여주었던 사람에 대한 재앙을 좀더 자세하게 세 번으로 나누어서 보여주고 있습니다. 그러니까 일곱째 인의 내용은 여섯째 인의 내용을 다시 한번 더 자세하게 보여주는 것입니다.

첫째 나팔

피 섞인 우박과 불이 나와서 땅에 쏟아지매 땅의 삼분의 일이 타서 사위고 각종 푸른 풀도 타서 사위더라.[8:7]

그러니까 6:12절을 보면 '내가 보니 여섯째 인을 택하실 때에 큰 지진이 나며 해가 총담같이 검어지고 온 달이 피같이 된다.' 고 하였는데 이는 지구 땅 이곳 저곳에서 지진과 화산이 폭발하여 화산재가 하늘을 덮어 해가 검게 보이고 밤에는 달이 붉게 보일 것을 보여주는 것입니다. 화산 폭발로 인하여 기상에 큰 변화가 있게 되어 산성비를 동반한 강력한 폭풍이 지구의 삼분의 일을 휩쓸고 지나갈 것입니다. 그 때에 먼지와 천둥번개를 동반한 강력한 폭풍우 속에서 불덩어리들이 우박과 함께 쏟아져 내릴 것입니다. 지구 땅의 삼분의 일이 불타게 될 정도이면 여러 곳에서 대형 지진과 화산이 폭발할 것이며 산들과 도시들과 수목이 불타게 될 것입니다. 하나님은 모세 때에도 애굽에서 이런 일을 행하셨습니다.

출 9:23) 모세가 하늘을 향하여 지팡이를 들매 여호와께서 뇌성과 우박을 보내시고 불을 내려 땅에 달리게 하시니라 여호와께서 우박을 애굽 땅에 내리시매 24) 우박의 내림과 불덩이가 우박에 섞여 내림이 심히 맹렬하니 애굽 전국에 그 개국 이래로 그 같은 것이 없던 것이라 25) 우박이 애굽 온 땅에서 사람과 짐승을 무론하고 무릇 밭에 있는 것을

쳤으며 우박이 또 밭의 모든 채소를 치고 들의 모든 나무를 꺾었으되

모세 때와 다른 점은 애굽에서 있었던 일은 애굽 사람들을 대상으로 하는 작은 지역에서 일어난 소규모요 장차 일어날 것에 대한 예표요 그림자요 서곡이었을 뿐입니다. 모세 때에는 하나님의 백성들을 약속의 땅으로 들어가게 하기 위하여 바로 왕이 통치하는 세상 죄악의 나라 애굽에서 끌어내기 위하여 애굽 땅 전역에 재앙을 내린 것이었지만 대환란에서는 하나님의 백성들을 약속의 땅 천년왕국으로 들어가게 하기 위하여 사탄이 통치하는 세상 죄악의 나라에서 끌어내기 위하여 이 지구 땅 전역에 재앙을 내리는 것입니다. 이제 전인류를 대상으로 하는 이 대환란에서는 지구의 삼분의 일을 휩쓰는 전무후무한 대규모의 재앙입니다. 이와 같은 대재앙으로 인하여 농작물과 식량 공급이 어려워질 것입니다. 수목이 파괴되어 기상의 이변이 속출하게 될 것입니다. 그 때 지진으로 대륙이 갈라지고 화산으로 수목이 불타고 폭풍우가 몰아친다고 멀리 남태평양이나 호주나 뉴질랜드 같은 바다나 섬으로 도망칠 생각은 아예 버려야 합니다. 둘째 나팔이 몰고 올 재앙을 보십시오. 육지에도 바다에도 섬에도 피할 곳이 없어질 것입니다.

둘째 나팔

불붙는 큰 산과 같은 것이 바다에 던지우매 바다의 삼분의 일이 피가 되고 바다 가운데 생명 가진 피조물들의 삼분의 일이 죽고 배들의 삼분의 일이 깨어지더라.[8:8-9]

여섯째 인의 내용을 보여주는 6장14절과 비교해 보기 바랍니다. '하늘은 종이 축이 말리는 것같이 떠나가고 각 산과 섬이 제 자리에서 옮기우매.' 큰 산과 같은 것이 바다에 던져질 정도로 화산 대폭발이 일어날 것이며 생명을 가진 피조물이 삼분의 일이나 죽임을 당하게 될 것입니다. 하늘을 찢는 듯한 심한 천둥번개와 토네이도 같은 무서운 폭풍과 전세계 이곳 저곳에서 발생하는 대지진과 화산 폭발은 마치 하늘이 떠 내려가는 것 같이 보일 것이며 각 산과 섬이 그 위치를 떠나 다른 곳으로 던져질 것입니다. 큰 불붙는 산 같은 것이 바다에 던지울 정도로 화산의 폭발은 강력한 것이 될 것입니다. 화산의 폭발로 하와이 같은 섬들이 통째로 큰 불 덩어리가 되어 하늘로 치솟다가 바다에 던지우게 될 것입니다. 그러므로 바다 생물의 삼분의 일이 죽게 될 것

입니다. 선박의 삼분의 일이 파괴 될 것입니다. 이것으로 인하여 어업에 종사하는 전세계의 많은 사람들이 망하게 될 것이며 해운업과 무역업이 온통 마비될 것입니다. 해운업과 무역업이 마비됨으로 말미암아 전세계의 통상업무가 올 스톱 될 것이며 각 나라의 경제 질서는 완전히 마비상태에 빠질 것입니다. 지진과 화산폭발과 폭풍우로 집을 잃고 식량난과 식수난과 경제생활의 마비로 인하여 수 많은 난민들과 부상자들이 속출할 것이며 전세계는 문자 그대로 아비규환의 상태에 빠져들 것입니다.

세째 나팔
횃불같이 타는 큰 별이 하늘에서 떨어져 강들의 삼분의 일과 여러 물샘에 떨어지니 이 별 이름은 쑥이라 물들의 삼분의 일이 쑥이 되매 그 물들이 쓰게 됨을 인하여 많은 사람이 죽더라.[8:10-11]

큰 별이 여러 물샘에 떨어진다는 것을 보니 이는 여섯째 인의 내용을 보여주는 6장 13절에 '하늘의 별들이 무화과 나무가 대풍에 흔들려 선 과실이 떨어지는 것 같이 땅에 떨어지며' 라는 것과 같이 크고 작은 많은 소행성들이 불타면서 바다에 떨어지는 것을 의미합니다. 지진과 화산 폭발 뿐만 아니라 하늘의 별들이 떨어지는 것입니다. 지구 땅의 삼분의 일이 불타는 장면을 상상해 보십시오. 가공할 재앙이 될 것입니다.

1994년 7월 16일 슈 메이커[shoe maker]라고 명명한 대단히 큰 소행성[asteroid]이 목성 지표면에 충돌하여 거대한 폭발을 일으키는 장면을 나사 과학자들이 사진으로 잡을 수 있었습니다. 만약 그런 큰 소행성이 지구에 충돌한다면 지구는 박살이 나고 말 것입니다. 또한 최근 1997년에 발견한 1997XF11라고 명명한 소행성은 약 30년 후인 2028년 10월 26 일 경에 지구에 충돌하거나 가까이 지나쳐 갈 가능성을 두고 지금 과학자들이 집중적으로 추적하고 매년 그 추이를 연구하면서 여러 가지 설이 나돌고 있습니다. 요새 미국의 과학자들은 미리 로켓을 쏘아 지구 궤도에 들어 오기 전에 분쇄하는 방법을 연구하고 있습니다. 그러나 이 대환란의 때에는 지구로 떨어지는 이런 소행성이 한 두개가 아니고 우박처럼 쏟아지기 때문에 로켓을 쏠 시간이 없을 것입니다. 실제로 1996년 5월 19일에 넓이가 100-300 미터

되는 작은 소행성이 지구에서 달 거리의 정도로 아슬아슬하게 비껴 지나간 적이 있었습니다. 너무 작아서 지구를 지나가기 불과 나흘 전에야 포착할 수 있었다는 것입니다. 그것이 지구에 충돌했으면 미국 땅 전체가 날아갈 수 있는 대 폭발을 일으킬 수 있는 것이었다고 합니다. 과학자들이 염려하는 것은 이와 같이 작은 소행성들은 지금도 지구 주변에 수 없이 많이 지나가고 있는데 아직도 우주에서 그것들을 차단하는 기술장치[space intercept system]가 개발되지 않아서 소행성들이 지구에 가까이 오기 전까지는 발견되지 않아 만약 그것들이 지구에 떨어질 경우 속수 무책이라는 것입니다. 오늘 본문에서 말하는 횃불같이 타는 큰 별은 1997XF11처럼 큰 별은 아닐 것이라고 생각이 됩니다. 왜냐하면 1997XF11 이 지구에 떨어지면 지구는 그냥 가루가 되어 없어질 것이기 때문입니다. 오늘 본문에 언급된 큰 별은 여러 물샘에 떨어진다고 하였으니 이 보다는 훨씬 작은 아마도 1996년에 지나갔던 넓이가 100–300 미터 크기의 것이거나 아니면 더 작은 것들일 것이라고 추측이 됩니다. 국제천문학자 협의회에 의하면 수 많은 소행성 중에서 현재 108개의 소행성이 앞으로 수 십년 안에 지구에 충돌하거나 가까이 지나가게 될 것으로 추정되고 있습니다. 성경은 이런 소행성들이 지구에 떨어질 것이라고 이미 2천년 전에 언급하고 있는데 현대과학은 최근에야 이런 소행성들이 화성과 목성 사이에 수도없이 많이 존재한다는 것을 겨우 발견하게 된 것입니다. 참으로 성경은 하나님의 말씀이라는 것을 다시 한번 깨닫게 됩니다. 그들의 평균 크기가 축구장 만한 것이라고 하니 지구에 떨어질 때의 그 파괴력은 상상만해도 공포에 질릴 뿐입니다.

또한 하늘의 별들이 떨어져 폭발할 때는 거대한 불기둥과 재로 인하여 해와 달이 보이지 않고 어두워지며 산성비가 내려 물들이 쓰게 될 것입니다. '그 물들이 쓰게 됨을 인하여 많은 사람이 죽더라' 라는 말씀을 볼 때 그 때

는 물이 쓰게 되어 식수 부족 사태가 발생할 것을 예고해 줍니다. 하나님의 택하신 이스라엘 백성이 불순종하였을 때 하나님께서 어떻게 하셨는지를 생각해보십시오.

렘 9:13) 여호와께서 말씀하시되 이는 그들이 내가 그들의 앞에 세운 나의 법을 버리고 내 목소리를 청종치 아니하며 그대로 행치 아니하고 14) 그 마음의 강팍함을 따라 그 열조가 자기에게 가르친 바알들을 좇았음이라. 15) 그러므로 만군의 여호와 이스라엘의 하나님 내가 말하노라 보라 내가 그들 곧 이 백성에게 쑥을 먹이며 독한 물을 마시우고

쑥은 쓴 맛입니다. 하나님은 택하신 자기 백성들이라도 불순종할 때에는 그들에게 심판의 쓴 맛을 먹이시는 주님이십니다. 하물며 하나님께서 그리스도의 보혈로 값 주고 사신 성도들을 핍박하고 대량으로 살생한 세상 사람들을 그냥 두지 아니하시고 고통의 쓰디 쓴 물을 먹여 많이 죽이시는 것은 당연한 것입니다.

네째 나팔
해 삼분의 일과 달 삼분의 일과 별들의 삼분의 일이 침을 받아 그 삼분의 일이 어두워지니 낮 삼분의 일은 비췸이 없고 밤도 그러하더라[8:12]

결국 지진과 화산 폭발과 별들의 충돌로 말미암아 엄청난 불기둥과 먼지가 일어나 해가 총담같이 검어지고 온 달이 피같이 되어 낮과 밤의 삼분의 일이 어두워지고 빛을 내지 아니하게 됩니다. 실제로 주님은 해와 달도 기능이 마비되게 하여 이전 처럼 온전한 빛을 발하지 못하게 하실 것입니다. 온 세상이 다 망한 것처럼 보입니다. 대환란이 다 끝난 것처럼 보입니다. 그러나 이제 겨우 네 개의 나팔로 전주곡을 울렸을 뿐입니다. 앞으로 남은 세 개의 마지막 나팔들은 더욱 가공할 재앙을 몰고 올 것입니다. 13절을 보시면 땅에 거하는 자들에게 화 화 화 라고 저주의 경고를 퍼붓고 있습니다.

8:13) 내가 또 보고 들으니 공중에 날아가는 독수리가 큰소리로 이르되 땅에 거하는 자들에게 화, 화, 화가 있으리로다 이 외에도 세 천사의 불 나팔 소리를 인함이로다 하더라

다섯째 나팔과 여섯째 나팔과 일곱째 나팔이 최악의 재앙을 몰고 올 것임

니다. 지금까지 첫째에서 넷째 나팔까지는 주로 자연에게 미치는 재해에 그쳤으나 이제 나머지 세 개의 마지막 나팔에서는 믿지 않는 세상 사람들에게 고통스런 재앙이 덮칠 것이기 때문입니다.

눅 21:25) **일월 성신에는 징조가 있겠고 땅에서는 민족들이 바다와 파도의 우는 소리를 인하여 혼란한 중에 곤고하리라.** 26) 사람들이 세상에 임할 일을 생각하고 무서워하므로 기절하리니 이는 하늘의 권능들이 흔들리겠음이라. 27) 그 때에 사람들이 인자가 구름을 타고 능력과 큰 영광으로 오는 것을 보리라. 28) **이런 일이 되기를 시작하거든 일어나 머리를 들라 너희 구속이 가까왔느니라** 하시더라.

'일월 성신에는 징조가 있겠고 땅에서는 민족들이 바다와 파도의 우는 소리를 인하여 혼란한 중에 곤고하리라.' 는 말씀은 해와 달이 어두워지고 별들이 떨어지는 그 때에 여러 지역을 강타한 지진과 소행성이 바다와 땅으로 떨어져서 여러 나라에 쓰나미가 덮치며 대도시들이 파괴되는 모습입니다. 바닷가에 위치한 대도시들은 쓰나미 때문에 바다와 파도의 우는 소리를 인하여 혼란중에 곤고할 것입니다. 우리는 인도네시아와 주변 나라들을 덮쳤던 쓰나미와 일본의 동해안을 덮쳤던 쓰나미를 경험하기 전에는 '일월 성신에는 징조가 있겠고 땅에서는 민족들이 바다와 파도의 우는 소리를 인하여 혼란한 중에 곤고하리라'는 말씀의 의미를 전혀 깨닫지 못했었습니다. 그러나 대환란 때에는 각 나라의 해안 도시들을 무참히 파괴할 쓰나미 뿐만 아니라 하늘의 해와 달이 어두워지고 별들까지 떨어지는 대재앙이 겹칠 것이니 정말 가공할 대재앙이 아닐 수 없을 것입니다. 27절에서 보여주듯이 그 때가 바로 주님께서 구름을 타고 큰 능력과 영광으로 재림하시는 때입니다. 마태복음 24장에서 예수님께서도 같은 내용을 언급하셨습니다. 즉 해와 달이 어두워지고 별들이 하늘에서 떨어질 그 때에 예수님이 재림하시고 바로 그 때에 성도들이 휴거할 것이라고 예수님께서 직접 말씀하셨습니다. **29그 날 환난 후에 즉시 해가 어두워지며 달이 빛을 내지 아니하며 별들이 하늘에서 떨어지며 하늘의 권능들이 흔들리리라 30그 때에 인자의 징조가 하늘에서 보이겠고 그 때에 땅의 모든 족속들이 통곡하며 그들이 인자가 구름을 타고 능력과 큰 영광으로 오는 것을 보리라 31저가 큰 나팔소리와 함께 천사들을 보내니 저희가 그 택하신 자들을 하늘 이 끝에서 저 끝까지 사방에서 모으리라[마24:29-31]**

'이런 일이 시작되거든 일어나 머리를 들라. 너희 구속이 가까웠느니라.'라는 말씀은 무슨 뜻입니까? 대환란의 마지막인 여섯째 인이 떼어져서 해와 달과 별들에 이런 움직임이 생기고 산과 섬이 바다에 던져져서 바다와 파도의 우는 소리를 들을 때에 인자가 구름을 타고 재림하신다는 말씀입니다. 즉 첫째 인이나 둘째 인을 뗄 때에 주님이 오시거나 혹은 환란이 시작되기 전에 주님이 재림하여 성도가 휴거하는 것이 아닙니다. 여섯째 인이 떼어져서 하늘과 땅에 천재지변이 일어나는 때 다시 말해서 일곱 나팔을 불어 마지막 재앙이 시작되는 때에 바로 **그 때에 사람들이 인자가 구름을 타고 능력과 큰 영광으로 오는 것을 보리라** 고 한 점을 명심하시기 바랍니다. 주님이 재림하시기 때문에 '너희[성도들]는 머리를 들라 너희 구속이 가까웠느니라'고 하였습니다. 즉 이런 천재지변이 시작되거든 이제 성도들은 주의 재림과 성도의 휴거가 가까이 온 줄을 알고 머리를 들고 준비를 갖추라는 말씀입니다. 그리고 우리가 지금까지 살펴 본 대로 이와 같은 천재지변은 대환란이 시작 할 때에 발생하지 않고 대환란의 마지막 부분에 발생한다는 점을 기억해야 합니다. 즉 **29그 날 환난[대환란 1260일] 후에 즉시 해가 어두워지며 달이 빛을 내지 아니하며 별들이 하늘에서 떨어지며 하늘의 권능들이 흔들리리라 30그 때에[대환란 1260일 후] 인자의 징조가 하늘에서 보이겠고 그 때에 땅의 모든 족속들이 통곡하며 그들이 인자가 구름을 타고 능력과 큰 영광으로 오는 것[재림]을 보리라 31저가 큰 나팔소리[일곱째 나팔]와 함께 천사들을 보내리니 저희가 그 택하신 자들을 하늘 이 끝에서 저 끝까지 사방에서 모으리라[휴거]** 그러니까 대환란 후에 1260일이 끝나는 날에 해와 달이 어두워지고 마지막 나팔이 울리고 예수님의 재림과 성도의 휴거가 있겠다는 말입니다. 그렇다면 주의 재림과 성도의 휴거는 대환란의 시작 때가 아니고 대환란의 마지막 부분임을 여기서 분명히 확인할 수 있습니다. 지금 여기는 아직 넷째 나팔입니다. 아직 해와 달이 삼분의 일이 어두워지고 별들도 삼분의 일만 어두워진 상태입니다. 아직 마지막 일곱째 나팔이 울리지 않은 상태입니다.

일곱째인[2]

⑴**다섯째 천사가 나팔을 불매** 내가 보니 하늘에서 땅에 떨어진 별 하나가 있는데 저가 무저갱의 열쇠를 받았더라 ⑵저가 무저갱을 여니 그 구멍에서 큰 풀무의 연기 같은 연기가 올라오매 해와 공기가 그 구멍의 연기로 인하여 어두워지며 ⑶또 황충이 연기 가운데로부터 땅 위에 나오매 저희가 땅에 있는 전갈의 권세와 같은 권세를 받았더라 ⑷저희에게 이르시되 땅의 풀이나 푸른 것

이나 각종 수목은 해하지 말고 오직 이마에 하나님의 인 맞지 아니한 사람들만 해하라 하시더라 (5)그러나 그들을 죽이지는 못하게 하시고 다섯달 동안 괴롭게만 하게 하시는데 그 괴롭게 함은 전갈이 사람을 쏠 때에 괴롭게 함과 같더라 (6)그날에는 사람들이 죽기를 구하여도 얻지 못하고 죽고 싶으나 죽음이 저희를 피하리로다 (7)황충들의 모양은 전쟁을 위하여 예비한 말들 같고 그 머리에 금 같은 면류관 비슷한 것을 썼으며 그 얼굴은 사람의 얼굴 같고 (8)또 여자의 머리털 같은 머리털이 있고 그 이는 사자의 이 같으며 (9)또 철흉갑 같은 흉갑이 있고 그 날개들의 소리는 병거와 많은 말들이 전장으로 달려 들어가는 소리 같으며 (10)또 전갈과 같은 꼬리와 쏘는 살이 있어 그 꼬리에는 다섯달 동안 사람들을 해하는 권세가 있더라 (11)저희에게 임금이 있으니 무저갱의 사자라 히브리 음으로 이름은 아바돈이요 헬라 음으로 이름은 아볼루온이더라 (12)**첫째 화는 지나갔으나 보라 아직도 이 후에 화 둘이 이르리로다** (13)**여섯째 천사가 나팔을 불매** 내가 들으니 하나님 앞 금단 네 뿔에서 한 음성이 나서 (14)나팔 가진 여섯째 천사에게 말하기를 큰 강 유브라데에 결박한 네 천사를 놓아 주라 하매 (15)**네 천사가 놓였으니 그들은 그 년 월 일 시에 이르러 사람 삼분의 일을 죽이기로 예비한 자들이더라** (16)**마병대의 수는 이만만[2억]이니** 내가 그들의 수를 들었노라 (17)이같이 이상한 가운데 그 말들과 그 탄 자들을 보니 불빛과 자주빛과 유황빛 흉갑이 있고 또 말들의 머리는 사자 머리 같고 그 입에서는 불과 연기와 유황이 나오더라 (18)이 세 재앙 곧 저희 입에서 나오는 불과 연기와 유황을 인하여 사람 삼분의 일이 죽임을 당하니라 (19)이 말들의 힘은 그 입과 그 꼬리에 있으니 그 꼬리는 뱀 같고 또 꼬리에 머리가 있어 이것으로 해하더라 (20)이 재앙에 죽지 않고 남은 사람들은 그 손으로 행하는 일을 회개치 아니하고 오히려 여러 귀신과 또는 보거나 듣거나 다니거나 하지 못하는 금, 은, 동과 목석의 우상에게 절하고 (21)또 그 살인과 복술과 음행과 도적질을 회개치 아니하더라 〈계.9:1-21〉

지난 번 8장에서 대환란의 마지막 순간에 일곱째 인을 떼었더니 일곱 개의 나팔이 나왔는데 우리는 그 중에서 네 개의 나팔이 울리는 것까지 보았습니다. 즉 대환란의 맨 마지막 부분 즉 여섯째 인 부분의 의 전반부를 본 것입니다. 8장 마지막 절을 보면 아직도 세 개의 화가 더 남아있다고 선언하고 있는데 이는 마지막 부분 즉 여섯째 인 부분의 후반부에 속합니다. 이제 9장에서 마지막 남은 세 개의 화는 문자 그대로 무서운 저주인데 다섯째 나팔, 여섯째 나팔 그리고 일곱째 나팔입니다. 일곱째 나팔이 성경에서 말하는 마지막 나팔입니다. 고린도전서 15장 51-52절에 보시면 이 마지막 나팔이 울릴 때에 성도들이 부활하여 휴거하게 됩니다;

'보라 내가 너희에게 비밀을 말하노니 우리가 다 잠잘 것이 아니요 마지막 나팔에 순식간에 홀

연히 다 변화하리니 나팔 소리가 나매 죽은 자들이 썩지 아니할 것으로 다시 살고 우리도 변화하리라.'

이제 우리는 대환란의 맨 마지막 부분 중에서도 후반 부분을 보게 되는데 이 후반부에 남은 세 개의 화 중에서 다섯째 나팔과 여섯째 나팔 재앙을 여기 9장에서 보게 되는 것입니다.

다섯째 나팔

9:1) 다섯째 천사가 나팔을 불매 내가 보니 하늘에서 땅에 떨어진 별 하나가 있는데 저가 무저갱의 열쇠를 받았더라 2) 저가 무저갱을 여니 그 구멍에서 큰 풀무의 연기 같은 연기가 올라오매 해와 공기가 그 구멍의 연기로 인하여 어두워지며 3) 또 황충이 연기 가운데로부터 땅위에 나오매 저희가 땅에 있는 전갈의 권세와 같은 권세를 받았더라 4) 저희에게 이르시되 땅의 풀이나 푸른 것이나 각종 수목은 해하지말고 오직 이마에 하나님의 인 맞지 아니한 사람들만 해하라 하시더라

'내가 보니 하늘에서 땅에 떨어진 별 하나가 있는데 저가 무저갱의 열쇠를 받았더라.' 여기 하늘에서 떨어진 별 하나는 비인칭 대명사인 '그것'이라고 표현되지 않고 '저'가라는 삼인칭 단수 인칭대명사로 표현되고 있습니다. 즉 여기의 별은 천체 떠있는 물체가 아니고 하나의 인격체임을 보여줍니다. 즉 이는 한 천사인데 무저갱의 열쇠를 받았다고 하였습니다. 이는 이사야서 14장12-15절에 기록된 사탄을 의미합니다. 12) 너 아침의 아들 계명성이여 어찌 그리 하늘에서 떨어졌으며 너 열국을 엎은 자여 어찌 그리 땅에 찍혔는고 13) 네가 네 마음에 이르기를 내가 하늘에 올라 하나님의 뭇별 위에 나의 보좌를 높이리라 내가 북극집회의 산 위에 좌정하리라 14) 가장 높은 구름에 올라 지극히 높은 자와 비기리라 하도다 15) 그러나 이제 네가 음부 곧 구덩이의 맨 밑에 빠치우리로다

무저갱은 사탄의 부하들인 악령들과 귀신들과 온갖 더러운 영들과 괴물들이 우글거리는 곳으로서 최후의 심판을 받고 불지옥으로 떨어지기 전에 임시로 머무는 무서운 장소입니다.[유.1:6, 사.14:12-15] 이 사탄이 하늘의 허락을 받아 열쇠로 무저갱을 여니까 '그 구멍에서 큰 풀무의 연기같은 연기가 올라와서 해와 공기가 어두워지며 황충이 연기 가운데로부터 쏟아져 나와 땅 위에 나왔더니 저희가 땅에 있는 전갈의 권세와 같은 권세를 받았는데 저희에게 이르시되 땅의 풀이나 푸른 것이나 각

종 수목은 해하지 말고 오직 이마에 하나님의 인맞지 아니한 사람들만 해하라 하시더라.' 욥을 해할 때에도 하나님의 허락 하에서만 할 수 있었던 사탄이었습니다. 여기서 사탄의 부하인 악령들은 '오직 이마에 하나님의 인 맞지 아니한 사람들만 해하라.'는 특별 명령을 받았습니다. 대환란을 시작하기 직전에 이마에 인맞은 사람들은 누구였습니까? 이스라엘 사람 14만 4천이었습니다. 즉 이마에 인 맞은 이스라엘 사람 14만 4천은 해하지 못하게 하신 것입니다. 그들은 아직도 땅에 거하면서 이 모든 환란 중에 하나님의 특별하신 보호아래 있음을 알 수 있습니다. 두 증인들 즉 유대인 교회와 이방인 교회 성도들은 옥에 갇힐 자는 옥에 갇히고 순교를 당할 자는 순교를 당하게 하시지만 14만 4천명의 이스라엘 사람들은 특별히 보호하고 계십니다. 하나님의 성전과 제단과 그 안에서 경배하는 자들만 측량하고 성전 밖의 마당은 마흔 두달 동안 이방인에게 짓밟히게 내어 주라〈계11:1-2〉는 말씀이 이루어지는 것입니다.

지금까지 네째 나팔이 울릴 때까지는 주로 땅과 자연에 재앙을 내려 사람들을 간접적으로 괴롭게 하였으나 이제 다섯째 나팔 재앙부터는 직접 사람들을 괴롭히는 본격적인 재앙이 시작됩니다.

9:5 그러나 그들을 죽이지는 못하게 하시고 다섯 달 동안 괴롭게만 하시는데 그 괴롭게 함은 전갈이 사람을 쏠 때에 괴롭게 함과 같더라 6 그 날에는 사람들이 죽기를 구하여도 얻지 못하고 죽고 싶으나 죽음이 저희를 피하리로다 〈계9:5-6〉

'그 날에는 사람들이 죽기를 구하여도 얻지 못하고 죽고 싶으나 죽음이 저희를 피하겠다.'고 하였으니 얼마나 무서운 시간들이 될 것인지 상상해 보시기 바랍니다. 다음 7절에서 11절까지 보시면 5개월 동안 사람을 해하는 공포의 무서운 황충재앙이 계속될 것입니다.

9:7 황충들의 모양은 전쟁을 위하여 예비한 말들 같고 그 머리에 금같은 면류관 비슷한 것을 썼으며 그 얼굴은 사람의 얼굴 같고

8 또 여자의 머리털 같은 머리털이 있고 그 이는 사자의 이 같으며 9 또 철흉갑 같은 흉갑이 있고 그 날개들의 소리는 병거와 많은 말들이 전장으로 달려 들어가는 소리 같으며 10 또 전갈과 같은 꼬리와 쏘는 살이 있어 그 꼬리에는 다섯달 동안 사람들을 해하는 권세가 있더라 11 저희에게 임금이 있으니 무저갱의 사자라 히브리 음으로 이름은 아바돈이요 헬라 음으로 이름은 아볼루온이더라

황충은 메뚜기과에 속하는 독충입니다. 이들은 무저갱에서 나온 악마의 사자들입니다. 그들이 '금면류관 같은 것'을 썼다는 것은 그들이 정복자처럼 무자비하고 포악할 것임을 의미하며 '여자의 머리털'은 요염하며 악한 것을 상징하며 '사자의 이빨'은 사납고 모든 것을 삼켜버리는 위력을 의미하며 '철흉갑'은 사람이 그들을 죽일 방법이 없음을 의미하는 것입니다. '날개들의 소리와 많은 말들이 전장으로 달려들어가는 소리'는 그들의 수가 엄청난 대군처럼 많다는 것을 상징합니다. '전갈과 같이 찌르는 꼬리'는 심한 고통을 주는 악마적인 괴롭힘을 상징합니다. 그들의 통치자인 왕의 이름은 히브리 이름으로는 아바돈, 헬라 이름으로는 아볼루온 이라고 하였는데 이는 '파괴자'라는 뜻으로 사탄 마귀를 가리킵니다. 이 악령들은 자기들의 본성을 따라 믿지 않는 인생들을 물질적으로 정신적으로 인격적으로 전인적으로 인생의 모든 것을 파괴하는 독을 뿜어 댈 것입니다. 죄인들을 그냥 평안하게 죽이지 않고 그들이 평생에 남에게 악하게 행한 대로 자기들도 온갖 슬픔과 억울함과 정죄와 비방과 무자비함과 포악과 탈취와 협박과 가슴치는 고통을 받게 될 것입니다.

여섯째 나팔

12절을 보겠습니다. '첫째 화는 나갔으나 보라 아직도 이 후(에 화 둘이 이르리로다.' 마지막 세 개의 화 중에서 첫째가 지나고 이제 두개가 더 남았습니다. 즉 여섯째 나팔 재앙과 일곱째 나팔 재앙이 남았다는 말입니다. 지금까지 살펴 본 다섯째 나팔 재앙에서는 믿지 않는 사람들에게 정신적으로 물리적으로 독을 뿜어대어 지독한 고통만 당하게 할 뿐 죽이지는 아니하였습니다. 그러나 이제 여섯째 나팔에서는 불경건한 자들에 대한 학살이 이루어질 것입니다.

9:13) 여섯째 천사가 나팔을 불매 내가 들으니 하나님 앞 금단 네 뿔에서 한 음성이 나서 14) 나팔 가진 여섯째 천사에게 말하기를 큰 강 유브라데에 결박한 네 천사를 놓아 주라 하매 15) 네 천사가 놓였으니 그들은 그 년, 월, 일, 시에 이르러 사람 삼분의 일을 죽이기로 예비한들이더라

여섯째 나팔을 분 천사에게 유프라테스 강에 결박 당한 네 천사를 놓아 주라는 명령이 떨어졌습니다. 그런데 이 명령은 금향단에서 나온 명령입니다. 다시 말해서 그 동안 성도들이 드렸던 기도가 이제 응답되는 순간입니다. 성도들이 땅에서 살면서 억울하게 당했던 모든 환란과 핍박 속에서 인

내하면서 하나님께 눈물로 부르짖었던 그 모든 기도들이 이제 마침내 응답되어 하나님께서 원수를 갚아주시는 시간이 된 것입니다. 이 천사들은 유프라테스 강에 결박되었던 천사들이라고 하였습니다. 창세기 2장10-14절까지 보시면 이 유프라테스 강은 에덴 동산에서 흘러나오는 넷째 강이었습니다. 사탄이 인간을 유혹하여 타락시켰던 바로 그 곳입니다. 사탄이 하나님을 대항하기 위하여 하나님의 형상을 닮게 창조한 인간을 유혹하여 타락시킴으로써 하나님과 사람 앞에서 반역과 죄악을 저질렀던 바로 그 곳입니다. 그러므로 여기 유프라테스 강에 결박 당했다는 말은 에덴의 동쪽 저 유프라테스에 인간을 타락시킨 마귀가 결박 당한 영적인 곳을 의미합니다. 창세기 3장 24절을 보면 하나님은 에덴 동산에서 아담 하와를 쫓아내신 후에 그룹들[천사들]을 동원하여 에덴 동산 동편을 지키게 하셨습니다.[24이같이 하나님이 그 사람을 쫓아 내시고 에덴동산 동편에 그룹들과 두루 도는 화염검을 두어 생명나무의 길을 지키게 하시니라(창3:24)]

　　하나님이 보내신 천사들에 의하여 에덴 동산 동편에 갇혀있는 마귀와 그의 부하들은 타락한 천사들로서 일찍이 하나님을 대항하다가 땅으로 떨어졌던 사탄과 그의 추종자들입니다.[사.14:12-15, 유.1:6] 사탄과 그의 악마들은 하나님에 대한 미움과 그들의 파괴적인 본성을 따라 하나님이 창조하셨던 인간들이 자기들의 꾀임에 넘어가 죄 값으로 인하여 버림을 받은 불신자들을 볼 때 승리감에 차서 매우 통쾌한 마음으로 죄인들을 마구 짓밟고 죽이는 일을 감행할 것입니다. 16-19절까지 보면 그들이 통치해온 만국에서 나온 군사의 수는 이억[이만만]이나 되는 엄청난 숫자입니다. 사탄의 졸개들은 불과 연기와 유황을 쏘아대는 초현대식 화학 핵무기를 가지고 전쟁으로 전세계를 짓밟으며 인류의 삼분의 일을 살육할 것입니다. 또 그들의 모습을 보면 '불빛과 자주빛과 유황빛 흉갑이 있고 또 말들의 머리는 사자 머리 같고 그 입에서는 불과 연기와 유황이 나오더라' 라고 묘사하고 있습니다. 이런 모양은 오늘 우리시대가 만들어내는 인공지능 로봇과 무관하지 않습니다. 현재 최첨단 과학을 이용하여 만들어내는 자동화된 군사무기들은 바로 이 때를 위하여 준비하는 것입니다. 그리고 이와 같은 2 억의 군사를 만들려면 인구가 많은 중국을 비롯한 세계 여러 국가들의 파송이 없이는 불가능한 숫자입니다. 15절에 보면 이와 같은 대량 살육의 날짜가 이미 몇 년, 몇 월, 몇 일, 몇 시에 이루어질 것까지 정확하게 기록되어 있습니다. 우주를 창조하시고 주관하시는 하나님은 인류 역사가 진행되는 시간표를 정확히 알고 계시며 그 진행되는 내용을 정확히 아시고 적절하게 대처하십니다.

9:16) 마병대의 수는 이만만[2억]이니 내가 그들의 수를 들었노라 17) 이같이 이상한 가운데 그 말들과 그 탄 자들을 보니 불빛과 자주빛과 유황빛 흉갑이 있고 또 말들의 머리는 사자 머리 같고 그 입에서는 불과 연기와 유황이 나오더라 18) 이 세 재앙 곧 저희 입에서 나오는 불과 연기와 유황을 인하여 사람 삼분의 일이 죽임을 당하니라 19) 이 말들의 힘은 그 입과 그 꼬리에 있으니 그 꼬리는 뱀 같고 또 꼬리에 머리가 있어 이것으로 해하더라 이상의 장면들은 공상과학영화를 보는 것 같은 공포와 전율을 일으키게 합니다.

여기 여섯째 나팔 재앙에서 하나님은 인류의 삼분의 일을 멸하십니다. 하나님의 백성들을 애굽에서 끌어내실 때에 애굽 사람들을 모두 멸하시지 않으신 것처럼 하나님의 백성을 이 사탄이 통치하는 세상에서 끌어내는 대환란에서도 인류를 다 멸하시지 않으십니다. 앞에서도 언급했지만 대환란은 심판의 시작일 뿐 마지막 백보좌 심판이 아니기 때문입니다. 인류에 대한 최후의 심판은 천년왕국이 끝난 다음에 있을 백보좌 심판입니다. 그러므로 대환란에서 인류를 다 멸하시지 않으신 이유는 그들에게 아직도 복음을 듣고 회개할 최후의 기회를 더 주시기 위해서입니다. 그러나 다음 구절들을 보면 인간들이 얼마나 악한지 그런 재앙 가운데서도 회개하기는커녕 오히려 세상을 사랑하며 악행을 버리지 아니합니다.

9:20) 이 재앙에 죽지 않고 남은 사람들은 그 손으로 행하는 일을 회개치 아니하고 오히려 여러 귀신과 또는 보거나 듣거나 다니거나 하지 못하는 금, 은, 동과 목석의 우상에게 절하고 21) 또 그 살인과 복술과 음행과 도적질을 회개치 아니하더라

보십시오. 인류의 삼분의 일이 죽는 무서운 여섯째 나팔 재앙에서 죽지 않고 살아남은 사람들이 하나님께 회개하지 아니하고 오히려 악령숭배와 우상숭배를 계속하며 믿는 성도들을 죽이는 살인죄를 계속할 것이며 점성술과 손금 보는 것과 강령술과 점치는 것과 사주팔자를 보는 복술이 계속 될 것이며 혼전 성행위와 가정을 파괴하는 외박과 음란한 말과 성폭행과 동성애와 같은 음행이 판을 치고 합법적으로나 불법적으로 착취하고 사기치는 도적질을 회개하지 아니할 것이라고 하였습니다. 우리는 여기서 죄에 대한 하

나님의 형벌이 얼마나 철저하고 무서운 것인가를 깨닫게 됩니다. 그리고 또한 죄가 우리 인간을 얼마나 악하게 만들었는가를 깨닫게 됩니다. 그리고 죄의 결과는 처절한 형벌과 멸망이라는 것을 다시 한 번 깨닫게 됩니다. 지난 세기에도 우리는 양차 대전의 엄청난 고통을 치렀으나 인간은 반성하거나 뉘우치며 하나님께로 돌아오기는커녕 오히려 하나님을 떠나 세속의 쾌락과 물질을 하나님보다 더 사랑하는 우상숭배에 점점 더 깊히 빠져들고 있으며 사람들은 세월이 갈수록 더욱 난폭하며 포악하고 거칠어져 가기만 합니다. 하나님이 자상에서 우리에게 허락하신 시간은 무한한 시간이 아닙니다. 우리 인류는 하나님이 정하신 그 시간의 한계를 향하여 지금 미친듯이 달려가고 있는 것입니다. 이 지구 땅에 그 무서운 마지막 날이 오기 전에 죄를 깨닫고 하나님 앞에 회개하며 돌아오는 자가 지혜롭고 복된 자입니다. [7이제 하늘과 땅은 그 동일한 말씀으로 불사르기 위하여 간수하신바 되어 경건치 아니한 사람들의 심판과 멸망의 날까지 보존하여 두신 것이니라 8사랑하는 자들아 주께는 하루가 천년 같고 천년이 하루 같은 이 한가지를 잊지 말라 9주의 약속은 어떤이의 더디다고 생각하는 것 같이 더딘 것이 아니라 **오직 너희를 대하여 오래 참으사 아무도 멸망치 않고 다 회개하기에 이르기를 원하시느니라** 10그러나 주의 날이 도적 같이 오리니 그 날에는 하늘이 큰 소리로 떠나가고 체질이 뜨거운 불에 풀어지고 땅과 그 중에 있는 모든 일이 드러나리로다 11이 모든 것이 이렇게 풀어지리니 너희가 어떠한 사람이 되어야 마땅하뇨 거룩한 행실과 경건함으로 12하나님의 날이 임하기를 바라보고 간절히 사모하라 그 날에 하늘이 불에 타서 풀어지고 체질이 뜨거운 불에 녹아지려니와 13우리는 그의 약속대로 의의 거하는바 새 하늘과 새 땅을 바라보도다〈벧후3:7–13〉] 그 시간이 닥쳐 오기 전, 지금이 바로 믿고 구원을 받을 날입니다. 지금이라도 당장 죄를 회개하고 '나는 길이요 진리요 생명이라.'고 하신 그리스도를 구주로 영접해야 합니다. 교회만 왔다갔다하는 기독교 종교인이 되지 마십시오. 예수 그리스도를 당신의 구주로 영접하고 그 분의 통치를 받고 철저하게 복종하는 삶을 살아야 합니다. 그리스도를 영접하여 그리스도의 생명을 지닌 그리스도인으로 살기를 바랄 뿐입니다. 그토록 무서운 대환란에서 그의 성도들을 구별하여 초자연적으로 보호하시며 구원하시는 하나님의 은혜 안으로 들어오는 길만이 당신이 파멸당하지 않고 영원히 사는 길입니다.

10장

〈마지막 나팔을 불 때까지 복음전파 계속〉

(1)내가 또 보니 힘센 다른 천사가 구름을 입고 하늘에서 내려 오는데 그 머리 위에 무지개가 있고 그 얼굴은 해 같고 그 발은 불기둥 같으며 (2)그 손에 펴 놓인 작은 책을 들고 그 오른발은 바다를 밟고 왼발은 땅을 밟고 (3)사자의 부르짖는 것같이 큰 소리로 외치니 외칠 때에 일곱 우뢰가 그 소리를 발하더라 (4)일곱 우뢰가 발할 때에 내가 기록하려고 하다가 곧 들으니 하늘에서 소리나서 말하기를 일곱 우뢰가 발한 것을 인봉하고 기록하지 말라 하더라 (5)내가 본바 바다와 땅을 밟고 섰는 천사가 하늘을 향하여 오른손을 들고 (6)세세토록 살아계신 자 곧 하늘과 그 가운데 있는 물건이며 땅과 그 가운데 있는 물건이며 바다와 그 가운데 있는 물건을 창조하신 이를 가리켜 맹세하여 가로되 지체하지 아니하리니 (7)**일곱째 천사가 소리 내는 날 그 나팔을 불게 될 때에 하나님의 비밀이 그 종 선지자들에게 전하신 복음과 같이 이루리라** (8)하늘에서 나서 내게 들리던 음성이 또 내게 말하여 가로되 네가 가서 바다와 땅을 밟고 섰는 천사의 손에 펴 놓인 책을 가지라 하기로 (9)내가 천사에게 나아가 작은 책을 달라 한즉 천사가 가로되 갖다 먹어버리라 네 배에는 쓰나 네 입에는 꿀 같이 달리라 하거늘 (10)내가 천사의 손에서 작은 책을 갖다 먹어버리니 내 입에는 꿀 같이 다나 먹은 후에 내 배에서는 쓰게 되더라 (11)저가 **내게 말하기를 네가 많은 백성과 나라와 방언과 임금에게 다시 예언하여야 하리라** 하더라 (1)또 내게 지팡이 같은 갈대를 주며 말하기를 일어나서 **하나님의 성전과 제단과 그 안에서 경배하는 자들을 척량하되** (2)**성전 밖 마당은 척량하지 말고 그냥 두라 이것을 이방인에게 주었은즉 저희가 거룩한 성을 마흔 두달 동안 짓밟으리라** (3)내가 **나의 두 증인에게 권세를 주리니 저희가 굵은 베옷을 입고 일천 이백 육십 일을 예언하리라** (4)**이는 이 땅의 주 앞에 섰는 두 감람나무와 두 촛대니** (5)만일 누구든지 저희를 해하고자 한즉 저희 입에서 불이 나서 그 원수를 소멸할지니 누구든지 해하려 하면 반드시 이와 같이 죽임을 당하리라 (6)저희가 권세를 가지고 하늘을 닫아 그 예언을 하는 날 동안 비 오지 못하게 하고 또 권세를 가지고 물을 변하여 피 되게 하고 아무 때든지 원하는 대로 여러가지 재앙으로 땅을 치리로다 (7)**저희가 그 증거를 마칠 때에 무저갱으로부터 올라오는 짐승이 저희로 더불어 전쟁을 일으켜 저희를 이기고 저희를 죽일 터인즉** (8)저희 시체가 큰

성 길에 있으리니 그 성은 영적으로 하면 소돔이라고도 하고 애굽이라고도 하니 곧 저희 주께서 십자가에 못박히신 곳이라 (9)백성들과 족속과 방언과 나라 중에서 사람들이 그 시체를 사흘 반 동안을 목도하며 무덤에 장사하지 못하게 하리로다 (10)이 두 선지자가 땅에 거하는 자들을 괴롭게 한 고로 땅에 거하는 자들이 저희의 죽음을 즐거워하고 기뻐하여 서로 예물을 보내리라 하더라 **(11)삼일 반 후에 하나님께로부터 생기가 저희 속에 들어가매 저희가 발로 일어서니 구경하는 자들이 크게 두려워하더라 (12)하늘로부터 큰 음성이 있어 이리로 올라 오라 함을 저희가 듣고 구름을 타고 하늘로 올라가니 저희 원수들도 구경하더라** (13)그 시에 큰 지진이 나서 성 십 분의 일이 무너지고 지진에 죽은 사람이 칠천이라 그 남은 자들이 두려워하여 영광을 하늘의 하나님께 돌리더라 **(14)둘째 화는 지나갔으나 보라 세째 화가 속히 이르는도다.** 〈10:1-11:14〉

3년 반 동안의 대환란 중에서 여섯번째 인을 떼는 기간은 대환란의 마지막 부분이라고 거듭하여 언급하였습니다. 그 마지막 부분은 환란이 더욱 치열하기 때문에 다시 일곱 기간으로 나누어 더 상세히 보여주기 위하여 일곱째 인을 뗄 때에 일곱 천사가 나와서 차례로 나팔을 불 때마다 무서운 재앙이 쏟아져 내렸습니다. 이 일곱 개의 나팔로 구성된 대환란의 마지막 부분에서 마지막 세 개의 나팔 즉 다섯째 나팔, 여섯째 나팔 그리고 일곱째 나팔은 특히 세 개의 '화' 라고 불리울 만큼 무서운 재앙입니다. 이 세 개의 재앙 중에서 우리는 이미 앞에서 두 개의 재앙을 살펴 보았습니다. 이제 마지막 나팔인 일곱째 나팔을 불면 일곱 개의 대접이 하늘에서 기울어져 엄청난 재앙이 땅으로 쏟아지고 그 동안 선지자들이 전해 준 신구약 성경 말씀이 예언했던 하나님의 비밀이 다 드러나는 순간이 될 것입니다. 그 동안 6장에서 9장까지는 3 년 반 동안에 있을 재앙에 대하여 주로 언급하였습니다. 그러나 여기 10장에서는 그 마지막 나팔이 울리기 직전까지 교회가 할 일은 무엇인지에 대하여 즉, 예수 믿는 성도들은 그 때까지 그리고 대환란 중에도 무엇을 해야 되는지에 대하여 설명해주고 있습니다.

사도 요한의 때부터 마지막 나팔이 울리기직전까지 교회에 주신 사명

10:1) 내가 또 보니 힘센 다른 천사가 구름을 입고 하늘에서 내려오는데 그 머리 위에 무지개가 있고 그 얼굴은 해 같고 그 발은 불기둥 같으며 2) 그 손에 펴놓인 작은 책을 들고 그 오른 발은 바다를 밟고 왼발은 땅을 밟고 3) 사자의 부르짖는 것같이 큰 소리로 외치니 외칠 때에 일곱 우뢰가 그 소리를 발하더라

여기서 보시는 대로 한 힘센 천사가 작은 책을 손에 들고 사자의 부르짖는 소리같이 큰 소리로 말하고 있습니다. 그런데 이 책은 펴서 열린 책이었습니다. 이 펴서 열린 책은 성경 책으로서 선지자들과 사도들을 통해서 우리에게 주신 하나님의 말씀을 기록한 성경책이었습니다. 이제 일곱째 나팔을 불면 이 성경책에 기록된 모든 예언의 말씀이 이루어진다는 뜻입니다. 그래서 7절을 보시면 이렇게 기록되어 있습니다. 10:7) 일곱째 천사가 소리 내는 날 그 나팔을 불게 될 때에 하나님의 비밀이 그 종 선지자들에게 전하신 복음과 같이 이루리라

여기 하나님의 비밀이 선지자들이 전한 복음과 같이 이루리라는 말씀은 성도들이 수 천년 동안 기다려왔던 인류역사의 마지막 순간에 이 죄악 세상이 심판으로 마침내 멸망을 당하고 하나님의 성도들이 구원을 받아 그 화려하고 영광스러운 약속의 피안 저 영원한 하늘나라로 들어가게 되는 것을 뜻합니다. 이 세상 사람들은 이 세상이 진화론에서 말하는 것처럼 우연히 그리고 자연적으로 발생하여 앞으로도 끝없이 발전하며 계속될 것처럼 여겨지고 그래서 이 세상에서 아무리 선이나 악을 행하여도 그것들을 상주고 벌을 줄 절대자가 없는 것으로 생각하고 날마다 자기 마음대로 살아갑니다. 그러나 마지막 나팔이 울리는 때가 되면 그 동안 선지자들이 전한 복음의 말씀대로 이 세상이 심판을 받고 하나님의 나라가 시작되는 것입니다. 이것이 바로 하나님의 비밀입니다. 성도들은 이 비밀의 말씀을 믿고 살아 온 사람들입니다. 이 하나님의 비밀은 마지막 나팔이 울리고 주님이 재림하실 때 그의 성도들의 부활과 휴거를 통하여 드디어 만천하에 드러나게 될 것입니다. 그러므로 이처럼 중요한 마지막 나팔이 울리기 전에 성도들이 이 땅에서 해야 할 일이 무엇인지를 다음 구절이 보여주고 있습니다.

10:8) 하늘에서 나서 내게 들리던 음성이 또 내게 말하여 가로되 네가 가서 바다와 땅을 밟고 섰는 천사의 손에 펴 놓인 책을 가지라 하기로 9) 내가 천사에게 나아가 작은 책을 달라 한즉 천사가 가로되 갖다 먹어버리라 네 배에는 쓰나 네 입에는 꿀같이 달리라 하거늘 10) 내가 천사의 손에서 작은책을 갖다 먹어버리니 내 입에는 꿀 같이 다나 먹은 후에 내 배에서는 쓰게 되더라11) 저가 내게 말하기를 네가[사도 요한] 많은 백성과 나라와 방언과 임금에게 다시 예언하여야 하리라 하더라

바다와 땅을 밟고 서있는 천사가 그의 손에 펴있는 성경책을 사도 요한에게 주면서 가져다가 먹으라고 명령하고 있습니다. 요한이 그 책을 받아 먹으니 입에서는 꿀같이 다나 배에서는 쓰게 되었습니다. 여기서 바다와 땅을 밟고 서있는 천사는 오대양 육대주를 다 커버하는 천사이며 열린 책을 주었다는 것은 요한 사도에게 성경 말씀의 깊은 뜻을 숨기지 않고 가르쳐 주어 그가 하나님의 종으로서 오대양 육대주에 사는 모든 사람들에게 이 복음의 말씀을 전파해야 한다는 것입니다. 그러니까 사도 요한이 이 계시의 말씀을 받은 이후부터 마지막 나팔이 울리기 직전까지 하나님의 말씀인 복음을 계속 증거하라는 것입니다. 하나님은 지금까지 사도 요한에게 인류의 종말에 이루어질 비밀을 미리 보여주신 것입니다. 이것은 사도 요한 혼자만 알고 있으라는 뜻이 아닙니다. 당시 소아시아에 있었던 일곱 교회에게만 주라는 말도 아닙니다. 사도 요한 당시의 서머나 교회는 물론 일곱교회 시대의 마지막 교회인 라오디게아 교회시대까지 앞으로 다가올 모든 시대의 교회에도 전해야 할 말씀이라는 말입니다. 사도 요한이 살고 있었던 당시로부터 이 마지막 나팔이 울릴 때까지의 모든 인류에게 전해야 할 복음이라는 것입니다. 그러므로 마지막 일곱째 나팔이 울리기 전에 사도 요한에게 작은 책을 주어 먹게 한 것입니다. 그러나 그 복음의 말씀이 입에서는 달지만 배에서는 쓰다는 말씀은 사람들이 하나님의 말씀을 듣고 배울 때는 달콤하고 감동스럽게 여겨지지만 실제의 일상생활에서 그 말씀을 소화시켜서 실천하는 것은 쉽지 않고 쓰디쓴 고통이 따른다는 것을 의미하는 것입니다.

10:11) 저가 내게 말하기를 네가[사도 요한] 많은 백성과 나라와 방언과 임금에게 다시 예언하여야 하리라 하더라

그러므로 사도 요한은 지금 영으로 천국에 끌려 올라와서 먼 미래에 될 일을 보고 있지만 이일을 다 보고 난 후에는 다시 지상으로 내려가서 그 마지막 나팔이 울리기 직전까지 이 복음이 오대양 육대주에 전파되도록 전 세계에 사는 수 많은 민족들과 나라들과 방언들과 왕들에게 다시 이 예언의 복음을 전파해야 한다는 하나님의 명령입니다. 다시 말해서 사도 요한의 때로부터 마지막 때까지 복음을 온 세상 모든 민족에게 전파하는 것이 신약 시대의 교회에 주신 사명이라는 말씀입니다. 온 세상 땅끝까지 나가서 모든

민족들에게 국경을 초월하여 언어를 초월하여 이 생명의 복음을 전파하라는 것이 교회들에게 주어진 사명이라는 말입니다. 바로 오늘 우리에게 주신 사명입니다. 앞서간 우리의 신앙의 선배들이 먼데 사는 우리에게 지금까지 복음을 전해주어서 오늘 우리가 주의 백성이 되었고 우리도 마지막 때까지 이 받은 복음을 다른 사람들에게 다른 민족들에게 전해 줄 의무가 있는 것입니다. 이것이 오늘날 우리 교회들이 받은 사명입니다.

11장

〈두 증인들의 사역〉

1또 내게 지팡이 같은 갈대를 주며 말하기를 일어나서 **하나님의 성전과 제단과 그 안에서 경배하는 자들을 척량하되** 2성전 밖 마당은 척량하지 말고 그냥 두라 이것을 이방인에게 주었은즉 **저희가 거룩한 성을 마흔 두달 동안 짓밟으리라** 3내가 나의 두 증인에게 권세를 주리니 저희가 굵은 베옷을 입고 일천 이백 육십 일을 예언하리라 4이는 이 땅의 주 앞에 섰는 두 감람나무와 두 촛대니 5만일 누구든지 저희를 해하고자 한즉 저희 입에서 불이 나서 그 원수를 소멸할찌니 누구든지 해하려 하면 반드시 이와 같이 죽임을 당하리라 6저희가 권세를 가지고 하늘을 닫아 그 예언을 하는 날 동안 비 오지 못하게 하고 또 권세를 가지고 물을 변하여 피 되게 하고 아무 때든지 원하는 대로 여러가지 재앙으로 땅을 치리로다 7저희가 그 증거를 마칠 때에 무저갱으로부터 올라오는 짐승이 저희로 더불어 전쟁을 일으켜 저희를 이기고 저희를 죽일터인즉 8저희 시체가 큰 성길에 있으리니 **그 성은 영적으로 하면 소돔이라고도 하고 애굽이라고도 하니 곧 저희 주께서 십자가에 못 박히신 곳이니라** 9백성들과 족속과 방언과 나라 중에서 사람들이 그 **시체를 사흘 반 동안을 목도하며 무덤에 장사하지 못하게 하리로다** 10이 두 선지자가 땅에 거하는 자들을 괴롭게 한고로 땅에 거하는 자들이 저희의 죽음을 즐거워하고 기뻐하여 서로 예물을 보내리라 하더라 11삼일 반 후에 하나님께로부터 생기가 저희 속에 들어가매 **저희가 발로 일어서니 구경하는 자들이 크게 두려워하더라** 12하늘로부터 큰 음성이 있어 이리로 올라오라 함을 저희가 듣고 구름을 타고 하늘로 올라가니 저희 원수들도 구경하더라 13그 시에 큰 지진이 나서 성 십분의 일이 무너지고 지진에 죽은 사람이 칠천이라 그 남은 자들이 두려워하여 영광을 하늘의 하나님께 돌리더라 14둘째 화는 지나갔으나 보라 세째 화가 속히 이르는도다 15일곱 **째 천사가 나팔을 불매 하늘에 큰 음성들이 나서 가로되 세상 나라가 우리 주와 그 그리스도의 나라가 되어 그가 세세토록 왕노릇 하시리로다** 하니 16하나님 앞에 자기 보좌에 앉은 이십 사 장로들이 엎드려 얼굴을 대고 하나님께 경배하여 17가로되 감사하옵나니 옛적에도 계셨고 시방도 계신 주 하나님 곧 전능하신이여 친히 큰 권능을 잡으시고 왕노릇 하시도다 18이방들이 분노하매 주의 진노가 임하여 죽은 자를 심판하시며 종 선지자들과 성도들과 또 무론대소하고 주의 이름을 경외하는 자들에게 상 주시며 또 땅을 망하게 하는 자들을 멸망시키실 때로소이다 하더라 19이에 하늘에 있는 하나님의 성전이 열리니 성전 안에 하나님의 언약궤가 보이며 또 번개와 음성들과 뇌성과 지진과 큰 우박이 있더라〈계11:1-19〉

여기 11장에서는 대환란의 시작 때부터 성도의 휴거 때까지 대환란의 기간 중에 교회의 사명에 대하여 기록하고 있습니다. 먼저 1절과 2절을 보겠습니다.

성전과 제단과 그 안에서 경배하는 자들

11:1) 또 내게 지팡이 같은 갈대를 주며 말하기를 일어나서 하나님의 성전과 제단과 그 안에서 경배하는 자들을 측량하되

2) 성전 밖 마당은 측량하지 말고 그냥 두라 이것을 이방인에게 주었은즉 저희가 거룩한 성을 마흔 두 달 동안 짓밟으리라

성전과 제단과 그 안에서 경배하는 자들의 정체는 누구입니까? 이것을 알기 위해서는 성전 안에 있는 사람들과 성전 밖에 있는 사람들을 구별하고 있음에 주목해야 합니다. 또한 성전 밖 마당은 측량하지 말고 이방인에게 주었다는 것과 이방인이 거룩한 성 즉 예루살렘을 마흔 두달 동안 짓밟으리라는 말을 보면 여기 성전 안에서 경배하는 자들은 이스라엘 사람들임을 알수 있습니다. 예루살렘은 이미 예수님께서 땅에 계실 때에 이방인의 때가 차기까지 이방인들에게 내어준 바 되었습니다. 24) 저희가 칼날에 죽임을 당하며 모든 이방에 사로잡혀 가겠고 **예루살렘은 이방인의 때가 차기까지 이방인들에게 밟히리라**〈눅21:24〉 대환란의 끝에 예수님께서 재림하시기 전까지는 아직 이방인의 수가 차지 않았기 때문에 대환란 마흔 두달 동안에도 계속 이방인들에게 짓밟히게 되어있는 것입니다. 그러면 측량하지 않은 성전 밖은 이방인에게 주어 마흔 두 달 동안 그들에게 짓밟힌다고 하였고 성전 안에서 경배하는 자들은 측량하라고 하였으니 이는 성전 안에서 경배하는 자들은 이방인들에게 짓밟히지 않게 하나님께서 특별히 보호하신다는 의미가 됩니다. 그러니까 성전 안에서 경배하는 자들이란 이스라엘 백성들 중에서 메시야로 오신 예수님을 믿고 예배하는 이스라엘의 남은 자 즉 그루터기를 말하는 것입니다. 그러면 그들이 누구이겠습니까? 이스라엘 백성들 중에서 예수님을 메시야[그리스도]

로 믿고 구원받은 사람들은 모두 성령으로 인침을 받은 참 성도들입니다. 그러니까 성전과 제단과 그 안에서 경배하는 자들을 측량하라는 말은 대환란 직전 당시에 예수님을 메시야로 믿고 있는 구원받은 이스라엘 성도들 즉 그루터기를 의미하는 것입니다. 그들의 수가 이스라엘의 각지파에서 12000명씩 성령으로 인침을 받은 12지파의 14만 4천명이라는 말입니다. 그들을 대환란 중에서 특별히 보호하기 위하여 따로 구별하라는 의미입니다. 그러나 '성전 밖 마당은 측량하지 말고 그냥 두라 이것을 이방인에게 주었은즉 저희가 거룩한 성을 마흔 두달 동안 짓밟으리라'라는 말은 14만 4천에 들어오지 못한 이스라엘 사람들 즉 그루터기를 제외한 나머지 이스라엘 백성들을 의미하는 것입니다. 그러니까 이스라엘 사람들이라고 해서 다 구원을 받는 것이 아닙니다. 로마서 9장 27절을 보십시오. 27또 이사야가 **이스라엘에 관하여 외치되 이스라엘 뭇자손의 수가 비록 바다의 모래 같을찌라도 남은 자[그루터기]만 구원을 얻으리니** 〈롬9:27〉 이스라엘 사람들이라고 해서 다 구원을 받는 것이 아니고 오직 예수님을 메시야로 믿는 믿음을 가진 사람들만 구원을 받게 되는 것입니다. 대환란 때에 예루살렘에서 피할 자가 누구인지를 요엘서에서 잘 말씀해주고 있습니다. 즉 남은 자 중에서 여호와의 이름을 불러 구원받은 사람들이 바로 대환란 때에 예루살렘에서 피할 자가 되는 것입니다. [31여호와의 크고 두려운 날이 이르기 전에 **해가 어두워지고 달이 핏빛 같이 변하려니와 32누구든지 여호와의 이름을 부르는 자는 구원을 얻으리니** 이는 나 여호와의 말대로 시온산과 예루살렘에서 피할 자가 있을 것임이요 남은 자 중에 나 여호와의 부름을 받을 자가 있을 것임이니라 〈요엘서 2:31-32〉]

이스라엘 백성들이 다 구원을 얻지 못하고 오직 예수님을 메시야로 믿은 남은 자만 구원을 얻게되는 것은 이스라엘 사람들이 율법의 의를 좇아갔기 때문입니다. 30그런즉 우리가 무슨 말 하리요 의를 좇지 아니한 이방인들이 의를 얻었으니 곧 믿음에서 난 의요 31**의의 법을 좇아간 이스라엘은 법에 이르지 못하였으니 32어찌 그러하뇨 이는 저희가 믿음에 의지하지 않고 행위에 의지함이라** 부딪힐 돌에 부딪혔느니라〈롬9:30-32〉 그리하여 율법의 의를 좇아간 참감람나무로 비유된 이스라엘은 꺾어져서 버림을 받아 오직 그 그루터기만 남았고 돌감람나무로 비유된 이방인 성도들이 그 그루터기에 접붙임이 되어 이스라엘의 남은자[그루터기]와 이방인 성도들이 구원을 받아 성령의 인침을 받게 된 것입니다. 로마서 11장 17절을 보십시오. 17또한 **가지 얼마가 꺾어졌는데 돌감람나무인 네가 그들 중에 접붙임이 되어**

참감람나무 뿌리의 진액을 함께 받는 자 되었은즉〈롬11:17〉 그러므로 아무리 참감람나무로 비유된 이스라엘이 꺾임을 당하고 다 버림을 당한 것같아도 하나님을 위하여 남겨두신 그루터기로 남은 자가 있어서 그들이 마지막 날에 구원을 받게되는 것입니다. 로마서 11장 4-5절을 보시기 바랍니다. 4저에게 하신 대답이 무엇이뇨 **내가 나를 위하여 바알에게 무릎을 꿇지 아니한 사람 칠천을 남겨 두었다** 하셨으니 5 그런즉 **이와 같이 이제도 은혜로 택하심을 따라 남은 자가 있느니라** 〈롬11:4-5〉 그들이 바로 대환란 전에 인침을 받은 이스라엘의 14만 4천명입니다. 그러니까 이 14만 4천이 바로 대환란 직전의 유대인 교회인 것입니다. 그러면 성전 밖의 마당은 측량하지 말고 이방인에게 마흔 두달 동안 짓밟게 하라는 의미는 무엇입니까? 그것은 당연히 14만 4천에 들어오지 못한 이스라엘 백성들을 의미하는 것입니다. 그들은 예수님을 메시야로 믿지 않고 거부한 이스라엘 사람들로서 꺾여져서 버려진 참 감람나무입니다. 그들은 벌써 예수님 초림하실 때부터 버려져왔고 예수님이 재림하시는 이방인의 때가 찰 때까지 계속 버려질 것입니다. 그러므로 그들은 당연히 대환란 기간인 마흔 두달 동안 이방인들에게 짓밟히게 될 것입니다. 예루살렘을 공격하려고 온 세상 만국의 군대들을 재림하신 예수님께서 멸하시는 것을 볼 때에 그들은 비로소 예수님을 메시야로 알아보고 통회자복하게 될 것입니다. 스가랴서 12장 2-3, 9-10절을 보십시오. 2보라 내가 예루살렘으로 그 사면 국민에게 혼취케 하는 잔이 되게 할 것이라 예루살렘이 에워싸일 때에 유다에까지 미치리라 3그 날에는 내가 예루살렘으로 모든 국민에게 무거운 돌이 되게 하리니 무릇 그것을 드는 자는 크게 상할 것이라 천하 만국이 그것을 치려고 모이리라… 9**예루살렘을 치러 오는 열국을 그 날에 내가 멸하기를 힘쓰리라. 10내가 다윗의 집과 예루살렘 거민에게 은총과 간구하는 심령을 부어 주리니 그들이 그 찌른바 그를 바라보고 그를 위하여 애통하기를 독자를 위하여 애통하듯 하며 그를 위하여 통곡하기를 장자를 위하여 통곡하듯 하리로다** 〈슥12:2, 3, 9, 10〉

14만 4천을 제외한 이스라엘 사람들은 이방인의 충만한 수가 들어오기까지는 대환란 기간 마흔 두달 동안에도 이방인들에게 짓밟히다가 재림하신 예수님께서 시온 산에 서실 때에 이스라엘 백성의 죄악을 돌이키게 하실 것입니다. 그리하여 14만 4천에 들지 못했던 이스라엘 사람들은 마지막 예수님의 재림 때까지 대환란을 겪다가 자기들을 치러온 만국의 군대를 물리치시는 재림하신 예수님을 볼 때에 예수님을 자기들이 십자가에서 죽였던 메시야로 알아보고 통회자복하고 주님께 돌아올 것입니다. 이것이 바로 택한 백성 이스라엘에 대한 하나님의 비밀입니다. 25형제들아 너희가 스스로 지혜 있다 함을 면키 위하여 이 비밀을 너희가 모르기를 내가 원치 아니하노니 **이 비밀은 이방인의 충만한 수가 들어오기까지 이스라엘의 더러는 완악하게 된 것이라. 26그리하여 온 이스라엘이 구원을 얻으리라 기록된바 구원자가 시온에서 오사 야곱에게서 경건치 않은 것을 돌이키시겠고**〈롬 11:25-26〉

두 증인들

11:3) 내가 나의 두 증인에게 권세를 주리니 저희가 굵은 베옷을 입고 일천 이백 육십일을 예언하리라 4) 이는 이 땅의 주 앞에 섰는 두 감람 나무와 두 촛대니

그러면 여기 두 증인들의 정체는 누구입니까? 여기 두 증인들에게 권세를 주셔서 그들이 굵은 베옷을 입고 1260일을 예언하겠다고 하였습니다. 1260일은 마흔 두 달 즉 3년 반의 대환란 기간을 의미합니다. 여기 '두 증인'에 대하여 대부분의 주석가들은 하나님으로부터 특별한 능력을 받은 두 사람의 개인이 대환란 기간에 활동하는 것이라고 자기들의 상상을 사용하여 해석하고 있습니다. 그러니까 성경을 이렇게 배운 평신도들은 혹시 한국에서 유명한 아무개 목사님이?... 혹시 미국에서 명한 아무개 목사님 같은 분이 그 두 증인일까? 또 어떤 분들은 자기 아들들이 그 두 증인 중에 한 사람이 되게 해달고 기도하기도 합니다. 그러나 그 말씀을 인간의 생각이나 상상으로 해석하지 말고 성경을 여러 번 자세히 읽어보고 그 짝을 찾아보면 아주 쉽고 분명하게 그 두 증인들이 누구인지 깨닫게 됩니다. 요한계시록 11장 3절에 보시면 이 두 증인은 두 감람나무와 두 촛대라고 하였습니다. '3) 내가 나의 두 증인에게 권세를 주리니 저희가 굵은 베옷을 입고 **일천 이백 육십일을 예언하리라 4) 이는 이 땅의 주 앞에 섰는 두 감람 나무와 두 촛대니**' 두고감람나무는 로마서 11장 17-24절에서 밝히고 있습니다. 즉 하나님께서 택하셔서 구원의 복음을 땅 끝 모든 백성들에게 전할 사명을 주신 이스라엘 백성을 참감람나무로 표현하고 있습니다. 그러나 그들이 복음전할 사명을 감당치 않고 불순종함으로써 하나님이 참감람나무로 비유된 이스라엘을 꺾어 버리시고 이방인을 택하여 참감람나무의 그루터기에 접목시킨 신약시대의 이방인 교회를 돌감람나무라고 표현하고 있습니다. 참감람나무인 이스라엘 백성들 중에서 예수님

을 메시야로 믿는 참 믿음을 지켜서 꺾이지않고 남은 사람들이 그루터기입니다. 로마서 9장 27-28절을 보면 믿음을 지킨 남은 자[그루터기]들만 구원을 얻을 것이라고 하였습니다.[27또 이사야가 이스라엘에 관하여 외치되 **이스라엘 뭇자손의 수가 비록 바다의 모래 같을찌라도 남은 자만 구원을 얻으리니 28주께서 땅 위에서 그 말씀을 이루사 필하시고 끝내시리라** 하셨느니라(롬9:27-28)] 그러므로 여기 두 감람나무는 그루터기로 남아서 예수 그리스도를 구주로 영접한 유대인교회와 그 그루터기에 접목된 이방인 교회인 것을 알 수 있게 됩니다. 즉 두 증인이란 14만 4천명의 유대인 교회와 이방인 교회를 의미하는 것입니다. 유대인 교회와 이방인 교회는 모두 성령으로 인침을 받은 하나님의 사람들입니다.

그리고 이 두 증인들이 교회라는 것을 더욱 확실하게 확증하려면 짝을 더 찾아 보아야 합니다. 즉 또 이 두 증인들을 두 촛대라고 하였는데 요한계시록 1장 20 절을 보시면 '<u>일곱 촛대는 일곱 교회</u>'라고 기록하고 있습니다. 즉 이 두 촛대는 두 교회 즉 이스라엘 교회와 이방인 교회를 나타내는 것임을 금방 알 수 있게 됩니다. 그런데 이 두증이 권세를 받고 1260일 동안 즉 3년 반 동안 대환란 기간에 예언한다고 하였으니 그 뜻을 바로 깨닫기 위해서는 인간의 생각이나 상상을 가지고 해석하지 말고 그의 짝이 되는 말씀을 또 찾아보아야 합니다. 초대교회 시대에는 초대교회의 사도들을 비롯한 영적 지도자들이 초자연적인 능력을 행하면서 복음을 전파했던 것처럼 하나님은 대환란시대의 교회에게도 초대교회에 주셨던 그런 초자연적인 능력을 주셔서 대환란 시대의 성도들은 초자연적인 능력을 행하면서 회개의 복음을 전파하게 될 것입니다. 이것이 바로 두 증인들이 굵은 베옷을 입고 1260 일 동안을 예언한다는 뜻입니다. 사도행전을 보면 바로 이때에 성도들이 초자연적인 능력을 가지고 예언할 것이 기록되었습니다;16이는 곧 선지자 요엘로 말씀하신 것이니 일렀으되 17하나님이 가라사대 **말세에 내가 내 영으로 모든 육체에게 부어 주리니 너희의 자녀들은 예언할 것이요 너희의 젊은이들은 환상을 보고 너희의 늙은이들은 꿈을 꾸리라 18 그 때에 내가 내 영으로 내 남종과 여종들에게 부어 주리니 저희가 예언할 것이요 19또 내가 위로 하늘에서는 기사와 아래로 땅에서는 징조를 베풀리니 곧 피와 불과 연기로다 20주의 크고 영화로운 날이 이르기 전에 해가 변하여 어두워지고 달이 변하여 피가 되리라**[행2:16-20]

17절에 **말세**라고 하였는데 이 기간이 어떤 때인지를 20절에 보면 분명하게 명시되어 있습니다. '주의 크고 영화로운 날이 이르기 전에'라는 말은 '주님의 영광스런 재림의 날이 이르기 전에'라는 뜻으로서 주님의 재림 직전에 해가 변하여 어두워지고 달이 변하여 피가 되고 성경에 예언된 대로 하늘에서는 기사와 땅에서는 징조가 이루어지는 때입니다. 그러니까 대환란이 시작된 때부터 해와 달이 변하여 피로 변할 때까지 마흔 두달 동안 즉 3년 반 동안의 대환란 기간을 의미하는 것입니다. 이 1260일 동안 두 증인 즉 유대인 교회와 이방인 교회의 성도들이 담대하게 예언하며 말씀을 전파할 것입니다. 그 때에는 하나님의 영을 남종들과 여종들에게 부어주어 1260일 동안 예언할 것입니다. 젊은이들이 환상을 보고 늙은이들이 꿈으로 계시를 받게 되어 강하고 담대하고 그 무서운 핍박과 환란 중에서도 굴하지 않고 복음을 전파할 것입니다.

결국 이 두 증인들은 대환란 시대의 복음을 증거하는 교회의 지도자들과 성도들임에 틀림없습니다. 초대교회 시대처럼 대환란의 시대에도 많은 성도들이 초대교회의 사도들과 스테반처럼 성령의 능력을 힘입어 복음전선에서 생명을 아끼지 않고 복음을 전파하다가 사람들에게 잡혀 대환란의 도중에 순교를 당할 것입니다. 요한계시록 13장 8-10절을 보시면 여기에서도 대환란 중에 성도들이 짐승에게 잡혀 포로가 되거나 죽게된다는 것이 기록되어 있습니다. 그러므로 성도들은 순교를 각오하는 인내와 믿음으로 대환란에서 선한 싸움을 싸워야 하는 것입니다. 대환란 전에 성도들은 다 휴거한다는 기록은 성경 어디에서도 찾아볼 수 없는 세대주의 신학의 잘못된 이론입니다. 8죽임을 당한 어린 양의 생명책에 창세 이후로 녹명되지 못하고 이 땅에 사는 자들은 다 짐승에게 경배하리라 9누구든지 귀가 있거든 들을찌어다 10사로잡히게 될 자는 사로잡힐 것이요 칼로 죽임을 당하게 될 자는 칼에 죽으리니 성도들의 인내와 믿음이 여기 있느니라"/ NIV 번역; If anyone is to go into captivity, into captivity he will go. If anyone is to be killed with the sword, with the sword he will be killed. This calls for patient endurance and faithfulness on the part of the saints.〈계13:8-10)] 또 요한계시록 6장 8-11절에서도 성도들이 복음을 증거하다가 짐승에게 죽임을 당하여 순교할 것을 분명하게 보여주고 있습니다. 8내가 보매 청황색 말이 나오는데 그 탄 자의 이름은 사망이니 음부가 그 뒤를 따르더라 저희가 땅 사분 일의 권세를 얻어 검과 흉년과 사망과 땅의 짐승으로써 죽이더라 9다섯째 인을 떼실 때에 내가 보니 하나님의 말씀과 저희의 가진 증거를 인하여 죽임을 당한 영혼들이 제단 아래 있어 10큰 소리로 불러 가로되 거룩하고 참되신 대주재여 **땅에 거하는 자들을 심판하여 우리 피를 신원하여 주지 아니하시기를 어느 때까지 하시려나이까 하니** 11각각 저희에게 흰 두루마기를 주시며 **가라사대 아직 잠시 동안 쉬되 저희 동무 종들과 형제들도 자기처럼 죽임을 받아 그 수가 차기까지 하라 하시더라 〈계6:8-11〉**

다니엘서 12장 1절에서도 대환란에 대하여 언급하면서 7절에서는 대환란의 끝인 한 때와 두 때와 반 때가 지나면 성도의 권세가 다 깨어질 것이라고 예고하면서 그 때가 되면 이 모든 일이 끝난다고 하였습니다. 즉 성도들은 주님의 재림과 함께 부활휴거하여 이 땅 위에서의 죄인이었던 인생을 모두 끝내는 시점이기 때문입니다. 7내가 들은즉 그 세마포 옷을 입고 강물 위에 있는 자가 그 좌우 손을 들어 하늘을 향하여 영생하시는 자를 가리켜 맹세하여 가로되 **반드시 한때 두 때 반때를 지나서 성도의 권세가 다 깨어지기까지니** 그렇게 되면 이 모든 일이 다 끝나리라 하더라〈단 12:7〉 그래서 예수님도 마태복음 24장 7-9절에서 대환란에 대하여 말씀하시면서 성도들이 죽임을 당할 것이라고 분명하게 말씀해주셨습니다. 환란 전에 성도들은 다 휴거하여 대환란을 면하게 된다는 세대주의 신학을 믿지 마시기 바랍니다. 담대한 믿음을 가지고 순교할 각오로 대환란을 겪어야 할 것입니다. 7민족이 민족을, 나라가 나라를 대적하여 일어나겠고 처처에 기근과 지진이 있으리니 8이 모든 것이 재난의 시작이니라 9**그 때에 사람들이 너희를 환난에 넘겨주겠으며 너희를 죽이리니 너희가 내 이름을 위하여 모든 민족에게 미움을 받으리라**〈마24:7-9〉

그러나 두 증인들이 1260일 동안의 증거기간이 다 끝나서 이제 순교를 당할 자는 다 순교를 당하고 옥에 갇힐 자는 다 옥에 갇히므로서 성도들의 권세가 다 깨어질 때에 사탄에 속한 세상 사람들은 자기들이 승리한 줄을 알고 축제하면서 잔치를 벌였습니다. 그러나 대환란 때에 성도들이 옥에 갇히거나 순교당하여 세상 사람들이 보기에는 다 망한 것처럼 보이지만 하나님께는 그렇지 않습니다. 바로 성도들이 1260일 동안의 복음증거를 마치고 죽임을 당한 지 삼일 반 후에는 휴거가 있게 되는 것입니다. 그러니까 1260일 즉 한 때와 두 때와 반 때 즉 한 이레의 절반 동안의 대환란이 끝나는 시점에 즉 칠십 이레의 끝에 지극히 거룩한 자가 왕으로 기름부음을 받는다고 하였습니다. 즉 예수님이 왕으로 재림하시게 되는 시점에 두 증인들 즉 성도들의 부활과 휴거가 있게 되는 것입니다. 그러므로 이 두 증인들이 하늘로 올라 가는 것이 바로 성도들의 휴거가 되는 것입니다. 주님의 재림은 여섯째 인을 뗄 때에 일어나는 마지막 재앙들이 있은 후에 다시 말해서 해와 달이 어두워지는 무서운 재앙들이 있은 후에 일어날 사건입니다. 그래서 일곱째 인을 뗄 때에 일곱 나팔들이 차례대로 울릴 때에 해와 달이 어두워지는 재앙 후에 마지막 일곱째 나팔이 울리면 예수님이 재림하시게되고 성도들은 부활 휴거하게 되는 것입니다. **(11)삼일 반 후에 하나님께로부터 생기가 저희 속에 들어가매** 저희가 발로 일어서니 구경하는 자들이 크게 두려워하더라 **(12)하늘로부터 큰 음성이 있어 이리로 올라 오라 함을 저희가 듣고 구름을 타고 하늘로 올라가니 저희 원수들도 구경하더라** 예수님도 마태복음 24장에서 대환란에 대하여 말씀하시면서 주님의 재림과 성도들의 휴거가 해와 달이 어두워지는 재앙 후에 있을 것이라고 분명하게 말씀해주셨습니다. 마태복음 24장 27절부터 보십시오.; 27번개가 동편에서 나서 서편까지 번쩍임 같이 **인자의 임함도 그러하리라** 28주검이 있는 곳에는 독수리들이 모일찌니라 29그 날 환난 후[1260일 후]에 즉시 해가 어두워지며 달이 빛을 내지 아니하며 별들이 하늘에서 떨어지며 하늘의 권능들이 흔들리리라 30그 때에 인자의 징조가 하늘에서 보이겠고 그 때에 땅의 모든 족속들이 통곡하며 그들이 인자가 구름을 타고 능력과 큰 영광으로 오는 것[주님의 재림]을 보리라 31저가 큰 나팔소리와 함께 천사들을 보내리니 저희가 **그 택하신 자들을 하늘 이 끝에서 저 끝까지 사방에서 모으리라[성도들의 휴거]**〈마24:27~31〉 여기서도 주님의 재림과 성도들의 휴거가 해와 달이 어두워지는 사건이 있은 후에, 즉 여섯째 인 재앙의 끝에서 언급한 해와 달이 어두워지는 사건이 있은 후에 주의 재림과 성도들의 휴거가 있을 것임을 보여주고 있습니다. 이상에서 살펴본대로 대환란 중에 성도들 중에는 죽임을 당할 자들도 있지만 성도들 모두가 다 순교당하는 것은 아닙니다. 요한 계시록 13장 10절을 보시면 성도들 중에는 죽지않고 사로 잡혀서 옥게 간힐 자들도 있습니다. '사로 잡힐 자는 사로잡히고 칼로 죽임을 당할 자는 칼로 죽임을 당할 것이니 성도들의 인내와 믿음이 여기 있느니라.'[계13:10 NIV 번역 ; If anyone is to go into captivity, into captivity he will go. If anyone is to be killed with the sword, with the sword he will be killed. This calls for patient endurance and faithfulness on the part of the saints.]

그러나 대환란 도중에 죽지 않고 1260일의 끝까지 복음을 전하는 성도들도 많이 있는데 그사람들은 특별히 초능력을 받았기 때문입니다. 5절과 6

절을 보십시오. 11:5) 만일 누구든지 저희를 해하고자 한즉 저희 입에서 불이 나서 그 원수를 소멸할찌니 누구든지 그들을 해하려 하면 반드시 이와같이 죽임을 당하리라 6) 저희가 권세를 가지고 하늘을 닫아 그 예언을 하는 날 동안 비오지 못하게 하고 또 권세를 가지고 물을 변하여 피되게 하고 아무 때든지 원하는 대로 여러 가지 재앙으로 땅을 치리로다 여기서 우리는 초대교회의 사도들과 평신도들이 성령이 주시는 많은 기적을 행하는 능력을 가지고 교회를 시작하였던 것같이 교회의 마지막 시대인 대환란의 기간에도 교회의 지도자들과 평신도들이 하나님의 크신 능력을 받아 복음전파사역을 감당하게 될 것임을 알 수 있습니다.[28그 후에 내가 내 신을 만민에게 부어 주리니 너희 자녀들이 장래 일을 말할 것이며 너희 늙은이는 꿈을 꾸며 너희 젊은이는 이상을 볼 것이며 29그 때에 내가 또 내 신으로 남종과 여종에게 부어 줄 것이며 30내가 이적을 하늘과 땅에 베풀리니 곧 피와 불과 연기 기둥이라 31여호와의 크고 두려운 날이 이르기 전에 해가 어두워지고 달이 핏빛 같이 변하려니와 32누구든지 여호와의 이름을 부르는 자는 구원을 얻으리니 이는 나 여호와의 말대로 시온산과 예루살렘에서 피할 자가 있을 것임이요 남은 자 중에 나 여호와의 부름을 받을 자가 있을 것임이니라 〈요엘서 2:28-32)] 그러나 여기 초자연적인 능력을 행하며 복음을 증거하여 3 년 반의 끝인 1260 일까지 복음을 증거 할 수 있었던 성도들도 역시 앞서간 복음 전도자들과 같이 순교로 끝을 맺습니다. 7절을 보십시오. 11:7) 저희가 그 증거를 마칠 때에 무저갱으로부터 올라오는 짐승이 저희로 더불어 전쟁을 일으켜 저희를 이기고 저희를 죽일 터인즉 8) 저희 시체가 큰 성 길에 있으리니 그 성은 영적으로 하면 소돔이라고도 하고 애굽이라고도 하니 곧 저희 주께서 십자가에 못 박히신 곳이니라 9) 백성들과 족속과 방언과 나라 중에서 사람들이 그 시체를 사흘 반 동안을 목도하며 무덤에 장사하지 못하게 하리로다 10) 이 두 선지자가 땅에 거하는 자들을 괴롭게 한고로 땅에 거하는 자들이 저희 죽음을 즐거워하고 기뻐하여 서로 예물을 보내리라 하더라

마지막 순간까지 남아서 복음을 증거 했던 최후의 복음의 용사들이 쓰러짐으로써 하나님의 백성의 권세가 다 깨어지게 된 것입니다. 그들이 죽은 곳은 큰 성이라고 하였는데 이는 영적으로 소돔과 같고 애굽과 같은 이 죄악 세상 전세계를 의미하는 곳으로서 온 세상의 죄를 위하여 예수께서 일찍이 십자가에 못박히셨던 이 세상을 의미합니다. 불신자들은 능력을 행하던 하나님의 종들이 쓰러지자 기뻐하며 전세계가 축제를 벌입니다. 이제 마지막 남은 교회의 막강한 복음 전도자들까지 다 죽었으므로 세상 사람들은

하나님과의 전쟁에서 이겼다고 생각하고 서로 선물을 보내며 큰 축제를 벌이게 됩니다. 그러나 이런 일이 일어나는 것은 결코 이상한 일이 아닙니다. 다니엘서 12장 6-7절을 보시면 다니엘이 이 대환란의 끝이 언제가 될 것인지에 대하여 물을 때에 다니엘이 들은 대답은 이러하였습니다. 내가 들은즉 그 세마포 옷을 입고 강물 위에 있는 자가 그 좌우 손을 들어 하늘을 향하여 영생하시는 자를 가리켜 맹세하여 가로되 반드시 **한때 두때 반때를 지나서 성도의 권세가 다 깨어지기까지니** 그렇게 되면 이 모든 일이 다 끝나리라 하더라〈단12:7〉

'한때 두때 반때를 지나서 성도의 권세가 다 깨어지기까지니 그렇게 되면 이 모든 일이 다 끝나리라 하더라.' 즉 3년 반인 마흔 두달 즉 1260일이 지나면 대환란시대에 선지자로서 복음전도자로서 목숨을 걸고 담대하게 복음을 증거했던 성도들이 순교를 당하는 것입니다. 이 두 증인들 중에서 마지막 순간까지 남아서 복음을 증거 했던 최후의 복음의 용사들까지 순교를 당함으로써 교회의 외적인 권세 즉, 성도의 권세가 다 깨어집니다. 한 때와 두 때와 반 때 즉 3 년 반이 다 지났으므로 이제 대환란의 마지막이 되었고 마지막 나팔인 일곱째 나팔만 울리면 성도들은 휴거가 되고 마지막 무서운 일곱 대접 재앙이 온 땅을 뒤덮을 것입니다.

11:11) 삼일 반 후에 하나님께로부터 생기가 저희 속에 들어가매 저희 발로 일어서니 구경하는 자들이 크게 두려워하더라 12) **하늘로부터 큰 음성이 있어 이리로 올라오라 함을 저희가 듣고 구름을 타고 하늘로 올라가니 저희 원수들도 구경하더라** 13) 그 시에 큰 지진이 나서 성 십분의 일이 무너지고 지진에 죽은 사람이 칠천이라 **그 남은 자들이 두려워하여 영광을 하늘의 하나님께 돌리더라** 여기서 보면 두 증인들 즉 성도들이 휴거하는 사건은 세상 사람들이 보는 가운데서 이루어지는 공개적인 사건입니다. 요새 나오는 책이나 영화에 보면 그리스도인들이 갑짜기 보이지 않게 사라지고 그 자리에는 옷만 가지런히 정돈되어 있어서 온 세상 사람들은 무슨 일이 일어났는지 몰라서 혼란에 빠집니다. 그러나 성도의 휴거는 세상 사람들이 보는 가운데 당당하게 이루어질 것입니다. 예수님이 재림하시는 것을 세상의 모든 사람의 눈이 다 볼 수 있는 것처럼 공중으로 재림하신 예수님을 만나러 공중으로 휴거하는 성도들의 찬란한 모습도 온 세상 사람들이 보고 두려워할 것입니다. **그 남은 자들이 두려워하여 영광을 하늘의 하나님께 돌리더라**〈13절〉

14절에 보면 '둘째 화는 지나갔으나 보라 셋째 화가 속히 이르는도다.'라고 기록되어 있습니다. 여기서 14절을 해석하는데 특별한 주의를 기울여야 합니다. 왜냐하면14절은 바로 그 앞에 있는 절들이 두 증인의 죽음과 휴거를 설명한 다음에 나오기 때문에 잘 주의해서 보지 않으면 두 증인의 휴거까지가 둘째 화에 포함되는 것처럼 보이기 때문입니다. 3년 반의 대환란을 기간별로 다시 한번 정리해 보십시오. 즉 3년 반의 대환란 기간은 첫째 인에서부터 여섯째 인까지 모두 여섯 개의 기간으로 나뉘어 집니다. 6장에서는 3년 반의 대환란의 내용을 여섯 기간으로 나누어 그 각 기간의 내용을 대략적으로 간략하게 보여주고 있습니다. 그러니까 여섯째 인을 떼는 기간이 3년 반의 대환란에서 가장 마지막 기간입니다. 대환란 중에서도 이 마지막 기간은 그 재앙이 가장 치열하고 참혹합니다. 그래서 일곱째 인은 여섯째 인을 뗄 때에 대략 보여주었던 내용들을 보다 자세하게 보여주는 것입니다. 8장에 와서 일곱째 인을 떼는데 이 일곱째 인을 뗄 때에 일곱 나팔들이 나옵니다. 다시 말해서 대환란의 마지막 기간에 속하는 여섯째 기간은 그 내용이 가장 참혹하기 때문에 좀더 자세하게 보여주기 위하여 이 기간을 다시 7개의 기간으로 세분하여 나팔이 하나씩 울릴 때 마다 그 상황을 상세하게 보여주는 것입니다.

그런데 9장에서 보면 이 마지막 여섯째의 기간을 또 다시 처음의 네 부분과 나중의 세 부분으로 나누어서 보여주는데 처음 네 부분보다 나중의 세 부분은 더 참혹하여 나중의 세 부분을 세 개의 화를 쏟아 붓는 기간으로 묘사하고 있습니다. 즉 처음 네 개의 나팔이 울릴 때 보다 나중의 세 개의 나팔이 울릴 때가 더 참혹한 기간이 되는 것입니다. 즉 대환란의 마지막으로 갈수록 환란이 점점 더 참혹해진다는 말입니다. 그래서 다섯째 나팔과 여섯째 나팔과 일곱째 나팔을 부는 기간을 세 개의 화가 쏟아지는 기간으로 묘사하고 있는 것입니다.[8장 13절] 그러니까 다섯째 나팔이 울릴 때가 첫째 화의 기간이고 여섯째 나팔이 울릴 때가 둘째 화의 기간이며 일곱째 나팔이 울릴 때가 셋째 화의 기간입니다. 9장 1절부터 11절까지는 첫째 화의 기간[다섯째 나팔]에 있을 내용을 보여주고 있고 9장 13절부터 21절까지는 둘째 화[여섯째 나팔]의 내용을 보여주고 있습니다. 그리고 마지막 재앙인 셋째 화[일곱째 나팔]의 내용은 11장 15절부터 보여주는데 12장부터 14장까지는 다시 괄호로 묶어서 사탄의 정체, 적그리스도의 정체, 거짓 선지자들의 정체, 그리고 성도의 휴거 등을 보여준 다음에 15장과 16장에 가서야 비로소 마지막 재앙인 셋째 화[일곱째 나팔]의 내용을 세밀하게 보여주고 있습니다. 이와 같이 요한 계시록은 사건을 시간적으로 연대적으로 차례차례 보여주다가 중간 중간에 다른 필요한 사건들을 괄호 안에 넣어서 보충 설명하여 주고 있습니다. 요한 계시록에서 어느 부분이 이 괄호 안에 속하는 내용인지를 잘 구별해 낼 수 있어야 우리는 요한 계시록의 비밀을 바로 파악할 수 있을 것입니다.

잘 살펴보면 바로 10장부터 11장 13절까지의 내용도 이 괄호에 속하는 내용입니다. 9장에서 첫째 화와 둘째 화의 내용을 보여준 다음에 11장 15-19절까지 잠깐 셋째 화에 대하여 서론적으로 언급하다가 15장과 16장에 가서야 셋째 화의 내용을 본격적으로 보여줍니다. 그러면 둘째 화와 셋째 화 사이에 있는 10장부터 11장13절까지에 있는 괄호의 내용은 무엇을 보여주는 것입니까? 10장에서는 사도 요한의 때부터 마지막 나팔이 울리기 직전까지 교회의 사명에 대해서 설명하고 있습니다. 그리고 11장 1절부터 13절까지는 특별히 대환란의 시작 때부터 성도의 휴거 때까지 교회의 사명과 교회의 최종 승리에 대해서 보여주고 있는 것입니다. 그러니까 성도들의 휴거를 나타내는 두 증인의 죽음은 1260일째 되는 날에 죽었으니까 둘째 화에 해당하는 사건이고 3일 후에 그들이 부활하여 휴거한 사건은 일곱째 나팔이 울릴 때에 일어난 사건이니까 셋째 화에 해당되는 기간인데도 따로 기록하지 않은 이유는 11장 1절부터 13절까지는 대환란의 시작 때부터 성도의 휴거 때까지 교회의 사명과 교회의 최종 승리에 대해서 설명하려는 것이기 때문입니다.

이점을 명심하면서 아래 도표를 다시 한 번 주의 깊게 살펴 보시기 바랍니다. 두 증인이 1260 일 동안 복음을 전하다가 죽는 기간까지가 두 번째 '화'의 기간입니다. 그들이 죽은 날은 1260일을 다 마친 후에 오게 됩니다. 그러면 대환란의 기간은 한 때와 두 때와 반 때 또는 마흔 두 달 또는 1260일이라고 하였으니까 두 증인이 죽은 날은 사실상 대환란이 끝나는 날이어야 합니다. 다니엘서 12장 7절에 보면 한 때와 두 때와 반 때가 지나서 성도의 권세가 깨어질 것이라고 하였으니까 이는 1260일이 되는 날에 성도의 권세가 깨어진다는 말입니다. 그런데 조금 더 나아가서 다니엘서 12장 11절에 보면 천년왕국 전에 있을 대환란의 날 수가 1290일이 될 것이라고 하였습니다. 그러므로 1260일이 지나고 나서도 30일 간의 환란이 더 있을 것을 보여주는 것입니다. 그린데 실제로 요한 계시록에서도 두 증인이 1260일 되는 날 죽은 후에 대환란이 다 끝나지 않고 두 증인이 죽은 후에 일곱째 나팔이 울릴 때 또 다시 일곱 대접재앙이 쏟아지는 것을 보여주고 있습니다. 마지막 나팔이 울릴 때 주님의 재림과 성도의 휴거가 있을 것이므로 두 증인은 그들이 죽은 날로부터 3일 째 되는 날에 부활하여 휴거하였으니까 1260일에서 3일이 지난 바로 그날에 일곱째 나팔[마지막 나팔]이 울림과 동시에 두 증인이 휴거하였을 것입니다. 다시 말해서 일곱째 나팔이 울리는 때에 성도들 즉 두 증인[교회]은 휴거하게 될 것이고 그와 동시에 이 세상 사람들에게는 일곱대접 재앙이 시작되어 27일 동안 지속될 것임을 보여주는 것입니다. 마지막 나팔이 울린 후에 쏟아질 일곱 대접 환란은 지금까지 3년 반 동안의 대환란 중에서도 가장 치열한 환란이 될 것입니다. 그러나 성도들은 마지막 나팔이 울릴 때에 휴거하게 됨으로 이 무서운 환란을 면제받게 되는 것입니다. 요한 계시록 3장 10절에서 약속하신 말씀이 바로 이것을 염두에 두시고 주신 말씀입니다; '네가 나의 인내의 말씀을 지켰은즉 내가 또한 너를 지키어 시험의 때를 면하게 하리니 이는 장차 온 세상에 임하여 땅에 거하는 자들을 시험할 때라.'〈계3:10〉 세대주의 신학교리는 바로 이부분을 바로 이해하지 못하였기 때문에 요한계시록 3장 10절의 말씀이 대환란 전에 성도들이 부활휴거하여 성도들은 대환란을 면제받는다고 주장하게 된 것입니다.

그러니까 일곱째 나팔은 성도들에게는 부활과 휴거를 위한 승리의 나팔이 될 것이고 이 세상 사람들에게는 셋째 화의 무서운 저주의 나팔인 것입니다. 11장 15절을 보십시오. '**일곱째 천사가 나팔을 불매 하늘에 큰 음성들이 나서 가로되 세상 나라가 우리 주와 그 그리스도의 나라가 되어 그가 세세토록 왕 노릇하시리로다 하니**'라고 기록되어 있습니다. 즉 일곱째 나팔이 울릴 때는 그리스도께서 천년 동안 그의 왕국을 통치하실 왕으로서 재림하시는 것입니다. 그러므로 곧 세상 만국이 다 그리스도 앞에서 무릎을 꿇고 모든 입이 그리스도를 주라고 고백할 천년왕국이 도래하게 될 것입니다. 또 11장 18절을 보십시오. '**이방들이 분노하매 주의 진노가 임하여 죽은 자를 심판하시며 종 선지자들과 성도들과 또 무론대소**

하고 주의 이름을 경외하는 자들에게 상 주시며 또 땅을 망하게 하는 자들을 멸망시키실 때로 소이다 하더라.' 그렇습니다. 일곱째 나팔이 울릴 때에는 성도들은 부활과 휴거로 공중에서 재림의 주님을 만나 영원한 상급을 받는 때이지만 하나님을 믿지 않은 이방인들에게는 주의 분노와 저주를 받아 멸망이 임하게 되는 때입니다. 11장 19절에도 같은 내용이 기록되어 있습니다. 즉 '이에 하늘에 있는 하나님의 성전이 열리니 성전 안에 하나님의 언약궤가 보이며 또 번개와 음성들과 뇌성과 지진과 큰 우박이 있더라.' 일곱째 나팔이 울릴 때에 성도들에게는 하나님의 성전이 열리고 성도의 구원을 약속한 영원한 언약궤가 보이지만 하나님의 십자가 사랑을 거역했던 세상 사람들에게는 크고 무서운 마지막 재앙인 일곱대접에서 쏟아질 번개와 음성들과 뇌성과 지진과 우박들이 보일 것입니다. 15장 1절에 보면 일곱 천사가 이 일곱 재앙을 가지고 있는 것이 보이는데 이 일곱 재앙은 마지막 재앙으로서 이것으로서 하나님의 진노가 모두 마칠 것이라고 하였습니다. 그리고 16장 1절부터 보면 이 일곱 대접이 땅에 쏟아지기 시작하는데 18절에서 20절까지 보면 일곱 대접 중에서 마지막 대접인 일곱째 대접을 쏟으니까 '번개와 음성들과 뇌성과 큰 지진이 있어서 만국이 무너지고 각 섬도 없어지고 산악도 간데 없더라.'고 기록하고 있습니다. 그러므로 이상의 내용을 다시 정리해 보면 두 증인이 죽은 때는 아직 둘째 화의 기간이었고 그들이 죽은지 3 일 반 후에 부활하여 휴거한 때는 이미 마지막 일곱째 나팔이 울린 시점으로서 성도들에게는 부활과 휴거의 승리의 나팔이었지만 이 세상 사람들

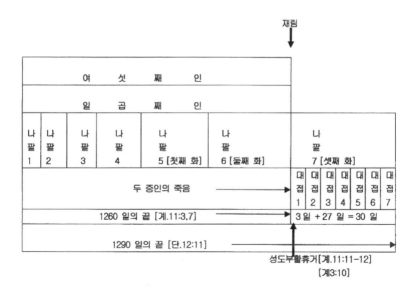

에게는 마지막 재앙인 셋째 화가 시작된 무서운 저주의 시간이라는 것을 알 수 있습니다. 다음 도표를 통하여 주님의 재림과 성도의 휴거 시점을 잘 이해하시기 바랍니다.

이상을 종합해 보면 15절의 일곱째 나팔을 불었을 때가 두 증인들의 시체가 부활하여 휴거한 때이며 이것이 바로 마자막 나팔이 울릴 때 지상의 모든 성도들이 휴거한 것을 의미하는 것입니다. 바로 이때 먼저 아담 이후로 예수 믿고 죽었던 구원받은 모든 성도들의 몸이 신령한 몸으로 부활하여 공중으로 올라가고 그 후에 그 당시 살아서 예수를 믿는 사람들의 몸이 홀연히 신령한 몸으로 변화하여 공중으로 휴거 한 것입니다.[15우리가 주의 말씀으로 너희에게 이것을 말하노니 주 강림하실 때까지 우리 살아 남아 있는 자도 자는 자보다 결단코 앞서지 못하리라 16주께서 호령과 천사장의 소리와 하나님의 나팔로 친히 하늘로 좇아 강림하시리니 그리스도 안에서 죽은 자들이 먼저 일어나고 17그 후에 우리 살아 남은 자도 저희와 함께 구름 속으로 끌어 올려 공중에서 주를 영접하게 하시리니 그리하여 우리가 항상 주와 함께 있으리라 〈살전.4:15-17]

여기서 우리는 교회에 주신 복음전파의 사명이 얼마나 중요한 것인지를 새삼 깨닫게 됩니다. 초대교회 시대인 사도 요한의 시대로부터 심지어는 대환란의 큰 고통과 환란의 마지막 순간까지도 주님의 교회는 죽음을 무릅쓰고 복음을 전파하고 있는 모습을 여기 본문을 통해서 우리는 보았습니다. 복음전파가 얼마나 중대한 사명인지를 우리는 다시 한번 분명히 깨달아야 합니다. '많은 백성과 나라와 방언과 임금에게 다시 예언하여야 하리라.' 라는 말씀과 '두 증인이 굵은 베옷을 입고 일천 이백 육십일을 예언하리라.' 하신 말씀은 오늘 전도하지 않는 우리에게 큰 도전을 줍니다. 인종과 문화와 국가와 언어를 초월해서 세상의 모든 족속에게 복음을 증거하되 주님께서 재림하실 바로 그 직전까지 전파하라는 말씀이며 목숨을 바쳐 복음을 전하라는 주님의 지상 대명령입니다. 오늘 우리는 이런 열심과 각오로 복음을 전하고 있습니까? 우리가 전도의 일에 너무 게으르고 무지한 것은 아닙니까? 대환란이 오기 전 아직은 평화로운 이 시대에 열심을 내서 복음을 전하는 우리 모두가 되어야 하겠습니다.

교회의 지상 대사명

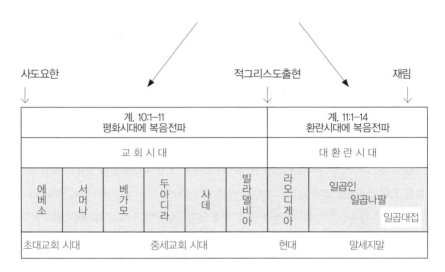

1 2 장

〈큰 붉은 용〉

(1)하늘에 큰 이적이 보이니 **해를 입은 한 여자가 있는데 그 발 아래는 달이 있고 그 머리에는 열 두 별의 면류관을 썼더라** (2)이 여자가 아이를 배어 해산하게 되매 아파서 애써 부르짖더라 (3)하늘에 또 다른 이적이 보이니 보라 **한 큰 붉은 용이 있어 머리가 일곱이요 뿔이 열이라** 그 여러 머리에 일곱 면류관이 있는데 (4)그 꼬리가 하늘 별 삼분의 일을 끌어다가 땅에 던지더라 **용이 해산하려는 여자 앞에서 그가 해산하면 그 아이를 삼키고자 하더니** (5)여자가 아들을 낳으니 이는 장차 철장으로 만국을 다스릴 남자라 그 아이를 하나님 앞과 그 보좌 앞으로 올려가더라 (6)그 여자가 광야로 도망하매 거기서 **일천 이백 육십일 동안 저를 양육하기 위하여 하나님의 예비하신 곳이 있더라** (7)하늘에 전쟁이 있으니 미가엘과 그의 사자들이 용으로 더불어 싸울새 용과 그의 사자들도 싸우나 (8)**이기지 못하여 다시 하늘에서 저희의 있을 곳을 얻지 못한지라** (9)큰 용이 내어 쫓기니 옛 뱀 곧 마귀라고도 하고 사단이라고도 하는 온 천하를 꾀는 자라 땅으로 내어 쫓기니 그의 사자들도 저와 함께 내어 쫓기니라 (10)내가 또 들으니 하늘에 큰 음성이 있어 가로되 **이제 우리 하나님의 구원과 능력과 나라와 또 그의 그리스도의 권세가 이루었으니 우리 형제들을 참소하던 자 곧 우리 하나님 앞에서 밤낮 참소하던 자가 쫓겨 났고** (11)또 여러 형제가 어린 양의 피와 자기의 증거하는 말을 인하여 저를 이기었으니 그들은 죽기까지 자기 생명을 아끼지 아니하였도다 (12)그러므로 하늘과 그 가운데 거하는 자들은 즐거워하라 그러나 땅과 바다는 화 있을진저 이는 마귀가 자기의 때가 얼마 못된 줄을 알므로 크게 분내어 너희에게 내려 갔음이라 하더라 (13)용이 자기가 땅으로 내어쫓긴 것을 보고 남자를 낳은 **여자를 핍박하는지라** (14)그 여자가 큰 독수리의 두 날개를 받아 광야 자기 곳으로 날아가 거기서 그 뱀의 낯을 피하여 한 때와 두 때와 반 때를 양육 받으매 (15)여자의 뒤에서 뱀이 그 입으로 물을 강 같이 토하여 여자를 물에 떠내려 가게 하려 하되 (16)땅이 여자를 도와 그 입을 벌려 용의 입에서 토한 강물을 삼키니 (17)**용이 여자에게 분노하여 돌아가서 그 여자의 남은 자손 곧 하나님의 계명을 지키며 예수의 증거를 가진 자들로 더불어 싸우려고 바다 모래 위에 섰더라.** 〈계.12:1-17〉

12장에서는 큰 붉은 용에 대하여 그가 누구이며 지금까지 어떤 일은 한 자이며 이제 그 마지막이 어떻게 되는 지에 대하여 설명하고 있습니다. 이 큰 붉은 용에 대하여 설명하기 전에 바로 앞에 11장 15절에 보면 일곱째 천사가 나팔을 불었습니다. 즉 마지막 나팔이 울렸습니다. 이 마지막 나팔이 울리는 때 즉 주님이 재림하시는 때에 대하여 지금까지 설명한 것을 다시 한번 간단히 정리해보겠습니다.

일곱째 천사가 마지막 나팔을 불었을 때에 '세상 나라가 우리 주와 그리스도의 나라가 되어 그가 세세토록 왕 노릇하시리로다.' 하는 큰 음성이 하늘에 울려 퍼졌습니다. 드디어 그리스도께서 왕의 왕으로 재림하시기 위하여 마지막 나팔이 울리는 장면입니다. 일곱째 나팔 즉 마지막 나팔이 울릴 때에 비로소 예수님이 왕의 왕으로 재림하신다는 말입니다. 우리가 지금까지 살펴본대로 대환란의 전에 마지막 나팔이 울렸다는 말씀이 없었습니다. 그러니까 대환란의 전에 예수님이 재림하시는 것이 아닙니다. 일곱째 나팔이 울릴 때 그러니까 마지막 나팔이 울릴 때에 주님이 왕의 왕으로 재림하시고 그 때에 성도들이 부활 휴거하는 것입니다. 그리고 이 세상 나라는 마침내 사탄의 통치에서 벗어나 우리 주와 그리스도의 나라가 되는 것입니다. 일곱째 나팔이 울린 것은 성도의 권세가 완전히 끝나는 1260 일이 지난 다음 그러니까 둘째 화[여섯째 나팔]가 지나고 이제 셋째 화[일곱째 나팔]가 시작된 때입니다. 두 증인이 1260 일 동안 복음을 전하다가 죽은 때가 바로 두 번째 '화'의 기간이 끝나는 시간이었습니다. 그러므로 그들이 죽은지 3 일 반 후에 일어난 부활사건은 이미 세 번째 화의 기간이 시작된 기간에 발생한 것으로서 셋째 화 즉, 마지막 나팔인 일곱째 나팔이 울릴 때 두 증인의 부활사건이 발생한 것입니다. 그러므로 15절에 나오는 일곱째 나팔[마지막 나팔]이 울린 후에 두 증인들[유대인 교회와 이방인 교회]의 시체가 부활하여 휴거 할 때가 바로 지상의 모든 성도들이 휴거하는 때입니다. 먼저 예수 믿고 죽었던 모든 성도들의 몸이 신령한 몸으로 부활하여 공중으로 올라가고 그 후에 대환란 당시에 살아서 예수를 믿는 사람들의 몸이 홀연히 신령한 몸으로 변화하여 공중으로 휴거 하는 것입니다. 14장 1절에 보면 어린양이 시온 산에 섰고 그와 함께 십사만 사천이 서있는 것을 볼 수 있습니다. 이것이 바로 휴거한 성도들이 공중으로 재림하신 주님과 함께 있는 모습입니다. 그러나 14장 1절에서 성도의 휴거를 좀 더 자세히 설명하기 전에 먼저 11장 15절부터 13장까지를 괄호로 묶어 사탄과 적그리스도와 거짓 선지자의 정체에 대하여 설명하고 있는 것입니다.

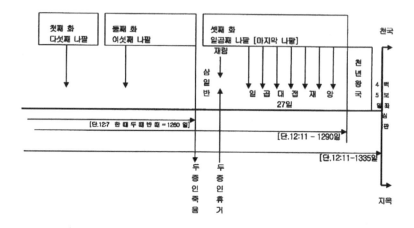

위의 도표에서 보는 대로 이제 마지막 나팔이 울렸으므로 성도들은 공중으로 휴거하고 땅에는 일곱 대접 재앙이 쏟아질 시간입니다. 그러니까 마지막 나팔[일곱 째 나팔]이 울릴 때 성도들은 공중으로 휴거 하게 하고 나머지 땅에 남은 불신자들에게는 일곱대접 재앙을 퍼붓는 것입니다. 다시 말해서 마지막 나팔이 울릴 때는 성도들에게는 상을 주시는 시간이고 불신자들에게는 벌을 주시는 시간입니다. 마지막 나팔이 울릴 때 성도들에게는 하나님의 성전이 열리고 믿는 사람들을 은혜로 구원하시겠다고 오랜 동안 약속해 왔던 언약궤가 성전 안에서 보입니다. 그러나 하나님의 은혜의 언약을 믿지 않았던 불신자들에게는 번개와 음성과 뇌성과 지진과 큰 우박이 보입니다. 11장 18-19절을 보시면 보좌 앞에 앉은 24 장로들이 이렇게 찬양하고 있습니다. 11:18) 이방들이 분노하매 주의 진노가 임하여 죽은 자를 심판하시며 종 선지자들과 성도들과 또 무론대소하고 주의 이름을 경외하는 자들에게 상 주시며 또 땅을 망하게 하는 자들을 멸망시키실 때로소이다 하더라 19) 이에 하늘에 있는 하나님의 성전이 열리니 성전 안에 하나님의 언약궤가 보이며 또 번개와 음성들과 뇌성지진과 큰 우박이 있더라

이제 드디어 사탄과 그의 추종자들이 멸망할 최후의 시간이 다가 온 것입니다. 그러므로 하나님은 요한에게 멸망할 사탄의 정체가 무엇인지를 여기 12장에서 상세히 보여주고 13장에서는 사탄의 부하들의 정체를 먼저 보여준

다음에 14장에서는 휴거한 성도들의 모습을 설명해 줍니다. 그리고 15-16장에서는 성도들이 휴거한 이후에 일곱 대접 재앙의 내용을 상세히 보여줍니다. 19장에서는 그리스도께서 재림하실 때 세상만국을 어떻게 멸하시는 지를 상세히 보여주고 있습니다. 20장에서는 공중권세를 잡고 왕노릇하던 사탄을 천년동안 결박하여 무저갱에 가두어두고 부활휴거한 성도들이 재림하신 예수님과 함께 천년동안 왕노릇하며 세상만국을 통치하는 천년왕국이 시작되는 것을 보여주고 있습니다. 그리고 천년왕국이 끝날 때 사탄을 잠시 풀어주어 세상만국을 다시 미혹하였을 때 바다 모래같이 많은 사람들이 사탄에게 미혹되어 천년왕국 안에 있는 성도의 진과 하나님이 사랑하시는 부활한 성도들이 살고 있는 새 예루살렘 성을 공격할 때 하늘에서 불이 내려와 그들을 소멸하고 사탄은 불과 유황불에 던져져서 세세토록 밤낮 괴로움을 받게된다고 기록하고 있습니다. 21장에서는 예수님과 부활휴거한 성도들이 왕노릇하는 천년왕국에 대하여 소상하게 기록하고 있습니다. 22장 초반까지 천년왕국에 대하여 설명한 후에 요한계시록을 맺는 말로 마칩니다.

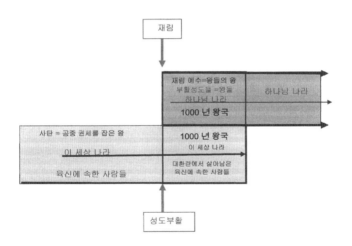

사탄의 이력서

아담 이후로 천하만국을 지배해왔던 사탄의 왕국이 무너질 때가 가까웠으므로 12장에서는 사탄의 과거에서부터 대환란의 시점까지 그는 어떤 존재인지 무슨 일을 해온 존재인지를 몇 가지로 간략하게 그의 이력서를 소개하고 있습니다.

첫째 사탄은 그리스도를 대적하는 자

12장 1절을 보면 사도 요한은 해를 입은 한 여자를 보았는데 그 발 아래는 달이 있고 그 머리에는 열 두 별의 면류관을 썼습니다. 여기서 해와 달과 열두 별은 이스라엘 민족을 지칭하는 것입니다. 창세기 37장 9-10절에 보면 요셉이 꿈을 꾸고 형제들에게 '해와 달과 열한 별이 내게 절하더이다.' 라고 말하였더니 요셉의 아버지 야곱이 요셉을 꾸짖으며 '나와 네 어미와 네 형제들이 네게 엎드려 절하겠느냐?'고 말한 것을 볼 때 여기 해와 달과 열두 별[요셉 포함]은 이스라엘 백성 즉 하나님의 택한 백성임을 알 수 있습니다. 그러니까 여기 12장에 언급된 이 여자는 열 두 지파로 구성된 이스라엘 민족을 상징합니다. 2 절을 보면 이 여자가 아이를 배어 해산하게 되매 아파서 애써 부르짖더라 고 기록하고 있습니다. 이는 이스라엘 민족이 메시야인 예수 그리스도를 출산하게 됨을 말하는 것입니다. 3 절에 머리가 일곱이고 뿔이 열 개가 있는 한 큰 붉은 용은 사탄을 의미합니다. 9절에 기록된 대로 이 용은 곧 옛 뱀이요 마귀요 사탄이라고 하였습니다. 12장 4절을 보면 그 용이 하늘의 별 삼분의 일을 끌어다가 땅에 던졌다고 하였는데 이는 유다서 1장 6절과 베드로후서 2장 4절에 기록된 대로 자기 지위를 지키지 아니하고 자기 처소를 떠난 천사들을 큰 날의 심판까지 영원한 결박으로 흑암에 던져버린 것을 의미합니다. 다시 말해서 사탄을 추종하는 그의 천사들 즉 악령들을 이 세상 땅으로 내려 보낸 것을 의미합니다. 용이 해산하려는 여자 앞에서 그 여자가 해산하면 그 아이를 삼키고자 한다는 말씀은 예수 그리스도께서 이 땅에 탄생하셨을 때 사탄이 그를 죽이고자 하였다는 것을 의미하는 것입니다. 5 절을 보면 '여자가 아들을 낳으니 이는 장차 철장으로 만국을 다스릴 남자라 그 아이를 하나님 앞과 그 보좌 앞으로 올려가더라.'고 하였는데 이는 그리스도께서 만왕의 왕으로서 온 세상을 통치할 메시야 임을 보여주며 그는 십자가 사역을 감당하신 후에 하나님 보좌 우편으로 승천하셨다는 것을 말해주는 것입니다. 6 절을 보면 '그 여자가 광야로 도망하매 거기서 일천이백육십일 동안 저를 양육하기 위하여 하나님의 예비하신 곳이 있더라.'는 말씀은 이 3 년 반 동안의 대환란 기간 동안에 하나님께서 이스라엘 백성을 특별히 보호하실 것임을 시사하는 것입니다. 이스라엘의 각지파에서 1만 2천명씩 12지파 모두를 합하여 14만 4천명을 인을 쳐서 1260일 동안 특별히 보호하려는 것이 바로 이것을 증명해 줍니다. 하나님의 성전과 제단과 그 안에서 경배하는 자들을 계수하라는 말씀도 바로 이것을 뒷받침해주는 말씀입니다.

둘째 사탄은 온 천하를 꾀는 자

그는 에덴 동산에서부터 아담 하와를 거짓말로 꾀어 인간을 죄 속에 빠트린 장본인입니다. 12:7) 하늘에 전쟁이 있으니 미가엘과 그의 사자들이 용으로 더불어 싸울 새 용과 그의 사자들도 싸우나 8) 이기지 못하여 **다시 하늘에서 저희의 있을 곳을 얻지 못한지라 9) 큰 용이 내어쫓기니 옛 뱀 곧 마귀라고도 하고 사단이라고도 하는 온 천하를 꾀는 자라 땅으로 내어쫓기니 그의 사자들도 저와 함께 내어 쫓기니라** 유다서 1장 6절을 보면 이들은 본래 하나님의 천사들이었으나 자기들의 본분을 지키지 아니하고 하나님께 대항하다가 저주를 받고 흑암의 공중으로 쫓겨난 타락한 천사들입니다.[6또 **자기 지위를 지키지 아니하고 자기 처소를 떠난 천사들을 큰 날의 심판까지 영원한 결박으로 흑암에 가두셨으며**(유1:6)] 이와 같이 사탄은 흑암의 공중으로 쫓겨난 이후 흑암의 이 세상을 통치하는 왕 즉 공중권세를 잡은 자가 되었습니다. 죄 때문에 에덴 동산에서 쫓겨난 죄인 인류를 볼모로 잡고 그들을 통치하는 왕으로 살아왔습니다. 사탄은 그의 통치 아래 들어온 모든 사람들 한 사람 한 사람에게 최소한 하나 이상의 악령[evil spirit, 귀신]들을 붙여 항상 그들의 삶 일거수 일투족 전체를 감시하고 지도하고 인도하고 있습니다. 또 어떤 사람들은 사탄의 종들로 불러서 사탄이 보낸 귀신들과 접신하게 하는 점쟁이와 무당이나 마술사로 사용하기도 합니다. 인류역사에서 어느 나라에나 이런 무당이나 주술사들이 많이 활동해온 것을 알 수 있습니다. 애굽에서 아론이 하나님의 능력으로 지팡이로 뱀을 만들었을 때에 애굽의 마술사들도 지팡이로 뱀을 만들었다는 것을 성경이 보여주고 있습니다.[9바로가 너희에게 이르기를 너희는 이적을 보이라 하거든 너는 아론에게 명하기를 너의 지팡이를 가져 바로 앞에 던지라 하라 그것이 뱀이 되리라 10모세와 아론이 바로에게 가서 여호와의 명하신대로 행하여 **아론이 바로와 그 신하 앞에 지팡이를 던졌더니 뱀이 된지라11바로도 박사와 박수를 부르매 그 애굽 술객들도 그 술법으로 그와 같이 행하되** 12각 사람이 지팡이를 던지매 뱀이 되었으나 아론의 지팡이가 그들의 지팡이를 삼키니라(출7:9~12) 또 사탄은 어떤 사람들에게는 아예 그들의 몸 안에 악령[귀신]을 집어넣어 그들의 영혼과 육신 전체를 결박하기도 합니다. 예수님께서 거라사 지방에서 이렇게 귀신들린 사람에게서 그 귀신들을 쫓아내어 주시기도 하셨습니다.[1예수께서 바다 건너편 거라사인의 지방에 이르러 2배에서 나오시매 **곧 더러운 귀신 들린 사람이 무덤 사이에서 나와 예수를 만나다** 3그 사람은 무덤 사이에 거처하는데 이제는 아무나 쇠사슬로도 맬 수 없게 되었으니 4이는 여러번 고랑과 쇠사슬에 매였어도 쇠사슬을 끊고 고랑을 깨뜨렸음이러라 그리하여 아무도 저를 제어할 힘이 없는지라 5밤낮 무덤 사이에서나 산에서나 늘 소리지르며 돌로 제 몸을 상하고 있었더라 6그가 멀리서 예수를 보고 달려와 절하며 7큰 소리로 부르짖어 가로되 지극히 높으신 하나님의 아들 예수여 나와 당신과 무슨 상관이 있나이까 원컨대 하나님 앞에 맹세하고 나를 괴롭게 마옵소서 하니 8이는 예수께서 이미 저에게 이르시기를 더러운 귀신아 그 사람에게서 나오라 하셨음이라 9이에 물으시되 네 이름이 무엇이냐 가로되 내 이름은 군대니 우리가 많음이니이다 하고 10자기를 이 지방에서 내어 보내지 마시기를 간절히 구하더니 11마침 거기 돼지의 큰 떼가 산 곁에서 먹고 있는지라 12이에 간구하여 가로되 우리를 돼지에게로 보내어 들어가게 하소서 하니 13허락하신대 **더러운 귀신들이 나와서 돼지에게로 들어가니** 거의 이천 마리 되는 떼가 바다를 향하여 비탈로 내리달아 바다에서 몰사하거늘 14치던 자들이 도망하여 읍내와 촌에 고하니 사람들이 그 어떻게 된것을 보러 와서 15예수께 이르러 그 귀신 들렸던 자 곧 군대 지폈던 자가 옷을 입고 정신이 온전하여 앉은 것을 보고 두려워하더라 〈막5:1~15〉 그러니까 예수님을 구원자와 왕으로 모셔서 구원받아 예수님의 통치를 받고 있는 우리 그리스도인들도 예수님을 믿기 전에는 다 사탄이 보낸 악령들로부터 감시를 당하며 악령의 지도와 인도를 받고 살면서 이 세상 풍속을 따라 살면서 사탄의 통치에 복종하는 삶을 살았던 것입니다. [1너희의 허물과 죄로 죽었던 너희를 살리셨도다 2그 때에 너희가 그 **가운데서 행하여 이 세상 풍속을 좇고 공중의 권세 잡은 자를 따랐으니 곧 지금 불순종의 아들들 가운데서 역사하는 영이라 3전에는 우리도 다 그 가운데서 우리 육체의 욕심을 따라 지내며 육체와 마음의 원하는 것을 하여** 다른이들과 같이 본질상 진노의 자녀이었더니〈엡2:1~3〉 현재도 예수님을 왕으로 모시고 그의 통치에 복종하는 삶을 살지 않는 사람들은 그들이 교회를 다니는 사람이든지 전혀 교회에 다니지 않는 사람이든지 상관없이 모두 다 사탄이 보낸 악령[귀신]들의 감시하에서 사탄의 통치를 받고 세상의 풍속을 따라 살고 있는 사람들입니다.[**공중의 권세 잡은 자를 따랐으니 곧 지금 불순종의 아들들[불신자들] 가운데서 역사하는 영이라**] 그러나 어떤 사람들이 복음을 듣고 정말 진지하게 예수님을 구주와 왕으로 모시고 살려고 하면 사탄은 악령들을 보내어 그 사람들을 공격하면서 그 사람들이 예수님을 구주와 왕으로 모시는 것을 강하게 방해하는 것입니다. 심지어 가정을 파괴하거나 인간관계를 무너뜨리거나 사업을 망하게 하거나 건강을 잃게 하는 등 거센 반발로 사람들이 예수님께 가는 것을 막고 있는 것입니다. 심한 경우는 아예 그 사람들의 몸 안에 들어가서 완전히 붙잡기도 합니다. 이런 경우를 흔히 '귀신들렸다'[demon possessed]라고 말합니다. 그러므로 이렇게 사탄의 나라 이 흑암의 세상에서 사탄의 포로로 잡혀서 사탄의 통치를 받고 사는 사람들이 복음을 듣고 예수님을 구주와 왕으로 영접하기를 진정으로 원하고 실제로 그들의 삶에서 그리스도의 통치에 복종하여 살려고하는 사람들에게 예수님은 성령님을 보내어서 사탄을 결박하고 그 사람들을 사탄의 손아귀에서 빼어내어 그들 안에 성령님이 항상 내주하게 하여 그리스도의 통치를 받으며 살게하여 주시는 것이 바로 구원입니다.[28그러나 내가 하나님의 **성령을 힘입어 귀신을 쫓아내는 것이면 하나님의 나라가 이미 너희에게 임하였느니라 29사람[인자로 오신 예수님]이 먼저 강한 자[사탄]를 결박하지 않고야 어떻게 그 강한 자의 집[사탄이 통치하는 흑암의 세상]에 들어가 그 세간[노예로 잡힌 죄인 인간]을 늑탈하겠느냐 결박한 후에야 그 집을 늑탈하리라**〈마12:28–29〉 '**하나님의 나라가 이미 너희에게 임하였느니라**'에서 '나라'라는 말은 헬라어 '바실레이아'로서 '왕의 통치'를 의미하는 것입니다. 따라서 하나님의 나라가 임하였다는 말은 하나님의 왕적인 통치가 임하였다는 뜻입니다. 즉 사탄의 통치 아래 있었던 사람을 사탄의 통치에서 해방시켜서 그리스도의 왕적인 통치 아래 살게 하신다는 뜻입니다.

참으로 사탄은 그의 부하들과 함께 하늘에서 쫓겨나 공중에 거하며 온 세상을 꾀이는 악한 영입니다. 그러므로 요한복음 8장 44절에 보면 예수님은 이 사탄을 가리켜 처음부터 거짓말쟁이요 거짓말이 그의 모국어라고 하였습니다.:요 8:44) 너희는 너희 아비 마귀에게서 났으니 너희 아비의 욕심을 너희도 행하고자 하느니라 **저는 처음부터 살인한 자 요 진리가 그 속에 없으므로 진리에 서지 못하고 거짓을 말할 때마다 제 것으로 말하나니 이는 저가 거짓말쟁이요 거짓의 아비가 되었음이라** 대한민국의 공용어는 한국어이고 미국의 공용어는 영어인 것처럼 사탄의 왕국의 공용어는 거짓말입니다. 그러므로 사탄이 통치해온 천하만국의 공용어는 거짓말입니다. 정치 경제 사회 문화 종교 과학 교육 예술 등 사탄이 통치하는 천하만국의 모든 것이 바로 사탄의 이 거짓말에 기초한 것입니다. 오늘도 사탄은 이 세상의 온갖 것으로 사람들을 속여 그리스도를 믿지 못하게 하는 일을 계속하고 있습니다.[4그 중에 **이 세상 신이 믿지 아니하는 자들의 마음을 혼미케 하여 그리스도의 영광의 복음의 광채가 비취지 못하게 함이니** 그리스도는 하나님의 형상이니라〈고후4:4〉 사탄은 그의 부하들 즉 악령들을 사람들 한 사람 한 사람에게 보내어 항상 감시하며 물질 명예 지위 지식 쾌락 등 온갖 세상의 번쩍이는 것을 가지고 사람들을 미혹하고 오도하여 사람들로 하여금 그리스도의 복음을 듣지 못하도록 하는 일을 지금도 계속하고 있는 미혹의 영입니다. 그러므로 참 그리스도인과 불신자를 구별하는 기준은 교회에 다니느냐의 여부가 아니라 그리스도의 통치를 받고 사는 사람이냐 사탄의 통치를 받고 사는 사람이냐에 달려있는 것입니다.

셋째 사탄은 참소하는 자

10) 내가 또 들으니 하늘에 큰 음성이 있어 가로되 이제 우리 하나님의 구원과 능력과 나라와
    또 그의 그리스도의 권세가 루었으니 우리 형제들을 참소하던 자 곧 우리 하나님 앞에서
    밤낮 참소하던 자가 쫓겨났고 11) 또 여러 형제가 어린 양의 피와 자기의 증거하는 말을 인
    하여 저를 이기었으니 그들은 죽기까지 자기 생명을 아끼지 아니하였도다

사탄은 이렇게 그리스도를 따르는 형제들을 하나님 앞에서 밤낮으로 헐뜯고 정죄하고 비방하는 참소하는 자입니다. 이 사탄은 흑암의 공중권세를 잡고 온 땅을 두루 다니다가 자기의 유혹에도 넘어가지 않는 믿음의 사람 욥을 발견하자 의로운 욥을 하나님 앞에서 헐뜯고 비방하고 정죄하였던 자였습니다. 사탄은 지금도 그의 부하들을 하나님의 교회 안에 보내어 빛의 천사로 가장하면서 주를 믿는 형제들을 하나님 앞에서 비방하고 정죄하는 일을 계속하고 있습니다. 11절을 다시 보십시오. '또 여러 형제가 어린 양의 피와 자기의 증거하는 말을 인하여 저를 이기었으니 그들은 죽기까지 자기 생명을 아끼지 아니하였도다.' 여기서 성도들이 이 사탄을 이긴 비결은 두 가지입니다. 하나는 <u>어린 양 예수의 피이며</u> 또 하나는 <u>복음의 증거입니다.</u> 이 두 가지는 다 하나님의 전신갑주의 한 부분으로서 영적 싸움에서 필요한 무기들입니다. 우리는 우리의 선한 행실이나 의를 행한 공로로 의롭게 되지 않았습니다. 우리가 아무리 의를 행하고 선한행실을 많이 행하여도 사탄은 여전히 우리 속에 있는 죄악을 들추어 내어 우리를 정죄할 것이며 우리의 죄가 발견되는 한 우리는 사탄의 손아귀에서 벗어날 수 없게 됩니다. 우리가 사탄의 정죄에서 벗어날 수 있는 유일한 길은 그리스도의 대속 죽음입니다. 오직 어린양 예수의 피를 가지고 우리는 사탄의 정죄에서 해방될 수 있습니다. 그러므로 여기 어린양의 피는 믿음의 방패요 구원의 투구입니다. 어린양의 피는 사탄의 공격으로부터 우리를 방어할 수 있는 수비용 장비입니다. 그러나 사탄과 그의 왕국

을 멸하기 위해서는 공격용 무기가 필요합니다. 그것이 바로 복음의 증거입니다. 즉 말씀의 검입니다. 복음의 말씀을 전파하여 사탄의 포로가 된 많은 영혼들을 구원해 내는 복음증거는 사탄과 그의 왕국을 멸망시킬 수 있는 강력한 무기입니다. 믿는 성도들은 외적으로 보면 사탄의 세력들에게 순교를 당하여 패배한 것처럼 보이지만 사실은 영적으로 보면 예수 그리스도의 피와 순교자들이 자기의 생명을 아끼지 않고 죽음을 무릅쓴 복음의 증거로 말미암아 드디어 사탄이 그 멸망에 자리에 이르게 되어 성도가 사탄을 이기고 최후의 승리를 얻는 것입니다. 그러므로 성도들의 고난이 결코 헛되지 않고 끝내는 승리로 연결된다는 것을 기억하고 어떠한 고난 중에서도 좌절하지 말아야 합니다. 오히려 그리스도의 십자가 은혜의 복음을 전파하는 선한 믿음의 싸움을 계속해야 할 것입니다.

넷째 사탄은 성도들을 대항하여 싸우는 자

그러나 10절을 보면 <u>우리 형제들을 참소하던 자 곧 우리 하나님 앞에서 밤낮 참소하던 자가 쫓겨났다</u>고 하였습니다. 그가 더 이상 하나님 앞에서 형제들을 비방하고 정죄할 수 없게 된 것은 이제 하나님께서 사탄을 형벌할 대환란이 시작되었기 때문입니다. 12절을 보십시오. 12) 그러므로 하늘과 그 가운데 거하는 자들은 즐거워하라 그러나 땅과 바다는 화있을찐저 이는 마귀가 자기의 때가 얼마 못된 줄을 알므로 크게 분 내어 너희에게 내려갔음이라 하더라 사탄은 이제 하나님 앞에서 더 이상 성도들을 비방할 수 없게 되니까 자기의 때가 얼마남지 않은 줄을 알고 크게 분을 내어 너희에게 내려갔다고 했는데 이는 하나님 앞에서 성도들을 아무리 비방해도 통하기는커녕 오히려 하나님으로부터 쫓겨나니까 이제는 분을 견디지 못하여 무력과 행동으로 하나님의 성도들을 공격하기 위하여 땅으로 내려간 것입니다. 바로 이 때가 사탄이 성도들을 핍박하는 3년 반 동안의 대환란 기간입니다. 13절에서 16절까지 보십시오. 13) 용이 자기 땅으로 내어쫓긴 것을 보고 남자를 낳은 여자를 핍박하는지라 14) 그 여자가 큰 독수리의 두 날개를 받아 광야 자기 곳으로 날아가 거기서 그 뱀의 낯을 피하여 한 때와 두 때와 반 때를 양육 받으매 15) 여자의 뒤에서 뱀이 그 입으로 물을 강같이 토하여 여자를 물에 떠내려 가게 하려 하되 16) 땅이 여자를 도와 그 입을 벌려 용의 입에서 토한 강물을 삼키니

여기서 사탄이 남자를 낳은 여자를 핍박하고 있다는 말은 사탄이 이스라

엘 민족을 핍박한다는 말입니다. 그것은 예수 그리스도의 십자가 때문에 사탄과 그의 왕국이 멸망하게 되었기 때문에 특별히 그리스도를 낳은 이스라엘 민족을 이 대환란 기간 중에 핍박하려는 것입니다. 그러나 앞에서 살펴본대로 하나님은 한 때와 두 때와 반 때를 즉 3년 반 동안의 대환란 동안에 이스라엘 백성 중에서 14만 4천의 사람들에게 인을 쳐서 특별히 보호하시고 성전 밖의 사람들은 이방인들에게 짓밟히도록 내버려 두십니다. 하나님은 이스라엘 민족을 애굽의 십대 재앙에서도 특별히 보호하신바 있습니다. 16절에 땅이 여자를 도와 사탄의 공격에서 구원해낸다는 것으로 보아 하나님은 대환란이 진행 중인 이 땅 위에서 어떤 나라들을 통하여 시시때때로 이스라엘 백성을 보호하실 것입니다. 현재에도 미국을 비롯 서방의 몇몇 나라들이 항상 이스라엘을 지지하며 지켜주고 있는 것처럼 말입니다.

17) 용이 여자에게 분노하여 돌아가서 그 여자의 남은 자손 곧 하나님의 계명을 지키며 예수의 증거를 가진 자들로 더불어 싸우려고 바다 모래 위에 섰더라

사탄이 이스라엘 백성을 멸하지 못함을 알고 분노하여 그 여자의 남은 자손 곧 하나님의 계명을 지키며 예수의 증거를 가진 자들로 더불어 싸우려고 바다 모래 위에 섰다고 하였습니다. 다시 말해서 사탄은 이 세상에서 예수 그리스도를 믿고 그의 계명을 지키며 예수의 복음을 증거하는 이방나라의 모든 성도들과 싸우려고 준비하고 있는 상황을 보여주는 것입니다. 이것은 바로 대환란의 시작 시간에 사탄의 정황을 보여주는 말씀입니다. 우리는 여기서 사탄의 이력서를 보았습니다. 사탄이 어떤 존재인지 그 정체를 파악하였습니다. 사탄은 그리스도를 대적하는 자입니다. 사탄은 거짓으로 온 천하를 유혹하는 악한 영입니다. 사탄은 하나님의 성도들을 헐뜯고 비방하는 자입니다. 사탄은 하나님의 성도들을 핍박하고 대항하여 싸우는 자입니다. 우리는 육신을 가졌기 때문에 육신적으로는 사탄에게 고난과 환란과 핍박을 당하고 순교까지도 당하지만 그러나 그것은 패배가 아니고 영원한 승리임을 본문은 우리에게 가르쳐 주고 있습니다. 역경 중에서도 죽기까지 복음을 증거하는 것이 우리가 누릴 최후의 승리이며 우리의 영원한 승리가 될 것입니다. 11절을 보십시오. 당신은 그들 중에 있습니까? 11) 또 여러 형제가 어린 양의 피와 자기의 증거하는 말을 인하여 저를 이기었으니 그들은 죽기까지 자기 생명을 아끼지 아니하였도다

1 3 장

〈상〉〈짐승의 정체〉

(1)내가 보니 바다에서 **한 짐승이 나오는데 뿔이 열이요 머리가 일곱이라 그 뿔에는 열 면류관이 있고 그 머리들에는 참람된 이름들이 있더라** (2)내가 본 짐승은 표범과 비슷하고 그 발은 곰의 발 같고 그 입은 사자의 입 같은데 **용이 자기의 능력과 보좌와 큰 권세를 그에게 주었더라** (3)그의 머리 하나가 상하여 죽게 된 것 같더니 그 죽게 되었던 상처가 나으매 온 땅이 이상히 여겨 짐승을 따르고 (4)용이 짐승에게 권세를 주므로 용에게 경배하며 짐승에게 경배하여 가로되 누가 이 짐승과 같으뇨 누가 능히 이로 더불어 싸우리요 하더라 (5)**또 짐승이 큰 말과 참람된 말 하는 입을 받고 또 마흔 두달 일할 권세를 받으니라** (6)**짐승이 입을 벌려 하나님을 향하여 훼방하되 그의 이름과 그의 장막 곧 하늘에 거하는 자들을 훼방하더라** (7)**또 권세를 받아 성도들과 싸워 이기게 되고 각 족속과 백성과 방언과 나라를 다스리는 권세를 받으니** (8)**죽임을 당한 어린 양의 생명책에 창세 이후로 녹명되지 못하고 이 땅에 사는 자들은 다 짐승에게 경배하리라** (9)누구든지 귀가 있거든 들을지어다 (10)사로잡는 자는 사로잡힐 것이요 칼로 죽이는 자는 자기도 마땅히 칼에 죽으리니 성도들의 인내와 믿음이 여기 있느니라. 〈계.13:1-10〉

여기서 짐승은 과연 누구입니까? 어떤 사람들은 이 짐승을 '나라'라고 해석하기도하고 또 어떤 사람들은 이 짐승을 '캐톨릭 교회'라고 해석하기도 합니다. 이 짐승을 '나라'라고 해석하는 근거는 다니엘의 꿈에 나타난 네 마리의 짐승이 각기 네개의 제국을 나타내기 때문이라고 합니다. 그런데 4절에도 '짐승에게 경배하며'라고 기록되어 있고 특히 8절에 보면 '죽임을 당한 어린 양의 생명책에 창세 이후로 녹명되지 못하고 이 땅에 사는 자들은 다 짐승에게 경배하리라'고 기록되어 있습니다. 즉 이 짐승은 창세 이후로 하나님을 믿지 않는 모든 사람들의 경배의 대상이라고 하는 것을 보면 분명히 비인격체인 '나라'나 '교회의 조직체인 캐톨릭 교회'가 아니고 인격을 지닌 개인임에 틀림없습니다. '나라'나 '캐톨릭 교회라는 조직체'는 인간이 경배할 대상이 되지 못합니다. 성경 이곳저곳에서 언급하고 있는 이 짐승은 분명히 인격체입니다. 그러므로 여기 짐승이 '나라'라는 해석도 옳지 않고 이 짐승이 '캐톨릭 교회'라고 하는 주장도 옳은 해석이 아닙니다. 그러니까 성경을 읽을 때 그냥 적당히 자기 생각이나 추측으로 해석하지말아야 하고 또는 자기가 속한 교파의 신학교리에 꿰어맞추기 위해 해석하려고 하지 말고 오직 성경말씀 자체를 좀더 자세히 읽어보아야 합니다. 전후좌우 문맥을 잘 살펴보고 성경전체에서 말하는 내용과 일치하는지를 생각하면서 그 구절과 관련된 다른 구절들을 성경전체에서 찾아서 그 올바른 의미를 찾아내야 합니다.

그러면 여기서 언급한 이 짐승은 과연 무엇입니까? 17장 3–13절을 보면 이렇게 기록되어 있습니다;

(3)내가 보니 여자가 붉은 빛 짐승을 탔는데 **그 짐승의 몸에 참람된 이름들이 가득하고 일곱 머리와 열 뿔이 있으며** (4)그 여자는 자주 빛과 붉은 빛 옷을 입고 금과 보석과 진주로 꾸미고 손에 금잔을 가졌는데 가증한 물건과 그의 음행의 더러운 것들이 가득하더라 (5)그 이마에 이름이 기록되었으니 비밀이라. 큰 바벨론이라. 땅의 음녀들과 가증한 것들의 어미라 하였더라 (6)또 내가 보매 이 여자가 성도들의 피와 예수의 증인들의 피에 취한지라 내가 그 여자를 보고 기이히 여기고 크게 기이히 여기니 (7)천사가 가로되 왜 기이히 여기느냐 **내가 여자와 그의 탄바 일곱 머리와 열 뿔 가진 짐승의 비밀을 네게 이르리라** (8)네가 본 짐승은 전에 있었다가 시방 없으나 **장차 무저갱으로부터 올라와 멸망으로 들어갈 자니** 땅에 거하는 자들로서 창세 이후로 생명책에 녹명되지 못한 자들이 이전에 있었다가 시방 없으나 장차 나올 짐승을 보고 기이히 여기리라 (9)지혜 있는 뜻이 여기 있으니 **그 일곱 머리는 여자가 앉은 일곱 산이요 (10)또 일곱 왕이라 다섯은 망하였고 하나는 있고 다른 이는 아직 이르지 아니하였으나 이르면 반드시 잠간 동안 계속하리라 (11)전에 있었다가 시방 없어진 짐승은 여덟째 왕이니** 일곱 중에 속한 자라 저가 멸망으로 들어가리라 (12)네가 보던 열 뿔은 열 왕이니 아직 나라를 얻지 못하였으나 다만 짐승으로 더불어 임금처럼 권세를 일시 동안 받으리라 (13)저희가 한 뜻을 가지고 자기의 능력과 권세를 짐승에게 주더라(계17:3–13)

여기 17장에 언급된 짐승도 일곱 머리와 열 뿔을 지니고 있는 짐승으로서 13장 1절에서 언급한 바로 그 짐승입니다. 3절에 보면 이 짐승은 **'붉은 빛 짐 승'**이며 8절에 보면 이 짐승은 **'전에 있었다가 시방은 없으나 장차 무저갱으로부터 올라와 멸망으로 들어갈 자'라고 기록되어 있습니다.** 그러면 전에 있다가 시방은 없는 짐승은 무엇입니까? 바로 11절에서 그 짐승이 무엇인지 분명하게 밝혀주고 있습니다. 즉 '전에 있었다가 시방 없어진 짐승은 여덟째 왕이니 일곱 중에 속한 자라 저가 멸망으로 들어가리라'라고 성경이 너무나도 분명하게 답해주고 있습니다. 짐승은 여덟째 왕입니다. 그러면 짐승이 여덟째 왕인데 일곱 중에 속한 자라는 말은 무슨 말입니까? 9-10절에서 잘 대답해주고 있습니다. '(9)지혜 있는 뜻이 여기 있으니 그 일곱 머리는 여자가 앉은 일곱 산이요 (10)또 일곱 왕이라 다섯은 망하였고 하나는 있고 다른 이는 아직 이르지 아니하였으나 이르면 반드시 잠간 동안 계속하리라.' 그러니까 일곱 중에 속한다는 말은 일곱 왕이 속해있는 체제에 속한다는 것으로서 이 짐승이 여덟째 왕이라는 말은 이 체제에서 일곱번째 왕 다음에 나타날 왕이라는 뜻입니다. 그러면 일곱 왕들이 속한 체제란 무엇입니까? 9절과 10절에 보면 '그 일곱 머리는 여자가 앉은 일곱 산이요 또 일곱 왕이라 다섯은 망하였고 하나는 있고 다른 이는 아직 이르지 아니하였으나 이르면 반드시 잠간 동안 계속하리라'라고 기록되어 있습니다. 여기 일곱 머리는 여자가 앉은 일곱 산이라고 하였고 일곱 왕이라고 하였는데 어떤 사람들은 여기 여자는 캐톨릭 교회이고 여기 일곱 산은 바티칸이 위치하고 있는 일곱개의 산이라고 주장합니다. 이 해석이 잘못된 것은 어떻게 일곱 산 중에서 다섯개의 산은 망해서 없어졌고 사도 요한이 이 계시를 받는 당시에는 산 하나가 존재해있고 나머지 한 산은 아직 나타나지 않을 수가 있겠습니까? 그러나 그들은 현재 바티칸 지역에는 일곱개의 산이 존재하고 있으므로 일곱 머리는 바티칸이 위치하고 있는 일곱개의 산이라고 주장하면서 그 위에 앉아있는 여자가 캐톨릭 교회라고 마구 갖다붙입니다.

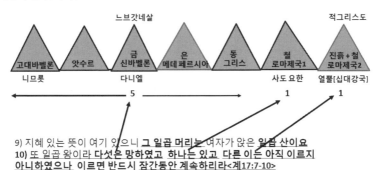

9) 지혜 있는 뜻이 여기 있으니 그 일곱 머리는 여자가 앉은 일곱 산이요
10) 또 일곱 왕이라 다섯은 망하였고 하나는 있고 다른 이는 아직 이르지
아니하였으나 이르면 반드시 잠간동안 계속하리라<계17:7-10>

그러면 일곱머리는 무엇입니까? 일곱 머리는 일곱 산이요 일곱 왕이라고 성경이 이처럼 정확하게 가르쳐주고 있습니다. 그런데 그 일곱 왕들 중에서

다섯 왕은 망하였고 한 왕은 사도요한이 이 글을 쓰고 있는 현재에 존재하고 있고 다른 왕 즉 일곱번째 왕은 아직 이르지 아니하였지만 이르면 반드시 잠간 동안 계속하리라고 하였는데 이것은 인류역사에 나타난 거대한 제국들을 의미하는 것입니다. 즉 다섯은 망하였다는 말은 사도 요한이 살고 있던 시대 이전에 존재했던 거대한 다섯개의 제국을 의미하는 것입니다. 인류역사에 나타났었던 첫번째 제국은 고대 바벨론 제국입니다. 어떤 사람들은 이 첫번째 제국을 이집트라고 주장하는데 성경은 이집트 제국에 대하여 언급한 적이 없으며 어느 인류역사책에서도 이집트 제국이 인류역사에 나타난 첫번째 제국이라고 주장한 기록이 없습니다. 성경은 인류역사에 대해서도 가장 정확하게 기록하고 있습니다. 창세기 10장8-12절과 11장 1-5절에 기록된 말씀을 보면 세상의 처음 영걸인 니므롯이 시날 땅 바벨론에서 거대한 문명을 일으켜 높은 바벨탑을 쌓았던 기록이 있습니다.[8구스가 또 **니므롯을 낳았으니 그는 세상에 처음 영걸이라** 9그가 여호와 앞에서 특이한 사냥군이 되었으므로 속담에 이르기를 아무는 여호와 앞에 니므롯 같은 특이한 사냥군이로다 하더라 10**그의 나라는 시날 땅의 바벨론과** 에렉과 악갓과 갈레에서 시작되었으며(10The first centers of his kingdom were Babylon, Uruk, Akkad and Kalneh, in Shinar.)11그가 그 땅에서 **앗수르로** 나아가 니느웨와 르호보딜과 갈라와 12및 니느웨와 갈라 사이의 레센(이는 큰 성이라)을 건축하였으며(창10:8-12) / 1온 땅의 구음이 하나이요 언어가 하나이었더라 20이에 그들이 동방으로 옮기다가 **시날 평지를 만나** 거기 거하고 3서로 말하되 자, 벽돌을 만들어 견고히 굽자 하고 이에 벽돌로 돌을 대신하며 역청으로 진흙을 대신하고 4또 말하되 자, 성과 대를 쌓아 대 꼭대기를 하늘에 닿게하여 우리 이름을 내고 온 지면에 흩어짐을 면하자 하였더니 5여호와께서 인생들의 쌓는 성과 대를 보시려고 강림하셨더라(창11:1-5)] 이것이 바로 하무라비 법전으로 유명한 고대 바벨론제국을 의미합니다. 이 고대 바벨론 제국을 필두로 그 다음에 나타난 앗수르 제국, 느브갓네살 왕이 세운 신바벨론 제국, 메데 페르시아 제국 그리고 그리스 제국입니다. 이 다섯 개의 제국은 사도 요한이 살았던 시대 이전에 이미 망해서 없어졌습니다. 그리고 10절에 '하나는 있고' 라는 말은 사도 요한이 이 글을 쓰고 있었던 당시에 존재했던 제국으로서 당연히 로마 제국을 말하는 것입니다. 그러면 사도 요한 당시에는 아직 나타나지 않았지만 장차 나타나서 잠간 동안 존재할 일곱번째 왕 즉 일곱번째 제국은 무엇입니까? 생각해보십시오. 로마제국이 멸망한 이후에 전세계를 통치하는 막강한 제국이 있었습니까? 있었다면 그 제국은 무엇입니까? 해가 지지 않는 나라 대영제국을 비롯하여 불란서와 유럽 여러 나라들이 아시아와 아프리카와 북남미와 오세아니아 등 전세계를 지배해온 유럽 문명시대를 의미하는 것입니다. 이 유럽 문명의 뿌리는 로마제국입니다. 그러니까 오늘의 유럽 문명은 옛 로마제국[종아리]의 마지막 부분에 있을 발과 발가락에 해당하는 것으로서 로마제국의 후신입니다. 느브갓네살이 본 신상에서는 이 넷째 부분을 강철같이 강한 제국 로마제국을 의미하고 있습니다. 그러므로 일곱 머리는 일곱 제국이라는 말인데 아담 이후 인류 종말까지를 일곱개의 거대한 제국으로 표현하는 이유는 이 제국이 통치 시스템이라는 것을 말하려는 것입니다. 즉 아담이 범죄한 이후부터 예수님이 왕으로 재림하셔서 인류를 통치하시기 전까지는 짐승이 인류를 통치하고 있다는 것을 보여주려는 것입니다. 그러므로 인류역사에서 거대한 지역을 통치했었던 대표적인 일곱 제국을 언급한 것입니다.

다니엘서 2장에서 느브갓네살 왕이 본 신상은 네개의 제국을 보여주고 있습니다. 하나님께서 느브갓네살 왕에게 이 신상을 보여주신 목적은 느브갓네살이 통치하던 그 시대부터 인류의 종말의 때까지는 네개의 거대한 제국이 있을 것을 가르쳐주려는 것입니다. 다시 말하자면 아담이 범죄한 이후부터 그리스도께서 오셔서 사탄의 통치를 멸하고 그리스도의 통치를 시작할 때까지 인류역사는 사탄이 통치하는 기간인데 그 기간을 느브갓네살이 왕이 통치하던 신바벨론 제국시대부터 계산하면 크게 네 개의 통치시대로 구분할 수 있다는 것입니다. 그러니까 신상의 머리부분은 다니엘이 살고 있었던 시대이고 신상의 맨 아래 끝 열개의 발가락은 인류역사의 맨 끝시간임을 보여주려는 것입니다. 다시 말해서 신상의 맨 위에 있는 금으로 된 머리 부분은 느브갓네살 왕이 통치하는 신바벨론 제국[단2:36-38]시대를 말하는 것이고 그 다음에 나타날 것은 메데 페르시아 제국[단2:39]시대이며 그 다음에 나타날 것은 그리스 제국[단2:39]시대이며 그 다음에 나타날 것은 강철같이 강하여 위의 세 제국들이 정복하지 못했던 나머지 세상의 모든 나라들까지 정복할 로마제국시대를 의미한다는 것은 우리가 이미 다 아는 사실입니다.[단2:40]

40네째 나라는 강하기가 철 같으리니 철은 모든 물건을 부숴뜨리고 이기는 것이라 철이 모든 것을 부수는 것 같이 그 나라가 뭇 나라를 부숴뜨리고 빻을 것이며 41왕께서 그 발과 발가락이 얼마는 토기장이의 진흙이요 얼마는 철인 것을 보셨은즉 그 나라가 나누일 것이며 왕께서 철과 진흙이 섞인 것을 보셨은즉 그 나라가 철의 든든함이 있을 것이나 42그 발가락이 얼마는 철이 요 얼마는 진흙인즉 그 나라가 얼마는 든든하고 얼마는 부숴질만할 것이며 43왕께서 철과 진흙 이 섞인 것을 보셨은즉 그들이 다른 인종과 서로 섞일 것이나 피차에 합하지 아니함이 철과 진 흙이 합하지 않음과 같으리이다 44이 열왕의 때에 하늘의 하나님이 한 나라를 세우시리니 이것 은 영원히 망하지도 아니할 것이요 그 국권이 다른 백성에게로 돌아가지도 아니할 것이요 도리 어 이 모든 나라를 쳐서 멸하고 영원히 설 것이라 45왕이 사람의 손으로 아니하고 산에서 뜨인 돌이 철과 놋과 진흙과 은과 금을 부숴뜨린 것을 보신 것은 크신 하나님이 장래 일을 왕께 알게 하신 것이라〈단2:40-45〉

　　그런데 이 로마제국은 다시 두 시대로 구분하여 보여주고 있음을 알아야 합니다. 로마제국시대를 상징하는 이 신상의 네번째 부분을 자세히 보면 종 아리 부분과 발과 발가락 부분이라는 두개의 부분으로 나뉘어져 있습니다. 그 종아리는 철로 되어 있고 발은 철과 진흙으로 되어 있습니다.[단2:33] 여 기서 철로 된 종아리 부분은 로마제국시대로서 앞서 존재했었던 세개의 제 국들보다 훨씬 더 강력하고 응집력이 강한 제국임을 보여줍니다.[단2:40] 그 런데 이 신상의 맨끝부분 즉 인류역사의 맨끝시대가 될 발과 발가락 부분은 철과 진흙으로 섞여있다고 하였으므로 응집력이 강한 철로 된 종아리와는 다르게 응집력이 덜한 제국이 될 것임을 보여줍니다. 다시 말해서 철로된 종 아리는 지중해 연안의 모든 나라들을 직접 점령하여 각나라를 식민통치하면 서 실제적으로 하나의 강력한 제국을 형성하였던 로마제국을 의미합니다. 그 러나 42절에 보면 종아리 밑에 있는 발과 발가락은 철과 진흙으로 섞여있기 때문에 그 나라가 얼마는 든든하고 얼마는 부숴질만한 것이라고 설명하면서 43절에서는 철과 진흙이 섞여있다는 것이 무엇을 의미하는지 좀 더 상세하 게 설명하고 있습니다. 즉 철과 진흙이 섞여있다는 것은 그 제국의 사람들이 다른 인종과 서로 섞일 것이지만 피차에 합해지지 아니함이 철과 진흙이 섞 여지지 않음과 같은 것이라고 하였습니다.[43왕께서 철과 진흙이 섞인 것을 보셨은즉 그들이 다른 인종과 서로 섞일 것이나 피차에 합하지 아니함이 철과 진흙이 합하지 않음과 같으 리이다] 다시 말해서 그 제국에서는 세상의 모든 인종들이 함께 사는 국제화 시대가 될 것이지만 비록 여러 민족이 한 나라에 함께 살더라도 완전히 섞여 지지 아니하고 같은 민족끼리 끼리끼리 모여사는 시대가 될 것이라는 의미입니다. 바로 오늘 우리가 살고 있는 시대가 그것을 잘 보여주고 있습니다. 미국은 지상에서 제일 먼저 국제화가 된 나라로서 세상의 여러 인종들이 함께 사는 나라입니다. 그러나 여러 다른 인종이 함께 모여 살면서도 같은 인종끼리 끼리끼리 모여살면서 인종간의 긴장이 상존하는 사회가 되었습니다. 심지어 단일 민족을 고집하던 한국까지도 이제는 세계에서 여러 인종들이 들어와서 함께서 사는 국제화시대를 이루어 가고 있는데 인종끼리 완전하게 섞여지지 아니하고 끼리끼리 모여사는 모양새를 피하지 못하고 있습니다. 지금 현재 지구상의 어느 나라에도 다 같은 현상이 일어나고 있습니다. 그러니까 넷째 제국은 초기에는 철로 된 종아리라는 강력한 로마제국이 나타나고 그 후에는 응집력이 조금 덜한 로마제국의 후신이 나타날 것이라는 뜻입니다. 로마제국보다 그 응집력이 덜하면서도 전세계를 통치하는 그런 제국은 무엇입니까? 그리고 그 제국은 다양한 인종들이 함께 사는 국제화시대입니다. 그러면 로마제국이 무너진 이후 인류역사상 그런 제국이 언제 존재하였습니까? 징기스칸이 통치했던 몽골제국이 천하를 통치했었습니까? 아니면 천황이 통치했던 일본제국이 전세계를 통치하였습니까? 결코 아닙니다. 위에서 언급한 대로 해가 지지 않는 나라 대영제국을 비롯하여 불란서와 유럽 여러 나라들이 아시아와 아프리카와 북남미와 오세아니아 등 전세계를 지배해온 유럽문명시대가 바로 인류역사의 끝부분인 발과 발가락으로 구성된 로마제국의 후신입니다. 강철처럼 강력하게 응집되어 도저히 무너지지 않고 영원히 지속될 것같았던 팍스 로마나[Pax Romana]가 로마제국이 무너지면서 동로마 제국과 서로마 제국으로 갈라지면서 야만의 유럽은 로마의 문명으로 통치되었습니다. 그러므로 유럽 문명의 뿌리는 로마제국입니다. 그리고 그 후 오늘날 우리가 살고 있는 이 세상은 오대양 육대주가 온통 로마제국의 후신인 유럽 문명으로 통치되고 있음을 부인할 수 없습니다. 우리가 살고 있는 이 시대가 바로 발과 발가락에 속하는 인류역사의 맨 끝부분이란 말입니다. 그런데 바로 이 국제화의 시대에 하나님께서 역사상에 나타났던 이 모든 제국들을 멸하시고 영원한 한 나라를 세우실 것이라고 기록하고 있음에 주의하시기 바랍니다. [43왕께서 철과 진흙이 섞인 것을 보셨은즉 그들이 다른 인종과 서로 섞일 것이나 피차에 합하지 아니함이 철과 진흙이 합하지 않음과 같으리이다 44**이 열왕의 때에 하늘의 하나님이 한 나라를 세우시리니 이것은 영원히 망하지도 아니할 것이요 그 국권이 다른 백성에게로 돌아가지도 아니할 것이요 도리어 이 모든 나라를 쳐서 멸하고 영원히 설 것이라**〈단 2:43-44〉

34절을 보면 뜨인 돌이 나타나서 철과 진흙의 발을 쳐서 부숴뜨렸더니 신상의 머리부터 전체가 다 부숴져서 겨같이 되어 흔적도 없이 날아가 버렸다고 기록하고 있으며 우상을 친 돌은 큰 산을 이루어 온 세계에 가득하였다고 기록하고 있습니다. 여기서 뜨인 돌은 반석이신 예수 그리스도를 의미하며 예수님께서 국제화의 시대에 재림하셔서 신상의 맨끝 발과 발가락을 쳐서 멸하였다는 것은 인류역사의 맨끝이 될 국제화 시대의 만국을 쳐서 멸하신다는 뜻이며 신상을 친 돌이 태산을 이루어 온세상에 가득하였다는 것은 예수 그리스도의 왕국이 천하만국을 다스리는 천년왕국이 도래한다는 것을 보여주는 것입니다. [32그 우상의 머리는 정금이요 가슴과 팔들은 은이요 배와 넓적다리는 놋이요 33그 종아리는 철이요 그 발은 얼마는 철이요 얼마는 진흙이었나이다 34또 왕이 보신즉 **사람의 손으로 하지 아니하고 뜨인 돌이 신상의 철과 진흙의 발을 쳐서 부숴뜨리매 35때에 철과 진흙과 놋과 은과 금이 다 부숴져 여름 타작마당의 겨 같이 되어 바람에 불려 간곳이 없었고 우상을 친 돌은 태산을 이루어 온 세계에 가득하였었나이다**〈단2:32-35〉] 다니엘서 7장에서도 구름을 타고 재림하실 인자같은 이에게 모든 권세와 영광과 나라들과 만국백성들을 주어 그 인자 같은 이를 섬기게하니 그의 나라는 영원하고 그의 권세는 영원한 권세라고 함으로써 로마제국의 끝인 국제화시대에 예수님의 재림이 있을 것을 말해주고 있습니다. [13내가 또 밤 이상 중에 보았는데 **인자 같은이가 하늘 구름을 타고 와서 옛적부터 항상 계신 자에게 나아와 그 앞에 인도되매 14그에게 권세와 영광과 나라를 주고 모든 백성과 나라들과 각 방언하는 자로 그를 섬기게 하였으니 그 권세는 영원한 권세라 옮기지 아니할 것이요 그 나라는 폐하지 아니할 것이니라**[단7:13-14]]

그런데 느브갓네살이 본 신상에 보면 이 인류역사의 맨 끝부분에 열개의 발가락이 있다는 점을 유의해야 합니다. 즉 인류역사의 맨끝에는 다른 인종과 섞여서 사는 국제화의 시대가 되어 철과 진흙이 섞여지지 않는 것처럼 인종이 섞여지지 아니하고 각기 자기 민족끼리 모여 살게될 것이라는 것입니다. 발과 발가락이 신체의 맨 끝부분인것처럼 발과 발가락에 해당하는 이 국제화시대가 바로 인류역사의 맨 끝에 속하는 종말의 시대라는 점입니다. 그러므로 다니엘이 살았던 시대부터 보았을 때 느브갓네살 왕을 상징하는 금 머리로 시작된 신상이 철과 진흙이 섞인 열개의 발가락으로 끝나는 것은 느브갓네살 왕이 통치하던 시절부터 인류역사의 종말까지 보여주는 인류역사의 통치체제를 보여주는 것입니다.

하나님은 느브갓네살 왕이 꾼 이 신상에 대한 꿈의 해석을 다니엘에게 보여주셨고 이 꿈이 사실이라는 것을 확증하기 위해서 이번에는 다니엘에게 또 하나의 꿈을 보여주시고 그 해석까지 보여주셨습니다. 같은 내용을 다시 한번 확인하는 차원에서였습니다. 다니엘서 7장과 8장에서 다니엘에게 두 번에 걸쳐 꿈으로 보여주셨는데 그 내용들은 느브갓네살 왕에게 보여주신 것을 좀더 자세하게 보여준 것입니다. 7장에서 하나님이 다니엘에게 보여주신 꿈에서는 네개의 큰 짐승이 나타납니다. 이것 역시 느부갓네살 왕이 통치하던 신바벨론 제국으로부터 시작하여 그 다음에는 메데 페르시아 제국이 나타나고, 그 다음에는 그리스 제국 그리고 넷째 짐승은 무섭고 강하고 철이가 있어서 앞의 세 제국이 정복하지 못한 세상의 나머지 나라들까지 다 정복하고 삼키는 무섭고 놀라운 짐승으로서 로마제국이 나타날 것을 보여주고 있습니다. 그런데 이 넷째 짐승은 열개의 뿔을 지니고 있다고 기록하고 있습니다. 그리고 이 열 뿔 사이에서 작은 뿔 하나가 나오더니 세 뿔이 그 앞에서 뽑히우고 그 작은 뿔에는 사람의 눈 같은 것이 있고 또 입이 있어서 큰 말을 하였다고 기록하고 있습니다.[단7:1-8] [1바벨론 왕 벨사살 원년에 다니엘이 그 침상에서 꿈을 꾸며 뇌 속으로 이상을 받고 그 꿈을 기록하며 그 일의 대략을 진술하니라 2다니엘이 진술하여 가로되 내가 밤에 이상을 보았는데 하늘의 네 바람이 큰 바다로 몰려 불더니 3큰 짐승 넷이 바다에서 나왔는데 그 모양이 각각 다르니 4첫째는 사자와 같은데 독수리의 날개가 있더니 내가 볼 사이에 그 날개가 뽑혔고 또 땅에서 들려서 사람처럼 두 발로 서게 함을 입었으며 또 사람의 마음을 받았으며 5다른 짐승 곧 둘째는 곰과 같은데 그것이 몸 한편을 들었고 그 입의 잇사이에는 세 갈빗대가 물렸는데 그에게 말하는 자가 있어 이르기를 일어나서 많은 고기를 먹으라 하였으며 6그 후에 내가 또 본즉 다른 짐승 곧 표범과 같은 것이 있는데 그 등에는 새의 날개 넷이 있고 그 짐승에게 또 머리 넷이 있으며 또 권세를 받았으며 7내가 밤 이상 가운데 그 다음에 본 네째 짐승은 무섭고 놀라우며 또 극히 강하며 또 큰 철 이가 있어서 먹고 부숴뜨리고 그 나머지를 발로 밟았으며 이 짐승은 전의 모든 짐승과 다르고 또 열 뿔이 있으므로 8내가 그 뿔을 유심히 보는 중 다른 작은 뿔이 그 사이에서 나더니 먼저 뿔 중에 셋이 그 앞에 뿌리까지 뽑혔으며 이 작은 뿔에는 사람의 눈 같은 눈이 있고 또 입이 있어 큰 말을 하였느니라

그런데 7장 23절부터 기록된 이 넷째 짐승에 대한 해석에 의하면 열 뿔은 이 나라에서 일어날 열 왕이라고 하였고 작은 뿔은 그 열왕 후에 나타나서 열 뿔 중에서 세 왕을 복종시킬 것이며 또 그 작은 뿔[적그리스도]은 말

로 하나님을 대적하고 성도를 괴롭게 할 것이며 성도들은 한 때와 두 때와 반 때 동안 즉 3년 반 동안[마흔 두달, 1260일] 그 작은 뿔의 손에 붙인바 될 것이라고 기록하고 있습니다.

[23무신 자가 이처럼 이르되 **네째 짐승은 곧 땅의 네째 나라[로마제국]인데** 이는 모든 나라보다 달라서 천하를 삼키고 밟아 부숴뜨릴 것이며 24**그 열 뿔[10대 강국]은 이 나라[로마 제국]에서 일어날 열 왕이요 그 후에 또 하나[적그리스도]가 일어나리니 그는 먼저 있던 자들과 다르고 또 세 왕을 복종시킬 것이며 25그가 장차 말로 지극히 높으신 자를 대적하며 또 지극히 높으신 자의 성도를 괴롭게 할 것이며 그가 또 때와 법을 변개코자 할 것이며 성도는 그의 손에 붙인바 되어 한 때와 두 때와 반 때[3년 반의 대환란]를 지내리라** 26그러나 심판이 시작된즉 그는 권세를 빼앗기고 끝까지 멸망할 것이요 27나라와 권세와 온 천하 열국의 위세가 지극히 높으신 자의 성민에게 붙인바 되리니 그의 나라는 영원한 나라이라 모든 권세 있는 자가 다 그를 섬겨 복종하리라 하여 28그 말이 이에 그친지라 나 다니엘은 중심이 번민하였으며 내 낯빛이 변하였으나 내가 이 일을 마음에 감추었느니라〈단7:1-28〉 그러므로 **2장의 신상에서 마지막 시대를 상징하는 발에 10개의 발가락이 있는 것은 철로 된 종아리 즉 로마제국이 지나고 나면 인류역사의 맨 끝인 발에 10개의 발가락이 있는 것처럼 인류역사의 맨 끝에 10대 강국[열 뿔]이 출현할 것을 보여주는 것입니다.** 그리고 다니엘서 7장에서 로마제국을 상징하는 무섭고 놀라운 넷째 짐승이 지닌 열 뿔이 열 왕을 의미한다고 한 것도 인류역사의 종말에 10대 강국이 출현할 것을 보여주는 것입니다.

그러므로 전세계가 국제화시대로 가고 있는 지금 이 시대는 확실히 인류역사의 종말의 시대라는 것을 깨달음과 동시에 이 시대에는 필연적으로 십대 강국이 출현하게 된다는 것을 깨달아야 합니다. 그러므로 우리는 작금의 세계정치의 추이를 주의깊게 살펴보아야 합니다. 열 뿔 즉 십대강국의 조짐으로 보이는 것들이 있습니까? 1970년대에 출현한 서방선진공업국 G7이 10대 강국으로 발전할 것입니까? 현재는 쏘련 붕괴후에 러시아가 합류하여 G8까지 와있는 상태이고 중국은 현재 정회원국은 되지 못하고 옵저버 국가로 참가하고 있지만 중국국력의 급속한 신장으로 말미암아 머지않아 G9에 합류할 것이 확실시 되고 있습니다. 다음으로 인도 아니면 브라질이 합류하여 G10이 된다면 그것이 성경에서 말하는 10대 강국이 될 것입니까? 아니면 유엔의 안전보장 이사회의 회원국이 장차 10개 나라로 확대개편

되어 10대 강국으로 출현하게 될 것입니까? 지금까지의 인류역사를 돌이켜 볼 때 전세계의 문제를 다루기 위하여 지금처럼 G7이나 UN같은 국제기구가 생겨난 적은 없었습니다. 지금 우리 시대에 이런 국제기구들이 생겨나기 시작한 것은 성경이 말세에 나타나기로 예언한 십대 강국 즉 열 뿔의 출현이 가까웠음을 보여주는 것입니다. 현재로서 우리는 십대강국의 정체를 정확히 파악하지 못하지만 장차 십대강국이 출현하면 그 다음에는 반드시 작은 뿔 즉 적그리스도가 나타날 것입니다.

자 그러면 이제 요한계시록으로 다시 돌아가서 지금까지 짐승이 무엇인지에 대해서 논한 것들을 다시 한번 간략하게 정리해보겠습니다.

(9)지혜 있는 뜻이 여기 있으니 **그 일곱 머리는 여자가 앉은 일곱 산이요** (10)**또 일곱 왕이라 다섯은 망하였고 하나는 있고 다른 이는 아직 이르지 아니하였으나 이르면 반드시 잠간 동안 계속하리라** (11)**전에 있었다가 시방 없어진 짐승은 여덟째 왕이니** 일곱 중에 속한 자라 저가 멸망으로 들어가리라 (12)네가 보던 열 뿔은 열 왕이니 아직 나라를 얻지 못하였으나 다만 짐승으로 더불어 임금처럼 권세를 일시 동안 받으리라 (13)저희가 한 뜻을 가지고 자기의 능력과 권세를 짐승에게 주더라

9절에서 보는 대로 짐승의 일곱 머리는 일곱 산 즉 일곱 왕인데 그 중에서 다섯[구바벨론 제국, 앗수루 제국, 신바벨론 제국, 메데 페르시아 제국, 그리스 제국]은 사도 요한이 이 글을 쓰고 있었던 시대 이전에 다 망해서 없어졌고 **하나**는 사도 요한의 시대에 존재했던 철로 된 종아리에 해당하는 강력한 로마제국이었습니다. 그리고 아직 이르지 아니한 **다른 이**는 철과 진흙으로 만들어진 발과 열 발가락에 해당하는 로마제국의 맨 끝인 국제화시대로서 사도 요한 시대에는 이르지 않았지만 장차 나타나면 반드시 잠시 동안 계속하리라고 하였습니다.

그러면 이 짐승은 누구입니까? 11절에 기록된 대로 이 짐승은 여덟번째 왕으로서 일곱 중에 속한 자라고 하였습니다. 지금까지 위에서 일곱 왕이 속한 체제가 무엇인지에 대하여 설명한 것처럼 인류역사에 존재했던 거대한 일곱 제국, 다시 말해서 지금까지 인류역사를 지배해 왔던 사탄의 통치체제를 말하는 것입니다. 우리는 지금 인류역사의 맨 마지막 시대에 존재하는 로마제국의 후신 유럽문명이 전세계를 지배하는 시대인 일곱번째 제국에

살고 있는 것입니다. 그런데 11절에 의하면 짐승은 여덟번째 왕이라고 하였고 일곱 중에 속한 자라고 하였습니다. 일곱 머리는 일곱 산이요 일곱 왕이라고 하였습니다. 즉 일곱 산은 인류역사에 일어날 거대한 일곱 제국을 말하는 것으로 일곱 제국을 일곱 왕으로 표현하였습니다. 그러니까 일곱 머리는 인류역사에서 거대한 제국을 이끌 일곱 왕으로 표현하고 있습니다. 그런데 일곱번 째 제국의 왕이 통치하는 시대 맨 끝에 십대 강국이 나타날 것인데 십대 강국이 출현하고 나면 한 작은 뿔이 즉 작은 나라에서 한 왕이 나타나게 되고 십대 강국은 모든 권세를 그 작은 뿔에게 주게 되는데 그 작은 뿔은 전세계를 통치하는 왕일 뿐 아니라 감히 전능하신 하나님을 대항하는 인류역사에서 가장 막강한 왕으로 나타나게 될 것입니다.[20또 그것의 머리에는 **열 뿔이 있고 그 외에 또 다른 뿔이 나오매 세 뿔이 그 앞에 빠졌으며 그 뿔에는 눈도 있고 큰 말하는 입도 있고 그 모양이 동류보다 강하여 보인 것이라 21내가 본즉 이 뿔이 성도들로 더불어 싸워 이기었더니**(단7:20-21)] 그래서 그 작은 뿔은 비록 일곱번 째 제국에 속해서 나타나기는 했지만 그 권세는 앞의 일곱 제국의 왕 이상의 권세를 지닌 왕이 될 것이기 때문에 그를 여덟번째 왕이라고 말하는 것입니다.

그러면 이 여덟번째 왕은 누구입니까? 12-13절에 그 힌트가 있습니다. 12-13절에 보면 "네가 보던 열 뿔은 열 왕이니 아직 나라를 얻지 못하였으나 다만 짐승으로 더불어 임금처럼 권세를 일시 동안 받으리라 (13)저희가 한 뜻을 가지고 자기의 능력과 권세를 짐승에게 주더라" 라고 기록되어 있습니다. 10대 강국은 앞에서 살펴본대로 로마제국의 후신인 발과 열 개의발가락에 속하는 유럽문명이 전세계를 지배하고 있는 오늘 우리가 살고 있는 시대에 나타날 것이라고 하였습니다. 그런데 12-13절에 보면 이 10대 강국은 짐승과 함께 일시동안 왕과같은 다스리는 권세를 받는다고 하였습니다. 그러니까 10대 강국은 짐승과 함께 전세계를 통치하게 될 것이라는 것입니다. 그런데 13절에 보면 그 10대 강국이 한 마음으로 모든 권세를 짐승에게 준다고 기록하고 있습니다. 이것은 전세계를 이끌던 10대 강국이 짐승이 나타나자 그 짐승에게 모든 권세를 주어 짐승이 전세계를 통치하는 왕이 될 것임을 보여주는 것입니다. 11절에 짐승이 여덟번째 왕이면서 일곱 중에 속한 자라는 말이 바로 이것입니다. 이 짐승은 10대 강국으로부터 전세계를 통치할 권세를 받아 10대 강국의 왕들을 부하로 거느리면서 자기가 전세계를 통치하는 왕이 되는 것입니다. 10대 강국은 일곱번째 제국에 속하는 왕들인데 여덟번째 왕으로 나타날 짐승이 그들을 부하로 삼아 전세계를 통치하는 왕이 된다는 말이 바로 11절에 기록된 대로 짐승이 여덟번째 왕이지만 일곱 중에 속한다는 말입니다. 비록 일곱번째 제국에 속하는 왕이지만 그의 권세는 마치 여덟번째 제국의 왕처럼 막강한 권세를 지니고 있다는 말입니다. 실제로 앞의 일곱 제국들은 어느 한정된 지역만을 다스리는 제국이었으나 이 작은 뿔은 지구 땅 전세계의 나라들을 통치하는 가장 강력한 제국이 될 것이기 때문입니다.

12절을 다시 보면 이 짐승은 10대 강국과 함께 일시 동안 왕과같은 권세를 받는다고 하였는데 그 일시 동안은 어느 정도의 기간입니까? 요한계시록 13장 4-5절에 보면 용 즉 사탄이 이 짐승[적그리스도]에게 마흔 두 달 일할 권세를 주었습니다. 마흔 두 달은 한 때와 두 때와 반 때, 그리고 1260 일과 동일한 기간으로으로서 적그리스도가 일 할 기간입니다. 그리고 5-6절에 보면 이 짐승은 큰 말과 참람된 말하는 입을 받아서 그 입을 벌려 감히 하나님을 훼방하며 하나님과 하늘에 속한 자들을 훼방하는 자라고 하였습니다. [5또 **짐승이 큰 말과 참람된 말 하는 입을 받고** 또 **마흔 두달 일할 권세를 받으니라** 6짐**승이 입을 벌려 하나님을 향하여 훼방하되** 그의 이름과 그의 장막 곧 하늘에 거하는 자들을 훼방하더라 7또 **권세를 받아 성도들과 싸워 이기게 되고** 각 족속과 백성과 방언과 나라를 다스리는 권세를 받으니 8죽임을 당한 **어린 양의 생명책에 창세 이후로 녹명되지 못하고 이 땅에 사는 자들은 다 짐승에게 경배하리라**〈계13:5-8〉] 그렇다면 10대 강국을 장관으로 삼고 마흔 두달 동안 전세계를 왕으로서 통치하게될 이 짐승은 누구이겠습니까? 답은 너무나도 뻔합니다. 이 짐승이 바로 적그리스도입니다. 7-8절에 보면 이 짐승은 권세를 받아 성도들과 싸워 이기게 되고 각 족속과 백성들과 방언들과 나라들을 다스리는 권세를 받았고 생명책에 기록되지 않은 불신자들은 다 이 짐승에게 경배한다고 하였습니다. 그러므로 이 짐승은 나라도 아니고 캐톨릭 교회도 아니고 마지막 제국에 인간의 육신을 입고 나타나서 10대 강국의 왕들을 부하로 삼아 전세계를 통치하게될 적그리스도입니다.

요한계시록 13장 1절에 보면 이 짐승이 바다에서 나왔다고 하였는데 이는 이 짐승이 인간의 육신을 입고 사람으로 나타난다는 것을 의미하는 것입니다. 여기서 바다는 많은 물을 의미하며 많은 물은 이 세상에 존재하는 백성들과 무리와 열국과 방언들이기 때문입니다. 요한계시록 17장 1절에 보면 많은 물 위에 앉은 큰 음녀가 나오는데 15절에 보면 이 많은 물은 백성들, 무리들, 나라들과 언어들이라고 기록하고 있습니다. [15또 천사가 내게 말하되 네가 본바 음녀의 앉은 물은 백성과 무리와 열국과 방언들이니라〈계17:15〉] 그러므로 이 짐승이 바다에서 나왔다는 말은 이 짐승이 인간의 육신을 입고 사람으로 나타난다는 것을 의미하는 것입니다. 짐승이 마지막 제국 즉 일곱번째 제국에 나타날 10대 강국의 지도자들을 장관으로 삼아 전세계를 통치하게될 적그리스도라면 이 짐승에게 일곱 머리가 있다는 것은 무슨 뜻입니까? 그 일곱 머리는 일곱 산이요 일곱 왕으로서 인류역사를 지배해온 일곱개의 거대한 제국이라고 하였는데 그러면 짐승의 몸에 일곱 개의 제국이 붙어있다는 말은 무슨 뜻입니까? 이것은 적그리스도가 아담 이후부터 인류의 종말 때까지 이 세상을 통치하는 왕임을 의미하는 것입니다. 에베소서 2장 2절에 기록된 대로 인간이 범죄하여 에덴에서 쫓겨난 이후에는 공중권세를 잡은 자 사탄이 하나님께 불순종하는 죄인 인간들을 통치하였습니다.[2그 때에 너희가 그 가운데서 행하여 이 세상 풍속을 좇고 공중의 권세 잡은 자를 따랐으니 곧 지금 불순종의 아들들 가운데서 역사하는 영이라〈엡2:2〉] 바로 그 공중권세를 잡은 자가 마귀이며 그 마귀가 인간의 육신을 입고 나타난 것이 적그리스도입니다. 하나님께서 인간의 육신을 입고 나타나신 분이 예수 그리스도이신 것처럼 말입니다. 그러니까 적그리스도는 인류역사의 처음 아담 때부터 역사해 온 마귀입니다. 적그리스도는 인류역사의 마지막에만 나타나는 존재가 아닙니다. 사도 요한 시대에도 많은 적그리스도들이 활동하고 있었습니다.[요일 2:18] 그러나 그들은 다만 적그리스도의 영을 받아 일하는 대리자에 불과하였습니다. 인류의 마지막 일곱번째 제국의 끝 10대 강국이 출현할 때에 나타나서 그들을 부하로 삼아 전세계를 통치하게될 적그리스도는 예수 그리스도가 육신을 입고 사람으로 나타나셨던 것처럼 자기도 인간의 육신을 입고 사람으로 나타나서 초자연적인 능력을 행하는 자가 될 것입니다.

그러면 전에는 있었다가 시방은 없으나 장차 무저갱으로부터 올라와 멸망으로 들어갈 짐승은 무엇입니까? 이 짐승이 전에 있었다는 말은 사탄이 에덴동산에서 아담에게 얼굴과 얼굴로 직접 나타나서 인류를 미혹하고 죄와 사망에 빠트렸던 사실을 언급하는 것입니다. 조금 더 자세히 말하자면 성부 성자 성령 하나님이 아브라함에게 세 사람으로 나타나셨던 것처럼 사탄은 아담 하와에게 얼굴과 얼굴로 직접 대면하기 위해서 뱀의 모양으로 나타난 것입니다. 그것이 바로 적그리스도였습니다. '시방은 없으냐'라는 말은 에덴동산에서의 사건 이후부터는 사탄이 사람에게 얼굴과 얼굴로 직접 나타나지 아니하고 영으로 존재하면서 드러내지않은 채 공중권세를 잡은 자로서 거대한 일곱 개의 제국을 통하여 이 세상을 배후에서 통치해 왔다는 것을 뜻하는 것입니다. 짐승의 몸에 있는 일곱 머리 즉 일곱 제국의 왕들은 짐승이 배후에서 조종하였던 적그리스도의 사람들에 불과한 것입니다. 그러나 십대강국이 출현하는 인류역사의 마지막이 되면 그 짐승은 다시 한번 인간에게 자기의 모습을 드러낼 것입니다. 즉 인간의 육신을 입고 세상의 모든 사람들이 직접 눈으로 볼 수 있도록 나타난다는 말입니다. 장차 무저갱으로부터 올라와 멸망으로 들어갈 자라는 말은 사탄이 마지막 때에는 예수님처럼 사람의 몸을 입은 적그리스도를 이 세상에 보내어 사람들을 얼굴과 얼굴로 대면하면서 전세계를 통치하다가 재림하실 그리스도에 의하여 영원히 파멸하게 될 것을 말하는 것입니다. 그러니까 이 짐승의 정체는 적그리스도입니다. 4절과 5절을 자세히 살펴보십시오. '**용이 짐승에게 권세를 주므로** 용에게 경배하며 짐승에게 경배하여 가로되 누가 이 짐승과 같으뇨 누가 능히 이로 더불어 싸우리요 하더라. **또 짐승이 큰 말과 참람된 말하는 입을 받고 또 마흔 두달 일할 권세를 받으니라.**' 여기 등장하는 짐승은 사탄인 용으로부터 권세를 받은 적그리스도입니다. 이 적그리스도는 사탄인 용을 경배하는 사탄의 부하입니다. 그의 입에는 하나님을 대항하는 참람된 말들을 사탄으로부터 받았습니다. 마치 예수 그리스도께서 하나님 아버지의 말씀을 받아서 그대로 전하셨던 것처럼 용인 사탄도 짐승인 그의 부하 적그리스도를 보내어 그의 말을 전하게 하는 것입니다. 13 장에서는 3 년반 동안 즉 마흔 두 달 동안의 대환란 기간에 활동할 적그리스도[1-10절]와 거짓 선지자들[11-18절]의 정체를 보여주고 있습니다. 여기서 우리는 사탄이 하나님 나라의 통치체계를 흉내내고 있음을 엿볼 수 있습니다.

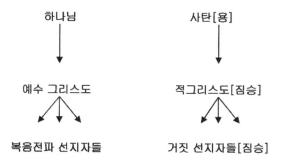

309

누가 적그리스도로 나타날 것인가?

13장1절을 보면 '내가 보니 바다에서 한 짐승이 나오는데 뿔이 열이요 머리가 일곱이라 그 뿔에는 열 면류관이 있고 그 머리들에는 참람한 이름들이 있더라'고 하였다. 이 짐승은 바다에서 나왔다고 하였습니다. 요한계시록 17장 15절을 보십시오. '또 천사가 내게 말하되 네가 본 바 음녀의 앉은 물은 백성과 무리와 열국과 방언들이니라.' 여기서 물은 백성들과 무리들과 나라들과 언어들이라고 하였습니다. 즉 이 짐승이 바다에서 나아온다는 것은 앞으로 적그리스도가 사람들 중에서 나온다는 뜻이라고 앞에서 이미 말씀드렸습니다. 다시 말해서 그리스도께서 인간의 육신을 입고 오셨던 것처럼 적그리스도도 인간의 몸을 입고 나타날 것이란 말입니다.

우리는 이제 이 짐승이 열개의 뿔과 일곱 머리를 지니고 있다는 의미를 잘 이해하게 되었습니다. 에덴 동산에서 아담 하와를 유혹하기 위하여 용이라는 동물의 육신으로 나타나서 인간을 속여 자신의 노예로 삼은 이후에 사탄은 인류역사에 존재했던 모든 나라를 배후에서 통치하는 공중권세를 잡은 자가 되었습니다. 그러면 이번에는 다니엘서의 느부갓네살 왕이 꿈에서 보았던 신상의 의미를 지금까지 살펴보았던 짐승의 내용과 연결시켜서 정리해보겠습니다.

〈다니엘서2장 느부갓네살 왕의 꿈〉

2장	금 머리	은 팔, 가슴	놋 배와 넓적 다리	철 종아리	철과 진흙 발과 발가락	뜨인 돌
의미	바벨론 제국	메데 페르시아	그리스	로마제국	국제화 시대	그리스도의 왕국

잘 아시다시피 여기서 금으로 된 신상의 머리는 신 바벨론 제국을 나타내고 은으로 된 가슴과 팔들은 메데 페르시아제국을 나타내고 동으로 된 배와 넓적다리는 그리스 제국을 나타냅니다. 그리고 종아리는 철이요 그 발은

얼마는 철이요 얼마는 진흙이라고 하였는데 여기서 철로 된 종아리는 당시 여러 나라들을 정복한 막강한 로마제국을 의미합니다.

단 2:41) 왕께서 그 발과 발가락이 얼마는 토기장이의 진흙이요 얼마는 철인 것을 보셨은즉 그 나라가 나누일 것이며 왕께서 철과 진흙이 섞인 것을 보셨은즉 그 나라가 철의 든든함이 있을 것이나 42) 그 발가락이 얼마는 철이요 얼마는 진흙인즉 그 나라가 얼마는 든든하고 얼마는 부숴질 만할 것이며 43) 왕께서 철과 진흙이 섞인 것을 보셨은즉 그들이 다른 인종과 서로 섞일 것이나 피차에 합하지 아니함이 철과 진흙이 합하지 않음과 같으리이다

여기서 철로 만들어진 종아리 다음에 발과 발가락은 얼마는 흙이고 얼마는 철이라고 하였습니다. 이는 강력한 로마제국이 무너진 이후에는 잘 융합되지 않는 여러 나라로 갈라지는 시대가 될 것이지만 여전히 전세계가 정치, 경제 사회, 교육, 문화 등 모든 분야에서 로마제국의 영향권 안에서 존재하는 국제화시대를 이루는 시대가 도래할 것을 보여주는 것입니다. 그런데 이 신상의 맨 끝에는 진흙과 철을 섞어서 만든 열 개의 발가락이 있습니다. 이 열 개의 발가락이 이 신상의 맨 끝입니다. 즉 이 세상에 존재했던 일곱 개의 제국[일곱 산] 중에서 맨 마지막 시대의 제국 즉 일곱번째의 제국의 끝에 십대강국이 나타날 것입니다. 열 뿔을 지닌 이 짐승은 로마제국 시대 중에서도 맨 마지막 시대를 상징하는 열 개의 발가락 시대에 속한 자로서 마흔 두 달[1260일, 3년 반] 동안 세계의 지도국인 십대강국의 통치자들을 휘어잡고 전세계를 통치할 막강한 정치적 능력을 행사할 것입니다. 그러니까 열 뿔은 로마제국의 후신인 유럽문명시대의 맨 끝에 나타날 십대강국입니다. 느부갓네살 왕의 꿈에서 보았던 신상의 맨 끝이 철과 진흙으로 만들어진 열 개의 발가락으로 끝나는 것처럼 로마제국 시대의 맨 마지막 때에는 국제화가 이루어지는 시대이며 동시에 10 대 강국이 일어나는 시대임을 보여주는 것입니다. 지금 우리는 신상의 맨 끝인 철과 진흙으로 이루어진 열 발가락 시대 즉 인류역사의 맨 마지막 부분인 여러 인종이 섞여 살되 하나로 합해지지 않는 국제화 시대에 살고 있으면서 머지않아 십대강국이 출현하게되는 시대에 살고 있는 것입니다.

결국 용으로부터 권세를 받은 일곱 개의 머리와 열 뿔을 가진 짐승은 적

그리스도입니다. 짐승이 일곱 머리를 지녔다는 것은 적그리스도가 아담이 범죄한 이후부터 종말 때까지 인류역사의 7대 제국 즉 이 세상 왕국을 통치하고 있다는 뜻입니다. 그러므로 그리스도께서 이 세상에 초림하셨을 때에 마귀인 직그리스도는 자기가 지금까지 통치해 왔던 세상왕국을 그리스도에게 빼앗길 것을 잘 알고 있었기에 그리스도를 미혹하기 위하여 이렇게 말했습니다. '마귀가 또 그를 데리고 지극히 높은 산으로 가서 천하만국과 그 영광을 보여 가로되 만일 내게 엎드려 경배하면 이 모든것을 네게 주리라.'[마4:8-9] 지금까지 적그리스도는 인류 역사의 세상 왕국을 주도하였던 일곱 개의 제국을 배후에서 영적으로 통치해 왔지만 이제 인류역사의 맨 마지막에는 마귀 자신이 직접 땅으로 내려와 육신의 몸으로 나타나서 십대강국의 왕들을 손아귀에 잡고 전세계를 통치할 것입니다. 그리스도의 성육신을 모방한 것입니다. 이처럼 적 그리스도가 육신으로 나타나서 열 뿔 즉 십대강국을 그의 손아귀에 넣고 전세계를 통치하는 이 기간이 바로 3 년 반 동안의 대환란 기간인 마흔 두 달입니다. 2절을 보십시오. '내가 본 짐승은 표범과 비슷하고 그 발은 곰의 발 같고 그 입은 사자의 입 같은데 용이 자기의 능력과 보좌와 큰 권세를 그에게 주었더라.' 여기 적그리스도를 상징하는 이 짐승은 다니엘이 꿈에서 계시로 보았던 큰 짐승들과 같이 생겼다고 하였습니다. 즉, 바벨론을 상징하는 사자, 메데 페르시아를 상징하는 곰, 그리스제국을 상징하는 표범과 같다고 하였습니다. 이것은 적그리스도가 바벨론 제국과 메데 페르시아제국과 그리스제국의 힘을 다 합친 것 같은 막강한 권한을 사탄[용]으로부터 부여 받게 될 것임을 암시하는 것입니다. 7절을 보십시오. '또 권세를 받아 성도들과 싸워 이기게 되고 각 족속과 백성과 방언과 나라를 다스리는 권세를 받으니' 라고 기록하고 있습니다. 사탄은 지금까지 인류 역사상에서 그 어떤 사람들에게 주었던 권력보다 더 막강한 권세와 능력을 적그리스도에게 줄 것입니다. 적그리스도는 심지어 하나님의 백성인 성도들과 싸워 이길 권세까지 받았습니다. 그러므로 1260일의 끝에 가서 성도의 권세가 다 깨어지기까지 적그리스도는 승승장구하는 것처럼 보일 것입니다. 아무튼 적그리스도는 지상의 최후의 순간인 대환란 기간에 전세계를 통치할 것입니다. 그런데 3-5절에 보면 이렇게 기록되어 있습니다.

3) 그의 머리 하나가 상하여 죽게된 것 같더니 그 죽게 되었던 상처가 나으매 온 땅이 이상히 여겨 짐승을 따르고 4) 용이 짐승에게 권세를 주므로 용에게 경배하며 짐승에게 경배하여

가로되 누가 이 짐승과 같으뇨 누가 능히 이로 더불어 싸우리요 하더라 5) 또 짐승이 큰 말과 참람된 말하는 입을 받고 또 마흔 두 달 일할 권세를 받으니라 6) 짐승이 입을 벌려 하나님을 향하여 훼방하되 그의 이름과 그의 장막 곧 하늘에 거하는 자들을 훼방하더라

3절에 '그의 머리 하나가 상하여 죽게 된 것 같더니 그 죽게 되었던 상처가 나으매 온 땅이 이상히 여겨 짐승을 따른다'고 하였는데 이것은 그리스도께서 죽으셨다가 다시 살아나신 것을 모방하려는 것으로서 적그리스도가 자기를 재림한 예수 그리스도로 가장하려는 것입니다. 보십시오. 4절에서 '용이 짐승에게 권세를 주므로 용에게 경배하며 짐승에게 경배하여 가로되 누가 이 짐승과 같으뇨 누가 능히 이로 더불어 싸우리요 하더라.' 하는 구절은 적그리스도가 왕의 왕으로 오실 그리스도로 가장하기 위함입니다. 그런데 여기서 3절을 주의 깊게 다시 보기 바랍니다. 그 짐승의 머리에 있었던 머리 중에서 하나가 상하여 죽게 된 것같더니 그 상처가 나으매 온 땅이 이상이 여겨 짐승을 따른다고 하였고 그 시대에 용이 짐승에게 권세를 주었다고 하였습니다. 여기서 주의 깊게 잘 살펴보면 짐승이 죽었다가 다시 살아난 것이 아닙니다. 사탄은 창조주 하나님이 아니기 때문에 죽었다가 스스로의 힘으로 다시 살아날 능력이 없습니다. 3절을 잘 보면 그 짐승이 죽은 것이 아니라 그의 머리 중에 하나가 **죽게 된 것 같더니 상처가 나았다고** 하였습니다. 이것이 바로 로마제국이 정치적으로 군사적으로 무너진 후에 그의 문명만 전세계에 전해져서 오늘날 모든 세계가 로마제국의 명맥을 희미하게나마 유지하게 된 것을 말합니다. 정치 군사적으로 로마제국 전역을 통치하던 그런 파우워는 더 이상 존재하지 않기 때문에 '죽게 된 것 같더니'라고 표현한 것입니다. 그러나 이 네 번째 제국인 로마제국의 맨 끝 부분인 발과 발가락 시대에 십대강국이 출현하게 되고 그 사이에서 나온 작은 뿔인 적그리스도가 나타나서 10대 강국을 부하로 삼아 전세계를 통치하게 되면 그것이야 말로 로마제국이 정치 군사 경제 등 모든 면에서 옛날의 로마제국같이 다시 부활한 것처럼 여겨진다는 것입니다. 그 때는 이 지구상에서 그 어떤 다른 정치세력도 이 막강한 적그리스도가 통치하는 세계정부에 대항하지 못할 것입니다. 그러므로 마흔 두 달 동안의 대환란 시대에 많은 세상 사람들은 이 적그리스도를 참 그리스도인 줄 알고 숭배하게 될 것입니다. 결국 적그리스도를 숭배함으로써 사탄이 숭배를 받게 되는 것입니다.

그러면 열뿔[십대강국]이 출현한 후에 나타날 작은 뿔인 적그리스도는 누구입니까? 다음 성경 구절들을 보면 작은 뿔인 적그리스도는 결코 기독교와 무관한 사람이 아닐 것입니다. 그는 분명히 기독교를 배교하고 자신이 재림한 그리스도요, 전능하신 하나님이라고 선언하는 일을 서슴지 않을 것입니다.

살후 2:3) 누가 아무렇게 하여도 너희가 미혹하지 말라 **먼저 배도하는 일이 있고** 저 불법의 사람 곧 멸망의 아들이 나타나기 전에는 이르지 아니하리니 4) 저는 대적하는 자라 범사에 일컫는 하나님이나 숭배함을 받는 자위에 뛰어나 자존하여 하나님 성전에 앉아 자기를 보여 하나님이라 하느니라

마 24:15) 그러므로 너희가 선지자 다니엘의 말한바 멸망의 가증한 것이 거룩한 곳에 선 것을 보거든 읽는 자는 깨달을찌저

분명히 적그리스도는 전세계를 휘두를 만한 정치적인 능력을 갖춘 인물일 뿐만 아니라 종교적으로는 기독교로 자신을 위장하여 성경의 용어를 많이 도용하고 자신을 그리스도로 가장하며 그리스도의 영광을 가로챌 것입니다. 다시 말해서 적 그리스도는 비기독교 세계에서 나오지 않습니다. 적그리스도는 반드시 기독교의 이름으로 나타나게 될 것입니다. 13장 4절과 5절을 보면 적그리스도인 짐승이 용으로 부터 '큰 말과 참람된 말하는 입을 받고 또 마흔 두달 일할 권세를 받으니라.'고 기록하고 있습니다. 그러면 큰 말과 참람된 말하는 입을 받고 마흔 두달 동안 일할 권세를 받을 자는 누구이겠습니까? 다니엘서 7장 8절을 다시 보면 이렇게 기록되어 있습니다. '내가 그 뿔들[열뿔]을 유심히 보는 중에 다른 작은 뿔이 그 사이에서 나더니 먼저 뿔들 중에서 셋이 그 앞에 뿌리까지 뽑혔으며 **이 작은 뿔에는 사람의 눈 같은 것이 있고 또 입이 있어 큰 말을 하였느니라.**' 여기서 보는 대로 열뿔이 나타난 다음에는 한 작은 뿔이 나타납니다. 그러니까 10대 강국이 나타난 다음에는 한 작은 뿔 즉 작은 나라에서 한 왕이 나타난다는 뜻입니다. 그러니까 우리가 지금까지 살펴본대로 사탄은 인류역사의 처음부터 종말까지 인류역사를 일곱 개의 제국시대로 나누어 배후에서 통치해왔습니다. 일곱이라는 숫자는 완전한 수를 나타내는 것으로 아담이 범죄한 이후부터 종말까지 인류역사 전체를 공중권세를 잡은 사탄이 통치한다는 의미입니다. 그런데 인류역사의 마지막인 일곱번째 제국의 끝에 열

뿔 즉 십대 강국이 나타날 때에는 그 사탄이 인간의 육신을 입고 여덟번째 왕으로 나타날 것이라고 하였습니다. 그가 바로 적그리스도입니다. 열 뿔은 열 왕이라고 하였습니다.[24그 **열 뿔은 이 나라에서 일어날 열 왕이요 그 후에 또 하나가 일어나리니** 그는 먼저 있던 자들과 다르고 또 세 왕을 복종시킬 것이며 25**그가 장차 말로 지극히 높으신 자를 대적하며 또 지극히 높으신 자의 성도를 괴롭게 할 것이며** 그가 또 때와 법을 변개코자 할 것이며 성도는 그의 손에 붙인바 되어 한 때와 두 때와 반 때를 지내리라〈단7:24-25〉] 그러면 그 열 뿔이 나타난 다음에 나타나는 이 작은 뿔이 누구인지 이제 상상할 수 있겠습니까? 장차 말로 지극히 높으신 자를 대적하며 또 지극히 높으신 자의 성도를 괴롭게 하며 성도는 그의 손에 붙인바 되어 한 때와 두 때와 반 때를 지내게 하는 자가 누구이겠습니까? 또 다니엘서 7장 8절에 보면 이 작은 뿔에 사람의 눈같은 것이 있고 입이 있어서 큰 말을 하였다는 것은 바로 십대 강국이 나타나는 일곱 째 제국에 속하면서 여덟 째 **왕으로** 나타날 짐승으로서 용으로부터 큰 말과 참람된 말하는 입을 받고 마흔 두 달 동안 일할 권세를 받은 바로 그 짐승 적그리스도인 것입니다. 여덟 째 왕으로 나타난다고 하였는데 여기서 왕으로 나타난다는 말은 적그리스도가 육신을 입고 사람으로 나타난다는 말입니다. 그러면 요한계시록 17장 9절부터 13절까지 다시 보면서 정리하시기 바랍니다.

9지혜 있는 뜻이 여기 있으니 **그 일곱 머리는 여자가 앉은 일곱 산이요** 10**또 일곱 왕이라** 다섯은 망하였고 하나는 있고 다른이는 아직 이르지 아니하였으나 이르면 반드시 잠간 동안 계속하리라 11**전에 있었다가 시방 없어진 짐승은 여덟째 왕이니** 일곱 중에 속한 자라 저가 멸망으로 들어가리라 12네가 보던 **열 뿔은 열 왕이니 아직 나라를 얻지 못하였으나 다만 짐승으로 더불어 임금처럼 권세를 일시 동안 받으리라** 13**저희가 한 뜻을 가지고 자기의 능력과 권세를 짐승에게 주더라**〈계17:9-13〉

　여기서 열 뿔은 열 왕인데 사도 요한이 이 계시를 받을 당시에는 아직 나라를 얻지 못하였습니다. 즉 사도 요한이 이 계시를 받을 당시에는 아직 십대강국이 출현하지 않았습니다. 그러나 때가 되어 십대강국이 출현하게 되면 그후에 육신을 입고 나타날 짐승[적그리스도]으로 더불어 일시 동안[마지막 한 이레] 이 세상을 다스릴 권세를 받게 된다는 말입니다. 십대강국은 작은 뿔[적그리스도= 여덟째 왕]이 나타나면 그들의 모든 능력과 권세를 작은 뿔에게 주게 될 것입니다. 그러면 전세계에서 가장 막강한 십대강국의 지도자들이 '작은 뿔'[작은 나라에서 나오는 왕]에게 모든 권세를 주고 그에게 복종할 만한 그런 '작은 나라의 왕'은 누구란 말입니까? 바티칸이라는 나라는 가로 세로 1.6 킬로 미터로 지상에서 가장 작은 독립국가입니다. 그러므로 작은 뿔은 이세상에서 가장 작은 나라 바티칸의 교황이 아니면 누가 또 있겠습니까? 기독교 교단의 총수이면서 한 나라의 왕인 그런 조직이 이 세상에 존재하고 있습니까? 캐톨릭 외에는 그런 조직이 이 세상에 존재하지 않습니다. 교황은 캐톨릭교회의 총수이면서 정치적으로는 한 나라의 왕입니다. 열 뿔은 열 왕이라고 하였는데 그 후에 작은 뿔이 나타난다고 하였습니다. 즉 작은 뿔은 작은 나라에서 나타날 왕이란 말입니다. 교황은 명실공히 한 나라의 왕입니다. 교황은 지금까지 유럽의 여러 나라 왕들을 지배해 왔고 지금도 교황 앞에 머리를 숙이지 않는 나라의 지도자가 없을 정도로 그 권세가 막강합니다. 장로교 교단의 총수나 침례교 교단의 총수를 왕으로 인정하고 세계의 정치 지도자들이 그들 앞에 와서 머리를 숙이는 적이 있었습니까? 캐톨릭 교회 외에는 그런 조직이 이 세상에 존재한 적이 없습니다.

영국의 유명한 역사학자이며 영국교회 감독이었던 만델 크레이톤 교수 [1843-1901]는 '캐톨릭 교회는 전혀 교회가 아니다. 그 조직에 있어서 하나의 국가이다. 그것도 아주 악독한 국가, 전제독재국가이다'라고 말했습니다. 성경에서 말하는 교회는 절대로 국가형태의 막강한 조직이 아닙니다. 성경에서 말하는 진정한 교회는 심지어 교단조직과 같은 국가보다 훨씬 규모가 작은 그런 조직체도 아닙니다. 성경에서 말하는 교회는 왕처럼 군림하고 다스리는 조직체가 아니고 가족처럼 섬기고 돌보는 가정에서 모이는 아주 작은 가족공동체입니다. 성경에서 말하는 참된 교회는 개신교의 교단조직체도 아니고 캐톨릭 교회처럼 전세계의 교회들과 국가들을 통치하고 다스리는 어마어마한 국가조직체는 더더욱 아닙니다. 참으로 그 작은 뿔인 바티칸에서 나오는 마지막 교황이 바로 적그리스도가 될 것입니다.

교황 파이우스 10세는 '교황은 단순히 그리스도의 대리자가 아니다. 오히려 교황 자신이 바로 예수 그리스도이다. 그러므로 교황이 말하는 것은 바로 예수 그리스도가 말하는 것이다.'라고 말했습니다.[Evengelical Christendom P15, 1895년 1월 1일] 또 교황 요한 바오로 2세는 '용서를 받기 위해서 하나님께 가지말고 내게로 오라.'[Los Angeles Times 1984년 12월 12일]고 말했고 현재 교황인 프란시는 '예수는 나의 선생이고 목사이다. 그러나 하나님 아버지는 빛이시고 창조자이신데 바로 내가 그 분이다.'라고 선포하였습니다.[La Repubbilica 2013년 9월 11일] 인류역사에서 예수님 외에 자신을 하나님이라고 선포한 사람들은 캐톨릭 교회의 교황들 밖에 없습니다. 석가모니도 모하메트도 자기들이 하나님이라고 주장한 적이 없습니다. 자신을 광명의 천사로 가장하는 캐톨릭 교회가 얼마나 무서운 마귀의 도구로 사용되고 있는 집단인지를 우리는 깨달아야 합니다. 장로교가 성경 다음으로 떠받드는 1646년에 만들어진 장로교의 웨스트민스터 신앙고백 제25장 6절에도 캐톨릭 교회의 교황을 적그리스도라고 분명히 밝히고 있습니다.[There is no other head of the church but the Lord Jesus Christ, **nor can the Pope of Rome in any sense be head thereof, but is that antichrist, that man of sin, and son of perdition, that exalteth himself in the church against Christ, and all that is called God.** Chapter 25, point 6] 지난 세기에 유명한 설교자로서 우리에게 잘 알려졌던 영국의 로이드 존스 박사[1899–1981]도 그의 설교 '마귀의 궤계'에서 '로마 캐톨릭 교회는 마귀가 만든 최대의 걸작품이라'고 말했습니다. 교회역사에 있어서 그 수많은 성경학자들이 교황을 적그리스도라고 말한 것은 결코 이상한 일이 아닙니다.

캐톨릭 교회는 콘스탄틴 황제가 고대 바벨론 제국을 일으켰던 니므롯에서 시작된 태양신 종교를 기독교에 접목할 그때부터 벌써 하나님의 말씀을 버리고 배도한 거짓교회로 출발한 이후 오늘에 이르기까지 수도 없이 하나님의 말씀을 배도하면서 자신을 광명의 천사로 가장해온 사탄의 교회입니다. 에베소 공회[431년]에서 마리아를 '하나님의 어머니'라고 선언하였고 칼세돈 공회[451년]에서는 마리아 숭배를 제정하였습니다. 니쎄안 공회[787년]에서는 죽은 성자들에게 기도하는 것이 선언되었고 라테란 공회[1215년]에서는 화체설[성찬식에서 떡과 포도주를 먹고 마실 때 그것들이 먹는 사람들 속에서 예수님의 살과 피로 변한다는 이단교리]을 선포하였습니다. 발렌시아 공회[1229년]에서는 성경을 금서로 선포하였고 리용 공회[1274년]에서는 성경에 없는 연옥설 교리를 제정하였습니다. 데살로니까후서 2장 3–4절의 말씀이 지금까지 2천년 교회역사에서 끊임없이 하나님을 배도해온 캐톨릭 교회를 두고 한 말씀이 아니라면 그 누구가 또 있겠는가? '누가 아무렇게 하여도 너희가 미혹하지 말라 **먼저 배도하는 일이 있고** 저 불법의 사람 곧 멸망의 아들이 나타나기 전에는 이르지 아니하리니 **저는 대적하는 자라 범사에 일컫는 하나님이나 숭배함을 받는 자위에 뛰어나 자존하여 하나님 성전에 앉아 자기를 보여 하나님이라 하느니라**[살후2:3-4]

그리스도를 마리아의 품에 안긴 힘없는 어린 아기로 축소시키고 마리아를 하나님의 어머님으로 승격시켜 우상을 숭배하는 저 무서운 우상숭배, 성인들에게 기도하는 우상숭배, 지옥을 연옥으로 바꾸어 신도들을 속인 그 무서운 음모, 그리고 교황 자신이 하나님이라고 선포하는 그 엄청난 배도와 성경에 없는 무수한 이교의식과 캐톨릭 교회에 속하지 않고 가정에서 따로 모이는 가정교회의 성도들을 6천만명이 이상이나 잔혹하게 고문하고 처형했던 일, 히틀러 나치스를 지지하고 축복했던 캐톨릭 교회, 그 외에도 캐톨릭 교회 내에서 비밀리에 진행되는 그 수많은 음행과 비리 등등, 참으로 역사상 수많은 신학자들이 교황을 적그리스도로 지목한 것은 결코 이상한 일이 아닙니다.

여기서 우리가 분명히 알아야 할 것은 짐승은 적그리스도입니다. 많은 사람들이 짐승은 캐톨릭 교회다라고 주장하는데 혼동하지 마십시오. 짐승은 캐톨릭 교회가 아니고 적그리스도입니다. 짐승은 적그리스도로서 아담 이후부터 전세계의 국가들, 정치, 경제, 사회, 교육, 문화 사상 및 종교 등 인간의 삶에 관계된 모든 것들을 통치해왔습니다. 지금까지 전세계의 국가들, 정치, 경제, 사회, 교육, 문화 사상 과학 및 종교 등 인간의 삶에 관계된 모든 것들이 여호와 하나님을 대항해온 것은 바로 짐승인 적그리스도가 배후에서 주관하고 있기 때문입니다. 그것이 바로 짐승이 일곱 머리와 열 뿔을 가지고 있다는 말입니다. 그러니까 캐톨릭 교회를 적그리스도인 짐승이 다스려온 것은 그가 다스려온 많은 것들 중에 하나 일뿐입니다. 적그리스도인 짐승은 자기를 그리스도처럼 보이게 하기 위하여 특별히 캐톨릭 교회를 사용하여 자신을 광명의 천사로 가장하는데에 가장 강력한 도구로 사용해 온 것뿐입니다. 짐승인 적그리스도가 캐톨릭 교회를 하나의 강력한 도구로 사용하여 지구상의 모든 종교를 하나로 통합하려고 시도하는 것은 십대강국 이후에 인간의 육신을 입고 나타날 적그리스도가 전세계를 통치하는 세계정부의 수반이 될 그 날을 위해섭니다. 다시 말해서 사탄이 하나님으로 경배를 받기 위해섭니다. 그리고 또 적그리스도가 통치하는 세계정부시대에는 정치도 하나, 경제도 하나, 종교도 하나이어야 하기 때문입니다. 그러므로 이 마지막 시대에 유엔이라는 국제기구가 생겨난 것도 그냥 우연이 아닙니다. 이 모든 것을 하나의 체제로 만들어야 하는 이유는 다 자기가 하나님으로 경배를 받기 위한 것입니다. 사랑과 연합이라는 미명하에 모든 개신교회를 하나로 연합하려는 에큐메니칼 운동 배후를 조종하는 세력이 바로 캐톨릭 교회라는 사실을 아는 사람이 과연 얼마나 됩니까? 전세계의 종교를 캐톨릭 교회 아래 하나로 연합시키려는 그 음흉한 음모가 캐톨릭 교회에서 시행하고 있다고 말하면 믿을 사람들이 과연 얼마나 되겠습니까? 때가 가까이 올 수록 이 모든 것들이 머지 않아 만천하에 명백하게 드러날 것입니다.

안타까운 것은 오늘날 교회에 다니는 많은 사람들이 성경적인 참된 교회에 대하여 대단히 오해하고 있는 점입니다. 캐톨릭 교회는 물론 개신교에 대하여서도 잘 알지 못하고 있습니다. 캐톨릭 교회는 결코 성경에서 말하는 교회가 아닙니다. 캐톨릭 교회는 종교집단이며 동시에 정치집단입니다. 지금까지 존재한 이단들 중에서도 가장 무섭고 간악한 이단입니다. 캐톨릭 교회를 마귀의 집단이라고 하면 과연 얼마나 많은 사람들이 믿겠습니까? 성경에서 말하는 교회는 종교단체가 아니고 그리스도를 통하여 구원받아 하나님과의 본래의 관계를 회복한 소수의 사람들이 모이는 하나님의 권속[가족]입니다. 원래 교회라는 말의 헬라어 원어는 '에클레시아'인데 이 단어는 '에크'는 '밖으로'[out of]라는 뜻의 전치사와 일인칭 동사 '칼레오'[내가 부르다, I call]를 합해서 만들어진 합성명사로서 '에클레시아'라는 말의 뜻은 '내가 밖으로 불러낸 사람들'입니다. 그러니까 교회[에클레시아]라는 말의 뜻은 예수님을 구주와 왕으로 믿어서 구원받은 사람들을 멸망할 사람들이 살고 있는 세상에서 밖으로 불러낸 사람들입니다. 세상 밖으로 불러낸 이 사람들을 성경은 '교회'라고 부르기도 하고 '하나님의 권속[가족]'이라고도 부르며 '그리스도의 신부'라고도 부르며 그리스도의 몸이라고도 부릅니다. 그러니까 오늘 우리 시대의 교회가 말하는 벽돌건물하고는 전혀 상관이 없는 것입니다. 교회는 '밖으로 불러낸 사람들'이기 때문에 구원받은 사람들을 의미하고 '하나님의 권속[가족]'이기 때문에 가족처럼 서로서로 돌보고 섬길 수 있는 소수의 사람들이어야 하고 또 교회는 '그리스도의 신부'이기 때문에 하나님의 자녀다운 성결한 삶을 살아야 하는 것입니다. 그러므로 성경이 말하는 진정한 교회는 오늘 우리 시대의 교회들처럼 생명없는 죽은 부동산 건물도 아니고 구원받지 못한 사람들의 거대한 모임이나 종파나 교단같은 조직체가 아닙니다. 그러므로 예수님은 이 성전건물을 허물라고 하셨으며 수천 수백만명도 목회하실 수 있는 능력을 가지신 주님께서 오직 12명을 제자로 키우심으로써 우리에게 그 모범을 보여주셨고 제자들에게 땅끝까지 나가서 만민을 전도하라고 하셨을 때에도 평신도를 만들라고 하시지 않았고 제자를 만들라고 명령하셨습니다. [19그러므로 **너희는 가서 모든 족속으로 제자를 삼아** 아버지와 아들과 성령의 이름으로 세례를 주고 〈28:19〉] 성경에서 말하는 진정한 성도는 예수님을 따르는 제자이지 구경꾼 평신도가 아닙니다. 제자란 성경에 있는 말씀을 그냥 지식적으로 배우기만 하는 사람이 아니고 지키는 사람입니다.[20 **내가 너희에게 분부한 모든 것을 가르쳐 지키게 하라** 볼찌어다 내가 세상 끝날까지 너희와 항상 함께 있으리라 하시니라(계28:20)] 성경에는 평신도라는 말자체가 없습니다.

초대교회의 성도들은 이 성전을 허물라는 주님의 명령에 순종하여 촛불이나 성수나 사제들이 입는 까운을 입거나 그 어떤 종교적인 의식을 행하지 아니하였고 이교의 신전같은 그런 종교적인 성당건물을 지은 적이 없었으며 소수의 사람들이 가정에서 모여 세상적인 세계관과 가치관을 버리고 하나님의 자녀로서 하나님의 말씀에 순종하는 검소하고 경건하고 의롭게 살아가는 사람들로서 공적인 모임만 예배가 아니었고 각 개인의 매일의 삶이 하나님을 기쁘시게하는 예배의 삶을 살았던 사람들이었습니다. 가정에서 모이는 교회들이나 핍박을 피해 지하에서 모이는 당시의 교회들은 노회나 총회라는 교단조직도 없었습니다. 각각의 지역교회가 독립적인 하나님의 권속[가족]이었습니다. 그러므로 교회의 헌법이라는 인간들이 만들어낸 법이 따로 없었고 오직 성경이 그들의 삶을 지배하는 유일한 헌법이었습니다. 그래서 교단이나 종파가 없었으며 따라서 총회장도 없었고 노회장도 없었습니다. 각교회들은 상하개념의 모자교회가 아니었습니다. 모든 교회가 독립교회로서 서로 동등한 자매교회 혹은 형제교회의 개념이었습니다. 즉 노회나 총회라는 문어발 조직이 없는 가족처럼 서로 돌보고 섬기면서 한 사람 한 사람이 예수님의 말씀에 순종하여 이 세상 죄악에 빠지지 않고 경건하고 거룩하게 하나님의 자녀답게 살아가도록 서로 돌보고 섬기는 것이 교회의 사역목표였습니다. 그러므로 그 숫자가 십여명 이상 되면 교회로서의 기능을 수행할 수가 없기 때문에 예수님은 12명만 제자로 훈련시켜서 그 모범을 보여주신 것입니다. 그러므로 성경에서 보여주는 교회는 모두 가정집에서 모이는 소수의 성도들이었습니다. 아시아의 교회들이 너희에게 문안하고 아굴라와 브리스가와 및 **그 집에 있는 교회가** 주 안에서 너희에게 간절히 문안하고〈고전 16:19〉 라오디게아에 있는 형제들과 눔바와 **그 여자의 집에 있는 교회에** 문안하고〈골4:15〉 예수님께서 그의 피로 세우신 교회는 건물이나 거대한 조직이 아니었고 이처럼 가정에서 모이는 구원받은 소수의 사람들이었습니다. 그리고 예수님은 바로 그런 진짜 교회가 천국에 들어갈 것이라고 분명하게 말씀하셨습니다. **적은 무리여 무서워 말라. 너희 아버지께서 그 나라를 너희에게 주시기를 기뻐하시느니라.**〈눅12:32〉 오늘 우리 시대의 교회들은 수십명 이상 수백 수천 혹은 수만명씩 모이는 대형교회가 되었기 때문에 목사는 많은 사람들을 관리할 수 있는 전문지식과 기술을 배워야 하기 때문에 신학교라는 곳에 가서 특수 훈련을 받고 직업꾼이 될 수밖에 없는 상황이 되었습니다. 그러나 초대교회에서는 성경말씀을 열심히 배워서 그 말씀대로 일상의 삶에서 실천하는 제자들을 만들어내는 교회였기 때문에 대부분의 사람들이 수년만에 다른 사람들을 가르칠 수 있는 선생들이 될 수 있었습니다.[2**또 네가 많은 증인 앞에서 내게 들은 바를 충성된 사람들에게 부탁하라 저희가 또 다른 사람들을 가르칠수 있으리라**〈딤후2:2〉] 그래서 그들은 모여서 서로 가르치며 권면할 수 있는 제자들이 될 수 있었던 것입니다. 그리스도의 **말씀이 너희 속에 풍성히 거하여** 모든 지혜로 **피차 가르치며 권면하고** 시와 찬미와 신령한 노래를 부르며 마음에 감사함으로 하나님을 찬양하고〈골3:16〉 그래서 모이는 사람 숫자가 너무 많아서 가족처럼 서로 돌보고 섬길 수 없게 되면 그 교회를 나누어 믿은지 몇년이 되어 다른 사람들을 가르칠 수 있는 제자가 된 사람들이 각기 자기들의 가정을 개방하고 교회로 모였습니다. 이렇게 계속 전도하고 양육하였기 때문에 주님의 말씀을 매일의 삶 속에서 실천하면서 살아가는 수많은 가정교회들이 로마제국 구석 구석으로 은밀하게 번져나갈 수 있었던 것입니다. 초대교회들이 다 이렇게 하고 있었는데 믿은지 수년이 지나도 아직까지 선생들이 되지 못한 히브리 교회 성도들은 지옥불에 던져질 것이라고 심한 책망을 받게 된 것입니다. 12**때가 오래므로 너희가 마땅히 선생이 될터인데 너희가 다시 하나님의 말씀의 초보가 무엇인지 누구에게 가르침을 받아야 할 것이니 젖이**

나 먹고 단단한 식물을 못 먹을 자가 되었도다 13대저 젖을 먹는 자마다 어린 아이니 의의 말씀을 경험하지 못한 자요 14단단한 식물은 장성한 자의 것이니 저희는 지각을 사용하므로 연단을 받아 선악을 분변하는 자들이니라. 1그러므로 우리가 그리스도 도의 초보를 버리고 죽은 행실을 회개함과 하나님께 대한 신앙과 2세례들과 안수와 죽은 자의 부활과 영원한 심판에 관한 교훈의 터를 다시 닦지 말고 완전한데 나아갈찌니라 3하나님께서 허락하시면 우리가 이것을 하리라 4한번 비침을 얻고 하늘의 은사를 맛보고 성령에 참예한바 되고 5하나님의 선한 말씀과 내세의 능력을 맛보고 6타락한 자들은 다시 새롭게 하여 회개케 할 수 없나니 이는 자기가 하나님의 아들을 다시 십자가에 못 박아 현저히 욕을 보임이라 7땅이 그 위에 자주 내리는 비를 흡수하여 밭 가는 자들의 쓰기에 합당한 채소를 내면 하나님께 복을 받고 8만일 가시와 엉겅퀴를 내면 버림을 당하고 저주함에 가까와 그 마지막은 불사름이 되리라(히5:12–6:8) 즉 믿음으로 구원을 체험하여 하늘의 은사를 맛본 후에 때가 수년이 되어 제자로서 마땅이 선생이 되어야 할 사람들이 아직도 젖이나 먹으면서 하나님의 자녀로 제대로 성장하지 못하여 변화되지 못하고 불신자들과 다름없는 타락한 삶을 살기 때문에 아직도 누구에게 계속 가르침을 받아야 하는 사람들로서 버림을 당하고 저주를 받아 지옥불에 던지운다는 말씀입니다. 마치 땅이 비를 받고도 합당한 채소를 내지 못할 때 버림을 당하고 저주를 받아 마침내 불사름이 되는 것처럼 말입니다. 이 말씀에 비추어 볼 때 오늘 우리 시대의 교회들은 교회에 오는 사람들을 수십년이 되어도 아직도 젖만 먹는 어린 아기로 만들고 있습니다. 젖만 먹는 어린 아기는 아직 의의 말씀을 경험하지 못한 자라고 하였습니다.[13대저 젖을 먹는 자마다 어린 아이니 의의 말씀을 경험하지 못한 자요] 즉 아직도 믿음으로 의롭게 되는 거듭난 참 성도가 되지 못하였다는 말입니다. 즉 수십년을 교회에 다녀도 평생동안 누구한테 배워야 하는, 전혀 자라지 못하는 장애인들로 만들어 버림받고 저주받은 사람들을 만들어내고 있는 것입니다. 당신은 예수님을 믿은지가 얼마나 되었습니까? 혹시 사오년이 지났는데도 아직도 누구 밑에 가서 설교를 들어야하는 영원히 자라지 못하는 젖먹이 기형아는 아닙니까? 어서 속히 당신도 가정을 개방하여 다른 사람들을 전도하여 데려다가 양육할 수 있는 제자가 되어 재생산할 수 있는 정상적인 그리스도인이 되어야 하는 것입니다. 이와 같이 성경에서 말하는 교회는 건물이나 종파와 교단으로 구성되는 생명 없는 죽은 조직[lifeless organization]이 아니고 교회에 오는 사람들을 불과 몇 년 후에는 제자로 만들어내는 예수 그리스도의 몸에 지체로 붙어있는 살아서 움직이고 성장하는 생체기관[living organ]입니다. 그러므로 예수님이 세우시고 저 하는 교회는 organizational church가 아니고 organic church입니다.

　그러나 성경에서 떠난 캐톨릭 교회는 지상에서 가장 거대하고 막강한 피라밋 조직으로 구성된 종교집단이며 그런 강력한 이단 집단은 지구상에서 그 유례를 찾아볼 수가 없습니다. 왜냐하면 캐톨릭 교회는 단순히 여러 이교의 의식을 총집합한 이단종교집단만이 아니고 세계국가들을 통치하는 정치집단이기 때문입니다. 중세 때에는 유럽이 세상의 전부인 줄 알았기에 유럽의 나라들을 통치하는데 그쳤지만 지금은 지구 땅 전세계의 국가들을 통치하는 정치조직으로 성장하였습니다. 이것은 마지막 때에 작은 뿔인 바티칸의 교황이 여덟째 왕으로 출현하여 열 뿔[10대 강국]을 부하로 삼고 전세계를 통치하게 될 적그리스도이기 때문입니다. 그러나 성경이 말하는 교회는 이와같은 세상정치와 전혀 무관한 것입니다. 성경에서 보여준 초대교회는 정치와도 종교와도 아무 상관이 없는 교회였습니다. 캐톨릭 교회는 베드로가 최초의 교황이라고 우기지만 성경 어느 곳에서도 베드로가 교황이 되었다는 것을 찾아볼 수 없으며 초대교회가 그런 거대한 조직을 만든 흔적도 없습니다. 예수님은 베드로의 장모의 열병을 고쳐주셨습니다. 그러니까 베드로는 결혼한 사람이었으며 사도들 중에 어느 누구도 초대교회 전체를 다스리는 총회장이 된적도 없었고 부회장이 된적도 없었고 총회본부건물을 지은적도 없었고 교회당 건물을 지은적도 없었습니다. 초대교회의 성도들은 가정에서 소수의 사람들이 모여 예배하다가 발각되면 순교당하는 그렇게 아무 힘도 없는 조그마한 가족공동체였습니다. 중세 때에 캐톨릭 교회가 1억 5천만 명 이상의 사람들을 이단이라는 명목하에 처형하였는데 그중에 6천만명은 캐톨릭 교회에 속하지 않은채로 가정에 따로 모여 하나님을 예배했던 진정한 그리스도인들이었습니다. 캐톨릭 교회가 중세에는 6천만명 정도의 가정교회 성도들을 살해하였지만 머지 않아 다가올 대환란 때에는 이보다 훨씬 더 많은 전세계에 있는 참된 그리스도인들을 핍박하고 참혹하게 죽일 것입니다.[**9그 때에 사람들이 너희를 환난에 넘겨주겠으며 너희를 죽이리니** 너희가 내 이름을 위하여 모든 민족에게 미움을 받으리라⟨마24:9⟩. **9다섯째 인을 떼실 때에** 내가 보니 하나님의 말씀과 저희의 가진 증거를 인하여 죽임을 당한 영혼들이 제단 아래 있어 10큰 소리로 불러 가로되 거룩하고 참되신 대주재여 땅에 거하는 자들을 심판하여 우리 피를 신원하여

주지 아니하시기를 어느 때까지 하시려나이까 하니 11각각 저희에게 흰 두루마기를 주시며 가라 사대 아직 잠시 동안 쉬되 저희 동무 종들과 형제들도 자기처럼 죽임을 받아 그 수가 차기까지 하라 하시더라 〈계6:9-11〉. 7내가 들은즉 그 세마포 옷을 입고 강물 위에 있는 자가 그 좌우 손을 들어 하늘을 향하여 영생하시는 자를 가리켜 맹세하여 가로되 반드시 한때 두때 반때를 지나서 성도의 권세가 다 깨어지기까지니 그렇게 되면 이 모든 일이 다 끝나리라 하더라. 〈단12:7〉.

마지막 때가 가까워오면서 캐톨릭 교회의 음흉한 음모에 속아 세상의 모든 종교들이 하나 씩 캐톨릭과 손을 잡고 그 밑으로 기어들어가고 있습니다. 감리교회를 비롯 루터교회와 장로교회 등 개신교의 많은 교회들이 캐톨릭 교회의 간악한 음모로 시작된 에큐메니칼 운동에 참여하면서 이미 상당수가 다시 돌아오지 못할 선을 넘어가 그들의 올무에 걸려들었습니다. 이제 개신교에 남아있는 얼마 남지 않은 소수의 참된 그리스도인들은 캐톨릭 교회가 지금까지 개신교를 대상으로 암암리에 진행해온 음흉한 파괴전략에 더 이상 속지 말아야 합니다. 몬테쏘리 교육을 기독교 교육인줄로 착각하지 마십시오. 뉴에이지 운동에 속지마십시오. 그 외에도 적그리스도의 통치기반을 위한 하나의 세계정부를 준비하는 신세계질서, 떼제공동체, 감리교회가 깊숙이 빠져들어간 뜨레스 디아스, 오순절 교회들이 빠져드는 빈야드의 은사주의와 캐더린 쿨만의 은사주의, 베니 힌처럼 멀쩡하게 서있는 사람들을 쓰러트리는 '입신' 운동[영어로는 'Slain in the Spirit' 이라고 하는데 뜻은 성령 안에서 살해됨이라는 뜻], 등등, 세계 도처에서 진행되고 있는 다양한 은사주의 운동과 WCC가 주도하는 에큐메니칼 운동 등등 이 모든 운동들의 배후에는 교황추종자들이 있다는 것을 알고 있습니까? 적그리스도의 도구로 사용되고 있는 광명한 천사로 가장하고 있는 캐톨릭 교회와 연결된 모든 것들이 다 부정한 이단들임을 알아야 합니다. 왜냐하면 캐톨릭 교회는 짐승이 사용하고 있는 무기들 중에서 가장 무서운 도구이기 때문입니다.

참으로 교황은 바티칸이라는 작은 나라의 왕으로서 장차 십대강국을 휘어잡고 전세계를 통치할 수 있는 유일한 적그리스도로서 바로 그 가공할 작은 뿔입니다. 아무튼 말세에 인간의 몸을 입고 나타날 적그리스도는 지금까지 출현했던 과거 어느 시대의 그 어떤 적그리스도들보다도 더 능력이 많고 더 사악한 존재로서 자신을 감히 하나님으로 선포할 것입니다. 지금까지의 교황들은 그저 예고편에 불과한 것입니다. 지금까지의 교황들은 사탄이 보낸 악령으로 충만하여 붉은 옷을 입고 금과 보석과 진주로 꾸미고 손에 금잔을 가지고 우상숭배의 온갖 가증한 물건과 음행의 더러운 것으로 가득한 배도의 삶을 살면서[1또 일곱 대접을 가진 일곱 천사 중 하나가 와서 내게 말하여 가로되 이리 오라 많은 물위에 앉은 큰 음녀의 받을 심판을 네게 보이리라 2땅의 임금들도 그녀로 더불어 음행하였고 **땅에 거하는 자들도 그녀의 음행의 포도주에 취하였다** 하고 3곧 성령으로 나를 데리고 광야로 가니라 내가 보니 **여자가 붉은 빛 짐승을 탔는데 그 짐승의 몸에 참람된 이름들이 가득하고 일곱 머리와 열 뿔이 있으며 4그 여자는 자주 빛과 붉은 빛 옷을 입고 금과 보석과 진주로 꾸미고 손에 금잔을 가졌는데 가증한 물건과 그의 음행의 더러운 것들이 가득하더라** 5그 이마에 이름이 기록되었으니 비밀이라, 큰 바벨론이라, 땅의 음녀들과 가증한 것들의 어미라 하였더라 6또 내가 보매 **이 여자가 성도들의 피와 예수의 증인들의 피에 취한지라** 내가 그 여자를 보고 기이히 여기고 크게 기이히 여기니(계17:1-6)] 세상의 왕들로부터 추앙을 받아왔습니다. 지금까지는 교황을 거역하거나 따르지 않았던 중세의 가정교회 성도들을 6천만명 이상 무참하고 잔인하게 죽여 성도들의 피와 예수증인들의 피에 취해왔으나[계17:6] 그러나 요한계시록 13장 5절에 보면 그 짐승 즉 장차 인간의 육신을 입고 나타날 적그리스도는 마흔 두달 동안 일할 권세를 받는다고 기록하였는데 이는 대환란의 3 년 반 동안 전세계의 그리스도인들을 멸하게 될 것을 의미하는 것입니다. 이것은 그 기간[3년 반, 한 때와 두 때와 반 때, 마흔 두 달] 동안에 전세계의 참 그리스도인들을 멸하게 될 것이라고 이미 다니엘서에도 정확하게 예언된 바입니다. '**반드시 한 때와 두 때와 반 때를 지나서 성도의 권세가 다 끊어지기 까지니** 그렇게 되면 이 모든 일이 다 끝나리라 하더라[단12:7] 예수님은 다니엘서에 기록된 그 '**멸망의 가증한 것**'이 바로 이 적그리스도임을 지적하시고 15**그러므로 너희가 선지자 다니엘의 말한바 멸망의 가증한 것이 거룩한 곳에 선 것을 보거든 (읽는 자는 깨달을찐저)** 〈마24:15〉 라고 말씀하시면서 마지막 대환란의 때가 이른 줄 알라고 경고하셨습니다. 요한계시록 13장 12절과 14절에도 보면 적그리스도가 보낸 거짓 선지자들은 사람들로 하여금 이 적그리스도를 경배하게 합니다. 12) 저가 먼저 나온 짐승의 모든 권세를 그 앞에서 행하고 땅과 땅에 거하는 자들로 처음 짐승에게 경배하게 하니 곧 죽게 되었던 상처가 나은 자니라 14) 짐승 앞에서 받은 바 이적을 행함으로 땅에 거하는 자들을 미혹하며 땅에 거하는 자들에게 이르기를 칼에 상하였다가 살아난 짐승을 위하여 우상을 만들라 하더라〈계13:12, 14〉

이상에서 살펴 본대로 사람의 육신을 입고 나타날 적그리스도는 초능력을 지닌 비범한 사람일 것입니다. 아무나 감히 이런 흉내를 낼 수 없는 일입니다. 그는 외모에서나 지식에서나 뛰어날 것이며 그는 명석한 두뇌와 예리한 통찰력을 가지고 사람을 끄는 힘과 매력이 있으며 많은 영적인 체험을 앞세워 카리스마적인 힘을 가지고 사람들을 감동시키며 전세계의 많은 사람들의 마음을 사로잡을 것입니다. 그는 아담 때부터 지금까지 인류역사를 배후에서 통치해온 그 공중 권세를 잡은 자가 드디어 인간의 육신을 입고 적그리스도로 나타난 인물이기 때문입니다. 13장 5절에 보면 '또 짐승이 큰 말과 참람된 말하는 입을 받고 또 마흔 두 달 일할 권세를 받으니라.'고 했습니다. 적그리스도는 '큰 말'과 '참람된 말하는 입'을 받았다고 하였는데 이것은 그가 말에 능하고 설득력이 강한 사람으로서 감히 하나님을 대항하는 말을 조금도 두려움 없이 함으로써 믿지 않는 세상 사람들의 마음을 사로잡기에 충분할 것입니다. 다니엘서 8장 23절부터 보면 이 적그리스도는 얼굴이 엄장하고 궤휼에 능하다고 하였습니다. 그는 외모도 뛰어나고 술수도 탁월할 것입니다.

단 8:23) 이 네 나라 마지막 때에 패역자들이 가득할 즈음에 **한 왕이 일어나리니 그 얼굴은 엄장하며 궤휼에 능하며** 24) 그 권세가 강할 것이나 자기의 힘으로 말미암은 것이 아니며 그가 장차 비상하게 파괴를 행하고 자의로 행하여 형통하며 강한 자들과 거룩한 백성을 멸하리라 25) 그가 꾀를 베풀어 제 손으로 궤휼을 이루고 마음에 스스로 큰 체하며 또 평화한 때에 많은 무리를 멸하며 **또 스스로 서서 만왕의 왕을 대적할 것이나 그가 사람의 손을 말미암지 않고 깨어지리라**

이와같이 술수가 뛰어나고 궤휼에 능하기 때문에 그는 수천년을 지속해온 이스라엘과 아랍과의 싸움을 중재하는데 성공하여 한 이레[7년] 동안의 평화협정을 체결하는데에도 성공할 것입니다. 다니엘서 9장 27절을 보십시오. '**그가 장차 많은 사람으로 더불어 한 이레 동안의 언약을 굳게 정하겠고** 그가 그 이레의 절반에 제사와 예물을 금지할 것이며 또 잔포하여 미운 물건이 날개를 의지하여 설 것이며 또 이미 정한 종말까지 진노가 황폐케하는 자에게 쏟아지리라.'[단9:27] 여기서 그 적그리스도는 '많은 사람'[many peoples = 많은 백성들, 많은 나라들]들과 한 이레 동안의 언약[평화조약]을 맺는다고 하였는데 많은 백성들은 아랍 나라를 의미하는 것입니다. 역사상 지난 수천년 동안 이스라엘 민족과 싸워온 사람들은 아브라함이 하녀로 부터 낳은 이스마엘의 후손들인 아랍 민족들입니다.

창세기 16장 11-12절을 보면 이스마엘의 후손은 들나귀같이 되어 모든 사람들을 치겠다고 기록하고 있습니다. **'그가 사람 중에 들나귀같이 되리니 그 손이 모든 사람을 치겠고 모든 사람의 손이 그를 칠찌며 그가 모든 형제의 동방에서 살리라'**고 기록되어 있습니다. 이 말씀의 예언대로 아랍 민족들은 이스라엘과 수천년 동안을 싸워왔으며 지금은 이스라엘 민족과만 싸우는 것이 아니고 전세계 여러 나라를 공격하는 테러 국가들이 되었습니다. 이런 상황에서 이스라엘과 아랍을 중재하여 평화조약을 맺게 할 수 있는 사람이 누구이겠습니까? 세상의 모든 정치와 종교를 캐톨릭 교회 안에서 하나로 만들 수 있는 교황 외에 누가 이스라엘과 아랍을 중재하여 평화하게 할 수 있다는 말입니까? 과거에 캐톨릭 사제였던 사람들이 밝히는 바티칸의 비밀문서와 터어키의 비밀문서를 보십시오. 캐롤릭과 이슬람의 음흉한 거래를 보십시오. 이스라엘과 아랍간의 싸움을 멈추고 평화조약을 성취할 수 있는 인물은 지구상에서 교황 밖에 없습니다. 그 평화조약을 성취하게 함으로써 교황은 전세계 모든 사람들로부터 전세계의 모든 종교인들로 부터 평화의 왕자 재림 예수로 추앙을 받으면서 거짓 평화를 한 동안 유지하겠지만 그 이레의 절반에 즉 3년 반이 지나고 나면 본격적으로 자신의 정체를 밝히면서 자신이 하나님임을 선포하고 참 그리스도인들이 하나님께 예배하는 것을 공식적으로 금지하고 자신의 신상을 만들어 성전에 앉혀 놓고 거기에 경배하도록 명할 것이며 그의 명령에 불순종하는 모든 참 그리스도인들[다니엘서 8장 24절의 거룩한 백성을 멸하리라]을 핍박하고 살해하는 일이 나머지 3년 반[마흔 두 달, 한 때와 두 때와 반 때, 1260 일] 동안 계속될 것임을 성경은 이미 여러 곳에서 예언하고 있습니다. 이것이 바로 짐승이 용으로 부터 마흔 두 달 동안 일할 권세를 받는다는 말과 일치하는 것입니다.

적 그리스도는 그리스도인들을 핍박할 것이다

13:6) **짐승이 입을 벌려 하나님을 향하여 훼방하되** 그의 이름과 그의 장막 곧 하늘에 거하는 자들을 훼방하더라 7) **또** 권세를 받아 성도들과 싸워 이기게 되고 각 족속과 백성과 방언과 나라를 다스리는 권세를 받으니 8) 죽임을 당한 어린 양의 생명책에 창세 이후로 녹명되지 못하고 이 땅에 사는 자들은 다 짐승에게 경배하리라 9) 누구든지 귀가 있거든 들을 찌어다 10) **사로잡는 자는 사로잡힐 것이요 칼로 죽이는 자는 자기도 마땅히 칼에 죽으리니 성도들의 인내와 믿음이 여기 있느니라**

7절에서 보는 대로 세상의 각 족속들과 백성들과 방언들과 나라들이 다 적그리스도의 손아귀에 들어왔습니다. 세상의 모든 종교들도 캐톨릭 교회가 음모한 대로 그 밑에 들어와 있습니다. 대부분의 개신교회들 조차 에큐메니칼 운동의 함정에 빠져 더 그 안으로 기어들어가고 있습니다. 이제 땅 위에서 그의 앞에서 거치는 것이 있다면 오직 하나님과 그리스도를 따르는 참된 그리스도인들 뿐입니다. 그 때쯤이면 참된 성도들이 모이는 가정교회들은 적그리스도의 핍박을 피하기 위하여 지하교회가 되어있을 것입니다. 참 그리스도인들은 세상죄악과 타협하기를 거부하고 성경에 있는 교회들 처럼 소수의 사람들이 모여서 경건하고 거룩한 삶을 고집하는 사람들이기 때문에 당연히 에큐메니칼이 주장하는 교회연합이나 종교통합을 거부하여 다른 교회들과 세상의 모든 종교인들과 세상 사람들로부터 극단주의자들 혹은 분리주의자들이라는 비난을 받게 될 것이며 핍박의 대상이 되기 때문에 그들의 가정교회는 지하교회로 변할 수 밖에 없을 것입니다. 마태복음 24장 9-13절까지 보면 예수님은 그 때의 긴박한 상황을 다음과 같이 말씀하셨습니다. '**때에 많은 사람들이 너희를 환난에 넘겨주겠으며 너희를 죽이리니 너희가 내 이름을 위하여 모든 민족에게 미움을 받으리라.** 그 때에 많은 사람들이 시험에 빠져 서로 잡아주고 서로 미워하겠으며 거짓 선지자들이 많이 일어나 많은 사람들을 미혹하게 하겠으며 불법이 성하므로 많은 사람의 사랑이 식어지리라. 그러나 끝까지 견디는 자는 구원을 얻으리라.'〈마 24:9-13〉 또 마가복음 13장 11-13절에서도 예수님은 똑같은 상황을 말씀하셨습니다. '**사람들이 너희를 끌어다가 넘겨 줄 때에 무슨 말을 할까 미리 염려치 말고 무엇이든지 그 시에 너희에게 주시는 그 말을 하라** 말하는 이는 너희가 아니요 성령이시니라. 형제가 형제를, 아비가 자식을 죽는데 내어 주며 자식들이 부모를 대적하여 죽게하리라. **또 너희가 내 이름을 인하여 모든사람에게 미움을 받을 것이나 나중까지 견디는 자는 구원을 얻으리라.**'〈막 13:11-13〉

그러면 끝까지 견뎌야 한다고 하셨는데 언제가 그 환란의 끝입니까? 그 환란의 끝은 해가 어두워지고 달이 빛을 내지 아니하며 별들이 하늘에서 떨어지며 하늘의 권능들이 흔들리며 예수님이 구름을 타고 재림하시며 큰 나팔 소리와 함께 성도들이 휴거하는 때입니다. 마태복음 24장29-31절을 보십시오. '**그날 환란 후에 즉시 해가 어두워지며 달이 빛을 내지 아니하며 별들이 하늘에서 떨어지며 하늘의 권능들이 흔들리리라. 그때에 인자의 징조가 하늘에서 보이겠고 그때에 땅의**

모든 족속들이 통곡하며 그들이 인자가 구름을 타고 능력과 큰 영광으로 오는 것을 보리라. 저가 큰 나팔 소리와 함께 천사들을 보내리니 저희가 그 택하신 자들을 하늘 이 끝에서 저끝까지 사방에서 모으리라.'〈마24:29-31〉 그렇습니다. 대환란이 끝나는 마지막 때는 해가 어두워지고 달이 빛을 내지 아니하는 때입니다. 환란의 처음 시작부터 그때까지는 3년 반 동안의 대환란 기간입니다. 바로 이 때가 요엘 선지자가 예언한 대로 성도들이 예언하고 환상을 보고 꿈을 꿀 때입니다. 그 3년 반 동안의 대환란 기간 동안에 하나님은 참된 성도들에게 성령을 부어주셔서 예언하며 환상을 보며 꿈을 꾸게되어 거짓 선지자들의 유혹과 핍박에도 불구하고 담대하게 복음을 증거하게 될 것입니다. 사도행전 2장 16-20절을 보십시오. '이는 곧 선지자 요엘로 말씀하신 것이니 일렀으되 하나님이 **가라사대 말세에 내가 내 영으로 모든 육체에게 부어주리니 너희의 자녀들은 예언할 것이요 너희의 젊은이들은 환상을 보고 너희의 늙은이들은 꿈을 꾸리라. 그때에 내가 내 영으로 내 남종과 여종들에게 부어주리니 저희가 예언할 것이요. 또 내가 위로 하늘에서는 기사와 아래로 땅에서는 징조를 베풀리니 곧 피와 불과 연기로다. 주의 크고 영화로운 날이 이르기 전에 해가 변하여 어두워지고 달이 변하여 피가 되리라.'**〈행2:16-20〉 이 말씀에서 처럼 하늘에서는 기사와 땅에서는 징조가 일어나며 마지막에는 해가 어두워지고 달이 빛을 내지 아니하는 것으로 끝나는 대환란의 마흔 두 달 동안이 바로 대환란의 기간입니다. 그러니까 요엘 선지자가 예언한 **말세에 하나님의 영을 부어주셔서 예언하게하시고 환상을 보여주시며 꿈을 통해서 보여주시는 때가 바로** '**해가 변하여 어두워지고 달이 변하여 피가 되는 이 대환란의 때를 말하는 것입니다.** 왜냐하면 이때에는 거짓 선지자들이 기적을 행하며 환란과 핍박으로 참 성도들을 미혹하는 때이기 때문에 하나님도 대환란 때의 성도들에게 초자연적인 은사와 능력을 허락하시는 것입니다. 참으로 하나님은 세상과 타협하지 않고 믿음을 지켜온 참 성도들에게 성령을 부어주셔서 모든 환란과 핍박을 견디게 하는 것입니다.

데살로니가후서 2장 4절에서 언급한 것처럼 적그리스도는 하나님 성전에 앉아 자기를 전세계에 보여주며 자기를 하나님이라고 선포하게 될 것입니다. 지금까지 자기가 하나님이라고 선포했던 교황들은 그저 서론에 불과한 것이었습니다. 그들은 사람들에게 강요하거나 자기를 하나님으로 경배하지 않는 자들을 죽이지는 않았습니다. 다만 장차 나타날 적그리스도를 위하여 그 길을 조금씩 닦는 것 뿐이었습니다. 그러나 마지막 날에 인간의 육신을 입고 사람으로 나타날 적그리스도는 입을 벌려 하나님을 향하여 훼방하며 하나님의 이름과 하나님의 장막 곧 하늘에 거하는 자들을 훼방할 것입니다. 적그리스도는 자기를 하나님으로 경배할 것을 전세계에 명령할 것입니다. 8절을 보십시오. '죽임을 당한 어린 양의 생명책에 창세 이후로 녹명되지 못하고 이 땅에 사는 자들은 다 짐승에게 경배하리라.' 즉, 어린양의 생명책에 기록되지 못한 이 세상의 모든 사람들은 다 이 적그리스도를 경배할 것입니다. 그러나 참으로 예수 믿고 거듭나서 어린양의 생명책에 기록된 참 성도들은 죽는 한이 있어도 적그리스도를 경배하지 않을 것입니다. 참 성도들은 끝까지 하나님에 대한 신앙의 순결을 지킬 것이며 오히려 목숨을 걸고 담대하게 다른 사람들에게 복음을 증거 할 것입니다.

7절을 보십시오. 적그리스도는 '권세를 받아 성도들과 싸워 이기게 될 것이라.'고 하였습니다. 즉, 적그리스도가 참으로 믿는 자들을 핍박하고 죽이는 일을 감행할 것이며 그는 끝내 성도들의 세력을 무력으로 완전히 진멸할 것입니다. 성도들이 사탄에게 망하는 것 같지만 이는 결코 이상한 일이 아닙니다. 다니엘서 12장 7절에서도 한 때와 두 때와 반 때가 지나서 대환란이 끝날 때 즈음에는 성도의 권세가 다 깨어질 것이라고 예언하였습니다. 우리도 경험하였던 것처럼 영적전쟁에서는 항상 하나님의 성도들이 사탄에게 멸망 당하는 것처럼 두시다가 마침내 하나님은 전세를 역전시켜 성도들에게 멋진 최후의 승리를 안겨주십니다. 10 절을 보면 우리 성경에는 '사로잡는 자는 사로잡힐 것이요 칼로 죽이는 자는 저도 죽임을 당할 것이니 성도들의 인내와 믿음이 여기 있느니라.'고 하였는데 이는 잘못된 번역입니다. 제대로 번역하면 이렇습니다; '사로잡힐 자는 사로잡힐 것이요, 죽임을 당하게 될 자는 칼로 죽임을 당할 것이니 성도들의 인내와 믿음이 여기 있느니라' 기억하십시오. 넷째 인을 뗄 때에 많은 성도들이 순교를 당했고 다섯째 인을 뗄 때에 순교 당한 수많은 영혼들이 저희 원수를 갚아주기를 어느 때까지 지체할 것이냐고 하나님께 호소하는 장면을 우리는 보았습니다. 그리고 주님은 저희 동료 성도들도 자기들처럼 죽임을 받아 그 수가 차기 까지 잠시 더 기다리라고 말씀하셨던 일을 기억하기 바랍니다. 또 앞에서 언급한 대로 다니엘서 12장 7절에도 '반드시 한때 두때 반때를 지나서 성도의 권세가 다 깨어지기까지니 그렇게 되면 이 모든 일이 다 끝나리라 하더라.' 그러니까 성도들 중에서 옥에 갇힐 자가 다 갇히게되고 죽임을 당할 자가 다 죽임을 당하게 되어서 성도의 세력이 완전히 깨어지면 그 때가 바로 마지막 나팔 즉, 일곱째 나팔이 울리면서 주님은 재림하시고 성도들은 휴거하게 되면 이 모든 대환란이 끝나게 될 것입니다. 그러므로 이러한 포악한 적그리스도의 통치 아래서도 참 성도들은 인내를 가지고 끝까지 믿음을 지켜야 할 것임을 오늘 본문에서 가르쳐주고 있는것입니다. [13:10] 사로잡는 자는 사로잡힐 것이요 칼로 죽이는 자는 자기도 마땅히 칼에 죽으리니 **성도들의 인내와 믿음이 여기 있느니라]**

적그리스도는 사탄으로부터 막강한 능력을 받고 마지막 시대에 인간의 육신을 입고 혜성같이 나타나서 혼란한 세상에 평화를 정착시키면서 전세계의 지지를 받고 세계를 하나의 거대한 제국으로 통일하고 자신이 제국전체를 통치하는 여덟번째 왕, 황제처럼 행동할 것입니다. 그리고 로마제국에서 영웅적인 황제들을 신격화시켜 황제숭배를 강요했던 것처럼 적그리스도는 자기를 신격화시켜 숭배를 강요할 것입니다. 이에 불복종하는 자는 누구든지 얼마든지 처형할 것이며 참 그리스도인들은 이에 불복종하고 옥에 갇히든지 죽임을 당하든지 끝까지 믿음의 순결을 지키는 영적 싸움을 통과해야 할 것입니다. 데살로니가후서 2장7절을 보면 '불법의 비밀이 이미 활동하였으나 지금 막는 자가 있어 그 중에서 옮길 때까지 하리라.' 고 하였습니다. 이상에서 살펴 본대로 마지막 때가 되면 그는 본격적으로 자신을 드러내고 활동을 개시할 것이지만 그러나 지금은 아직 그의 때가 되지 않아서 본격적인 활동이 금지되고 있는 가운데 이미 비밀하게 음성적으로 활동하고 있다는 말입니다. 불법의 비밀이 이미 초대교회 시대에도 활동하고 있었다는 말입니다. 그러나 한가지 분명한 것은 초대교회의 성도이든지 오늘날의 성도이든지, 대환란시대의 성도이든지 참 성도는 적그리스도를 통한 사탄의 핍박으로 고난과 환란을 당할 것이라는 사실입니다. 그리고 참 성도는 어떠한 환란 속에서도 신앙의 순결을 지키며 끝까지 복음전파 사역을 중단하지 않아야 한다는 다는 것을 기억하고 선한 싸움을 싸우기 바랍니다. 기억하십시오. 용인 사탄과 짐승인 적그리스도와 악령인 음녀는 저희들 스스로 분열하다가 스스로 멸망할 것입니다. 최후의 승리는 우리의 것입니다. 그 승리는 이미 그리스도 안에서 보장된 것입니다.

13 장

〈하〉〈거짓 선지자들의 정체〉

(11)내가 보매 또 다른 짐승이 땅에서 올라오니 새끼양 같이 두 뿔이 있고 용처럼 말하더라 (12) 저가 먼저 나온 짐승의 모든 권세를 그 앞에서 행하고 땅과 땅에 거하는 자들로 처음 짐승에게 경배하게 하니 곧 죽게 되었던 상처가 나은 자니라 (13)큰 이적을 행하되 심지어 사람들 앞에서 불이 하늘로부터 땅에 내려 오게 하고 (14)짐승 앞에서 받은바 이적을 행함으로 땅에 거하는 자들을 미혹하며 땅에 거하는 자들에게 이르기를 칼에 상하였다가 살아난 짐승을 위하여 우상을 만들라 하더라 (15)저가 권세를 받아 그 짐승의 우상에게 생기를 주어 그 짐승의 우상으로 말하게 하고 또 짐승의 우상에게 경배하지 아니하는 자는 몇이든지 다 죽이게 하더라 (16)저가 모든 자 곧 작은 자나 큰 자나 부자나 빈궁한 자나 자유한 자나 종들로 그 오른손에나 이마에 표를 받게 하고 (17)누구든지 이 표를 가진 자 외에는 매매를 못하게 하니 이 표는 곧 짐승의 이름이나 그 이름의 수라 (18)지혜가 여기 있으니 총명 있는 자는 그 짐승의 수를 세어 보라 그 수는 사람의 수니 육백 육십 륙이니라 〈계.13:11-18〉

11장 15절에서 역사적인 마지막 나팔이 울렸습니다. 마지막 나팔이 울리면 성도는 휴거하고 일곱대접 재앙이 쏟아지게 되어있습니다. 그러나 성경은 그 사건에 대한 얘기는 조금 뒤로하고 사탄의 정체와 적그리스도와 거짓 선지자들이 대환란의 3년 반 동안에 어떤 일을 하게 될 것인지를 먼저 설명하고 있습니다. 즉,12장에서는 사탄의 정체에 대하여 언급하고 13장 전반부에서는 짐승의 정체 즉 적그리스도에 대하여 언급하였고 이제 여기 본문에서는 거짓 선지자들에 대하여 얘기하고 있습니다. 앞장에서 우리는 적그리스도가 이 세상의 끝인 대환란 기간에 전세계를 통치하는 정치지도자로 자신을 드러내고 자신을 신격화 시킬 인물이라는 것을 살펴 보았습니다. 여기 본문에 나오는 거짓 선지자들은 적그리스도의 왕국을 확장하고 견고하게 하기 위해서 적그리스도가 보낸 일꾼들입니다. 하나님 나라의 조직체계를 본 딴 사탄의 왕국의 조직체계라는 것을 다시 한번 상기하시기 바랍니다.

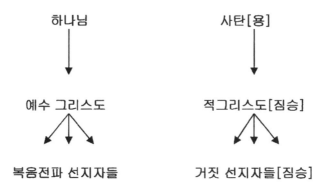

거짓 선지자들의 정체

11절을 보면 '또 다른 짐승이 땅에서 올라오니 새끼 양같이 두 뿔이 있고 용처럼 말하더라.' 고 기록하고 있습니다. 이 짐승은 거짓 선지자를 상징합니다. 이 거짓 선지자는 땅에서 올라온다고 하였습니다. 땅에서 올라온다는 말은 우리 주변에서 쉽게 볼 수 있었던 사람들 중에서, 즉 교회에서 목사나 장로나 집사로 일하고 있던 평범한 사람들 중에서 그러나 하늘에 속한 진짜 성도들이 아니고 거듭나지 않은 세상에 속한 가짜 성도들 중에서 나타난다는 말입니다. 오늘 우리 시대의 대부분의 교회가 예수님이 없는 라오디게아 교회가 된 것은 바로 이 시대에 거짓 선지자들로 쓰임받기 위해섭니다. 이와 같은 거짓 선지자들이 대환란의 때가 시작되면 본래 자기들의 정체를 드러내고 3년 반 동안 자기들에게 맡겨진 본래의 임무를 수행하게 될 것입니다. 같은 11절에 이 짐승은 새끼 양같이 두 뿔이 있다고 하였습니다. 뿔은 '왕'과 '통치권'을 의미합니다. 참 그리스도인들이 적그리스도의 정부에 복종하지 않고 핍박을 당하며 구원의 복음을 전파하는 것과는 달리 거짓 선지자들은 적그리스도의 정부가 부여한 막대한 권력을 바탕으로 사람들의 환심을 끌기 위하여 표면적으로 많은 선한 일을 행하면서 적그리스도의 통치를 확대해 나갈 것입니다. 그들은 적그리스도의 통치를 확대해 나가기 위하여 광명의 천사로 위장한 거짓 선지자들입니다. 이들은 벌써 사도시대에서부터 활동을 시작하였습니다. 고린도후서11장13-15절을 보십시오. '13 저런 사람들은 거짓 사도

요 궤휼의 역군이니 자기를 그리스도의 사도로 가장하는 자들이니라 14 이것이 이상한 일이 아니라 사단도 자기를 광명의 천사로 가장하나니 15 그러므로 사단의 일군들도 자기를 의의 일군으로 가장하는 것이 또한 큰 일이 아니라 저희의 결국은 그 행위대로 되리라〈고후11:13-15〉

그들은 사탄이 준 권력을 배경으로 활동하는 궤휼의 역군이며 거짓 선지자들입니다. 그 짐승이 어린양처럼 생겼다는 것은 그들이 겉으로는 예수 그리스도의 인격을 가진 사람처럼 행동한다는 것입니다. 이 거짓 선지자들은 예수 그리스도처럼 온유하고 부드럽고 의롭고 거룩하고 정의감이 강하고 가난한 자들과 고아와 과부들을 잘 섬기며 사랑이 넘치는 선한 목자들로 나타날 것입니다. 그들은 기독교를 포함한 각 종교에서 종사하던 존경받는 종교 지도자들이 포함 될 수도 있을 것입니다. 그들이 누구이든지 간에 대환란에서 전세계의 많은 사람들이 어려움을 겪을 때 거짓 선지자들은 여러 가지로 사람들을 돕는 구제와 선한 봉사를 많이 하는 사랑의 사도가 될 것이며 자신들을 어린 양 예수 그리스도의 대변자로 자처할 것입니다. 그들은 하나님은 사랑의 하나님이라고 선포하며 사랑의 이름으로 모든 불의를 덮어주며 여성의 권위를 높여준다며 낙태를 합법화시키데 앞장서며 동성연애자들을 감싸고 지원하며 모든 종교를 포용하는 관용을 보일 것입니다. 그들은 교회에 침투하여 사랑이라는 이름으로 교회를 점점 더 세속화시킬 것입니다. 마지막 교회시대인 라오디게아 교회시대에 그들은 이미 이런 일들을 시작하였습니다. 오늘 우리 시대의 교회가 다시 돌이킬 수 없을 정도로 세속화된 것은 바로 그들이 침투하여 일을 시작하였기 때문입니다. 우리가 분명히 알아야 할 것은 이들은 거짓 사도요 자기들을 그리스도의 사도로 가장하는 거짓 선지자들입니다. 사탄도 자기를 광명의 천사로 가장하는 것처럼 이들이 자기들을 그리스도의 사도로 위장하고 자기들을 의의 일군으로 가장하는 것은 그들의 본성상 결코 이상한 일이 아닙니다. 이들이 바로 다른 예수, 다른 복음, 다른 영을 전파하고 있는 오늘 우리 시대의 대부분의 교회들입니다. 그러므로 많은 사람들이 그들에게 호감을 가지고 저 사람들이야 말로 정말 그리스도께서 보내신 참 목자라고 여기게 될 것입니다. 이들이야 말로 정말 예수 그리스도를 바로 믿고 따르는 진실한 그리스도의 종이라고 칭찬하며 많은 사람들이 따르게 될 것입니다. 참으로 거듭나지 않은 세상 사람들에게는 십자가의 은혜를 강조하는 진리의 말씀보다도 사랑과 봉사와 정의와 겸손으로 위장한 겉으로 나타난 거짓 선지자들의 인격이 그렇게 훌륭하게 보일 것입니다. 사람들은 인격이 훌륭한 사람들을 존경하기 때문에 거짓 선지자들이 말하는 것을 아무 의심 없이 그대로 받아들이게 될 것입니다.

그러나 같은 11절을 보면 이 짐승은 용처럼 말한다고 하였습니다. 이 거짓 선자들은 자기들의 선한 섬김과 봉사로 인하여 이미 사람들의 마음을 사로잡고 자기들이 예수 그리스도의 참 사도로 인정을 받았기 때문에 이제는 그들이 무슨 말을 해도 사람들은 자기들을 잘 따라줄 것을 알고 있습니다. 그러므로 그들은 본래 자신들이 속한 적그리스도의 메시지를 전파하는 것입니다. 지상의 수많은 사람들이 그들의 메시지를 듣고 그들을 그리스도의 참 선지자로 믿고 따를 것입니다. 그러므로 지금 이시대에는 수천 수만 수십만 명이 모이는 대형교회들이 전세계적으로 우후죽순처럼 생겨나고 있습니다.

그러나 그리스도께 속한 거듭난 성도들은 그들의 메시지만 들어봐도 금방 그들이 적그리스도에게 속한 사람들이라는 것을 알게 될 것입니다. 아무리 행동이 그럴듯하고 아무리 의롭고 선한 봉사를 많이 하였다고 해도 성경 말씀을 잘 알고 있는 참 성도들은 거짓 선지자의 말 한마디 하는 것을 보면 금방 그들이 적그리스도에게 속한 자임을 깨닫게 될 것입니다. 사람은 그의 중심 속에 있는 것이 입술을 통하여 쏟아져 나오게 되어있습니다. 우리는 때때로 선한 봉사를 많이 한다는 훌륭한 성도들을 만나볼 기회를 갖게 됩니다. 그래서 많은 기대를 가지고 그들을 만났다가 때때로 실망하는 경우가 있었던 것을 경험했을 것입니다. 그들과 몇 마디 대화해 보면 그들이 거듭난 성도가 아니라는 것을 금방 깨닫게 되기 때문입니다. 참 헌신된 훌륭한 성도인줄 알았는데 성경과 다른 얘기 할 때는 크게 실망하게 됩니다. 그러므로 사람을 외모로 판단하지 말고 영을 분별해야 한다고 말씀하셨습니다. 그리고 영 분별의 기준은 하나님의 말씀밖에 없습니다. 이 거짓 선지자들은 진리를 말하지 않을 것입니다. 그들이 전하는 메시지의 내용을 잘 들어보면 성경진리에 어긋나는 내용인 것을 성도들은 알아차릴 수 있습니다. 그러므로 성도들은 말씀으로 잘 무장하고 있어야 합니다. 말씀으로 무장하지 않은 사람들은 그들의 선한 행실에 쉽게 휩쓸려 미혹을 당하게 될 것입니다. 빛의 천사로 가장하는 양의 탈을 쓴 이리들을 조심해야 할 것입니다.

하나님께서 그의 말씀을 하나님의 종들의 입 속에 넣어주신 것처럼 사탄인 용이 그들의 입에 용의 말을 집어넣었기 때문입니다.

거짓 선지자들의 사역

12절부터는 거짓 선지자들이 3년 반 동안의 대환란 기간 중에 수행해야 할 주요 임무가 기록되어 있습니다. 12절을 보십시오. '저가 먼저 나온 짐승의 모든 권세를 그 앞에서 행하고 땅과 땅에 거하는 자들로 처음 짐승에게 경배하게 하니 곧 죽게 되었던 상처가 나은 자니라.' 거짓 선지자들의 가장 중요한 핵심 사역은 땅에 거하는 사람들로 하여금 먼저 나온 짐승 즉, 적그리스도를 경배하게 하는 것입니다. 전세계를 지배하기 위한 수단으로서 아마도 가장 효과적인 지배방식일 것입니다. 로마제국시대에도 커져가는 제국의 모든 백성들을 지배하기 위해서 황제들을 신격화하고 그들의 신상을 만들어 황제숭배를 강요하였었습니다.

우리 그리스도인들이 예수 그리스도를 경배하듯이 그들은 적 그리스도를 경배하게 하는 것이 가장 중요한 사역일 것입니다. 또한 우리 그리스도인들이 그리스도께서 주신 권세를 가지고 주님의 일을 하는 것처럼 거짓 선지자들은 적그리스도가 준 권세를 가지고 일을 하게 될 것입니다. 13절을 보면 거짓 선지자들은 불이 하늘에서 땅에 내려오게 하는 큰 이적까지 행할 수 있게 될 것이라고 하였습니다.

심지어는 짐승을 위하여 만든 우상이 말까지 할 수 있게하는 기적을 행하기도 합니다. (14)짐승 앞에서 받은바 이적을 행함으로 땅에 거하는 자들을 미혹하며 땅에 거하는 자들에게 이르기를 칼에 상하였다가 살아난 짐승을 위하여 우상을 만들라 하더라 (15) 저가 권세를 받아 그 짐승의 우상에게 생기를 주어 그 짐승의 우상으로 말하게 하고 또 짐승의 우상에게 경배하지 아니하는 자는 몇이든지 다 죽이게 하더라 이들이 이렇게 기적을 행할 수 밖에 없는 것은 지난 11장에서 살펴 본 대로 그리스도의 교회를 상징하는 두 증인들이 많은 능력과 기적을 행하면서 그리스도의 복음을 증거하기 때문에 그들을 압도하고 적그리스도를 신격화시키기 위해서는 불가피하게 필요한 조처일 것입니다. 그러므로 기적을 행한다고 성도들이 아무나 다 따라다니면 않된다는 것을 깨우쳐 주는 말씀입니다. 사람들이 미혹을 당하기 가장 쉬운 부분이 바로 기적 행함과 선한 행실입니다. 즉, 누가 기적을 행한다든지, 누가 병을 고친다든지, 누가 귀신을 내어쫓아낸다든지, 누가 선한 일을 많이 행한다든지 하면 성경진리와 상관없이 많은 사람들이 그를 추종하는 것입니다. 여기 본문이 말하는 이 대환란의 때에는 거짓 선지자들이 엄청난 기적을 행함으로 지상의 많은 사람들을 미혹할 것입니다.

14절을 보십시오. 칼에 상하였다가 살아난 짐승은 적그리스도로서 십자가에서 죽었다가 살아나신 그리스도를 흉내내고 있습니다. 거짓 선지자들은 바로 이 칼에 맞았다가 살아난 적그리스도를 신격화 시키기 위하여 신상을 만들게 하고 신상으로 말하게 하는 기적을 베풀어 적그리스도가 정말 신이라는 것을 온 세계에 보여줄 것입니다. 이를 목격한 전세계의 많은 사람들은 그들의 신적인 위력 앞에 압도되고 굴복하여 적그리스도를 열렬하게 섬기게 될 것입니다. 부디 데살로니가 전서 2장3-4절을 상기하시기 바랍니다. '누가 아무렇게 하여도 너희가 미혹지 말라. 먼저 배도하는 일이 있고 저 불법의 사람 곧 멸망의 아들이 나타나기 전에는 이르지 아니하리니 저는 대적하는 자라. 범사에 일컫는 하나님이나 숭배함을 받는 자 위에 뛰어나 자존하여 하나님 성전에 앉아 자기를 보여 하나님이라 하느니라.' 적그리스도가 자기를 평화의 왕 하나님으로 선포하는 이 때가 바로 마지막 7 년 중에서 절반이 끝난 3 년 반의 시점으로 첫째 인이 떼일 때에 흰 말을 타고 나타난 적그리스도가 이기고 이기려고 하더라는 바로 그 시점입니다.

15절을 보십시오. 그 적그리스도의 신상에게 경배하지 않는 사람들은 누구든지 그 신분을 가리지 않고 죽일 것이며 또 그 숫자가 얼마가 되든지 죽일 것입니다. 16절을 보면 적그리스도를 경배하지 않는 사람들을 철저하게 색출하기 위하여 모든 사람들의 오른 손이나 이마에 표를 받게 할 것입니다. 17절을 보면 이 표는 짐승의 이름이거나 아니면 그 이름의 수가 될 것입니다. 이 표를 받지 않은 사람들은 매매를 할 수 없게 함으로써 전세계의 모든 사람들이 적그리스도를 경배하도록 하는 잔인하고도 치밀한 계획입니다. 우리는 지금 오륙십년 전만해도 상상할 수 없었던 신용카드를 사용하고 있습니다. 그리고 컴퓨터의 발달로 이미 일부 회사에서는 손등이나 이마에 마이크로 칩을 넣어 사용하는 시대가 되었습니다. 이것은 666표를 손이나 이마에 받게 하여 이 표를 받지 않는 사람들은 매매를 하지 못하게 한다는 2천년 전의 성경의 예언의 성취가 점점 가까워지고 있다는 것을 보여주는 섬뜩한 증거인 것입니다. 현대인들은 멀지않은 장래에 신용카드나 현금이 사라지고 손등이나 이마에 마이크로 칩을 넣어 그것으로 물건을 사고 팔 수 있게 하는 새로운 씨스템이 등장하게될 것이라고 예측하고 있습니다. 지금 이처럼 모든 것이 디지털화 되는 것은 머지 않은 장래에 이런 일이 전세계적으로 제도화되려는 조짐임에 틀림없습니다. 18절을 보면 그 짐승의 수는 666 이라고 하였습니다. 그리고 그 수는 사람의 수라고 하였습니다. 여기서 666 이라는 이 짐승의 표는 바로 짐승의 이름임을 알 수 있습니다.[17누구든지 이 표를 가진 자 외에는 매매를 못하게 하니 **이 표는 곧 짐승의 이름이나 그 이름의 수라**14:17] 그러니까 이마에 인침을 받은 14만 4천명은 그 이마에 어린양의 이름과 하나님 아버지의 이름이 쓰여있지만[7:3,14:1] 이와는 반대로 666 이라는 짐승의 표를 받은 사람들은 그 손과 이마에 사탄과 적그리스도의 이름을 가지고 사탄과 적그리스도를 섬기는 사람들로서 사탄과 적그리스도에 속한 사람들임을 보여주는 하나의 증표입니다. 이 짐승의 표를 손이나 이마에 받은 사람들은 하나님의 진노의 포도주를 마시게 되고 거룩한 천사들 앞과 어린양 앞에서 불과 유황으로 고난을 받게 될 것입니다.[9또 다른 천사 곧 세째가 그 뒤를 따라 큰 음성으로 가로되 만일 누구든지 짐승과 그의 우상에게 경배하고 이마에나 손에 표를 받으면 10그도 하나님의 진노의 포도주를 마시리니 그 진노의 잔에 섞인 것이 없이 부은 포도주라 거룩한 천사들 앞과 어린 양 앞에서 불과 유황으로 고난을 받으리니 11그 고난의 연기가 세세토록 올라가리로다 **짐승과 그의 우상에게 경배하고 그 이름의 표를 받는 자는 누구든지 밤낮 쉼을 얻지 못하리라 하더라** 12성도들의 인내가 여기 있나니 저희는 하나님의 계명과 예수 믿음을 지키는 자니라(계 14:9~12]

그들이 666이라는 표를 손등이나 이마에 받게하려는 것은 지하 교회에 숨어있는 참 그리스도인들을 찾아내기 위한 전략이 분명합니다. 표를 받지 않은 사람들은 매매를 할 수 없기 때문에 먹고 살기 위해서는 666표를 받아야 하기 때문입니다. 그러나 아무리 환란과 핍박이 심하여지더라도 예수 그리스도를 구주로 영접하고 거듭난 참 그리스도인들은 결코 이 짐승의 표를 받지 않을 것입니다. 그러므로 짐승의 표 받기를 거절하는 성도들이 당할 고통은 극심할 것입니다. 짐승의 표 받기를 거절한 많은 성도들이 잡혀서 갇히거나 순교를 당하게 될 것입니다. '9) 이 일 후에 내가 보니 **각 나라와 족속과 백성과 방언에서 아무도 능히 셀 수 없는 큰 무리가 흰 옷을 입고 손에 종려 가지를 들고 보**

좌 앞과 어린 양 앞에 서서 10) 큰 소리로 외쳐 가로되 구원하심이 보좌에 앉으신 우리 하나님과 어린 양에게 있도다 하니 11) 모든 천사가 보좌와 장로들과 네 생물의 주위에 섰다가 보좌 앞에 엎드려 얼굴을 대고 하나님께 경배하여 12) 가로되 아멘 찬송과 영광과 지혜와 감사와 존귀와 능력과 힘이 우리 하나님께 세세토록 있을찌로다 아멘 하더라 13) 장로 중에 하나가 응답하여 내게 이르되 이 흰 옷 입은 자들이 누구며 또 어디서 왔느뇨 14) 내가 가로되 내 주여 당신이 알리이다 하니 그가 나더러 이르되 **이는 큰 환난에서 나오는 자들인데** 어린 양의 피에 그 옷을 씻어 희게 하였느니라 〈계7:9-14〉 그러나 주님께서는 성도들에게 감당할 수 있는 힘과 지혜를 주신다고 약속하셨으므로 그 때의 성도들은 두려워하지 말아야 할 것입니다. 다만 끝까지 견디는 자는 구원을 얻으리라고 하신 주님의 말씀을 기억해야 할 것입니다. 대환란의 3 년 반이 끝날 때에 두 증인들이 거짓 선지자들의 손에 죽게 됨으로써 성도의 권세가 다 무너진 것처럼 보이게 될 것입니다. 그러나 이것은 사탄의 승리를 의미하지 않습니다. 성도들은 바로 그 다음에 부활하여 휴거하고 영원한 승리에 들어가고 사탄과 적그리스도와 거짓 선지자들은 지옥불에 던져지기 때문입니다. 그러니까 성도들이 다 망한 것 같은 한계 상황에 도달할 때 그 때가 바로 그리스도께서 재림하셔서 성도들을 휴거시켜 영원한 승리를 주실 때입니다. 어둠이 깊어지면 깊어 질수록 새벽이 가까이 다가온 것처럼 많은 고난과 역경과 순교가 있은 후에야 부활과 휴거와 영광이 임하는 것입니다. 요한계시록 20장 4절을 보십시오. '또 짐승과 그의 우상에게 경배하지도 아니하고 **이마와 손에 그의 표를 받지도 아니한 자들이 살아서** 그리스도로 더불어 천년 동안 왕노릇하니 〈계20:4〉 666 표를 받지 아니한 참 성도들만이 마침내 부활하고 휴거하여 왕의 왕으로 재림하신 그리스도와 함께 천년동안 왕 노릇하게 될 것입니다.

14 장

〈14만 4천과 예수님의 재림과 성도의 휴거〉

(1)또 내가 보니 보라 **어린 양이 시온산에 섰고 그와 함께 십 사만 사천이 섰는데** 그 이마에 어린 양의 이름과 그 아버지의 이름을 쓴 것이 있도다 (2)**내가 하늘에서 나는 소리를 들으니 많은 물소리도 같고 큰 뇌성도 같은데** 내게 들리는 소리는 거문고 타는 자들의 그 거문고 타는 것 같더라 (3)저희가 보좌와 네 생물과 장로들 앞에서 새 노래를 부르니 땅에서 구속함을 얻은 **십 사만 사천인 밖에는 능히 이 노래를 배울 자가 없더라** (4)이 사람들은 여자로 더불어 더럽히지 아니하고 정절이 있는 자라 어린 양이 어디로 인도하든지 따라가는 자며 **사람 가운데서 구속을 받아 처음 익은 열매로 하나님과 어린 양에게 속한 자들이니** (5)그 입에 거짓말이 없고 흠이 없는 자들이더라 (6)또 보니 **다른 천사가 공중에 날아가는데** 땅에 거하는 자들 곧 여러 나라와 족속과 방언과 백성에게 전할 영원한 복음을 가졌더라 (7)그가 큰 음성으로 가로되 **하나님을 두려워하며 그에게 영광을 돌리라 이는 그의 심판하실 시간이 이르렀음이니 하늘과 땅과 바다와 물들의 근원을 만드신 이를 경배하라** 하더라 (8)또 다른 천사 곧 둘째가 그 뒤를 따라 말하되 무너졌도다 무너졌도다 큰 성 바벨론이여 모든 나라를 그 음행으로 인하여 진노의 포도주로 먹이던 자로다 하더라 (9)**또 다른 천사 곧 세째가 그 뒤를 따라 큰 음성으로 가로되 만일 누구든지 짐승과 그의 우상에게 경배하고 이마에나 손에 표를 받으면** (10)그도 하나님의 진노의 포도주를 마시리니 그 진노의 잔에 섞인 것이 없이 부은 포도주라 거룩한 천사들 앞과 어린 양 앞에서 **불과 유황으로 고난을 받으리니** (11)그 고난의 연기가 세세토록 올라가리로다 짐승과 그의 우상에게 경배하고 그 이름의 표를 받는 자는 누구든지 밤낮 쉼을 얻지 못하리라 하더라 (12)**성도들의 인내가 여기 있나니 저희는 하나님의 계명과 예수 믿음을 지키는 자니라** (13)또 내가 들으니 하늘에서 음성이 나서 가로되 기록하라 자금 이 후로 주 안에서 죽는 자들은 복이 있도다 하시매 성령이 가라사대 그러하다 저희 수고를 그치고 쉬리니 이는 저희의 행한 일이 따름이라 하시더라 (14)**또 내가 보니 흰 구름이 있고 구름 위에 사람의 아들과 같은 이가 앉았는데 그 머리에는 금 면류관이 있고 그 손에는 이한 낫을 가졌더라** (15)또 다른 천사가 성전으로부터 나와 구름 위에 앉은 이를 향하여 큰 음성으로 외쳐 가로되 네 낫을 휘둘러 거두라 거둘 때가 이르러

땅에 곡식이 다 익었음이로다 하니 (16)**구름 위에 앉으신 이가 낫을 땅에 휘두르매 곡식이 거두어지니라** (17)또 다른 천사가 하늘에 있는 성전에서 나오는데 또한 이한 낫을 가졌더라 (18)또 불을 다스리는 다른 천사가 제단으로부터 나와 이한 낫 가진 자를 향하여 큰 음성으로 불러 가로되 네 이한 낫을 휘둘러 땅의 포도송이를 거두라 그 포도가 익었느니라 하더라 (19)천사가 낫을 땅에 휘둘러 땅의 포도를 거두어 하나님의 진노의 큰 포도주 틀에 던지매 (20)성 밖에서 그 틀이 밟히니 틀에서 피가 나서 말굴레까지 닿았고 일천 육백 스다디온에 퍼졌더라 〈계.14:1-20〉

여기 어린양과 함께 시온산에 서있는 14만 4천은 7장에서 언급한 14만 4천이라는 것을 기억하시기 바랍니다. 7장에서 이미 언급한 대로 그들은 대환란 직전에 지상에 살고 있는 예수 믿고 구원받은 이스라엘 사람들입니다. 14장의 내용은 상중하 세부분으로 나뉘어져 있습니다. 첫째로 1절부터 4절까지는 십사만 사천이 누구인지에 대하여 보조로 해설하고 있는 부분입니다. 둘째로 6절부터 13절까지에서는 재림 직전까지도 복음전파가 계속된다는 것을 보여줍니다. 셋째로 14절부터 16절까지는 주님의 재림과 휴거의 모습이 그려져 있습니다. 먼저 14장 1-4절까지 보겠습니다.

14 장

〈상〉〈14만 4천의 정체〉

(1)또 내가 보니 보라 **어린 양이 시온산에 섰고 그와 함께 십 사만 사천이 섰는데** 그 이마에 어린 양의 이름과 그 아버지의 이름을 쓴 것이 있도다 (2)내가 하늘에서 나는 소리를 들으니 많은 물소리도 같고 큰 뇌성도 같은데 내게 들리는 소리는 거문고 타는 자들의 그 거문고 타는 것 같더라 (3)저희가 보좌와 네 생물과 장로들 앞에서 새 노래를 부르니 땅에서 구속함을 얻은 십 사만 사천인 밖에는 능히 이 노래를 배울 자가 없더라 (4)**이 사람들은 여자로 더불어 더럽히지 아니하고 정절이 있는 자라 어린 양이 어디로 인도하든지 따라가는 자며 사람 가운데서 구속을 받아 처음 익은 열매로 하나님과 어린 양에게 속한 자들이니**〈계14:1-4〉

　　여기 1절에서 어린 양이 십사만 사천과 함께 시온 산에 섰다고 하였는데 이 시온 산은 예수님의 재림과 함께 공중으로 내려와 있는 하나님의 도성인 하늘의 예루살렘입니다. 히브리서12장 22절을 보십시오. 22) 그러나 **너희가 이른 곳은 시온산과 살아계신 하나님의 도성인 하늘의 예루살렘과 천만천사와**〈히 12:22〉 즉, 어린 양이 십사만 사천과 함께 시온 산에 섰다는 말은 공중으로 재림하신 예수 그리스도와 땅에서 휴거하여 올라 온 14만 4천명 즉 말세에 이스라엘 땅 본토로 귀한한 남은 자들 중에서 예수 믿고 구원받은 사람들로서 대환란 직전에 인침을 받은 이스라엘 사람들입니다. 이 '14만 4천'이 공중으로 휴거하여 하나님의 도성인 하늘의 예루살렘에서 예수님과 함께 서 있는 것을 사도 요한이 본 것입니다. 이들은 대환란 중에 복음을 증거했던 두 증인 중에 하나인 유대인 교회입니다. 11장에서 두 증인은 1260일 동안 대환란 기간에 복음을 증거했던 사람들로서 1260일이 다 끝난 후에 짐승에게 죽임을 당하였다가 두 증인이 다 삼일 반 후에 부활하고 휴거하였다고 하였습니다.[3내가 나의 두 증인에게 권세를 주리니 저희가 굵은 베옷을 입고 일천 이백 육십 일을 예언하리라 4이는 이 땅의 주 앞에 섰는 두 감람나무와 두 촛대니 5만일 누구든지 저희를 해하고자 한즉 저희 입에서 불이 나서 그 원수를 소멸할찌니 누구든지 해하려 하면 반드시 이와 같이 죽임을 당하리라 6저희가 권세를 가지고 하늘을 닫아 그 예언을 하는 날 동안 비 오지 못하게 하고 또 권세를 가지고 물을 변하여 피 되게 하고 아무 때든지 원하는 대로 여러가지 재앙으로 땅을 치리로다 7저희가 그 증거를 마칠 때에 무저갱으로부터 올라오는 **짐승이 저희로 더불어 전쟁을 일으켜 저희를 이기고 저희를 죽일터인즉 8저희 시체가 큰 성길에 있으리니** 그 성은 영적으로 하면 소돔이라고도 하고 애굽이라고도 하니 곧 저희 주께서 십자가에 못 박히신 곳이니라 9백성들과 족속과 방언과 나라 중에서 사람들이 그 시체를 사흘 반 동안을 목도하며 무덤에 장사하지 못하게 하리로다 10이 두 선지자가 땅에 거하는 자들을 괴롭게 한고로 땅에 거하는 자들이 저희의 죽음을 즐거워하고 기뻐하여 서로 예물을 보내리라 하더라 11**삼일 반 후에 하나님께로부터 생기가 저희 속에 들어가매 저희가 발로 일어서니 구경하는 자들이 크게 두려워하더라 12하늘로부터 큰 음성이 있어 이리로 올라오라 함을 저희가 듣고 구름을 타고 하늘로 올라가니** 저희 원수들도 구경하더라〈계11:3-12〉] 그런데 여기 14장에서는 두 증인 중에서 오직 유대인 교회만 재림하신 주님과 함께 하늘의 시온 산에 서있는 모습을 보여주고 있는 것입니다. 여기에서 두 증인인 유대인 교회와 이방인 교회가 둘다 휴거하였는데 왜 두 교회의 휴거를 보여주지 않고 오직 유대인 교회의 휴거한 모습만 보여주는 것일까요? 이것은 결코 이상한 일이 아닙니다. 이스라엘 성도를 참 감람나무로 비유하고 이방인 성도를 참 감람나무에 접붙인 돌 감람나무로 묘사하는 것에서 볼 수 있듯이 성경에서는 항상 이스라엘 성도들과 이방인 성도들을 구별하고 있음을 알 수 있습니다. 항상 이스라엘 성도가 먼저이고 이방인 성도는 나중입니다. 주님께서 주님의 교회의 기초를 놓으실 때에도 이스라엘의 사도들과 선지자들을 기초로 하고 주님을 그 모퉁이 돌로 하여 교회를 세우셨습니다. 그리고 이방인 성도들은 이스라엘 성도들의 기초 위에 세워지는 교회로 묘사하고 있습니다. 에베소서 2장 19-22절을 보십시오. 19그러므로 이제부터 **너희[이방인 성도]가** 외인도 아니요 손도 아니요 오직 성도들과 동일한 시민이요 하나님의 권속이라 20너희는 **사도들[이스라엘 성도]과 선지자들[이스라엘 성도들]의 터 위에 세우심을 입은 자라** 그리스도 예수께서 친히 모퉁이 돌이 되셨느니라 21그의 안에서 건물마다 서로 연결하여 주 안에서 성전이 되어가고 22**너희[이방인 성도들]도 성령 안에서 하나님의 거하실 처소가 되기 위하여 예수 안에서 함께 지어져 가느니라**〈엡2:19-22〉 그리고 사도들이나 오늘 우리 성도들이나 다 똑 같은 죄인들로서 예수 믿고 구원받은 하나님의 자녀들인데도 불구하고 이스라엘의 열두 사도들에게는 주님께서 재림하신 후에 이 세상을 새롭게 만든 천년왕국에서 왕의 왕으로 통치하실 때에 함께 열두 보좌에 앉아서 통치하는 특권을 주시겠다고 약속하셨습니다. **28예수께서 가라사대 내가 진실로 너희에게 이르노니 세상이 새롭게 되어 인자가 자기 영광의 보좌에 앉을 때에 나를 좇는 너희도 열 두 보좌에 앉아 이스라엘 열 두 지파를 심판하리라**〈마19:28〉 그러므로 대환란 중에 두 증인을 불러 복음을 증거하실 때에도 유대인 교회와 이방인 교회 중에서 오직 유대인 교회인 이스라엘의 열두지파에서 믿는 성도들 14만 4천만 불러 이마에 인을 치시는 것을 보여주셨습니다. 두 증인 중에서 이방인 교회에게 인을 치는 모습은 보여주지 않았습니다. 물론 이방인 그리스도인들도 예수님을 구주로 영접할 때 모두 다 성령의 인침을 받은 사람들이기 때문에 특별 보호의 대상이고 대환란 중에서도 성령님께서 항상 함께 해주시기는 합니다만 대환란 직전에 따로 불러 인을 치는 일은 없었습니다. 하나님은 아브라함과 맺은 언약의 특권을 지닌 이스라엘 백성들에게 그 약속을 끝까지 지키시는 분이심을 볼 수 있습니다. 즉 하나님은 이스라엘 백성들에게 장자의 특권을 주셨기 때문입니다. [**22그러나 너희가 이른 곳은 시온산과 살아계신 하나님의 도성인 하늘의 예루살렘과 천만 천사와 23하늘에 기록한 장자들의 총회와 교회와 만민의 심판자이신 하나님과 및 온전케 된 의인의 영들과**〈히12:22~23〉 참으로 이스라엘 민족은 세상의 여러 민족들 중에서 가장 먼저 하나님의 종으로 부름을 받았던 장자 민족이었습니다. **22너는 바로에게 이르기를 여호와의 말씀에 이스라엘은 내 아들 내 장자라**〈출4:22〉 그러므로 예수님은 비록 이스라엘 민족이 하나님께 불순종하였을찌라도 다른 민족에게로 오시지 아니하시고 장자인 이스라엘 민족에게 오셨고 그 중에서 이스라엘의 열두 제자들을 불러 교회의 기초를 놓으신 후에 그 기초돌들 위에 이방인 성도들을 세우신 것입니다. 그러므로 두 증인 즉 유대인 교회와 이방인 교회가 둘 다 동시에 부활 휴거하였지만 먼저 부름을 받아 장자들이 된 이스라엘 백성들 중에서 믿는 성도 14만 4천명이 하늘의 시온 산에 주님과 함께 서있는 모습을 대표로 '**처음 익은 열매**'로 보여주신 것입니다. [**사람 가운데서 구속을 받아 처음 익은 열매로 하나님과 어린 양에게 속한 자들이니**]

그러면 성도의 휴거에 대하여 다시 한번 정리해 보겠습다. 교회를 상징하는 두 증인이 1260일 간의 복음 증거를 마치고 죽었습니다. 천년왕국 전에 있을 환란의 날수가 1290일이니까 두 증인의 죽음은 대환란의 기간이 끝나기 30일 전에 발생한 사입니다. 전세계에 있는 성도들을 핍박하여 옥에 가

두기도 하고 죽이기도 하는 이 대환란의 때에 먼저 순교당한 사람들도 많이 있었고 옥에 갇힌 자들도 수도 없이 많았습니다. 두 증인들은 교회를 상징하는 두 감람나무와 두 촛대라고 하였으니 두 증인이 죽었다는 것은 다니엘서에서 예언한 대로 성도의 권세가 다 깨어진 것입니다. 그러므로 11장 9절과 10절을 보면 사탄과 적그리스도와 그들을 따르는 온 세상의 사람들이 즐거워하며 기뻐하며 선물을 보내면서 전세계적인 승리의 축제를 벌입니다. 그들은 이제 교회를 말살하였으니 하나님과의 전쟁에서 이겼다고 생각했을 것입니다. 그러나 하나님은 드라마틱한 역전으로 승리를 준비하셨습니다. 세상 사람들이 승리에 도취에 있은 지 3일 반 후에 두 증인은 다시 살아서 구름을 타고 하늘로 올라갑니다. 두 증인은 교회를 상징하는 두 감람나무와 두 촛대라고 하였으니 이스라엘 성도들과 이방인 성도들[교회]이 휴거한 것입니다. 여기 성도들이 휴거하는 사건은 세상 사람들이 보는 가운데서 이루어지는 공개적인 사건입니다. 요새 나오는 책이나 영화에서처럼 사람들의 눈에 보이지 않게 비밀리에 휴거하는 것이 아닙니다. 예수님이 재림하시는 것을 세상의 모든 사람의 눈이 다 볼 수 있는 것처럼 공중으로 재림하신 예수님을 만나러 공중으로 휴거하는 성도들의 찬란한 모습도 온 세상 사람들이 보고 두려워할 것입니다. 11장 11절과 12절을 보십시오. '삼 일 반 후에 하나님께로부터 생기가 저희 속에 들어가매 저희가 발로 일어서니 구경하는 자들이 크게 두려워하더라. **하늘로부터 큰 음성이 있어 이리로 올라오라 함을 저희가 듣고 구름을 타고 하늘로 올라가니 저희 원수들도 구경하더라.**' 이와 같이 성도들이 휴거하는 모습을 원수들도 구경하며 크게 두려워한다고 하였습니다. 자 그러면 앞에서 설명하였듯이 그들은 1260일동안 증거하기로 되어있었으므로 그들이 죽은 때는 1260일 동안 복음을 증거한 후입니다. 그리고 죽은 지 3일 반 후에 살아서 휴거하였습니다. 고린도전서 15장 51-52절[51보라 내가 너희에게 비밀을 말하노니 우리가 다 잠잘 것이 아니요 **마지막 나팔에 순식간에 홀연히 다 변화하리니 52나팔 소리가 나매 죽은 자들이 썩지 아니할 것으로 다시 살고 우리도 변화하리라**〈고전15:51-52〉]과 데살로니까전서 4장 15-17절[15우리가 주의 말씀으로 너희에게 이것을 말하노니 주 강림하실 때까지 우리 살아 남아 있는 자도 자는 자보다 결단코 앞서지 못하리라 16주께서 호령과 천사장의 소리와 **하나님의 나팔로 친히 하늘로 좇아 강림하시리니 그리스도 안에서 죽은 자들이 먼저 일어나고 17그 후에 우리 살아 남은 자도 저희와 함께 구름 속으로 끌어 올려 공중에서 주를 영접하게 하시리니** 그리하여 우리가 항상 주와 함께 있으리라〈살전 4:15-17〉] 여기 이 말씀에 의

하면 성도들의 부활과 휴거는 마지막 나팔이 울릴 때입니다. 그러면 마지막 나팔은 언제 울렸습니까? 요한계시록 11장 15절에서 일곱째 나팔[마지막 나팔]이 울렸습니다. 그러니까 성도들은 일곱 째 나팔 즉 마지막 나팔이 울릴 때에 휴거한 것입니다. 그러나 11장은 곧 바로 성도들이 휴거한 모습을 설명하지 않았습니다. 성도들의 휴거한 모습과 그들이 누구인지를 자세히 설명하기 전에 먼저 사탄과 적그리스도와 거짓 선지자들의 정체에 대하여 설명하고 있습니다. 우리는 지난 몇 장에서 사탄과 적그리스도와 거짓 선지자들의 정체에 대하여 살펴보았습니다. 그리고 나서 여기 본문 14장 1-5절에서 비로소 성도들의 휴거한 모습과 그들이 누구인지에 대하여 보여주고 있는 것입니다. 그런데 여기 14장에서 14만 4천이 휴거한 모습만 보여주었다고 해서 14만 4천만 휴거한 것이 아닙니다. 데살로니까전서를 보면 두 증인들로서 대환란 중에 함께 복음을 증거했던 이방인 교회도 함께 휴거하였을 뿐만 아니라 아담 이후부터 구원받고 죽었던 모든 사람들이 함께 부활하고 휴거한 것입니다.[16주께서 호령과 천사장의 소리와 **하나님의 나팔로 친히 하늘로 좇아 강림하시리니 그리스도 안에서 죽은 자들이 먼저 일어나고(살전4:16)**] 그리고 나서 그들이 부활휴거한 후에 대환란 1260일이 끝난 당시까지도 살아남아 있던 믿는 사람들은 죽지 않은 육신이 홀연히 부활의 몸으로 변화되어 앞서 휴거한 자들의 뒤를 따라 공중으로 휴거한 것입니다.[17그 후에 **우리 살아 남은 자도 저희와 함께 구름 속으로 끌어 올려 공중에서 주를 영접하게 하시리니**] 그러니까 여기 하나님의 장자로 뽑힌 이스라엘의 14만 4천의 휴거한 모습만 기록한 것은 휴거한 모든 사람들을 대표하는 것에 불과합니다. 앞에서 언급한 것처럼 이스라엘이 하나님께서 많은 민족들 중에서 가정 먼저 구속하신 처음 익은 열매이기 때문입니다. 그리고 나서 다음 절부터는 휴거한 이들이 누구인지에 대하여 상세하게 설명하고 있는 것입니다.

그러면 과연 어떤 사람들이 부활하여 휴거할 수 있는 것입니까? 정말 교회에 다니는 모든 사람들이 다 부활하여 휴거하는 것입니까?

(1)또 내가 보니 보라 어린 양이 시온산에 섰고 그와 함께 십 사만 사천이 섰는데 그 이마에 어린 양의 이름과 그 아버지의 이름을 쓴 것이 있도다 (2)내가 하늘에서 나는 소리를 들으니 많은 물소리도 같고 큰 뇌성도 같은데 내게 들리는 소리는 거문고 타는 자들의 그 거문고 타는 것 같

더라 ⑶저희가 보좌와 네 생물과 장로들 앞에서 새 노래를 부르니 땅에서 구속함을 얻은 십 사만 사천인 밖에는 능히 이 노래를 배울 자가 없더라 ⑷**이 사람들은 여자로 더불어 더럽히지 아니하고 정절이 있는 자라 어린 양이 어디로 인도하든지 따라가는 자며 사람 가운데서 구속을 받아 처음 익은 열매로 하나님과 어린 양에게 속한 자들이니** ⑸그 입에 거짓말이 없고 흠이 없는 자들이더라〈계14:1-5〉

여기 공중으로 부활휴거한 14만 4천명은 여자로 더불어 더럽히지 아니하고 정절을 지킨 자라고 하였는데 17장 1-5절까지 보면 여기서 여자가 누구인지 잘 설명해주고 있습니다. 17:1) 또 일곱 대접을 가진 일곱 천사 중 하나가 와서 내게 말하여 가로되 이리 오라 **많은 물 위에 앉은 큰 음녀의 받을 심판을 네게 보이리라 2) 땅의 임금들도 그녀로 더불어 음행하였고 땅에 거하는 자들도 그 음행의 포도주에 취하였다** 하고 3) 곧 성령으로 나를 데리고 광야로 가니라 내가보니 **여자가 붉은빛 짐승을 탔는데 그 짐승의 몸에 참람된 이름들이 가득하고 일곱 머리와 열 뿔이 있으며 4) 그 여자는 자주빛과 붉은빛 옷을 입고 금과 보석과 진주로 꾸미고 손에 금잔을 가졌는데 가증한 물건과 그의 음행의 더러운것들이 가득하더라 5)** 그 이마에 이름이 기록되었으니 비밀이라, 큰 바벨론이라, **땅의 음녀들과 가증한 것들의 어미라** 하였더라 여기 이 여자는 땅의 음녀들과 가증한 것들의 어미로서 사탄이 부리는 악령입니다. 사탄의 조직체계는 사탄, 적그리스도 그리고 악령입니다. 하나님, 예수 그리스도 그리고 성령의 체계를 흉내낸 것입니다. 하나님을 믿는 성도들은 성령의 통치를 받고 살아가지만 불신자들은 악령의 통치를 받고 살아갑니다. 성도들이 술에 취하지 아니하고 성령으로 충만해지는 것처럼 불신자들은 이 여자[악령]의 음행의 포도주[죄악세상의 풍조]에 취하여 살아가는 사람들입니다. 예수 그리스도께서 이 땅에 육신으로 계실 때에 항상 성령의 충만하심을 입었던 것같이 악령인 이 음녀는 적그리스도인 붉은 빛 짐승을 탔는데 그 짐승은 일곱 머리와 열 뿔이 있었다고 하였습니다. 즉 적그리스도는 땅에 있었던 인류역사의 일곱 제국과 마지막 제국의 열명의 왕들[십대강국]을 통치하는 자이고 악령은 그 적그리스도의 등에 타고 온 세상의 믿지 않는 사람들을 세상풍조라는 독주로 취하게 하여 하나님을 버리고 사탄을 숭배하게 하는 일을 하는 영적으로 아주 악하고 음란한 영입니다. 이 여자는 땅의 모든 음녀들의 어미라고 하였습니다. 즉 이 음녀는 세상에서 활동하는 모든 더러운 악령들의 우두머리인 것입니다. 이 음녀에 대하여는 17장에서 더 자세하게 설명하고 있습니다.

그러니까 여기 4절부터 5절까지는 부활휴거하여 천국에 들어갈 자격이 있는 진짜 성도는 지상에서 어떻게 살았던 사람인지를 보여주고 있습니다. **오늘 우리 시대의 교회는 믿기만하면 구원받는다고 선포하면서 그 믿는다는 것이 무엇을 의미하는지는 말하지 않고 감추고 있기 때문에 많은 사람들이 믿는다고 말로만 고백하고 교회만 열심히 다니면 다 천국에 가는 줄로 착각하고 있습니다. 그러나 여기 4절과 5절을 보면 이 세상의 종말에 예수님께서 재림하실 때에 부활휴거하는 사람들이 어떤 사람들인지를 분명하게 보여주고 있습니다.** 즉 4절과 5절을 보면 '이 사람들[14만 4천]은 여자로 더불어 더럽히지 아니하고 정절이 있는 자라 어린 양이 어디로 인도하든지 따라가는 자며 사람 가운데서 구속을 받아 처음 익은 열매로 하나님과 어린 양에게 속한 자들이니 그 입에 거짓말이 없고 흠이 없는 자들이더라.' 고 하였습니다. 여기 14만 4천 명의 성도들을 '여자로 더불어 더럽히지 아니하고 정절이 있는 자'라고 하였는데 여기서 '여자'는 바로 앞에서 언급한 17장에서 언급한 그 음녀를 말하는 것으로서 14만 4천은 사탄이 보낸 악령들에게 미혹당하여 음행의 포도주에 취하여 세상풍조를 따라가지 아니하고 어떠한 상황에서도 예수님이 인도하시는 대로 순종하면서 끝까지 믿음의 순결을 지킨 성결하고 거룩하고 경건한 참 성도들을 의미합니다. 에베소서 5장 5절에서도 이렇게 말씀하고 있습니다. 3음행과 온갖 더러운 것과 탐욕은 너희 중에서 그 이름이라도 부르지 말라 이는 성도의 마땅한 바라 4누추함과 어리석은 말이나 희롱의 말이 마땅치 아니하니 돌이켜 감사하는 말을 하라 5너희도 이것을 정녕히 알거니와 **음행하는 자나 더러운 자나 탐하는 자 곧 우상 숭배자는 다 그리스도와 하나님 나라에서 기업을 얻지 못하리니**〈엡5:3-5〉 즉 그 음녀의 독주에 취하여 이세상의 부귀영화쾌락을 좇아가는 사람들은 천국에 들어가지 못한다고 분명하게 말씀하고 있습니다. 그리고 골로새서에서도 이세상에서 출세하고 성공하려는 탐심은 우상숭배라고 골로새서는 분명하게 가르쳐주고 있습니다. [5그러므로 **땅에 있는 지체를 죽이라 곧 음란과 부정과 사욕과 악한 정욕과 탐심이니 탐심은 우상 숭배라**〈골3:5〉] 그러므로 탐심을 물리치기 위해서는 땅에 있는 지체를 죽이라고 하였습니다. 즉 우리의 육신의 정욕을 죽이라는 말입니다. 그러면 우리는 어떻게 해야 세상을 탐하는 육신의 정욕을 죽일 수 있겠습니까? 로마서 12장 1-2절을 보시기 바랍니다. 1그러므로 형제들아 내가 하나님의 모든 자비하심으로 너희를 권하노니 **너희 몸을 하나님이 기뻐하시는 거룩한 산 제사로 드리라 이는 너희의 드릴 영적 예배니라** 2너희는 **이 세대를 본받지 말고 오직 마음을 새롭게 함으로 변화를 받아 하나님의 선**

하시고 기뻐하시고 온전하신 뜻이 무엇인지 분별하도록 하라(롬12:1-2) 육신의 정욕을 죽이기 위해서는 우리 몸을 거룩한 산 제사로 드려야하는 것입니다. 그러면 어떻게 우리의 몸을 거룩한 산제사로 드릴 수가 있겠습니까? 2절에서 보는 대로 이 세대를 본받지 않는 것입니다. 여기서 이 세대는 무엇입니까? 영어 성경에서는 'pattern of this world'라고 번역되어 있습니다. 즉 세상 사람들이 추구하는 'pattern of this world'란 부귀[prosperity]와 성공[success], 명예[popularity]와 쾌락[sensuality]을 의미하는 것입니다. 그러므로 이 세대를 본받지 말라는 말은 이 세상사람들이 추구하는 부귀와 성공과 명예와 쾌락 따위를 추구하지 말라는 것입니다. 그것이 바로 너희의 드릴 영적 예배니라고 말씀하고 있습니다. 사람들은 영적 예배라고 하면 방언하고 예언하고 환상을 보는 것이라고 잘못 알고 있는데 반하여 성경은 이세상의 풍조를 따라가지 않는 것이 영적예배라고 말씀하고 있습니다. 이처럼 이세상의 부귀영화를 내려놓으려면 먼저 우리 마음이 변화를 받아야 한다고 하였는데 그것은 우리의 세계관과 가치관이 바뀌어야 한다는 말입니다. 이렇게 해서 이 세상을 탐하지 않는 것이 바로 우상숭배를 하지 않는 것입니다. 여기 부활하여 휴거한 이 성도들은 바로 이렇게 세상의 부귀영화를 따라가지 않아서 여자로 더불어 더럽히지 않고 정절이 있는 자라고 인정받은 것입니다. 이 사람들은 항상 무슨 일을 할 때마다 그것이 하나님의 선하시고 기뻐하시고 온전하신 뜻이 무엇인지를 분별하고 행동했던 사람들입니다. 그래서 여기 14만 4천의 사람들을 어린 양이 어디로 인도하든지 따라가는 자며 라고 서술하고 있습니다. 즉 세상의 번쩍이는 것들을 따라가지 아니하고 아무리 힘들고 고통스러워도 자기의 꿈, 자기의 계획, 자기의 고집, 자기의 탐욕과 야망을 초개와 같이 다 버리고 다시 말해서 자기를 부인하고 주님이 인도하시는 험하고 좁은 십자가의 길을 따라간 사람들이었습니다. 우리 주님께서 재림하시는 날에 부활휴거하려면 우리도 우리 몸을 산 제사로 드려 이 세상을 내려놓고 우리 십자가를 지고 주님을 따라가야 한다는 말입니다. 여기 이 말씀에서 우리는 교회에 다닌다고 아무나 다 부활휴거하여 천국에 들어가는 것이 아니라는 것을 새삼 깨달아야 합니다.

마태복음 7장에서 예수님은 분명한 어조로 다음과 같이 말씀하셨습니다. 21나더러 주여 주여 하는 자마다 천국에 다 들어갈 것이 아니요 다만 하늘에 계신 내 아버지의 뜻대로 행하는 자라야 들어가리라 〈마7:21〉 그렇습니다. 성경은 예수만 믿으면 누구나 다 천국에 들어가게 된다고 말씀하고 있지 않습니다. 성경은 믿는다는 것이 무엇을 의미하는지를 분명하고 상세하게 밝혀주고 있습니다. 주여 주여 하는 자마다 천국에 다 들어간 것이 아니라고 주님은 분명하게 밝혀주셨습니다. 정말 충격적인 것은 이세상에서 주의 이름으로 선지자 노릇하고 귀신을 쫓아내고 많은 권능을 행한 아주 유명한 수많은 영적 지도자들조차도 천국에 들어가지 못하게 될 것이라고 예수님께서 분명하게 말씀하여 주셨습니다. **22그 날에 많은 사람이 나더러 이르되 주여 주여 우리가 주의 이름으로 선지자 노릇하며 주의 이름으로 귀신을 쫓아 내며 주의 이름으로 많은 권능을 행치 아니하였나이까 하리니 23그때에 내가 저희에게 밝히 말하되 내가 너희를 도무지 알지 못하니 불법을 행하는 자들아 내게서 떠나가라 하리라**〈마7:22-23〉 그러면 그 유명한 영적 지도자들로부터 말씀을 배우는 그 수많은 사람들은 다 어떻게 되는 것입니까? 생각만 해도 끔찍하고 두려울 뿐입니다. 그래서 주님은 그런 사람들을 향해서 이렇게 저주하셨습니다. **13화 있을찐저** 외식하는 서기관들과 바리새인들이여 **너희는 천국 문을 사람들 앞에서 닫고 너희도 들어가지 않고 들어가려 하는 자도 들어가지 못하게 하는도다. 14(없음) 15화 있을찐저** 외식하는 서기관들과 바리새인들이여 **너희는 교인 하나를 얻기 위하여 바다와 육지를 두루 다니다가 생기면 너희보다 배나 더 지옥 자식이 되게 하는도다**〈마23:13-15〉

또한 여기 14만 4천은 '어린 양이 어디로 인도하든지 따라가는 자' 라고 말씀하고 있습니다. 어린양 예수님께서 인도하시는 길은 어떤 길입니까? 24이에 예수께서 제자들에게 이르시되 **아무든지 나를 따라 오려거든 자기를 부인하고 자기 십자가를 지고 나를 쫓을 것이니라**〈마16:24〉 여기서 보는대로 어린 양 되신 주님께서 인도하시는 길은 자기를 부인하고 자기 십자가를 지고 따라가야 하는 길입니다. 즉 자기 고집, 자기 교만, 이세상의 평안과 부귀, 영화, 쾌락을 추구하려는 자기의 야망을 다 내려놓지 않고는 따라갈 수 없는 길입니다. 그래서 자기 십자가를 지고 가야하는 힘든 길입니다. 그러므로 이런 길을 따라오는 사람들이 아주 소수가 될 것을 미리 아시고 주님은 우리에게 사람들이 찾지 않는 좁고 협착한 길로 들어가라고 말씀해주셨습니다. **13좁은 문으로 들어가라 멸망으로 인도하는 문은 크고 그 길이 넓어 그리로 들어가는 자가 많고 14생명으로 인도하는 문은 좁고 길이 협착하여 찾는 이가 적음이니라** 〈마7:13-14〉 문제는 이런 말씀이 성경에 분명하게 기록되어 있으나 오직 주님의 양들만이 알아듣고 자기를 부인하고 자기 십자가를 지고 가야하는 좁은 길을 택할 것입니다. 4자기 양을 다 내어 놓은 후에 앞서 가면 **양들이 그의 음성을 아는고로 따라 오되** 5타인의 음성은 알지 못하는고로 타인을 따르지 아니하고 도리어 도망하느니라 14**나는 선한 목자라 내가 내 양을 알고 양도 나를 아는 것이** 15아버지께서 나를 아시고 내가 아버지를 아는 것 같으니 **나는 양을 위하여 목숨을 버리노라** 〈요10:4, 5, 14,15〉예수님은 바로 예수님의 음성을 알아듣고 따라오는 이런 사람들만을 위하여 목숨을 버리는 것입니다. 오늘 우리 시대의 교회를 보면서 예수님의 음성을 알아듣고 이처럼 자기를 부인하고 세상을 내려놓고 자기 십자가를 지고 좁은 길을 따라가는 진짜 성도들은 과연 얼마나 될지를 생각해보면 심히 두렵고 안타까울 뿐입니다.

또한 14만 4천의 사람들은 '구속을 받은 처음 익은 열매'라고 하였습니다. 그러면 누가 구속함을 처음 익은 열매입니까? 로마서8장 23절을 보십시오. '이 뿐 아니라 또한 **우리 곧 성령의 처음 익은 열매를 받은 우리까지도** 속으로 탄식하여 양자 될 것 곧 **우리 몸의 구속을 기다리느니라.'**[롬.8:23] 성령의 처음 익은 열매는 바로 성령으로 거듭난 참으로 믿는 진짜 그리스도인들을 말합니다. 그런데 성령의 처음 익은 열매인 거듭난 그리스도인들 중에서도 참 감람나무인 이스라엘 성도들이 더 먼저입니다. 성령으로 거듭난 이방인 그리스도인들은 참 감람나무가 꺾이고 나서 그 그루터기에 접붙임을 받은 성도들이기 때문에 거듭난 이스라엘 성도들이 더 먼저인 것입니다. 그러므로 이스라엘 백성들 중에서 성령으로 거듭난 참 성도들 14만 4천이 처음 익은 열매들의 대표로서 여기에 기록된 것입니다. 이들은 이 세상이 주는 환란과 핍박과 유혹에서도 짐승의 표를 받지 아니한 성도들로서 사탄의 세력에 동조하거나 굴복하지 아니하고 끝까지 사랑과 용서의 십자가 복음을 붙들고 주님의 말씀에 순종한 이스라엘 사람들 중에서 성령으로 거듭나서 구원받은 14만 4천입니다. 여기 이 말씀에서도 예수님 믿는다고 아무나 다 부활 휴거하는 것이 아니고 오직 성령으로 거듭난 처음 익은 열매들만 부활 휴거한다는 것을 우리는 깨달아야 합니다. 이제 우리는 '거듭나지 않으면 천국에 들어갈 수 없다'고 예수님께서 왜 그렇게 강하게 말씀하셨는지 올바로 깨달아야 합니다. [3예수께서 대답하여 가라사대 진실로 진실로 네게 이르노니 **사람이 거듭나지 아니하면 하나님 나라를 볼수 없느니라** 4니고데모가 가로되 사람이 늙으면 어떻게 날 수 있삽나이까 두번째 모태에 들어갔다가 날 수 있삽나이까 5예수께서 대답하시되 진실로 진실로 네게 이르노니 사람이 물과 성령으로 나

5절을 보면 여기 휴거한 14만 4천의 사람들은 '그 입에 거짓말이 없고 흠이 없는 자들'이라고 하였습니다. 이것은 전혀 특이한 것이 아니고 이미 에베소서 4장 25절에서도 천국에 들어갈 참된 성도들은 거짓말하지 말고 참 말을 해야 한다고 분명하게 말씀하고 있습니다. 22너희는 유혹의 욕심을 따라 썩어져 가는 구습을 좇는 옛 사람을 벗어 버리고 23오직 심령으로 새롭게 되어 24하나님을 따라 의와 진리의 거룩함으로 지으심을 받은 새 사람을 입으라 25그런즉 거짓을 버리고 각각 그 이웃으로 더불어 참된 것을 말하라 이는 우리가 서로 지체가 됨이니라〈엡4:22-25〉라고 말씀하셨고 29절에서도 29무릇 더러운 말은 너희 입 밖에도 내지 말고 오직 덕을 세우는데 소용되는대로 선한 말을 하여 듣는 자들에게 은혜를 끼치게 하라〈엡4:29〉 또 골로새서 3장 9-10절에서도 9너희가 서로 거짓말을 말라 옛 사람과 그 행위를 벗어버리고 10새 사람을 입었으니 이는 자기를 창조하신 자의 형상을 좇아 지식에까지 새롭게 하심을 받는 자니라〈골3:9-10〉라고 말씀하셨습니다. 물론 이런 말씀들은 이미 우리 시대의 교회가 무시하고 버린지 오래 된 말씀들입니다. 참으로 이런 말씀들은 설교강단에서 사라진지 이미 오래되었고 또 이런 말씀을 전해보았자 구원은 은혜로 되는 것이지 율법으로 되는 것이 아니라며 교인들은 귀를 닫은지 이미 오래되었습니다. 그러다보니 교회에 다니는 교인들이나 불신자들이나 거짓말하고 사기치고 부정부패하는 것은 마찬가지이며 전혀 다른 것이 없는 시대가 되었습니다. 그런데 여기 말씀을 보면 그 입에 거짓말이 없고 흠이 없는 자들이 부활휴거하였다고 성경이 분명하게 증거하고 있습니다. 성경은 이와 같이 어떤 사람이 천국에 들어가게 될 것인지 그 냉혹한 현실을 분명하게 보여주고 있습니다. 즉 성경은 이와 같이 믿음으로 구원받는다는 것이 무엇을 의미하는지를 분명히 보여주고 있는 것입니다.

참으로 오늘 우리 시대의 교회는 예수님을 너무 많이 오해하였습니다. 이 말씀을 보아도 우리는 오늘 우리 시대의 교회가 성경에서 말하는 교회와 너무나 다르다는 것을 똑바로 인식하고 철저히 회개하고 바로 서야합니다.

3절을 보면 여기 휴거한 십사만 사천은 하나님 보좌 앞에서 새 노래를 부르고 있는데 14만 4천 인 밖에는 능히 이 노래를 배울 자가 없다고 하였습니다. 즉 부활하여 휴거한 사람들 외에는 이 노래를 부를 자가 없다는 말입니다. 오늘 우리 시대의 교회에서 아름다운 찬양을 부르는 오케스트라 연주자들과 거대한 숫자의 성가대원들과 꾀꼬리 같은 음성을 가지고 찬양을 부르는 전문 성악가들도 능히 이 노래를 배울 수가 없다는 말입니다. 왜냐하면 여기 이 새 노래는 오직 그리스도의 십자가 피로 속죄함을 입고 성령으로 거듭나서 이 세상을 따라가지 아니하고 그 입에 거짓이 없는 참말을 하며 그리스도께서 인도하시는 험하고 좁은 십자가의 길을 따라간 진짜 성도들만 부활휴거하여 천국에 들어가서만 부를 수 있는 노래이기 때문입니다. 즉 오늘 이 세상에서는 아무나 다 찬양을 부를 수 있지만 그렇다고 그들이 다 천국에 들어가서 찬양을 부를 수 있는 것은 아니란 말입니다. 이 땅에서 아무리 교회를 열심히 다녔어도 거짓 성도들은 아무도 여기 14십사만 4천처럼 부활휴거할 수없다는 것을 우리는 새삼 깨달아야 합니다. 우리는 '구원은 오직 믿음으로'라고 말할 때 그 믿는다는 것이 무엇을 의미하는지를 성경을 통해서 꼼꼼히 살피고 똑바로 알고 순종하는 삶을 살아야 합니다. 그렇지 않으면 우리의 믿음은 결국 **행함이 없는 죽은 믿음으로**[약2:26] 판명되고 말것입니다. 오늘 우리 시대의 교회가 여기 14만 4천과 함께 모두 다 부활휴거할 수 있으면 얼마나 좋을까요….

14장

〈중〉〈재림 직전까지도 복음전파 계속〉

6또 보니 **다른 천사가** 공중에 날아가는데 땅에 거하는 자들 **곧 여러 나라와 족속과 방언과 백성에게 전할 영원한 복음을 가졌더라** 7그가 큰 음성으로 가로되 하나님을 두려워하며 그에게 영광을 돌리라 이는 그의 심판하실 시간이 이르렀음이니 하늘과 땅과 바다와 물들의 근원을 만드신 이를 경배하라 하더라 8또 다른 천사 곧 둘째가 그 뒤를 따라 말하되 무너졌도다 무너졌도다 큰 성 바벨론이여 모든 나라를 그 음행으로 인하여 진노의 포도주로 먹이던 자로다 하더라 9또 다른 천사 곧 세째가 그 뒤를 따라 큰 음성으로 **가로되 만일 누구든지 짐승과 그의 우상에게 경배하고 이마에나 손에 표를 받으면** 10그도 하나님의 진노의 포도주를 마시리니 그 진노의 잔에 섞인 것이 없이 부은 포도주라 거룩한 천사들 앞과 어린 양 앞에서 불과 유황으로 고난을 받으리니 11그 고난의 연기가 세세토록 올라가리로다 짐승과 그의 우상에게 경배하고 그 이름의 표를 받는 자는 누구든지 밤낮 쉼을 얻지 못하리라 하더라 12**성도들의 인내가 여기 있나니 저희는 하나님의 계명과 예수 믿음을 지키는 자니라** 13또 내가 들으니 하늘에서 음성이 나서 가로되 **기록하라 자금 이후로 주 안에서 죽는 자들은 복이 있도다** 하시매 성령이 가라사대 그러하다 저희 수고를 그치고 쉬리니 이는 저희의 행한 일이 따름이라 하시더라〈계14:6-13〉

"6또 보니 **다른 천사가 공중에 날아가는데 땅에 거하는 자들 곧 여러 나라와 족속과 방언과 백성에게 전할 영원한 복음을 가졌더라**" "12**성도들의 인내가 여기 있나니 저희는 하나님의 계명과 예수 믿음을 지키는 자니라** 13또 내가 들으니 하늘에서 음성이 나서 가로되 기록하라 자금 이후로 주 안에서 죽는 자들은 복이 있도다" 12절에 "**성도들의 인내가 여기 있나니 저희는 하나님의 계명과 예수 믿음을 지키는 자니라**" 라는 이 말씀을 보면 예수님의 재림 직전까지도 천사들의 도움으로 성도들이 대환란 중에 복음을 계속 전파하고 있음을 알 수 있습니다.[6, 12절] 그리고 예수님께서 재림하시기 직전까지도 성도들은 끝까지 믿음을 지켜야 한다는 것[9,10, 12절]과 재림 직전까지도 순교할 자들이 있다는 것을 알 수 있습니다.[13절][(3)내가 나의 **두 증인에게 권세**

를 주리니 저희가 굵은 베옷을 입고 일천 이백 육십 일을 예언하리라 (4)이는 이 땅의 주 앞에 섰는 두 감람나무와 두 촛대니 (5)만일 누구든지 저희를 해하고자 한즉 저희 입에서 불이 나서 그 원수를 소멸할지니 누구든지 해하려 하면 반드시 이와 같이 죽임을 당하리라 (6)저희가 권세를 가지고 하늘을 닫아 그 예언을 하는 날 동안 비 오지 못하게 하고 또 권세를 가지고 물을 변하여 피 되게 하고 아무 때든지 원하는 대로 여러가지 재앙으로 땅을 치리로다 (7)저희가 그 증거를 마칠 때에 무저갱으로부터 올라오는 짐승이 저희로 더불어 전쟁을 일으켜 저희를 이기고 저희를 죽일 터인즉⟨계11:3-7⟩** 즉 두 증인들은 1260일[대환란 기간 3년 반] 동안 복음을 전파하다가 결국은 짐승에게 잡혀 옥에 갇히던지 아니면 죽임을 당한다는 말입니다. 이는 다니엘서 12장에서 대환란에 대하여 말씀하면서 "**반드시 한 때와 두 때와 반 때[1260일, 3년 반의 대환란]를 지나서 성도의 권세가 다 깨어지기 까지니 그렇게 되면 이 모든 일이 다 끝나리라**"고 하신 말씀과 일치하는 것입니다. 그러니까 대환란 기간 3년 반이 끝나고 예수님이 재림하시는 그 시점까지도 성도들은 그 대환란 중에서 끝까지 인내하면서 복음을 전파해야 한다는 말입니다. 그러니까 진짜 성도들은 대환란 전에 모두 공중으로 휴거하여 대환란을 면제받고 대환란 중에는 가짜 성도들과 불신자들만 남아서 엄청난 고통을 받으며 심판을 받게될 것이라는 세대주의 교리는 성경과 전적으로 배치된다는 것을 우리는 깨달아야 합니다.

세 천사들

(6)또 보니 **다른 천사가** 공중에 날아가는데 땅에 거하는 자들 곧 여러 나라와 족속과 방언과 백성에게 전할 영원한 복음을 가졌더라 (7)그가 큰 음성으로 가로되 하나님을 두려워하며 그에게 영광을 돌리라 이는 그의 심판하실 시간이 이르렀음이니 하늘과 땅과 바다와 물들의 근원을 만드신 이를 경배하라 하더라 (8)**또 다른 천사 곧 둘째가** 그 뒤를 따라 말하되 무너졌도다 무너졌도다 큰 성 바벨론이여 모든 나라를 그 음행으로 인하여 진노의 포도주로 먹이던 자로다 하더라 (9)**또 다른 천사 곧 세째가** 그 뒤를 따라 큰 음성으로 가로되 만일 누구든지 짐승과 그의 우상에게 경배하고 이마에나 손에 표를 받으면 (10)그도 하나님의 진노의 포도주를 마시리니 그 진노의 잔에 섞인 것이 없이 부은 포도주라 거룩한 천사들 앞과 어린 양 앞에서 불과 유황으로 고난을 받으리니 (11)그 고난의 연기가 세세토록 올라가리로다 짐승과 그의 우상에게 경배하고 그 이름의 표를 받는 자는 누구든지 밤낮 쉼을 얻지 못하리라 하더라 (12)성도들의 인내가 여기 있나니 저희는 하나님의 계명과 예수 믿음을 지키는 자니라 (13)또 내가 들으니 하늘에서 음성이 나서 가로되 기록하라 지금 이 후로 주 안에서 죽는 자들은 복이 있도다 하시매 성령이 가

라사대 그러하다 저희 수고를 그치고 쉬리니 이는 저희의 행한 일이 따름이라 하시더라 (13)또 내가 들으니 하늘에서 음성이 나서 가로되 기록하라 지금 이 후로 주 안에서 죽는 자들은 복이 있도다 하시매 성령이 가라사대 그러하다 저희 수고를 그치고 쉬리니 이는 저희의 행한 일이 따름이라 하시더라 〈계.14:6~13〉

　여기 세 천사들은 다섯 째, 여섯 째 일곱째 나팔을 부는 천사들과는 다른 천사들입니다. 다섯 째, 여섯 째, 일곱 째 나팔을 부는 천사들은 화를 가져오는 천사들이었습니다. 그러나 여기 세 천사들은 가공할 세 개의 '화'가 땅에 쏟아지는 마지막 순간까지도 복음을 전하면서 적 그리스도의 세력을 따르지 말도록 경고하고 성도들이 끝까지 믿음을 지키도록 격려하는 천사들입니다. 그러니까 하나님은 대환란의 마지막 부분에서 지상에 엄청난 재앙을 내리는 세 천사들을 사용하실 뿐만 아니라 그렇게 재앙을 내리는 순간에도 또 다른 세 천사들을 사용하여 마지막 순간까지 영혼구원을 위해 일하시는 분이심을 알 수 있습니다. 구원의 복음을 증거하는 이 세 천사들의 사역은 셋째 화를 가져오는 일곱째 천사가 마지막 나팔을 부는 것과 동시에 끝나게 될 것입니다.

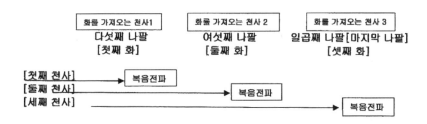

첫째 천사

14:6) 또 보니 다른 천사가 공중에 날아가는데 땅에 거하는 자들 곧 여러 나라와 족속과 방언과 백성에게 전할 영원한 복음을 가졌더라

7)　그가 큰 음성으로 가로되 하나님을 두려워하며 그에게 영광을 돌리라 이는 그의 심판하실 시간이 이르렀음이니 하늘과 땅과 바다와 물들의 근원을 만드신 이를 경배하라 하더라

이 세 천사들은 마지막 세 개의 화가 쏟아지는 기간에 즉, 다섯째 나팔과 여섯째 나팔과 일곱째 나팔이 울리는 순간까지 복음 전파를 위하여 일하는 천사들입니다. 첫째 천사는 맨 앞에서 날아가는데 땅에 거하는 자들 곧 여러 나라와 족속과 방언과 백성에게 전할 영원한 복음을 가졌습니다. 하나님은 이 마지막 순간까지도 한 영혼이라도 더 구원하시기 위하여 최선을 다하시는 모습입니다. 끝이 다 되었다고 그냥 적당히 포기하시지 않으십니다. 철저하게 마지막 순간까지 회개하고 복음을 믿고 구원받도록 기회를 주시는 하나님이십니다. 이 천사는 땅에 거하는 사람들에게 '하나님을 두려워하며 그에게 영광을 돌리라. 이는 그의 심판하실 시간이 이르렀음이니 하늘과 땅과 바다와 물들의 근원을 만드신 이를 경배하라.' 고 경고하고 있습니다.

둘째 천사

14: 8 또 다른 천사 곧 둘째가 그 뒤를 따라 말하되 무너졌도다 무너졌도다 큰 성 바벨론이여 모든 나라를 그 음행으로 인하여 진노의 포도주로 먹이던 자로다 하더라

첫째 천사의 뒤를 따르는 둘째 천사는 큰 성 바벨론 즉 인류의 모든 나라로 하여금 하나님을 대항하게 하는 죄[음란 죄]로 지배했던 사탄의 왕국이 이제 그 마지막에 도달했음을 알리고 있습니다. 다시 말해서 사탄에 속한 이 세상 나라는 곧 멸망할 것이며 바야흐로 그리스도의 나라가 임하여 성도의 최후의 승리가 도래할 것을 예고하는 것입니다. 하나님이 경고를 주실 때는 아직 희망이 있다는 말입니다. 아직도 이 세상 사람들은 사탄을 버리고 하나님께 돌아 올 수 있는 기회가 주어진 것입니다. 경고를 무시하지 말아야 합니다. 복음은 꼭 구원과 천국에 대해서만 말하는 것이 아니고 멸망과 지옥에 대하여도 말하는 것입니다. 그래서 예수님은 항상 천국과 지옥 두 가지를 다 말씀하셨던 것입니다.

세째 천사

14:9) 또 다른 천사 곧 세째가 그 뒤를 따라 큰 음성으로 가로되 만일 누구든지 짐승과 그의 우상에게 경배하고 이마에나 손에 표를 받으면 (10)그도 하나님의 진노의 포도주를 마시리니 그 진노의 잔에 섞인 것이 없이 부은 포도주라 거룩한 천사들 앞과 어린 양 앞에서 불과 유황으로 고난을 받으리니 (11)그 고난의 연기가 세세토록 올라가리로다 짐승과 그의

둘째 천사에 이어 셋째 천사가 그 뒤를 날아가면서 누구든지 사탄과 적그리스도와 거짓 선지자들을 따라가면 영원한 유황불 심판을 받게 된다는 것을 경고하는 것입니다. 셋째 천사는 일곱째 나팔이 울릴 것을 알려주는 천사인데 이제 곧 일곱째 나팔이 울리면 예수님의 재림이 있게 되고 재림 후에는 천년왕국이 있게 되고 그 후에 백보좌 심판 후에 유황불 심판이 있게 될 것인데 그들이 지옥에 떨어진 이후에도 유황불은 계속 되는 재앙이기 때문에 그 고난의 연기가 세세토록 올라가며 밤낮 쉼을 얻지 못하게 될 것이라고 경고하고 있는 것입니다. 천년이라도 만년이라도 형벌의 끝이 있다면 그래도 희망이 있지 않겠습니까! 그러나 고난의 연기가 끝도 없이 세세토록 올라가는 지옥이란 얼마나 무서운 형벌입니까! 이것은 마지막 경고입니다. 즉 대환란의 이 마지막 순간에 아직도 예수님을 그리스도로 영접하면 구원의 희망이 있는 것입니다. 이와 같이 복음은 달콤한 구원과 천국만 얘기하는 것이 아니고 무서운 심판과 영원한 지옥불에 대하여도 얘기하는 것입니다.

12절과 13절을 보십시오. 이상의 세 천사는 마지막 순간에서라도 예수를 믿을 사람들과 이미 믿은 성도들을 위한 천사들입니다. 아직까지 살아남은 성도들은 마지막 순간까지 신앙의 절개를 지켜야 하며 죽게 되더라도 믿음을 굳게 지켜야 한다는 것을 명령받고 있습니다. **(12)성도들의 인내가 여기 있나니 저희는 하나님의 계명과 예수 믿음을 지키는 자니라 (13)또 내가 들으니 하늘에서 음성이 나서 가로되 기록하라 지금 이 후로 주 안에서 죽는 자들은 복이 있도다 하시매 성령이 가라사대 그러하다 저희 수고를 그치고 쉬리니 이는 저희의 행한 일이 따름이라 하시더라**

'성도들의 인내가 여기 있나니' 이것은 마지막 세 번째 천사가 일곱째 나팔이 곧 울리게 될 것이라고 외치는 순간에도 이 땅에는 아직도 성도의 휴거가 이루어지지 않았음을 보여주는 말씀입니다. 여기서 보는 대로 대환란의 마지막 부분인 이 시점에도 성도들은 아직도 대환란 중에 있는 것입니다. 그러니까 대환란이 시작하기 전에 성도들은 다 공중으로 휴거하여 성도들은 대환란을 당하지 않는다고 하는 교리는 잘못된 교리라는 것이 여기서도 증명되는 것입니다. 대환란 중에는 불신자만 땅에 남아서 환란을 당한다는 주장은 다 잘못된 교리입니다. 12절의 말씀을 명심하십시오. '성도들의 인내가 여기 있나니 저희는 하나님의 계명과 예수 믿음을 지키는 자니라.' 일곱째 나팔 즉 마지막 나팔이 울리기 직전까지도 하나님의 계명과 예수 믿는 믿음을 지키는 자가 있다는 말입니다. 또한 13절에 '자금 이후로 주 안에서 죽는 자들은 복이 있도다.'라는 말씀은 무엇입니까? 대환란이 이처럼 막바지에 달하면 성도들에 대한 사탄의 공격이 발악적일 것입니다. 이런 시점에서 사탄을 버리고 하나님을 믿고 따른다는 것은 엄청난 공포와 환란을 감수해야 합니다. 이런 상황에서 하나님을 따르려면 보통 죽음이 아닌 공포의 잔인한 죽음을 당하게 될 것입니다. 그러나 셋째 천사는 말합니다. '자금 이후로 주 안에서 죽는 자들은 복이 있도다.' 무슨 말입니까? 죽음을 무릅쓰고라도 사탄에게 굴복하지 않고 끝까지 하나님을 믿고 따르는 성도들에게는 상상할 수 없는 하늘의 영원한 영광이 주어질 것이라는 말입니다. 그러므로 이 대환란에서 주님을 믿는 믿음을 지키기 위하여 짐승의 표를 받지 않고 차라리 순교를 당하는 것이 복이 있다는 말입니다. 왜냐하면 이제 이 세 번째 천사의 사역이 끝나는 때가 셋째 화를 가져오는 바로 일곱째 나팔이 울리는 때이기 때문입니다. 즉 일곱째 나팔 즉 마지막 나팔이 울리면 곧 바로 성도의 휴거가 이루어질 것이란 말입니다. 그러므로 12절에 **성도의 인내가 여기 있나니**'라는 말씀에 주의하기 바랍니다. 지금까지 3년 반 동안의 환란을 잘 견뎌왔는데 마지막 부분에서 견디지 못하여 사탄에게 굴복하지 말라는 말입니다. 마태복음 24장 13절에도 '**끝까지 견디는 자는 구원을 얻으리라.**'고 예수님께서 친히 말씀하셨습니다. 신앙을 끝까지 고수하십시오. 주님 때문에 죽는 순교를 당한다 해도 두려워하지 말고 죽음으로써 끝까지 신앙을 고수하십시오. 그 때는 주의 재림과 성도의 부활과 휴거가 아주 가까이에 다가 온 시점입니다. 그 때는 영원한 승리가 바로 코 앞에 와 있는 시점입니다.

익은 곡식과 익은 포도

(14)또 내가 보니 흰 구름이 있고 구름 위에 사람의 아들과 같은 이가 앉았는데 그 머리에는 금 면류관이 있고 그 손에는 이한 낫을 가졌더라 (15)또 다른 천사가 성전으로부터 나와 구름 위에 앉은 이를 향하여 큰 음성으로 외쳐 가로되 네 낫을 휘둘러 거두라 거둘 때가 이르러 땅에 곡식이 다 익었음이로다 하니 **(16)구름 위에 앉으신 이가 낫을 땅에 휘두르매 곡식이 거두어지니라**

(17)또 다른 천사가 하늘에 있는 성전에서 나오는데 또한 이한 낫을 가졌더라 (18)또 불을 다스리는 다른 천사가 제단으로부터 나와 이한 낫 가진 자를 향하여 큰 음성으로 불러 가로되 네 이한 낫을 휘둘러 땅의 포도송이를 거두라 그 포도가 익었느니라 하더라 (19)천사가 낫을 땅에 휘둘러 땅의 포도를 거두어 하나님의 진노의 큰 포도주 틀에 던지매 (20)성 밖에서 그 틀이 밟히니 틀에서 피가 나서 말굴레까지 닿았고 일천 육백 스다디온에 퍼졌더라 〈계.14:14-20〉

익은 곡식은 구원받은 진짜 성도들을 나타내고 익은 포도는 구원받지 못한 사람들을 나타냅니다. 여기서는 일곱째 나팔 즉 마지막 나팔이 울릴 때 동시에 두 가지 사건이 일어난다는 것을 보여주고 있습니다. 하나는 성도들이 휴거하는 사건이고 또 한가지는 이 세상 사람들이 하나님의 무서운 형벌을 받는 사건입니다. 구름 위에 앉은 인자 같은 이는 그리스도께서 보내신 사자로서 일곱째 나팔이 울린 마지막 때에 추수하는 천사입니다. 이 때가 바로 마태복음 24장 31절에서 '저가 큰 나팔 소리와 함께 천사들을 보내리니 저희가 그 택하신 자들을 하늘 이 끝에서 저 끝까지 사방에서 모으리라.' 한 그 때입니다. 여기 추수하는 천사들은 알곡은 거두어 곡간에 들이고 가리지는 거두어 불에 사를 것인데 알곡은 바로 위에서 언급한 휴거한 성도들을 의미하는 것이고 가라지는 그리스도를 거역하고 대항한 이 세상 사람들을 의미하는 것입니다. 하나님을 거역한 세상 사람들은 지옥 풀무불에 던져져서 거기서 영원히 이를 갈며 울게 될 것입니다. 그러나 그리스도 안에서 의롭다 함을 받은 성도들은 하나님 나라에서 해와 같이 빛날 것입니다. 38밭은 세상이요 좋은 씨는 천국의 아들들이요 가리지는 악한 자의 아들들이요 39가라지를 심은 원수는 마귀요 **추수때는 세상 끝이요 추숫군은 천사들이니 40그런즉 가라지를 거두어 불에 사르는것 같이 세상끝에도 그러하리라** 41인자가 그 천사들을 보내리니 저희가 그 나라에 서 모든 넘어지게 하는 것과 또 불법을 행하는 자들을 거두어 내어 42풀무 불에 던져 넣으리니 거기서 울며 이를 갊이 있으리라 43 그 때에 의인들은 자기 아버지 나라에서 해와 같이 빛나리라 귀 있는 자는 들으라〈마13:38-43〉

요한계시록 14장15-16절의 곡식은 다 익은 곡식으로서 구원받은 진짜 성도들입니다. 이들을 거두어 들인다는 것은 휴거를 의미합니다. 17-20절까지에서 예리한 낫을 휘둘러 땅의 포도송이를 거두어 하나님의 진노의 큰 포도주 틀에 던진다는 것은 추수하는 천사들이 불신자들을 지옥 유황불에 던진다는 것을 의미합니다. 다음 15장과 16장에서는 일곱째 나팔이 울리면서 세번째 화 즉 대환란의 맨 마지막 재앙인 하나님의 진노의 큰 포도주 틀에 던지는 것을 더 구체적으로 보여주고 있습니다. 우리는 여기 14장에서 예수 믿는 참 성도들은 휴거하여 하나님 보좌 앞에서 새 노래를 부르는 승리의 모습을 보았습니다. 그러나 믿지 않는 세상 사람들에게는 엄청난 하나님의 진노가 임하여 영원한 유황불에 던져지는 무서운 경고의 말씀을 들었습니다. 그 때는 세상이 온전히 바뀔 것입니다. 다시 말해서 그 동안 사탄이 왕으로 통치했던 인류의 긴긴 역사에서 우리는 불의가 의를 이기고 비진리가 진리를 이기는 억울함과 비참과 부조리를 보면서 살아야 했습니다. 그러나 마침내 인류의 마지막 장에서 극적인 대역전을 보게 될 것입니다. 사탄과 그의 추종자들인 세상 사람들이 마음대로 휘두르고 득세하던 시대가 다 지나고 이제는 그 동안 세상에서 핍박 받고 짓밟히던 성도들이 찬란하게 빛나는 영광스런 부활의 몸을 입고 휴거하여 공중으로 재림하신 예수님과 함께 시온산에 서게 될 것입니다. 그 날은 우리 성도들에게 최후의 승리의 날이 되는 것이며 영원한 승리의 날이 될 것입니다. 오늘 우리는 그 날을 바라보면서 우리에게 다가오는 많은 역경과 환란 속에서 선한 싸움을 계속해야 하는 것입니다. 그 때에 두 사람이 밭을 갈고 있으매 하나는 데려감을 당하고 하나는 버려둠을 당할 것이라고 하였습니다.[마.24:40] 그 날에 알곡은 거두어 곡간에 들이고 가리지는 거두어 불에 사르게 될 것입니다.[마.13:30] 교회 안에도 알곡과 쭉정이가 섞여있다는 것을 우리는 잘 알고 있습니다. 그러므로 잘 익은 곡식, 알곡이 되어야 하고 쭉정이나 가라지가 되지 말아야 한다는 주님의 말씀이 얼마나 중요한 경고의 말씀입니까!

14 장

〈하〉 〈예수님의 재림과 휴거〉

14 또 내가 바라보니, <u>보라, 흰 구름이 있고 그 구름 위에 사람의 아들[인자] 같은 분께서 앉으셨
는데 그분의 머리 위에는 금관이 있고 그분의 손에는 예리한 낫이 있더라.</u> 15 또 다른 천사가 성
전으로부터 나와 구름 위에 앉으신 분에게 큰 음성으로 외쳐 이르되, <u>주의 낫을 휘둘러 수확하
소서. 땅의 수확물이 익어 주께서 수확하실 때가 이르렀나이다,</u> 하니16 <u>구름 위에 앉으신 분께
서 자기의 낫을 땅 위에 휘두르사 땅을 수확하시니라.</u> 〈킹제임스 한글성경〉 [And I looked, and
behold a white cloud, and upon the cloud one sat like unto the Son of man, having on
his head a golden crown, and in his hand a sharp sickle. And another angel came out of
the temple, crying with a loud voice to him that sat on the cloud, Thrust in thy sickle, and
reap： for the time is come for thee to reap; for the harvest of the earth is ripe. And he that
sat on the cloud thrust in his sickle on the earth; and the earth was reaped.] 〈계14:14-16〉
※ [이 중요한 부분의 한글번역이 잘못 번역되어 있어서 킹제임스 영어번역
을 참고로 기재하였으며 그 한글번역은 킹제임스 한글성경을 인용하였음]

　11장에서는 두 증인들의 부활과 휴거에 대하여 그리고 마지막 나팔이 울
렸을 때에 세상 나라가 그리스도의 나라가 되어 주님께서 세세토록 왕노릇
하게 된다는 음성이 하늘에서 나왔다고 기록되어 있습니다. 12장과 13장에
서는 사탄과 적그리스도가 누구이며 어떤 일을 하는 자들인가에 대하여 설
명한 후에 여기 14장에서는 십사만 사천명이 휴거하여 하늘의 시온산에 어
린양 예수님과 함께 서있는 모습을 기록하고 있습니다.[22그러나 너희가 이른 곳
은 <u>시온산과 살아계신 하나님의 도성인 하늘의 예루살렘과 천만 천사와 23하늘에 기록한 장자
들의 총회와</u> 교회와 만민의 심판자이신 하나님과 및 온전케 된 의인의 영들과〈히12:22-23〉] 십
사만 사천이 부활휴거한 후에 서있는 곳은 하늘에 있는 시온산으로서 하늘에 있는 예루살렘을
일컫는 말입니다. 예수님이 재림하신 후에 천년 동안 왕노릇하실 때에 바로 그 하늘에 있던 예

루살렘이 지상으로 내려오는 것을 새 예루살렘이라고 부릅니다.[1또 내가 새 하늘과 새 땅을 보니 처음 하늘과 처음 땅이 없어졌고 바다도 다시 있지 않더라 2또 내가 보매 **거룩한 성 새 예루살렘이 하나님께로부터 하늘에서 내려오니 그 예비한 것이 신부가 남편을 위하여 단장한 것 같더라**〈계21:1-2〉] 그러면 14만 4천이 휴거하였다면 휴거와 재림은 동시에 발생하는 사건이기 때문에 재림하신 예수님이 추수하는 모습을 간단히 설명해 주고 있는 것입니다. 그러므로 여기 14장에서 휴거를 언급한 후에 예수님이 수확하시는 모습을 간단히 언급하고 있는 것입니다. **보라, 흰 구름이 있고 그 구름 위에 사람의 아들[인자] 같은 분께서 앉으셨는데 그분의 머리 위에는 금관이 있고 그분의 손에는 예리한 낫이 있더라.** 15 또 다른 천사가 성전으로부터 나와 구름 위에 앉으신 분에게 큰 음성으로 외쳐 이르되, **주의 낫을 휘둘러 수확하소서. 땅의 수확물이 익어 주께서 수확하실 때가 이르렀나이다, 하니16 구름 위에 앉으신 분께서 자기의 낫을 땅 위에 휘두르사 땅을 수확하시니라.** 예수님의 재림에 대한 좀더 상세한 기록은 19장에서 보여주고 있습니다. 십사만 사천이 부활휴거하여 하늘의 시온산에서 주님과 함께 서있는 사건은 11장에서 마지막 나팔이 울렸을 때 두 증인들이 부활휴거한 사건입니다. 여기서 주님께서 친히 낫을 휘둘러 수확하는 것은 알곡은 모아 곡간에 들이고 쭉정이는 모아 불에 던지시겠다는 주님의 말씀이 이루어지는 순간입니다. 그러므로 여기 14장 14절부터 16절까지는 추수의 주인이신 주님께서 처음 익은 열매의 첫 수확인 14만 4천을 비롯하여 이방의 모든 성도들을 수확하고 있는 모습을 보여주고 있는 것입니다.

15 - 16 장

〈일곱 대접 재앙과 아마겟돈 전쟁〉

⑴또 하늘에 크고 이상한 다른 이적을 보매 **일곱 천사가 일곱 재앙을 가졌으니 곧 마지막 재앙 이라 하나님의 진노가 이것으로 마치리로다** ⑵또 내가 보니 불이 섞인 유리 바다 같은 것이 있고 **짐승과 그의 우상과 그의 이름의 수를 이기고 벗어난 자들이** 유리바다 가에 서서 하나님의 거문고를 가지고 ⑶하나님의 종 모세의 노래, 어린 양의 노래를 불러 가로되 주 하나님 곧 전능하신 이시여 하시는 일이 크고 기이하시도다 만국의 왕이시여 주의 길이 의롭고 참되시도다 ⑷주여 누가 주의 이름을 두려워하지 아니하며 영화롭게 하지 아니하오리까 오직 주만 거룩하시니이다 주의 의로우신 일이 나타났으매 만국이 와서 주께 경배하리이다 하더라 ⑸또 이 일 후에 내가 보니 하늘에 증거 장막의 성전이 열리며 ⑹일곱 재앙을 가진 일곱 천사가 성전으로부터 나와 맑고 빛난 세마포 옷을 입고 가슴에 금띠를 띠고 ⑺네 생물 중에 하나가 세세에 계신 하나님의 진노를 가득히 담은 금대접 일곱을 그 일곱 천사에게 주니 ⑻하나님의 영광과 능력을 인하여 성전에 연기가 차게 되매 일곱 천사의 일곱 재앙이 마치기까지는 성전에 능히 들어갈 자가 없더라〈계15:1-8〉

⑴또 내가 **들으니 성전에서 큰 음성이 나서 일곱 천사에게 말하되 너희는 가서 하나님의 진노의 일곱 대접을 땅에 쏟으라 하더라** ⑵**첫째가 가서 그 대접을 땅에 쏟으매** 악하고 독한 헌데가 짐승의 표를 받은 사람들과 그 우상에게 경배하는 자들에게 나더라 ⑶**둘째가 그 대접을 바다에 쏟으매** 바다가 곧 죽은 자의 피 같이 되니 바다 가운데 모든 생물이 죽더라 ⑷**세째가 그 대접을 강과 물 근원에 쏟으매** 피가 되더라 ⑸내가 들으니 물을 차지한 천사가 가로되 전에도 계셨고 시방도 계신 거룩하신이여 이렇게 심판하시니 의로우시도다 ⑹저희가 성도들과 선지자들의 피를 흘렸으므로 저희로 피를 마시게 하신 것이 합당하니이다 하더라 ⑺또 내가 들으니 제단이 말하기를 그러하다 주 하나님 곧 전능하신 이시여 심판하시는 것이 참되시고 의로우시도다 하더라 ⑻**네째가 그 대접을 해에 쏟으매** 해가 권세를 받아 불로 사람들을 태우니 ⑼사람들이 크게 태움에 태워진지라 이 재앙들을 행하는 권세를 가지신 하나님의 이름을 훼방하며 또 회개하

여 영광을 주께 돌리지 아니하더라 (10)또 **다섯째가 그 대접을 짐승의 보좌에 쏟으니** 그 나라가 곧 어두워지며 사람들이 아파서 자기 혀를 깨물고 (11)아픈 것과 종기로 인하여 하늘의 하나님을 훼방하고 저희 행위를 회개치 아니하더라 (12)또 **여섯째가 그 대접을 큰 강 유브라데에 쏟으매** 강물이 말라서 동방에서 오는 왕들의 길이 예비되더라 (13)또 내가 보매 개구리 같은 세 더러운 영이 용의 입과 짐승의 입과 거짓 선지자의 입에서 나오니 (14)저희는 귀신의 영이라 이적을 행하여 온 천하 임금들에게 가서 하나님 곧 전능하신 이의 큰 날에 전쟁을 위하여 그들을 모으더라 (15)보라 내가 도적 같이 오리니 누구든지 깨어 자기 옷을 지켜 벌거벗고 다니지 아니하며 자기의 부끄러움을 보이지 아니하는 자가 복이 있도다 (16)세 영이 히브리 음으로 아마겟돈이라 하는 곳으로 왕들을 모으더라 (17)**일곱째가 그 대접을 공기 가운데 쏟으매** 큰 음성이 성전에서 보좌로부터 나서 가로되 되었다 하니 (18)번개와 음성들과 뇌성이 있고 또 큰 지진이 있어 어찌 큰지 사람이 땅에 있어 옴으로 이같이 큰 지진이 없었더라 (19)큰 성이 세 갈래로 갈라지고 **만국의 성들도 무너지니 큰 성 바벨론이 하나님 앞에 기억하신 바 되어 그의 맹렬한 진노의 포도주 잔을 받으매** (20)각 섬도 없어지고 산악도 간데 없더라 (21)또 중수가 한 달란트나 되는 큰 우박이 하늘로부터 사람들에게 내리매 사람들이 그 박재로 인하여 하나님을 훼방하니 그 재앙이 심히 큰이러라 〈계.16:1–21〉

지난 14장에서는 주로 대환란 중에도 성도들의 복음증거가 계속된다는 것과 성도들의 부활휴거한 사건에 대하여 말씀하셨고 재림하시는 주님께서 익은 곡식을 추수하시는 것과 익은 포도송이를 거두시는 것에 대하여는 간단히 말씀해주셨습니다. 그러나 여기 15–16장에서는 예수님의 재림과 성도들의 부활휴거 후에 일곱대접 재앙으로 익은 포도송이를 거두어 하나님의 진노의 큰 포도주 틀에 던지는 것에 대하여 좀 더 구체적으로 보여주고 있습니다.

극적인 대 역전

마지막 나팔인 일곱째 나팔이 울리면 두 가지 사건이 일어납니다. 첫째는 성도의 부활휴거이고 둘째는 불신자들에 대한 하나님의 진노로서 일곱 대접 재앙이 하늘로부터 땅에 쏟아져 대환란을 끝내는 것입니다. 성도의 부활휴거는 14장에서 이미 다루었기 때문에 여기 15장과 16장에서는 일곱대접 재앙에 대하여 다루고 있는 것입니다. 또 하늘에 크고 이상한 다른 이적을 보매 **일곱 천사가 일곱 재앙을 가졌으니 곧 마지막 재앙이라 하나님의 진노가 이것으로 마치리로다** 즉,

일곱째 나팔이 울리면 즉 마지막 나팔이 울리면 예수님이 재림하시고 성도들은 부활휴거하게 되고 그 다음에는 일곱대접 재앙이 땅에 쏟아짐으로서 대환란을 모두 종결하는 것입니다. 15장 2-8절까지 보면 두개의 서로 상반되는 상황이 보입니다. 즉 2-4절까지 보면 **짐승과 그의 우상과 그의 이름의 수를 이기고 벗어난 자들이** 유리 바닷가에 서서 거문고를 가지고 모세의 노래와 어린 양의 노래를 부르며 주님의 왕되심과 의로우심과 거룩하심을 찬양하는 승리의 장면이 보입니다. 즉 주님께서 재림하실 때에 부활하여 휴거한 성도들은 우상숭배를 거절하고 즉 세상을 하나님보다 더 사랑하는 것을 거절하고 짐승의 표 666 받기를 거절하고 끝까지 믿음을 지켰던 사람들입니다. 그러니까 주님의 재림 때에 부활 휴거할 수 있는 참 성도가 되기 위해서는 세상이라는 우상을 과감하게 내려놓아야 하고 짐승의 표를 받지 말고 성령으로 인침을 받은 참 하나님의 사람이 되어야 한다는 것을 명심해야 합니다. (2)또 내가 보니 불이 섞인 유리 바다 같은 것이 있고 **짐승과 그의 우상과 그의 이름의 수를 이기고 벗어난 자들이** 유리바다 가에 서서 하나님의 거문고를 가지고 (3)하나님의 종 모세의 노래, 어린 양의 노래를 불러 가로되 주 하나님 곧 전능하신 이시여 하시는 일이 크고 기이하시도다 만국의 왕이시여 주의 길이 의롭고 참되시도다 (4)주여 누가 주의 이름을 두려워하지 아니하며 영화롭게 하지 아니하오리이까 오직 주만 거룩하시니이다 주의 의로우신 일이 나타났으매 만국이 와서 주께 경배하리이다 하더라 지금까지는 믿는 사람들이 당하고 살고, 믿는 사람들이 보잘 것 없어 보이고, 힘이 없고, 약자의 위치에서 이름없이 살았지만, 마지막 나팔이 울리는 날 드라마틱한 대역전극이 일어날 것입니다. 약자이던 믿는 사람들이 휴거하여 영광스러운 승리자가 되고 그 동안 세상에서 득세하며 세상을 주도하고 하나님의 사람들을 무시하고 핍박하고 괴롭혔던 세상 사람들이 돌연히 영원한 수치와 파멸을 당하는 날이 되는 것입니다.

5-8절까지 보면 하나님의 진노를 가득히 담은 금 대접 일곱을 땅에 쏟아 부으려고 일곱 재앙을 가진 일곱 천사가 대기하고 있는 장면이 보입니다.(5)또 이 일 후에 내가 보니 하늘에 증거 장막의 성전이 열리며 (6)**일곱 재앙을 가진 일곱 천사가 성전으로부터 나와** 맑고 빛난 세마포 옷을 입고 가슴에 금띠를 띠고 (7)네 생물 중에 하나가 세세에 계신 하나님의 진노를 가득히 담은 금대접 일곱을 그 일곱 천사에게 주니 (8)하나님의 영광과 능력을 인하여 성전에 연기가 차게 되매 일곱 천사의 일곱 재앙이 마치기까지는 성전에 능히 들어갈 자가 없더라 여기서 이 일곱 재앙을 가진 천사가 성전으로부터 나왔

다는 것은 성도들의 원수를 갚아준다는 의미입니다. 16장 6절에서 보는 대로 **'저희가 성도들과 선지자들의 피를 흘렸으므로 저희로 피를 마시게 하신 것이 합당하니이다 하더라.'** 그렇습니다. 에덴 동산에서 사탄이 아담으로 하여금 범죄하도록 그들을 미혹한 이후 인류의 마지막 순간까지 하나님을 믿는 성도들과 하나님을 위하여 일하는 선지자들을 핍박하고 괴롭히고 죽여왔던 사탄과 사탄의 추종자들을 이제 드디어 형벌하는 시간이 된 것입니다. 그러니까 하늘에서는 휴거한 성도들이 승리감에 젖어 하나님의 의로우심과 거룩하심과 왕되심을 찬양하고 있는 반면에 땅에서는 그 동안 성도들을 괴롭혀 왔던 악령에 속한 무리들이 하나님의 무서운 진노하심에 던져지는 대역전극이 벌어지는 순간입니다.

16장에서는 이제 일곱 천사가 차례대로 하나님의 진노의 대접을 하나씩 땅에 쏟아 붓는 장면이 나타납니다.
⑴또 내가 들으니 성전에서 큰 음성이 나서 일곱 천사에게 말하되 **너희는 가서 하나님의 진노의 일곱 대접을 땅에 쏟으라** 하더라 ⑵**첫째가 가서 그 대접을 땅에 쏟으매** 악하고 독한 헌데가 짐승의 표를 받은 사람들과 그 우상에게 경배하는 자들에게 나더라 ⑶**둘째가 그 대접을 바다에 쏟으매** 바다가 곧 죽은 자의 피 같이 되니 바다 가운데 모든 생물이 죽더라 ⑷세째가 그 대접을 강과 물 근원에 쏟으매 피가 되더라 ⑸내가 들으니 물을 차지한 천사가 가로되 전에도 계셨고 시방도 계신 거룩하신이여 이렇게 심판하시니 의로우시도다 ⑹저희가 성도들과 선지자들의 피를 흘렸으므로 저희로 피를 마시게 하신 것이 합당하니이다 하더라 ⑺또 내가 들으니 제단이 말하기를 그러하다 주 하나님 곧 전능하신 이시여 심판하시는 것이 참되시고 의로우시도다 하더라 ⑻**네째가 그 대접을 해에 쏟으매** 해가 권세를 받아 불로 사람들을 태우니 ⑼사람들이 크게 태움에 태워진지라 이 재앙들을 행하는 권세를 가지신 하나님의 이름을 훼방하며 또 회개하여 영광을 주게 돌리지 아니하더라 ⑽또 **다섯째가 그 대접을 짐승의 보좌에 쏟으니** 그 나라가 곧 어두워지며 사람들이 아파서 자기 혀를 깨물고 ⑾아픈 것과 종기로 인하여 하늘의 하나님을 훼방하고 저희 행위를 회개치 아니하더라

첫째 대접을 땅에 쏟으매 짐승의 표를 받은 사람들과 그 우상에게 경배하는 자들 즉 적그리스도와 거짓 선지자들을 따라 사탄을 섬긴 모든 사람들의 몸에 심한 종기 같은 것이 나서 사람들을 괴롭게 합니다. 둘째 대접을 바다에 쏟을 때에는 바다 물이 죽은 자의 피같이 되었고 바다에 사는 모든

생물이 다 죽었습니다. 전에는 바다에 사는 생물의 삼분의 일이 죽었지만 이제는 전부가 죽었습니다. 즉 지금의 지구 환경이 완전히 파멸되고 끝나는 것입니다. 이 일곱 대접 재앙 후에는 에덴 동산 같은 신령한 새 하늘과 새 땅으로 천지를 개벽하는 것입니다. 셋째 대접을 쏟으니까 강물과 모든 샘물이 다 피로 변하였습니다. 사랑과 자비의 하나님이 너무나 잔인하다고 느끼십니까? 5절부터 7절까지 보면 이렇게 진노하시는 하나님의 행위를 의롭다고 하십니다. 그 동안 성도들을 괴롭힐 때 수 천년 동안이나 참으시고 오랫동안 참으신 하나님이십니다. 만약 성도들이 당한 이 고난과 순교의 피를 갚아주시지 않으시고 죄인들을 형벌하지 않고 그냥 놔두신다면 오히려 하나님은 불공평하시고 불의하시고 잔인하신 분이 될 수 밖에 없습니다. 왜냐하면 그는 자기의 영광을 위하여 연약한 성도들에게 억울한 핍박과 무서운 환란과 피 흘리는 순교를 강요한 불의하고 무자비한 하나님으로 평가될 것입니다. '여호와께서 의로운 일을 행하시며 압박 당하는 모든 자를 위하여 심판하시는도다.' [시.103:6] 하나님은 의로우시기 때문에 불신자와 신자 사이에서 공평하게 행하시기 위하여 죄인들을 형벌하실 것입니다. 그들이 회개하여 구원 받기를 기다리기 위하여 하나님께서 수 천년 동안을 참아주신 것은 그 분의 사랑과 자비하심을 나타내는 것입니다. 8절부터 9절까지 보면 넷째 대접이 태양에 쏟아져 사람들이 크게 태워졌다고 하였습니다. 이는 인류 역사상 없었던 불타는 듯한 더위가 엄습할 것임을 보여주는 내용입니다. 사람들은 식수가 부족한 상황에서 엄청난 불볕 더위를 만나 극렬한 열기 속에서 신음하며 심히 고통을 당할 것입니다. 그러한 상황에서도 그들이 자기들의 죄를 회개하지 아니하고 끝까지 하나님을 대항한다는 것은 인간이 얼마나 극악한 죄인인가를 보여주는 것입니다. 10절부터 11절까지 보면 다섯째 대접을 짐승의 보좌에 쏟으니 그 나라가 곧 어두워지며 아파서 자기 혀를 깨문다고 하였습니다. 적 그리스도와 그의 추종자들의 나라는 캄캄한 흑암이 임한다는 말씀입니다. 마태복음 24장 29절에서 주님은 대환란의 마지막 장면을 이렇게 서술하셨습니다. '그 날 환란 후에 즉시 해가 어두워지며 달이 빛을 내지 아니하며 별들이 하늘에서 떨어지며 하늘의 권능들이 흔들리리라.' 사탄의 왕국 적 그리스도의 왕국이 이제 몰락하는 순간이라는 말씀입니다. 하나님을 대항하는 죄악세력은 이처럼 최후의 멸망을 당하게 될 것입니다.

아마겟돈 전쟁

12절부터 21절까지는 아마겟돈 전쟁을 보여줍니다. 이는 하나님의 군대와 악령의 군대들이 싸우는 대접전입니다. 대환란의 맨 마지막 순간에 하나님의 군대와 사탄의 군대가 싸우는 최악의 영적 전쟁이 될 것입니다. 이는 영들의 싸움입니다.

(12)**또 여섯째가 그 대접을 큰 강 유브라데에 쏟으매** 강물이 말라서 동방에서 오는 왕들의 길이 예비되더라 (13)또 내가 보매 **개구리 같은 세 더러운 영이 용의 입과 짐승의 입과 거짓 선지자의 입에서 나오니 (14)저희는 귀신의 영이라 이적을 행하여 온 천하 임금들에게 가서 하나님 곧 전능하신 이의 큰 날에 전쟁을 위하여 그들을 모으더라** (15)보라 내가 도적 같이 오리니 누구든지 깨어 자기 옷을 지켜 벌거벗고 다니지 아니하며 자기의 부끄러움을 보이지 아니하는 자가 복이 있도다 (16)세 영이 히브리 음으로 **아마겟돈이라 하는 곳으로 왕들을 모으더라**

먼저 12절에서 여섯째 대접이 유프라테스 강에 쏟아졌습니다. 이 유프라테스 강은 에덴 동산에 흐르던 강으로서 사탄이 인간을 미혹하여 죄와 사망에 빠지게 하여 하나님으로 하여금 인간을 에덴동산에서 쫓아내게 했던 영원히 잊을 수 없는 한 맺힌 장소입니다. 하나님은 인간을 에덴의 동편으로 쫓아내시고 그들이 생명나무가 있는 유프라테스 강가에 다시는 접근하지 못하도록 에덴의 동편에 천사들과 두루 도는 화염검을 두어 생명나무로 가는 길을 막으셨습니다. 이제 인류역사의 마지막 순간에 하나님의 천사가 그 원한의 강에 여섯째 대접을 쏟아 부으니까 동방에서 오는 왕들의 길이 준비되었습니다. 그러면 동방에서 오는 왕들은 누구인가? 에덴의 동쪽은 하나님으로부터 쫓겨난 이 죄악 세상을 상징합니다. 다시 말해서 사탄과 그의 통치를 받고 사는 이 세상 나라들 전체를 의미하는 것입니다.

13절과 14절을 보면 개구리 같은 세 더러운 영이 용의 입과 짐승의 입과 거짓 선지자의 입에서 나오는데 그들은 귀신의 영이라고 하였습니다. 그들은 악령들로서 초자연적인 이적을 행하면서 온 천하 임금들을 미혹하여 하나님께 대항하여 싸우게 하려고 그들을 한 곳으로 모으고 있습니다. 이 세 영은 사탄과 적그리스도와 거짓선지자의 입에서 나온 악령들로서 자기들의 예정된 마지막 운명의 시간이 가까운 줄을 알고 그 동안 인류 역사의 긴 시간 동안에 자기들이 미혹하여 포로로 잡은 죄인 인류를 총 동원하여 하나님께 대항하게 하는 최후의 발악입니다. 16 절을 보면 이 '세 영이 아마겟돈이라 하는 곳으로 왕들을 모으더라' 고 하였습니다. 만국의 군대들이 아마겟돈으로 몰려드는 것입니다. 이 부분을 보다 잘 이해하기 위하여 계시록 19장11절부터 21절을 살펴보십시오. 11절부터 보면 예수님이 드디어 흰 말을 타시고 재림하시는 장면이 보입니다.

11또 내가 하늘이 열린 것을 보니 보라 백마와 탄 자가 있으니 그 이름은 충신과 진실이라 그가 공의로 심판하며 싸우더라 12그 눈이 불꽃 같고 그 머리에 많은 면류관이 있고 또 이름 쓴 것이 하나가 있으니 자기 밖에 아는 자가 없고 13**또 그가 피 뿌린 옷을 입었는데 그 이름은 하나님의 말씀이라 칭하더라** 14하늘에 있는 군대들이 희고 깨끗한 세마포를 입고 백마를 타고 그를 따르더라 15**그의 입에서 이한 검이 나오니 그것으로 만국을 치겠고 친히 저희를 철장으로 다스리며 또 친히 하나님 곧 전능하신 이의 맹렬한 진노의 포도주 틀을 밟겠고** 16그 옷과 그 다리에 이름 쓴 것이 있으니 만왕의 왕이요 만주의 주라 하였더라

여기 재림하시는 예수님의 이름은 충신[Faithful]과 진실[True]이라고 하였습니다. 그 분은 공의로 심판하시며 싸우시는 분이십니다. 그 눈은 불꽃 같고 그 머리에는 많은 면류관을 쓰셨습니다. 13절에 그 분은 피 뿌린 옷을 입었다고 하였는데 그것은 그 분이 우리 죄를 위하여 십자가에서 죽으셨던 분임을 나타내는 것입니다. 13절에 또한 그 분의 이름은 하나님의 말씀이라고 함으로써 여기 흰말을 타고 세상을 심판하며 악령들과 싸우시는 분이 예수님임을 보여줍니다. 14절과 16절을 보면 예수님은 백마를 탄 하늘의 군대들을 거느리고 세상 만국을 치러 오시는 평화의 왕이요 만왕의 왕으로 묘사되고 있습니다. 19절을 보십시오. 19또 내가 보매 **그 짐승과 땅의 임금들과 그 군대들이 모여 그 말 탄 자와 그의 군대로 더불어 전쟁을 일으키다가** 그 짐승과 땅의 임금들과 그 군대들이 모여 그 말 탄자와 그의 군대로 더불어 전쟁을 일으킨다고 하였습니다. 여기서 그 짐승은 누구입니까? 그 짐승은 적그리스도입니다. 땅의 임금들은 세 영에 미혹되어 그의 군대들을 이끌고 아마겟돈으로 싸우러 나온 온 천하의 왕들과 그들의 군대들입니다. '그 말 탄자'는 누구입니까? 그 말을 탄 자는 11절에서 흰말을 타신 예수 그리스도이십니다. 그러니까 세 영에 미혹된 온 천하의 왕들이 그 말 탄자 곧 예수 그리스도와 그의 군대 즉 하늘의 군대로 더불어 전쟁을 하기 위하여 온 천하의 왕들이 그

들의 군대를 이끌고 아마겟돈으로 모인 것입니다. 이것이 바로 아마겟돈 전쟁입니다. 이 전쟁은 사탄에 속한 악령들과 그 악령에 속한 세상 만국의 백성들이 그리스도께서 거느리고 나온 하늘의 천군천사들과 싸우는 대접전으로서 인류역사의 마지막 즉 주님의 재림의 순간에 있을 크나큰 영적 전쟁입니다. 사탄은 인류가 창조되기 전부터 하나님께 대항하던 악령으로서 우리 인간은 에덴 동산에서부터 그 사탄의 독주에 미혹되어 죄의 포로가 되어 길고 긴 인류 역사에서 하나님을 불 순종하며 하나님을 대항하고 하나님을 부인하고 대항하는 정치 경제 사회 교육 사상과 과학과 예술과 문화 속에서 살아왔습니다. 그리고 사람들은 인류 역사의 마지막 순간에 한 번더 사탄의 도구로 사용되어 하나님을 대항하는 전쟁에 이용될 것입니다. 그러나 사탄의 도구로 사용되는 사람마다 멸망하는 사탄의 악령들과 함께 영원히 지옥불에 던져질 것입니다. 16:17절부터 보십시오. 이제 마지막 일곱째 대접이 공중에 쏟아집니다. **17일곱째가 그 대접을 공기 가운데 쏟으매** 큰 음성이 성전에서 보좌로부터 나서 가로되 되었다 하니 18번개와 음성들과 뇌성이 있고 **또 큰 지진이 있어 어찌 큰지 사람이 땅에 있어 옴으로 이같이 큰 지진이 없었더라 19큰 성이 세 갈래로 갈라지고 만국의 성들도 무너지니 큰 성 바벨론이 하나님 앞에 기억하신바 되어 그의 맹렬한 진노의 포도주 잔을 받으매 20각 섬도 없어지고 산악도 간데 없더라** 21또 중수가 한 달란트나 되는 큰 우박이 하늘로부터 사람들에게 내리매 사람들이 그 박재로 인하여 하나님을 훼방하니 그 재앙이 심히 큼이러라(계16:17-21) 18절에 인류역사상 이처럼 큰 지진이 없었습니다. 19절에는 큰 성이 갈라지고 만국의 성들이 무너졌습니다. 여러 나라의 크고 작은 도시들이 큰 지진으로 인하여 무너지는 가공할 순간입니다. 즉 사탄의 통치로 말미암아 죄와 악이 판을 치던 이 세상 나라가 이제 영원히 멸망하는 순간입니다. 거짓되고 악한 사람들이 잘되고 정직한 사람들이 억울함과 모함과 고통을 당하던 세상 나라가 영원히 꺼지는 순간입니다. 놀라운 사실은 21절에 이런 재앙에도 악한 사람들은 마지막 순간까지도 회개하지 아니하고 죽어가면서까지 하나님을 저주하며 발악하고 있다는 점입니다. 각 섬도 산악도 없어졌습니다. 대환란이 이것으로 끝나고 하나님은 천지를 개벽하여 에덴 동산과 같은 새 하늘과 새 땅을 만드시고 천년동안 지상에서 그리스도의 왕국을 이루실 것입니다.

16장 15절을 보십시오. '보라 내가 도적같이 오리니 누구든지 깨어 자기 옷을 지켜 벌거벗고 다니지 아니하며 자기의 부끄러움을 보이지 아니하는 자가 복이 있도다.' 이와 똑 같은 말씀이 데살로니가전서 5장 2절에 기록되어 있으나 미래 시제로 기록되어 있습니다. '주의 날이 도적같이 오실 것이다.' 'the day of the Lord **will come** like a thief' 그러나 여기 본문 16장15절에서는 '보라 내가 도적같이 오리니' 는 현재동사로 기록하고 있습니다. 'I **come** like a thief.' 즉 주님께서 도적같이 지금 와계시다는 말씀입니다. 세상에서 먹고 마시고 즐기던 불신자들에게 갑짜기 도적같이 재림하신 예수님께서 지금 30일 동안 일곱 대접을 이 세상에 쏟아붓고 계신 것입니다. 오늘 우리에게는 주님의 재림이 미래시제로서 장차 다가 올 미래의 사건이지만 대환란의 마지막 순간에 주님께서 재림 하실 그 때에는 현재의 시제로 사람들의 현실 앞에 닥치게 될 것입니다. 그 때 우리는 지상에 남아서 재림하시는 예수님과 하늘의 군대를 대항하여 싸우는 사람들 중에 있게 될 것인가? 아니면 휴거하여 하늘에서 재림하시는 주님을 찬양하는 성도 중에 있을 것인가? 오늘이 바로 결단의 시간입니다. 참으로 믿는 진짜 성도들은 이 일곱 대접 재앙 직전에 일곱째 나팔이 울릴 때 벌써 부활휴거하였기 때문에 일곱 대접 재앙이 쏟아지는 그 자리에는 없습니다. 지금 예수님을 구주와 왕으로 믿고 구원을 받아야 합니다. 그리고 예수님을 구주와 왕으로 정말 믿었다면 더는 이 세상을 사랑하지 말아야 합니다. 세상을 사랑하는 것이 하나님과 원수되게 하는 것이라고 하였습니다. 세상과 벗된 것이 하나님의 원수임을 알지 못하느뇨 **그런즉 누구든지 세상과 벗이 되고자 하는 자는 스스로 하나님과 원수되게 하는 것이니라**〈약4:4〉 / 15**이 세상이나 세상에 있는 것들을 사랑치 말라 누구든지 세상을 사랑하면 아버지의 사랑이 그 속에 있지 아니하니** 〈요일2:15〉. 우리는 지금 하나님의 자녀로서 경건한 삶을 살고 있는가? 아니면 아직도 우리가 가장 소중히 하는 것들이 이 세상에 속한 것들인가? 이것이 바로 당신의 믿음이 진짜인지 가짜인지를 증명하게 될 것입니다.

17장

〈큰 음녀가 받을 심판〉

(1)또 일곱 대접을 가진 일곱 천사 중 하나가 와서 내게 말하여 가로되 이리 오라 **많은 물 위에 앉은 큰 음녀의 받을 심판을 네게 보이리라** (2)땅의 임금들도 그로 더불어 음행하였고 땅에 거하는 자들도 그 음행의 포도주에 취하였다 하고 (3)곧 성령으로 나를 데리고 광야로 가니라 내가 보니 여자가 붉은 빛 짐승을 탔는데 그 짐승의 몸에 참람된 이름들이 가득하고 일곱 머리와 열 뿔이 있으며 (4)그 여자는 자주 빛과 붉은 빛 옷을 입고 금과 보석과 진주로 꾸미고 손에 금 잔을 가졌는데 가증한 물건과 그의 음행의 더러운 것들이 가득하더라 (5)그 이마에 이름이 기록되었으니 비밀이라, 큰 바벨론이라, 땅의 음녀들과 가증한 것들의 어미라 하였더라 (6)또 내가 보매 **이 여자가 성도들의 피와 예수의 증인들의 피에 취한지라** 내가 그 여자를 보고 기이히 여기고 크게 기이히 여기니 (7)천사가 가로되 왜 기이히 여기느냐 **내가 여자와 그의 탄바 일곱 머리와 열 뿔 가진 짐승의 비밀을 네게 이르리라** (8)네가 본 짐승은 전에 있었다가 시방 없으나 장차 무저갱으로부터 올라와 멸망으로 들어갈 자니 땅에 거하는 자들로서 창세 이후로 생명책에 녹명되지 못한 자들이 이전에 있었다가 시방 없으나 장차 나올 짐승을 보고 기이히 여기리라 (9)지혜 있는 뜻이 여기 있으니 그 일곱 머리는 여자가 앉은 일곱 산이요 (10)또 일곱 왕이라 다섯은 망하였고 하나는 있고 다른 이는 아직 이르지 아니하였으나 이르면 반드시 잠간 동안 계속하리라 (11)전에 있었다가 시방 없어진 짐승은 여덟째 왕이니 일곱 중에 속한 자라 저가 멸망으로 들어가리라 (12)네가 보던 **열 뿔은 열 왕이니 아직 나라를 얻지 못하였으나 다만 짐승으로 더불어 임금처럼 권세를 일시 동안 받으리라** (13)**저희가 한 뜻을 가지고 자기의 능력과 권세를 짐승에게 주더라** (14)**저희가 어린 양으로 더불어 싸우려니와 어린 양은 만주의 주시요 만왕의 왕이시므로 저희를 이기실터이요** 또 그와 함께 있는 자들 곧 부르심을 입고 빼내심을 얻고 진실한 자들은 이기리로다 (15)또 천사가 내게 말하되 네가 본바 **음녀의 앉은 물은 백성과 무리와 열국과 방언들이니라** (16)네가 본바 이 열 뿔과 짐승이 음녀를 미워하여 망하게 하고 벌거 벗게 하고 그 살을 먹고 불로 아주 사르리라 (17)하나님이 자기 뜻대로 할 마음을 저희에게 주사 한 뜻을 이루게 하시고 저희 나라를 그 짐승에게 주게 하시되 하나님 말씀이 응하기까지 하심

이니라 (18)또 네가 본바 <u>여자는 땅의 임금들을 다스리는 큰 성이라</u> 하더라. 〈계.17:1-18〉

우리는 지난 번에 일곱 대접의 재앙이 땅에 쏟아지는 것을 보았습니다. 이제는 그 일곱 대접을 땅에 쏟았던 일곱 천사 중에서 한 천사가 나와서 큰 음녀가 받을 심판[17장]과 그 큰 음녀의 멸망[18장]에 대하여 설명하고 있습니다. 우리는 지난 번에 짐승이 바로 적그리스도라는 것에 대하여 살펴보았습니다. 그러면 그러면 짐승을 타고 있는 음녀는 짐승과 어떤 관계입니까? 음녀의 정체는 무엇입니까? 어떤 사람들은 짐승도 캐톨릭 교회이고 음녀도 캐톨릭 교회라고 주장하는데 짐승과 음녀는 서로 다른 정체입니다. 짐승의 부하인 **'열뿔과 짐승이 음녀를 미워하여 망하게 하고 벌거벗게 하고 그 살을 먹고 불로 아주 사르리라'**고 기록한 요한계시록 17장 16절을 보십시오. 어떻게 짐승과 음녀가 다같이 캐톨릭 교회이겠습니까? 그러면 과연 음녀의 정체는 무엇인지 이제부터 살펴보기로 하겠습니다.

그리스도인들을 대항하는 악령

사탄의 왕국의 체계는 하나님 나라의 체계를 모방하고 있다고 앞에서 이미 말씀드렸습니다. 하나님 나라의 체계에서 **성부 하나님**과 그리스도이신 **성자 하나님과** 그리고 **성령 하나님이** 유기적으로 역사하시는 것처럼 사탄의 왕국에서도 **용이라고 불리우는 사탄과 짐승으로 불리우는 적그리스도와** 땅의 임금들을 다스리는 **'큰 성'[세상 왕국]이라고 불리우는 악령이** 있습니다. 즉 용은 사탄으로서 성부 하나님과 대칭이 되고 짐승으로 불리우는 적그리스도는 예수 그리스도와 대칭이며 세상을 음행으로 취하게 하는 음녀는 성령과 대칭이 되는 악령입니다.

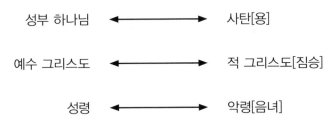

먼저 1절과 2절을 보십시오.

⑴ 또 일곱 대접을 가진 일곱 천사 중 하나가 와서 내게 말하여 가로되 이리 오라 **많은 물 위에 앉은 큰 음녀의** 받을 심판을 네게 보이리라 ⑵**땅의 임금들도 그로 더불어 음행하였고 땅에 거하는 자들도 그 음행의 포도주에 취하였다** 하고

여기서 우리는 '많은 물 위에 앉은 큰 음녀'라는 말에 주의 해야 합니다. 15절을 보면 음녀가 깔고 앉은 많은 물은 '**백성과 무리와 열국과 방언들이라.**'고 하였습니다. 즉 이 큰 음녀는 이 세상 사람들과 나라들과 모든 민족들을 죄악에 도취하게 하는 악하고 더러운 영입니다. 2절에서 보는 대로 '**땅의 임금들도 그로 더불어 음행하였고 땅에 거하는 자들도 그 음행의 포도주에 취하였다.**'고 하였습니다. 이 큰 음녀는 악령으로서 세속적인고 음란하고 더러운 영을 말합니다. 성령은 선하시고 거룩하시고 성결하시고 의로우신 영으로서 성령의 지배를 받는 사람은 하나님을 사랑하게 되고 거룩한 생각을 하게 되고 저속한 세상을 멀리하고 그리스도를 사랑하며 그리스도의 통치를 받고 어디로 인도하시든지 그를 따라 경건하고 의롭게 살게 됩니다. 그러나 사탄이 보낸 더러운 악령인 이 큰 음녀의 지배를 받게 되면 하나님을 멀리하게 되고 대신 음란하고 악하고 더러운 생각을 갖게 되며 사탄의 통치를 받아 세상을 사랑하게 되고 세상 풍조에 빠져 부귀영화와 쾌락을 따라 살게 됩니다. '**땅에 거하는 자들도 그 음행의 포도주에 취하였다**'라는 말이 바로 그것입니다. **성령의 지배를 받고 사는 사람들에게는 '하나님의 나라' 즉 '하나님의 통치' 가 임하지만 악령인 음녀의 지배를 받고 사는 사람들에게는 '큰 성'[세상 나라] 즉 '사탄의 통치'가 임하는 것입니다.** 예수 믿는 성도들은 성령이 내주하여 성령에 도취하여 살아가지만 불신자들은 큰 음녀에 도취하여 살아간다는 말입니다. 성령은 성도들로 하여금 거룩하고 경건한 생각에 도취하여 거룩한 삶을 살아가게 하지만 큰 음녀는 세상 사람들로 하여금 죄악에 만취하게 하여 저속하고 세속적인 삶을 살아가게 하는 것입니다.

성도	불신자
성령이 내주하심	음녀가 내주함
거룩한 성령이 충만	세속적인 악령이 충만
성령에 취함	음행의 포도주에 취함
성령의 내주의 결과로 하나님의 통치가 임함	큰 음녀의 내주의 결과로 사탄의 통치가 임함
하나님의 나라가 이루어짐	세상나라[큰 성, 사탄의 나라, 바벨론]가 이루어짐

이제는 3절부터 6절까지 잘 보십시오.

(3)곧 성령으로 나를 데리고 광야로 가니라 내가 보니 **여자가 붉은 빛 짐승을 탔는데** 그 짐승의 몸에 참람된 이름들이 가득하고 **일곱 머리와 열 뿔이 있으며** (4)그 여자는 자주 빛과 붉은 빛 옷을 입고 금과 보석과 진주로 꾸미고 손에 금잔을 가졌는데 가증한 물건과 그의 음행의 더러운 것들이 가득하더라 (5)**그 이마에 이름이 기록되었으니 비밀이라, 큰 바벨론이라, 땅의 음녀들과 가증한 것들의 어미라 하였더라** (6)또 내가 보매 **이 여자가 성도들의 피와 예수의 증인들의 피에 취한지라** 내가 그 여자를 보고 기이히 여기고 크게 기이히 여기니

이 음녀는 붉은 빛 짐승을 탔는데 그 짐승은 더러운 이름들이 가득하고 일곱 머리와 열 뿔이 있습니다. 그 음녀가 탄 짐승은 사탄과 적그리스도를 의미합니다. 성령은 성부 하나님과 성자 하나님이 보내신 삼위일체의 하나님이십니다. 사탄도 일곱 머리와 열 뿔을 가진 용이었으며[3하늘에 또 다른 이적이 보이니 보라 한 큰 붉은 **용이 있어 머리가 일곱이요 뿔이 열이라 그 여러 머리에 일곱 면류관이 있는데** 〈계12:3〉] 적그리스도 일곱 머리와 열 뿔을 가진 짐승이었습니다.[1내가 보니 바다에서 **한 짐승이 나오는데 뿔이 열이요 머리가 일곱이라 그 뿔에는 열 면류관이 있고** 그 머리들에는 참람된 이름들이 있더라〈계13:1〉] 이와 같이 사탄도 삼위일체 하나님을 모방하고 있음을 알 수 있습니다. 예수님이 하나님 아버지와 하나라고 하신 것처럼 적그리스도도 사탄과 똑 같이 열 뿔과 일곱 머리를 가진 하나의 모양으로 나타나고 있습니다. 성부 성자 하나님이 성령을 보내어 믿는 성도들의 심령의 보좌에 앉아서 저들의 심령을 감화 감동하여 저들의 삶을 지배하고 통치하는 것처럼 사탄과 적그리스도가 보낸 악하고 더러운 악령 저 큰 음녀는 사탄과 적그리스도의 등에 타고 함께 세상의 사람들을 깔고 앉아서 더럽고 세속적인 음행의 포도주로 세상 사람들을 죄악에 만취하게 하고 있습니다. 결국 이 세상 사람들은 성령에 취하여 성도가 되느냐 아니면 음녀에 취하여 사탄의 사람들이 되느냐의 이 두 가지로 나누어 지는 것입니다.

4절을 보십시오. 그 음녀는 금, 은, 보석과 진주와 금잔을 가졌다고 하였는데 그 안에는 가증한 것들과 음행의 더러운 것들로 가득찼다고 하였습니다. 이는 이 큰 음녀가 사람들을 더러운 세상의 부귀영화와 쾌락으로 만취하게 하여 사람들로 하여금 하나님을 버리고 세상의 부귀영화를 따라 살게

하려는데 그 목적이 있는 것입니다. 온 세상은 이 음녀가 깔고 앉은 물이라고 하였습니다. 즉 이 세상이 악령으로 충만하여 사람들이 세상의 번쩍이는 것에 도취하여 살아간다는 것을 보여주는 것입니다. 그 큰 음녀의 이마에는 '큰 바벨론이라 땅의 음녀들과 가증한 것들의 어미'라고 쓰여있습니다. 바벨론 제국은 사탄이 통치하는 세상왕국 전체를 상징하는 것으로서 느브갓네살 왕이 꿈에 본 신상에서는 네 개의 거대한 세상왕국이 각각 상징적으로 보여졌는데 금으로 만들어진 머리 부분에 해당하는 바벨론 제국이 세상왕국 전체를 대표적으로 상징하는 것입니다. 그래서 바벨론을 땅의 음녀들과 가증한 것들의 어미'라고 말한 것입니다. 이 바벨론 제국은 그 후에 나타날 다른 제국들과 함께 마지막 때에 돌[그리스도]에 맞아 모두 멸망한다는 것을 우리는 다니엘서에서 이미 살펴보았습니다. 18절에 보면 이 큰 음녀가 누구인지 명확하게 밝혀주고 있습니다. **또 네가 본바 여자는 땅의 임금들을 다스리는 큰 성이라 하더라.** 여기에서도 큰 음녀가 캐톨릭 교회가 아니라는 것이 밝혀졌습니다. 캐톨릭 교회는 이 음녀가 사용하는 하나의 도구에 불과한 것입니다. 참으로 음녀는 아담의 범죄 이후부터 마지막 때까지 인류역사 전체에서 큰 성[사탄의 나라, 바벨론]에 속한 인간들을 깔고앉아 더럽고 음란한 세상죄악이라는 독주에 취하게 했던 악령인 것입니다. 주님의 교회는 성령으로 충만한 하나님의 가족인 것처럼 캐톨릭 교회는 악령으로 충만한 사탄의 가족일 뿐입니다.

6절을 보십시오. 이 큰 음녀는 성도의 피와 예수의 증인들의 피에 취하였다고 하였습니다. 성령이 충만하면 그리스도를 사랑하며 하나님나라를 위하여 살아갑니다. 그러나 이 큰 음녀의 악하고 더러운 영을 받은 사람들은 예수 믿는 사람들을 미워하여 그들을 핍박하고 죽입니다. 이 큰 음녀는 성령을 대항하고 예수를 대항하고 하나님을 대항하는 사탄과 적그리스도가 보낸 악령이기 때문입니다. 이 음녀가 지금 온 세상을 죄악에 도취하게 하는 장본인입니다. 지난 번에 14장 4절에서 살펴 본대로 부활휴거한 그리스도인들은 땅에서 살 때에 이 여자로 더불어 더럽히지 아니하고 신앙의 정절을 지킨 자라고 하였습니다. 오늘 우리 시대의 교회는 정말 이 여자로 더불어 더럽히지 않고 거룩하고 정결하게 살아가는 그리스도의 성결한 신부인가요?

세상풍조를 다스리는 악령

이 큰 음녀는 정치, 경제, 문화, 교육과 사상과 과학과 예술 등을 주관하는 악령입니다. 7절을 보면 이 큰 음녀는 일곱 머리와 열 뿔 가진 짐승을 타고 있는데 일곱 머리와 열 뿔에 대해서는 짐승의 정체에서 이미 자세히 설명하였습니다. 7절을 잘 보면 큰 음녀는 짐승을 타고 있고 짐승은 일곱 머리와 열 뿔을 가졌는데 9절을 보면 일곱 머리는 여자가 앉은 일곱 산이요 또 일곱 왕이라고 하였습니다. 그러므로 일곱 산이란 인류역사 전체를 일곱 시대로 나눈 것을 의미하며 일곱 왕이란 각 시대의 대표적인 나라를 의미하는 것이라고 앞에서 이미 말씀드렸습니다. 아래 도표를 보면 생각나실 것입니다.

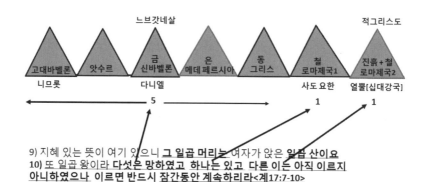

9) 지혜 있는 뜻이 여기 있으니 **그 일곱 머리는** 여자가 앉은 **일곱 산이요**
10) **또 일곱 왕이라 다섯은 망하였고 하나는 있고 다른 이는 아직 이르지
아니하였으나 이르면 반드시 잠간동안 계속하리라**<계17:7-10>

그런데 이 음녀가 일곱 산 위에 앉았다는 말은 이 음녀가 인류역사의 처음부터 마지막까지의 인류역사의 모든 나라와 모든 민족을 죄악으로 도취하게 하는 악령이라는 말입니다. 부연하면 큰 음녀가 이 짐승을 타고 있다는 말은 이 큰 음녀가 인류역사의 전체 일곱 시대와 마지막 일곱번 째 시대의 열 뿔[십대 강대국]들의 배후에서 정치, 경제, 문화, 교육과 사상과 종교와 예술 등을 주관하는 배후 조종세력이라는 것을 보여주는 것입니다. 지금까지 인류 역사에서 하나님을 대항하는 모든 정치 경제 교육 사상과 문화 종교 과학 예술 등이 이 큰 음녀에 의하여 조종된 것입니다. 이 큰 음녀가 세상 사람들로 하여금 하나님을 멀리하고 세상 부귀영화와 쾌락에 도취하도록 미혹한 것입니다. 지금까지의 정치 경제 교육 사상 종교 등 모든 것들이 하나님을 대항하는 도구들로 사용되어왔던 것입니다. 이 큰 음녀의 역

사로 말미암아 세속정치는 인간에 대한 하나님의 의로운 통치를 막고 인간의 기본 권리를 유린하고 세계 도처에서 부정부패를 자행해왔습니다. 어떤 사람들이 짐승을 '나라'로 그리고 음녀를 '캐톨릭 교회'라고 주장하는 근거는 캐톨릭 교회의 중심이 바티칸이라고 하는 세계에서 가장 작은 나라이면서도 세계최강국 지도자들을 움직일 수 있는 막강한 권력의 중심이기 때문입니다. 그러나 앞에서 살펴본대로 짐승도 음녀도 캐톨릭 교회가 아닙니다. 캐톨릭 교회는 처음 제국 때에도 없었고 둘째 제국 때에도 없었습니다. 느브갓네살이 통치하던 바벨론 제국 때에도 없었습니다. 그러므로 일곱 머리를 가진 짐승이 캐톨릭 교회라는 말은 말이 되지 않는 전혀 틀린 해석입니다. 다만 캐톨릭 교회는 음녀가 사용하고 있는 가장 강력한 도구 중에 하나일 뿐입니다. 사탄의 삼위일체인 용인 사탄과 적그리스인 짐승과 악령인 음녀가 아담 이후에 죄의 노예가 된 인간을 볼모로 잡고 지금까지 공중권세를 잡은 자로서 인류역사의 일곱 제국의 배후에서 통치해왔습니다. 참으로 성부 하나님께서 성자 하나님을 그리스도로 보내어 죄인 인간을 사탄의 통치에서 해방시켜 구원하시고 성령 하나님을 보내어 성도를 보호하고 양육하는 일을 하고 있는 것처럼 사탄도 짐승인 적그리스도와 음녀인 악령을 보내어 역사하고 있는 것입니다. 그래서 사탄의 삼위일체가 세상의 정치와 사회와 교육과 사상과 문화등을 통치하는 것도 중요하지만 무엇보다도 종교를 특히 기독교의 탈을 쓴 캐톨릭 교회를 만들어 지금까지 많은 사람들을 미혹하고 사탄의 도구로 사용해온 것입니다. 사탄은 미국이나 러시아같은 강대국을 사용하여 인류를 멸망시키려 하지 않습니다. 사탄은 분명히 인류를 구원하러 오신 그리스도를 대적하기 위해서 적그리스도를 보내어 하나님과 싸울 것입니다. 초대교회에서부터 지금까지 많은 적그리스도를 내보내어 불법의 비밀이 활동해왔지만 저 불법의 사람 멸망의 아들 즉 적그리스도가 나타나기 전까지 하나님은 성령님을 통하여 그들의 활동을 막고 계십니다. [3 누가 아무렇게 하여도 너희가 미혹하지 말라 먼저 배도하는 일이 있고 저 불법의 사람 곧 멸망의 아들이 나타나기 전에는 이르지 아니하리니 4저는 대적하는 자라 범사에 일컫는 하나님이나 숭배함을 받는 자 위에 뛰어나 자존하여 하나님 성전에 앉아 자기를 보여 하나님이라 하느니라 5내가 너희와 함께 있을 때에 이 일을 너희에게 말한 것을 기억하지 못하느냐 6저로 하여금 저의 때에 나타나게 하려 하여 막는 것을 지금도 너희가 아니 7**불법의 비밀이 이미 활동하였으나 지금 막는 자가 있어 그 중에서 옮길 때까지 하리라** 〈살후2:3-7〉]

캐톨릭 교회는 콘스탄틴 황제가 태양신 종교를 기독교에 접목할 그때부터 벌써 하나님의 말씀을 버리고 배도한 거짓교회로 출발한 이후 수도 없이 하나님의 말씀을 배도하면서 자신을 광명의 천사로 가장해온 사탄의 교회입니다. 그러므로 역사상 수많은 신학자들이 교황을 적그리스도로 지목한 것은 결코 이상한 일이 아니라고 이미 말씀드린 바 있습니다. 참으로 교황은 바티칸이라는 작은 나라의 왕으로서 장차 10대 강국을 휘어잡고 전세계를 통치할 수 있는 유일한 적그리스도입니다. 아무튼 말세에 인간의 몸을 입고 나타날 적그리스도는 지금까지 출현했던 과거 어느 시대의 그 어떤 적그리스도들보다도 더 능력이 많고 더 사악한 존재로서 자신을 감히 하나님이라고 선포할 것입니다. 지금까지의 교황들은 예고편에 불과한 것입니다. 지금까지의 교황들은 사탄이 보낸 음녀인 악령으로 충만하여 붉은 옷을 입고 금과 보석과 진주로 꾸미고 손에 금잔을 가지고 우상숭배의 온갖 가증한 물건과 음행의 더러운 것으로 가득한 배도의 삶을 살면서[1또 일곱 대접을 가진 일곱 천사 중 하나가 와서 내게 말하여 가로되 이리 오라 **많은 물위에 앉은 큰 음녀의 받을 심판을 네게 보이리라** 2땅의 임금들도 그로 더불어 음행하였고 땅에 거하는 자들도 그 음행의 포도주에 취하였다 하고 3곧 성령으로 나를 데리고 광야로 가니라 내가 보니 여자가 붉은 빛 짐승을 탔는데 그 짐승의 몸에 참람된 이름들이 가득하고 일곱 머리와 열 뿔이 있으며 4**그 여자는 자주 빛과 붉은 빛 옷을 입고 금과 보석과 진주로 꾸미고 손에 금잔을 가졌는데** 가증한 물건과 그의 음행의 더러운 것들이 가득하더라(계17:1~4)] 세상의 왕들로부터 추앙을 받아 왔습니다. 일곱 머리와 열 뿔을 지닌 짐승을 타고 있는 그 음녀가 지금까지 캐톨릭 교회를 양의 탈을 쓴 이리로 광명의 천사로 사용해온 것입니다. 캐톨릭 교회 뿐만이 아닙니다. 앞으로 전세계의 모든 종교들을 캐톨릭 교회가 수용하고 그 손아귀에 넣을 것이며 오늘날 개신교회가 말씀에서 벗어나서 다른 예수, 다른 복음, 다른 영을 전파하는 교회로 변질 된 배후에도 바로 이 음녀의 배후 역사가 있었기에 가능한 것이었습니다. 짐승을 타고있는 이 큰 음녀가 지금까지는 교황을 거역하거나 따르지 않았던 중세의 그리스도인들을 6천만명이나 무참하고 잔인하게 죽여 성도들의 피와 예수증인들의 피에 취해왔으나[6또 내가 보매 **이 여자가 성도들의 피와 예수의 증인들의 피에 취한지라** 내가 그 여자를 보고 기이히 여기고 크게 기이히 여기니(계17:6)] 그러나 장차 인간의 육신을 입고 나타날 적그리스도는 대환란의 3 년 반 동안 전세계의 그리스도인들을 다 멸할 것입니다. 다니엘서 12장 7절을 보십시오. '반드시 **한 때 두 때 반**

때를 지나서 성도의 권세가 다 깨어지기까지니 그렇게 되면 이 모든 일이 다 끝나리라 하더라.〈
단12:7〉

  오늘 우리가 살고 있는 현시대를 보십시오. 요한계시록17장 2절의 말씀대
로 전세계가 이 음녀의 포도주에 취하여 음행하고 있습니다. 건국 초기 단
계에 하나님의 말씀을 헌법의 기초로 세웠던 청교도의 나라 미국마저 공립
학교에서 성경과 기독교를 뿌리채 뽑아버려 학교에는 성경과 기도 대신 총
성과 마약과 동성 성범죄자들로 가득차고 경건하던 청교도의 미국 가정은
이혼과 성도덕의 타락으로 무너지고 찢겨지고 있습니다. 화폐에 '우리는 하나
님을 믿는다.'는 문구를 써넣어 짧은 기간 동안에 세계 제일의 경제 강대국으
로 성장한 미국 경제는 세계를 물질주의로 미혹하여 인간으로 하여금 하나
님을 멀리하고 금전만능주의의 경제동물로 전락시켰습니다. 하나님을 떠나
자연으로 이성으로 돌아가자는 교육철학은 하나님의 형상을 닮게 창조된
고상하고 존엄하고 영원한 인간을 하찮은 동물 고릴라의 새끼들로 전락시키
는 진화론으로 하나님의 창조진리를 희롱하고 있습니다. 이것이 모두 다 큰
음녀의 역사입니다. 또한 오늘날 저 큰 음녀는 인간을 죄의 구렁텅이에 영원
히 집어 던지기 위하여 마지막 수단으로 마침내 대중문화를 선택하였습니
다. 텔레비젼과 컴퓨터와 스마트 폰을 사용한 퇴폐적인 음란문화와 광기어
린 폭력과 테러 문화는 큰 음녀가 지금까지 사용해 온 무기들 중에서 가장
강력하고 성공적인 무기입니다. 이 큰 음녀가 주는 독주에 도취하여 현대인
은 대중문화 속에서 저항 조차 제대로 해보지 못하고 숨도 쉬지 못한채 마
약에 중독된 사람들처럼 서서히 죽어가고 있습니다. 안타까운 것은 그리스
도를 믿고 하나님의 자녀라고 하는 사람들조차도 성령으로 충만하지 아니
하고 음녀인 악녀의 독주에 취하여 저 번쩍이는 세상의 화려하고 사치스런
삶을 살려고 몸부림치는 그 비틀거리는 모습으로 살아가고 있습니다. 하나
님의 자녀답게 옷차림도 단정하고 정숙해야 할 성도들이 대중문화라는 속
임수에 넘어가 세상따라 유행따라 아슬아슬할 정도로 야하게 벗고 다니는
것을 보면 현기증을 느끼게 됩니다. 먹고 마시고 피우고 흔들고 야하고 저
속하고 폭력적이고 파괴적인 언어들이 대중문화로 뿌리를 내리면서 이 시대
의 사람들의 사고와 행동을 지배하고 있습니다. 이것이 바로 저 큰 음녀 악
령이 사람들에게 주는 독주입니다. 성도들은 마땅히 영을 분별하고 이 시대

를 분별할 줄 알아야 합니다. 18장 4절에서 '내 백성아 거기서[음녀에게서] 나와 그녀의 죄에 참여하지 말고 그녀의 받을 재앙들을 받지 말라.'고 경고하고 있습니다. 귀 있는 자는 들을찌어다.

15) 또 천사가 내게 말하되 네가 본 바 음녀의 앉은 물은 백성과 무리와 열국과 방언들이니라 18) 또 내가 본 바 여자는 땅의 임금들을 다스리는 큰 성이라 하더라. 여기 15절을 주목하십시오. 이 큰 음녀의 앉은 물은 백성들과 무리와 열국과 방언들이라고 하였습니다. 저 큰 음녀는 전 세계 모든 민족, 모든 사람들을 언어와 인종과 문화를 초월하여 죄로 더불어 먹고 마시고 취하게 하는 음란한 악령입니다. 18절에 기록된 대로 저 큰 음녀곧 악령을 통해서 사탄의 통치가 이루어 지는 곳마다 사탄의 왕국[큰 성]이, 사탄의 통치 영역이 확장되어가는 것입니다. 일곱 머리와 열 뿔이 달린 짐승을 탄 음녀는 바로 큰 성 바벨론 즉 인류 역사의 처음부터 마지막까지 세상 왕국 전체를 독주로 취하게 하는 악령인 것입니다.

16절을 보면 '네가 본 바 이 열 뿔과 짐승이 음녀를 미워하여 망하게 하고 벌거벗게 하고 그 살을 먹고 불로 아주 사르리라.'고 하였습니다. 이제 마지막 나팔이 울리고 그리스도께서 재림하시므로 음녀가 망할 시간이 도래한 것입니다. 인류역사의 시작에서부터 인간을 영과 혼과 육신을 미혹하여 인간을 죄의 포로가 되게 했던 음녀가 이제는 멸망할 때가 되어 사탄의 왕국 내부에서 스스로 분열이 일어나 열 뿔과 짐승이 음녀를 미워하여 망하게 하고 벌거벗게 하고 그 살을 먹고 불로 아주 사르게 되는 것입니다. 이는 오직 주 예수께서 재림하실 때에 이루어질 것입니다. 주님만이 이 음녀의 악하고 더러운 사상을 이길 수 있습니다. 14절을 보면 '저희가 어린양으로 더불어 싸우려니와 어린 양은 만주(의 주시요 만왕의 왕이시므로 저희를 이기실터이요 또 그와 함께 있는 자들 곧 부르심을 입고 빼내심을 얻고 진실한 자들은 이기리로다.' 주께서 오셔서 천년왕국에서 다스리실 때에는 이 세상에 악령의 역사는 다 사라지고 오직 성령의 역사만이 충만하게 될 것입니다. 그 날까지 우리는 세상과 그 안에 있는 것들을 사랑하지 말라는 준엄한 명령을 받고 있습니다.[15이 세상이나 세상에 있는 것들을 사랑치 말라 누구든지 세상을 사랑하면 아버지의 사랑이 그 속에 있지 아니하니〈요일.2:15〉, 4간음하는 여자들이여 세상과 벗된 것이 하나님의 원수임을 알지 못하느뇨 그런즉 누구든지 세상과 벗이 되고자 하는 자는 스스로 하나님과 원수되게 하는 것이니라〈약4:4〉] 세상을 사랑하는 것이 하나님과 원수가 되게하는 것이라고 하였습니다. 예수를 구주로 영접하고 성령으로 충만해지는 길만이 음녀가 주는 이 세상 유혹을 이기는 비결입니다. 당신은 정말 그리스도를 구주로 모시고 성령이 당신 안에 거하시는 그런 거듭난 성도들입니까? 아니면 주님을 믿는다고 하면서도 아직도 음녀가 주는 독주에 충만하여 세상의 부귀영화 쾌락을 따라 살려고 세상의 가치관을 가지고 살아가는 사람들입니까? 잊지말고 기억하십시오. 저 큰 음녀가 바로 지금 온 세상을 죄악에 도취하게 하는 장본인 악령입니다. 요한계시록 14장 4절에서 살펴 본대로 휴거한 그리스도인들은 땅에서 살 때에 이 여자 음녀로 더불어 더럽히지 아니하고 어린양 예수님이 인도하는대로 순종하며 따라가는 신앙의 정절을 지킨 자라고 하였음을 잊지 마십시오. 바로 다음 장인 요한계시록 18장 4절을 다시 한 번 더 보십시오. '내 백성아 거기서[그녀에게서] 나와 그녀의 죄에 참여하지 말고 그녀의 받을 재앙들을 받지 말라'고 하였습니다. 다시 경고합니다. 그녀가 주는 달콤한 독주에 취하지 말고 어서 속히 그 음녀에게서 나오십시오!

18장

〈큰 음녀의 멸망〉

(1)이 일 후에 다른 천사가 하늘에서 내려오는 것을 보니 큰 권세를 가졌는데 그의 영광으로 땅이 환하여지더라 (2)힘센 음성으로 외쳐 가로되 **무너졌도다 무너졌도다 큰 성 바벨론이여** 귀신의 처소와 각종 더러운 영의 모이는 곳과 각종 더럽고 가증한 새의 모이는 곳이 되었도다 (3)그 **음행의 진노의 포도주를 인하여 만국이 무너졌으며 또 땅의 왕들이 그로 더불어 음행하였으며 땅의 상고들도 그 사치의 세력을 인하여 치부하였도다** 하더라 (4)또 내가 들으니 하늘로서 다른 음성이 나서 가로되 **내 백성아, 거기서 나와 그의 죄에 참예하지 말고 그의 받을 재앙들을 받지 말라** (5)그 죄는 하늘에 사무쳤으며 하나님은 그의 불의한 일을 기억하신지라 (6)그가 준 그대로 그에게 주고 그의 행위대로 갑절을 갚아주고 그의 섞은 잔에도 갑절이나 섞어 그에게 주라 (7)그가 어떻게 자기를 영화롭게 하였으며 사치하였던지 그만큼 고난과 애통으로 갚아 주라 그가 마음에 말하기를 나는 여황으로 앉은 자요 과부가 아니라 결단코 애통을 당하지 아니하리라 하니 (8)그러므로 하루 동안에 그 재앙들이 이르리니 곧 사망과 애통과 흉년이라 그가 또한 불에 살라지리니 그를 심판하신 주 하나님은 강하신 자이심이니라 (9)**그와 함께 음행하고 사치하던 땅의 왕들이 그 불붙는 연기를 보고 위하여 울고 가슴을 치며** (10)그 고난을 무서워하여 멀리 서서 가로되 화 있도다 화 있도다 큰 성, 견고한 성 바벨론이여 일시간에 네 심판이 이르렀다 하리로다 (11)땅의 상고들이 그를 위하여 울고 애통하는 것은 다시 그 상품을 사는 자가 없음이라 (12)그 상품은 금과 은과 보석과 진주와 세마포와 자주 옷감과 비단과 붉은 옷감이요 각종 향목과 각종 상아 기명이요 값진 나무와 진유와 철과 옥석으로 만든 각종 기명이요 (13)계피와 향료와 향과 향유와 유향과 포도주와 감람유와 고운 밀가루와 밀과 소와 양과 말과 수레와 종들과 사람의 영혼들이라 (14)바벨론아 네 영혼의 탐하던 과실이 네게서 떠났으며 맛 있는 것들과 빛난 것들이 다 없어졌으니 사람들이 결코 이것들을 다시 보지 못하리로다 (15)바벨론을 인하여 치부한 이 상품의 상고들이 그 고난을 무서워하여 멀리 서서 울고 애통하여 (16)가로되 화 있도다 화 있도다 큰 성이여 세마포와 자주와 붉은 옷을 입고 금과 보석과 진주로 꾸민 것인데 **(17)그러한 부가 일시간에 망하였도다** 각 선장과 각처를 다니는 선객들과 선인들과 바다에서 일

하는 자들이 멀리 서서 (18)그 불붙는 연기를 보고 외쳐 가로되 이 큰 성과 같은 성이 어디 있느뇨 하며 (19)티끌을 자기 머리에 뿌리고 울고 애통하여 외쳐 가로되 화 있도다 화 있도다 이 큰 성이여 바다에서 배 부리는 모든 자들이 너의 보배로운 상품을 인하여 치부하였더니 일시간에 망하였도다 (20)하늘과 성도들과 사도들과 선지자들아 그를 인하여 즐거워하라 하나님이 너희를 신원하시는 심판을 그에게 하셨음이라 하더라 (21)이에 한 힘센 천사가 큰 맷돌 같은 돌을 들어 바다에 던져 가로되 큰 성 바벨론이 이같이 몹시 떨어져 결코 다시 보이지 아니하리로다 (22)또 거문고 타는 자와 풍류하는 자와 통소 부는 자와 나팔 부는 자들의 소리가 결코 다시 네 가운데서 들리지 아니하고 물론 어떠한 세공업자든지 결코 다시 네 가운데서 보이지 아니하고 또 맷돌 소리가 결코 다시 네 가운데서 들리지 아니하고 (23)등불 빛이 결코 다시 네 가운데서 비취지 아니하고 신랑과 신부의 음성이 결코 다시 네 가운데서 들리지 아니하리로다 너의 상고들은 땅의 왕족들이라 네 복술을 인하여 만국이 미혹되었도다 (24)선지자들과 성도들과 및 땅 위에서 죽임을 당한 모든 자의 피가 이 성중에서 보였느니라 하더라. 〈계.18:1~24〉

17장 1절을 보면 일곱대접을 가진 천사 중에 하나가 와서 음녀의 받을 심판을 보여주겠다고 하였습니다. 17장과 18장을 비교해 보면 17장에서는 먼저 음녀가 누구인지 그녀의 정체를 보여주고 18장에서는 음녀가 심판을 받아 멸망하는 모습을 보여주고 있습니다. 또 18장과 19장을 비교해 보면 18장은 마지막 나팔이 울리는 시기에 성도의 휴거와 휴거 직후의 일곱대접재앙으로 멸망하고 고통하는 땅의 모습을 보여주고 있으며 19장은 같은 시기에 즉 마지막 나팔이 울리는 시기의 하늘의 모습을 보여주고 있습니다. 즉 18장에서는 사탄과 함께 음란하게 부귀영화와 쾌락을 먹고 마시던 세상이 비참하게 멸망하는 세상왕국의 모습을 보여주고 19장에서는 세상을 심판하려고 재림하시는 그리스도와 휴거하여 그리스도와 함께 혼인잔치에 들어가려는 흰옷을 입은 성도들의 모습을 보여주고 있습니다. 아래의 도표를 살펴보시기 바랍니다.

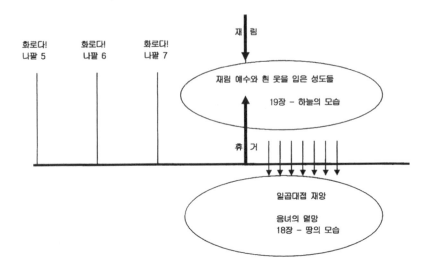

먼저 성도의 고난을 갚아주십니다

　이제 본문 18장에 나타난 마지막 나팔이 울릴 때의 땅의 모습을 살펴보겠습니다. 먼저 1절부터 3절까지 보면 한 힘센 천사가 이제 세상 나라의 멸망을 선포하고 있습니다. '무너졌도다 무너졌도다 큰 성 바벨론이여!' 마지막 나팔이 울렸으니 이제 드디어 정말 종말이 온 것입니다. 죄와 더불어 먹고 마시던 화려하고 번쩍이던 사탄의 왕국 이 세상 나라가 멸망하게 되었다는 말씀입니다. 그러나 하나님은 그리스도 안에서 구원받은 성도들을 세상과 함께 멸망하게 하시지 않습니다. 4절을 보십시오.

　'또 내가 들으니 하늘로서 다른 음성이 나서 가로되 내 백성아 거기서 나와 그의 죄에 참여하지 말고 그의 받을 재앙들을 받지 말라.'[18:4]

　하나님은 세상을 심판하시기 전에 먼저 그의 성도들을 휴거시키십니다. '내 백성아 거기서 나와 그의 죄에 참여하지 말고 그의 받을 재앙들을 받지 말라.' 성도들은 어린양의 피로 값주고 사신 그의 소유된 백성들입니다. 또한 그 동안 여러 가지로 고난 속에서 연단시키시고 훈련시키신 하나님 나라의 소중한 백성들입니다. 그 성도들을 사탄을 따라 살면서 하나님을 대적하며 살았던 죄인들과 함께 멸망시킬 수 없는 것입니다. 그래서 하나님은 음녀를 벌하시기 직전에 구원받은 하나님의 백성을 먼저 불러내어 공중으로 휴거시키는 것입니다. 그런데 다시 한번 말하지만 '내 백성아 거기서 나와 그의 죄에 참여하지 말고 그의 받을 재앙들을 받지 말라.'하신 이 말씀은 대환란이 시작하기 전에 주신 말씀이 아니고 대환란의 맨 끝부분에 일곱째 나팔이 울릴 때 주신 말씀입니다. 즉 하나님이 성도의 휴거를 명령하신 것은 대환란이 시작하기 전이 아니고 대환란의 끝부분에 마지막 나팔이 울릴 때라는 점을 명심해야 할 것입니다. 하나님은 신실하셔서 성경에 수 천년 전부터 약속하신 대로 이제 성도들을 멸망에서 구원하여 내사 천국으로 이끄시는 것입니다. 이 휴거한 성도들은 14장 1절에서 이미 보여주었고 마지막 나팔이 울릴 때 하늘의 모습을 보여주는 19장 1절에서 다시 보여주십니다. 14장에서 본 대로 휴거한 성도들은 음녀로 더럽히지 아니한 사람들입니다. 즉 세상 부귀영화와 죄악 세상풍조를 따라가지 아니한 사람들입니다. 성도는 당연히 세상의 죄로부터 구별되어 거룩하게 살아가야 하는 사람들입니다. 오늘 예수 믿는 우리들은 세상을 통치하는 악한 음녀 즉 악령의 독주에 취하지 말아야 합니다. 더러운 악령 악한 음녀는 인간을 물질과 쾌락과 명예와 대중문화라는 독주에 취하게 합니다. 세계관과 가치관에 변화가 없이는 음녀가 권하는 독주에 넘어가지 않을 사람이 없습니다. 세상에서 구별되어 경건하게 하나님을 닮아 살아가는 참 성도들만이, '내 백성아 거기서 나와 그녀의 죄에 참여하지 말고 그녀의 받을 재앙들을 받지 말라.'라는 하나님의 큰 음성을 듣고 부활하고 휴거하여 공중에서 재림의 주님을 맞이하게 될 것입니다.

그런데 하나님은 성도들을 멸망에서 구하실 뿐만 아니라 성도들을 괴롭힌 음녀와 그리고 음녀와 함께 먹고 마시며 세상에 도취했던 사람들을 재앙으로 갚으시되 갑절이나 갚아주십니다. 영화롭고 화려하고 사치하게 살았던 만큼 고난과 애통으로 갚아주신다고 하였습니다. 그러므로 세상에서 자기 쾌락을 위하여 화려하게 사는 것이 얼마나 무서운 일입니까!

계 18:6) 그가 준 그대로 그에게 주고 그의 행위대로 갑절을 갚아주고 그의 섞은 잔에도 갑절이나 섞어 그에게 주라 7) 그가 어떻게 자기를 영화롭게 하였으며 사치하였든지 그만큼 고난과 애통으로 갚아 주라 그가 마음에 말하기를 나는 여황으로 앉은 자요 과부가 아니라 결단코 애통을 당하지 아니하리라 하니 8) 그러므로 하루 동안에 그 재앙들이 이르리니 곧 사망과 애통과 흉년이라 그가 또한 불에 살라지리니 그를 심판하신 주 하나님은 강하신 자이심이니라

음녀의 멸망의 실태

그러면 세상이 망한 구체적인 내용은 무엇입니까? 음녀의 멸망 실태는 어떠합니까?

사탄의 왕국이 일시간에 다 망하였습니다.[9-20]

9) 그와 함께 음행하고 사치하던 땅의 왕들이 그 불붙는 연기를 보고 위하여 울고 가슴을 치며 10) 그 고난을 무서워하여 멀리 서서 가로되 화 있도다 화 있도다 큰 성, 견고한 성 바벨론이여 일시간에 네 심판이 이르렀다 하리로다 일곱대접 재앙이 연거푸 쏟아지니까 땅에 있는 모든 것들이 망할 수 밖에 없습니다. 많은 사람들이 죽었으므로 그 값비싼 물건들을 사는 사람이 없음은 당연합니다. 11) 땅의 상고들이 그를 위하여 울고 애통하는 것은 다시 그 상품을 사는 자가 없음이라 12) 그 상품은 금과 은과 보석과 진주와 세마포와 자주 옷감과 비단과 붉은 옷감이요 각종 향과 각종 상아 기명이요 값진 나무와 진유[동]와 철과 옥석으로 만든 각종 기명이요 13) 계피와 향료와 향과 향유와 유향과 포도주와 감람유와 고운 밀가루와 밀과 소와 양과 말과 수레와 종들과 사람의 영혼들이라 바벨론아 네 영혼의 탐하던 과실이 네게서 떠났으며 맛있는 것들과 빛난 것들이 다 없어졌으니 사람들이 결코 이것들을 다시 보지 못하리로다

이 세상에서 누리는 부라는 것이 결국 종류별로 압축해서 간추려보면 별 것 아닙니다. 보석들과 고급 옷들과 값비싼 향과 도자기류와 술과 맛있는 음식과 번쩍이는 것들입니다. 결국 이런 것들을 하나라도 더 많이 모으기 위하여 아침부터 저녁까지 뼈빠지게 고생하며 일하다가 결국에는 하나도 가져가지 못하고 다 놓고 가는 것이 우리 인생입니다. 다시 말해서 인생이 음녀가 호리는 세상풍조에 속아서 사는 것입니다. 그 재앙의 날에는 전세계에 쌓여있는 엄청난 호화상품들이 사는 사람들이 없이 그냥 불타고 버려질 것이며 11절에 기록된 대로 재벌들은 울고 애통할 것입니다. 인류 역사상 이렇게 많은 사치품들로 풍성한 때는 없었을 것입니다. 우리는 지금 그런 시대를 가까이 살아 가고 있습니다. 15) 바벨론을 인하여 치부한 이 상품의 상고들이 그 고난을 무서워하여 멀리 서서 울고 애통하여 16) 가로되 화 있도다 화있도다 큰 성이여 세마포와 자주와 붉은 옷을 입고 금과 보석과 진주로 꾸민 것인데 17) 그러한 부가 일시간에 망하였도다 각 선장과 각처를 다니는 선객들과 선인들과 바다에서 일하는 자들이 멀리 서서 18) 그 불붙는 연기를 보고 외쳐 가로되 이 큰 성과 같은 성이 어디 있느뇨 하며 19) 티끌을 자기 머리에 뿌리

고 울고 애통하여 외쳐 가로되 화 있도다 화 있도다 이 큰 성이여 바다에서 배 부리는 모든 자들이 너의 보배로운 상품을 인하여 치부하였더니 일시간에 망하였도다 일곱대접 재앙으로 수 많은 사람들이 죽고 온 세상이 망하였습니다. 화려한 큰 성 바벨론은 바로 이 화려한 죄악 세상을 칭합니다. 인류역사상 전무후무한 부를 누리며 사치와 쾌락 속에 잠겨있는 사탄의 거대한 왕국, 이 죄악 세상이 일식간에 망한 것입니다. 전 세계의 거대한 도시들이 무너짐으로써 인류의 화려한 무대는 죽음과 함께 막을 내리게 됩니다. 20절을 보십시오.

20) 하늘과 성도들과 사도과 선지자들아 그를 인하여 즐거워하라 하나님이 너희를 신원하시는 심판을 그에게 하셨음이라 하더라

'하늘과 성도들과 사도들과 선지자들아 그를 인하여 즐거워하라.'고 하였습니다. 이제 원수 사탄의 세상이 끝났기 때문입니다. 그리고 성도들은 음녀 악령이 유혹하는 세상풍조에 도취하지 않고 경건하게 하나님께 순종하며 살았기 때문에 저들과 함께 멸망당하지 않고 이 마지막 일곱 대접 재앙이 내리기 전에 이미 공중으로 휴거하여 세상이 멸망하는 것을 내려다 보며 즐거워하는 것입니다. 참 성도들이 이세상에서는 세상 사람들에게 눌려 핍박과 멸시를 받으며 살았었지만 20절에 기록된 대로 이제는 하나님께서 성도들이 당한 그 고통을 갚아주신 것입니다.

세상의 쾌락이 일시간에 다 끝이 났습니다.[21-24]

22) 또 거문고 타는 자와 풍류하는 자와 퉁소 부는 자와 나팔 부는 자들의 소리가 결코 다시 네 가운데서 들리지 아니하고 물론 어떠한 세공업자든지 결코 다시 네 가운데서 보이지 아니하고 또 맷돌 소리가 다시 네 가운데서 들리지 아니하고 23) 등불 빛이 결코 다시 네 가운데서 비취지 아니하고 신랑과 신부의 음성이 결코 다시 네 가운데서 들리지 아니하리로다 너의 상고들은 땅의 왕족들이라 네 복술을 인하여 만국이 미혹되었도다 24) 선지자들과 성도들과 및 땅 위에서 죽임을 당한 모든 자의 피가 이 성중에서 보였느니라 하더라

'거문고 타는 자와 풍류하는 자와 퉁소 부는 자와 나팔 부는 자의 소리가 결코 다시 네 가운데서 들리지 아니할 것이라'고 하였습니다. 즐거운 노래 소리가 더 이상 들리지 아니할 것입니다. 부유한 상류층 사람들과 지성인들의 소유물이었던 오케스트라 연주회도 없어질 것입니다. 왕들과 고관 대작들을 위한 화려한 궁중 음악회와 무도회도 없어질 것입니다. 서민들을 위한 노래방과 가라오케도

없어질 것입니다. 젊은이들을 위한 아이돌 그룹들의 저속하고 음란하고 야한 몸부림과 노래들도 K 팝도 팝쏭도 랩도 헤비메탈 뮤직도 없어질 것입니다. 즐겁고 흥겨운 결혼예식도 화려한 결혼 파티도 사라질 것입니다. 22절 하반절을 보면 어떠한 세공업자도 다시 보이지 아니할 것이라고 하였습니다. 세공업이란 첨단과학제품을 다루는 비지네스라는 말입니다. 그들이 만들어 냈던 스마트 폰도 로봇도 자율운행 자동차도 없어질 것입니다. 수없이 많은 젊은이들을 미치게 했던 금세기의 신들린 방탕아 컴퓨터도 마침내 그 막을 내리고 말 것입니다. 각종 첨단 과학이 다 무너질 것입니다. 대도시들의 고층빌딩에서 비추던 화려한 불빛들도 다시는 볼 수 없게 될 것입니다. 마지막 나팔이 울리면 성도들은 휴거하고 땅에는 일곱 대접 재앙이 쏟아져 사탄의 악령인 음녀에 도취하여 죄와 더불어 먹고 마시던 화려한 인류의 역사는 마침내 그 비참한 종말을 고하게 될 것입니다. 음녀의 독주에 취하여 길고 긴 지옥행진곡을 연주해왔던 인류의 역사는 이제 지옥진입을 위한 그 마지막 장 '대환란'을 연주함으로써 드디어 그 막을 내리게 될 것입니다.

여기서 우리는 본문을 통하여 마지막 나팔이 울릴 때의 지상의 모습을 미리 내다 보았습니다. 본문이 보여주는 대로 이제 멀지 않아 사탄이 지배하였던 인류역사는 끝이 날것입니다. 사탄이 보낸 악령 저 음녀의 독주에 취하여 선지자들과 성도들의 피를 먹고 마셨던 죄악세상이 머지않아 끝이 날 것입니다. 물질도 명예도 지위도 권세도 쾌락도 다 끝이 날 것입니다. 거기에는 오직 영원한 형벌을 두려워하는 사람들의 애통과 두려움과 공포만 남게 될 것입니다. 오늘 우리가 아침부터 저녁까지 땀 흘려 애쓰고 수고하는 것은 다 무엇을 위한 몸부림입니까? 우리는 인생의 방향과 목적을 바로 찾았습니까? 아니면 아무 대책도 없이, 왜 바쁘게 살아가야 하는지 이유도 묻지 않은 채 당신의 소중한 인생을 그냥 되는 대로 세상풍조에 따라 살아가고 있습니까? 여기 본문 18장에서 지금 우리가 발견할 수 있는 유일한 기쁨과 소망은 4절에 '내 백성아 거기서 나와 그[음녀]의 죄에 참여하지 말고 그[음녀]의 받을 재앙들을 받지 말라.'는 말씀과 20절에 '하늘과 성도들과 사도들과 선지자들아 음녀를 인하여 즐거워 하라 하나님이 너희를 위하여 신원하시는 심판을 음녀에게 하셨음이니라.'는 말씀뿐입니다. 당신은 휴거에 참여할 참 된 성도들의 삶을 살고 있습니까? 아니면 주님을 믿는다며 수십년 교회를 다니면서도 실생활에서는 음녀의 독주에 취하여 세상풍조에 휩쓸려 지옥행진곡을 부르며 넓은 길을 따라가고 있습니까? 예수 그리스도는 우리에게 참 생명의 길과 영생의 길이 되십니다. 그러나 천국 가는 길은 많은 사람들이 찾지 않는 좁은 길이라는 사실을 명심하기 바랍니다. 자기를 부인하지 않고는 자기 십자가를 지지 않고는 도저히 갈 수 없는 십자가의 길이라고 주님은 말씀하셨습니다. 주여 주여 하는 자마다 다 구원을 받을 것이 아니라고 말씀하셨습니다. 주여 주여가 천국에 들어가는 패스워드가 아니란 말씀입니다.

19장

〈만왕의 왕으로 재림하시는 예수님의 모습〉

(1)이 일 후에 내가 들으니 **하늘에 허다한 무리의** 큰 음성 같은 것이 있어 가로되 **할렐루야 구원과 영광과 능력이 우리 하나님께 있도다** (2)그의 심판은 참되고 의로운지라 음행으로 땅을 더럽게 한 큰 음녀를 심판하사 자기 종들의 피를 그의 손에 갚으셨도다 하고 (3)두번째 가로되 할렐루야 하더니 그 연기가 세세토록 올라가더라 (4)또 이십 사 장로와 네 생물이 엎드려 보좌에 앉으신 하나님께 경배하여 가로되 아멘 할렐루야 하니 (5)보좌에서 음성이 나서 가로되 하나님의 종들 곧 그를 경외하는 너희들아 무론대소하고 다 우리 하나님께 찬송하라 하더라 (6)또 내가 들으니 허다한 무리의 음성도 같고 많은 물 소리도 같고 큰 뇌성도 같아서 가로되 **할렐루야 주 우리 하나님 곧 전능하신 이가 통치하시도다** (7)우리가 즐거워하고 크게 기뻐하여 그에게 영광을 돌리세 어린 양의 혼인 기약이 이르렀고 그 아내가 예비하였으니 (8)그에게 허락하사 빛나고 깨끗한 세마포를 입게 하셨은즉 이 세마포는 성도들의 옳은 행실이로다 하더라 (9)천사가 내게 말하기를 기록하라 **어린 양의 혼인 잔치에 청함을 입은 자들이 복이 있도다** 하고 또 내게 말하되 이것은 하나님의 참되신 말씀이라 하기로 (10)내가 그 발 앞에 엎드려 경배하려 하니 그가 나더러 말하기를 나는 너와 및 예수의 증거를 받은 네 형제들과 같이 된 종이니 삼가 그리지 말고 오직 하나님께 경배하라 예수의 증거는 대언의 영이라 하더라 (11)또 내가 하늘이 열린 것을 보니 **보라 백마와 탄 자가 있으니 그 이름은 충신과 진실이라 그가 공의로 심판하며 싸우더라** (12)그 눈이 불꽃 같고 그 머리에 많은 면류관이 있고 또 이름 쓴 것이 하나가 있으니 자기 밖에 아는 자가 없고 (13)또 그가 피 뿌린 옷을 입었는데 그 이름은 하나님의 말씀이라 칭하더라 (14)하늘에 있는 군대들이 희고 깨끗한 세마포를 입고 백마를 타고 그를 따르더라 (15)그의 입에서 이한 검이 나오니 그것으로 만국을 치겠고 친히 저희를 철장으로 다스리며 또 친히 하나님 곧 전능하신 이의 맹렬한 진노의 포도주 틀을 밟겠고 (16)그 옷과 그 다리에 이름 쓴 것이 있으니 만왕의 왕이요 만주의 주라 하였더라 (17)또 내가 보니 한 천사가 해에 서서 공중에 나는 모든 새를 향하여 큰 음성으로 외쳐 가로되 와서 하나님의 큰 잔치에 모여 (18)왕들의 고기와 장군들의 고기와 장사들의 고기와 말들과 그 탄 자들의 고기와 자유한 자들이나 종들이나 무론대소하

고 모든 자의 고기를 먹으라 하더라 (19)또 내가 보매 그 짐승과 땅의 임금들과 그 군대들이 모여 그 말 탄 자와 그의 군대로 더불어 전쟁을 일으키다가 (20)짐승이 잡히고 그 앞에서 이적을 행하던 거짓 선지자도 함께 잡혔으니 이는 짐승의 표를 받고 그의 우상에게 경배하던 자들을 이적으로 미혹하던 자라 이 둘이 산채로 유황불 붙는 못에 던지우고 (21)그 나머지는 말 탄 자의 입으로 나오는 검에 죽으매 모든 새가 그 고기로 배불리우더라. 〈계.19:1-21〉

19장에서는 그리스도의 재림시의 상황을 보여주고 있습니다. 그러니까 마지막 나팔[일곱째 나팔]이 울린 직후의 상황을 보여주는 것입니다. 잘 아시는대로 마지막 나팔이 울리면서 하늘에서는 그리스도께서 공중으로 재림하시고 땅에서는 대환란 시대의 두 증인들을 포함 즉 유대인 성도들과 이방인 성도들은 물론 아담 이후 구원받은 모든 성도들이 부활하여 공중으로 휴거하게 됩니다. 동시에 땅에는 일곱 대접 재앙이 쏟아져 세상나라를 지배하던 악령 음녀가 그녀가 탄 짐승[적 그리스도]과 함께 망하고 사탄은 묶여서 천년동안 옥에 갇혀있게 됩니다. 여기 19장은 이와 같이 그리스도의 재림에 초점을 맞추어 당시의 상황을 조명하고 있습니다.

어린양의 혼인잔치

1절부터 10절까지 보면 공중으로 휴거한 성도들이 하나님을 찬양하는 모습이 그려져 있습니다. 그들은 허다한 무리라고 하였습니다. 전세계 모든 나라에서 부활휴거하여 올라온 성도들입니다. 그들은 11장과 14장에서 언급했던 두 증인들로서 대환란에서 올라온 성도들은 물론이고 대환란 전에 살았던 모든 시대의 성도들이 부활휴거하여 올라온 것입니다. 그러므로 그 수는 허다한 무리라고 표현할 수밖에 없을 것입니다. 그런데 8절에 보면 이 성도들은 빛나고 깨끗한 흰 세마포 옷을 입었습니다. 이 세마포는 성도들의 옳은 행실을 의미한다고 하였습니다. (7)우리가 즐거워하고 크게 기뻐하여 그에게 영광을 돌리세 어린 양의 혼인 기약이 이르렀고 그 아내가 예비하였으니 (8)그에게 허락하사 빛나고 깨끗한 세마포를 입게 하셨은즉 이 세마포는 성도들의 옳은 행실이로다 하더라 이는 성도들이 세상에서 살 때에 그리스도의 피로 죄씻음을 받고 하나님의 자녀가 된 후에 하나님의 자녀 답게 주의 뜻을 따라 주와 동행하는 삶을 살아 경건하고 거룩하고 의롭게 살았던 참된 성도들이었음을 나타내는 것입니다. 다시 말해서 믿음으로 구원을 받은 자녀가 되었다면 그는 마땅히 하나님의 자녀다운 삶을 살므로서 그 거룩한 열매를 삶에서 행실로 나타내야 한다는 말입니다. 그래서 그 사람이 어떤 열매를 맺느냐에 따라서 그가 진짜 성도 인지 가짜 성도인지가 나타나는 것입니다. 그냥 교회에 출석하면서 입으로 만 주여 주여 하던 사람들이 아니고 오직 하늘에 계신 아버지의 뜻대로 행 하는 삶을 살았던 참 성도들이었음을 나타내는 것입니다. 그러므로 세상에 서 아무리 유명했던 목사도 아무리 유명했던 장로도 집사도 이 자리에 참석 하지 못하고 오직 예수님을 구주와 왕으로 믿었다는 것을 일상의 삶에서 행 실로 증명할 수 있는 사람들만 이 자리에 참석할 수 있게 되는 것입니다. [21 **나더러 주여 주여 하는 자마다 천국에 다 들어갈 것이 아니요 다만 하늘에 계신 내 아버지의 뜻대로 행하는 자라야 들어가리라 22그 날에 많은 사람이 나더러 이르되 주여 주여 우리가 주 의 이름으로 선지자 노릇하며 주의 이름으로 귀신을 쫓아 내며 주의 이름으로 많은 권능을 행 치 아니하였나이까 하리니 23그때에 내가 저희에게 밝히 말하되 내가 너희를 도무지 알지 못하 니 불법을 행하는 자들아 내게서 떠나가라 하리라**〈마7:21–23〉] 믿음으로 의롭다 함을 받 고 그 후 예수 그리스도 안에서 하나님의 자녀답게 그리스도의 통치를 받으 면서 성화의 삶을 살아간 깨끗하고 성결한 모든 참된 성도를 가리키는 말씀 입니다. 그러니까 이 사람들은 믿음으로 구원이 다 완성되었다고 생각하지 않고 오직 믿음을 구원의 시작과 발판으로 삼아서 믿은 후부터 즉시 세상 을 내려놓고 더욱 힘써서 하나님의 성품을 닮아가려고 성화의 삶을 살아갔 던 참 성도들입니다. [4이로써 그 보배롭고 지극히 큰 약속을 우리에게 주사 이 약속으로 말미암아 **너희로 정욕을 인하여 세상에서 썩어질 것을 피하여 신의 성품에 참예하는 자가 되게 하려 하셨으니 5이러므로 너희가 더욱 힘써 너희 믿음에 덕을, 덕에 지식을, 6지식에 절제를, 절제에 인내를, 인내에 경건을, 7경건에 형제 우애를, 형제 우애에 사랑을 공급하라 8이런 것이 너희에게 있어 흡족한즉 너희로 우리 주 예수 그리스도를 알기에 게으르지 않고 열매 없는 자 가 되지 않게 하려니와 9이런 것이 없는 자는 소경이라 원시치 못하고 그의 옛 죄를 깨끗케 하 심을 잊었느니라 10그러므로 형제들아 더욱 힘써 너희 부르심과 택하심을 굳게 하라 너희가 이 것을 행한즉 언제든지 실족지 아니하리라 11이같이 하면 우리 주 곧 구주 예수 그리스도의 영원 한 나라에 들어감을 넉넉히 너희에게 주시리라** 〈벧후1:4–11〉] 이와 같이 믿음으로 구원을 받은 참 성도들은 믿은 그때부터 더욱 힘써서 본격적으로 하나님의 성품을 닮아가는 삶을 살게 되어 열매를 풍성히 맺는 자가 되어 그리스도의 영원한 나라에 들어감을 넉넉히 얻게 되는 것입니다. 그러나 믿는다고 교회는 열심 히 다니면서도 하나님의 성품을 닮아가는 경건한 삶을 사는데에 더욱 힘쓰지 않고 여전히 세상을 따라 사는 사람들은 옛 죄를 깨끗케 하심을 잊은 사람들로서 실족하여 천국에 들어가지 못하게 되는 것입니다.[8이런 것이 너희에게 있어 흡족한즉 너희로 우리 주 예수 그리스도를 알기에 게으르지 않고 열매 없는 자가 되지 않게 하려니와 9이런 것이 없는 자는 소경이라 원시치 못하고 그의 옛 죄를 깨끗케 하심을 잊었느니라 10그러므로 형제들아 더욱 힘써 너희 부르심과 택하심을 굳게 하라 너희가 이것을 행한즉 언제든지 실족지 아니하리라]

부활휴거하여 여기에 올라온 성도들은 모두 어린양의 혼인잔치에 그리스도의 신부로 참석하게 될 것입니다. 그러므로 참 그리스도의 신부가 되기 위해서는 음녀가 주는 세상의 부귀영화라는 독주에 취하지 말고 세상을 과감히 내려놓고 성령의 인도하심을 따라 거룩하고 의롭고 성결한 삶을 살아야 하는 것입니다. 7절을 보면 이들은 이제 그토록 오래 동안 기다렸던 어린양의 혼인 잔치에 그리스도의 정결한 신부로서 입장하게 됩니다. 이들은 에덴 동산에서 깨어졌던 하나님과의 사랑의 관계를 회복하고 바야흐로 다시는 죽음과 슬픔과 눈물이 없는 그 찬란하고 영광스런 하나님 나라에서 영생복락을 누리며 살게 될 것입니다. 6절을 보면 이 흰옷을 입은 성도들이 부르는 찬양 소리는 대단히 웅장하여 많은 물소리와도 같고 큰 뇌성과도 같다고 표현하고 있습니다. 그리스도의 보혈로 씻겨지고 날마다 회개의 눈물로 닦여진 맑은 영혼들 속에서 우러나오는 노래소리이니 과연 물소리와도 같고 큰 뇌성과도 같을 것입니다. 그런데 그들이 부른 찬양의 내용을 살펴보면 세가지로 나타나있는데 그 첫째는 하나님께서 죄인들에게 베풀어주신 구원과 영광과 능력입니다.[1절] 둘째는 2절에서 그리스도께서 시행하시는 심판이 참되고 의롭다는 것과 그 동안 인류를 죄로 미혹하여 인간이 하나님을 버리고 사탄을 따라 살게 한 음행으로 땅을 더럽게 한 그 큰 음녀를 심판하시는 그리스도를 찬양하는 내용입니다. 그리고 셋째는 6절에 기록된 대로 이제 사탄의 긴 통치가 끝나고 주 우리 하나님 곧 전능하신 하나님이 통치하게 된 것을 찬양하는 내용입니다.

그렇습니다. 우리가 천국에 가서 영원토록 부를 찬양은 억만죄악 가운데서 죽을 수 밖에 없었던 우리를 위하여 그토록 거룩하시고 존엄하신 하나님께서 친히 인간의 천한 몸을 입으시고 죄인들에게 조롱을 당하시며 십자가 대속 희생으로 우리를 구원해 주신 그 크신 하나님의 구원을 찬양하는 일입니다. 이것은 우리가 기쁨의 눈물로 범벅이 된채 거기서 영원히 영원히 부르게 될 찬양이 될 것입니다. 그리고 죄인을 멸하는 것은 잔인한 행위가 아니고 의로운 일입니다. 죄로 미천해진 우리 죄인들을 구원하사 하나님의 자녀로 삼으시고 영원한 지옥형벌에서 구원하여 찬란하고 복된 하나님 나라에서 영원토록 살게 해주신 것은 하나님께서 우리에게 베풀어 주신 최고의 영광일 것입니다. 또한 죄 때문에 발목을 잡혀서 사탄의 막강한 손아귀에서 벗어나지 못하고 사탄의 노예가 될 수 밖에 없었던 우리에게 자유와 해방을 주실 수 있는 분은 능력 많으신 하나님 밖에 없었음을 고백하면서 우리는 하나님의 능력을 영원히 찬양해야 할 것입니다. 전쟁과 궁핍과 죽음과 질병과 폭력과 슬픔과 눈물로 얼룩진 이 무서운 죄악 세상을 벗어나서 저 빛나고 화려하고 영광으로 가득찬 저 피안의 영원한 천국에 들어가면 우리는 말로 다할 수 없는 감사와 기쁨으로 범벅이 되어 우리를 구원하신 주님을 영원히 찬양하게 될 것입니다.

만왕의 왕 예수 그리스도

1절부터 10절까지는 공중으로 휴거한 성도들의 모습을 먼저 보여주었습니다. 그러나 여기 11절부터는 또 다른 장면이 보여집니다. 즉 그리스도께서 만왕의 왕으로 임하시는 모습에 초점을 맞추고 있습니다. 먼저 11절에 보면 하늘이 열리고 흰 말을 타시고 내려오시는 그리스도의 모습인데 그의 이름은 충신[Faithful]과 진실[True]이라고 기록되어 있습니다. 14절에 보면 하늘의 있는 군대들도 희고 깨끗한 세마포를 입고 흰말을 타고 그리스도를 따르더라고 기록하고 있습니다. 흰말은 평화를 상징하는 것으로서 그리스도의 신실하심과 참되심은 이제 우리에게 영원한 평화를 제공하실 것입니다. 이제 그의 왕국에서는 다시는 전쟁과 싸움과 미움과 아픔과 슬픔과 죽음이 없을 것입니다. 얼마나 기다리고 고대했던 평화입니까? 이제 그리스도께서 재림하셨으니 그가 천년동안 왕의 왕으로 통치하신 후에 백보좌심판을 하실 때에는 공의로운 심판으로 심판하실 것입니다. 그 분은 단 한 사람이라도 억울하게 심판하시지 아니하실 것입니다. 12절에 기록된 대로 그 분의 눈은 불꽃같아서 인간의 모든 생각과 말과 행위를 낱낱이 꿰뚫어 보시고 정확히 아시기 때문에 한치의 착오도 없이 가장 공정하게 심판하실 것입니다. 우리들처럼 남의 말만 듣고, 혹은 한 쪽 말만 듣고 정확하지 않은 정보를 가지고, 혹은 자기하고 친한 사람이라고 무조건 변호하고 편견을 가지고 함부로 아무나 정죄하는 그런 터무니 없는 실수는 결코 없을 것입니다. 15절에 보면 그리스도의 입에서는 이한 검 즉 예리한 검이 나오는데 그것으로 만국을 치신다고 하였습니다. 그의 입에서 나오는 예리한 검은 우리의 심혼골수를 쪼개는 정확무오한 하나님의 말씀을 의미합니다. 그러니까 그가 우리에게 주셨던 성경말씀을 거부하고 살아왔던 모든 세상 사람들을 철 지팡이로 다스리며 맹렬한 진노의 심판을 퍼 부으실 것입니다. 16절에 기록된 대로 이제 그리스도께서는 사탄과 더불어 음란하게 죄와 불의를 먹고 마시던 온 세상을 멸하시고 그의 영원한 왕국을 공평과 의로 다스릴 만왕의 왕이요 만주의 주로 임하시는 순간입니다. 이사야서 66장 15-16절에서도 이 순간을 포착하였습니다. 15**보라 여호와께서 불에 옹위되어 강림하시리니 그 수레들은 회리바람 같으리로다 그가 혁혁한 위세로 노를 베푸시며 맹렬한 화염으로 견책하실 것이라 16여호와께서 불과 칼로 모든 혈육에게 심판을 베푸신즉 여호와께 살륙 당할 자가 많으리니**(사66:15-16) 20장 12절에 보면 그 분은 머리에 많은 면류관을 쓰셨습니다. 인간과 우주의 창조 주 하나님으로서 그리스도는 왕의 왕으로 그의 무한한 영광을 말해주는 것입니다. 그는 이토록 영광스러운 하나님이시지만 우리의 죄를 위하여 스스로 그 영광을 포기하고 인간의 비천한 몸을 입으시고 지옥에까지 내려가는 비하를 경험하신 겸손한 분이셨습니다. 그래서 13절에 보면 그 분은 피 뿌린 옷을 입었다고 기록하고 있습니다. 그 분은 우리 죄를 위하여 대신 죽음의 형벌을 받으셨던 분이시기 때문입니다. 또한 그 분은 이렇게 우리의 억만 죄악을 위하여 대신 십자가 형극을 받으셨을 뿐 아니라 우리에게 영원하고 온전한 영생의 말씀을 주신 분이셨습니다. 우리는 그 분의 말씀을 순종하여 살 때에만 주님의 겸손과 경건과 의를 배우며 성화하여 그분의 나라에 도달할 수 있게 됩니다. 그러므로 13절에 그 분의 이름은 하나님의 말씀이라고 하였습니다. 주님께서 가르쳐 주신 말씀 중에서 '누구든지 높아지고자 하는 자는 낮아지고 낮아지고자 하는 자는 높아지리라.'고 하신 말씀은 오늘 우리가 명심해야 할 말씀입니다. 오늘 우리가 정말 예수님을 우리의 죄를 용서해주시기 위해서 십자가에 우리를 대신하여 죽으신 구세주라는 것을 믿는다면 우리는 그의 명령에 절대복종하는 삶을 살므로서 우리의 믿음이 참 믿음이라는 것을 증명해야 합니다.

세상을 정복하시는 예수 그리스도

17절부터 21절까지 보면 그리스도께서 사탄이 죄와 불의를 가지고 지배하던 죄악세상을 정복하시는 장면이 나타납니다. 먼저 19절부터 21절을 보십시오.

19 또 내가 보매 그 짐승과 땅의 임금들과 그 군대들이 모여 그 말 탄 자와 그의 군대로 더불어 전쟁을 일으키다가 20 짐승이 잡히고 그 앞에서 이적을 행하던 거짓 선지자도 함께 잡혔으니 이는 짐승의 표를 받고 그의 우상에게 경배하던 자들을 이적으로 미혹하던 자라. 이 둘이 산 채로 유황 불 붙는 못에 던지우고 21 그 나머지는 말 탄 자의 입으로 나오는 검에 죽으매 모든 새가 그 고기로 배불리우더라.

17 또 내가 보니 한 천사가 해에 서서 공중에 나는 모든 새를 향하여 큰 음성으로 외쳐 가로되 와서 하나님의 큰 잔치에 모여 18 왕들의 고기와 장군들의 고기와 자유한 자들이나 종들이나 무론 대소하고 모든 자의 고기를 먹으라 하더라

19절에서 그 짐승은 적그리스도이고 땅의 임금들은 적그리스도를 따르고 지지했던 세상 나라의 지도자들이며 그 군대들은 각 나라의 군대들입니다. 이들이 모여 그 말 탄 자와 그의 군대로 더불어 전쟁을 일으킨다고 하였는데 여기 그 말 탄 자는 그리스도이며 그 군대는 그리스도를 따르는 하늘의 군대들입니다. 그러니까 적그리스도와 그를 추종하는 세상 나라들이 재림하시는 예수 그리스도와 하늘의 군대를 대항하여 싸우는 영적전쟁으로서 여섯째 나팔을 불 때 전세계 여러 나라에서 파견한 마병대의 수가 2억이나 되었고 이 전쟁에서 인구 삼분의 일이 죽게 됩니다.[계 9:13-18] 곧 이어서 일곱째 천사가 나팔을 불면 드디어 그리스도께서 세상을 멸하시고 드디어 왕의 왕으로 재림하시게 됩니다.[계11:15] 14장 14-20절까지 보면 그리스도께서 세상을 정복하시는 모습이 묘사되어 있습니다. 9장에서 마지막 나팔이 불었고 14장에서는 예수님이 공중으로 재림하시는 모습이 보이고 성도들이 휴거하였으니 16장에 보면 마지막 나팔 후에 일곱대접이 쏟아지는 모습이 그려져 있습니다. 16장 12-16절까지 보면 더러운 짐승의 입에서 나온 더러운 영 귀신들이 동방에서 오는 왕들을 포함하여 온천하의 왕들을 아마겟돈으로 모이게 하였을 때 마지막 일곱째 대접을 쏟으니 세상만국이 무너졌다고 기록하고 있습니다. 이것이 바로 16장16절에서 보았던 아마겟돈 전쟁입니다. 이 아마겟돈 전쟁은 사탄이 자기의 때가 다 된 줄 알기 때문에

목숨을 걸고 하나님께 대항하는 최후의 발악입니다. 그러나 그리스도의 그 무한광대하신 능력과 그의 의로우시고 공평하시고 정확하고 예리한 심판은 사탄의 왕국을 완전히 멸망시킬 것입니다. 적그리스도와 그의 추종자들과 거짓 선지자들은 산채로 유황불에 던져지고 20장 2절에 보면 사탄은 체포되어 천년동안 옥에 갇히게 되며 적그리스도와 거짓 선지자들을 따르며 죄와 불의를 함께 먹고 마시던 세상 왕국의 지도자들과 그의 백성들도 함께 망하여 그들의 시체가 세계 곳곳에 흩어져 있는 모습이 보입니다. 그러니까 예수님의 재림은 심판의 시작에 불과하며 심판의 끝은 재림하신 예수님께서 천년동안 천년왕국을 통치하신 후에 있을 백보좌 대심판때인 것입니다. 에덴 동산에서 사탄이 시작했던 죄의 음모에 빠져 사탄의 죄의 통치에 노예가 되었던 인류의 길고 긴 역사가 이제 그 비참한 최후를 맞이하게 된 것입니다.

놀라운 것은 예수님이 초림하시기 5백여년 전에 쓰여진 구약성경 에스겔서에도 이 장면이 기록되어 있습니다. 에스겔서 37장에 보면 에스겔 선지자는 어느 골짜기에 뼈가 가득한 것을 환상으로 보여주셨습니다. 그런데 여호와께서 마른 뼈들에게 생기가 들어가라고 명령하시니까 뼈들이 살아서 큰 군대가 되었습니다. 37장 11절에 보시면 이뼈들은 이스라엘 족속이라고 하였습니다. 이것은 아브라함을 통해서 전세계에 복음을 증거해야할 하나님의 종의 나라로 부름을 받은 이스라엘 백성이 아브라함 때부터 약 2천년 동안 계속되었던 불순종의 대가로 주후 70년에 가나안 땅에서 뿌리채 뽑힌 이후에 이스라엘 백성들이 로마제국 전역으로 흩어지고 그 후에는 유럽 전역과 전세계로 흩어져서 1947년 유엔의 결의로 다시 옛날 땅으로 돌아오게 되기까지 약 2천년 동안 나라없이 헤메어 죽었던 이스라엘을 의미하는 것입니다. 그런데 이 죽은 뼈들이 다시 살아서 큰 군대가 되었다는 것은 이스라엘 백성들이 다시 옛날 땅으로 돌아가 나라를 건설하게 될 것이라는 것을 미리 환상으로 보여준 것이었습니다. 그래서 37장 21-22절에는 이렇게 기록되어 있습니다. 21그들에게 이르기를 주 여호와의 말씀에 **내가 이스라엘 자손을 그 간바 열국에서 취하며 그 사면에서 모아서 그 고토로 돌아가게 하고** 22그 땅 이스라엘 모든 산에서 **그들로 한 나라를 이루어서 한 임금이 모두 다스리게 하리니** 그들이 다시는 두 민족이 되지 아니하며 두 나라로 나누이지 아니할찌라〈겔37:21-22〉 에스겔서 11장 17절에서도 하나님은 흩어졌던 이스라엘 백성을 다시 이스라엘 땅으로 데려오시겠다고 분명하게 약속하셨습니다. 17) 너는 또 말하기를 주 여호와의 말씀에 내가 너희를 만민 가운데 모으며 너희를 흩은 열방 가운데서 모아 내고 이스라엘 땅으로 너희에게 주리라 하셨다 하라(겔11:17)

앞에서 살펴본대로 에스겔 선지자에게 보여주신 이 예언대로 전세계에 흩어져서 나라없이 헤메이던 이스라엘 백성은 거의 2천년 만에 옛날 땅으로 다시 돌아와 1947년 이후 이스라엘 나라를 재건하고 현재에 이르고 있습니다. 그런데 세상의 끝이 되면 하나님은 극한 북방에 위치한 곡 즉 로스와 메섹이라는 나라와 그의 동맹국들을 불러 이스라엘을 치게하시겠다고 말씀하셨습니다. 극한 북방에서부터 거대한 동맹국들이 이스라엘을 치러오는 것을 보고 이스라엘 백성들은 금식하면서 하나님께서 구해주실 것을 기도하게 될 것입니다. 요엘서 2장 15-21절을 보겠습니다. 여기서도 이스라엘 백성들이 예수님의 재림 때에야 주님께 돌아오게 될 것을 보여주고 있습니다. 15너희는 시온에서 나팔을 불어 거룩한 금식일을 정하고 성회를 선고하고 16백성을 모아 그 회를 거룩케 하고 장로를 모으며 소아와 젖먹는 자를 모으며 신랑을 그 방에서 나오게 하며 신부도 그 골방에서 나오게 하고 17여호와께 수종드는 제사장들은 낭실과 단 사이에서 울며 이르기를 여호와여 주의 백성을 긍휼히 여기소서 주의 기업으로 욕되게 하여 열국들로 그들을 관할하지 못하게 하옵소서 어찌하여 이방인으로 그들의 하나님이 어디 있느뇨 말하게 하겠나이까 할찌어다 18그 때에 여호와께서 자기 땅을 위하여 중심이 뜨거우시며 그 백성을 긍휼히 여기실 것이라 19여호와께서 그들에게 응답하여 이르시기를 내가 너희에게 곡식과 새 포도주와 기름을 주리니 너희가 이로 인하여 흡족하리라 내가 다시는 너희로 열국 중에서 욕을 당하지 않게 할 것이며 20내가 북편 군대를 너희에게서 멀리 떠나게 하여 메마르고 적막한 땅으로 쫓아내리니 그 전군은 동해로, 그 후군은 서해로 들어갈 것이라 상한 냄새가 일어나고 악취가 오르리니 이는 큰 일을 행하였음이니라 하시리라 21땅이여 두려워 말고 기뻐하며 즐거워할찌어다 여호와께서 큰 일을 행하셨음이로다

이것이 바로 요한계시록에서 언급한 아마겟돈 전쟁에서 재림하신 예수님이 싸우는 장면입니다. 요한계시록 19장에서 재림하신 예수님이 아마겟돈에서 싸우시는 모습이 여기 에스겔서 38장 14-23절에도 기록되어 있습니다. 14인자야 너는 또 예언하여 곡에게 이르기를 주 여호와의 말씀에 내 백성 이스라엘이 평안히 거

하는 날에 네가 어찌 그것을 알지 못하겠느냐 15네가 네 고토 극한 북방에서 많은 백성 곧 다 말을 탄 큰 떼와 능한 군대와 함께 오되 16구름이 땅에 덮임 같이 내 백성 이스라엘을 치러 오리라 곡아 끝날에 내가 너를 이끌어다가 내 땅을 치게 하리니 이는 내가 너로 말미암아 이방 사람의 목전에서 내 거룩함을 나타내어 그들로 다 나를 알게 하려 함이니라 17나 주 여호와가 말하노라 내가 옛적에 내 종 이스라엘 선지자들을 빙자하여 말한 사람이 네가 아니냐 그들이 그 때에 여러 해 동안 예언하기를 내가 너를 이끌어다가 그들을 치게 하리라 하였느니라 하셨다 하라 18나 주 여호와가 말하노라 그 날에 곡이 이스라엘 땅을 치러 오면 내 노가 내 얼굴에 나타나리라 19내가 투기와 맹렬한 노로 말하였거니와 그 날에 큰 지진이 이스라엘 땅에 일어나서 20바다의 고기들과 공중의 새들과 들의 짐승들과 땅에 기는 모든 벌레와 지면에 있는 모든 사람이 내 앞에서 떨 것이며 모든 산이 무너지며 절벽이 떨어지며 모든 성벽이 땅에 무너지리라 21나 주 여호와가 말하노라 내가 내 모든 산 중에서 그를 칠 칼을 부르리니 각 사람의 칼이 그 형제를 칠 것이며 22내가 또 온역과 피로 그를 국문하며 쏟아지는 폭우와 큰 우박덩이와 불과 유황으로 그와 그 모든 떼와 그 함께한 많은 백성에게 비를 내리듯하리라 23이와 같이 내가 여러 나라의 눈에 내 존대함과 내 거룩함을 나타내어 나를 알게 하리니 그들이 나를 여호와인줄 알리라〈겔38:14-23〉

하나님의 종으로 택하신 백성 이스라엘을 치러 온 세상 만국을 재림하신 예수님이 그 크신 권능으로 쳐서 멸하심으로서 온 세상이 이스라엘이 믿는 여호와 하나님이 참 하나님이심을 알게 하려는 것입니다.[15네가 네 고토 극한 북방에서 많은 백성 곧 다 말을 탄 큰 떼와 능한 군대와 함께 오되 16구름이 땅에 덮임 같이 내 백성 이스라엘을 치러 오리라 곡아 끝날에 내가 너를 이끌어다가 내 땅을 치게 하리니 이는 내가 너로 말미암아 이방 사람의 목전에서 내 거룩함을 나타내어 그들로 다 나를 알게 하려 함이니라] 대환란의 끝에 재림하신 예수님이 이스라엘을 치러 온 세상만국을 멸하시는 목적은 세상만국들만 예수님이 여호와 하나님이신 것을 알게하려는 것이 아니고 하나님의 종의 나라로 부름을 받고도 수천년 동안 불순종하여 마음이 굳어져서 예수님을 메시야로 알아보지 못하고 십자가에 못박아 죽였던 이스라엘 백성들도 예수님을 메시야로 알아보고 회개하게 하기 위함입니다. 에스겔서 39장 21-29절까지 보면 이렇게 기록되어 있습니다. 21내가 내 영광을 열국 중에 나타내어 열국으로 나의 행한 심판과 내가 그 위에 나타낸 권능을 보게 하리니 22그 날 이후에 이스라엘 족속은 나를 여호와 자기들의 하나님인줄 알겠고 23열국은 이스라엘 족속이 그 죄악으로 인하여 사로잡혀 갔던줄 알찌라 그들이 내게 범죄하였으므로 내 얼굴을 그들에게 가리우고 그들을 그 대적의 손에 붙여 다 칼에 엎드러지게 하였으되 24내가 그들의 더러움과 그들의 범죄한대로 행하여 그들에게 내 얼굴을 가리웠었느니라 25**그러므로 나 주 여호와가 말하노라 내가 이제 내 거룩한 이름을 위하여 열심을 내어 야곱의 사로잡힌 자를 돌아오게 하며 이스라엘 온 족속에게 긍휼을 베풀찌라 26그들이 그 땅에 평안히 거하고 두렵게 할 자가 없게 될 때에 부끄러움을 품고 내게 범한 죄를 뉘우치리니** 27곧 내가 그들을 만민 중에서 돌아오게 하고 적국 중에서 모아내어 열국 목전에서 그들로 인하여 나의 거룩함을 나타낼 때에라 28전에는 내가 그들로 사로잡혀 **열국에 이르게 하였거니와 후에는 내가 그들을 모아 고토로 돌아오게 하고** 그 한 사람도 이방에 남기지 아니하리니 그들이 나를 여호와 자기들의 하나님인줄 알리라 29내가 다시는 내 얼굴을 그들에게 가리우지 아니하리니 이는 내가 내 신을 이스라엘 족속에게 쏟았음이니라 나 주 여호와의 말이니라〈겔39:21-29〉

  놀랍게도 예수님이 재림하실 때에 이스라엘을 치러 온 세상만국을 재림하신 예수님이 친히 멸하시고 천하의 왕이 되실 것이라는 말씀과 그 때에 이스라엘 백성들이 자기들의 죄를 회개하고 예수님께 돌아오게 될것이라는 말씀이 구약의 스가랴 선지자를 통해서도 정확하게 말씀해주셨습니다. 즉 예수님의 발이 예루살렘 동편 강람산에 서실 것과 주님께서 모든 거룩한 성도들과 함께 재림하실 것과 천하의 왕이 되실 것을 말씀하고 있습니다. 즉 재림 후에 천하에 왕이 되신다는 것은 예수님이 재림하신 후에 천년왕국 동안에 지상에서 왕의 왕으로 통치하실 것임을 보여주는 말씀입니다. 스가랴서 12장을 보겠습니다. 2**보라 내가 예루살렘으로 그 사면 국민에게 혼취케 하는 잔이 되게 할 것이라 예루살렘이 에워싸일 때에 유다에까지 미치리라** 3**그 날에는 내가 예루살렘으로 모든 국민에게 무거운 돌이 되게 하리니 무릇 그것을 드는 자는 크게 상할 것이라 천하 만국이 그것을 치려고 모이리라** 4**여호와가 말하노라 그 날에 내가 모든 말을 쳐서 놀라게 하며 그 탄 자를 쳐서 미치게 하되 유다 족속은 내가 돌아보고 모든 국민의 말을 쳐서 눈이 멀게 하리니** 5**유다의 두목들이 심중에 이르기를 예루살렘 거민이 그들의 하나님 만군의 여호와로 말미암아 힘을 얻었다 할찌라** 6그 날에 내가 유다 두목들로 나무 가운데 화로 같게 하며 곡식단 사이에 횃불 같게 하리니 그들이 그 좌우에 에워싼 모든 국민을 사를 것이요 예루살렘 사람은 다시 그 본 곳 예루살렘에 거하게 되리라 7여호와가 먼저 유다 장막을 구원하리니 이는 다윗의 집의 영광과 예루살렘 거민의 영광이 유다보다 더하지 못하게 하려 함이니라 8**그 날에 여호와가 예루살렘 거민을 보호하리니 그 중에 약한 자가 그 날에는 다윗 같겠고 다윗의 족속은 하나님 같고 무리 앞에 있는 여호와의 사자 같을 것이라** 9예루살렘을 치러 오는 열국을 그 날에 내가 멸하기를 힘쓰리라 10내가 다윗의 집과 예루살렘 거민에게 은총과 간구하는 심령을 부어 주리니 그들이 그 찌른바 그를 바라보고 그를 위하여 애통하기를 독자를 위하여 애통하듯 하며 그를 위하여 통곡하기를 장자를 위하여 통곡하듯 하리로다 11그 날에 예루살렘에 큰 애통이 있으리니 므깃도 골짜기 하다드림몬에 있던 애통과 같을 것이라 12온 땅 각 족속이 따로 애통하되 다윗의 족속이 따로 하고 그 아내들이 따로 하며 나단의 족속이 따로 하고 그 아내들이 따로 하며 13레위의 족속이 따로 하고 그 아내들이 따로 하며 시므이의 족속이 따로 하고 그 아내들이 따로 하며 14모든 남은 족속도 각기 따로 하고 그 아내들이 따로 하리라(슥12:2-14)

그 날에 죄와 더러움을 씻는 샘이 다윗의 족속과 예루살렘 거민을 위하여 열리리라(슥13:1)

재림하신 예수님께서 이스라엘을 치러 온 세상만국을 쳐서 멸하시고 이스라엘을 구원하시는 것을 볼 때에 이스라엘 백성들은 지난 2천년 동안 메시야로 오셨던 예수님을 거부하고 십자가에 죽였던 죄를 통회자복하는 범국가적인 회개가 있게 될 것임을 스가랴서는 주전 5백여년 전부터 미리 보여주고 있었던 것입니다. 그리스도의 십자가의 보혈이 그날 이스라엘 사람들에게 적용될 것입니다. 그 때서야 이스라엘 사람들은 예수님께서 자신들의 죄를 위하여 십자가를 지신 메시야라는 사실을 깨닫고 눈물과 통곡으로 스스로를 괴롭게 하며 회개하게 될 것입니다. 그들이 그 찌른바 그를 바라보고 애통한다고 기록되었는데 그들이 찌른 바 그 분은 누구십니까? 예수 그리스도이십니다. 그러나 당시 이스라엘의 모든 사람들이 다 회개하고 돌아오지는 않을 것입니다. [27또 이사야가 이스라엘에 관하여 외치되 이스라엘 뭇자손의 수가 비록 바다의 모래 같을찌라도 남은 자만 구원을 얻으리니 28주께서 땅 위에서 그 말씀을 이루사 필하시고 끝내시리라 하셨느니라(롬9:27-28)] 오직 죄를 회개하고 참 믿음을 가진 남은 자들만 구원받을 것입니다. 그 날에 예루살렘에 큰 애통이 있으리라고 하였는데 이것이 바로 속죄일입니다. 여기서 레위기를 쓴 모세는 예수님이 오시기 전 1500년 전에 살았던 사람이고 스가랴 선지자는 예수님보다 500여년 전 사람입니다. 이들이 쓴 이 예언들은 앞으로 다시 오실 예수님의 재림에 대한 예언들입니다. 얼마나 놀라운 일입니까? 그러면 이스라엘 백성은 언제 회개하고 예수님을 구주로 영접하게 됩니까? 주님께서 재림하실 그때까지 이스라엘 백성들은 매년 속죄절을 지키게 될 것입니다. 레위기에 기록되어 있습니다. 26여호와께서 모세에게 일러 가라사대 27칠월 십일은 속죄일이니 너희에게 성회라 너희는 스스로 괴롭게 하며 여호와께 화제를 드리고 28이 날에는 아무 일도 하지 말것은 **너희를 위하여 너희 하나님 여호와 앞에 속죄할 속죄일이 됨이니라 29이 날에 스스로 괴롭게 하지 아니하는 자는 그 백성 중에서 끊쳐질 것이라** 30이 날에 누구든지 아무 일이나 하는 자는 내가 백성 중에서 멸절시키리니 31너희는 아무 일이든지 하지 말라 **이는 너희가 그 거하는 각처에서 대대로 지킬 영원한 규례니라**〈레23:26-32〉레위기 23장에서 지키라고 명령하셨던 바로 그 속죄일 축제날에 이스라엘 백성들은 회개하고 예수님을 구주로 영접하게 될 것입니다. 그러니까 예수님이 재림하신 후에 그들이 그들의 달력으로 7월 10일에 지키는 속죄절 축제가 되는 날에 이스라엘 민족이 회개하게 될 것입니다. 그날에 그들이 통곡하며 회개하고 예수님을 구주로 영접하게 될 것입니다. 그 날이 올 때까지는 이스라엘 민족은 아직도 그 심오한 의미를 알지 못한채 예수님을 거부하고 그저 속죄일을 하나의 명절로만 지킬 것입니다.

이와 같이 이스라엘의 과거역사는 성경에 예언된 대로 이루어져 왔으므로 앞으로 이스라엘의 미래도 성경에 예언된 대로 이루어질 것입니다. 지금은 아직 이스라엘 백성들이 예수님을 메시야로 알아보지 못하고 있으나 대환란의 끝에 예수님이 재림하셔서 자기민족을 위하여 세상만국을 멸하시는 것을 볼 때에 이스라엘 백성들은 통회자복하며 예수님께 돌아오게 될 것입니다. 그것이 바로 로마서에 기록된 대로 구원받을 이방인의 수가 차기까지는 이스라엘 백성의 마음을 강퍅하게 한 것입니다. 이스라엘 백성은 아브라함 때에 하나님의 종으로 택함을 받아 바벨탑 이후 전세계로 흩어진 아담의 모든 후손들에게 복음을 전할 사명을 받고 먼저 하나님의 말씀을 맡은 자가 되었으나 흩어진 세계 모든 민족들에게 복음을 전파하기는커녕 자기들 조차 말씀을 지키지 않아서 아브라함 때부터 예수님 때까지 2천년을 오래 참고 기다리시다가 마침내 주후 70년에는 이스라엘 세상 땅끝까지 흩어버리시고 그들의 마음을 강퍅하게 하여 복음을 들어도 깨닫지 못하게 하시면서 지난 2천년 동안 이방인들에게 복음을 전파해 오셨습니다. 즉 아브라함을 불러 그와 그의 후손 이스라엘을 통해 복음을 세상 모든 민족들에게 전파하는 사명을 주셨었습니다. 1여호와께서 아브람에게 이르시되 너는 너의 본토 친척 아비 집을 떠나 내가 네게 지시할 땅으로 가라 2내가 너로 큰 민족을 이루고 **네게 복을 주어 네 이름을 창대케 하리니 너는 복의 근원이 될찌라** 3너를 축복하는 자에게는 내가 복을 내리고 너를 저주하는 자에게는 내가 저주하리니 **땅의 모든 족속이 너를 인하여 복을 얻을 것이니라** 하여기서 아브라함에게 복을 주셨다는 말은 아브라함에게 구원의 복음을 주어 믿음으로 구원을 받게 하셨다는 뜻입니다. 그러므로 땅의 모든 족속이 너를 인하여 복을 얻을 것이라는 말은 아브라함과 그의 후손 이스라엘을 통해서 땅에 흩어진 모든 백성들도 아브라함처럼 복음을 듣고 믿음으로 구원을 받게 하려는 것입니다. 갈라디아서 3장 8-9절이 이를 잘 설명해주고 있습니다. 8**또 하나님이 이방을 믿음으로 말미암아 의로 정하실 것을** 성경이 미리 알고 **먼저 아브라함에게 복음을 전하되 모든 이방이 너를 인하여 복을 받으리라 하였으니 9그러므로 믿음으로 말미암은 자는 믿음이 있는 아브라함과 함께 복을 받느니라**〈갈3:8-9〉

그러나 유감스럽게도 아브라함 이후 그의 후손들은 복음을 이방에 전하여 그들을 구원하기는커녕 오히려 세상을 사랑하여 하나님이 주신 땅 가나안을 헌신짝 처럼 던져버리고 당시의 초강대국 애굽으로 가서 430년 살면서 애굽의 노예가 되었습니다. 하나님께서 인간을을 사랑하셔서 사탄을 상징하는 바로의 노예가 된 이스라엘 백성을 구원하시려고 그리스도를 상징하는 모세를 보내어 그들을 애굽이라는 죄악세상에서 건져내셨습니다. 그리스도를 상징하는 유월절 양의 대속죽음으로 그들은 애굽이라는 죄악세상을 탈출할 수 있었고 홍해에서 세례를 받고 천년왕국을 상징하는 약속의 땅 가나안을 향해 가면서 광야를 통과해야 했었습니다.[1형제들아 너희가 알지 못하기를 내가 원치 아니하노니 **우리 조상들이 다 구름 아래 있고 바다 가운데로 지나며 2모세에게 속하여 다 구름과 바다에서 세례를 받고** 3다 같은 신령한 식물을 먹으며 4다 같은 신령한 음료를 마셨으니 이는 저희를 따르는 신령한 반석으로부터 마셨으매 그 반석은 곧 그리스도시라 5그러나 저희의 다수를 하나님이 기뻐하지 아니하신고로 저희가 광야에서 멸망을 받았느니라〈고전10:1-5〉] 그 광야에서 하나님은 모세를 통해서 다시 이스라엘과 언약을 체결하였습니다. 나의 애굽 사람에게 어떻게 행하였음과 내가 어떻게 독수리 날개로 너희를 업어 내게로 인도하였음을 너희가 보았느니라 5세계가 다 내게 속하였나니 **너희가 내 말을 잘 듣고 내 언약을 지키면 너희는 열국 중에서 내 소유가 되겠고 6너희가 내게 대하여 제사장 나라가 되며 거룩한 백성이 되리라** 너는 이 말을 이스라엘 자손에게 고할찌니라〈출19:4-6〉 언약의 내용은 이스라엘 백성이 이제부터라도 아브라함과 맺은 언약을 잘 지키는 제사장 나라의 사명을 감당하면 이 세상에서 으뜸가는 나라로 삼아주시겠다는 것입니다. 제사장 나라란 하나님과 이세상 죄인들과의 사이에서 하나님의 종으로서 중보사역을 하는 나라를 의미하는 것입니다. 그러나 이 언약을 불순종할 때에는 이스라엘 민족을 가나안 땅에서 뿌리째 뽑아 전세계 땅끝 모든 민족들에게 흩어지게 하시겠다는 내용입니다. 신명기 28장을 보면 1절부터 14절까지는 이스라엘이 이 언약을 잘 지킬 때에 받을 복에 대하여 기록하였고 15절부터 68절까지는 이스라엘 민족이 이 언약을 지키지 않을 경우에 받을 형벌에 대하여 기록하고 있습니다. 1네가 네 하나님 여호와의 말씀을 삼가 듣고 <u>내가 오늘날 네게 명하는 그 모든 명령을 지켜 행하면 네 하나님 여호와께서 너를 세계 모든 민족 위에 뛰어나게 하실 것이라</u> …… 15<u>네가 만일 네 하나님 여호와의 말씀을 순종하지 아니하여 내가 오늘날 네게 명하는 그 모든 명령과 규례를 지켜 행하지 아니하면 이 모든 저주가 네게 임하고 네게 미칠 것이니</u>…… 62) 너희가 하늘의 별같이 많았을지라도 네 하나님 여호와의 말씀을 순종치 아니하므로 남는 자가 얼마 되지 못할 것이라 63) 이왕에 여호와께서 너희에게 선을 행하시고 너희로 번성케 하시기를 기뻐하시던 것같이 <u>이제는 여호와께서 너희를 망하게 하시며 멸하시기를 기뻐하시리니 너희가 들어가 얻는 땅에서 뽑힐 것이요 64) 여호와께서 너를 땅 이 끝에서 저 끝까지 만민 중에 흩으시리니</u> 네가 그 곳에서 너와 네 열조의 알지 못하던 목석 우상을 섬길 것이라

  그러나 이스라엘 백성들은 하나님의 말씀을 불복종하였으며 이방인들에게 복음을 전하기는커녕 이방인들이 섬기는 우상을 따라 세상사람들처럼 살았습니다. 마침내 하나님은 이사야 선지자를 불러서 이스라엘 백성들에게 전할 말씀을 주셨습니다. 즉 불순종하는 이스라엘에게 내리신 벌은 나라와 국토만 빼앗길 뿐 아니라 아예 주님께서 다시 오실 때까지 이스라엘 백성들이 회개하여 하나님께 돌아오지 못하도록 저들의 심령을 강팍하게 하셨습니다. 그래서 그들이 복음을 들어도 깨닫지 못하게 하신 것입니다. 9) <u>여호와께서 가라사대 가서 이 백성에게 이르기를 너희가 듣기는 들어도 깨닫지 못할 것이요 보기는 보아도 알지 못하리라 하여 10) 이 백성의 마음으로 둔하게 하며 그 귀가 막히고 눈이 감기게 하라 염려컨대 그들이 눈으로 보고 귀로 듣고 마음으로 깨닫고 다시 돌아와서 고침을 받을까 하노라</u> 〈사6:9-10〉 이스라엘이 하나님의 말씀을 맡은 민족[1<u>그런즉 유대인의 나음이 무엇이며 할례의 유익이 무엇이뇨 2범사에 많으니 첫째는 저희가 하나님의 말씀을 맡았음이니라</u>〈롬3:1-2〉]이면서도 그 복음을 전하지 아니하여 세상만국의 수많은 사람들이 아브라함 이후 2천년 동안 구원받지 못하였기 때문에 그 책임을 물어 이스라엘 백성들도 2천년 동안 구원을 받지 못하게 하시려는 것입니다. 이

런 경고에도 불구하고 이스라엘은 끝내 이 언약을 파기하였고 오히려 하나님이 보내신 진짜 선지자들을 돌로쳐서 죽였고 그들의 마음을 즐겁게해주는 거짓 선지자들을 추종하였습니다. 결국 하나님은 이스라엘을 버리시고 대신 이방인을 불러 교회를 세우시고 모든 민족에게 복음을 전하게 하셨습니다. 이스라엘은 신앙을 지키지 못했고 따라서 모든 민족에게 복음을 전하지 못한 고로 하나님의 저주를 받았습니다. 10) 만군의 여호와가 이르노라 너희가 내 단 위에 헛되이 불사르지 못하게 하기 위하여 너희 중에 성전문을 닫을 자가 있었으면 좋겠도다 내가 너희를 기뻐하지 아니하며 너희 손으로 드리는 것을 받지도 아니하리라 11) **만군의 여호와가 이르노라 해 뜨는 곳에서부터 해 지는 곳까지의 이방 민족 중에서 내 이름이 크게 될 것이라 각처에서 내 이름을 위하여 분향하며 깨끗한 제물을 드리리니 이는 내 이름이 이방 민족 중에서 크게 될 것임이니라**〈말1:6-11〉 다만 이스라엘 백성들 중에서 주님을 믿는 소수의 사람들만 그루터기로 남겨두시고 나머지는 과감하게 잘라버리시고 그 자리에 이방인을 접목시킨것입니다. 17) 또한 가지 얼마가 꺾여졌는데 **돌감람나무인 네가 그들 중에 접붙임이 되어 참감람나무 뿌리의 진액을 함께 받는 자 되었은즉** 18) 그 가지들을 향하여 자긍하지 말라. 자긍할지라도 네가 뿌리를 보전하는 것이 아니요 뿌리가 너를 보전하는 것이니라. 19) 그러면 네 말이 가지들이 꺾이운 것은 나로 접붙임을 받게 하려 함이라 하리니 20) 옳도다 저희는 믿지 아니하므로 꺾이우고 너는 믿으므로 섰느니라 높은 마음을 품지 말고 도리어 두려워하라.〈롬11:17-20〉

드디어 메시야로 오신 예수님까지 이렇게 선포하셨습니다. 37예루살렘아 예루살렘아 **선지자들을 죽이고 네게 파송된 자들을 돌로 치는 자여 암탉이 그 새끼를 날개 아래 모음 같이 내가 네 자녀를 모으려 한 일이 몇번이냐 그러나 너희가 원치 아니하였도다** 38보라 너**희 집이 황폐하여 버린바 되리라** 39내가 너희에게 이르노니 이제부터 **너희는 찬송하리로다 주의 이름으로 오시는 이여 할 때까지 나를 보지 못하리라 하시니라**〈마23:37-39〉 43그러므로 내가 너희에게 **이르노니 하나님의 나라를 너희는 빼앗기고 그 나라의 열매 맺는 백성이 받으리라**〈마21:43〉 그래서 이스라엘은 주님께서 재림하셔서 그들이 예수님을 볼 때까지는 그루터기를 제외한 나머지 이스라엘은 버림을 받게된 것입니다. 그러므로 이스라엘은 주후 70년에 본토에서 쫓겨나 전세계로 흩어지게 되었으며 이방인들의 구원의 수가 차기까지 즉 예수님이 재림하실 때까지는 예루살렘을 이방인들에게 밟힐 것입니다. 누가복음 21장 24절에서 주님께서 직접 한번 더 말씀해 주셨습니다. 24) 저희가 칼날에 죽임을 당하며 모든 이방에 사로잡혀 가겠고 예루살렘은 <u>이방인의 때가 차기까지</u> 이방인들에게 밟히리라〈눅21:24〉 분명히 로마서 11장 25-26절에 보면 심령이 강팍해지는 이 형벌은 이방인의 구원 받은 수가 다 찰 때가지입니다. 25) 형제들아 너희가 스스로 지혜 있다 함을 면키 위하여 이 비밀을 너희가 모르기를 내가 원치 아니하노니 이 비밀은 이방인의 충만한 수가 들어오기까지 이스라엘의 더러는 완악하게 된 것이라. 26) 그리하여 온 이스라엘이 구원을 얻으리라 기록된 바 구원자가 시온에서 오사 야곱에게서 경건치 않은 것을 돌이키시겠고 26절에서 보는대로 구원자이신 예수님께서 시온에 오셔서 불순종하여 경건치 않은 이스라엘을 하나님께 돌이키시겠다는 말씀이 있습니다. 이것이 바로 예수님께서 재림하실 때에 이스라엘 백성들의 강팍한 마음을 풀어주셔서 그들이 회개하고 주님께 돌아오게 하신다는 말씀입니다.

20장

〈재림 후 천년〉

(1)또 내가 보매 **천사가 무저갱 열쇠와 큰 쇠사슬을 그 손에 가지고 하늘로서 내려와서** (2)용을 잡으니 곧 옛 뱀이요 마귀요 사단이라 잡아 일천년 동안 결박하여 (3)무저갱에 던져 잠그고 그 위에 인봉하여 천년이 차도록 다시는 만국을 미혹하지 못하게 하였다가 그 후에는 반드시 잠간 놓이리라 (4)또 내가 보좌들을 보니 거기 앉은 자들이 있어 심판하는 권세를 받았더라 또 내가 보니 **예수의 증거와 하나님의 말씀을 인하여 목 베임을 받은 자의 영혼들과 또 짐승과 그의 우상에게 경배하지도 아니하고 이마와 손에 그의 표를 받지도 아니한 자들이 살아서 그리스도로 더불어 천년 동안 왕 노릇하니** (5)(그 나머지 죽은 자들은 그 천년이 차기까지 살지 못하더라) **이는 첫째 부활이라** (6)**이 첫째 부활에 참예하는 자들은 복이 있고 거룩하도다** 둘째 사망이 그들을 다스리는 권세가 없고 도리어 그들이 **하나님과 그리스도의 제사장이 되어 천년 동안 그리스도로 더불어 왕 노릇 하리라** 〈계20:1-6〉

(7)천년이 차매 사단이 그 옥에서 놓여 (8)나와서 땅의 사방 백성 곧 곡과 마곡을 미혹하고 모아 싸움을 붙이리니 그 수가 바다 모래 같으리라 (9)저희가 지면에 널리 퍼져 성도들의 진과 사랑하시는 성을 두르매 하늘에서 불이 내려 저희를 소멸하고 (10)또 저희를 미혹하는 마귀가 불과 유황 못에 던지우니 거기는 그 짐승과 거짓 선지자도 있어 세세토록 밤낮 괴로움을 받으리라 (11)또 내가 **크고 흰 보좌와 그 위에 앉으신 자를 보니 땅과 하늘이 그 앞에서 피하여 간데 없더라** 〈계20:7-11〉

(12)또 내가 보니 **죽은 자들이 무론대소하고 그 보좌 앞에 섰는데 책들이 펴 있고 또 다른 책이 펴졌으니 곧 생명책이라** 죽은 자들이 자기 행위를 따라 책들에 기록된 대로 심판을 받으니 (13) 바다가 그 가운데서 죽은 자들을 내어주고 또 사망과 음부도 그 가운데서 죽은 자들을 내어주매 **각 사람이 자기의 행위대로 심판을 받고** (14)사망과 음부도 불못에 던지우니 이것은 둘째 사망 곧 불못이라 (15)**누구든지 생명책에 기록되지 못한 자는 불못에 던지우더라.** 〈계.20:12-15〉

체포된 사탄

19장에서 재림하신 예수님에 의하여 적그리스도와 거짓 선지자들이 유황불에 산채로 던져지고 그의 주총자들이 멸망한 후에 이제 그들의 최고 우두머리인 사탄만 홀로 남았습니다. 천년왕국 동안에 사탄은 어떻게 될 것인가? 여기 20장 1절과 2절이 3절이 잘 보여주고 있습니다. 20:1 또 내가 보매 **천사가 무저갱 열쇠와 큰 쇠사슬을 그 손에 가지고 하늘로서 내려와서 2 용을 잡으니 곧 옛 뱀이요 마귀요 사단이라 잡아 일천 년 동안 결박하여 3 무저갱에 던져 잠그고 그 위에 인봉하여 천년이 차도록 다시는 만국을 미혹하지 못하게 하였다가 그 후에는 반드시 잠깐 놓이리라** 그리스도께서 천년동안 이 세상만국을 통치하시는 왕으로서 군림하시려면 먼저 이 세상 만국의 왕이었던 사탄을 결박하여 무저갱에 던져 가두어야 합니다. 한 왕국에 두 명의 왕이 존재할 수 없기 때문입니다. 그러므로 천년왕국이 시작되기 직전에 용이라고 불리우는 이 옛 뱀 그러니까 에덴동산에서 아담을 미혹했던 그 마귀 사탄이 1천년 동안 큰 쇠사슬에 결박을 당한 채로 무저갱에 던져져 갇혀있게 됩니다. 그리스도께서 1천년동안 이 세상 만국을 통치하시는 그 1천년 동안 사탄은 만국을 미혹할 수 없게 됩니다. 다시 말해서 재림하신 그리스도께서 왕의 왕으로서 1천년동안 이 지상에서 만국백성들을 다스릴 동안 대환란에서 살아남은 지상의 사람들은 사탄에게 미혹을 당하지 않고 그리스도의 의로운 통치만을 받게 될 것입니다. 그러나 3절에 기록된 대로 천년왕국이 끝나면 사탄은 반드시 잠깐 동안 풀려날 것입니다. 본문 7절부터 10절까지 다시 보십시오. 20:7 **천 년이 차매 사단이 그 옥에서 놓여 8 나와서 땅의 사방 백성 곧 곡과 마곡을 미혹하고 모아 싸움을 붙이리니 그 수가 바다 모래 같으리라 9 저희가 지면에 널리 퍼져 성도들의 진과 사랑하시는 성을 두르매 하늘에서 불이 내려와 저희를 소멸하고 10 또 저희를 미혹하는 마귀가 불과 유황 못에 던지우니** 거기는 그 짐승과 거짓 선지자도 있어 세세토록 밤낮 괴로움을 받으리라

보십시오. 천년왕국이 끝나는시점에서 사탄이 잠시 풀려날 것이라고 성경은 분명히 말씀하고 있습니다. 그리고 풀려난 사탄은 천년왕국에 살았던 사람들을 한번 더 미혹하여 미혹된 사람들을 데리고 천년왕국에서 살고 있던 사람들을 대항하여 다시 한번 싸움을 싸웁니다. 그 싸우는 환란의 기간은 얼마나 될까요? 이제는 아시겠지요? 앞에서 말씀드린대로 다니엘서가 정확하게 대답해주고 있습니다. 다니엘서 12장 11-12절을 보십시오. 11)매일 드

리는 제사를 폐하며 멸망케 할 미운 물건을 세울 때부터 일천 이백 구십일[1290 일]을 지낼 것이요 12)기다려서 일천 삼백 삼십 오일[1335 일]까지 이르는 그 사람은 복이 있으리라.' 즉 적 그리스도가 성도들로 하여금 여호와 하나님을 예배하는 것을 금지하는 때부터 즉 한 이레의 절반 때부터 1290일을 지날 것이라는 말은 1260 일[3년 반, 한 때와 두 때와 반 때, 마흔 두 달]과 마지막 일곱번 째 나팔을 불 때부터 30일 간의 일곱대접 환란을 합친 대환란의 날을 의미하는 것입니다. 그러면 그 다음에 나오는 "기다려서 일천 삼백 삼십 오일까지 이르는 그 사람은 복이 있으리라"는 말씀의 의미는 무엇입니까? 6장에서 설명하였습니다만 여기 20장이 천년왕국에 대하여 말씀하고 있기 때문에 다시 반복할 필요가 있습니다. '기다려서' 라는 말은 이제 대환란이 끝나고 천년왕국이 시작되기 때문에 그리스도께서 통치하시는 천년왕국기간에는 환란의 날이 없기 때문에 천년왕국이 끝나고 나서 사탄이 다시 사람들을 미혹하여 성도들을 대항하는 싸움을 시작할 때까지는 천년 동안 기다려야 한다는 말입니다. 그런데 '기다려서 1335일까지 이르는 사람이 복이 있다'는 말은 천년왕국에서 예수님을 믿고 성도가 된 사람들이 천년왕국 동안만 통과하면 된다는 것이 아니라 천년왕국이 끝나고 사탄이 다시 성도들을 환란으로 시험하는 그 환란의 때[45 일]에도 사탄에게 미혹당하지 않고 끝까지 믿음을 지키는 사람만이 부활의 몸을 받아 영원한 천국에 들어가는 복을 누리게 된다는 뜻입니다. **결국 여기 "1335일" 은 대환란 때부터 시작된 '환란의 날 수'를 계산한 것입니다.** 즉 대환란의 기간[1260 + 30]에다가 천년왕국의 평화의 기간이 다 지나도록 기다린 다음 다시 45일 동안의 사탄이 성도를 미혹하고 대항하는 환란의 날들을 믿음으로 다 통과한 사람들이 천국에 들어가는 복을 누리게 된다는 말입니다.

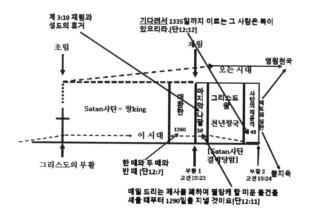

그러면 천년왕국 동안 무저갱에 갇혀있었던 사탄은 언제 멸망하는 것입니까? 7절부터 11절까지 보면 백보좌 심판 전에 사탄과 그를 추종하던 자들이 함께 멸망합니다. **(7)천년이 차매 사단이 그 옥에서 놓여 (8)나와서 땅의 사방 백성 곧 곡과 마곡을 미혹하고 모아 싸움을 붙이리니 그 수가 바다 모래 같으리라 (9)저희가 지면에 널리 퍼져 성도들의 진과 사랑하시는 성을 두르매 하늘에서 불이 내려와 저희를 소멸하고 (10)또 저희를 미혹하는 마귀가 불과 유황 못에 던지우니 거기는 그 짐승과 거짓 선지자도 있어 세세토록 밤낮 괴로움을 받으리라 (11)또 내가 크고 흰 보좌와 그 위에 앉으신 자를 보니 땅과 하늘이 그 앞에서 피하여 간데 없더라** 〈계20:7-11〉 예수님께서 재림하실 때에 사탄을 멸망시키지 않았습니다. 사탄은 단지 체포되어 예수님이 왕으로 통치하는 천년왕국 동안에는 구금되어 있을 뿐입니다. 19장에서 예수님이 재림하실 때에 사탄을 추종하던 적그리스도인 짐승과 거짓 선지자들이 먼저 불에 던져졌지만 사탄은 아직 체포된 상태이지 지옥불에 던져지지는 않았습니다. 그러므로 예수님의 재림은 심판의 시작에 불과하고 결코 최후의 심판이 아닙니다. 최후의 심판은 예수님의 재림 후에 천년동안 만국을 통치하시는 천년왕국 후에 있을 백보좌 심판입니다. 사탄이 구금되어 있는 천년동안 사탄은 천년왕국에 사는 만국백성들을 미혹할 수 없게 되었습니다. 그러나 사탄은 천년왕국 후에는 반드시 다시 풀려난다고 하였고 사탄이 천년왕국 후에 풀려나서 다시 만국을 미혹할 때에야 멸망하여 유황불에 던져지게 된다고 여기 요한계시록 20장에 분명히 기록되어 있습니다. 우리가 성경의 일점일획까지 다 이루어질 것이라고 하신 주님의 말씀을 믿는다면 재림 후에 천년왕국이 존재한다는 것을 믿어야 하는 것입니다.

그러면 천년왕국 후에 사탄이 잠깐 놓이게 되는 이유는 무엇입니까? 천년동안 그리스도의 의로운 통치 하에서 살았던 만국백성들도 다른 세대에 살았던 사람들과 마찬가지로 사탄의 시험을 통과해야 하기 때문입니다. 그들은 대환란을 통해서 스스로 정결케 된 사람들이지 예수 그리스도의 피로 정결케 된 자들이 아닙니다. 아담 이후로 지금까지의 모든 인류는 사탄의 불시험을 통과해야만 하였습니다. 그 어느 누구도 예외가 없었습니다. 아담도 당신도 나도 모두 이 사탄의 불시험을 통과해야만 했습니다. 심지어 하나님의 아들 예수님도 인간의 몸을 입고 이 땅에 오셨기 때문에 예외없이 사탄의 불시험을 통과해야만 했습니다. 예수 그리스도께서 통치하시는 천년왕국 동안 사탄은 묶여있었기 때문에 천년왕국 동안의 만국백성들은 사탄의 시험을 받지 않고 살았습니다. 그들은 스스로 정결케 된 자들이기 때문에 그들의 정결함은 온전한 것이 아니었습니다. 다만 사탄의 시험을 받지 않고 하나님의 선하시고 의로운 통치 하에서 은혜롭게 살 때에는 다 문제없는 착한 사람들처럼 보였지만 사탄의 시험으로 시험해 보면 그들의 본성이 드러나게 되어있습니다. 7절부터 다시 보십시오. 천년왕국이 끝나고 사탄이 풀려 나와서 하나님의 백성들을 대항하여 싸우려고 땅의 사방 백성들을 미혹하였더니 그 동안 그리스도의 통치에 순종하는 것 같았던 사람들이 그리스도를 배반하고 사탄의 편이 된 사람들의 수가 바다 모래 같이 많았다고 하였습니다. 그러니까 그들도 온전하게 정결케 되어 하나님 나라에서 영원히 살기 위해서는 천년왕국 동안에 예수 그리스도를 믿어야 합니다. 그래서 20장 9절에 보면 천년왕국에는 만국백성들 중에서 그리스도를 믿는 사람들이 사는 '성도들의 진'이 있고 또 이미 부활하여 휴거한 성도들이 사는 '사랑하시는 성' 즉 거룩한 성 새 예루살렘이 있습니다. 그러므로 우리는 하나님께서 왜 사탄을 천년왕국이 끝나는 시점에서 다시 잠간 풀어 놓으셔야 했는지 그 이유를 이제 충분히 이해할 수 있는 것입니다. 아담으로부터 시작하여 지금까지 모든 시대의 사람들이 사탄의 미혹이라는 시험을 받았습니다. 사탄의 미혹을 물리치고 하나님을 선택한 사람들만 구원을 받았습니다. 천국에서 하나님과 영원히 함께 살기 위해서 인간이 반드시 통과해야 할 시험입니다. 그러므로 대환란에서 살아 남아 천년왕국 기간에 에덴동산 같은 지상낙원에서 그리스도의 의로운 통치를 받고 살았던 사람들도 예외가 될 수 없습니다. 만약 이 사람들만 사탄의 미혹에서 제외한 채로 구원하신다면 공평하지 못한 처사가 될 것입니다.

그러므로 사탄이 잠시[45일 – 단.12:11] 풀려나서 세상 만국을 미혹하면 천년왕국 동안에 그리스도의 의의 통치 아래서 1000년이나 살았던 사람들 중에서 분명히 사탄의 미혹에 이끌려 사탄을 추종하는 사람들이 생길 것입니다. 사탄이 새 예루살렘 성에 있는 성도들을 공격하는 이 45일 환란의 기간동안에 지상에 있는 사람들 중에서 그리스도를 계속 따르는 사람들과 사탄을 추종하는 사람들로 나누일 것입니다. 여기 45일에 대하여는 앞에서 이미 설명한바 있습니다. 그러면 한번 다시 정리해 보십시오. 그러니까 3 년 반 동안의 환란에서 살아 남아 천년왕국에 들어가 천년동안 그리스도의 의로운 통치 속에서 살았다 해도 마지막 45일 동안의 환란의 날을 통과하지 못하고 사탄의 미혹에 빠지는 사람들은 사탄과 함께 영원한 지옥 불에 던져지게 됩니다. 그래서 다니엘서 12:11-12절은 분명히 말해 줍니다. '매일 드리는 제사를 폐하며 멸망케 할 미운 물건을 세울 때부터 [그러니까 적 그리스도가 평화 조약을 깨트리고 마지막 남은 7 년의 절반인 3 년 반이 되었을 때 성도들에 대한 대환란을 시작할 때부터] 일천이백구십일[3 년 반 + 30일[성도 휴거 후에 일곱대접심판을 받는 날 수] = 1290일]을 지낼 것이요 **기다려서**[천년왕국 기간은 환란의 날이 없으므로 이 기간이 끝난 후에] 일천삼백삼십오 일[1290일 + 45일[사탄이 잠시 풀려나서 만국을 다시 미혹하는 환란의 날 수]까지 이르는 그 사람은 복이 있으리라.'

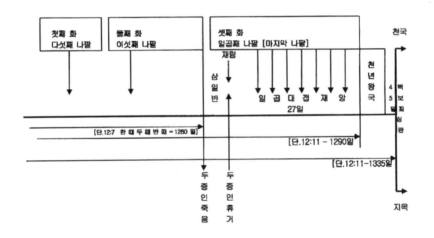

천년왕국 후에45일 동안 만국을 미혹했던 사탄은 유황 불 못에 던지우고 [20:10] 사탄을 추종했던 많은 사람들은 하늘에서 내려온 불에 소멸될 것입니다.[20:9] 여기 천년왕국이 끝난 후에 사탄이 잠시[45일]동안 풀려나서 만국을 다시 미혹할 때에도 사탄을 추종하지 않고 끝까지 그리스도를 따르는 사람들은 부활하여 먼저 부활해서 천년왕국에서 지상의 사람들을 다스렸던 성도들과 함께 영원한 천국으로 들어가게 됩니다. 여기서의 부활이 고린도전서 15장에서 언급했던 바로 그리스도께서 그의 왕권을 아버지께 바칠 때라고 언급한 그 맨 마지막 부활인 것 기억나시겠지요? [220아담 안에서 모든 사

람이 죽은것 같이 그리스도 안에서 모든 사람이 삶을 얻으리라 23그러나 각각 자기 차례대로 되리니 **먼저는** 첫 열매인 그리스도요 **다음에는** 그리스도 강림하실 때에 그에게 붙은 자요 24그 **후에는 나중이니 저가 모든 정사와 모든 권세와 능력을 멸하시고 나라를 아버지 하나님께 바칠** 때라 25**저가 모든 원수를 그 발아래 둘 때까지 불가불 왕노릇 하시리니** 26맨 나중에 멸망 받을 원수는 사망이라(고전15:22-26) 그러니까 그리스도께서 모든 원수를 그 발 아래 두고 마지막 원수 사망까지 멸하는 때는 천년통치를 마친 후 사탄을 멸하고 백보좌 심판을 통해서 마지막 원수 사망까지 완전히 멸할 때까지는 예수님 이 천년동안 불가불 왕 노릇해야 한다는 것을 여기 본문이 분명하게 언급하 고 있으므로 예수님의 재림 후에 천년왕국이 존재한다는 것은 이제 너무나 명백한 사실입니다. 그러니까 천년왕국을 부정하는 무천년설이 얼마나 성경 말씀을 대항하는 잘못된 교리인지 우리는 깨달아야 합니다. 그렇습니다. 이 때가 바로 그리스도께서 그의 왕국을 아버지께 바칠 때입니다. 고린도 전서 15장에서 언급한 대로 부활은 모두 세 번 있게 될 것인데 **첫째 부활은** 예수 그리스도의 부활이고 **둘째 부활은** 천년왕국 직전에 그리스도께서 재림하실 때에 이루어질 성도의 부활이고 **마지막 부활은** 천년왕국이 끝날 때에 사탄 과 그의 세상만국을 완전히 멸한 후에 그리스도께서 그의 왕국을 아버지께 바칠 때입니다.

이 마지막 부활에 참여한 사람들이 바로 1290일을 통과하고 천년왕국 동 안 기다려서 1335일까지 도달하여 부활에 동참하고 영원한 천국으로 들어 갈 복된 사람들입니다. 앞에서 말씀드린대로 1335일이란 환란의 날을 계수 한 숫자입니다. 그리고 천년왕국의 끝에 사탄의 미혹을 따라 사탄을 추종했 던 사람들과 아담 이후에 죽었던 모든 불신자들이 심판을 받기 위하여 부 활하여 백보좌 심판대 앞에 서서 자기 행한 대로 심판을 받고 영원한 불 지 옥으로 던져지게 되는데 이것이 둘째 사망 즉 하나님으로부터 두번째로 분 리되는 것입니다.[계.20:11-15] 선악과를 따먹으면 정녕 죽으리라고 하였는 데 아담 하와는 그 금단의 열매를 따먹음으로써 에덴동산에 쫓겨났습니다. 그것이 하나님으로부터 첫번째 분리입니다. 인간은 하나님의 형상대로 지어 졌기 때문에 영원한 존재로 지어졌습니다. 그러므로 성경에서 말하는 죽음 이란 죽어서 존재가 없어지는 것을 의미하는 것이 아닙니다. 다만 하나님과 의 분리를 의미하는 것입니다. 그러므로 에덴동산에서 쫓겨난 그 것이 바로 첫째 사망입니다. 그러므로 우리는 지금 첫째 사망의 세계에 살고 있는 것입니다. 불지옥은 둘째 사망의 세계로서 인간이 하나님으로부터 두번째로 더 멀리 영원히 분리되는 것입니다. 요한 계시록 20장 14절은 지옥 불을 둘째 사망이라고 하였습니다. 그러면 첫째 사망은 무엇입니까? 아래 도표에서 보는 대로 인간이 에덴동산에서 쫓겨나 이 세상으로 떨어지는 것이 바로 하나님으로부터의 첫째 분리이며 이것이 첫째 사망입니다. 그러니까 인간이 둘째 사망인 지옥으로 떨어지는 것은 최후의 심판을 받고 하나님으로부터 두번째로 분리되는 것을 의미하는 것입니다.

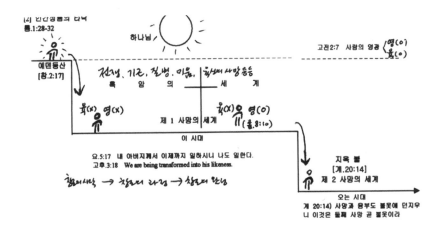

1천년 동안 왕으로 통치하시는 예수님

(6)이 첫째 부활에 참예하는 자들은 복이 있고 거룩하도다 둘째 사망이 그들을 다스리는 권세가 없고 도리어 그들이 하나님과 그리스도의 제사장이 되어 천년 동안 그리스도로 더불어 왕 노릇 하리라(계20:6) 여기 20장에서는 예수 그리스도의 재림 후 천년동안에 있게 될 몇 가지에 대하여 언급하고 있습니다. 즉 천년왕국은 누가 통치하는가? 천년왕국에서 통치를 받으며 사는 사람들은 누구인가? 천년왕국에서 사탄은 어떻게 되는가? 이런 문제들을 다루고 있습니다. 19장에서 살펴본대로 세상을 미혹하여 그리스도를 대적하게 했던 적그리스도와 거짓 선지자들이 재림하신 그리스도에 의하여 붙잡혀서 산채로 유황불에 던져지고 그들에게 미혹됐던 세상 나라의 지도자들과 추종자들이 죽임을 당했습니다. [19또 내가 보매 그 짐승과 땅의 임금들과 그 군대들이 모여 그 말 탄 자와 그의 군대로

더불어 전쟁을 일으키다가 20집승이 잡히고 그 앞에서 이적을 행하던 거짓 선지자도 함께 잡혔으니 이는 집승의 표를 받고 그의 우상에게 경배하던 자들을 이적으로 미혹하던 자라 이 둘이 산채로 유황불 붙는 못에 던지우고 〈계19:19-20〉] 그렇다고 해서 사탄의 왕국이 완전히 멸망된 것은 아닙니다. 고린도전서 15장 22절부터 26절까지 보면 모든 원수를 예수님의 발 아래 둘 때까지는 불가피하게 예수님께서 왕노릇할 것이라고 하였습니다. 그러면 예수님은 언제부터 언제까지 왕노릇하게 된다는 말입니까? 정답은 예수님께서 왕의 왕으로 재림하실 때부터 천년 후에 그 왕권을 아버지께 바칠 때까지입니다. 22아담 안에서 모든 사람이 죽은것 같이 **그리스도 안에서 모든 사람이 삶을 얻으리라** 23그러나 각각 자기 차례대로 되리니 먼저는 첫 열매인 그리스도요 다음에는 그리스도 강림하실 때에 그에게 붙은 자요 24그 후에는 나중이니 저가 모든 정사와 모든 권세와 능력을 멸하시고 나라를 아버지 하나님께 바칠 때라 25저가 모든 원수를 그 발아래 둘 때까지 불가불 왕노릇 하시리니 26맨 나중에 멸망 받을 원수는 사망이니라〈고전 15:22-26〉

　　여기서 부활은 세번에 걸쳐 차례로 이루어진다는 것을 알 수 있습니다. 첫째 부활은 예수님의 부활이고 둘째 부활은 예수님이 왕의 왕으로 재림하실 때에 성도들의 부활입니다. 그리고 마지막 세번째 부활은 예수님께서 모든 정사와 모든 권세와 능력을 멸하시고 모든 원수를 그 발 아래 둘 때까지 왕노릇하신 후에 그의 왕권을 아버지 하나님께 돌려드릴 때에 있을 부활이라고 하였습니다. 20장 5절에 괄호 안에 있는 부활이 바로 마지막 세번째 있을 부활인데 이 부활은 재림 후 천년 왕국이 끝난 후에 있을 부활이라는 말입니다. **(5)(그 나머지 죽은 자들은 그 천년이 차기까지 살지 못하더라)** 즉 이들은 예수님이 재림하실 때에 있을 둘째 부활에 동참하지 못했던 사람들입니다. 그러니까 19장에서 세상을 미혹하여 그리스도를 대적하게 했던 적그리스도와 거짓 선지자들이 재림하신 그리스도에 의하여 붙잡혀서 산채로 유황불에 던져지고 그들에게 미혹됐던 세상 나라의 지도자들과 추종자들이 죽임을 당했습니다. 그렇다고 해서 예수님이 사탄의 왕국을 완전히 멸하신 것이 아닙니다. 왜냐하면 예수님은 사탄을 체포만 하셨지 아직 유황불에 던져넣지 않았습니다. 사탄을 체포하여 천년 동안 결박하여 무저갱에 가두어 놓았습니다. 그리고 천년이 차고 나면 다시 잠시동안 풀어놓는다고 하였습니다. (1)또 내가 보매 **천사가 무저갱 열쇠와 큰 쇠사슬을 그 손에 가지고 하늘로서 내려와서 (2)용을 잡**

으니 곧 옛 뱀이요 마귀요 사단이라 잡아 일천년 동안 결박하여 (3)무저갱에 던져 잠그고 그 위에 인봉하여 천년이 차도록 다시는 만국을 미혹하지 못하게 하였다가 그 후에는 반드시 잠간 놓이리라 이말은 예수님이 아직 사탄의 나라를 완전히 멸하시지 않았다는 것이며 재림 후에도 아직도 모든 원수를 예수님의 발 아래 두지 않았다는 말입니다. 그러면 예수님께서 모든 원수를 멸하시고 마지막 원수까지 완전히 멸하는 때는 언제입니까? 24그 후에는 나중이니 저가 모든 정사와 모든 권세와 능력을 멸하시고 나라를 아버지 하나님께 바칠 때라 25저가 모든 원수를 그 발아래 둘 때까지 불가불 왕노릇 하시리니 26맨 나중에 멸망 받을 원수는 사망이니라〈고전 15:24-26〉 예수님께서 멸망시킬 마지막 원수는 사망이라고 하였습니다. 그러면 그때가 언제입니까? (12)또 내가 보니 죽은 자들이 무론대소하고 그 보좌 앞에 섰는데 책들이 펴 있고 또 다른 책이 펴졌으니 곧 생명책이라 죽은 자들이 자기 행위를 따라 책들에 기록된 대로 심판을 받으니 (13) 바다가 그 가운데서 죽은 자들을 내어주고 또 사망과 음부도 그 가운데서 죽은 자들을 내어주매 각 사람이 자기의 행위대로 심판을 받고 (14)사망과 음부도 불못에 던지우니 이것은 둘째 사망 곧 불못이라 (15)누구든지 생명책에 기록되지 못한 자는 불못에 던지우더라. 〈계.20:12-15〉 여기 14절에서 보는 대로 '사망과 음부도 불못에 던지우니' 마지막 원수 사망이 멸하는 때는 백보좌 심판 때입니다. 아담 이후 지상에 살았던 모든 사람들 중에서 생명책에 기록되지 못한 사람들이 다 부활하여 심판대에 섰습니다. 각자 자기가 행한대로 심판을 받고 불못에 던져집니다. 이때에 그동안 인간을 괴롭혀왔던 사망이 함께 멸망하는 것입니다. 그러니까 예수님이 모든 원수를 완전히 멸하는 때는 백보좌 심판이 끝나는 때입니다. 그러니까 백보좌 심판까지 다 마치고나서야 예수님은 그의 왕권을 하나님 아버지께 돌려드리게 되는 것입니다. 그러니까 왕으로 재림하셔서 그 왕권을 다시 아버지께 돌려드릴 때까지 천년 동안 예수님이 불가불 왕으로 통치하시는 기간이 되는데 그것이 바로 천년왕국인 것입니다.[25저가 모든 원수를 그 발아래 둘 때까지 불가불 왕노릇 하시리니]

'무천년설'에 의하면 예수님이 천년동안 왕으로 통치한다는 것은 문자적인 천년이 아니고 그냥 긴 시간을 상징하는 것으로서 예수님께서 천년 동안 왕으로 통치하신다는 것은 예수님의 초림 때부터 재림 때까지의 긴 기간을 의미하는 것이라고 주장하면서 예수님의 재림 후에는 이 세상은 없어지고 영원한 천국이 시작된다는 것입니다. 그러므로 예수님의 천년통치는 초림과 재림 사이에 있는 지금이라는 것입니다. 재림하신 후에 예수님께서 이 땅 위에서 천년동안 통치하시는 천년왕국이라는 것은 있을 수 없는 일이라고 주장합니다. 그러나 그들의 무천년설이 성경에 맞지 않은 이유는 예수님의 재림 후에 천년동안 통치하는 기간동안 사탄을 무저갱에 가두어 두어서 천년왕국에 사는 백성들을 미혹하지 못하게 한다고 분명하게 기록되어 있습니다. [(2)용을 잡으니 곧 옛 뱀이요 마귀요 사단이라 잡아 일천년 동안 결박하여 (3)무저갱에 던져 잠그고 그 위에 인봉하여 천년이 차도록 다시는 만국을 미혹하지 못하게 하였다가 그 후에는 반드시 잠간 놓이리라] 무천년설의 주장대로 만약 초림과 재림 사이의 지금이 천년왕국이라면 그러면 지금 사탄이 묶여있습니까? 사탄이 세상을 미혹하지 못하고 있습니까? 성경은 오히려 에베소서 2장 2절에 보면 지금 사탄은 공중권세를 잡은 왕으로서 **'지금 불순종의 아들들 가운데서 역사하는 영'**으로서 지상의 만국백성을 미혹하고 있다고 기록하고 있습니다. 2그 때에 너희가 그 가운데서 행하여 이 세상 풍속을 좇고 공중의 권세 잡은 자를 따랐으니 **곧 지금 불순종의 아들들 가운데서 역사하는 영이라** 3전에는 우리도 다 그 가운데서 우리 육체의 욕심을 따라 지내며 육체와 마음의 원하는 것을 하여 다른이들과 같이 본질상 진노의 자녀이었더니 〈엡2:2~3〉 그리고 또 여기 요한계시록 20장에서는 예수님의 재림 때에 부활 휴거한 성도들이 천년왕국에서 예수님과 함께 왕노릇한다고 기록되어 있습니다.[(6)**이 첫째 부활에 참예하는 자들은** 복이 있고 거룩하도다 둘째 사망이 그들을 다스리는 권세가 없고 도리어 그들이 **하나님과 그리스도의 제사장이 되어 천년 동안 그리스도로 더불어 왕 노릇 하리라**] 예수님의 재림이 없이는 성도들이 부활할 수 없습니다. 그러니까 부활한 성도들이 예수님과 더불어 왕노릇한다는 말은 재림하신 예수님과 더불어 왕노릇한다는 말입니다. 그러므로 예수님이 왕으로 천년 동안 통치하신다는 말은 예수님이 재림하신 후에 있을 천년이 되는 것입니다. 무천년설 대로 지금 현재가 예수님의 천년통치 기간이라면 과연 우리가 지금 부활해서 예수님과 함께 왕노릇하고 있습니까? 결코 아닙니다. 오히려 지금은 성도들이 세상으로부터 핍박과 환란과 조롱을 당하는 기간입니다. 주님이 재림하시기 전까지는 사탄이 이 흑암의 세상을 통치하는 왕이며 따라서 사탄에 속한 사람들이 득세하는 기간입니다. 그러므로 초림과 재림 사이에 있는 지금이 예수님이 통치하는 천년기간이라고 주장하는 무천년설은 성경의 말씀을 깡그리 무시하는 인간의 잘못된 해석입니다. 이것이 바로 성경을 성경말씀으로 해석하지 않고 인간의 머리로 짜낸 신학으로 해석한 치명적인 결과입니다. 천년왕국을 없는 것이라고 주장하고 무천년설을 성도들에게 강요하는 것은 하나님의 뜻을 거부하는 무서운 사탄의 속임수입니다.

천년왕국은 하나님께서 창세 전부터 예비하신 하나님의 확고한 계획입니다. 하나님은 시편 102편에서도 예수님께서 시온에 나타나실 때에 만국의 왕들이 예수님을 예배하는 천년왕국이 있을 것임을 미리 말씀하셨습니다. 13주께서 일어나사 시온을 긍휼히 여기시리니 지금은 그를 긍휼히 여기실 때라 정한 기한이 옴이니이다 14주의 종들이 시온의 돌들을 즐거워하며 그 티끌도 연휼히 여기나이다 15이에 열방이 여호와의 이름을 경외하며 **세계 열왕이[만국의 왕들이]** 주의 영광을 **경외하리니[예배할 것입니다]** 16대저 여호와께서 시온을 **건설하시고[건설하실 것입니다**'가 정확한 번역입니다.] 그 영광 중에 **나타나셨음이라['나타나실 것입니다**'라고 미래시제로 번역하는 것이 정확한 번역입니다] 21여호와의 이름을 **시온에서**, 그 영예를 **예루살렘에서** 선포케 하려 하심이라 22**때에 민족들과 나라들이 모여 여호와를 섬기리로다[예배할 것입니다]** 〈시102 13-16, 21-22〉 예수님의 초림과 재림 사이에는 지금까지 이런 일이 없었습니다. 지금 전세계의 왕들이 예수님을 경외하고 있습니까? 천만에요. 예수님은 지금 전세계의 왕들로부터 깡그리 무시당하고 있습니다. 오직 예수님께서 재림하신 후에 천년동안 왕노릇하실 때에 만국의 왕들과 백성들이 예루살렘으로 올라와 왕되신 예수님을 예배할 것입니다. 23그 성은 해나 달의 비췸이 쓸데 없으니 이는 하나님의 영광이 비취고 어린 양이 그 등이 되심이라 24**만국이 그 빛 가운데로 다니고 땅의 왕들이 자기 영광을 가지고 그리로 들어오리라** 25성문들을 낮에 도무지 닫지 아니하리니 거기는 밤이 없음이라 26 **사람들이 만국의 영광과 존귀를 가지고 그리로 들어오겠고**〈계21:23-26〉

무엇보다더 더 중요한 것은 누구보다도 더 예수님 자신이 천년왕국을 학수고대하고 계시다는 점입니다. 마태복음 21장을 보면 예수님께서 나귀를 타시고 예루살렘으로 입성하시는 내용이 나옵니다. 그것도 군마를 타고 위엄있게 입성하는 세상 왕들과는 아주 대조적으로 예수님은 위용있는 군마가 아닌 힘없는 어린 나귀를 타고 평화의 왕으로 입성하셨습니다. 예수님께서 이렇게 나귀새끼를 타시고 예루살렘 성에 입성하신 것은 구약시대 스가랴 선지자의 예언을 성취하기 위함이었습니다. '시온의 딸아 크게 기뻐할지어다. 예루살렘의 딸아 즐거이 부를지어다. 보라 네 왕이 네게 임하시나니 그는 공의로우시며 구원을 베푸시며 겸손하여서 나귀를 타시나니 나귀의 작은 것 곧 나귀 새끼니라.'[슥9:9] 그렇습니다.

예수님께서 군마를 타지 아니하시고 나귀새끼를 타고 입성하신 것은 세상의 왕들처럼 총과 칼로 반대세력을 죽이며 무력으로 백성들을 짓밟고 통치하고 제압하시는 분이 아니시고 오히려 정의와 공의로 통치하시며 백성에게 구원을 베푸시며 백성들을 섬기며 돌보시는 겸손하신 평화의 왕으로 오신 메시야임을 선포하기 위해섭니다. 이렇게 어린 나귀새끼를 타시고 평화롭게 입성하시는 예수님을 길거리의 사람들은 감람나무 가지를 길에 펴며 '호산나 다윗의 자손이여 찬송하리로다! 주의 이름으로 오시는 이여, 가장 높은 곳에서 호산나〈마21:9〉'하며 환영하였습니다. 예수님을 '다윗의 자손'으로 환영하였다는 말은 예수님을 '메시야'로 환영하였다는 뜻입니다.

예수님께서 예루살렘에 입성하신 후에 성전에 들어가셨을 때에도 어린 아이들이 예수님을 향하여 '호산나 다윗의 자손이여' 하면서 예수님을 메시야로 찬양하였습니다. 이를 지켜보던 대제사장들과 서기관들이 분노하면서 예수님께 따졌습니다. '호산나 다윗의 후손이여'라는 말은 구약에서 예언된 메시야가 오셨을 때에 메시야에게만 드려야하는 찬양이기 때문이었습니다. 그런데 가난한 목수의 아들 예수님에게 이런 찬양을 한다는 것은 하나님을 모독하는 것이라고 생각되었습니다. 그래서 대제사장들과 서기관들은 '저희의 하는 말을 듣느뇨?'[16]하면서 예수님께 항의하였던 것입니다. '저 아이들이 지금 당신 예수를 다윗의 자손, 즉 메시야로 찬양하고 있지 않습니까? 그런데 어떻게 가만히 듣고만 있습니까? 당신이 정말 다윗의 자손 메시야란 말입니까? 지금 당장에 당신이 다윗의 자손 메시야가 아니라고 분명히 밝히시오.' 그런 뜻입니다. 그때에 예수님께서 이렇게 대답하셨습니다. '예수께서 이르시되, 그렇다. 어린 아기와 젖먹이들의 입에서 나오는 찬미를 온전하게 하셨나이다 함을 너희가 읽어 본 일이 없느냐?'〈마21:16〉 이는 시편 8편 2절에 기록된 말씀을 언급하신 것입니다. '주의 대적으로 말미암아 어린 아이들과 젖먹이들의 입으로 권능을 세우심이여 이는 원수들과 보복자들을 잠잠하게 하려 하심이니이다.'[시8:2] 놀라운 인용입니다. 시편 8장 2절 말씀의 내용은 장차 메시야가 이 세상에 오셨을 때에 메시야를 찬양하는 어린 아이들의 입술이 메시야를 반대하는 세력들을 잠잠케 하게 될 것이라는 예언의 말씀입니다. 예수님은 정확하게 그 말씀을 인용하셨고 예수님을 반대하는 세력들은 그 말씀을 듣고 잠잠할 수 밖에 없었습니다. 그로부터 며칠 후에 예수님은 바리새인들이 모인 자리에서 이렇게 반격하셨습니다. 마태복음 22장 41-46절까지 보겠습니다. 41바리새인들이 모였을 때에 **예수께서 그들에게 물으시되 42너희는 그리스도에 대하여 어떻게 생각하느냐 뉘 자손이냐** 대답하되 **다윗의 자손이니이다 43가라사대 그러면 다윗이 성령에 감동하여 어찌 그리스도를 주라 칭하여 말하되 44주께서 내 주께 이르시되 내가 네 원수를 네 발 아래 둘 때까지 내 우편에 앉았으라 하셨도다 하였느냐 45다윗이 그리스도를 주라 칭하였은즉 어찌 그의 자손이 되겠느냐 하시니 46한 말도 능히 대답하는 자가 없고 그 날부터 감히 그에게 묻는 자도 없더라**〈마22:41-46〉

예수님은 바리새인들에게 '너희는 그리스도[히브리어로는 메시야, 그리스어로는 그리스도]를 누구의 자손이라고 생각하느냐?'고 질문하셨습니다. 바리새인들은 성경에 능통한 사람들이었으므로 지체없이 '다윗의 자손'이라고 대답하였습니다. 그 때에 예수님께서 반문하셨습니다. '그러면 구약성경에서 다윗이 장차 오실 그리스도를 자기의 '주'라고 칭하였는데 어떻게 다윗의 자손이 되겠느냐?' 예수님의 이 날카로운 질문에 바리새인들은 아무도 대답할 수가 없었고 그 날부터 감히 그에게 묻는 자도 없다고 하였습니다.

예수님은 메시야가 다윗의 후손으로 오실 것이라는 것을 누구보다도 더 잘 알고 계신 분입니다. 그래서 예루살렘에 입성하실 때에 그리고 예루살렘 성전에서 어린 아이들이 예수님을 다윗의 자손이라고 찬양할 때에도 그냥 당연하게 받아들이셨던 것입니다. 그러나 예수님은 당신 자신을 한번도 다윗의 후손[다윗의 아들]이라고 부르신 적이 없으십니다. 예수님은 당신 자신을 항상 '인자'[son fo man]라는 말로 표현하셨습니다. 예수님은 자신을 항상 '인자' 즉 '사람의 아들' 이라고 부르셨습니다. 왜 그러셨을까요? 다니엘서 7장 13-14절을 보십시오.

13내가 또 밤 이상 중에 보았는데 **인자 같은이가 하늘 구름을 타고 와서 옛적부터 항상 계신 자에게 나아와 그 앞에 인도되매 14그에게 권세와 영광과 나라를 주고 모든 백성과 나라들과 각 방언하는 자로 그를 섬기게 하였으니** 그 권세는 영원한 권세라 옮기지 아니할 것이요 그 나라는 폐하지 아니할 것이니라〈단7:13-14〉

예수님보다 약 5백여년 전에 살았던 다니엘은 환상 중에서 '인자 같은 이'가 구름을 타고 옛적 부터 항상 계신 분 즉 여호와 하나님 앞에 인도된 것을 보았습니다. 그리고 여호와 하나님은 그 인자[사람의 아들] 같은 이에게 이 세상을 다스리는 모든 권세와 영광과 이 세상 나라들을 다 주었고 세상의 모든 민족들과 나라들과 모든 언어권의 사람들이 다 그 인자 같은 이를 섬기게 하는 장면을 보았습니다. 예수님은 바로 다니엘이 환상으로 본 그 '**인자 같은 이**'가 바로 메시야이며 사람의 육신을 입고 오신 예수님 자신이라는 것을 잘 알고 계셨습니다. 그 인자 같은 이가 바로 메시야로서 이스라엘 한 민족만을 통치하시는 왕이 아니시고 장차 이 세상의 모든 민족들과 나라들을 통치하시는 만왕의 왕이 될 것임을 예수님은 잘 알고 계셨습니다. 그래서 예수님은 당신 자신이 다윗의 후손으로 오셨음을 잘 아시고 계심에도 불구하고 당신 자신을 '다윗의 후손'이라고 칭하지 아니하시고 항상 인류 전체를 의미하는 '사람의 아들' 즉 '인자'로 칭하셨던 것입니다. '다윗의 후손'이란 단어는 이스라엘 민족만을 통치하러 온듯한 편협하고 민족적인 의미가 강하여 이스라엘 민족으로 하여금 메시야가 오직 이스라엘 민족만을 구원하고 통치하러 오신 분이라는 오해를 불러 일으킬 소지가 있기 때문입니다. 안그래도 이스라엘 민족은 자기 민족만 택함을 받았다는 선민의식에 빠져 이방 민족에 대하여 배타적인 민족이었기 때문에 예수님은 일부러라도 더욱 자신을 '인자'라고 부르셨던 것입니다. 그래서 예수님은 '**다윗이 그리스도를 주라 칭하였은즉 어찌 그의 자손이 되겠느냐?**'면서 시편 110편의 말씀을 인용하여 바리새인들을 잠잠케 하셨던 것입니다.

그런데 예수님이 이렇게 세상의 모든 나라와 민족들을 통치하시는 시기는 예수님께서 구름을 타고 재림하실 때입니다. 이것을 다니엘서에도 분명하게 증거하고 있는 것입니다. 13내가 또 밤 이상 중에 보았는데 **인자 같은이가 하늘 구름을 타고 와서 옛적부터 항상 계신 자에게 나아와 그 앞에 인도되매** 14**그에게 권세와 영광과 나라를 주고 모든 백성과 나라들과 각 방언하는 자로 그를 섬기게 하였으니**(단7:13-14) 이와 같이 예수님은 당신이 구름타고 재림하실 때에 왕의 왕으로 오셔서 천하만국을 통치할 천년왕국을 기다리고 계셨던 것입니다.

예수님께서 천년왕국에서 통치하실 왕이 될 것이라는 것은 예수님 뿐만 아니라 사탄도 잘 알고 있었던 사실이었습니다. 그래서 예수님께서 이땅에 오셔서 사역을 시작하시기 전에 40일 동안 금식하고 계실 때에 사탄이 예수님께 접근하여 이렇게 말했습니다. 1그 때에 **예수께서 성령에게 이끌리어 마귀에게**

시험을 받으러 광야로 가사 2사십 일을 밤낮으로 금식하신 후에 주리신지라 3시험하는 자가 예수께 나아와서 가로되 네가 만일 하나님의 아들이어든 명하여 이 돌들이 떡덩이가 되게 하라 4예수께서 대답하여 가라사대 기록되었으되 사람이 떡으로만 살것이 아니요 하나님의 입으로 나오는 모든 말씀으로 살 것이라 하였느니라 하시니 5이에 마귀가 예수를 거룩한 성으로 데려다가 성전 꼭대기에 세우고 6가로되 네가 만일 하나님의 아들이어든 뛰어내리라 기록하였으되 저가 너를 위하여 그 사자들을 명하시리니 저희가 손으로 너를 받들어 발이 돌에 부딪히지 않게 하리로다 하였느니라 7예수께서 이르시되 또 기록되었으되 주 너의 하나님을 시험치 말라 하였느니라 하신대 **8마귀가 또 그를 데리고 지극히 높은 산으로 가서 천하 만국과 그 영광을 보여 9가로되 만일 내게 엎드려 경배하면 이 모든 것을 네게 주리라** 10이에 예수께서 말씀하시되 사단아 물러가라 기록되었으되 주 너의 하나님께 경배하고 다만 그를 섬기라 하였느니라〈마4:1-10〉 예수 그리스도께서 이 땅에 사람의 몸을 입으시고 나타나셔서 십자가를 지신 것은 천하만국의 사람들을 사탄의 통치에서 해방시키고 주님께서 천하만국을 통치하는 왕이 되시려는 것이었습니다. 그것이 그리스도의 오신 주요 목적이었습니다. 사탄은 예수님의 초림에서는 인간을 구원하기 위하여 십자가 고난을 지시게 될 것을 알았습니다. 그리고 수천년을 기다린 후에 예수님이 재림하실 때에는 천하만국을 다스리는 왕의 왕으로 다시 오실 것도 잘 알고 있었습니다. 그래서 예수님을 자기에게 굴복시키기 위한 전략으로 예수님이 자기에게 한번 엎드려 경배하기만 하면 십자가 고난을 당할 필요도 없고 수천년을 기다릴 필요도 없이 자기가 지금까지 통치해온 이 세상의 만국을 그냥 당장에 예수님께 넘겨주겠다고 유혹한 것입니다. 즉 사탄은 자기가 지금까지 이 세상만국을 통치하는 왕이라는 것도 알고 있었고 예수님이 재림하실 때에는 예수님이 사탄의 왕국을 멸하시고 천년왕국에서 세상만국을 통치할 만왕의 왕이 될 것을 알고 있었던 것입니다. 그러나 예수님은 사탄의 제안이 빠르고 쉬운 방법인 것같지만 그것이 불법인 것을 아셨기에 그의 초림에서 천하만국을 통치하는 왕이 되는 것을 단호히 거부하시고 십자가 고난이라는 멀고도 힘든 정도를 택하시고 사탄의 유혹을 과감하게 물리치셨습니다. 예수님은 자신의 때를 아시고 그때까지 기다리실 줄 아시는 분이셨습니다. 왜냐하면 예수님은 자신이 천년왕국에서 왕으로 통치해야 할 때는 예수님이 구름을 타고 재림하실 때임을 잘 알고 계셨기 때문이었습니다. 그러므로 천년왕국은 없는 것이라며 무천년설로 사람들을 속이는 것은 하나님을 대항하고 예수님을 대항하는 무서운 죄악입니다.

여기 20장에서는 이제 복음전파의 시간이 다 지나고 대환란이 다 지나서 사탄의 세력이 무너지고 마침내 그리스도께서 천하만국을 통치할 시간이 된 것입니다. 참으로 그 모든 고난과 수욕과 인내를 마치고 마침내 영광스런 왕이 될 시간이 도래한 것입니다. 참으로 그리스도는 영원토록 영광과 존귀와 찬송을 받으시기에 합당하신 우리의 왕이십니다. 그러므로 이 대환란이 시작되기 직전에 그러니까 그리스도께서 왕으로 재림하실 시간이 가까워 오자 네 생물들과 이십사 장로들이 그리스도를 이렇게 찬양하였습니다: '책을 가지시고 그 인봉을 떼기에 합당하시도다. 일찍 죽임을 당하사 각 족속과 방언과 백성과 나라 가운데서 사람들을 피로 사서 하나님께 드리시고 저희로 우리 하나님 앞에서 왕 노릇 하리로다… 죽임을 당하신 어린양이 능력과 부와 지혜와 힘과 존귀와 영광과 찬송을 받으시기에 합당 하도다…하늘 위에와 땅 위에와 땅 아래와 바다 위에와 또 그 가운데 모든 만물이 가로되 보좌에 앉으신 이와 어린양에게 찬송과 존귀와 영광과 능력을 세세토록 돌릴찌어다.'〈계.5:9-13〉 대환란을 시작하기 직전에 하늘 위에와 땅 위에와 땅 아래와 바다 위에와 또 그 가운데 모든 만물이 보좌에 앉으신 이와 어린양에게 장엄한 찬양을 시작한 것은 머지않아 천년왕국이 시작되는 시간이 가까이 왔다는 것을 보여 주는 장면입니다. 이제 대환란이 끝나고 그리스도께서 왕으로 천하만국을 통치하시는 천년왕국이 되면 모든 입이 그리스도를 주라 시인하게 되고 모든 무릎이 그 앞에 꿇게 될 것이라[빌.2:10-11]는 말씀이 성취되는 순간입니다

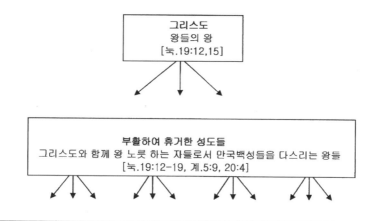

7절부터 9절까지 보면 예수님이 왕의 왕으로 통치하시는 천년왕국 동안 무저갱에 갇혀있었던 사탄이 천년왕국이 끝날 때에 풀려나서 **천년왕국에 사는 '땅의 사방 백성'을 미혹하여 <u>미혹된 사람들과 함께 천년왕국 안에 있는 '성도들의 진'과 '사랑하시는 성'을 포위하였다고 기록하고 있습니다.</u>** 여기서 우리는 '땅의 사방 백성' '성도들의 진' 그리고 '사랑하시는 성'이라는 단어들을 주의하여 살펴볼 필요가 있습니다.

땅의 사방 백성

(7)천년이 차매 사단이 그 옥에서 놓여 (8)나와서 **땅의 사방 백성** 곧 곡과 마곡을 미혹하고 모아 싸움을 붙이리니 그 수가 바다 모래 같으리라

대환란이 끝나고 예수님이 천년동안 통치하시는 천년왕국에 살고 있는 여기 '땅의 사방 백성'은 도대체 누구입니까? 19장에서 이미 말씀드린대로 여기 '땅의 사방 백성'이란 대환란에서 죽지 않고 살아남은 사람들입니다. 스가랴서 14장 2절부터4절까지 보면 감람산에 재림하신 여호아께서 이스라엘을 치러온 만국을 쳐서 멸하는 싸움을 싸우십니다. 1여호와의 날이 이르리라 그 날에 네 재물이 약탈되어 너의 중에서 나누이리라 2내가 **열국을 모아 예루살렘과 싸우게 하리니 성읍이 함락되며 가옥이 약탈되며 부녀가 욕을 보며 성읍 백성이 절반이나 사로잡혀 가려니와 남은 백성은 성읍에서 끊쳐지지 아니하리라 3그 때에 여호와께서 나가사 그 열국을 치시되 이왕 전쟁 날에 싸운것 같이 하시리라 4그 날에 그의 발이 예루살렘 앞 곧 동편 감람산에 서실 것이요** 감람산은 그 한가운데가 동서로 갈라져 매우 큰 골짜기가 되어서 산 절반은 북으로, 절반은 남으로 옮기고 5그 산 골짜기는 아셀까지 미칠찌라 너희가 그의 산 골짜기로 도망하되 유다 왕 웃시야 때에 지진을 피하여 도망하던 것 같이 하리라 나의 하나님 여호와께서 임하실 것이요 모든 거룩한 자가 주와 함께하리라 3절과 4절에서 보시는 대로 재림하여 감람산에 서신 예수님은 열국 즉 세상만국을 치는 싸움을 싸우십니다. 조금 더 나아가서 9절과 11절에 보면 이스라엘을 치러온 만국을 멸하신 후에는 재림하신 여호와께서 친히 천하의 왕이 되시고 다시는 사람 가운데 저주가 없으며 예루살렘은 안연히 서게된다고 기록되어 있습니다. 그리고 16절에 보면 **예루살렘을 치러왔던 만국 중에서 남은 자가 해마다 예루살렘에 올라와서 왕 되신 여호와께 숭배하며 초막절을 지킬 것이라고 하였습니다.** 6그 날에는 빛이 없겠고 광명한 자들이 떠날 것이라 7여호와의 아시는 한 날이 있으리니 낮도 아니요 밤도 아니라 어두워 갈 때에 빛이 있으리로다 8그 날에 생수가 예루살렘에서 솟아나서 절반은 동해로, 절반

은 서해로 흐를 것이라 여름에도 겨울에도 그러하리라 9**여호와께서 천하의 왕이 되시리니** 그 날에는 여호와께서 홀로 하나이실 것이요 그 이름이 홀로 하나이실 것이며 10온 땅이 아라바 같이 되되 게바에서 예루살렘 남편 림몬까지 미칠 것이며 예루살렘이 높이 들려 그 본처에 있으리니 베냐민 문에서부터 첫문 자리와 성 모퉁이 문까지 또 하나넬 망대에서부터 왕의 포도주 짜는 곳까지라 11**사람이 그 가운데 거하며 다시는 저주가 있지 아니하리니 예루살렘이 안연히 서리로다** 12예루살렘을 친 모든 백성에게 여호와께서 내리실 재앙이 이러하니 곧 섰을 때에 그 살이 썩으며 그 눈이 구멍 속에서 썩으며 그 혀가 입속에서 썩을 것이요 13그 날에 여호와께서 그들로 크게 요란케 하시리니 피차 손으로 붙잡으며 피차 손을 들어 칠 것이며 14유다도 예루살렘에서 싸우리니 이 때에 사면에 있는 열국의 보화 곧 금 은과 의복이 심히 많이 모여질 것이요 15또 말과 노새와 약대와 나귀와 그 진에 있는 모든 육축에게 미칠 재앙도 그 재앙과 같으리라 16**예루살렘을 치러 왔던 열국 중에 남은 자가 해마다 올라와서 그 왕 만군의 여호와께 숭배하며 초막절을 지킬 것이라**〈슥14:1-16〉 그러니까 대환란에서 인류 모두가 다 죽지 않는다는 말입니다. 이스라엘 백성들이 광야에서 다 죽을 때에도 오직 20세 미만의 젊은 세대들은 가나안 땅에 들어가도록 허락을 받은 것처럼 대환란 시대에도 연단을 받고 정결케 되어 땅에 살아남을 사람들이 있습니다. 다시 말해서 대환란에서 죽지않고 살아남아서 천년왕국에 들어와 살면서 해마다 예루살렘에 와서 왕되신 예수님을 경배하는 사람들이 있다는 말입니다.

그러면 그들은 과연 누구이며 그 숫자는 얼마나 될까요? 이제 기억나십니까? 스가랴서 13장 8-9절을 보겠습니다. 8여호와가 말하노라 이 **온 땅에서 삼분지 이는 멸절하고 삼분지 일은 거기 남으리니 9내가 그 삼분지 일을 불 가운데 던져 은 같이 연단하며 금 같이 시험할 것이라 그들이 내 이름을 부르리니 내가 들을 것이며 나는 말하기를 이는 내 백성이라 할 것이요 그들은 말하기를 여호와는 내 하나님이시라 하리라**〈슥13:8-9〉 이들은 예수님이 재림하신 후에 쏟아지는 일곱 대접 재앙에서도 죽지 않고 살아남은 사람들입니다. 이들은 대환란이라는 불같은 시험과 환란 속에서 자신들의 죄를 깨닫고 회개하면서 스스로 정결케한 사람들이라고 말씀드렸습니다. 스스로 정결케하여 살아남은 사람들의 수가 삼분의 일이라고 하였습니다. 그러니까 대환란에서 인류전부가 죽는 것이 아니고 오직 삼분의 이만 죽고 삼분의 일은 살아남아 천년왕국에 들어가게 되는 것입니다. 이들은 천년왕국에는 들어왔지만 아직도 오늘 우리들처럼 부활하지 못한 육신을 가지고 사는 사람들입니다.

다니엘서 12장은 한 때와 두 때와 반 때 즉 3년 반 동안의 대환란에 대하여 말하고 있습니다. 그 대환란 기간 중에 연단을 받아 스스로 정결케 한 사람들이 있습니다. 이사람들이 대환란 기간 1260일을 통과하고 예수님의 재림 후에 또 30일간의 일곱 대접 환란도 통과하여 모두 1290일을 통과하고 천년왕국에 들어와 있는 사람들입니다. 이제부터 천년 동안은 환란이 없는 시간입니다. 이때에 예수님을 구주와 왕으로 믿고 왕의 통치에 잘 복종하여 사는 사람들은 천년왕국이 끝나고 45일 동안 있게될 사탄의 마지막 미혹에서도 끝까지 믿음으로 잘 통과하여 모두 1335일[1260+30+45 = 1335]까지 통과하면 그들도 부활하여 먼저 재림 때에 부활하여 천년왕국에 들어와서 예수님과 함께 왕노릇햇던 사람들과 함께 영원한 천국으로 들어가게 됩니다. 이제 기억나시죠? 다니엘서 12장 7, 10, 11절을 보시기 바랍니다. 1그 때에 네 민족을 호위하는 대군 미가엘이 일어날 것이요 **또 환란이 있으리니 이는 개국 이래로 그 때까지 없던 환난일 것이며 그 때에 네 백성 중 무릇 책에 기록된 모든 자가 구원을 얻을 것이라** 2땅의 티끌 가운데서 자는 자 중에 많이 깨어 영생을 얻는 자도 있겠고 수욕을 받아서 무궁히 부끄러움을 입을 자도 있을 것이며 3지혜 있는 자는 궁창의 빛과 같이 빛날 것이요 많은 사람을 옳은데로 돌아오게 한 자는 별과 같이 영원토록 비취리라 4다니엘아 마지막 때까지 이 말을 간수하고 이 글을 봉함하라 많은 사람이 빨리 왕래하며 지식이 더하리라 5나 다니엘이 본즉 다른 두 사람이 있어 하나는 강 이편 언덕에 섰고 하나는 강 저편 언덕에 섰더니 6그 중에 하나가 세마포 옷을 입은 자 곧 강물 위에 있는 자에게 이르되 이 기사의 끝이 어느 때까지 가냐 하기로 7내가 들은즉 그 세마포 옷을 입고 강물 위에 있는 자가 그 좌우 손을 들어 하늘을 향하여 영생하시는 자를 가리켜 맹세하여 가로되 반드시 **한때 두때 반때를 지나서 성도의 권세가 다 깨어지기까지니 그렇게 되면 이 모든 일이 다 끝나리라 하더라** 8내가 듣고도 깨닫지 못한지라 내가 가로되 내 주여 이 모든 일의 결국이 어떠하겠삽나이까 9그가 가로되 다니엘아 갈찌어다 대저 이 말은 마지막 때까지 간수하고 봉함할 것임이니라 **10많은 사람이 연단을 받아 스스로 정결케 하며 희게 할 것이나** 악한 사람은 악을 행하리니 악한 자는 아무도 깨닫지 못하되 오직 지혜 있는 자는 깨달으리라 **11매일 드리는 제사를 폐하며 멸망케 할 미운 물건을 세울 때부터 일천 이백 구십[1290]일을 지낼 것이요 12기다려서[천년왕국 동안] 일천 삼백 삼십 오일 [1335]까지 이르는 그 사람은 복이 있으리라** 13너는 가서 마지막을 기다리라 이는 네가 평안히 쉬다가 끝날에는 네 업을 누릴 것임이니라〈단12:1-13〉그러니까 다니엘서 12장 7절부터 12절에 기록된 대로 대환란의 목적은 연단을 통하여 많은 사람들을 스스로 정결케 하는 것입니다. 다니엘서 12장 10절을 보십시오. '**많은 사람이 연단을**

받아 스스로 정결케 하며 희게 할 것이나 악한 사람은 악을 행하리니 악한 자는 아무도 깨닫지 못하되 오직 지혜 있는 자는 깨달으리라.' 그런데 이들은 예수의 피로 정결케 된 자들이 아니고 스스로 정결케 한 자들이기에 아직 영원한 구원에 도달한 사람들이 아닙니다. 그러므로 천년왕국 후에 사탄이 시험할 때 그리스도를 따르는 사람들과 그렇지 않은 사람들로 나누이게 되는 것입니다. 그러므로 대환란에서 사탄을 따르며 극렬하게 하나님께 대항하는 자들을 제외하고는 대부분 스스로 연단을 통하여 천년왕국에 들어가도록 허용하시는 것입니다. 대환란에 대한 지혜가 여기에 있습니다. 이와 같이 휴거하여 천국에 속한 부활의 새 몸을 지닌 거룩한 성도들과 대환란에서 살아 남아 아직도 땅에 속한 육신의 몸을 지닌 사람들이 함께 살고있는 것이 천년왕국입니다. 그러니까 다시 말씀드립니다만 천년왕국이란 위의 도표에서 보듯이 이 시대와 오는 시대가 천년 동안 겹쳐져 있는 기간입니다. 즉 이 세상과 천국이 함께 겹쳐져있는 에덴 동산과 같은 곳입니다.

그러므로 대환란 끝에 예수님께서 재림하셔서 불과 칼로 만국을 치실 때에 스스로 거룩하게 하고 스스로 정결케 하는 사람들을 멸하시지 않고 남겨주시지만 그러나 불꽃 같은 눈을 지니신 예수님 앞에서 스스로 정결케 하는 척 하면서 가증한 일을 행하는 자들은 가차없이 멸망을 당하게 될 것입니다. 15보라 여호와께서 불에 옹위되어 강림하시리니 그 수레들은 회리바람 같으리로다 그가 혁혁한 위세로 노를 베푸시며 맹렬한 화염으로 견책하실 것이라 16여호와께서 불과 칼로 모든 혈육에게 심판을 베푸신즉 여호와께 살륙 당할 자가 많으리니 17<u>스스로 거룩히 구별하며 스스로 정결케 하고 동산에 들어가서 그 가운데 있는 자를 따라 돼지 고기와 가증한 물건과 쥐를 먹는 자가 다 함께 망하리라</u> 여호와의 말씀이니라〈사66:15-17〉 그러나 진정으로 거룩하게 하고 정결케 한 자들은 주님께서 그들의 소위[행동]와 사상[생각]을 아시고〈사66:18〉 예수님의 재림 후에 있을 30일 동안의 일곱대접 재앙에서도 살아남게 하셔서 그들을 새 하늘과 새 땅이 있는 예루살렘으로 데려와 천년왕국에서 살게 하여 하나님의 영광을 보게 하실 것입니다. [18내가 그들의 소위와 사상을 아노라 때가 이르면 열방과 열족을 모으리니 그들이 와서 나의 영광을 볼 것이며〈사66:18〉] 천년왕국에서 왕들의 왕은 예수님이십니다. 그리고 이스라엘 백성은 천년왕국의 주인 백성이 됩니다. 따라서 새 예루살렘은 천년왕국의 수도로서 천년왕국의 중심지가 됩니다. 그리고 대환란에서 연단을 받아 스스로 정결케하여

살아남은 삼분의 일의 만국백성들은 예루살렘 성 밖에 살면서 예루살렘을 방문하여 하나님을 경배하게 할 수 있게 됩니다.[매 월삭과 매 안식일에 모든 혈육이 이르러 내 앞에 경배하리라〈사66:23〉]

그러나 대환란에서 살아남은 사람들 모두가 다 천년왕국에 있는 새 예루살렘성에 들어갈 수 있는 것은 아닙니다. 스스로 정결케하여 대환란에서 살아남아 천년왕국에 들어온 후에 그들이 천년왕국에서 예수님을 정말 구주로 믿고 구원받은 참 성도들이 되면 새 예루살렘으로 초청받아 들어가서 그들 중에서 제사장도 되고 레위인도 되게 해주실 것입니다. 19내가 그들 중에 징조를 세워서 그들 중 도피한 자를 열방 곧 다시스와 뿔과 활을 당기는 룻과 밀 두발과 야완과 또 나의 명성을 듣지도 못하고 나의 영광을 보지도 못한 먼 섬들로 보내리니 그들이 나의 영광을 열방에 선파하리라 20나 여호와가 말하노라 **이스라엘 자손이 예물을 깨끗한 그릇에 담아 여호와의 집에 드림 같이 그들이 너희 모든 형제를 열방에서 나의 성산 예루살렘으로 말과 수레와 교자와 노새와 약대에 태워다가 여호와께 예물로 드릴 것이요 21나는 그 중에서 택하여 제사장과 레위인을 삼으리라** 여호와의 말이니라 22나 여호와가 말하노라 나의 지을 새 하늘과 새 땅이 내 앞에 항상 있을 것 같이 너희 자손과 너희 이름이 항상 있으리라 23여호와가 말하노라 **매 월삭과 매 안식일에 모든 혈육이 이르러 내 앞에 경배하리라**〈사66:19-23〉 그러나 대환란에서 살아남은 사람들이라 하더라도 천년왕국에서 예수님을 구주로 믿지 못하여 구원받지 못한 사람들은 새 예루살렘성에 들어가지 못합니다. 24 **만국이 그 빛 가운데로 다니고 땅의 왕들이 자기 영광을 가지고 그리로 들어오리라 25성문들을 낮에 도무지 닫지 아니하리니 거기는 밤이 없음이라 26사람들이 만국의 영광과 존귀를 가지고 그리로 들어오겠고 27무엇이든지 속된 것이나 가증한 일 또는 거짓말 하는 자는 결코 그리로 들어오지 못하되 오직 어린 양의 생명책에 기록된 자들뿐이라**〈계21:24-27〉

그러니까 대환란에 대한 지혜가 여기에 있습니다. 스스로 정결케하여 대환란에서 살아남아 천년왕국에 들어간 후에 천년왕국에서 자기 두루마기를 빨고[자기 죄를 회개하고] 예수님을 구주로 믿어서 생명책에 기록된 사람들은 새 예루살렘성에 들어갈 권세를 얻어 새 예루살렘성에 들어가서 강가에 있는 생명나무에 나아갈 수 있지만 그렇지 않은 사람들은 천년왕국에 살면서도 새 예루살렘성에 들어가지 못하고 성 밖에서만 살아야 합니다. 14 **그 두루마기를 빠는 자들은 복이 있으니 이는 저희가 생명 나무에 나아가며 문들을 통하여 성**

에 들어갈 권세를 얻으려 함이로다 15개들과 술객들과 행음자들과 살인자들과 우상 숭배자들과 및 거짓말을 좋아하며 지어내는 자마다 성밖에 있으리라〈계22:14-15〉 이 사람들이 바로 천년왕국 후에 사탄이 풀려나서 만국을 미혹하면 사탄에게 미혹되어 천년왕국에 사는 성도들과 하나님이 사랑하시는 새 예루살렘성을 공격할 사람들입니다. 7천년이 차매 사단이 그 옥에서 놓여 8나와서 땅의 사방 백성 곧 곡과 마곡을 미혹하고 모아 싸움을 붙이리니 그 수가 바다 모래 같으리라 9저희가 지면에 널리 퍼져 성도들의 진과 사랑하시는 성을 두르매 하늘에서 불이 내려와 저희를 소멸하고〈계20:7-9〉]

이와 같이 휴거하여 천국에 속한 부활의 새 몸을 지닌 거룩한 성도들과 대환란에서 살아 남아 아직도 땅에 속한 죄의 육신의 몸을 지닌 사람들이 함께 살고있는 것이 천년왕국입니다. 죠오지 엘돈 라드[George Eldon Ladd] 교수님도 천년왕국을 이 시대와 오는 시대가 천년 동안 겹쳐져 있는 기간으로 설명하면서 아래의 도표처럼 표시하곤 하였습니다. 즉 천년왕국은 이 세상과 천국이 함께 겹쳐져있는 에덴 동산과 같은 곳입니다. **천년왕국을 다른 말로 하면 새 하늘과 새 땅인데** 새 하늘이란 하늘에서 내려온 거룩한 성, 새 예루살렘 즉 휴거하여 이미 천국백성이 된 부활의 영화로운 몸을 지닌 성도들이 그리스도와 함께 내려와서 사는 초자연적인 도성[계.21:1-3]을 말하고 새 땅이란 천지를 개벽하여 에덴동산같이 새롭게 단장된 이 세상의 땅을 말합니다.

1또 내가 보매 천사가 무저갱 열쇠와 큰 쇠사슬을 그 손에 가지고 하늘로서 내려와서 2용을 잡으니 곧 옛 뱀이요 마귀요 사단이라 잡아 일천년 동안 결박하여 3무저갱에 던져 잠그고 그 위에 인봉하여 천년이 차도록 다시는 만국을 미혹하지 못하게 하였다가 그 후에는 반드시 잠간 놓이리라 [계20:1-3]

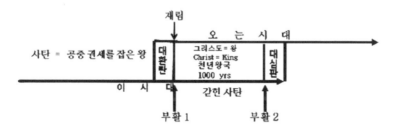

성도들의 진

(9)저희가 지면에 널리 퍼져 **성도들의 진과** 사랑하시는 성을 두르매 하늘에서 불이 내려와 저희를 소멸하고

　　여기 '성도들의 진'이란 천년왕국에 들어와서 살고 있는 대환란에서 살아남은 사람들 중에서 왕되신 예수님의 통치를 받으며 살면서 예수님을 구주와 왕으로 믿고 참 성도가 된 사람들입니다. 다시 말해서 천년왕국에 들어와서 사는 사람들이 다들 입으로는 예수님을 구주와 왕이라고 부르겠지만 마음 속으로는 믿지 아니하고 아직도 사탄이 미혹하면 언제든지 따라갈 사람들이 많이 있다는 것을 예수님은 미리 다 아셨기 때문에 재림 당시에 사탄을 멸하지 아니하시고 천년 동안 무저갱에 가두어 둔 후에 사탄을 풀어놓아 사람들을 미혹하게 하는 것입니다. 그러므로 이 사람들은 대환란의 1260일에도 죽지 아니하고 살아남았었고 예수님의 재림 후에 30일 동안의 일곱 대접 환란에서도 죽지 않고 살아서 모두 1290일의 환란의 날 동안에 죽지 않고 살아 남은 사람들입니다.[1260+30=1290] 이제 이들이 천년 동안 기다린 후에 사탄이 다시 한번 미혹하는 45일 동안의 환란에서도 미혹 당하지 않고 믿음을 지키면 즉 1335[1290+45=1335]일을 통과하면 복있는 자들로서[11매일 드리는 제사를 폐하며 멸망케 할 미운 물건을 세울 때부터 **일천 이백 구십일을** 지낼 것이요 12**기다려서 일천 삼백 삼십 오일까지 이르는 그 사람은 복이 있으리라**〈단12:11-12〉] 그들은 고린도전서 15장에서 언급한 세번째 부활에 부활하여 두번째 부활하여 천년왕국에서 왕노릇했던 성도들과 함께 영원한 천국으로 들어가게 될 것입니다. 앞장에서도 언급한 바와 같이 이사람들이 바로 고린도전서 15장 24절에 속한 사람들입니다. 즉 예수님이 그 모든 원수를 멸하시고 그의 나라 천년왕국에서 그가 누렸던 왕권을 하나님 아버지께 바칠 때에 부활할 사람들입니다. 22**아담** 안에서 모든 사람이 죽은것 같이 **그리스도 안에서 모든 사람이 삶을 얻으리라** 23**그러나 각각 자기 차례대로 되리니 먼저는 첫 열매인 그리스도요 다음에는 그리스도 강림하실 때에 그에게 붙은 자요** 24**그 후에는 나중이니 저가 모든 정사와 모든 권세와 능력을 멸하시고 나라를 아버지 하나님께 바칠 때라** 25**저가 모든 원수를 그 발아래 둘 때까지 불가불 왕노릇 하시리니** 26**맨 나중에 멸망 받을 원수는 사망이니라** 〈고전 15:22-25〉

사랑하시는 성

(9)저희가 지면에 널리 퍼져 성도들의 진과 **사랑하시는 성을 두르매** 하늘에서 불이 내려와 저희를 소멸하고

여기 '사랑하시는 성'이란 하늘에서 내려온 새 예루살렘 성을 말합니다. [1또 내가 새 하늘과 새 땅을 보니 처음 하늘과 처음 땅이 없어졌고 바다도 다시 있지 않더라 2또 내가 보매 거룩한 성 새 예루살렘이 하나님께로부터 하늘에서 내려오니 그 예비한 것이 신부가 남편을 위하여 단장한 것 같더라 3내가 들으니 보좌에서 큰 음성이 나서 가로되 보라 하나님의 장막이 사람들과 함께 있으매 하나님이 저희와 함께 거하시리니 저희는 하나님의 백성이 되고 하나님은 친히 저희와 함께 계셔서 4모든 눈물을 그 눈에서 씻기시매 다시 사망이 없고 애통하는 것이나 곡하는 것이나 아픈 것이 다시 있지 아니하리니 처음 것들이 다 지나갔음이러라 5보좌에 앉으신 이가 가라사대 보라 내가 만물을 새롭게 하노라 하시고 또 가라사대 이 말은 신실하고 참되니 기록하라 하시고 〈계21:1-5〉]

하늘에서 내려오는 새 예루살렘은 옛 예루살렘 땅으로 내려올 것입니다. 옛 예루살렘 땅으로 하늘에서 내려오는 새 예루살렘 성에는 예수님께서 재림하실 때에 부활하여 공중으로 휴거했던 성도들이 거하는 초자연적인 곳입니다. 일곱 천사 중 하나가 어린양의 신부 즉 부활한 성도들을 보여준다고 하면서 보여준 것이 하늘에서 내려오는 거룩한 성 새 예루살렘이었습니다. 9일곱 대접을 가지고 마지막 일곱 재앙을 담은 일곱 천사중 하나가 나아와서 내게 말하여 가로되 이리 오라 내가 신부 곧 어린 양의 아내를 네게 보이리라 하고 10성령으로 나를 데리고 크고 높은 산으로 올라가 하나님께로부터 하늘에서 내려오는 거룩한 성 예루살렘을 보이니 11하나님의 영광이 있으매 그 성의 빛이 지극히 귀한 보석 같고 벽옥과 수정 같이 맑더라 〈계21:9-11〉 그러니까 천년왕국이란 하늘에서 내려온 새 예루살렘과 옛 예루살렘 땅이 함께 있는 곳입니다. 즉 천년왕국이란 천국과 이 세상이 1천년 동안 함께 겹쳐져 있는 만물을 새롭게 한 낙원입니다. 즉 새 하늘과 새 땅입니다. 여기 새 하늘과 새 땅에 사는 사람들은 두 종류가 있습니다. 하나는 예수님께서 재림하실 때에 부활 휴거했던 성도들입니다. 그리고 또 하나는 대환란에서 살아남은 삼분의 일의 사람들입니다. 부활 휴거하여 이미 신령한 몸을 받은 성도들은 이미 천국에 들어간 영원한 몸을 받은 사람들로서 다시 결혼하거나 아이를 낳거나 아픈 것이나 사망이 없는 사람들입니다. [**보라**

하나님의 장막이 사람들과 함께 있으매 하나님이 저희와 함께 거하시리니 저희는 하나님의 백성이 되고 하나님은 친히 저희와 함께 계셔서 4**모든 눈물을 그 눈에서 씻기시매 다시 사망이 없고 애통하는 것이나 곡하는 것이나 아픈 것이 다시 있지 아니하리니** 처음 것들이 다 지나갔음이러라.〈계21:3-4〉/ 29예수께서 대답하여 가라사대 너희가 성경도, 하나님의 능력도 알지 못하는고로 오해하였도다 30**부활 때에는 장가도 아니가고 시집도 아니가고 하늘에 있는 천사들과 같으니라**〈마22:30〉 그러나 대환란에서 살아남은 삼분의 일의 사람들은 아직 부활하지 못한 오늘 우리와 같은 육신을 가지고 새 하늘과 새 땅에서 사는 사람들이기 때문에 비록 이리와 어린 양이 함께 먹고 사자가 소처럼 풀을 먹는 에덴 동산 같은 낙원에 살고 있지만 아직도 아이도 낳고 집도 짓고 포도원도 하고 죽기도 합니다. 17**보라 내가 새 하늘과 새 땅을 창조하나니** 이전 것은 기억되거나 마음에 생각나지 아니할 것이라18너희는 나의 창조하는 것을 인하여 영원히 기뻐하며 즐거워할지니라 **보라 내가 예루살렘으로 즐거움을 창조하며** 그 백성으로 기쁨을 삼고 19**내가 예루살렘을 즐거워하며 나의 백성을 기뻐하리니** 우는 소리와 부르짖는 소리가 그 가운데서 다시는 들리지 아니할 것이며 20거기는 날 수가 많지 못하여 죽는 유아와 수한이 차지 못한 노인이 다시는 없을 것이라 곧 백세에 죽는 자가 아이겠고 백세 못 되어 죽는 자는 저주 받은 것이리라 21그들이 가옥을 건축하고 그것에 거하겠고 포도원을 재배하고 열매를 먹을 것이며 22그들의 건축한데 타인이 거하지 아니할 것이며 그들의 재배한 것을 타인이 먹지 아니하리니 이는 내 백성의 수한이 나무의 수한과 같겠고 나의 택한 자가 그 손으로 일한 것을 길이 누릴 것임이며 23그들의 수고가 헛되지 않겠고 그들의 생산한 것이 재난에 걸리지 아니하리니 그들은 여호와의 복된 자의 자손이요 그 소생도 그들과 함께 될 것임이라 24그들이 부르기 전에 내가 응답하겠고 그들이 말을 마치기 전에 내가 들을 것이며 25**이리와 어린 양이 함께 먹을 것이며 사자가 소처럼 짚을 먹을 것이며 뱀은 흙으로 식물을 삼을 것이니 나의 성산에서는 해함도 없겠고 상함도 없으리라 여호와의 말이니라**〈사65:17-25〉

이와 같이 예루살렘을 특별하게 만들어 놓은 천년왕국 새 하늘과 새 땅에는 두 종류의 사람들이 살고 있는 곳입니다. 마치 부활하신 예수님께서 부활하지 않은 제자들과 이땅에서 사십일 동안 함께 사셨던 것처럼 말입니다. 그러므로 천년왕국에서 천국이 내려와 있는 예루살렘은 아주 특별한 곳이 될 것이며 천년왕국에 사는 천하만국의 사람들이 예루살렘으로 몰려들 것입니다. 앞에서 언급한 대로 예수님이 왕의 왕으로 통치하시는 천년왕국에는 재림 때에 부활하여 초자연적인 몸을 받은 성도들만 사는 곳이 아니고 아직 부활하지 못하여 오늘 우리들처럼 육신을 지닌 만국백성들이 함께 사는 곳입니다. 대환란에서 죽지 않고 살아남은 삼분의 일의 사람들이 천하만국으로부터 예루살렘에 와서 평화의 왕되신 예수님을 경배하게 될 것입니다.

요한계시록 21장에서는 하늘에서 내려온 새 예루살렘이 어떤 것인지를 설명하면서 같은 내용을 언급하고 있습니다. [23그 성은 해나 달의 비췸이 쓸데 없으니 이는 하나님의 영광이 비취고 어린 양이 그 등이 되심이라 24만국이 그 빛 가운데로 다니고 땅의 왕들이 자기 영광을 가지고 그리로 들어오리라 25성문들을 낮에 도무지 닫지 아니하리니 거기는 밤이 없음이라 26사람들이 만국의 영광과 존귀를 가지고 그리로 들어오겠고 27무엇이든지 속된 것이나 가증한 일 또는 거짓말 하는 자는 결코 그리로 들어오지 못하되 오직 어린 양의 생명책에 기록된 자들뿐이라〈계21:23-27〉] 그러니까 천년왕국에 사는 사람들이 다 구원받은 사람들이 아닙니다. 아직도 속된 것이 있고 가증한 것이 있고 거짓말 하는 자들이 있는 곳입니다. 앞에서 살펴본대로 천년왕국에서 예수님을 구주와 왕으로 믿고 구원받아 생명책에 기록된 사람들만 예루살렘에 입성이 허락되는 것입니다. 속된 것이나 가증한 것은 들어가는 것이 허락되지 않습니다. 대환란에서 살아남은 유대인들은 새 예루살렘이 내려와 있는 그 특별한 옛 예루살렘에 살게 될 것입니다. 3나 여호와가 말하노라 내가 시온에 돌아왔은즉 예루살렘 가운데 거하리니 예루살렘은 진리의 성읍이라 일컫겠고 만군의 여호와의 산은 성산이라 일컫게 되리라 … 7만군의 여호와가 말하노라 내가 내 백성을 동방에서부터, 서방에서부터 구원하여 내고 8인도하여다가 예루살렘 가운데 거하게 하리니 그들은 내 백성이 되고 나는 성실과 정의로 그들의 하나님이 되리라〈슥8:3-8〉 그러므로 유태인과 옛 예루살렘이 천년왕국의 중심이 될 것입니다. 거기에 새 예루살렘이 내려와 있기 때문입니다. 이사야 선지자도 인류역사의 마지막 때에 만국백성이 예루살렘으로 모여들 것이라고 예언하고 있습니다. 1아모스의 아들 이사야가 받은 바 유다와 예루살렘에 관한 말씀이라 2말일에 여호와의 전의 산이 모든 산 꼭대기에 굳게 설 것이요 모든 작은 산 위에 뛰어나리니 만방이 그리로 모여 들 것이라 3많은 백성이 가며 이르기를 오라 우리가 여호와의 산에 오르며 야곱의 하나님의 전에 이르자 그가 그 도로 우리에게 가르치실 것이라 우리가 그 길로 행하리라 하리니 이는 율법이 시온에서부터 나올 것이요 여호와의 말씀이 예루살렘에서부터 나올 것임이니라 4그가 열방 사이에 판단하시며 많은 백성을 판결하시리니 무리가 그 칼을 쳐서 보습을 만들고 그 창을 쳐서 낫을 만들 것이며 이 나라와 저 나라가 다시는 칼을 들고 서로 치지 아니하며 다시는 전쟁을 연습지 아니하리라〈사2:1-4〉 미가 선지자도 인류역사의 마지막에 있을 예루살렘에 대하여 언급하고 있습니다. 1말일에 이르러는 여호와의 전의 산이 산들의 꼭대기에 굳게 서며 작은 산들 위에 뛰어나고 민족들이 그리로 몰려갈 것이라 2곧 많은 이방이 가며 이르기를 오라 우리가 여호와의 산에 올라가서 야곱의 하나님의 전에 이르자 그가 그 도로 우리에게 가르치실 것이라 우리가 그 길로 행하리라 하리니 이는 율법이 시온에서부터 나올 것이요 여호와의 말씀이 예루살렘에서부터 나올 것임이라 3그가 많은 민족 중에 심판하시며 먼 곳 강한 이방을 판결하시리니 **무리가 그 칼을 쳐서 보습을 만들고 창을 쳐서 낫을 만들 것이며 이 나라와 저 나라가 다시는 칼을 들고 서로 치지 아니하며 다시는 전쟁을 연습하지 아니하고…**. 6여호와께서 말씀하시되 그 날에는 내가 저는 자를 모으며 쫓겨난 자와 내가 환난 받게한 자를 모아 7그 저는 자로 남은 백성이 되게 하며 멀리 쫓겨났던 자로 강한 나라가 되게 하고 **나 여호와가 시온산에서 이제부터 영원까지 그들을 치리하리라** 하셨나니 〈미4:1-7〉

그렇습니다. 예수님께서 재림하실 때에 지구전체가 새창조로 새로워지지만 특히 옛 예루살렘은 하늘에서 내려온 찬란한 새 예루살렘성이 머무는 곳이기 때문에 천년왕국의 중심지가 될 것입니다. 그러므로 예수님이 재림하셔서 왕으로 통치하시는 천년왕국의 때에는 만국의 백성들이 시온으로 몰려올 것입니다. 평화의 왕, 의의 왕으로 오신 예수님께서 세상만국을 진리로 통치하시는 천년왕국입니다. 주님의 의로운 통치 아래서 다시는 이 나라가 저 나라를 치는 전쟁이 없는 평화가 넘치는 왕국이 될 것입니다. 그런데 이런 일은 예수님의 초림 이후에는 아직까지 이루어진 적이 없습니다. 그러므로 초림과 재림 사이의 지금이 예수님의 천년 통치 기간이라고 우기는 무천년설은 터무니 없는 거짓말입니다. 지금은 만국의 백성들이 하나님의 말씀을 배우려고 예루살렘으로 몰려들지 않고 있기 때문입니다. 예수님의 초림 이후에도 예루살렘은 지금까지 전쟁의 중심에 서있을 뿐입니다. 지금 현재 이스라엘과 아랍 간에 분쟁의 중심이 되고 있는 예루살렘은 하나님과 사탄의 대결 장소입니다. 그러므로 예수님께서 감람산으로 재림하셔서 세상만국을 쳐서 멸하신다는 성경의 말씀은 전혀 이상한 일이 아닙니다. 참으로 옛 예루살렘은 천년왕국의 중심지가 될 것입니다. 그러나 이 일의 성취는 오직 예수님께서 왕으로 재림하신 후에야 이루어질 미래의 사건인 것입니다. 우리는 사람들이 해석한 신학교리를 듣지 말고 성경이 말씀하는 하나님의 말씀을 그대로 믿고 따라야 합니다. 스가랴 선지자도 여호와가 시온으로 재림하였을 때에 유대인과 예루살렘이 천년왕국의 중심이 될 것이라고 예언하고 있습니다.

3나 여호와가 말하노라 내가 시온에 돌아왔은즉 예루살렘 가운데 거하리니 예루살렘은 진리의 성읍이라 일컫겠고 만군의 여호와의 산은 성산이라 일컫게 되리라〈슥8:3〉

7만군의 여호와가 말하노라 내가 내 백성을 동방에서부터, 서방에서부터 구원하여 내고 8인도 하여다가 예루살렘 가운데 거하게 하리니 그들은 내 백성이 되고 나는 성실과 정의로 그들의 하나님이 되리라〈슥8:7-8〉

13유다 족속아, 이스라엘 족속아, 너희가 이방 가운데서 저주가 되었었으나 이제는 내가 너희를 구원하여 너희로 축복이 되게 하리니 두려워 말지니라 손을 견고히 할지니라 〈슥8:13〉

20만군의 여호와가 말하노라 그 후에 여러 백성과 많은 성읍의 거민이 올 것이라 21이 성읍 거민이 저 성읍에 가서 이르기를 우리가 속히 가서 만군의 여호와를 찾고 여호와께 은혜를 구하자 할 것이면 나도 가겠노라 하겠으며 22많은 백성과 강대한 나라들이 예루살렘으로 와서 만군의 여호와를 찾고 여호와께 은혜를 구하리라 23만군의 여호와가 말하노라 그 날에는 방언이 다른 열국 백성 열명이 유다 사람 하나의 옷자락을 잡을 것이라 곧 잡고 말하기를 하나님이 너희와 함께하심을 들었나니 우리가 너희와 함께 가려 하노라 하리라 하시니라〈슥8:20-23〉

이사야 선지자도 여호와가 시온으로 재림하였을 때에 예루살렘이 천년왕국의 중심이 될 것이라고 예언하고 있습니다. 2말일에 여호와의 전의 산이 모든 산 꼭대기에 굳게 설 것이요 모든 작은 산 위에 뛰어나리니 만방이 그리로 모여 들 것이라 3많은 백성이 가며 이르기를 오라 우리가 여호와의 산에 오르며 야곱의 하나님의 전에 이르자 그가 그 도로 우리에게 가르치실 것이라 우리가 그 길로 행하리라 하리니 이는 율법이 시온에서부터 나올 것이요 여호와의 말씀이 예루살렘에서부터 나올 것임이니라 4그가 열방 사이에 판단하시며 많은 백성을 판결하시리니 무리가 그 칼을 쳐서 보습을 만들고 그 창을 쳐서 낫을 만들 것이며 이 나라와 저 나라가 다시는 칼을 들고 서로 치지 아니하며 다시는 전쟁을 연습지 아니하리라 〈사2:2-4〉

천년왕국은 예수님이 재림하신 후에 예루살렘을 다시 창조하여 에덴동산 같이 새롭게 한 낙원 같은 곳입니다. 예수님 보다 670 여년 전에 살았던 이사야 선지자도 이에 대하여 언급하였습니다. 3대저 나 여호와가 시온을 위로하되 그 모든 황폐한 곳을 위로하여 그 광야로 에덴 같고 그 사막으로 여호와의 동산 같게 하였나니 그 가운데 기뻐함과 즐거워함과 감사함과 창화하는 소리가 있으리라〈사51:4〉 예루살렘이 이렇게 새로운 낙원으로 재창조되는 시기는 예수님이 감람산에 재림하실 때입니다. 스가랴서 14장을 주의 깊게 읽어보십시오. 3그 때에 여호와께서 나가사 그 열국을 치시되 이왕 전쟁 날에 싸운것 같이 하시리라 4그 날에 그의 발이 예루살렘 앞 곧 동편 감람산에 서실 것이요 감람산은 그 한가운데가 동서로 갈라져 매우 큰 골짜기가 되어서 산 절반은 북으로, 절반은 남으로 옮기고 5그 산 골짜기는 아셀까지 미칠찌라 너희가 그의 산 골짜기로 도망하되 유다 왕 웃시야 때에 지진을 피하여 도망하던 것 같이 하리라 나의 하나님 여호와께서 임하실 것이요 모든 거룩한 자가 주와 함께하리라 6그 날에는 빛이 없겠고 광명한 자들이 떠날 것이라 7여호와의 아시는 한 날이 있으리니 낮도 아니요 밤도 아니라 어두워 갈 때에 빛이 있으리로다 8그 날에 생수가 예루살렘에서 솟아나서 절반은 동해로, 절반은 서해로 흐를 것이라 여름에도 겨울에도 그러하리라. 9여호와께서 천하의 왕이 되시리니 그 날에는 여호와께서 홀로 하나이실 것이요 그 이름이 홀로 하나이실 것이며 10온 땅이 아라바 같이 되되 게바에서 예루살렘 남편 림몬까지 미칠 것이며 예루살렘이 높이 들려 그 본처에 있으리니 베냐민 문에서부터 첫문 자리와 성 모퉁이 문까지 또 하나넬 망대에서부터 왕의 포도주 짜는 곳까지라 11사람이 그 가운데 거하며 다시는 저주가 있지 아니하리니 예루살렘이 안연히 서리로다 〈슥14:4-11〉 재림하시는 그날에 감람산이 동서로 갈라지고 예루살렘에서 생수가 솟아나서 절반은 동해로 절반은 서해로 흐를것이라고 하였습니다. 예루살렘이 새롭게 창조될 것을 보여주는 것입니다. 그리고 바로 이 생명수의 강가에는 생명나무들이 심겨져 있어서 매월 열매를 맺게 될 것이며 그 이파리들은 만국을 치료하는데 사용될 것입니다. 이파리들이 만국을 치료하는데 사용된다는 말씀 자체가 천년왕국 안에 있는 만국에 사는 사람들이 아직도 구원받지 못했다는 것을 입증하고 있는 것입니다. 1또 저가 수정 같이 맑은 생명수의 강을 내게 보이니 하나님과 및 어린 양의 보좌로부터 나서 2길 가운데로 흐르더라 강 좌우에 생명 나무가 있어 열 두가지 실과를 맺히되 달마다 그 실과를 맺히고 그 나무 잎사귀들은 만국을 소성[healing = 치료]하기 위하여 있더라〈계22:1-3〉

예수님의 재림 때에 부활한 성도들

20:4 또 내가 보좌들을 보니 거기 앉은 자들이 있어 심판하는 권세를 받았더라 또 내가 보니 **예수의 증거와 하나님의 말씀을 인하여 목 베임을 받은 자의 영혼들과 또 짐승과 그의 우상에게 경배하지도 아니하고 이마와 손에 그의 표를 받지도 아니한 자들이 살아서 그리**

스도로 더불어 천 년 동안 왕 노릇 하니 5 (그 나머지 죽은 자들은 그 천 년이 차기까지 살지 못하더라) 이는 **첫째 부활**이라 6 이 첫째 부활에 참여하는 자들은 복이 있고 거룩하도다 둘째 사망이 그들을 다스리는 권세가 없고 도리어 **그들이 하나님과 그리스도의 제사장이 되어 천 년 동안 그리스도로 더불어 왕 노릇 하리라**

4절을 보면 하나님의 말씀을 믿고 예수의 십자가 복음을 증거하다가 순교한 사람들의 영혼들과 또 짐승과 그의 우상에게 경배하지도 아니하고 이마와 손에 그의 표를 받지도 아니한 사람들이 나옵니다. 이들은 대환란시대의 사람들뿐만 인류역사의 모든 시대의 사람들을 포함하는 것으로서 사탄을 따르지 아니하고 우상을 숭배하지 아니하고 오직 하나님의 말씀을 따라 살았던 모든 시대의 성도들입니다. 4절을 보십시오. 이 성도들이 부활하여 그리스도로 더불어 천 년 동안 왕 노릇 한다고 기록되어 있습니다. 이들이 바로 휴거한 모든 성도들입니다. 이들은 대환란의 끝에 예수님께서 재림하실 때 부활하여 공중으로 휴거한 모든 성도들입니다. 이 부활을 첫째 부활이라고 부릅니다. 5절에 괄호 안에 언급한 그 나머지 죽은 자들이란 불신자들로 살다가 죽은 자들로서 천년왕국이 끝난 후에[고전 15:24] 백 보좌 심판 직전에 부활할 사람들로서 이 부활을 둘째 부활이라고 합니다. 6절에 기록된 대로 이 첫째 부활에 참여하는 자들은 복이 있고 거룩하다고 하였습니다. 첫째 부활에 참여한 이 성도들에게는 둘째 사망이 그들을 다스리는 권세가 없고 도리어 그들이 하나님과 그리스도의 제사장이 되어 천 년 동안 그리스도로 더불어 왕 노릇 하며 천년왕국동안에 지상에 살고 있는 사람들을 통치하게 될 것이기 때문입니다. 앞에서 언급한 누가복음 19장 12절부터 19절에 나타난 비유에서 알 수 있듯이 예수님이 왕권을 받아 가지고 재림하실 때에는 그 동안 그의 성도들이 얼마나 충성하였는지에 따라 고을을 다스릴 수 있는 왕권을 주십니다. [12가라사대 어떤 귀인이 왕위를 받아가지고 오려고 먼 나라로 갈 때에 13그 종 열을 불러 은 열 므나를 주며 이르되 내가 돌아오기까지 장사하라 하니라 14그런데 그 백성이 저를 미워하여 사자를 뒤로 보내어 가로되 우리는 이 사람이 우리의 왕 됨을 원치 아니하노이다 하였더라 15귀인이 왕위를 받아 가지고 돌아와서 은 준 종들의 각각 어떻게 장사한 것을 알고자 하여 저희를 부르니 16첫째가 나아와 가로되 **주여 주의 한 므나로 열 므나를 남겼나이다** 17주인이 이르되 잘하였다 착한 종이여 네가 지극히 작은 것에 충성하였으니 **열 고을 권세를 차지하라** 하고 18그 둘째가 와서 가로되 주여 주의 한 므나로 **다섯 므나를**

만들었나이다 19주인이 그에게도 이르되 너도 **다섯 고을을 차지하라** 하고 〈눅19:12~19〉 그러니까 성도들은 천년왕국에서 그리스도와 함께 만국을 다스리면서 왕 노릇할 때에 자기가 충성한 상급에 따라 많은 고을을 다스릴 수도 있고 적은 고을을 다스릴 수도 있을 것입니다. 이는 다 첫째 부활에 참어하는 자가 누릴 상급입니다. 그들은 참으로 복된 자들로서 둘째 사망이 그들을 다스리는 권세가 없습니다.

그러나 천년왕국이 끝나고 나서 둘째 부활에 참여하는 자들은 두 종류로 나누입니다. 첫째는 전인류역사에서 불신자로 살다가 죽었던 아담 이후의 모든 사람들과 천년왕국이 끝나고 사탄이 시험할 때 사탄을 따라갔던 사람들입니다.[행24:15 악인의 부활] 이들은 심판을 받기 위해서 부활하여[요5:29] 백보좌 심판을 받고 영원한 지옥불에 들어가게 됩니다. 그러므로 첫째 부활에 동참하는 자들이 안전하고 복이 있는 자들입니다. 그러나 둘째 부활에 참여하는 자들 중에서도 구원을 받을 자가 있는데 그들은 대환란 때에는 스스로 정결케 되어 천년왕국에 들어오게 된 사람들 중에서 부활한 성도의 통치를 받아 예수를 믿게 되어 천년왕국에 있는 성도의 진에 거하던 사람들로서 천년왕국이 끝나고 사탄이 시험할 때에도 끝까지 믿음을 지켜 그리스도를 따른 사람들입니다. 즉 1335일까지 도달한 사람들입니다. 이들은 천년왕국의 끝에서 사탄을 따르지 않고 끝까지 그리스도를 따르는 믿음을 지킴으로써 생명의 부활로 부활하여 대환란의 끝에서 먼저 부활했던 성도들과 함께 천년왕국이 끝난 후에 영원한 천국으로 들어가는 복있는 사람들입니다. [11매일 드리는 제사를 폐하며 멸망케 할 미운 물건을 세울 때[한 이레의 절반 때]부터 **일천 이백 구십일[1290일]을 지낼 것이요** 12기다려서 **일천 삼백 삼십 오일[1335일]까지 이르는 그 사람은 복이 있으리라**〈단12:11~12〉]

대환란의 끝부분에서 마지막 나팔이 울릴 때 즉 예수님께서 재림하실 때에 부활한 사람들은 아담 이후 그리스도를 믿고 죽었던 모든 성도들과 대환란 당시에 죽었던 성도들과 당시 예수님이 재림하실 때 살아서 예수를 믿었던 대환란 중에 끝까지 신앙을 지켰던 성도들입니다. 그들은 천년왕국에서 그리스도와 함께 대환란에서 살아남은 만국백성들을 다스리는 왕들이 됩니다.[6절] 부활하신 그리스도께서 40일 동안 제자들과 함께 하셨던 것처럼 부활하여 영화로운 천국의 몸을 지닌 성도들은 하늘에서 내려온 새 예루살렘성에 거하면서 천년왕국의 땅에 거하는 사람들을 돌보며 다스리게 될 것입니다. 그러니까 천년왕국이란 초자연적인 천국과 이 세상이 겹쳐져 있는 기간입니다. 사실 성경에서는 세상[cosmos 즉 universe 또는 world]이라는 단어를 사용하지 않고 '시대'[aeon즉 age]라는 단어를 사용하고 있습니다. 즉 천년왕국은 이 시대[This Age]와 오는 시대[The Age to come]가 천년 동안 겹쳐져 있는 시대입니다. 천년이 다 마치면 지상의 세계는 다 불에 타서 녹아지고[20:11] 백보좌 심판 후에 영원한 천국과 영원한 지옥으로 분리되는데 이 휴거한 성도들은 백보좌심판에 상관없이 영원한 천국 생활을 계속할 것입니다. 그러니까 그들은 천년왕국이 시작할 때부터 벌써 부활의 몸을 가지고 영적인 영원한 천국생활을 시작한 사람들입니다.

왕노릇 하는 성도들

20장 4절에 보았듯이 예수님 재림 때에 부활하여 휴거한 성도들은 그리스도와 더불어 왕 노릇 한다고 하였습니다. 그들은 마지막 나팔 즉 일곱째 나팔이 울리면서 예수님께서 재림하실 때에 부활 휴거한 성도들입니다.[살전 4:16-17, 고전 15:23] 그 부활 휴거한 성도들이 천년왕국에서 그리스도와 함께 통치하는 왕들이 된다고 하였습니다. 휴거한 성도들은 다 왕들이 되고 그리스도는 그 왕들 중에 왕이 되는 것입니다. 그러면 천년왕국에는 그리스도와 휴거한 성도들의 통치를 받을 사람들이 있어야 합니다. 그들은 누구입니까? 앞에서 살펴본대로 3절에 보면 사탄을 '무저갱에 던져 잠그고 그 위에 인봉하여 **천년이 차도록 다시는 만국을 미혹하지 못하게 하였다가** 그 후에는 반드시 잠간 놓이리라'고 하였습니다. 여기서 보는 대로 **천년왕국에는 아직도 지상의 사람들이 사는 만국이 있습니다.** 왕의 왕이신 그리스도와 휴거한 성도들이 왕들이 되어 만국백성을 다스리는 천년왕국 동안에는 사탄이 만국백성들을 미혹하지 못하도록 사탄을 묶어 무저갱에 던져 잠근다는 말입니다. 그러니까 천년왕국 동안에 그리스도와 휴거한 성도들은 만국백성을 다스리는 것입니다. 천년왕국에는 부활하여 이미 초자연적인 몸을 지닌 휴거한 성도들이 사는 거룩한 성 새 예루살렘이 있고 그 거룩한 성 밖에는 만국백성들이 살고 있습니다. 이 만국백성들은 누구이겠습니까? 이제는 아시겠지요? '여호와가 말하노라 이 온 땅에서 삼분지 이는 멸절하고 **삼분지 일은 거기 남으리니**'[슥13:8] 그들은 대환란에서 살아남은 삼분의 일의 사람들입니다. 그들은 부활하지 않은 사람들로서 오늘 우리와 같이 육신을 지닌 사람들이며 아직 죄를 용서받지 못한 사람들입니다. 그러니까 천년왕국이란 부활한 몸을 가지고 이미 천국에 속한 초자연적인 삶을 살고 있는 성도들이 아직 부활하지 못한 죄인의 육신을 지니고 사는 사람들을 통치하는 곳으로서 이 시대와 오는 시대가 천년 동안 겹쳐져 있는 기간입니다. 그리고 그 거룩한 성 새 예루살렘은 땅에 있는 만국을 통치하는 사령부 같은 곳입니다. 거기에는 그리스도께서 왕의 왕으로 계시고 그곳에 함께 거하고 있는 휴거한 성도들은 이미 시공간을 초월하여 활동할 수 있는 영적인 부활의 몸을 입은 천국의 존재들입니다. 이들은 이미 부활하여 공중으로 휴거해서 그리스도를 만나 드디어 하나님의 형상으로 완성된 성도들입니다. 이들은 천년왕국에서 지상의 어느 곳이든지 순식간에 아무런 장벽 없이 드나들며 땅에 사는 만국백성들을 다스리는 사람들이 된 것입니다. 마치 부활하신 예수님께서 40일 동안이나 이 땅에서 수시로 제자들에게 나타나셔서 가르치셨던 것같이 말입니다. 그러므로 20장 4절에 부활한 성도들이 그리스도와 함께 천년동안 왕 노릇 한다는 말이 바로 이 말입니다.

그들이 지상에서 살 때에 이룩한 공로를 따라서 어떤 사람들은 더 많은 사람들을 다스리는 왕들이 될 것이고 또 다른 어떤 사람들은 더 적은 수의 사람들을 다스리는 왕들이 될 것입니다. 그들의 충성의 질과 정도에 따라서 결정될 것입니다. '주인이 이르되 잘하였다. **착한 종이여 네가 지극히 작은 것에 충성하였으니 열 고을[cities] 권세를 차지하라** 하고 그 둘째가 와서 가로되 **주여 한 므나로 다섯 므나를 만들었나이다 주인이 그에게도 이르되 너도 다섯 고을[cities]을 차지하라** 하고'[눅19:11-27] 주님은 분명히 여기서 성도들이 장차 천년왕국에서 주와 함께 고을들을 다스리는 왕들이 될 것을 염두에 두시고 말씀하신 것입니다. 여기서 주님께서 충성한 자들에게 고을들을 다스리는 권세를 주신다는 것은 천국을 염두에 둔 것이 아니라는 것을 상식이 있는 사람은 누구나 다 이해할 수 있습니다. 아직 부활하지 못하고 부활한 성도의 통치를 받고 사는 사람들은 아래 도표에서 보는 대로 천년왕국이 끝날 때 예수님께서 그 왕권을 아버지께 바칠 때에 부활하게 됩니다.[고전 15:24] 그들 중에는 천년왕국의 끝에 있을 사탄의 미혹에도 끝까지 믿음을 지켜 생명의 부활로 나와 재림 때에 부활한 성도들과 함께 영원한 천국으로 들어가는 사람들도 있겠고 천년왕국 후에 사탄이 미혹할 때 미혹당한 사람들은 심판의 부활로 부활하여 심판을 받고 지옥으로 던져지는 사람들도 있을 것입니다. 그런데 그때에 사탄에 미혹된 사람들의 수가 바다 모래 같다고 하였으니 천년왕국에서도 예수님을 구주로 믿는다고 고백하였던 사람들 중에 대다수가 가짜였다는 것을 알 수 있습니다. 그러므로 우리의 믿음은 평탄할 때는 그 진위를 알 수가 없는 것입니다. 환란을 당할 때에야 비로소 참 믿음인지 거짓 믿음인지가 밝혀지는 것입니다. 그래서 이를 위하여 예수님께서 재림하실 때에 곧바로 사탄을 멸하지 아니하시고 천년동안 무저갱에 가두어두었던 것입니다. **천년이 차매 사단이 그 옥에서 놓여 8나와서 땅의 사방 백성 곧 곡과 마곡을 미혹하고 모아 싸움을 붙이리니 그 수가 바다 모래 같으리라 9저희[미혹당한 바다의 모래같이 많은 사람들]가** 지면에 널리 퍼져 성도들의 진과 사랑하시는 성을 두르매 **하늘에서 불이 내려와 저희[미혹당한 자들]를 소멸하고 10 또 저희를 미혹하는 마귀가 불과 유황 못에 던지우니** 거기는 그 짐승과 거짓 선지자도 있어 세세토록 밤낮 괴로움을 받으리라 **11또 내가 크고 흰 보좌[백보좌 심판]와 그 위에 앉으신 자를 보**니 땅과 하늘이 그 앞에서 피하여 간데 없더라. **12또 내가 보니 죽은 자들이 무론 대소하고 그 보좌 앞에 섰는데 책들이 펴 있고 또 다른 책이 펴졌으니 곧 생명책이라 죽은 자들이 자기 행위를 따라 책들에 기록된대로 심판을 받으니** 13바다가 그 가운데서 죽은 자들을 내어주고 또 사망과 음부도 그 가운데서 죽은 자들을 내어주매 **각 사람이 자기의 행위대로 심판을 받고 14 사망과 음부도 불못에 던지우니 이것은 둘째 사망 곧 불못이라 15누구든지 생명책에 기록되지 못한 자는 불못에 던지우더라**〈계20:7-15〉 여기 백보좌 심판 때에는 아담 이후부터 구원받지 못하고 죽은 모든 자들이 심판의 부활로 부활하여 백보좌 심판대에서 각기 행한대로 심판을 받고 사탄과 짐승과 적그리스도가 던져진 지옥불에 던져져서 영원형벌을 받게 되는 것입니다. 예수님은 여기 백보좌 심판에서 마지막 원수인 사망을 지옥불에 던지심으로써 그의 모든 원수를 멸하시고 이제 그가 누렸던 천년왕국에서의 왕권을 아버지 하나님께 바침으로써 예수님은 인간구원 사역을 다 마치는 것입니다. 천년왕국 후에 곧 바로 왕권을 아버지께 바치지 않고 백보좌 심판까지 주관할 수 있는 특권을 얻었던 것은 하나님이신 예수님이 '**인자됨을 인하여**' 즉 인간의 몸으로 성육신하여 많은 고초를 겪으며 십자가에서 죽으심으로 죄인 인간을 구원하신 그 크신 공로 때문에 예수님께 죄인들을 벌할 수 있는 심판권을 주신 것입니다.**[27또 인자됨을 인하여 심판하는 권세를 내게 주셨느니라 28이를 기이히 여기지 말라 무덤 속에 있는**

자가 다 그의 음성을 들을 때가 오나니 29**선한 일을 행한 자는 생명의 부활로, 악한 일을 행한 자는 심판의 부활로 나오리라** 30내가 아무 것도 스스로 할 수 없노라 듣는대로 심판하노니 나는 나의 원대로 하려하지 않고 나를 보내신 이의 원대로 하려는고로 내 심판은 의로우니라〈요 5:27–30)]

사탄의 멸망

'저희가 지면에 널리 퍼져 **성도들의 진과 사랑하시는 성을** 두르매 하늘에서 불이 내려와 저희를 소멸하고 또 **저희를 미혹하는 마귀가 불과 유황못에 던지우니 거기는 그 짐승과 거짓 선지자도 있어 세세토록 밤낮 괴로움을 받으리라.**'〈20:9–10〉

마침내 예수님은 하늘에서 불을 내려 사탄을 추종한 사람들을 소멸하시고 사람들을 미혹한 그 마귀 사탄을 유황 불 못에 던져 이미 천년왕국 직전에 던져진 적그리스도와 거짓 선지자들과 함께 지옥에서 영원히 고통 받게 하십니다. 아담을 미혹하여 자기의 포로로 잡고 지금까지 수천년 동안 이 세상 만국을 통치했던 사탄이 드디어 유황불이 타는 영원한 지옥불에 던져졌습니다. 사탄은 거기서 그의 추종자들과 함께 영원토록 영원토록 괴로움을 받을 것입니다. 죄 때문에 사탄의 포로가 된 인간을 구원하기 위하여 하나님이신 예수님은 인간의 육신을 입고 땅에 까지 내려가서서 십자가 죽음을 죽으셨습니다. 그것이 인간구원의 1단계였습니다. 재림하셔서 왕으로서 천년동안 통치하시는 천년왕국 기간이 인간구원의 2단계입니다. 그리고 백보좌심판을 통하여 원수 사탄과 마지막 원수 사망까지 완전히 멸하여 지옥불에 던지고 그의 왕권을 아버지 하나님께 돌려드리는 것이 구원의 3단계 즉 최종완성단계입니다. 그리고 공중권세를 잡고 죄인 인간을 아담이후부터 통치하는 왕으로 살아왔으나 예수님이 인간을 구원하러 이 땅에 오셔서 죄인을 대신하여 십자가를 지시는 것이 사탄 멸망의 1단계이었습니다. 그리고 예수님이 왕으로 재림하셔서 사탄을 체포하여 무저갱에 가두고 예수님이 세상만국을 천년동안 통치하는 기간이 사탄 멸망의 2단계입니다. 그리고 천년왕국 후에 사탄이 풀려나서 다시 세상만국을 미혹하다가 유황불 세례를 받고 영원한 지옥불에 던져지는 것이 사탄 멸망의 3단계 즉 최종단계입니다. 이로써 예수님은 인간을 하나님의 형상으로 최종완성하심으로써 그의 구원사역을 완성하신 것입니다.

무슨 말이냐 하면 하나님께서 에덴 동산에서 인간을 하나님의 형상으로 창조하신 것은 인간창조의 시작에 불과한 것입니다. 그것은 인간창조의 완성이 아니었습니다. 하나님께서 인간을 창조해 놓으셨는데 갑자기 사탄이 와서 인간으로 죄를 짓게하여 하나님의 계획이 다 수포로 돌아간 것이 아니라는 말입니다. 하나님은 인간 창조 후에 사탄이 와서 인간을 미혹하여 죄인이 될 것을 창조 전에 미리 다 아시고 인간을 창조하신 것입니다. 하나님의 형상대로 자유의지를 부여받은 인간에게 그 자유를 올바로 사용할 수 있도록 사탄의 불시험이 필요하였던 것을 하나님은 미리 다 아시고 인간창조를 시작하신 것입니다. 마치 토기장이가 토기를 만들때에 먼저 진흙으로 그릇을 완전하게 빚은 다음에 수천도의 불가마에서 며칠을 구워야 합니다. 불속에서 모양이 일그러진 것들은 나중에 불에서 꺼낸 다음에 다 던져버리고 오직 모양이 일그러지지 않고 그대로 잘 구워진 토기에만 유약을 발라서 완성시키는 것처럼 말입니다. 토기장이이신 하나님께서 우리 인간을 에덴에서 처음 만드신 것은 완전하지만 아직 완성은 아니었습니다. 토기처럼 만들어진 인간이 하나님의 형상으로 완성되기 위해서는 불같은 사탄의 시험이 필요하고 선지자들을 통해서 주신 하나님의 말씀이 필요하고 예수님의 대속죽음이 필요하고 성령님의 성화의 사역이 필요합니다. 그래서 하나님의 형상을 닮은 인간창조의 완성을 위한 하나님의 창조사역은 에덴동산에서 끝난 것이 아니고 아직도 계속되고 있습니다. 그래서 십자가 대속사역을 위해 이 땅에 오신 예수님은 이렇게 말씀하셨습니다. "17예수께서 저희에게 이르시되 **내 아버지께서 이제까지 일하시니 나도 일한다** 하시매〈요5:17〉

그렇습니다. 하나님 아버지도 성자 예수님도 성령 하나님도 아직까지 인간창조의 완성을 위해서 일하고 계십니다. 아버지께서 아직까지도 인간창조의 완성을 위해서 일하시기 때문에 성자 예수님도 십자가 대속죽음을 죽으시려고 이땅에 오셔서 일하고 있다는 말씀입니다. 그리고 성령 하나님도 구원받은 성도들을 하나님의 성품으로 성화시키기 위하여 성도들 안에 아직도 일하고 계십니다. 18우리가 다 수건을 벗은 얼굴로 거울을 보는것 같이 주의 영광을 보매 **저와 같은 형상으로 화하여[we are being transformed into his likeness]영광으로 영광에 이르니 곧 주의 영[성령]으로 말미암음이니라**〈고후3:18〉 여기 영어성경에서처럼 '우리는 현재 그분의 형상으로 변화되어가고 있는 중입니다' 즉 우리 인간은 현재 하나님의 형상으로 만들어져 가고 있는 중이라는 말입니다. 그러니까 에덴 동산에서 인간이 창조된 이후 계속해서 하나님의 형상으로 만들어져가고 있는 현재진행형이라는 말입니다. 이것이 바로 삼위 하나님의 사역입니다. 그러니까 인간창조 사역은 앞으로도 계속될 것입니다. 예수님께서 재림하실 때에 우리의 육신까지 거듭나서 부활의 몸을 입을 때까지 성도들을 계속 성령님의 역사로 성화시켜 하나님의 형상을 닮아가게 하는 것입니다. 그렇게 하여 예수님의 초림으로 인하여 그의 대속의 피로 죄씻음을 받게 하시고 성령의 거듭나게 하는 역사로 먼저 우리의 영이 구원받고 성령님의 사역으로 계속 성화되어가다가 예수님께서 재림하실 때에는 우리의 육신까지 거듭[부활]나서 우리의 육신까지 구원받게 되는 것입니다. 그리하여 초림으로 이미 구원받은 우리의 영과 재림으로 구원받은 우리의 육신이 공중에서 함께 연합할 때 우리 인간은 드디어 하나님의 형상으로 최종 완성되어 영화로운 인간이 되는 것입니다. 하나님은 인간이 이렇게 하나님의 형상을 닮은 영광스런 인간으로 완성될 것을 창조 전에 미리 계획하시고 인간을 에덴에서 창조하신 후에 사탄의 불시험을 허락하신 것입니다. 그러므로 오늘 우리 인간에게 이토록 많은 환란과 고난을 허락하시는 것이 하나님의 비밀한 계획입니다. **7오직 비밀한 가운데 있는 하나님의 지혜를 말하는 것이니 곧 감취었던 것인데 하나님이 우리의 영광을 위하사 만세 전에[before time began] 미리 정하신 것이라** 〈고전2:7〉

백보좌 심판

(7)천년이 차매 사단이 그 옥에서 놓여 (8)나와서 땅의 사방 백성 곧 곡과 마곡을 미혹하고 모아 싸움을 붙이리니 그 수가 바다 모래 같으리라 (9)저희가 지면에 널리 퍼져 성도들의 진과 사랑하시는 성을 두르매 하늘에서 불이 내려와 저희를 소멸하고 (10)또 저희를 미혹하는 마귀가 불과 유황 못에 던지우니 거기는 그 짐승과 거짓 선지자도 있어 세세토록 밤낮 괴로움을 받으리라 (11)또 내가 크고 흰 보좌와 그 위에 앉으신 자를 보니 땅과 하늘이 그 앞에서 피하여 간데 없더라 (12)또 내가 보니 죽은 자들이 무론대소하고 그 보좌 앞에 섰는데 책들이 펴 있고 또 다른 책이 펴졌으니 곧 생명책이라 죽은 자들이 자기 행위를 따라 책들에 기록된 대로 심판을 받으니 (13)바다가 그 가운데서 죽은 자들을 내어주고 또 사망과 음부도 그 가운데서 죽은 자들을 내어주매 각 사람이 자기의 행위대로 심판을 받고 (14)사망과 음부도 불못에 던지우니 이것은 둘째 사망 곧 불못이라 (15)누구든지 생명책에 기록되지 못한 자는 불못에 던지우더라. 〈계.20:7~15〉

이제는 천년왕국이 다 끝나서 새 하늘과 새 땅도 없어졌습니다. '**11)또 내
가 크고 흰 보좌와 그 위에 앉으신 자를 보니 땅과 하늘이 그 앞에서 피하여 간데 없더라**' 크
고 흰 보좌 즉 백보좌와 그 위에 앉으신 자가 보입니다. 인류가 시작된 이후
에 죽었던 모든 불신자들이 하나님 앞에 심판을 받기 위하여 백보좌 심판
대 앞에 선 것입니다. 그 보좌 앞에는 책들이 펴 있는데 사람들은 그 책들
에 기록된 대로 심판을 받는다고 기록하고 있습니다. 이와 같이 그리스도를
믿지 않았던 모든 사람들은 남녀노소를 불문하고 백보좌 심판대 앞에서 자
기의 모든 행실이 기록된 책에 기록된 대로 심판을 받게 될 것입니다. 이 책
들은 사람들의 말과 생각과 행동으로 지은 모든 것들을 낱낱이 기록한 책
들로서 이 책들에 의거하여 불신자들은 심판을 받게 되는 것입니다.

그러나 믿는 성도의 경우는 다릅니다. 그들이 예수님을 처음 영접할 때에
그들의 이름은 벌써 하늘의 생명책에 기록되었습니다. 14절에 기록된 대로
누구든지 생명책에 기록되지 못한 자는 불 못에 던져지지만 생명책에 기록
된 사람들은 그들의 죄가 예수 그리스도의 대속희생으로 모두 영 단번에 용
서되었기 때문에 불 못에 던져지지 아니합니다. 인간은 다 죄인이지만 그리
스도의 대속희생을 믿음으로 받아 들이고 그리스도를 구주와 왕으로 모셔
그의 통치를 받고 사는 성도들은 이 마지막 무서운 백보좌심판을 면제 받고
천국으로 들어가는 것입니다. 아니 그들은 대환란의 끝에 주님이 재림하실
때에 마지막 나팔소리가 울릴 때 벌써 신령한 몸으로 부활하고 휴거하여 이
미 천년왕국의 시작에서 그리스도와 함께 만국백성들을 다스리고 있는 천
국의 사람들이 되어있는 것입니다. 이것이 십자가의 깊은 비밀이요 하나님
의 말로 다할 수 없는 은혜입니다.

6절에 기록된 대로 이제 그리스도는 천년동안 왕으로서 천년왕국을 통치
하실 것입니다. 그러면 천년왕국에서 살았던 만국백성들은 천년왕국이 끝
난 후에는 어떻게 되는가? 천년왕국에서 살았던 만국백성들 중에서 천년왕
국의 끝에 사탄을 추종하다 죽었던 모든 사람들은 부활하여 백보좌심판에
서 최후의 심판을 받고 사탄과 함께 지옥불에 던져져 영원한 형벌을 받게
될 것입니다.[9-10,12-15] 그들은 심판을 받고 지옥에 떨어지기 위해서 부
활한 것입니다.[12] 12절에 '죽은 자들이 무론대소하고 그 보좌 앞에 섰다.' 는 말은 인

류의 시작부터 그 때까지 하나님을 믿지 않고 죽었던 모든 불신자들이 심판을 받기 위하여 보좌 앞에 서 있다는 말입니다. 그러니까 대환란에서 살아남았던 삼분의 일의 사람들이 천년왕국에서 살다가 사탄을 따라갔던 사람들도 거기 함께 서 있는 것입니다. 주님이 말씀하신대로 그들은 심판의 부활로 나온 자들입니다.[요.5:29] 특별히 천년왕국에서 그리스도의 선하심과 의로우신 통치를 체험하면서 천년이나 살았으면서도 어떻게 그리스도를 따르지 아니하고 사탄을 추종할 수 있느냐고 반문할 사람들이 있을지 모르겠습니다. 그러나 아담 하와를 생각해 보십시오. 아담 하와도 에덴동산에서 하나님의 선하시고 의로운 통치를 받고 살았습니다. 그들에게 조금도 부족하거나 불편한 것이 없었습니다. 그럼에도 불구하고 사탄이 유혹할 때 사탄을 추종하여 범죄하였습니다.

9절에 보면 그리스도께서 통치하시는 천년왕국에서도 믿는 사람들이 사는 곳[성도들의 진]과 믿지 않는 사람들이 사는 곳이 따로 존재하였습니다. 그래서 천년왕국이 끝나고 사탄이 시험할 때 사탄을 따라갔던 만국의 백성들은 **성도들이 사는 진과 휴거한 성도들이 사는 거룩한 성을 포위하고** 하나님을 대항하였습니다.[7-9] 그것도 사탄을 따라 간 사람들이 한 두 사람이 아니고 바다의 모래같이 수를 셀 수 없는 많은 사람들이었습니다. 그들의 이름은 생명책에 기록되지 못하고 **다른 책들**에 기록된 사람들입니다.[12절] 여기서도 생명책은 단수 한 권으로 기록되어 있고 다른 책들은 복수로서 많은 책들을 의미합니다. 그러니까 천국에 들어갈 성도들은 소수에 불과하다는 것을 여기에서도 극명하게 보여주고 있습니다. 참으로 천국으로 인도하는 문은 좁은 문이기 때문에 찾는 이가 적다고 주님께서는 처음부터 말씀하셨습니다. 오늘 우리 시대의 교회에 다니는 그 수많은 사람들 중에서도 천국에 들어갈 사람들은 극히 소수라는 것을 여기서도 알 수 있는 것입니다. 당신은 당신을 부인하고 당신의 십자가를 지고 주님을 따르며 좁은 문으로 들어가는 그 소수에 포함되어 있습니까? 당신은 부활휴거했던 14만 4천의 사람들처럼 오직 주님이 인도하시는 대로 이 세상을 내려놓고 경건하고 거룩하고 의롭게 거짓없이 살아가는 진짜 성도입니까?

천년왕국이 끝나고 사탄이 풀려나와 천국왕국에 살던 만국백성들을 시험할 때 사탄을 따라가지 아니하고 끝까지 그리스도를 따랐던 사람들, 즉 **천년왕국에서 성도의 진에 살았던 사람들은 생명의 부활로 부활할 것입니다. 그들은 대환란의 끝에 즉 주님 재림 때에 부활 휴거하여 천년왕국에서 주님과 함께 왕노릇하던 성도들과 함께 영원한 천국으로 들어가게 될 것입니다.** 이제는 아시겠지요? **이 때가 바로 그리스도께서 그의 천년왕국을 끝내고 세상의 모든 정사와 모든 권세와 능력을 멸하시고 나라[천년왕국]를 아버지 하나님께 바칠 때입니다.** 고린도전서 15장 22절부터 25절까지 다시 보시고 항상 기억하십시오. (22)아담 안에서 모든 사람이 죽은 것같이 그리스도 안에서 모든 사람이 삶을 얻으리라 (23)그러나 각각 자기 차례대로 되리니 먼저는 첫 열매인 그리스도요 다음에는 그리스도 강림하실 때에 그에게 붙은 자요 (24)**그 후에는 나중이니 저가 모든 정사와 모든 권세와 능력을 멸하시고 나라를 아버지 하나님께 바칠 때라 (25)저가 모든 원수를 그 발아래 둘 때까지 불가불 왕 노릇 하시리니** (26)맨 나중에 멸망 받을 원수는 사망이니라. 〈고전.15:22–25〉 그러니까 대환란과 마지막 백보좌 심판은 다른 것입니다. 대환란은 심판의 시작에 불과하며 천년왕국이 임하기 전에 있는 것이고 그리고 백보좌 심판은 천년왕국이 끝난 후에 있게 되는 것으로서 인류역사를 매듭짓는 최종사건입니다.

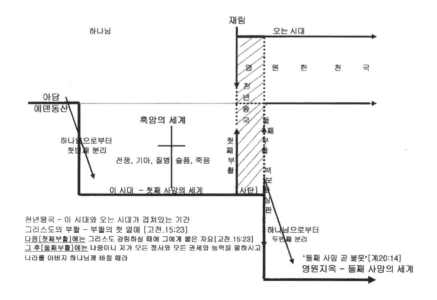

앞의 도표에서 보는 대로 우리는 하나님을 불신하는 죄로 인하여 아담 이후에 하나님과 분리되어 첫째사망의 세계에서 살고 있습니다. 성경에서 '사망'이란 '하나님과의 분리'를 의미합니다. 그러므로 첫째 사망이란 범죄 후에 아담 하와가 에덴동산에서 쫓겨나서 하나님으로부터 분리되어 이 흑암의 세계에서 살게된 것을 의미합니다. 그러니까 아담 이후 지금까지 에덴동산에서 쫓겨나 하나님과 분리되어 살고 있는 현재 이 세상이 하나님과의 첫번째 분리 즉 첫째 사망의 세계입니다. 이 첫째 사망의 세계에는 전쟁과 기아와 질병과 슬픔과 육신의 죽음 등으로 가득차있는 사탄이 공중권세를 잡고 통치하는 흑암의 세상입니다. 그런데 요한계시록 20장 14절에 보면 '둘째 사망 곧 불못이라'고 기록되어 있습니다. 즉 둘째 사망이란 이 세상에서 지옥불로 떨어지는 것을 의미하는 것으로서 백보좌 심판 후에 하나님으로부터 두번째 분리되는 것을 말합니다. 그러므로 지옥이란 하나님으로부터 두번째 분리된 인간들이 살게되는 둘째 사망의 세계입니다. 그러니까 불지옥이란 지금 우리가 살고 있는 첫째 사망의 세계보다 훨씬 더 무섭고 악하고 험한 형벌이 영원히 계속되는 곳입니다. 그러면 인간이 언제 하나님으로부터 두번째 분리될 것인가? 그것은 백보좌 심판 때 그리스도께서 세상을 최후로 심판하여 인간을 천국과 지옥으로 나눌 때입니다.

하나님은 우리가 둘째 사망의 세계에 떨어지지 않게 하기 위하여 독생자 그리스도를 보내어 우리의 죄를 대신 지시고 십자가 형벌을 당하게 하셨습니다. 하나님은 우리를 구원하기 위하여 높은 수준의 도덕을 요구하지 않으셨습니다. 하나님의 그 높은 요구에 도달할 사람은 아무도 없기 때문입니다. 대신 하나님은 우리가 하나님을 신뢰함으로써 하나님과의 관계를 회복하게 하셨습니다. **왜냐하면 에덴 동산에서 하나님과의 관계가 깨어진 것도 인간이 따먹어도 죽지 않는다는 사탄의 거짓말을 믿고 따먹으면 정녕 죽으리라는 하나님의 말씀을 불신함으로써 빚어진 것이기 때문에 그 관계를 다시 회복하는 방법으로서 신뢰[믿음]를 요구하신 것입니다.** 그러므로 지금이라도 누구든지 예수 그리스도의 대속희생을 믿음으로 받아들여서 그 믿음[신뢰]으로 하나님과의 관계를 회복하고 자기를 구원해주신 예수님을 왕으로 모셔들여서 일상의 삶에서 그의 통치를 받고 그의 뜻을 따라 순종의 열매로 자기의 믿음이 참 믿음이라는 것을 증거할 수 있는 사람은 마지막 백보좌 심판을 면제 받고 영원한 천국에 들어가게 될 것을 보증해주신 것입니다. 하나님이 에덴동산에서 인간을 이 세상으로 내어 던져 버리셨던 것처럼 그리스도를 통하여 하나님이 주신 구원의 길을 거부하는 사람들은 이 세상보다 더 깊고 더 어둡고 더 무서운 유황불 지옥세상으로 또 다시 던져버릴 것입니다. 그것이 둘째 사망 즉 하나님으로부터 두번째 분리가 될 것입니다.

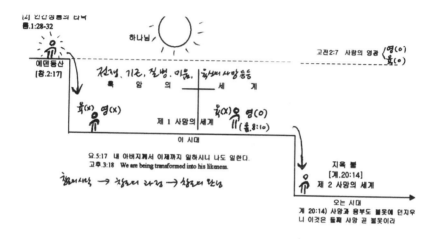

결국 20장을 마무리하자면 부활하여 초자연적인 몸을 지니신 예수님께서 40일 동안 땅의 제자들과 함께 교제할 수 있었던 것처럼 천년왕국에서는 땅에서 육신을 가지고 사는 만국백성들과 부활하여 하늘의 몸을 지닌 성도들과 함께 교제할 수 있게 되는 것입니다. 부활하고 휴거하여 거룩한 성에 거하는 성도들은 아무때나 자기들이 원할 때에 천국의 도성인 거룩한 성을 나와서 지상에 사는 만국백성들을 다스리며 돌보며 교제할 수 있습니다. 누차 말씀드리지만 천년왕국이란 천국과 이 세상이 함께 겹쳐져 있는 새 하늘과 새 땅입니다. **천년왕국이란 거룩한 성 하늘나라가 이 세상에 내려와 함께 있는 신비로운 천년 동안의 기간입니다.** 요한 계시록 21장 3절에 기록된 대로 '**하나님의 장막이 사람들과 함께 있는 기간**'입니다. 에덴동산에서 하나님이 아담과 함께 교제했던 것과 유사한 것입니다. 지금 이 세상에서는 그리스도의 통치가 오직 믿는 사람들에게만 이루어지지만 천년왕국에서는 그 왕국에 거하는 모든 사람들에게 그리스도의 통치가 임할 것입니다. 사탄은 천년동안 묶여있고 그리스도께서 천년 동안 왕의 왕으로 통치하실 것이

기 때문입니다.[계1-3, 6] 그 때에는 모든 입이 그리스도를 주라 칭할 것이 며 모든 무릎이 그리스도 앞에 꿇을 것입니다.[빌.2:10-11]

새 하늘과 새 땅이 무엇인지에 대하여 말한 이사야서 65장의 말씀을 다시 한번 상기하시기 바랍니다. '보라 내가 새 하늘과 새 땅을 창조하나니 이전 것은 기억되거나 마음에 생각나지 아니할 것이라.'[17절] '거기는 날수가 많지 못하여 죽는 유아와 수한이 차지 못한 노인이 다시는 없을 것이라. 곧 백 세에 죽는 자가 아이겠고 백 세 못되어 죽는 자는 저주받은 것이리라.'[20] '그들이 아옥을 건축하고 그것에 거하겠고 포도원을 재배하고 열매를 먹을 것이며'[21] '이리와 어린 양이 함께 먹을 것이며 사자가 소처럼 짚을 먹을 것이며 뱀은 흙으로 식물을 삼을 것이니 나의 성산에는 해함도 없겠고 상함도 없으리라.'[25] 이상에서 살펴본대로 새 하늘과 새 땅에서는 오늘 우리가 살고 있는 세상에서처럼 아직도 노인이 죽고 어린 유아도 죽으며 포도나무도 재배하고 집도 건축하며 이리와 어린 양 등 동물들도 그대로 있습니다. 그러므로 새 하늘과 새 땅에는 개도 고양이같은 애완동물들도 당연히 있게 될 것입니다. 그러니까 이 새 하늘과 새 땅은 천국이 아닙니다. 인류역사의 맨 끝에 있게될 천년왕국입니다. 천년왕국이 오늘 우리 시대와 다른 점은 다만 영적인 나라 천국과 이 세상의 물질세계가 겹쳐져 있고 또 그리스도께서 직접 통치하시기 때문에 불의가 없고 사고나 재난도 없는 곳입니다. 왜냐하면 사탄은 그 기간동안 옥에 갇혀 인간을 더 이상 유혹할 수도 없고 재난을 일으킬 수가 없기 때문입니다. 그러나 천년왕국이 끝나고 나면 백보좌 대심판이 있게 되는데 그 심판 후에는 이 물질 세상은 다 녹아서 없어지고 영원한 하나님의 나라와 영원히 꺼지지 않은 불지옥으로 갈라지게 되는 것입니다.[11또 내가 **크고 흰 보좌[백보좌 심판]와** 그 위에 앉으신 자를 보니 **땅과 하늘이 그 앞에서 피하여 간데 없더라**〈계 20:11)]

그러므로 대심판 후에야 천국과 지옥이 본격적으로 시행되는 것입니다. 천년왕국 동안 그리스도께서 왕으로 통치하신 후에는 그리스도의 통치가 끝나고 그의 통치권을 성부 하나님께 돌려주게 되는 것입니다. 그러니까 천국은 천년왕국이 끝나고 대심판이 끝난 다음에 나타나는 것으로서 성경은 천국이 어떻게 생겼는지 전혀 언급하지 않고 있습니다. 천국은 이 세상과는 차원이 전혀 다른 세계이기 때문입니다. 다시 말해서 천년왕국이란 그리스도와 그리고 부활하여 이미 천국의 차원에 들어간 그의 성도들이 에덴 동산처럼 새롭게 단장된 이 세상에 내려와서 대환란에서 연단을 통해 스스로 정결케 된 이 세상 사람들[만국백성들]을 천년동안 통치하는 기간입니다. 그러므로 천국과 이 세상이 함께 겹쳐있는 이 천년왕국을 새 하늘과 새 땅이라고 부르는 것입니다. 천년왕국과 예수님의 초림 이후의 지금의 이 시대와 다른 점이 있다면 예수님 초림 후의 이 시대에는 오직 예수님을 구주로 영접하고 그 통치에 복종하는 소수의 참 성도들에게만 주님의 통치[하늘 나라]가 이루어지지만[그래서 점선으로 표시] 그러나 천년왕국에서는 예수님이 왕의 왕으로 재림하셔서 통치하시기 때문에 아직 예수님을 구주로 영접하지 않고 천년왕국에 들어온 모든 사람들까지도 그 입으로 예수님을 주라고 시인하게 되고 모든 무릎이 그 앞에 꿇게 되는 점입니다.[그래서 꽉찬 선으로 표시] 즉 지금 이 시대에는 주님의 통치가 오직 소수의 참 믿는 성도들의 삶 속에서만 이루어지고 있지만 천년왕국에서는 그곳에 거하는 모든 사람들의 삶 속에서 주님의 통치가 이루어질 것입니다.

꼭 기억하십시오. 이상에서 살펴본대로 대환란과 예수님의 재림은 결코 인류역사의 끝이 아닙니다. 대환란과 예수님의 재림에서 인류전체가 다 죽지 않은 것도 분명합니다. 이상에서 살펴본대로 성경은 대환란 후에도 주님의 통치가 이 땅에서 천년 동안이나 계속된다는 것을 분명하게 가르쳐주고 있습니다. 우리가 한가지 분명히 알아야 할 것은 **대환란은 최후의 심판이 아니라는 점입니다. 오직 심판의 시작일 뿐입니다. 최후의 심판은 천년왕국이 끝난 다음에 있을 백보좌 심판 때 이루어집니다.**[계.20:7-15] 그리고 천년왕국이 끝나고 백보좌 심판을 통하여 그리스도는 사탄의 왕국을 최종 진멸하고 그가 맡았던 인간구속사역을 모두 마치십니다. 그의 의로우신 통치로 말미암아 마지막 원수 사망과 음부도 불못에 던져집니다.[14절] 그리고 그 후에 그가 천년왕국에서 행사했던 왕권을 아버지 하나님께 바치는 것입니다. 고린도전서 15장 25절에 기록된 대로 그리스도는 모든 원수를 그의 발 아래 둘 때까지만 불가피하게 천년동안 왕 노릇 하는 것 뿐입니다. 이제 최종적으로 멸망 받을 원수 '사망'[24그 후에는 나중이니 저가 모든 정사와 모든 권세와 능력을 멸하시고 나라를 아버지 하나님께 바칠 때라 25저가 모든 원수를 그 발아래 둘 때까지 불가불 왕 노릇 하시리니 26맨 나중에 멸망 받을 원수는 사망[하나님과의 분리]이니라〈고전.15:24-26〉]까지 불못에 던져졌으니 그리스도는 모든 원수를 그의 발 아래 둔 것입니다. 이제 이 물질세상은 사라지고 휴거해서 함께 천년왕국에서 다스렸던 성도들은 영원한 천국으로 들어갑니다. 그리고 성경은 저 영원한 천국에 대하여는 아무 것도 말하지 않습니다. 그것은 인간의 말로 설명할 수 없는 다른 차원의 세계이기 때문입니다. 다음 장에서 자세히 다루겠지만 요한 계시록 21장과 22장은 천국에 대한 묘사가 아닙니다. 지상에 있는 천년왕국에 대한 묘사일 뿐입니다.

새 하늘 천국이 이 세상 새 땅에 내려와서 함께 있는 모습을 보여주고 있습니다. 그곳은 해와 달이 없는 곳이며 아직도 세상 만국이 함께 있는 곳이고 아직도 땅의 왕들이 자기 영광을 가지고 새 예루살렘 성에 들어옵니다. 아직도 사람들이 만국의 영광과 존귀를 가지고 들어오는 곳입니다. 천년왕국에는 아직도 속한 것이나 가증한 사람들이 있어서 그들은 부활한 사람들이 사는 새 예루살렘 성에는 들어가는 것이 허락되지 않습니다. 대환란에서 스스로를 정결케하며 여호와 하나님께 구원을 요청하여 일곱대접환란에서 살아남아 천년왕국에는 들어왔지만 모든 사람들이 다 믿음으로 정결케 되지는 않았기 때문입니다. 천년왕국은 영원한 천국이 아닙니다. 천년왕국에는 멸망될 이 세상이 아직도 함께 있는 곳입니다. 천국과 이 세상이 함께 있는 천년왕국! 이것이 바로 에베소서에서 말씀하신 하나님의 비밀[신비]입니다. "9그 뜻의 비밀을 우리에게 알리셨으니 곧 그 기쁘심을 따라 **그리스도 안에서 때가 찬 경륜을 위하여 예정하신 것이니 10하늘에 있는 것이나 땅에 있는 것이 다 그리스도 안에서 통일되게 하려 하심이라**"〈엡1:9-10〉 즉 그리스도께서 왕의 왕으로 재림하셔서 통치하시게 될 그 천년왕국의 때가 되면 하늘[천국]과 땅[이 세상]이 다 그리스도 안에서 하나로 통일될 것이라는 말입니다.

21장

⟨새 예루살렘⟩

1또 내가 새 하늘과 새 땅을 보니 처음 하늘과 처음 땅이 없어졌고 바다도 다시 있지 않더라 2또 내가 보매 거룩한 성 새 예루살렘이 하나님께로부터 하늘에서 내려오니 그 예비한 것이 신부가 남편을 위하여 단장한 것 같더라 3내가 들으니 보좌에서 큰 음성이 나서 가로되 보라 하나님의 장막이 사람들과 함께 있으매 하나님이 저희와 함께 거하시리니 저희는 하나님의 백성이 되고 하나님은 친히 저희와 함께 계셔서 4모든 눈물을 그 눈에서 씻기시매 다시 사망이 없고 애통하는 것이나 곡하는 것이나 아픈 것이 다시 있지 아니하리니 처음 것들이 다 지나갔음이러라 5보좌에 앉으신 이가 가라사대 보라 내가 만물을 새롭게 하노라 하시고 또 가라사대 이 말은 신실하고 참되니 기록하라 하시고 6또 내게 말씀하시되 이루었도다 나는 알파와 오메가요 처음과 나중이라 내가 생명수 샘물로 목 마른 자에게 값 없이 주리니 7이기는 자는 이것들을 유업으로 얻으리라 나는 저의 하나님이 되고 그는 내 아들이 되리라 8그러나 두려워하는 자들과 믿지 아니하는 자들과 흉악한 자들과 살인자들과 행음자들과 술객들과 우상 숭배자들과 모든 거짓말하는 자들은 불과 유황으로 타는 못에 참예하리니 이것이 둘째 사망이라 9일곱 대접을 가지고 마지막 일곱 재앙을 담은 일곱 천사중 하나가 나아와서 내게 말하여 가로되 이리 오라 내가 신부 곧 어린 양의 아내를 네게 보이리라 하고

10성령으로 나를 데리고 크고 높은 산으로 올라가 하나님께로부터 하늘에서 내려오는 거룩한 성 예루살렘을 보이니 11하나님의 영광이 있으매 그 성의 빛이 지극히 귀한 보석 같고 벽옥과 수정 같이 맑더라 12크고 높은 성곽이 있고 열 두 문이 있는데 문에 열 두 천사가 있고 그 문들 위에 이름을 썼으니 이스라엘 자손 열 두 지파의 이름들이라 13동편에 세 문, 북편에 세 문, 남편에 세 문, 서편에 세 문이니 14그 성에 성곽은 열 두 기초석이 있고 그 위에 어린 양의 십 이 사도의 열 두 이름이 있더라 15내게 말하는 자가 그 성과 그 문들과 성곽을 척량하려고 금 갈대를 가졌더라 16그 성은 네모가 반듯하여 장광이 같은지라 그 갈대로 그 성을 척량하니 일만 이천 스다디온이요 장과 광과 고가 같더라 17그 성곽을 척량하매 일백 사십 사 규빗이니 사람의 척량 곧 천사의 척량이라 18그 성곽은 벽옥으로 쌓였고 그 성은 정금인데 맑은 유리 같더라 19그 성

의 성곽의 기초석은 각색 보석으로 꾸몄는데 첫째 기초석은 벽옥이요 둘째는 남보석이요 세째는 옥수요 네째는 녹보석이요 20다섯째는 홍마노요 여섯째는 홍보석이요 일곱째는 황옥이요 여덟째는 녹옥이요 아홉째는 담황옥이요 열째는 비취옥이요 열 한째는 청옥이요 열 둘째는 자정이라 21그 열 두 문은 열 두 진주니 문마다 한 진주요 성의 길은 맑은 유리 같은 정금이더라 22성안에 성전을 내가 보지 못하였으니 이는 주 하나님 곧 전능하신 이와 및 어린 양이 그 성전이심이라 23그 성은 해나 달의 비췸이 쓸데 없으니 이는 하나님의 영광이 비취고 어린 양이 그 등이 되심이라 24만국이 그 빛 가운데로 다니고 땅의 왕들이 자기 영광을 가지고 그리로 들어오리라 25성문들을 낮에 도무지 닫지 아니하리니 거기는 밤이 없음이라 26사람들이 만국의 영광과 존귀를 가지고 그리로 들어오겠고 27무엇이든지 속된 것이나 가증한 일 또는 거짓말 하는 자는 결코 그리로 들어오지 못하되 오직 어린 양의 생명책에 기록된 자들뿐이라〈계21:1~27〉

새 하늘과 새 땅

먼저 스가랴서 14장 4절과 8절을 보시면 예수님께서 재림하실 때에 감람산이 동서로 갈라지고 생명수가 예루살렘에서 솟아나서 절반은 동해로 절반은 서해로 흐르게 하실 것입니다. 예루살렘을 새롭게 창조하시는 것입니다. 4그 날에 그의 발이 예루살렘 앞 곧 동편 감람산에 서실 것이요 감람산은 그 한가운데가 동서로 갈라져 매우 큰 골짜기가 되어서 산 절반은 북으로, 절반은 남으로 옮기고… 8그 날에 생수가 예루살렘에서 솟아나서 절반은 동해로, 절반은 서해로 흐를 것이라 여름에도 겨울에도 그러하리라〈슥14:4, 8〉 요한계시록 22장 1절과 2절을 보면 1또 저가 수정 같이 맑은 생명수의 강을 내게 보이니 하나님과 및 어린 양의 보좌로부터 나서 2길 가운데로 흐르더라 강 좌우에 생명 나무가 있어 열 두가지 실과를 맺히되 달마다 그 실과를 맺히고 그 나무 잎사귀들은 만국을 소성하기 위하여 있더라〈계22:1~2〉 그러므로 예수님께서 재림하시고 나서 예루살렘에서 솟아나는 생수는 바로 하나님과 어린 양의 보좌에서 흘러나와 길 가운데로 흐르는 생명수이며 이 강 좌우에는 생명나무가 심겨져있어서 매월 열매를 맺게 되는 것입니다. 그리고 **그 생명나무의 이파리들은 천년 왕국에 있는 만국백성들을 치료하기 위해서**[계22:2] 사용되는 것입니다. 바로 이 말씀에서도 천년왕국에는 대환란에서 살아남은 삼분의 일의 만국백성들이 살고 있다는 것과 그들은 아직도 구원이 필요한 치료의 대상이라는 것을 알 수 있는 것입니다. 생명수가 흐르는 강가에 생명나무가 심겨져 있다는 것은 에덴에서 발원한 강이 동산을 적시고 그 동산에는 생명나무가 심겨져 있는 에덴동산의 모습과 매우 흡사한 것입니다. 8여호와 하나님이 동방의 에덴에 동산을 창설하시고 그 지으신 사람을 거기 두시고 9여호와 하나님이 그 땅에서 보기에 아름답고 먹기에 좋은 나무가 나게 하시니 **동산 가운데에는 생명나무와 선악을 알게하는 나무도 있더라 10강이 에덴에서 발원하여 동산을 적시고 거기서부터 갈라져 네 근원이 되었으니** 11첫째의 이름은 비손이라 금이 있는 하윌라 온 땅에 둘렸으며 12그 땅의 금은 정금이요 그곳에는 베델리엄과 호마노도 있으며 13둘째 강의 이름은 기혼이라 구스 온 땅에 둘렸고 14세째 강의 이름은 힛데겔이라 앗수르 동편으로 흐르며 네째 강은 유브라데더라 15여호와 하나님이 그 사람을 이끌어 에덴 동산에 두사 그것을 다스리며 지키게 하시고 16여호와 하나님이 그 사람에게 명하여 가라사대 동산 각종 나무의 실과는 네가 임으로 먹되 17선악을 알게하는 나무의 실과는 먹지 말라 네가 먹는 날에는 정녕 죽으리라 하시니라 〈창2:8~17〉 에덴동산과 새 예루살렘이 다른 점은 에덴동산에는 강이 네개의 강줄기로 나뉘어져서 흘렀고 새 예루살렘성에는 강이 두개의 강줄기로 나뉘어 흐르게 된다는 점입니다. 그러나 에덴동산에도 새 예루살렘성에도 양쪽 다 생명나무가 있다는 점에 유의해야 합니다. 즉 예루살렘을 에덴동산처럼 회복시키는 것입니다. 3대저 **나 여호와가 시온을 위로하되 그 모든 황폐한 곳을 위로하여 그 광야로 에덴 같고 그 사막으로 여호와의 동산 같게 하였나니** 그 가운데 기뻐함과 즐거워함과 감사함과 창화하는 소리가 있으리라〈사51:3〉 즉 하늘에서 내려온 새 예루살렘성으로 예루살렘을 다시 옛 에덴동산 때의 모습으로 회복시키셔서 지구전체가 옛 에덴동산 때처럼 새롭게 되는 것입니다. 그런데 여기 요한계시록 21장 1절을 보면 새 하늘과 새 땅[새 지구]이 나타났고 처음 땅[처음 지구]과 바다는 없어졌다고 하였습니다. 1또 **내가 새 하늘과 새 땅을 보니 처음 하늘과 처음 땅이 없어졌고 바다도 다시 있지 않더라** 그리고 5절에 **보면 보라 내가 만물을 새롭게 하노라** 라고 기록되어 있습니다. 이 말씀들을 보면 예수님께서 재림하실 때에 예루살렘 뿐 아니라 지구 전체가 다시 새롭게 재정비된다는 것을 알 수 있습니다. 그러니까 천년왕국의 수도인 예루살렘만 새롭게 하시는 것이 아니고 지구 온 땅을 새롭게 하신다는 말입니다. 새 하늘과 새 땅의 모습을 새 예루살렘 중심으로 설명하는 것은 새 예루살렘에는 하늘에서 내려온 새 예루살렘성이 머물고 있는 천년왕국의 중심지이기 때문입니다. 즉 새 예루살렘은 천국과 이 세상이 함께 겹쳐져 있는 천년왕국의 수도인 것입니다. 그러므로 이사야서에서도 이 새 하늘과 새 땅이 어떤 것인지를 대충 보여주면서 예루살렘에 내려온 새 하늘과 새 땅을 예로들어 설명하고 있습니다. 17**보라 내가 새 하늘과 새 땅을 창조하나니** 이전 것은 기억되거나 마음에 생각나지 아니할 것이라 18너희는 나의 창조하는 것을 인하여 영원히 기뻐하며 즐거워할지니라 **보라 내가 예루살렘으로 즐거움을 창조하며 그 백성으로 기쁨을 삼고 19내가 예루살렘을 즐거워하며 나의 백성을 기뻐하리니 우는 소리와 부르짖는 소리가 그 가운데서 다시는 들리지 아니할 것이며 20기는 날 수가 많지 못하여 죽는 유아와 수한이 차지 못한 노인이 다시는 없을 것이라 곧 백세에 죽는 자가 아이겠고 백세 못 되어 죽는 자는 저주 받은 것이리라 21그들이 가옥을 건축하고 그것에 거하겠고 포도원을 재배하고 열매를 먹을 것이며 22 그들의 건축한데 타인이 거하지 아니할 것이며 그들의 재배한 것을 타인이 먹지 아니하리니 이는 내 백성의 수한이 나무의 수한과 같겠고 나의 택한 자가 그 손으로 일한 것을 길이 누릴 것임이며 23그들의 수고가 헛되지 않겠고 그들의 생산한 것이 재난에 걸리지 아니하리니 그들은 여호와의 복된 자의 자손이요 그 소생도 그들과 함께 될 것임이라 24그들이 부르기 전에 내가 응답하겠고 그들이 말을 마치기 전에 내가 들을 것이며 25이리와 어린 양이 함께 먹을 것이며 사자가 소처럼 짚을 먹을 것이며 뱀은 흙으로 식물을 삼을 것이니 나의 성산에서는 해함도 없겠고 상함도 없으리라 여호와의 말이니라**

많은 사람들은 새 하늘과 새 땅을 천국으로 오해하고 있는데 이는 천국이 아닙니다. 앞에서도 언급했지만 천국에서는 다시 죽음이 없고 아픈 것이나 슬픈 것이 있지 아니합니다. 그러나 새 하늘과 새 땅에는 아직도 사람들이 죽고 포도를 재배하고 동물들이 존재하고 있습니다. '**보라 내가 새 하늘과 새 땅을 창조하나니 이전 것은 기억되거나 마음에 생각나지 아니할 것이라… 거기는 날 수가 많지 못하여 죽는 유아와 수한이 차지 못한 노인이 다시는 없을 것이라. 곧 백세에 죽는 자가 아이겠고 백 세 못되어 죽는 자는 저주를 받은 것이리라. 그들이 가옥을 건축하고 그것 거하겠고 포도원을 재배하고 열매를 먹을 것이며**'[사65:17, 20, 21] 이와같이 성경은 새 하늘과 새 땅을 하나님이 다시 창조하실 것을 분명히 언급하고 있으며 앞에서도 언급한 것처럼 이 새 하늘과 새 땅에서는 아직도 사람들이 죽는다는 것을 보여줌으로써 천국이 아니라는 것을 분명히 보여주고 있습니다. 그래서 5절에 보면 '**내가 만물을 새롭게하노라**'고 하신 것입니다. 그러니까 에덴동산 때에 만들었던 만물은 아담 하와의 죄로 아담의 후손과 함께 저주 받아 땅이 엉경퀴를 내고 가시덤불을 내면서 피조물이 다 이제까지 함께 탄식하면서 인간과 함께 고통 가운데 있었습니다. 그러므로 죄인 인간이 죄를 용서받고 영광스런 자유에 들어가는 날에 피조물들도 썩어짐의 종노릇하는데서 벗어나서 그 영광스런 자유에 이르기를 갈망하고 있는 것입니다. 성령의 처음 열매를 받은 성도들[즉 성령으로 거듭남으로써 영의 구속함을 받은 성도들]이 육신의 구속[예수님 재림시에 육신의 부활]까지 받게 될 것을 기다리는 것입니다. 죄인 인간이 그 영광스런 자유에 들어가는 날이 바로 예수님이 재림하실 때를 말하는 것입니다.[21그 바라는 것은 피조물도 썩어짐의 종노릇 한데서 해방되어 하나님의 자녀들의 영광의 자유에 이르는 것이니라 22피조물이 다 이제까지 함께 탄식하며 함께 고통하는 것을 우리가 아나니 23이뿐 아니라 또한 우리 곧 성령의 처음 익은 열매를 받은 우리까지도 속으로 탄식하여 양자 될것 곧 우리 몸의 구속을 기다리느니라〈롬8:21-23〉] 참으로 천국이 이 지구 땅에 내려와 있는 이 천년왕국은 에베소서 1장 10절의 말씀이 성취되는 것을 보여주는 것입니다. [하늘에 있는 것이나 땅에 있는 것이 다 그리스도 안에서 통일되게 하려 하심이라] 또 주님께서 가르쳐주신 기도 '당신의 나라가 임하옵시며 뜻이 하늘에서 이루어진 것같이 땅에서도 이루어지리이다〈마6:10〉가 이루어지는 때이기도 합니다. 여기 당신의 나라에서 '나라'는 헬라어 원어로 는 '바실레이아'로서 뜻은 '왕의 통치'를 의미합니다. 즉 당신의 나라가 이 땅에서도 이루어지게 해달라는 기도는 하나님의 통치가 땅에서도 이루어지게 해달라는 기도입니다. 바로 그 기도가 왕의 왕으로 재림하시는 예수님의 재림 때에 완성되는 것입니다. 예수님이 재림하시기 전까지는 이 땅은 공중권세를 잡은 사탄에 의하여 이루어지고 있습니다. 초림하셔서 죄인을 구원하신 구원자 예수님은 오직 예수님을 구원자와 왕으로 모신 소수의 사람들의 삶 속에서만 왕으로 통치하는 것입니다. 그래서 초림에서 재림 사이에 사는 사람들은 예수님의 왕되심을 어린 아이들까지도 겁없이 조롱하고 무시하고 짓밟습니다. 그러나 예수님께서 왕의 왕으로 재림하셔서 천년동안 통치하실 때에는 모든 무릎이 그 앞에 꿇게 될 것이며 모든 입술이 그를 주라고 고백하게 될 것입니다.[6그는 근본 하나님의 본체시나 하나님과 동등됨을 취할 것으로 여기지 아니하시고 7오히려 자기를 비워 종의 형체를 가져 사람들과 같이 되었고 8사람의 모양으로 나타나셨으매 자기를 낮추시고 죽기까지 복종하셨으니 곧 십자가에 죽으심이라 9이러므로 하나님이 그를 지극히 높여 모든 이름 위에 뛰어난 이름을 주사 10하늘에 있는 자들과 땅에 있는 자들과 땅 아래 있는 자들로 모든 무릎을 예수의 이름에 꿇게 하시고 11모든 입으로 예수 그리스도를 주라 시인하여 하나님 아버지께 영광을 돌리게 하셨느니라〈빌2:6-11〉 예수님께서 재림하시기 전까지는 모든 무릎이 예수님께 꿇기는 커녕 오히려 대항하고 있으며 모든 입이 예수님을 주라고 시인하기는 커녕 오히려 예수님의 주되심이 날마다 이 세상 아무데서나 조롱당하며 거부당하며 짓밟히고 있습니다. 심지어 예수님을 구주와 왕으로 믿는다고 고백하는 현대교회의 대부분의 사람들로부터 도 주님의 왕되심은 그들의 날마다의 삶에서 무참히 짓밟히고 유린당하고 있습니다. 예수님의 통치에 복종하여 자기를 부인하고 세상을 내려놓고 자기 십자가를 지고 주님을 따르는 오직 소수의 참 성도들의 삶 속에서만 주님의 왕되신 통치가 이루어지고 있을 뿐입니다. 그래서 주님은 이것을 미리 아시고 이렇게 비유로 말씀하셨습니다. 31또 비유를 베풀어 가라사대 **천국[바실레이아 = 왕의 통치]은 마치 사람이 자기 밭에 갖다 심은 겨자씨 한 알 같으니 32이는 모든 씨보다 작은 것이로되 자란 후에는 나물보다 커서 나무가 되매 공중의 새들이 와서 그 가지에 깃들이느니라 33또 비유로 말씀하시되 천국은 마치 여자가 가루 서말 속에 갖다 넣어 전부 부풀게 한 누룩과 같으니라〈마13:31-33〉** 그렇습니다. 지금 이시대에는 예수님의 통치가 오직 소수의 믿는 사람들에게만 이루어지기 때문에 작은 겨자씨 알처럼 세상 사람들에게는 미미하고 우습게 보여 쉽게 무시당하고 거부당합니다. 그러나 예수님께서 왕으로 재림하실 때에는 천하만국의 모든 백성들이 다 그의 통치 안에 들어와서 그 앞에 모든 무릎이 꿇게 될 것이며 모든 입이 예수님을 주라고 고백하게 될 것입니다. 마치 작은 겨자씨가 나중에는 크게 자라서 많은 새들이 깃들이는 것처럼 말입니다. 또 비록 아주 작은 누룩이지만 나중에는 가루 서말을 전부 부풀게 하는 것처럼 말입니다.

그러니까 예수님께서 재림하신 후에 천년동안 왕노릇하실 천년왕국에는 창세이후에 저주받았던 만물까지 다 다시 새롭게 창조되는 것입니다. 성경은 천국이 어떤 모양을 하고 있는지 설명하지 않고 있습니다. 그것은 천국은 이 세상과는 전혀 차원이 다른 곳이기 때문에 인간의 언어로 설명할 수 없는 것입니다. 사도 바울도 세째 하늘 곧 천국에 올라가 보았지만 인간의 언어로 설명할 수 없다고 고백하였습니다.[무익하나마 내가 부득불 자랑하노니 주의 환상과 계시를 말하리라 2내가 그리스도 안에 있는 한 사람을 아노니 십 사 년 전에 그가 세째 하늘에 이끌려 간 자라 (그가 몸 안에 있었는지 몸 밖에 있었는지 나는 모르거니와 하나님은 아시느니라) 3내가 이런 사람을 아노니 (그가 몸 안에 있었는지 몸 밖에 있었는지 나는 모르거니와 하나님은 아시느니라) 4그가 낙원으로 이끌려가서 말할 수 없는 말을 들었으니 사람이 가히 이르지 못할 말이로다 〈고후12:1-4〉 그러므로 요한계시록 21-22장에서 말하는 새 하늘과 새 땅은 천국이 아니고 천년왕국입니다. 여기 새 하늘과 새 땅은 5절에서 분명하게 기록된 것처럼 우리 인류가 지금까지 사용해 온 지구 땅과 그 대기권이 개벽된 것을 의미합니다. 다시 말하면 그 동안 아담의 죄로 저주받았던 땅이 에덴 동산 때처럼 새롭게 단장된 것입니다. 에덴 동산은 원래 각종 보석으로 단장된 찬란한 낙원으로서 천국과 이 세상이 함께 겹쳐져 있었던 곳이었습니다. '12인자야 두로 왕을 위하여 애가를 지어 그에게 이르기를 주 여호와의 말씀에 너는 완전한 인이었고 지혜가 충족하며 온전히 아름다왔도다 13네가 옛적에 하나님의 동산 에덴에 있어서 각종 보석 곧 홍보석과 황보석과 금강석과 홍옥과 황금으로 단장하였었이여 네가 지음을 받던 날에 너를 위하여 소고와 비파가 예비되었었도다.'[겔28:13]

여기 두로가 옛날에는 하나님의 에덴 동산에 있었다고 하였습니다. 또 에덴 동산에는 유프라테스 강이 있었습니다.〈창2:14〉 그러니까 옛날 에덴 동산은 두로와 시돈이 있는 페니키아 땅 즉 지중해 연안에 있는 현재 이스라엘과 레바논 땅에서부터 유프라테스 강이 있는 이락 땅까지 중동지역의 대부분의 땅이 에덴 동산이었음을 짐작할 수 있습니다. 당시 지구 땅 전체가 다 에덴 동산이 아니었다는 말입니다. 아담 하와가 범죄한 후에 에덴 동산 지역은 저주를 받아 사막이 되어 오늘날에 이르고 있는 것은 이상한 일이 아닙니다. 그러므로 예수님께서 재림하신 후에도 예루살렘 지역을 특별히 에덴 동산처럼 복원하는 것도 결코 이상한 일이 아닙니다. 그러므로 천년왕국에서 에덴 동산처럼 복원된 예루살렘이 천하만국을 통치하는 수도이며 총사령부가 될 것입니다. 왕으로서 재림하신 예수님의 보좌가 바로 예루살렘에 내려온 새 예루살렘 성입니다. 그러니까 요한계시록 20장부터 22장까지에서 언급하고 있는 새 하늘과 새 땅의 천년왕국은 결코 천국이 아닙니다. 다만 에덴 동산처럼 새롭게 개벽된 이 세상과 하늘에서 내려온 천국 새 예루살렘 성이 겹쳐져 있는 상태입니다. 에스겔서 36장은 범죄한 이스라엘 백성들이 말세가 되면 흩어졌던 전세계로부터 모여와서 옛 땅 이스라엘 땅으로 돌아와 살다가 대환란의 끝에 그리스도의 재림으로 러시아와 그 동맹국들을 멸하고 이스라엘을 구원하실 때에 새 영과 새 마음을 받아 회개하고 하나님께 돌아와 다시 하나님의 백성으로 살게되는 천년왕국 기간의 삶에 대하여 얘기하고 있습니다. 그런데 35절에 보면 '사람이 이르기를 이 땅이 황무하더니 이제는 에덴 동산같이 되었고'라고 기록하고 있습니다. 그렇습니다. 이스라엘 백성들의 죄로 그동안 황무하였던 이스라엘 땅이 에덴동산처럼 다시 꾸며진 것입니다. 지금 이스라엘 땅이 에덴 동산같이 되었습니까? 아닙니다.

테러로 얼룩진 세상에서 가장 무섭고 언제 폭발할지 모르는 지구상에서 가장 불안한 화약고입니다. 지금은 결코 에덴 동산이 아닙니다.

사도 요한이 본 것은 처음 하늘과 처음 땅이 에덴동산과 같이 다시 아름답게 꾸며진 새 예루살렘에 하나님의 나라가 겹쳐져있는 상태입니다. 다시 말해서 새롭게 꾸며진 아름다운 동산에 사탄의 통치가 아닌 하나님의 통치 즉 하나님의 왕국이 임하여 이 세상나라와 하나님의 나라가 겹쳐져있는 상황입니다. 그러니까 두 개의 서로 다른 차원의 세계가 함께 겹쳐져있는 모습입니다. 조금 더 자세히 말하자면 대환란에서 살아남은 사람들이 천년동안 살게 될 지상의 땅과 부활하고 휴거하여 이미 영원한 천국의 몸을 부여 받은 신령하고 영화로운 성도들이 거할 영적인 천국이 함께 공존하는 곳이 바로 새 하늘과 새 땅입니다. 성경적인 용어로 더 정확하게 표현하자면 이 시대와 오는 시대가 겹쳐있는 신비한 세상입니다. 이미 휴거하여 부활의 몸을 지니고 있는 성도들은 천년왕국에서 벌써 오는 시대 즉 천국이라는 시간과 공간을 초월한 영원의 차원에 들어간 사람들입니다. 그리고 대환란에서 나와 천년왕국에 들어와 있는 사람들은 아직도 시간과 공간의 제한을 받고 있는 이 시대의 맨 끝에 살고 있는 사람들입니다. 이 두 시대가 함께 신비하게 겹쳐지는 기간이 1000 년으로서 이 기간을 소위 천년왕국이라고 부르는 것입니다. 부활하신 예수님께서 신령한 몸을 가지시고 땅에서 40 일 동안이나 계시면서 시간과 공간을 초월한 초자연적인 몸을 지니시고 제자들과 함께 식사도 하시고 대화도 하셨던 것처럼 부활하여 초자연적인 신령한 몸을 가진 성도들이 아직 땅에서 인간의 몸을 가지고 살아가는 사람들을 1000 년 동안 통치하면서 살아가는 이 기간이 바로 천년왕국입니다. 이 기간 동안 사탄은 갇혀있기 때문에 지상의 사람들을 미혹하지 못하고 오직 의로우신 그리스도께서 왕의 왕으로 통치하시고 그의 밑에서 초자연적인 몸을 가진 부활한 성도들이 땅에 남아있는 사람들을 돌보며 다스리는 의와 거룩함과 평화가 충만한 천년의 특별 기간입니다. 성경은 이와 같은 그리스도의 지상 천년왕국을 새 하늘과 새 땅이라고 부릅니다. 이것은 천국이 아닙니다. 에덴 동산과 같이 아름답게 만든 지상 천년왕국입니다. 백세에 죽는 자는 아이로 취급될 정도로 천년왕국에서는 거의 모든 사람이 천년까지 살게 될 것입니다. 아담과 그 직계 후손들이 거의 천년을 살았던 것과 같습니다.

만약 그 시대에 100세를 못살고 죽는 사람이 있다면 그는 그리스도의 의로운 통치를 거절하여 저주를 받은 사람입니다. 또 그들은 가옥을 건축하며 포도원을 재배할 것입니다. 이리와 어린 양이 함께 먹을 것이며 사자가 소처럼 짚을 먹을 것입니다. 인류의 시작을 에덴 동산에서 시작한 것처럼 인류의 마지막도 에덴 동산 같은 아름다운 낙원이 될 것임을 보여주는 것입니다. 그리고 천년왕국이 끝난 다음에야 인류역사를 끝내줄 백보좌 심판이 있다는 것을 기억하시기 바랍니다.

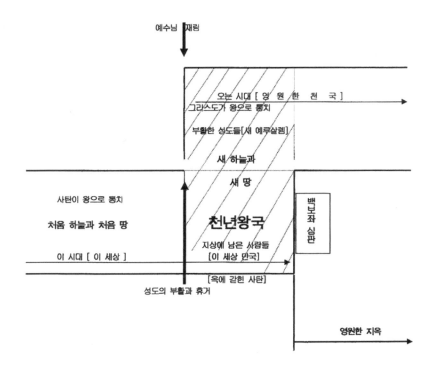

새 예루살렘 성

이와 같이 1절에서 지구전체를 새롭게 창조하셨다고 서론적으로 언급하신 후에 2절부터 보시면 21장은 새 예루살렘 성에 대하여 구체적으로 설명하고 있습니다. 그러니까 21장의 주제는 새 예루살렘 성입니다. 이 새 예루살렘 성은 하늘에서 내려온 성이라고 설명하고 있습니다. 그러니까 초자연적인 천국의 일부분입니다. 3절에 하나님의 장막이 사람들과 함께 있으매 모든 눈물을 씻기시매 다시 사망이 없고 애통하는 것이나 곡하는 것이나 아픈 것이 다시 있지 않은 곳이라고 하였습니다. 하나님의 장막이 사람들과 함께 있다는 말은 왕의 왕으로 재림하신 예수님이 사람들과 함께 있다는 말입니다. 그러니까 새 예루살렘 성은 왕으로 재림하신 예수님이 거하시는 천년왕국의 총사령부입니다. 10절에서도 사도 요한은 하늘에서 내려오는 거룩한 성 예루살렘을 보았다고 하였습니다. 그런데 그 성은 하나님의 영광이 있기 때문에 그 성의 빛이 귀한 보석같고 수정같이 빛난다고 하였습니다. 그리고 그 성곽은 높고 모두 열개의 문이 있는데 동서남북에 세개씩 있다고 하였습니다. 16절에 보면 그 성은 네모가 반듯한 정사각형이라고 하였습니다. 18절부터 보면 그 성곽은 벽옥으로 만들어졌고 그 성은 정금으로 만들어졌다고 기록하고 있습니다. 그리고 그 성의 기초석들도 모두 다양한 보석들이었습니다. 열두 문은 진주로 만들어 졌으며 성의 길은 유리 같은 정금으로 만들어졌습니다. 이와 같이 새 예루살렘성이 온통 찬란한 보석들로 꾸며져 있는데 이것은 옛날 에덴동산의 찬란함과 매우 흡사한 것입니다.

13네가 옛적에 하나님의 동산 에덴에 있어서 각종 보석 곧 홍보석과 황보석과 금강석과 황옥과 홍마노와 창옥과 청보석과 남보석과 홍옥과 황금으로 단장하였었음이여 네가 지음을 받던 날에 너를 위하여 소고와 비파가 예비되었었도다(겔28:13)

그런데 새 예루살렘 성 안에는 성전이 없고 대신 주 하나님과 어린 양 예수님이 성전이라고 기록하고 있습니다. 그 성 안에는 해나 달이 필요없는 곳인데 그것은 하나님과 예수님이 빛이 되시기 때문입니다. 24-26절을 보면 만국이 그 빛 가운데로 다니고 땅의 왕들이 자기 영광을 가지고 그 성 안으로 들어온다고 하였습니다. 그러나 속된 것이나 가증한 것들이나 거짓말하는 자들은 들어오지 못합니다.

25절에 보면 그 성은 많은 문들이 있는데 그 성으로 들어가는 길은 맑은 유리 같은 정금으로[21절] 되어 있습니다. 24절을 보십시오. *'만국이 그 빛 가운데로 다니고 땅의 왕들이 자기 영광을 가지고 그리로 들어오리라.'* **이 문들은 땅의 왕들이 자기 영광을 가지고 거룩한 성 새 예루살렘에 들어 올 수 있게 한 문들로서 항상 열려있는 문입니다.[24절] 즉, 새 하늘과 새 땅 즉 천년왕국에는 아직도 땅의 왕들이 있다는 말입니다.** 아직도 땅의 왕들이 있다는 말은 새 하늘과 새 땅이 천국이 아니라는 것을 의미하는 것입니다. 여기가 바로 부활한 성도들이 주님과 함께 천년동안 왕노릇한다는 소위 천년왕국입니다. 아직 부활의 몸을 받지 못하고 땅에 사는 육신을 지닌 사람들이 감히 하나님의 영광이 가득한 이미 부활한 성도들이 거하는 거룩한 성 새 예루살렘에 들어가 함께 교제할 수 있도록 문이 항상 열려있는 것입니다. 그러나 거룩한 성의 문들이 항상 열려있다고 해서 만국의 백성들이 아무나 다 거룩한 성에 들어갈 수 있는 것은 아닙니다. 계시록 21장 25-27절을 보면 그 문으로 들어갈 수 있는 사람들의 자격에 대하여 언급하고 있습니다; 25성문들을 낮에 도무지 닫지 아니하리니 거기는 밤이 없음이라 26사람들이 만국의 영광과 존귀를 가지고 그리로 들어오겠고 27무엇이든지 속된 것이나 가증한 일 또는 거짓말 하는 자는 결코 그리로 들어오지 못하되 오직 어린 양의 생명책에 기록된 자들뿐이라. 무엇이든지 속된 것이나 가증한 일 또는 거짓말하는 자는 결코 그리로 들어옴을 허락하지 않습니다. 앞에서 언급한대로 천년왕국에서도 그리스도의 대속희생을 믿고 그리스도의 통치에 복종하며 사는 오직 어린양의 생명책에 기록된 사람들만이 그 문으로 들어옴을 허락할 것입니다. 천년왕국에서도 겉으로는 다 그리스도의 통치를 따르는 사람처럼 보이지만 나중에 사탄이 풀려나서 미혹하면 사탄을 추종할 사람들도 많이 있기 때문입니다.[계.20:7-9] 그러므로 그 성으로 들어가는 길은 맑은 유리 같은 정금으로 만들어져서 들어가는 사람들의 모든 말과 생각과 행실이 다 드러나게 하여 죄 있는 사람은 들어갈 수 없게 되어 있는 것입니다.

21:2) 또 내가 보매 거룩한 성 새 예루살렘이 하나님께로부터 하늘에서 내려오니 그 예비한 것이 신부가 남편을 위하여 단장한 것 같더라 3) 내가 들으니 보좌에서 큰 음성이 나서 가로되 보라 하나님의 장막이 사람들과 함께 있으매 하나님이 저희와 함께 거하시리니 저희는 하나님의 백성이 되고 하나님은 친히 저희와 함께 계셔서 4) 모든 눈물을 그 눈에서 씻기시매 다시 사망이 없고 애통하는 것이나 곡하는 것이나 아픈 것이 다시 있지 아니하리니 처음 것들이 다 지나갔음이러라 5) 보좌에 앉으신 이가 가라사대 보라 내가 만물을 새롭게 하노라 하시고 또 가라사대 이 말은 신실하고 참되니 기록하라 하시고 6또 내게 말씀하시되 이루었도다 나는 알파와 오메가요 처음과 나중이라 내가 생명수 샘물로 목 마른 자에게 값 없이 주리니 7이기는 자는 이것들을 유업으로 얻으리라 나는 저의 하나님이 되고 그는 내 아들이 되리라 8그러나 두려워하는 자들과 믿지 아니하는 자들과 흉악한 자들과 살인자들과 행음자들과 술객들과 우상 숭배자들과 모든 거짓말 하는 자들은 불과

여기서 '거룩한 성 새 예루살렘이 하나님께로부터 하늘에서 내려오니 그 예비한 것이 신부가 남편을 위하여 단장한 것 같더라.'고 했는데 이 새 예루살렘은 휴거하여 공중으로 올라간 성도들로서 어린양의 혼인잔치에 참여하는 거룩하고 성결한 신부들입니다. 3절에서 보시는 대로 이제는 하나님의 장막이 사람들과 함께 있는 시대로서 하나님이 저희와 함께 거하시고 저희는 하나님의 백성이 되고 하나님은 친히 저희와 함께 계셔서 모든 눈물을 그 눈에서 씻기시고 다시는 사망이 없고 애통하는 것이나 곡하는 것이나 아픈 것이 다시 있지 아니한다고 하였습니다. 여기서 '하나님의 장막' 이라는 단어에 주의하기 바랍니다. 하나님의 장막이란 'Tabernacle of God'으로서 'dwelling of God'[하나님의 거하심]을 의미합니다. 인간은 아담이 범죄한 이후 더 이상 하나님과 얼굴과 얼굴로 함께 거하지 못하고 에덴에서 쫓겨나 하나님과 분리되어 살아왔었습니다. 하나님과 분리된 인간을 다시 하나님과 함께 거하게 하기 위하여 하나님은 구원의 3 단계의 과정을 마련하여 시행하였습니다.

제 1 단계 구약의 성막제도

구약에서는 '장막' 또는 '성막'이라고 불리우는 Tabernacle[거하심]을 지어서 이스라엘 백성들과 함께 해주신다는 상징으로 삼았습니다. 무슨 말이냐 하면 구약시대는 아직 그리스도의 대속죽음이 이루어지지 않은 시기이기 때문에 사람들의 죄가 아직 그대로 있는 상태에서 하나님께서 사람들 개개인 안에 들어와 내주할 수 없었으므로 성막 즉 'dwelling of God'[하나님의 거하심] 이라는 건물을 지어 하나님이 이스라엘 백성들과 함께 거하신다는 것을 상징적으로 보여주셨습니다. 그러므로 그리스도를 상징하는 대제사장들 외에는 성막의 지성소에 들어갈 수가 없었습니다. 그러므로 구약의 성막제도 하에서는 제사장도 그리스도를 상징하는 그림자에 불과하였고 동물희생도 그리스도의 십자가 대속희생을 상징하는 그림자에 불과 하였습니다.

제 2 단계 신약의 교회

대제사장과 동물희생과 성막은 모두 그림자요 상징이었습니다. 그러나 실체로 오신 그리스도는 성육신하시어 스스로를 대속희생으로 드리셨습니다.

다시 말해서 상징적인 동물의 피가 아닌 친히 당신의 피를 가지시고 하나님 보좌 앞에 나아가 참 대제사장으로서 중보 기도를 드리셨습니다. 그러므로 자기 죄 때문에 그리스도께서 대속희생을 당하신 사실을 믿고 받아들이는 자는 죄 사함을 받습니다. 그러니까 죄 사함을 받았기에 비로소 그리스도께서 성령으로 그 사람 안에 내주 할 수 있게 된 것입니다. 그러나 로마서 8장 10절에 기록된 대로 그리스도를 영접한 사람이라도 영은 살았지만 몸은 아직 죄로 인하여 죽은 상태입니다. 10**또 그리스도께서 너희 안에 계시면 몸은 죄로 인하여 죽은 것이나 영은 의를 인하여 산 것이니라**〈롬8:10〉 즉 그리스도를 영접함으로써 영은 거듭나 영으로는 하나님의 보좌 앞에 담대히 나아갈 수 있게 되었으나 아직 죄의 육신은 거듭나지 않았기 때문에 땅에서의 육신을 입은 그리스도인들이 하나님과 얼굴과 얼굴로 함께 거하지 못하는 단계입니다. 그러니까 신약의 교회는 예수님을 구주와 왕으로 모시고 사는 거듭난 참성도를 의미하는 것입니다. 영으로 거듭나서 그 안에 성령님이 거하시는 사람들이 바로 성령이 거하시는 성전인 것입니다. 우리가 손으로 지은 벽돌건물이 교회가 아니고 산돌이신 그리스도로부터 생명을 받아 산돌들이 되어 그리스도의 몸된 교회로 함께 지어져가는 하나님이 거하시는 성도들이 신약의 교회인 것입니다. 그러니까 성령의 처음 익은 열매를 받은 성도로서 영은 구원 받았으나 육신도 구속되기를 기다리는 단계입니다. 로마서 8장 23절의 말씀이 바로 이 내용을 잘 설명해 주고 있습니다. '이뿐 아니라 또한 우리 곧 성령의 처음 익은 열매를 받은 우리까지도 속으로 탄식하여 양자 될 것 곧 우리 몸의 구속을 기다리느니라.' 즉 영은 구원받았으나 육신은 아직도 구원받지 못한 상태입니다. 그래서 육신도 거듭나서 부활하게 될 재림의 날을 기다리고 있는 상태입니다. 우리는 지금 이 단계에 와있는 것입니다.

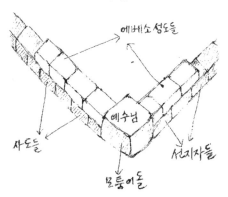

너희는 사도들과 선지자들의 터 위에 세우심을 입은 자라 그리스도 예수께서 친히 모퉁이 돌이 되셨느니라 21 그의 안에서 건물마다 서로 연결하여 주 안에서 성전이 되어 가고 22 **너희도 성령 안에서 하나님의 거하실 처소가 되기 위하여 예수 안에서 함께 지어져 가느니라**〈엡2:20–22〉

4사람에게는 버린 바가 되었으나 하나님께는 택하심을 입은 보배로운 산 돌이신 **예수에게 나아와 5너희도 산 돌 같이 신령한 집으로 세워지고**〈벧전 2:4–5〉

제 3 단계 거룩한 성 새 예루살렘

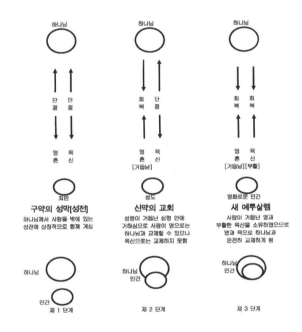

휴거한 성도들로서 영원하고 신령한 부활의 새 몸을 받았기 때문에 먼저 구원받은 영과 부활하여 구원받은 새 몸이 결합하여 영화로운 인간이 되어 이제는 영과 육으로 하나님을 얼굴과 얼굴로 마주하고 함께 살 수 있는 거룩하고 성결한 그리스도의 신부로 비유된 단계입니다. 영도 육신도 거듭나서 구원받은 상태입니다. 즉 에덴 동산에서 하나님의 형상으로 만들어지기 시작한 인간이 그동안의 모든 불같은 연단의 시험과정을 통하여 이제는 하나님의 형상으로 최종완성된 단계에 도달한 것입니다. 그러므로 이제는 하

나님의 장막이 사람들과 함께 있는 시대로서 하나님이 저희와 함께 거하시고 저희는 하나님의 백성이 되고 하나님은 친히 저희와 함께 계셔서 모든 눈물을 그 눈에서 씻기시고 다시는 사망이 없고 애통하는 것이나 곡하는 것이나 아픈 것이 다시 있지 아니한 영원한 천국의 단계에 도래한 것입니다. 드디어 에덴 동산에서의 분리 이후에 하나님과 다시 함께 살게 된 영화로운 단계입니다. 본문에서는 바로 이 세 번째 단계에서 하나님과 인간이 드디어 영원히 함께하게 된 단계를 보여주는 것으로서 이 행복한 단계를 성경은 어린양의 혼인잔치로 비유하고 있는 것입니다.

9일곱 대접을 가지고 마지막 일곱 재앙을 담은 일곱 천사중 하나가 나아와서 내게 말하여 가로되 이리 오라 **내가 신부 곧 어린 양의 아내를 네게 보이리라** 하고 10성령으로 나를 데리고 크고 높은 산으로 올라가 **하나님께로부터 하늘에서 내려오는 거룩한 성 예루살렘을 보이니 11하나님의 영광이 있으매 그 성의 빛이 지극히 귀한 보석 같고 벽옥과 수정 같이 맑더라 12크고 높은 성곽이 있고 열 두 문이 있는데 문에 열 두 천사가 있고 그 문들 위에 이름을 썼으니 이스라엘 자손 열 두 지파의 이름들이라 13동편에 세 문, 북편에 세 문, 남편에 세 문, 서편에 세 문이니 14그 성에 성곽은 열 두 기초석이 있고 그 위에 어린 양의 십 이 사도의 열 두 이름이 있더라** 15 내게 말하는 자가 그 성과 그 문들과 성곽을 척량하려고 금 갈대를 가졌더라 16**그 성은 네모가 반듯하여 장광이 같은지라** 그 갈대로 **그 성을 척량하니 일만 이천 스다디온이요 장과 광과 고가 같더라** 17그 성곽을 척량하매 일백 사십 사 규빗이니 사람의 척량 곧 천사의 척량이라 18**그 성곽은 벽옥으로 쌓였고 그 성은 정금인데 맑은 유리 같더라** 19그 성의 성곽의 기초석은 각색 보석으로 꾸몄는데 첫째 기초석은 벽옥이요 둘째는 남보석이요 세째는 옥수요 네째는 녹보석이요 20다섯째는 홍마노요 여섯째는 홍보석이요 일곱는 황옥이요 여덟째는 녹옥이요 아홉째는 담황옥이요 열째는 비취옥이요 열 한째는 청옥이요 열 둘째는 자정이라 21**그 열 두 문은 열 두 진주니** 문마다 한 진주요 성의 길은 맑은 유리 같은 정금이더라 22**성안에 성전을 내가 보지 못하였으니 이는 주 하나님 곧 전능하신 이와 및 어린 양이 그 성전이심이라** 23그 성은 해나 달의 비췸이 쓸데 없으니 이는 하나님의 영광이 비취고 어린 양이 그 등이 되심이라 24**만국이 그 빛 가운데로 다니고 땅의 왕들이 자기 영광을 가지고 그리로 들어오리라** 25성문들을 낮에 도무지 닫지 아니하리니 거기는 밤이 없음이라 26**사람들이 만국의 영광과 존귀를 가지고 그리로 들어오겠고 27무엇이든지 속된 것이나 가증한 일 또는 거짓말 하는 자는 결코 그리로 들어오지 못하되 오직 어린 양의 생명책에 기록된 자들뿐이라**[계21:9-27]

9절에서 신부 즉 어린 양의 아내를 보여준다면서 보여준 것이 하늘에서 내려오는 새 예루살렘 성이었습니다. 즉 예수님 재림 때에 부활하여 공중으로 휴거했던 성도들 즉 어린 양의 신부가 이제 예루살렘으로 내려오는 것입니다. 그런데 그들의 모습을 잔란한 보석으로 묘사하였습니다. 에스겔서 47장에 보시면 에스겔 선지자는 성전 문지방 밑에서 물이 나와서 흐르는 것을 환상 속에서 보고 다음과 같이 기록하였습니다. 에스겔 선지자가 본 강과 사도 요한이 본 강을 비교하면서 읽어보시기 바랍니다.

1그가 나를 데리고 전 문에 이르시니 전의 전면이 동을 향하였는데 그 문지방 밑에서 물이 나와서 동으로 흐르다가 전 우편 제단 남편으로 흘러 내리더라 2그가 또 나를 데리고 북문으로 나가서 바깥 길로 말미암아 꺾어 동향한 바깥 문에 이르시기로 본즉 물이 그 우편에서 스미어 나오더라 3그 사람이 손에 줄을 잡고 동으로 나아가며 일천척을 척량한 후에 나로 그 물을 건너게 하시니 물이 발목에 오르더니 4다시 일천척을 척량하고 나로 물을 건너게 하시니 물이 무릎에 오르고 다시 일천척을 척량하고 나로 물을 건너게 하시니 물이 허리에 오르고 5다시 일천척을 척량하시니 물이 내가 건너지 못할 강이 된지라 그 물이 창일하여 헤엄할 물이요 사람이 능히 건너지 못할 강이더라 6그가 내게 이르시되 인자야 네가 이것을 보았느냐 하시고 나를 인도하여 강 가로 돌아가게 하시기로 7내가 돌아간즉 강 좌우편에 나무가 심히 많더라 8그가 내게 이르시되 이 물이 동방으로 향하여 흘러 아라바로 내려가서 바다에 이르리니 이 흘러 내리는 물로 그 바다의 물이 소성함을 얻을찌라 9이 강물이 이르는 곳마다 번성하는 모든 생물이 살고 또 고기가 심히 많으리니 이 물이 흘러 들어 가므로 바닷물이 소성함을 얻겠고 이 강이 이르는 각처에 모든 것이 살 것이며 10또 이 강 가에 어부가 설 것이니 엔게디에서부터 에네글라임까지 그물 치는 곳이 될 것이라 그 고기가 각기 종류를 따라 큰 바다의 고기 같이 심히 많으려니와 11그 진펄과 개펄은 소성되지 못하고 소금 땅이 될 것이며 12강 좌우 가에는 각종 먹을 실과나무가 자라서 그 잎이 시들지 아니하며 실과가 끊치지 아니하고 달마다 새 실과를 맺으리니 그 물이 성소로 말미암아 나옴이라 그 실과는 먹을 만하고 그 잎사귀는 약 재료가 되리라[겔47:1~12]

　이번에는 요한계시록을 읽어보십시오. 1또 저가 수정 같이 맑은 생명수의 강을 내게 보이니 하나님과 및 어린 양의 보좌로부터 나서 2길 가운데로 흐르더라 강 좌우에 생명 나무가 있어 열 두가지 실과를 맺히되 달마다 그 실과를 맺히고 그 나무 잎사귀들은 만국을 소성하기 위하여 있더라 3다시 저주가 없으며 하나님과 그 어린 양의 보좌가 그 가운데 있으리니 그의 종들이 그를 섬기며 4그의 얼굴을 볼터이요 그의 이름도 저희 이마에 있으리라 5다시 밤이 없겠고 등불과 햇빛이 쓸데 없으니 이는 주 하나님이 저희에게 비취심이라 저희가 세세토록 왕 노릇하리로다[계22:1-5]

　　여기 요한계시록에서 사도 요한이 본 강은 바로 위에 에스겔 선지가가 47 장 12절에서 본 강과 일치하는 내용입니다. 천년왕국에서 그리스도를 왕의 왕으로 모시고 그 밑에서 왕노릇하는 부활한 성도들이 바로 천년왕국에 들어간 성도들이며 이들이 바로 거룩한 성 새 예루살렘이라고 요한계시록 21 장에서 잘 보여주고 있습니다. **여기서 거룩한 성 새 예루살렘은 하나님께서 영원토록 함께 살아주실 구원받은 성도들입니다.** 그래서 3절에 '하나님의 장막이 사람들과 함께 있으매'라고 기록하고 있습니다. 여기서 '장막'이라는 말이 바로 구약에서 모세에게 세우라고 했던 'Tabernacle'[성막]입니다. 솔로몬이 나중에 천막으로 된 성막을 대신하여 성전을 지었던 것입니다. 본래 'Tabernacle'의 의미는 'dwelling of God' 즉 '하나님의 거하심'이라는 의미입니다. 그러니까 구약시대에는 아직 메시야[그리스도]가 오시기 전이었기 때문에 하나님께서 '성막'이라는 예표를 통해서 하나님이 그의 백성과 함께 거해주신 다는 것을 성막을 통해서 상징적으로 보여주신 것입니다. 그러나 신약시대에는 그리스도께서 인간의 육신을 입고 오셔서 대속희생을 통하여 구원을 성취하심으로써 비록 육신은 아직 거듭나지 않았지만 영은 거듭나게 하시고 성령을 그 안에 내주하게 하심으로써 '임마누엘'[하나님이 우리와 함께 하심]을 반만 성취하게 하신 것입니다. 그러나 그리스도께서 다시 오실 때에는 우리의 육신까지 거듭나게 하셔서 부활한 몸으로 먼저 구원받아 천국에 들어가 영혼과 공중에서 만나 합하게 하심으로써 완전한 구원, 하나님이 원하셨던 하나님의 형상을 닮은 인간을 드디어 완성하게 되는 것입니다. **그 때에는 더 이상 '하나님이 우리와 함께 거해주신다'는 것을 상징하는 성전이 필요없게 되는 것입니다. 하나님과 어린 양이 직접 성전이 되어주셔서 구원받은 성도들과 함께 영원히 거해주시기 때문입니다. 이것이 바로 성막[성전]의 완성인 것입니다.**

　　그러므로 하늘에서 내려온 거룩한 성 새 예루살렘이 구원받은 성도들이라는 것을 요한계시록 21장 9절부터 잘 보여주고 있습니다. 먼저 9-10절을 보십시오. **9**일곱 대접을 가지고 마지막 일곱 재앙을 담은 일곱 천사중 하나가 나아와서 내게 말하여 가로되 이리 오라 내가 신부 곧 어린 양의 아내를 네게 보이리라 하고 10성령으로 나를 데리고 크고 높은 산으로 올라가 **하나님께로부터 하늘에서 내려오는 거룩한 성 예루살렘을 보이니** [계21:9-10] 여기서 보는대로 '어린 양의 신부'인 구원받은 성도들을 보여 주겠다면서 보여준 것이 바로 '거룩한 성 새 예루살렘'입니다. 그러니까 어린 양의 신부인 구원받은 성도들이 바로 거룩한성 새 예루살렘이란 말입니다. 더 놀라운 것은 그 다음 구절부터 자세히 읽어보시면 어린 양의 신부인 '거룩한 성 새 예루살렘'을 보석으로 네모 반듯하게 지어진 건물로 묘사하였는데 이는 에스겔서 48장에서 묘사하는 성과 똑같은 모습입니다. 요한 계시록 21장 10-16절까지 보십시오

10성령으로 나를 데리고 크고 높은 산으로 올라가 **하나님께로부터 하늘에서 내려오는 거룩한 성 예루살렘을 보이니** 11하나님의 영광이 있으매 그 성의 빛이 지극히 귀한 보석 같고 벽옥과 수정 같이 맑더라 12크고 높은 성곽이 있고 열 두 문이 있는데 문에 열 두 천사가 있고 그 문들 위에 이름을 썼으니 이스라엘 자손 열 두 지파의 이름들이라 13동편에 세 문, 북편에 세 문, 남편에 세 문, 서편에 세 문이니 14그 성에 성곽은 열 두 기초석이 있고 그 위에 어린 양의 십 이 사도의 열 두 이름이 있더라 15내게 말하는 자가 그 성과 그 문들과 성곽을 척량하려고 금 갈대를 가졌더라 16**그 성은 네모가 반듯하여 장광이 같은지**라 그 갈대로 그 성을 척량하니 일만 이천 스다디온이요 장과 광과 고가 같더라

이제는 위의 말씀을 에스겔서 48장 15-16절을 비교하여 보시기 바랍니다.

50이 만 오천척 다음으로 광 오천척은 속된 땅으로 하여 성읍을 세우며 거하는 곳과 들을 삼되 성이 그 중앙에 있게 할찌니 16그 척수는 북편도 사천 오백척이요 남편도 사천 오백척이요 동편도 사천 오백척이요 서편도 사천 오백척이며 17그 성의 들은 북으로 이백 오십척이요 남으로 이백 오십척이요 동으로 이백 오십척이요 서로 이백 오십척이며 18예물을 삼아 거룩히 구별할 땅과 연접하여 남아 있는 땅의 장이 동으로 일만척이요 서로 일만척이라 곧 예물을 삼아 거룩히 구별할 땅과 연접하였으며 그 땅의 소산은 성읍에서 역사하는 자의 양식을 삼을찌라 19이스라엘 모든 지파 중에 그 성읍에서 역사하는 자는 그 땅을 기경할찌니라 20그런즉 예물로 드리는 땅의 도합은 장도 이만 오천척이요 광도 이만 오천척이라 너희가 거룩히 구별하여 드릴 땅은 성읍의 기지와 합하여 **네모 반듯할 것이니라**

이상에서 보시는 대로 요한계시록에 기록된 새 예루살렘도 에스겔서에 기록된 성도 **모두 네모 반듯한 건물**로 묘사하고 있습니다. 그리고 요한계시

록 21장 21절에도 **열두 문**을 언급하고 있는데 에스겔서 48장에서도 **열두 문을** 언급하고 있습니다. 비교해서 보시기 바랍니다.

31그 성읍의 문들은 이스라엘 지파들의 이름을 따를 것인데 북으로 문이 셋이라 하나는 르우벤 문이요 하나는 유다 문이요 하나는 레위 문이며 32동편의 광이 사천 오백척이니 또한 문이 셋이라 하나는 요셉 문이요 하나는 베냐민 문이요 하나는 단 문이며 33남편의 광이 사천 오백척이니 또한 문이 셋이라 하나는 시므온 문이요 하나는 잇사갈 문이요 하나는 스불론 문이며 34 서편도 사천 오백척이니 또한 문이 셋이라 하나는 갓 문이요 하나는 아셀 문이요 하나는 납달리 문이며[겔48:31-34]

21그 열 두 문은 열 두 진주니 문마다 한 진주요 성의 길은 맑은 유리 같은 정금이더라[계21:21]

그리고 마지막으로 요한계시록 21장 22절과 에스겔서 48장 마지막절을 비교해 보십시오. 둘다 성전의 완성인 **'하나님과 구원받은 인간이 함께 거하는 것'**으로 끝을 맺고 있습니다.

22성안에 성전을 내가 보지 못하였으니 이는 주 하나님 곧 전능하신 이와 및 어린 양이 그 성전이심이라[계21:22]

35그 사면의 도합이 일만 팔천척이라 그 날 후로는 **그 성읍의 이름을 여호와삼마라** 하리라[겔48:35]

여기서 '여호와 삼마'는 'The Lord is here.'즉 **'주님께서 여기 계시다'**라는 의미로서 '하나님이 구원받은 인간과 함께 거한다'는 뜻입니다. 그러니까 에스겔이 본 성전과 그 성이나 사도 요한이 본 성전과 그 거룩한 성 새 예루살렘은 똑같은 것입니다. 즉 에스겔이 본 여호와 삼마['주님께서 여기 계시다]는 여호와 삼마와 사도 요한이 본 하나님의 장막이 사람들과 함께 하신다는 것은 똑 같은 의미입니다. 그리고 문이 12개가 있고 보석으로 지은 네모 반듯한 **거룩한 성 새 예루살렘이나 에스겔이 보았던 네모난 성과 그 안에 있는 성전은 모두 구원받은 성도들이 하나님과 함께 영원히 거하는 모습을 보여주고 있는 것입니다.** 그 거룩한 성에 사는 성도들은 하나님과 어린 양으로 부터 나오는 생명수의 강물을 인하여 그 강 좌우에 서있는 나무들처럼 시들지 아니하고 영원히 번성하게 될 것입니다. 생명의 창조자이시며 생명의 근원이 되시며 생명의 주인이 되시는 하나님으로부터 생명이 흘러나오는 것은 참으로 자연스러운 것입니다. 다음에 기록된 계시록의 말씀과 에스겔서의 말씀을 비교해 보십시오.

1또 저가 수정 같이 맑은 생명수의 강을 내게 보이니 하나님과 및 어린 양의 보좌로부터 나서 2길 가운데로 흐르더라 강 좌우에 생명 나무가 있어 열 두가지 실과를 맺히되 달마다 그 실과를 맺고 그 나무 잎사귀들은 만국을 소성하기 위하여 있더라 [계22:1-2]

1그가 나를 데리고 전 문에 이르시니 전의 전면이 동을 향하였는데 그 문지방 밑에서 물이 나와서 동으로 흐르다가 전 우편 제단 남편으로 흘러 내리더라 2그가 또 나를 데리고 북문으로 나가서 바깥 길로 말미암아 꺾여 동향한 바깥 문에 이르시기로 본즉 물이 그 우편에서 스미어 나오더라 3그 사람이 손에 줄을 잡고 동으로 나아가며 일천척을 척량한 후에 나로 그 물을 건너게 하시니 물이 발목에 오르더니 4다시 일천척을 척량하고 나로 물을 건너게 하시니 물이 무릎에 오르고 다시 일천척을 척량하고 나로 물을 건너게 하시니 물이 허리에 오르고 5다시 일천척을 척량하시니 물이 내가 건너지 못할 강이 된지라 그 물이 창일하여 헤엄할 물이요 사람이 능히 건너지 못할 강이더라 6그가 내게 이르시되 인자야 네가 이것을 보았느냐 하시고 나를 인도하여 강 가로 돌아가게 하시기로 7내가 돌아간즉 강 좌우편에 나무가 심히 많더라 12강 좌우 가에는 각종 먹을 실과나무가 자라서 그 잎이 시들지 아니하며 실과가 끊치지 아니하고 달마다 새 실과를 맺으리니 그 물이 성소로 말미암아 나옴이라 그 실과는 먹을 만하고 그 잎사귀는 약재료가 되리라[겔47:1-7,12]

지금까지 위에서 살펴본대로 에스겔서와 요한계시록에 기록된 미래에 나타날 거룩한 성과 새 예루살렘은 다같이 천국에서 하나님과 함께 영원히 살게될 구원받은 성도들입니다. 하나님과 어린양으로부터 흘러나오는 생명수가 흐르는 곳마다 물고기가 번성하고 나무들이 번성하고 열매를 맺는다고 하였습니다. 성경은 구원받은 우리 성도를 좋은 물고기[마13:47-50]와 열매 맺는 나무[시1:3, 요15:2]로 비유하고 있습니다. 구원받은 우리 성도들은 저 새 하늘과 새 땅에서 하나님과 어린양 예수님으로부터 흘러나오는 생명수를 마시며 영원히 살게 될 것입니다. 영원히 목마르지 않는 생명수이신 예수님을 소유한 자마다 다시는 죽음이 없고 애통하는 것이나 곡하는 것이나 아픈 것이 다시 있지 아니할 것입니다. 이들은 천년왕국 때에 벌써 영원한 천국에 입성한 사람들입니다. 그러나 대환란 때에 스스로 정결케하여 살아남아서 천년왕국에 들어온 삼분의 일의 사람들은 아직도 부활하지 못한 육신을 지니고 사는 사람들로서 새 예루살렘 성 밖에 이세상에 사는 사람들입니다. 그러므로 앞에서 언급한대로 그들은 천년왕국 동안에 예수님의 통치로 구원을 받아야 할 사람들이기 때문에 생명수 강가에 심겨진 생명나무의 잎사귀들은 그들을 치료하기 위하여 있는 것입니다. 요한계시록과 에스겔서가 다같이 이것을 언급하고 있습니다. **2길 가운데로 흐르더라 강 좌우에 생명 나무가 있어 열 두가지 실과를 맺히되 달마다 그 실과를 맺히고 그 나무 잎사귀들은 만국을 소성하기 위하여 있더라** [계22:-2] / **12강 좌우 가에는 각종 먹을 실과나무가 자라서 그 잎이 시들지 아니하며 실과가 끊치지 아니하고 달마다 새 실과를 맺으리니 그 물이 성소로 말미암아 나옴이라 그 실과는 먹을 만하고 그 잎사귀는 약 재료가 되리라[겔47:12]**

    예수님보다 오백여년 전에 살았던 에스겔 선지자가 바벨론의 포로로 끌려가서 그발 강가에서 본 환상도 결국은 예수님의 재림 후에 있을 천년왕국에 내려올 새 예루살렘 성을 미리 본 것입니다. 이와 같이 예수님께서 재림하신 후에도 아직 부활하지 못하고 구원받지 못한 상태로 천년왕국에서 사는 만국백성들이 살고 있다는 것을 신구약 성경이 명백하게 증거하고 있음을 우리는 깨달아야 합니다. 그들은 에덴 동산 같은 새 예루살렘성 밖 이 세상에 거하는 사람들로서 새 예루살렘 성을 방문할 수 있게 허용됩니다. 그러나 겉으로는 왕되신 예수님의 통치에 복종하는 것같아도 실제의 삶에서 예수님의 통치를 거부하는 가증한 사람들은 그 성을 방문하는 것이 허락되지 아니하고 성밖에서 살아야 합니다. **(14) 그 두루마기를 빠는 자들은 복이 있으니 이는 저희가 생명 나무에 나아가며 문들을 통하여 성에 들어갈 권세를 얻으려 함이로다 (15) 개들과 술객들과 행음자들과 살인자들과 우상 숭배자들과 및 거짓말을 좋아하며 지어내는 자마다 성 밖에 있으리라**〈계22:14-15〉 그들은 천년이 끝나고 사탄이 풀려나서 다시 만국을 미혹할 때 미혹될 사람들입니다. 그러나 천년왕국에 사는 만국백성들 중에서 참으로 예수님의 통치에 복종하여 사는 참 성도가 된 사람들은 누구나 다 새 예루살렘을 방문할 수 있게 될 것입니다.

22성안에 성전을 내가 보지 못하였으니 이는 주 하나님 곧 전능하신 이와 및 어린 양이 그 성전이심이라 23그 성은 해나 달의 비췸이 쓸데 없으니 이는 하나님의 영광이 비취고 어린 양이 그 등이 되심이라 24만국이 그 빛 가운데로 다니고 땅의 왕들이 자기 영광을 가지고 그리로 들어오리라 25성문들을 낮에 도무지 닫지 아니하리니 거기는 밤이 없음이라 26사람들이 만국의 영광과 존귀를 가지고 그리로 들어오겠고 27무엇이든지 속된 것이나 가증한 일 또는 거짓말 하는 자는 결코 그리로 들어오지 못하되 오직 어린 양의 생명책에 기록된 자들뿐이라[계21:22-27]

21그 열 두 문은 열 두 진주니 문마다 한 진주요 성의 길은 맑은 유리 같은 정금이더라 성의 길은 맑은 유리같기 때문에 걸어다니는 모든 사람들의 행실이 드러나서 아무나 들어갈 수 없는 것입니다. 오직 주 예수님의 보혈로 죄씻음을 받은 참 성도들로서 어린 양의 생명책에 기록된 사람들만 그 성에 들어가 다닐 수 있는 것입니다.

4그 날에 그의 발이 예루살렘 앞 곧 동편 감람산에 서실 것이요 감람산은 그 한가운데가 동서로 갈라져 매우 큰 골짜기가 되어서 산 절반은 북으로, 절반은 남으로 옮기고 5그 산 골짜기는 아셀까지 미칠찌라 너희가 그의 산 골짜기로 도망하되 유다 왕 웃시야 때에 지진을 피하여 도망하던 것 같이 하리라 나의 하나님 여호와께서 임하실 것이요 모든 거룩한 자가 주와 함께하리라 6그 날에는 빛이 없겠고 광명한 자들이 떠날 것이라 7여호와의 아시는 한 날이 있으리니 낮도 아니요 밤도 아니라 어두워 갈 때에 빛이 있으리로다 8그 날에 생수가 예루살렘에서 솟아나서 절반은 동해로, 절반은 서해로 흐를 것이라 여름에도 겨울에도 그러하리라 9여호와께서 천하의 왕이 되시리니 그 날에는 여호와께서 홀로 하나이실 것이요 그 이름이 홀로 하나이실 것이며…

16예루살렘을 치러 왔던 열국 중에 남은 자가 해마다 올라와서 그 왕 만군의 여호와께 숭배하며 초막절을 지킬 것이라 17천하 만국 중에 그 왕 만군의 여호와께 숭배하러 예루살렘에 올라오지 아니하는 자에게는 비를 내리지 아니하실 것인즉 18만일 애굽 족속이 올라 오지 아니할 때에는 창일함이 있지 아니하리니 여호와께서 초막절을 지키러 올라오지 아니하는 열국 사람을 치시는 재앙을 그에게 내리실 것이라 〈슥14:4 -18〉

2 2 장

〈복 있는 자가 되라〉

(1) 또 저가 수정 같이 맑은 생명수의 강을 내게 보이니 하나님과 및 어린 양의 보좌로부터 나서 (2) 길 가운데로 흐르더라 **강 좌우에 생명 나무가 있어 열 두가지 실과를 맺히되 달마다 그 실과를 맺히고 그 나무 잎사귀들은 만국을 소성하기 위하여 있더라** (3) 다시 저주가 없으며 하나님과 그 어린 양의 보좌가 그 가운데 있으리니 그의 종들이 그를 섬기며 (4) 그의 얼굴을 볼 터이요 그의 이름도 저희 이마에 있으리라 (5) 다시 밤이 없겠고 등불과 햇빛이 쓸데 없으니 이는 주 하나님이 저희에게 비취심이라 저희가 세세토록 왕 노릇하리로다 (6) 또 그가 내게 말하기를 이 말은 신실하고 참된지라 주 곧 선지자들의 영의 하나님이 그의 종들에게 결코 속히 될 일을 보이시려고 그의 천사를 보내셨도다 (7) **보라 내가 속히 오리니 이 책의 예언의 말씀을 지키는 자가 복이 있으리라 하더라** (8) 이것들을 보고 들은 자는 나 요한이니 내가 듣고 볼 때에 이 일을 내게 보이던 천사의 발 앞에 경배하려고 엎드렸더니 (9) 저가 내게 말하기를 나는 너와 네 형제 선지자들과 또 이 책의 말을 지키는 자들과 함께 된 종이니 그리하지 말고 오직 하나님께 경배하라 하더라 (10) 또 내게 말하되 이 책의 예언의 말씀을 인봉하지 말라 때가 가까우니라 (11) 불의를 하는 자는 그대로 불의를 하고 더러운 자는 그대로 더럽고 의로운 자는 그대로 의를 행하고 거룩한 자는 그대로 거룩되게 하라 (12) 보라 내가 속히 오리니 내가 줄 상이 내게 있어 각 사람에게 그의 일한 대로 갚아 주리라 (13) 나는 알파와 오메가요 처음과 나중이요 시작과 끝이라 (14) **그 두루마기를 빠는 자들은 복이 있으니 이는 저희가 생명 나무에 나아가며 문들을 통하여 성에 들어갈 권세를 얻으려 함이로다 (15) 개들과 술객들과 행음자들과 살인자들과 우상숭배자들과 및 거짓말을 좋아하며 지어내는 자마다 성밖에 있으리라** (16) 나 예수는 교회들을 위하여 내 사자를 보내어 이것들을 너희에게 증거하게 하였노라 나는 다윗의 뿌리요 자손이니 곧 광명한 새벽 별이라 하시더라. (17) 성령과 신부가 말씀하시기를 오라 하시는도다 듣는 자도 오라 할 것이요 목마른 자도 올 것이요 또 원하는 자는 값 없이 생명수를 받으라 하시더라. (18) **내가 이 책의 예언의 말씀을 듣는 각인에게 증거하노니 만일 누구든지 이것들 외에 더하면 하나님이 이 책에 기록된 재앙들을 그에게 더하실 터이요 (19) 만일 누구든지 이 책의 예언의 말**

씀에서 제하여 버리면 하나님이 이 책에 기록된 생명 나무와 및 거룩한 성에 참예함을 제하여 버리시리라. (20) 이것들을 증거하신 이가 가라사대 내가 진실로 속히 오리라 하시거늘 아멘 주 예수여 오시옵소서

(21) 주 예수의 은혜가 모든 자들에게 있을지어다 아멘 〈계.22:1-21〉

앞장에서 살펴 본 대로 천년왕국은 구원 받아서 이미 휴거하여 부활의 영원한 몸을 입은 영화로운 인간이 된 성도들과 그리고 대환란에서 죽지 않고 살아남은 사람들 즉 아직 우리처럼 육신의 몸을 입고 있는 사람들이 함께 살고 있는 신비한 곳입니다. 앞장의 내용을 잠간 요약하면 부활한 성도들이 거하는 곳은 새 예루살렘 성인데 그 곳은 하나님과 어린양의 보좌가 있는 곳으로서 영적인 곳이며 영원한 천국이 강림한 곳입니다. 거기서 예수님의 통치가 시행되며 그곳의 백성이 된 성도들은 성 밖을 자유로 드나들며 성 밖의 세상 나라의 만국 백성들을 돌보며 다스리게 될 것입니다. 드디어 주님께서 가르치신 기도가 이루어지신 것입니다. 즉 '[당신의] 나라이 임하옵시며 [당신의] 뜻이 하늘에서 이루어진 것같이 땅에서도 이루어지이다.' 라고 하신 기도가 응답된 것입니다. 당신의 나라[당신의 왕적인 통치]가 드디어 땅에서도 이루어지는 것입니다. 밖에 있는 사람들 중에서는 만국의 사람들과 왕들이 영광을 가지고 하나님을 경배하기 위하여 들어오는 것이 허락될 것인데 무엇이든지 속된 것이나 가증한 것이나 거짓말 하는 자들은 들어오지 못하며 오직 어린양의 생명책에 기록된 자들 그러니까 천년왕국에서도 그리스도의 보혈을 믿고 거듭난 성도들만 그 성에 출입할 수 있게 될 것입니다.

그러면 여기 22장 1절을 보겠습니다. '또 저가 수정같이 맑은 생명수의 강을 내게 보이니 하나님과 및 어린양의 보좌로부터 나서 길 가운데로 흐르더라.' 이 수정같이 맑은 생명수의 강이 하나님과 어린양의 보좌로부터 흘러나온다고 하였습니다. 그러면 천년왕국에서 하나님과 어린양의 보좌는 어디에 있습니까? 앞에서 살펴 본 대로 하나님과 어린양의 보좌는 거룩한 성 새 예루살렘성에 있습니다. 그렇다면 하나님과 어린양의 보좌로부터 흘러나오는 이 물은 보통 강물이 아닙니다. 문자 그대로 생명을 주는 물입니다. 하나님은 우리의 생명을 창조하신 생명의 근원이 되시는 분이십니다. 잃어버렸던 하나님의 형상을 회복하기 위하여 그리스도께서 오셔서 십자가를 지심으로써 우리의 죄를

478

씻어주시고 잃었던 생명을 회복하게 하셨습니다. 요한복음 7장 37절고 38절에서 언급한 대로 이 물은 벌써 예수님께서 우리 믿는 자들에게 주시겠다고 약속하셨던 생명의 물입니다. 여기 천년왕국에도 아직 우리처럼 육신의 몸을 입고 사는 만국백성들을 위하여 그리스도는 그들에게 생명수 강을 흘려보내는 것입니다. 참으로 그리스도는 이 때나 그 때나 우리에게 생명의 물[living water]을 주시는 분이십니다. 이 물은 수정같이 맑다고 하였는데 이는 하나님과 그리스도가 얼마나 거룩하시고 의로우시고 성결하신 분이신가를 보여주는 것입니다. 즉 하나님의 보좌와 어린양의 보좌로부터 흘러나오는 이 생명수의 강은 단순히 영원한 생명을 주는 물 뿐만이 아니라 우리 인간을 거룩하고 성결하고 깨끗하게 해 주는 물입니다. 우리가 잘 알고 있듯이 지옥에서 사는 사람들도 영생을 살게 되는데 부정과 불의와 더러움으로 가득한 그들의 영원한 생명은 그것이 오래 지속될수록 오히려 괴로운 형벌일 뿐입니다. 그러므로 믿는 자나 믿지 않는 자나 다 영생을 살게 되는 존재이지만 그리스도 안에서 죄 용서를 받은 사람들은 성결하고 고결하고 행복이 있는 생명을 영원히 누리는 것이고 지옥에 있는 인생은 무서운 형벌의 비참한 삶을 영원히 살게 되는 것입니다.[9저희가 지면에 널리 퍼져 성도들의 진과 사랑하시는 성을 두르매 하늘에서 불이 내려와 저희를 소멸하고 10또 **저희를 미혹하는 마귀가 불과 유황 못에 던지우니 거기는 그 짐승과 거짓 선지자도 있어** <u>세세토록 밤낮 괴로움을 받으리라</u>〈계20:9-10〉] 그런데 이 수정같이 맑은 물이 샘물로서 조금씩 골자기에서 감질나게 흐르는 것이 아니고 강물로서 차고 넘치게 흐르는 곳이 바로 천년왕국입니다. 그러니까 천년왕국에서 육신의 몸을 지니고 사는 만국백성들도 예수 그리스도를 구주로 믿으면 우리들처럼 예수 그리스도께서 주시는 생명수를 마시게 될 것이며[요.7:37-38] 이는 그리스도를 믿는 그들에게도 성령이 내주하시게 됨을 의미하는 것입니다.[요.7:39] 그러므로 이 생명수를 마시는 사람들은 성도가 되어 천년왕국에서 '성도의 진'에 거하며[20:9] 다른 사람들과 구별된 삶을 살게 되는 것입니다.

2절을 계속 보면 '강 좌우에는 생명나무가 있어서 열 두 가지 실과를 맺히되 달마다 그 실과를 맺히고 그 나무 잎사귀들은 만국을 소성하기 위하여 있더라.'라고 기록하고 있다. 하나님과 어린양의 보좌로부터 흘러나오는 이 생명수 강 좌우에는 생명나무가 있어서 달마다 열매를 맺어줍니다. 에덴 동산 한 가운데에, 즉, 네 강이 발원하는 곳에 생명나무가 있었던 것처럼 여기 천년왕국에도 생명나무를 두어 사람들로 하여금 생명실과를 먹게 하는 것입니다. 그런데 이 구절을 잘 살펴보면 두 가지가 눈에 띄는데 그 하나는 생명나무의 실과이고 나머지 하나는 생명나무의 잎사귀들입니다. 그런데 '그 나무 잎사귀들은 만국을 소성하기 위하여 있더라.'라고 기록된 것을 보면 만국백성들에게 잎사귀들은 먹도록 허락되었지만 생명나무 실과는 허락되지 않았다는 것을 알 수 있습니다. 창세기 3장 22절과 23절을 보면 아담 하와가 범죄한 후에 그 손을 들어 생명나무 실과를 따 먹고 영생할 것을 염려하여 하나님은 그들을 에덴 동산에서 내 보내신 일이 기록되어 있습니다. 그러니까 여기 천년왕국의 이 생명나무 실과는 이미 부활하여 초자연적인 몸을 입은 성도들이 영생복락을 누리기 위하여 먹을 영원한 생명의 양식으로 주어진 것입니다. 그러나 그 나무 잎사귀들은 만국을 소성하기 위하여 있다고 하였으니 그 잎사귀는 아직 육신의 몸을 지니고 천년왕국에서 사는 만국백성들을 치유하기 위하여 있는 것입니다. 즉 생명 나무 실과는 이미 부활한 성도들을 위하여 있는 것이지만 그 잎사귀는 죄악으로 병든 만국백성들을 치유하기 위하여 있는 것입니다. 그들은 대환란에서 스스로 정결케 된 자들이지만 아직 예수 그리스도의 보혈로 씻음을 받은 자들은 아니기 때문입니다. 그러므로 이 잎사귀들은 천년왕국에서 아직도 육신의 몸을 지니고 땅에 속하여 사는 만국백성들을 위한 것입니다. 그들은 천년왕국이 끝나고 다시 잠깐 사탄의 시험을 거쳐서 하나님을 계속 따를 것인지 아니면 사탄을 따를 것인지의 최종 테스트가 남아있기 때문에 아직은 그들에게 생명실과를 허락하지 않을 것입니다.

그러면 그들이 어떻게 생명나무의 잎사귀를 얻을 수 있겠습니까? 14절을 보십시오. 14절에 '그 두루마기를 빠는 자들은 복이 있으니 이는 저희가 생명나무에 나아가며 문들을 통하여 성에 들어 갈 권세를 얻으려 함이로다.'라고 하였습니다. 여기서 두루마기를 빤다는 말은 죄를 회개하고 그리스도의 보혈로 깨끗이 씻음을 받는다는 뜻입니다. 바로 이것입니다. 그들도 우리들처럼 먼저 자기 죄를 회개해야만 합니다. 회개가 믿음의 전제조건이기 때문입니다. 왜냐하면 예수님을 우리의 구주로 믿는다는 것은 우리가 죄인임을 인정할 때만 가능하기 때문입니다. 그러므로 자기자신이 도저히 구원받을 수 없는 죄인이라는 것을 깊이 인식하지 못하면 회개가 불필요하게되고 그러므로 철저한 회개가 없이 예수님을 구원주로 믿는다것은 어불성설이 되는 것입니다. 그러므로 회개가 전파되지 않는 현대교회에서 참 믿음을 지닌 사람들을 찾아보기는 불가능한 일이 되는 것입니다. 그러므로 신구약성경의 맨 마지막 결론에서도 구원의 조건으로 믿음을 요구하지 않고 회개를 요구하고 있는 것은 현대교회가 의미심장하게 받아들여야 할 사항입니다. 우리의 모든 죄를 대신 지시고 십자가 형벌을 당하신 그리스도의 대속사역을 믿는 자들은 그들의 죄가 주홍 같을 지라도 흰 눈같이 희어질 것이라고 주님은 약속하셨습니다. 그러나 아무도 먼저 자기 죄를 회개함이 없이는 그리스도의 보혈로 씻어질 수 없는 것입니다. 먼저 죄를 회개해야 만이 생명나무에 나아가 잎사귀를 얻을 수 있으며 그 잎사귀로 치유를 받은 후에 그리스도를 영접하고 거듭난 후에야 문들을 통하여 거룩한 새 예루살렘에 들어갈 권세를 얻게 되는 것입니다. 그러나 15절을 보십시오. '개들과 술객들과 행음자들과 살인자들과 우상숭배자들과 및 거짓말을 좋아하며 지어내는 자마다 성밖에 있으리라.' 우리의 죄를 용서하시기 위하여 하나님께서 베푸신 그리스도의 대속희생을 거부하고 자기의 죄를 회개치 아니하며 세상에서 개들과 같이 음란하고 악령에 사로잡혀 마술을 행하며 미워하며 거짓으로 모함을 일삼으며 세상의 부귀영화와 쾌락을 사랑하는 것을 하나님 사랑하는 것보다 더 사랑하는 우상숭배자들은 비록 그들이 천년왕국에 거할지라도 저 거룩한 성 새 예루살렘에는 들어가지 못하고 천년동안 성 밖에 거하게 될 것입니다. 왜냐하면 새 예루살렘 성에는 하나님과 어린양의 보좌가 있기 때문입니다. 거기는 5 절에 보면 등불과 햇빛이 필요 없는 영화로운 천국으로서 하나님이 저희에게 비취시는 곳입니다. 오직 부활하여 이미 하나님의 백성으로서 신령한 몸을 지닌 거룩한 성도들만이 그곳에 거하며 왕의 왕이신 그리스도의 통치를 도와 성밖을 자유롭게 드나들며 땅에 있는 만국의 백성들을 천년이 차기까지 왕 노릇하며 통치하게 될 것입니다. 결국 지금까지 살펴본대로 요한계시록은 예수님의 재림과 성도들의 부활과 휴거 이후에는 천년왕국에 있게 된다는 것을 분명하게 보여주고 있습니다. 그리고 천년왕국 후에야 최후의 심판이 있게 된다는 것을 우리는 분명하게 깨닫게 되었습니다.

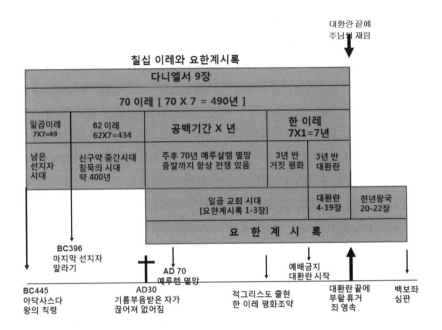

행한 대로 갚아 주심

6절부터 마지막 절까지는 종합적인 결론으로 몇 가지에 대하여 말하고 있습니다. 12절에 보면 '보라 내가 속히 오리니 내가 줄 상이 내게 있어 각 사람에게 그의 일한 대로 갚아 주리라'고 기록하고 있습니다. 이것은 약속이며 또한 경고입니다. **'보라 내가 속히 오리라'**는 말씀은 인류의 긴 역사에서 이제 마지막 부분에 와 있다는 말입니다. 히브리서 1장 2절에 기록된 대로 '이 모든 날 마지막에 아들로 우리에게 말씀하셨으니' 라고 기록하고 있듯이 하나님은 그리스도를 인류역사의 마지막 부분에 보내셨습니다. 그러니까 그리스도께서 초림하셨을 때가 벌써 말세의 시작입니다. 그렇다면 아래 도표에서 보는 대로 우리는 인류역사의 거의 마지막 부분에 와있다는 생각을 떨칠 수가 없습니다.

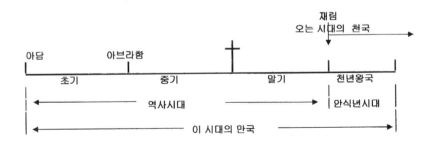

우리는 이제 우리가 인류역사에서 몇 시에 살고 있는지를 분명히 알고 살아가야 할 것입니다. 마태복음16장 3절에 보면 '너희가 천기는 분별할 줄 알면서 시대의 징조는 분별할 수 없느냐?' 고 주님은 경고하셨습니다. '보라 내가 속히 오리니 내가 줄 상이 내게 있어 각 사람에게 그의 일한 대로 갚아 주리라.' '(11) 불의를 하는 자는 그대로 불의를 하고 더러운 자는 그대로 더럽고 의로운 자는 그대로 의를 행하고 거룩한 자는 그대로 거룩되게 하라 (12) 보라 내가 속히 오리니 내가 줄 상이 내게 있어 각 사람에게 그의 일한 대로 갚아 주리라.'는 말씀은 이 세상에서 불의를 행하는 자는 저 세상에서도 계속 불의를 행하게 하고 이 세상에서 더러운 자는 저 세상에서도 그대로 더럽게 될 것이며 이 세상에서 의롭게 사는 사람들은 저 세상에서도 의롭게 될 것이며 이 세상에서 거룩하게 사는 사람들은 저 세상에서도 거룩하게 살게 될 것이라는 말씀입니다. 심은 대로 거둔다는 말씀이 아닙니까! 아무리 악하게 살아도 아무 일도 일어나지 않는다고 오판하지 마십시오. 악한 사람들이 세상에서 잘 되는 데도 하나님이 살아계시다면 왜 저들을 가만 두시는가라고 하나님을 의심하지 마십시오. 한 영혼이라도 더 구원하시기 위하여 하루를 천년같이 천년을 하루같이 기다시며 세상의 온갖 불의를 보시면서도 오랫동안 참으시는 하나님의 은혜를 과소평가하지 마십시오. 최후의 심판의 그 날은 반드시 올 것이며 하나님은 그 날을 벼르고 계십니다.

복 있는 자가 되라

지금까지 인류의 미래를 예언하는 책들이 수도없이 많이 나왔습니다. 그러나 인류의 미래에 대하여 가장 정확하게 말할 수 있는 책은 성경책 밖에 없습니다. 성경은 인류를 창조하시고 인간의 모든 것을 속속들이 아시는 분으로서 인간의 생사화복을 주관하시는 분에 의하여 쓰여졌기 때문입니다. 그러므로 그 분이 말씀하신 모든 것은 그대로 사실이며 그대로 이루어질 수밖에 없습니다. 성경은 지금까지 인류의 되어질 일들을 정확하게 예언했고 그대로 이루어졌습니다. 메시야의 오실 것과 그의 삶과 사역에 대하여 정확하게 예언하였고 그대로 이루어 졌습니다. 이스라엘의 불순종과 그 민족이 받아야 할 무서운 예언이 그대로 이루어졌음을 우리는 알고 있습니다. 마지막 때가 되면 온 세상에 흩어졌던 이스라엘 민족이 다시 본토로 돌아오게 하시겠다는 예언도 성취되어 1948년 유엔의 가결로 근 이 천년 동안 잃었던 땅을 다시 찾고 본토로 귀환하는 일이 지금도 계속되고 있습니다. 놀라운 일입니다. 이제 성경이 예언한 것 중에서 아직 이루어지지 않은 일은 오직 세상 끝에 있을 일들입니다. 즉, 적그리스도의 출현과 대환란과 주님의 재림과 이스라엘의 회개 그리고 천년왕국에 대한 예언뿐입니다. 지금까지 성경에 기록된 다른 모든 예언들이 다 이루어진 것처럼 이제 남은 몇몇 예언들도 기필코 이루어 질 것입니다. 우리는 지금까지 인류의 미래에 되어질 일들을 이 책을 통하여 살펴보았습니다. 7절에 보면 이 책의 예언의 말씀을 지키는 자가 복이 있으리라고 하였습니다. 그러므로 지금은 요한계시록의 말씀이 어려운 말씀이라고 덮어둘 때가 아닙니다. 10 절에 기록된 대로 '이 책의 예언의 말씀을 인봉하지 말라. 때가 가까우니라.'고 하였기 때문입니다.

18절과 19절을 보면 '내가 이 책의 예언의 말씀을 듣는 각인에게 증거하노니 만일 누구든지 이 것들 외에 더하면 하나님이 이 책에 기록된 재앙들을 그에게 더하실 터이요 만일 누구든지 이 책의 예언의 말씀에서 제하여 버리면 하나님이 이 책에 기록된 생명나무와 및 거룩한 성에 참예함을 제하여 버리시리라.'고 하였습니다. 이 것은 이 책에 기록된 모든 말씀이 일점일획에 이르기까지 예언한 그대로 다 이루어질 정확무오한 하나님의 말씀이라는 것을 가르쳐주는 말씀입니다. 앞에서 시작할 때에 언급한대로 우리는 성경말씀을 우리 인간의 생각이나 추측으로 사사로이 해석하지 말아야 한다는 말입니다. 이 성경말씀에 더하지 말고 빼지도 말아야 합니다. 성경에 기록된 말씀 그대로 받고 순종해야 할 따름입니다. 지금까지 우리는 사람들이 만든 신학이론이나 상상이나 추측을 모두 배제하고 이 요한계시록의 말씀을 성경에 기록된 짝이 되는 말씀들만 가지고 풀어보았습니다. 이제 우리는 이 예언의 말씀이 성경에 기록된 대로 이루어질 것을 믿고 지키며 기다릴 뿐입니다. 7절에 보면 **이 책의 예언의 말씀을 지키는 자가 복이 있다**고 하셨기 때문입니다. 16 절을 보십시오. '나 예수는 교회들을 위하여 내 사자를 보내어 이것들을 너희에게 증거하게 하였노라. 나는 다윗의 뿌리요 자손이니 곧 광명한 새벽 별이라.'고 하였습니다. 이 분이 누구십니까? 우리가 지금 구주와 왕으로 믿고 모시는 예수 그리스도가 아닙니까! **나 예수는 교회들을 위하여 내 사자를 보내어 이것들을 너희에게 증거하게 하였노라** 라는 말씀은 예수 그리스도는 교회를 위하여 그의 종들을 보내셔서 오늘도 이 성경말씀을 풀어 증거하는 일을 계속하고 계신다는 말입니다. 귀 있는 자는 들을 지어다;

'보라 내가 속히 오리니 이 책의 예언의 말씀을 지키는 자가 복이 있으리라!'[7절]

'주 예수의 은혜가 모든 자들에게 있을 찌어다!'[21절]

〈시2:1-12〉

1 어찌하여 열방이 분노하며 민족들이 허사를 경영하는고
2 세상의 군왕들이 나서며 관원들이 서로 꾀하여 여호와와 그 기름 받은 자를 대적하며
3 우리가 그 맨 것을 끊고 그 결박을 벗어 버리자 하도다
4 하늘에 계신 자가 웃으심이여 주께서 저희를 비웃으시리로다
5 그 때에 분을 발하며 진노하사 저희를 놀래어 이르시기를
6 내가 나의 왕을 내 거룩한 산 시온에 세웠다 하시리로다
7 내가 영을 전하노라 여호와께서 내게 이르시되 너는 내 아들이라 오늘날 내가 너를 낳았도다
8 내게 구하라 내가 열방을 유업으로 주리니 네 소유가 땅 끝까지 이르리로다
9 네가 철장으로 저희를 깨뜨림이여 질그릇 같이 부수리라 하시도다
10 그런즉 군왕들아 너희는 지혜를 얻으며 세상의 관원들아 교훈을 받을지어다
11 여호와를 경외함으로 섬기고 떨며 즐거워할지어다
12 그 아들에게 입맞추라 그렇지 아니하면 진노하심으로 너희가 길에서 망하리니
    그 진노가 급하심이라 여호와를 의지하는 자는 다 복이 있도다

〈맺는 말〉

이제 우리 그리스도인들에게 한 가지 남는 마지막 질문은 '예수님은 과연 언제 오시는가?'입니다. 이것은 비단 우리 뿐만이 아니라 과거 모든 시대의 그리스도인들이 알고 싶어하는 질문이었을 것입니다. 이 말씀을 이해하려면 먼저 레위기 23장에 기록된 여호와의 일곱 절기를 살펴보아야 합니다. 레위기 23장은 이스라엘이 지켜야 할 '여호와의 일곱 절기'[레23:4-43]에 대하여 말씀하고 있습니다; 유월절 축제, 무교절 축제, 첫열매 축제, 오순절 축제, 나팔절 축제, 속죄일 축제, 그리고 초막절 축제 등입니다. 이 절기들은 정한 날을 따라서 일년에 한번씩 대대로 지키게 되어있습니다. 그러나 이 절기는 그저 먹고 마시고 즐거워 하는 것으로 끝나는 우리네의 명절과는 다릅니다. 이 절기에는 각각 지니는 영적인 의미가 있으며 이 절기들 속에서 우리는 인간구원에 대한 하나님의 시간표를 엿볼 수 있습니다. 즉, 예수님의 초림으로 이루어지는 십자가 대속죽음을 의미하는 유월절로부터 시작하여 교회의 탄생을 보여주는 오순절 축제, 예수님의 재림을 보여주는 나팔절 축제 이스라엘 백성들의 회개를 보여주는 속죄절 축제 그리고 천년왕국을 보여주는 초막절 축제에 이르기까지 인류구원에 대한 포괄적인 계획이 이 절기들 속에 잘 나타나 있습니다. 예수님이 오시기 약 1500년 전에 모세를 통해서 이런 축제들을 지키게 하신 하나님의 놀라운 계획을 보여줍니다. 대대로 지키라고 명령하신 레위기 23장의 여호와의 일곱 절기는 참으로 심오한 진리를 보여주고 있습니다. 영어성경에는 feast로 번역되어 있고 한글성경에는 절기라고 번역되어 있으나 히브리 원어에는 '모에디' 즉 '약속된 시간'[appointed time]이라고 기록되어 있습니다. 그러므로 정확한 번역은 '여호와의 일곱절기'가 아니고 '여호와께서 약속하신 일곱 때'입니다.

여호와의 일곱 축제
Seven Feasts of Jehovah

FEAST OF PASSOVER 유월절 축제
FEAST OF UNLEAVENED BREAD 무교절 축제
FEAST OF FIRSTFRUITS 첫열매 축제
FEAST OF PENTECOST 오순절 축제
FEAST OF TRUMPET 나팔절 축제
FEAST OF ATONEMENT 속죄일 축제
FEAST OF TABERNACLE 초막절 축제

유월절 축제 [레23:5]

일년 중 첫번째 절기인 유월절 축제일은 이스라엘의 달력으로 1월 14일이었습니다. 유월절 양은 1월 10일에 취하여 14일까지 간직하였다가 그날 저녁에 잡으라고 하였습니다. 출애굽기12장 14절에 보면 '너희는 이 날을 기념하여 여호와의 절기를 삼아 영원한 규례로 대대에 지킬지니라.'고 하였습니다. 이 유월절 축제를 영원한 규례로 지키게 하신 것은 이 절기가 인류 모두에게 얼마나 중요한 것인가를 단적으로 말해주는 것입니다.

'죄의 값은 사망'이라는 말씀은 곧 하나님 나라의 영원한 법입니다. 하나님은 거룩하시기 때문에 어떤 죄와 불의도 그 앞에서 존재할 수 없고 죄 있는 인간은 아무도 그 분 앞에서 죽음을 피할 길이 없습니다. 죄인 된 애굽 사람들도 죄인 된 이스라엘 사람들도 모두가 이 죽음의 형벌을 피 할 수 없게 되었습니다. 그래서 출애굽기11장 5절에 보면 하나님은 죄의 값은 사망이라는 하나님 나라의 진리를 우리 인생들에게 가르쳐 주시기 위하여 애굽 땅의 모든 초태생은 다 죽음을 면치 못하게 하셨습니다. 죽음이 애굽 전역에 닥쳐오고 있었습니다. 그러나 아브라함과 그 후손에게 약속하신 인류 구원을 이루기 위하여 하나님은 여기서 그 구원의 방법을 구체적으로 보여주셨습니다. 출애굽기 12장 3-13절에서 하나님은 사람의 죄를 대속할 양을 준비하라고 명하셨습니다. 이 양이 대신 죽음으로써 이스라엘은 죽음을 면하게 되었습니다. 이 양이 바로 유월절 양이었습니다. 해마다 유월절 축제를 지키게 하신 하나님의 뜻은 이스라엘을 구원하시기 위하여 유월절 양을 보내사 그들의 죄를 대신 지고 죽게 하신 하나님의 구원의 은혜를 영원히 기억하게 하려 하심입니다.

신약성경은 이 유월절양이 바로 그리스도임을 증거하고 있습니다. 고린도전서 5장 7절에 보시면 **'우리의 유월절 양 곧 그리스도께서 희생이 되셨느니라.'**고 기록되어 있습니다. 다시 말하면 유월절 양이 이스라엘 사람들의 죄를 대신 지고 죽음으로써 이스라엘 사람들이 죽음을 면하고 애굽의 종살이에서 해방되었던 것같이 예수 그리스도께서 우리의 죄를 대신 지시고 십자가에서 죽으심으로써 우리가 죽음을 면하고 죄의 노예에서 벗어나 자유인이 되고 영생을 얻게 된 것을 가르쳐주는 말씀입니다. 요한계시록 5장 9절에 보면 **'일찍 죽임을 당하사 각 족속과 방언과 백성과 나라 가운데서 사람들을 피로 사서 하나님께 드리시고.'**라고 기록하고 있습니다. 즉 죄인들의 죄를 대신지시고 형벌을 받으심으로써 죄인들의 죄가 사해짐으로 말미암아 저희들이 하나님의 사람들이 되게 하셨다는 말씀입니다.

정말로 예수님은 우리의 죄를 위하여 대신 죽으신 분이십니다. 예수님이 내 대신 죽으심으로 내 죄의 값을 치루신 것입니다. 그러므로 나는 죄에서 해방된 것입니다. 이것이 기독교의 기본 진리입니다. 이것이 하나님께서 거저 주시는 한 없는 구원의 은혜입니다. 이 세상 어느 종교에서도 찾아 볼 수 없는 은혜의 복음입니다. 이 세상의 다른 모든 종교는 인간의 선한 행실로 구원을 얻는다는 얄팍한 도덕론을 이야기 하지만 이 세상에서 자기의 선한 행실로 하나님 앞에서 구원을 받을 수 있는 사람은 아무도 없습니다. 오직 성경만이 하나님이 이 세상에 찾아 오셔서 인간의 죄를 대신 지시고 죄 값을 치루어 주심으로써 인간을 구원하셨다는 은혜의 복음을 선포하는 것입니다. 구원은 전적으로 하나님의 은혜이며 인간의 얄팍한 자기선행으로는 하나님 앞에서 구원을 받을 수 없습니다. 하나님 앞에서 심판을 받기 전에 먼저 자기 양심이 자기를 죄인이라고 증거하기 때문입니다. 유월절 양으로 대신 희생 당하신 예수 밖에는 우리에게 구원을 주실이가 없습니다.

애굽에서 있었던 이 유월절 사건이 예수님이 오시기 1500년 전에 있었던 것임을 기억해야 합니다. 하나님은 이스라엘 백성들에게 이 일곱 절기를 해마다 그 정한 때에 지키라고 명령하셨습니다. 하나님은 예수님이 오시기 1500년 전에 메시야가 유월절 어린양으로 오실 것을 미리 보여주신 것입니다. 메시야가 오셔서 우리들의 죄를 대신 지시고 유월절 어린양으로 대신 희생당하실 것을 예언적으로 말씀해주셨던 것입니다. 그리고 그 예언대로 예수님은 모세로부터 1500년 후에 오셔서 십자가 위에서 유월절 어린양으로 희생당하셨던 것입니다. 그것도 일년중에 아무 달 아무 날에 그냥 십자가에 못박히신 것이 아니었습니다. 예수님은 하나님이 레위기 23장에서 약속하신 대로 이스라엘 백성이 매년 지키는 유월절 축제일 바로 그날 금요일에 유월절 양으로 십자가에 못박히셨던 것입니다. 마태복음 26장 17-19절에 보시면 **'제자들이 예수께 나아와서 가로되 유월절 잡수실 것을 우리가 어디서 예비하기를 원하시나이까….제자들이 예수의 시키신 대로 하여 유월절을 예비하였더라.'**라고 기록되어 있습니다. 그 때가 바로 목요일 밤 최후의 만찬을 드시면서 떡을 주시면서 이는 내가 너희에게 주는 내 살이다. 또 식후에 잔을 가지시고 '이 잔은 많은 사람을 위하여 흘리는 나의 피 곧 언약의 피라고 말씀하시고 그 밤에 잡히시고 온갖 고난을 당하시다가 그 다음날 유월절 명절에 예수님은 유월절 희생양으로 십자가에 달리셨던 것입니다. 1500년 전 하나님이 모세를 통하여 약속하셨던 바로 그 '모에디'[appointed time]에 정확하게 맞추어서 유월절 양으로 바쳐지신 것입니다. 얼마나 끔찍하리 만큼 정확하게 이루어진 하나님의 약속입니까? 고린도전서 5장 7절에서는 '우리의 유월절 양 곧 그리스도께서 희생이 되셨느니라'고 기록하고 있습니다.

무교절 축제[레23:6-8]

레위기 23장 6절에 보면 '이 달 십오일은 여호와의 무교절이니 칠 일 동안 너희는 무교병을 먹을 것이요.'라고 기록되어있습니다. 그러니까 1월 14일에 유월절을 지키고 바로 그 다음날인 15일부터 7일 동안 무교절을 지키라는 말씀입니다. 유월절 양이 14일에 죽임을 당하고 바로 그 다음 날인 15일부터 7일 동안은 누룩 없는 떡을 먹으라는 말씀입니다. 6절에 보면 '이 달 십오일은 여호와의 무교절이니 칠 일 동안 너희는 무교병을 먹을 것이요.'라고 기록되어있습니다. 무교병은 누룩이 없는 떡을 의미합니다. 여기서 누룩은 죄를 의미합니다. 누가복음 12장 1절에서 '예수께서 먼저 제자들에게 말씀하여 가라사대 바리새인들의 누룩을 주의하라' 누룩은 이와 같이 죄를 상징합니다. 그런데 무교절 기간 동안에는 7일 내내 동안 누룩 없는 떡을 먹으라고 하였습니다. 누룩이 집에 있어서도 아니 되었습니다. 누룩이 들어간 어떤 음식도 먹지 말아야 했습니다. 누룩이 들어간 음식을 먹는 자는 타국인이든지 본국인이든지 이스라엘 중에서 끊쳐지리라고 했습니다.

18) 정월에 그 달 십사일 저녁부터 이십일일 저녁까지 너희는 무교병을 먹을 것이요 19) 칠 일 동안은 누룩을 너희 집에 있지 않게 하라 무릇 유교물을 먹는 자는 타국인이든지 본국에서 난 자든지 무론하고 이스라엘 회중에서 끊쳐지리니 20) 너희는 아무 유교물이든지 먹지 말고 너희 모든 유하는 곳에서 무교병을 먹을지니라 〈출12:18-20〉 묵은 누룩을 내어버리지 않으면 주님과 교제하는 거룩한 삶을 살 수 없다는 말입니다. 유월절 양의 대속죽음으로 구원받아 하나님의 자녀가 된 그리스도인이 하나님과의 거룩한 교제를 누리려면 마땅히 묵은 누룩을 내어 버려야 한다는 말입니다. 누룩이 있는 삶으로는 주님과 교제할 수 없기 때문입니다. 유월절 양의 대속 죽음으로 하나님의 자녀가 되어 하나님과 동행하는 거룩한 삶을 살아가는 그리스도인은 마땅히 죄를 멈춰야한다는 말입니다. 9) **하나님께로서 난 자마다 죄를 짓지 아니하나니 이는 하나님의 씨가 그의 속에 거함이요 저도 범죄치 못하는 것은 하나님께로서 났음이라** 10) 이러므로 하나님의 자녀들과 마귀의 자녀들이 나타나나니 무릇 의를 행치 아니하는 자나 또는 그 형제를 사랑치 아니하는 자는 하나님께 속하지 아니하니라〈요일3:9-10〉

14일에 유월절 양이 죽임을 당하고 바로 그 다음 날부터 무교절을 지키라고 하였습니다. 14일 유월절과 15일 무교절 사이에 시간적으로 아무런 공백기간이 없습니다. 유월절과 무교절이 시간적인 공백 없이 곧 바로 연결되어 있습니다. 이것은 예수 그리스도의 십자가 사건을 믿음으로 받아들인 사람은 바로 그 즉시 그리스도와 동행하는 그리스도인의 성화의 삶을 시작해야 한다는 것을 가르쳐주는 말씀입니다. 예수 믿은 사람은 믿은 그 즉시부터 주님을 따라야 하는 것입니다. 예수님을 구주로 영접했으면 그 순간부터 주님과 동행하는 성화되는 삶을 살아야 하는 것입니다. 유월절은 예수님의 십자가 죽음을 상징합니다. 예수님의 죽음은 인류의 길고 긴 역사 중에서 단 하루에 시행되었습니다. 단 한번의 사건으로 이루어졌습니다. 그의 죽음이 여러 번 되풀이 되지 않았습니다. 여러 번 되풀이 될 필요가 없는 단 한번으로 충분한 영 단번의 사건이었습니다. 이 뜻을 좇아 예수 그리스도의 몸을 <u>단번에 드리심으로</u> 말미암아 우리가 거룩함을 얻었노라〈히 10:10〉 그러므로 유월절 절기행사가 14일 하루 동안에 치루어진 것은 예수님의 단 한번의 죽으심으로 우리의 죄의 문제를 처리하셨음을 의미하는 것입니다. 그러나 무교절은 7일동안이나 계속되었습니다. 7일은 완전한 한 기간을 상징하는 말입니다. 즉 성도가 살게 될 생애의 전체 기간을 뜻합니다. 즉 성도의 전체 삶의 기간을 통하여 하나님과 동행하는 날마다 점점 더 성화되어가는 거룩한 성도의 삶을 살아야 한다는 뜻입니다. 예수 믿고 난 바로 그 시간부터 그의 생애가 끝나는 시점까지 주님과 동행하는 이 성화의 삶을 살아야 한다는 뜻입니다. 우리들은 예수 믿고 난 이후에 전 보다 얼마나 더 성화가 되었습니까? 우리는 오늘도 계속해서 주님을 닮아가는 성화의 삶을 살아가고 있습니까? 이 무교절 절기를 지켜야 할 사람은 누구입니까? 고린도전서 5장6-8절을 보겠습니다. 6) 너희의 자랑하는 것이 옳지 아니하도다 적은 누룩이 온 덩어리에 퍼지는 것을 알지 못하느냐 7) 너희는 누룩 없는 자인데 새 덩어리가 되기 위하여 묵은 누룩을 내어 버리라 <u>우리의 유월절 양 곧 그리스도께서 희생이 되셨느니라</u> 8) 이러므로 우리가 명절을 지키되 묵은 누룩도 말고 괴악하고 악독한 누룩도 말고 오직 순전함과 진실함의 누룩 없는 떡으로 하자〈고전 5:6-8〉 여기서 새 덩어리는 무엇입니까? 교회를 말합니다. 교회는 누룩없는 사람들 즉 유월절 양으로 희생당하신 그리스도 안에서 죄 씻음을 받은 성도들이 새 덩어리로 뭉쳐진 것을 말합니다. 그러므로 교회는 성도들을 말하는 것이고 성도들은 누룩없는 삶을 사는 사람들이어야 하는 것입니다. 7절에 '우리의 유월절 양 곧 <u>그리스도께서 희생이 되셨느니라. 이러므로 우리가 명절을 지키되</u>'라고 하였습니다. 즉 유월절 양의 대속죽음으로 구원을 받은 사람들이 이 무교절 명절을 지켜야 한다고 하였습니다. 출애굽기 12장 8절에 보시면 무교절 명절을 지킨다는 의미는 유월절 양을 죽여 피를 문설주에 바른 후에 그 살을 불에 구워 무교병과 함께 먹는 것이었습니다. 유월절 양의 대속 죽음을 믿고 거듭난 사람만이 무교절을 지킬 자격이 주어지는 것입니다. 그러면 지금 신약시대에 사는 우리 성도들은 어떻게 이 무교절을 지킬 수 있겠습니까? 8절을 보십시오. '이러므로 우리가 명절을 지키되 묵은 누룩도 말고 괴악하고 악독한 누룩도 말고 오직 순전함과 진실함의 누룩 없는 떡으로 하자' 순전하고 진실한 삶, 즉 세상을 내려놓고 주님을 따르는 경건하고 의로운 삶을 사는 것이 바로 우리가 무교절을 지키는 것입니다. 그러므로 누룩 없는 떡을 먹는 다는 말은 매일의 삶에서 예수님을 왕으로 모시고 그 분의 말씀을 듣고 순종하며 그 분의 삶의 모범을 따르며 그 분의 통치에 전적으로 복종하는 삶을 의미합니다. 예수님을 믿는 사람들이 주님의 통치에 절대 복종하여 살아야 하는 이유는 구원을 얻기 위해서가 아니고 이미 하나님의 은혜로 구원을 받아 하나님의 자녀가 되었기 때문에 하나님의 자녀다운 삶을 살아야 하기 때문입니다. 믿는다는 사람이 하나님의 자녀다운 삶을 살지 못하고 아직도 세속적인 삶을 산다는 것은 그의 믿음이 죽은 믿음이기 때문입니다. 그러므로 행함이 없는 믿음은 죽은 것이라고 야고보서가 말하고 있는 것입니다. 이것이 오늘 우리가 무교절이라는 명절을 지키는 의미입니다.

첫 열매 축제[레23:9-14]

지금까지 여호와의 일곱 절기 중에서 처음 두 절기인 '유월절'과 '무교절'에 대하여 말씀드렸습니다. 유월절은 예수 그리스도의 대속 죽음을 미리 보여주는 상징이었습니다. 유월절 양인 예수 그리스도의 죽음을 통해서 우리가 죄악 세상 애굽에서 해방되어 하나님의 백성이 된 사실에 대해서 깨달았습니다. 그리고 무교절은 유월절 다음 날부터 7일 동안 누룩 없는 떡을 먹는 절기로서 그 의미는 자기의 죄를 대신하여 예수 그리스도께서 십자가 죽음을 당하신 것을 믿는 사람은 바로 믿는 그 순간부터 주님의 말씀을 순종하여 일생동안 누룩 없는 떡을 먹는 삶을 살아야 한다는 의미입니다. 누룩 없는 떡을 먹는 다는 것은 죄 없으신 예수님의 성결한 삶을 본받는 것과 우리의 만나가 되신 예수 그리스도의 말씀을 순종하며 평생동안 성화의 삶을 살아야 한다는 것을 의미하는 것입니다. 그러면 이제는 세 번째 절기인 첫 열매에 관하여 살펴보겠습니다.

여호와의 일곱 절기 중에서 세 번째 지킬 절기는 첫 열매인 곡물의 첫 이삭 한 단을 여호와 앞에 바치는 제사입니다. 유월절은 1월 14일이었습니다. 그 날은 금요일이었습니다. 유월절 양이 되신 예수님께서도 금요일에 십자가에서 희생당하셨습니다. 이스라엘의 달력으로 금요일 다음은 안식일이었습니다. 오늘 본문은 안식일 다음 날에 첫 열매 이삭 한 단을 바치라고 하였습니다. <u>여기서 첫 열매 이삭 한 단은 부활의 첫 열매이신 예수 그리스도께서 안식 후 첫 날에 부활하실 것을 예표하는 내용입니다.</u> 그러나 이제 **그리스도께서 죽은 자 가운데서 다시 살아, 잠자는 자들의 첫 열매가 되셨도다**〈고전15:20〉 이 일곱 절기를 지키라는 명령은 모세 시대에 이루어진 것이니까 예수님이 이 땅에 오시기 보다 약 1500년 전의 일입니다. 이 첫 열매는 앞으로 많은 열매를 수확 하기에 앞서 먼저 한 단만을 수확하여 하나님께 감사로 바치는 것을 의미하는 것으로서 예수 그리스도께서 사망에서 부활하여 우리 모두에게 부활의 첫 열매가 되어 하나님께 바쳐진 것처럼 우리 도 머지않아 예수님처럼 부활에 동참하게 되어 하나님의 나라에 들어가게 될 것을 의미 하는 것입니다.

레위기 23장 9-10절에 **안식일 이튿날에 첫 열매 한 단을 하나님께 바치라는 이 말씀 은 예수님이 부활의 첫 열매로서 안식 후 첫 날에 죽은 자 가운데서 부활하신 사실을 보 여줍니다.** 고린도전서 15장 3-4절에 보시면 '내가 받은 것을 먼저 너희에게 전하였노니 이 는 성경대로 그리스도께서 우리 죄를 위하여 죽으시고 장사지낸 바 되었다가 **성경대로 사흘 만 에 다시 살아나사**'라고 기록 되어 있습니다. 여기서 예수님이 '성경대로 사흘 만에 살아나 사'라는 말씀이 바로 여기 레위기 23장 9-10절에 안식일 이튿날에 하나님께 드린 첫 열 매 한 단을 두고 하는 말씀입니다. 그러니까 금요일이 유월절 양이 희생당한 날이었습 니다. 토요일이 안식일이었고 그리고 안식일 다음 날이 바로 사흘이 되는 날입니다. 금 요일에 유월절 양으로 희생당하신 예수님이 안식일 다음 날인 일요일에 부활 하심으로 써 일요일을 주의 날로 부르게 되었습니다. **다시 말해서 예수님께서 일년 중 그냥 아무 날에 부활하신 것이 아니고 이스라엘 백성들이 첫 열매 축제를 드리는 바로 그 안식후 첫날에 부활의 첫 열매로 부활하셨다는 말입니다. 즉 하나님은 예수님께서 이 땅에 오시 기 1500년 전에 모세를 통해서 첫 열매 축제를 지키라고 명하시면서 바로 그 축제의 날 에 예수님을 부활의 첫 열매로 세우시기로 작정하셨고 또 하나님의 시간표에 맞게 정확 하게 그 약속된 날에 예수님을 부활하게 하셨던 것입니다. 즉 '모에디' 하나님이 약속하 신 그 날에 첫 열매로 부활하셨다는 말입니다. 이스라엘 백성들은 유월절을 지킨 후에 안식일 다음 날에 아무 뜻도 모르고 첫 열매 축제를 드렸으나 하나님은 약속하신 그날에 예수님을 우리의 부활의 첫 열매로 드렸던 것입니다.** 그러므로 고린도전서 15장 20절에 보면 예수님의 부활이 부활의 첫 열매가 되었다고 기록하고 있습니다. 20) 그러나 **이제 그리스도께서 죽은 자 가운데서 다시 살아, 잠자는 자들의 첫 열매가 되셨도다**〈고전15:20〉 이 스라엘 백성이 첫 열매 한 단을 하나님께 추수 감사로 먼저 드리는 것은 곧 들에 있는 모든 곡식과 열매들을 곧 수확하게 된 것을 의미합니다. 들에 있는 모든 곡식을 추수하 게 된 것을 감사하면서 먼저 그 첫 단을 하나님께 감사의 예물로 드리는 것입니다. 그러 므로 첫 열매 한 단을 추수하여 하나님께 드린다는 것은 곧 모든 열매와 곡식을 추수하게 된다는 보증이 되는 것입니다. 즉 예수님이 사흘만에 부활하여 하나님께 들리우신 것은 우리 믿는 모든 사람들도 부활하여 하나님께 바쳐진다는 의미입니다.

오순절 축제[레23:15-22]

유월절은 그리스도의 대속죽음을 예표하는 사건이었습니다. 그러므로 유월절 절기는 우리의 구원을 기념하는 축제일입니다. 두 번째 축제인 무교절은 유월절 바로 다음날에 시작되어 7일 동안 계속된다고 하였습니다. 즉 유월절에서 그리스도의 대속 죽음으로 구원 받은 성도들은 곧 바로 누룩 없는 떡을 먹는 무교절 축제에 들어가야 했습니다. 즉 무교절 축제는 예수 믿고 성도가 된 사람들이 성화의 삶을 살아야 한다는 것을 일 깨우기 위한 성화의 축제입니다. 세 번째 축제인 첫 열매 축제는 유월절에서 대속 죽 음을 죽으신 그리스도께서 사흘만인 안식일 이튿날에 부활하여 우리의 부활의 첫 열매 가 되신 것을 기념하는 축제일입니다. 이제 네 번째 축제인 오순절 축제에 관하여 살펴 보겠습니다.

레위기 23장 15-16절에 보면 이렇게 기록되어 있습니다. '**안식일 이튿날 곧 너희가 요 제로 단을 가져온 날부터 세어서 칠 안식일의 수효를 채우고 제 칠 안식일 이튿날까지 합 오십 일을 계수하여** 새 소제를 여호와께 드리되.' 안식일 이튿날부터 계산해서 일곱 안식일을 계 산하라는 말은 주님이 부활하신 날부터 계산하여 49일[7곱하기 7]을 계산하라는 말입 니다. 거기에 다시 안식일 이튿날까지 합하여 모두 50일이 되는 날에 오순절을 지키라 는 말입니다. 즉 주님 부활하신 날부터 계산하여 50번째 되는 날을 기념하여 오순절을 지키라는 말입니다. 영어의 Pentecost나 한국어의 오순절이나 다같이 그 말들의 뜻은 50일이라는 뜻입니다.

그러면 이 오순절의 의미는 무엇입니까? 주님께서 부활하신 날부터 계산하여 50일 째 되는 날에 어떤 일이 실제로 일어났습니까? 주님께서 부활하신 후에 40일을 이 땅 위에 더 머무셨습니다. 그리고 제자들에게 땅끝까지 나가서 복음을 전파하라는 명령 을 주셨습니다. 그러나 땅 끝까지 나가 복음을 전하기 전에 먼저 예루살렘을 떠나지 말 고 기도하여 위로부터 내리는 능력을 받으라고 하였습니다. 주님의 말씀에 순종하여 예 수님이 승천 하신 후에 약 120명이 모여 예루살렘에서 기도에 전념하고 있었습니다. 사 도행전 2장 1-4절까지 보면 이렇게 기록되어 있습니다. '**1)오순절 날이 이미 이르매** 저희가 다 같이 한 곳에 모였더니 2) 홀연히 하늘로부터 급하고 강한 바람 같은 소리가 있어 저희 앉은

온 집에 가득하며

3) 불의 혀같이 갈라지는 것이 저희에게 보여 각 사람 위에 임하여 있더니 4) 저희가 다 성령의 충만함을 받고 성령이 말하게 하심을 따라 다른 방언으로 말하기를 시작하니라.〈행2:1-4〉 그러니까 예수님이 승천 하신 후에 기도에 전년한지 열흘 되던 날에 오순절이 된 것입니다. 예수님이 부활 후에 40일 더 계시고 승천하신 후에 제자들이 모여서 기도한지 열흘 째 되던 날에 그러니까 부활 후부터 계산하면 모두 50일 되던 날이었습니다. **그날은 이스라엘 백성들이 오순절을 지키는 날이었고 그 날에 제자들이 성령의 큰 능력을 받고 주님의 몸 된 교회가 시작되었습니다.** 이 오순절에 성령의 능력이 제자들에게 임하고 복음전파의 사역이 시작되면서 교회사역이 본격적으로 시작되었습니다. 즉 오순절은 바로 교회가 탄생한 날입니다.

이 오순절을 축제로 지키라는 명령은 모세시대에 주어진 것입니다. 그러니까 예수님이 이 세상에 오시기 약 1500년 전에 주어진 것입니다. **다시 말하면 예수님이 이 세상에 오시기 1500년 전에 그리스도의 몸 된 교회가 그리스도의 부활 후 50일 째 되는 날에 시작 될 것이라는 것을 미리 보여주는 말씀입니다.** 그러니까 모세 시대에 있었던 유월절도 장차 1500년 후에 오실 예수 그리스도의 대속죽음을 미리 예표하는 사건이었으며 무교절도 예수 믿은 성도들이 믿는 즉시로 성화의 삶을 살아야 한다는 것을 미리 가르쳐 주는 말씀이며 안식일 이튿날에 바쳤던 첫 열매도 1500년 후에나 일어 날 그리스도의 삼일 만의 부활사건을 미리 보여주는 예언적인 사건이었습니다. 모든 것이 하나님께서 약속하신 그 축제의 날에 그대로 이루어졌습니다.

레위기 23장 16-18절까지 보겠습니다. 16 제 칠 안식일 이튿날까지 합 오십 일을 계수하여 새 소제를 여호와께 드리되 17) 너희 처소에서 에바 십분 이로 만든 떡 두 개를 가져다가 흔들지니 이는 고운 가루에 누룩을 넣어서 구운 것이요 이는 첫 요제로[a wave offering of firstfruits] 여호와께 드리는 것이며 18) 너희는 또 이 떡과 함께 일 년 되고 흠 없는 어린 양 일곱과 젊은 수소 하나와 숫양 둘을 드리되 이들을 그 소제와 그 전제와 함께 여호와께 드려서 번제를 삼을지니 이는 화제라 여호와께 향기로운 냄새며〈레23:16-18〉

여기에서 오순절 축제로서 새 소제를 드리라고 하였는데 이 소제에 대하여 알아보겠습니다. 여기서 우리가 주목해야 할 단어들은 '떡 두개', '고운 가루에 누룩을 넣어서', '첫 요제', '이 떡과 함께 흠 없는 어린양', 여호와께 향기로운 냄새'등입니다. 먼저 오순절 축제로서 떡 두개를 소제로 드려야 한다는 의미는 무엇입니까? 오순절 축제는 교회의 탄생을 기념하는 축제입니다. 이 떡 두개는 유대인과 이방인의 두 무리를 의미하는 것으로서 유월절 양으로 죽으신 그리스도의 대속죽음 안에서 이방인이나 유대인이나 믿는 사람들은 모두가 한 몸인 그리스도의 교회가 될 것이라는 것을 미리 보여주는 예표였습니다. 여기서 드리는 소제는 첫 열매의 곡식을 드리는 것입니다. 레위기 2장에서 언급한 소제의 재료는 그냥 곡식의 고운 가루면 되었지만 오순절 축제에서 드리는 소제의 재료는 첫 곡식[첫 열매]이어야 했습니다. 그런데 레위기 2장 12절에 보시면 이렇게 기록되어있습니다. 12) 처음 익은 것으로는 그것을 여호와께 드릴지나 향기로운 냄새를 위하여는 단에 올리지 말지며〈레2:12〉 무슨 말씀이냐 하면 소제는 향기로운 냄새로 드리는 제사라고 하였습니다. 즉 소제는 하나님을 기쁘시게 해드리는 제사입니다. 그러나 여기 오순절 축제로 드리는 소제에서는 그 곡식의 재료를 첫 곡식으로 해야 하며 또한 그것을 단에 올리지 말라 하였습니다. 왜 그렇습니까? 레위기 2장에서의 소제와 여기 23장에 나오는 오순절 축제에서의 소제의 다른 점이 무엇인지 살펴보면 그 이유를 알 수 있습니다. 레위기 2장에서 나오는 소제는 그리스도께서 자신을 소제로 드리시는 것을 상징하기 때문에 고운 가루에 누룩을 넣지 말아야 했고 오히려 방부제인 소금을 쳐야 했으며 그 위에 향을 넣어야 했습니다. 이는 그리스도의 죄 없으심과 그의 정결케 하시는 능력과 그의 아름답고 고상하심을 나타내는 상징이라고 하였습니다. 즉 그리스도의 흠 없으시고 성결하시고 아름답고 고상한 삶이 하나님께 소제로 바쳐질 때 그 제사는 하나님을 기쁘게 하는 향내 나는 제사가 될 수 있기 때문에 제단에 바쳐 질 수 있습니다. 그러나 여기 오순절 축제 때 바쳐지는 소제는 첫 열매를 재료로 하여 드리는 소제라고 하였습니다. 여기에서의 소제는 그리스도가 자신을 드리는 그런 소제가 아닙니다. 오순절은 유월절 양의 대속 죽음의 결과로서 생긴 교회의 탄생입니다. 즉 오순절에서 드리는 소재의 재료는 그리스도가 아니고 교회 즉 성도들입니다. 그러므로 오순절에서 드리는 첫 열매는 야고보서 1장 18절에 나타난 대로 성도들입니다. 18) 그가 그 조물 중에 우리로 한 첫 열매가 되게 하시려고 자기의 뜻을 좇아 진리의 말씀으로 우리를 낳으셨느니라.〈약1:18〉

그리스도는 부활의 첫 열매이지만 여기 오순절 축제에서 드려지는 첫 열매는 예수의 십자가 대속죽음으로 생긴 첫 결실입니다. 이 첫 열매로 만들어 하나님께 드리는 것이 바로 떡 두덩어리이며 이것은 믿는 이방인과 유대인을 상징하는 성도들입니다. 레위기 2장에서 드리는 소제는 재료가 그리스도의 완전한 삶이기 때문에 제단에 올려져서 하나님께 바쳐지게 되어있지만 오순절에 드리는 소제의 재료는 예수 믿는 성도들이기 때문에 제단에 바쳐질 수가 없는 것입니다. 왜냐하면 레위기 23장 17절에 보시면 오순절에 드리는 소제에서는 고운 가루에 누룩을 넣어서 구우라고 하였기 때문입니다. 레위기 2장에서 드리는 소제는 그리스도의 흠 없는 삶을 상징하기 때문에 누룩을 넣어서는 안되지만 오순절에 드리는 소제는 구원의 첫 열매인 성도들인데 성도의 영은 구원을 받았으나 육신은 아직도 구원받지 못한 상태이기 때문에 첫 열매의 고운 가루에 누룩을 넣으라고 하였으며 그 누룩 때문에 오순절에서의 소제는 단에 올리지 말라고 하였습니다. 성도가 영은 구원받았지만 육신은 아직도 구원받지 못한 상태이기 때문에 하나님께 받아들여지지 않기 때문입니다. 죄의 육신을 지닌 우리는 첫 열매로 만든 소제이지만 죄 있는 소제이므로 제단의 불로부터 연단을 받을 때에 이겨내지 못하며 불에 태워질 때 여호와께 드리는 향기로운 냄새가 되지 못합니다.

그러면 오순절 축제에서 드리는 이 누룩 있는 떡은 어떻게 하나님께 드려질 수가 있겠습니까? 이 비밀은 레위기 23장 18-19절에 잘 나타나 있습니다. 이 누룩 있는 떡은 번제와 소제와 화목제와 속죄제와 함께 드려졌던 것입니다. 즉 그리스도를 상징하는 번제와 소제와 화목제와 속죄제와 함께 이 누룩이 든 첫 열매가 바쳐짐으로써 오순절에 드리는 소제가 하나님께 열납 될 수 있었습니다. 다시 말하면 죄의 육신을 지닌 우리 성도는 우리 스스로는 하나님께 향내나는 제사로 바쳐지지 못합니다. 우리 성도의 모든 예배는 오직 번제와 소제와 화목제와 속죄제로 바쳐지신 그리스도와 함께 바쳐질 때 하나님이 우리를 받아 주시는 것입니다. 그리스도와 함께 바쳐질 때에만 우리가 하나님께 열납될 수 있다는 말입니다. 그러므로 성도가 하나님께 열납되기 위해서는 반드시 그리스도 안에 있어야 하는 것입니다. 그리스도께 붙어서 그리스도와 하나가 되어야 하는 것입니다. 그러면 어떻게 하면 우리가 그리스도 안에 거하여 그리스도와 하나가 될 수 있겠습니까? 요한복음 15장 10절에 '너희도 내 계명을 지키면 내 사랑 안에 거하리라'고 하셨습니다. 즉 그리스도의 말씀에 순종하는 삶을 살면 그리스도 안에 거할 수 있게 된다고 하셨습니다. 또 4절에서는 '내 안에 거하라 그러면 나도 너희 안에 거하리라. 가지가 포도 나무에 붙어있지 아니하면 스스로 열매를 맺을 수 없음같이 너희도 내 안에 거하지 아니하면 그러하리라.'고 예수님께서 직접 말씀하셨습니다. 즉 그리스도 안에 거한다는 말은 우리의 삶이 그리스도 밖으로 나가면 안된다는 말입니다. 우리의 매일의 삶 전체가 그리스도의 말씀 안에서 순종하고 복종하는 삶을 살아야 한다는 말입니다. 그리스도께 붙어있지 않은 사람은 결코 거룩하고 의로운 열매를 맺을 수 없다는 말입니다. 우리가 경건하고 의로운 삶을 살아야 하는 이유는 구원을 받기 위해서가 아닙니다. 그것은 어려운 일이 아니고 불가능한 일입니다. 우리 모두는 자기의 선과 의로는 도저히 구원을 이룰 수 없는 죄인들이기 때문입니다. 우리가 경건하고 의롭게 살아야 하는 이유는 우리가 전적인 하나님의 은혜로 구원을 받았기 때문입니다. 우리가 정말 믿음으로 구원을 받았다면 구원받은 하나님의 자녀답게 전적으로 순종하는 경건하고 의로운 삶을 살아야 하는 의무가 있는 것입니다. 즉 성도의 경건하고 거룩하고 의로운 삶은 구원받은 결과로서 나타나는 열매이어야 합니다. 그것이 바로 주님께 붙어있을 때에만 우리가 선하고 의로운 열매를 맺을 수 있다는 의미입니다. 우리가 믿음으로 구원을 받아서 하나님의 자녀가 되었다고 주장하면서 경건하고 거룩하고 의로운 삶을 살지 못한다면 우리의 믿음은 가짜 믿음으로 판명되는 것입니다. 그러니까 우리가 믿음으로 구원의 새 생명을 받은 사람이라면 우리는 반드시 그 열매를 삶 속에서 나타내야 하는 것입니다. 때문에 행함이 없는 믿음은 죽은 믿음이라고 야고보서는 말씀하고 있는 것입니다. 또 나더러 주여 주여 하는 자마다 천국에 들어갈 것이 아니요 오직 하늘에 계신 내 아버지의 뜻대로 행하는자라야 하리라고 주님께서 직접 말씀하셨습니다. 삶의 열매로 자기의 믿음이 참 믿음이라는 것을 증명할 수 있는 그런 참 성도들만이 예수님 안에 거하는 성도들인 것입니다. 그러니까 우리 성도의 삶은 오직 예수 그리스도 안에 있을 때에만 하나님께 향내나는 제사로 열납되는 것입니다. 이와 같이 그리스도 안에서 날마다의 삶을 경건하고 의롭게 살아가는 성도[교회]들만이 예수님과 함께 하나님께 열납되는 것입니다.

그러므로 모세를 통해서 주신 오순절 축제는 장차 그리스도께서 세우실 교회의 탄생을 보여주는 하나님의 시간표였습니다. 주님께서 세우신 교회가 그냥 아무 날에 시작된 것이 아니고 하나님이 미리 정하신 시간표에 따라 정확하게 하나님이 약속하신 그 날 오순절 날에 교회가 탄생하였다는 말입니다. 얼마나 놀라운 일입니까?

나팔절 축제[레23:23-25]

레위기 23장 23-25절에 보면 7월 1일에 나팔절을 지키라고 명하고 있습니다. 여기서 우리는 오순절에서 다음의 절기인 나팔절까지는 긴 시간적 공백이 있음을 보게 됩니다. 처음 네 개의 절기들은 다 일월에 그 기초를 두고 있습니다. 유월절은 1월 14일이고 무교절은 바로 그 다음날부터 7일 동안이고 첫 열매 축제는 유월절에서부터 **사흘 째** 되는 날이고 오순절은 첫 열매 축제 때부터 계산해서 50일 째 되는 날입니다. 그러니까 모든 축제들이 다 1월에 그 근거를 두고 있습니다. 그러나 나팔절은 오랜 시간이 지난 후인 7월 1일이었습니다.

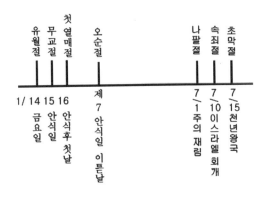

7월에는 나팔절과 속죄일과 초막절등 나머지 세 개의 절기가 들어 있습니다. 즉 일곱 개의 절기 중에서 처음 네 개는 1월을 근거로 배치되어 있고 나머지 세 개는 7월을 근거로 하여 배치 되어있음을 알게 됩니다. 성경에서 7은 완전한 한 전체의 기간을 의미합니다. 여호와의 절기를 1월에서 7월 까지로 기간을 정하신 것은 인류구원을 위한 하나님이 정하신 완전한 한 기간 전체를 나타내는 것입니다. 여기서 처음 네 개의 절기는 전부 예수님의 초림에 관계된 절기들이었습니다. 즉, 유월절에서 우리는 예수님의 대속죽음을 보았습니다. 무교절에서 우리는 성도의 신앙생활이 시작 된 것을 보았습니다. 첫 열매에서 우리는 예수님의 부활을 보았습니다. 오순절에서 우리는 그리스도의 몸인 교회의 탄생을 보았습니다. 오순절 후에 즉, 교회가 시작된 후에는 긴 시간적 공백을 둔 다음에 인간 구원을 위해 하나님이 정하신 기간의 거의 끝 부분인 7월에는 세 개의 절기가 들어 있는데 이 절기들은 모두 예수님의 재림에 관계된 절기들임을 알 수 있습니다. 우리는 지금 교회가 시작 된 후에 주님께서 재림하실 때까지의 사이에 있는 소위 이방인 교회시대에 살고 있는 것입니다. 이방인 교회시대가 이렇게 길고 긴 이유는 베드로후서 3장 8-9절에 잘 나타나 있습니다. 8) 사랑하는 자들아 주께는 하루가 천 년 같고 천 년이 하루 같은 이 한 가지를 잊지 말라 9) 주의 약속은 어떤 이의 더디다고 생각하는 것같이 더딘 것이 아니라 오직 너희를 대하여 오래 참으사 아무도 멸망치 않고 다 회개하기에 이르기를 원하시느니라(벧후 3:8-9)

앞에서 언급한 네개의 절기는 지나갔고 이제 우리에게 남은 절기는 3개 뿐입니다. 세 개의 남은 절기 중에서 우리가 제일 먼저 맞게 되는 절기는 나팔절입니다. 그러면 나팔절은 무엇입니까? 예수님의 재림과 관계된 나팔 소리 특별히 '마지막 나팔'이라는 점을 우리는 명심해야 합니다. 예수님은 첫번 째 나팔 소리에 오시지 않습니다. 여리고 성도

첫번 째 나팔소리에는 무너지지 않았습니다. 마지막 나팔이 울릴 때에 적은 완전히 무너지고 성도의 승리가 이루어지는 것입니다. 데살로니가전서 4장 16-17절을 보면 분명히 나팔 소리와 함께 주님의 재림이 묘사되어 있고 이 때에 성도의 부활이 있을 것이라고 기록 되어있습니다.

16) 주께서 호령과 천사장의 소리와 하나님의 나팔로 친히 하늘로 좇아 강림하시리니 그리스도 안에서 죽은 자들이 먼저 일어나고

17) 그 후에 우리 살아 남은 자도 저희와 함께 구름 속으로 끌어올려 공중에서 주를 영접하게 하시리니 그리하여 우리가 항상 주와 함께 있으리라 〈살전 4:16-17〉

그러면 성도의 부활은 언제입니까? 고린도전서 15장 51-52절에 보면 성도의 부활은 분명히 마지막 나팔 때라고 하였습니다. 51) 보라 내가 너희에게 비밀을 말하노니 우리가 다 잠잘 것이 아니요 **마지막 나팔에** 순식간에 홀연히 다 변화하리. 52) **나팔 소리가 나매 죽은 자들이 썩지 아니할 것으로 다시 살고 우리도 변화하리라**〈고전 15:51-52〉 마태복음 24장 29-31절에도 보면 예수님이 재림하실 때에 큰 나팔 소리와 함께 그의 택하신 자들, 즉, 그의 성도들이 세상 이곳 저곳에서 끌어올려 주님 앞으로 모이게 될 것입니다. 29) 그 날 환난 후에 즉시 해가 어두워지며 달이 빛을 내지 아니하며 별들이 하늘에서 떨어지며 하늘의 권능들이 흔들리리라. 30) 그 때에 인자의 징조가 하늘에서 보이겠고 그 때에 땅의 모든 족속들이 통곡하며 그들이 **인자가 구름을 타고 능력과 큰 영광으로 오는 것을 보리라.** 31) 저가 **큰 나팔 소리와 함께 천사들을 보내리니 저희가 그 택하신 자들을 하늘 이 끝에서 저 끝까지 사방에서 모으리라.**〈마24:29-31〉 바로 이 때에 큰 나팔 소리와 함께 천사들을 보내어 그 택하신 자들을 하늘 이 끝에서 저 끝까지 사방에서 모은다고 하였는데 이것이 바로 성도의 부활 휴거입니다. 그러면 여기 그 택하신 자들을 하늘 이 끝에서 저 끝까지 사방에서 모을 때 부는 큰 나팔은 언제 불게 될 것입니까? 고린도전서 15:51절을 보십시오. '보라 내가 너희에게 비밀을 말하노니 우리가 다 잠잘 것이 아니요. **마지막 나팔에** 순식간에 홀연히 다 변화하리니'

우리는 지금까지 요한 계시록 6장에서부터 19장까지 자세히 살펴보면서 마지막 나팔 즉 일곱째 나팔이 언제 울리게 되는지를 알게 되었습니다. 마지막 나팔 즉 일곱째 나팔이 울릴 때 예수님의 재림과 성도의 부활 휴거가 있게 되는 것입니다.

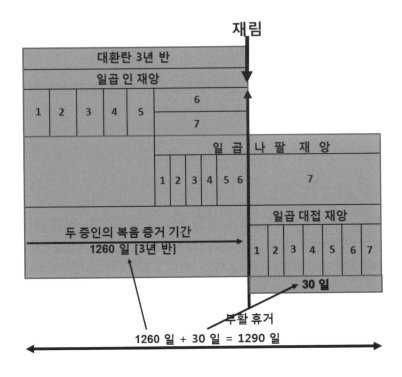

재림

| 대환란 3년 반 |
| 일곱 인 재앙 |

| 1 | 2 | 3 | 4 | 5 | 6 |
| | | | | | 7 |

일 곱 나 팔 재 앙

| | | 1 | 2 | 3 | 4 | 5 | 6 | 7 |

일곱 대접 재앙
| 1 | 2 | 3 | 4 | 5 | 6 | 7 |

두 증인의 복음 증거 기간
1260 일 [3년 반]

30 일

부활 휴거

1260 일 + 30 일 = 1290 일

모세시대에 시작된 유월절 축제로부터 1500년 후에 오신 예수님은 이스라엘 백성들이 유월절 축제를 지키는 바로 그 날에 정확하게 맞추어서 자신을 유월절 양으로 바치셨습니다. 그리고 이스라엘 백성들이 첫 열매 축제를 지키는 날에 정확하게 부활하셔서 부활의 첫 열매가 되셨습니다. 그리고 이스라엘 사람들이 지키는 오순절 축제의 날에 정확하게 맞추어 성령의 역사가 임하여 교회가 탄생하였는데 그것이 바로 예수님의 부활 때부터 계산하여 오십일 되는 날이었습니다. 즉 예수님이 유월절 양으로 죽으신 것과 제 삼일에 첫 열매로 부활하신 것과 오순절에 교회가 탄생한 것 등등 은 이스라엘 백성들이 지키는 네개의 절기에 맞추어 모두 정확한 날짜에 이루어졌습니다. 그러면 예수님은 언제 재림하실까요? 두말할 필요도 없이 이스라엘 백성들이 지키는 나팔절 날에 재림하실 것이며 성도들은 그때에 부활 휴거할 것입니다. 나팔절은 이스라엘 달력으로 엘룰월 1일 즉 7월 1일입니다. 보통 많은 사람들은 주의 날이 도적같이 이른다고 알고 있습니다. 그러나 그것은 어둠 가운데 있는 사람들을 두고 말한 것입니다. 거듭나서 영의 눈을 뜬 빛 가운데 거하는 사람들에게는 그날이 도적같이 임하지 못한다고 말씀하고 있습니다.[1형제들아 때와 시기에 관하여는 너희에게 쓸 것이 없음은 2주의 날이 밤에 도적 같이 이를 줄을 너희 자신이 자세히 앎이라 3저희가 평안하다, 안전하다 할 그 때에 잉태된 여자에게 해산 고통이 이름과 같이 멸망이 홀연히 저희에게 이르리니 결단코 피하지 못하리라 **4형제들아 너희는 어두움에 있지 아니하매 그 날이 도적 같이 너희에게 임하지 못하리니**〈살전 5:1-4〉 다만 우리가 모르는 것은 어느 해의 나팔절에 오시는지를 모르는 것 뿐입니다. 그리고 우리가 지금까지 앞에서 살펴본대로 예수님이 재림하시려면 먼저 예수님의 재림 보다 7년 전에 적그리스도가 나타나서 이스라엘과 중동국가들과의 한 이레의 평화조약 을 체결해야 합니다. 다시 말하면 적그리스도가 출현한 후에도 7년 후에나 그리스도의 재림이 있게 된다는 말입니다. 그리고 적그리스도[작은 뿔]가 나타나려면 그 보다 먼저 십대 강국[열 뿔]의 출현이 있어야 합니다. 그러므로 예수님의 재림이 있으려면 최소한 지금부터 십대 강국의 출현까지의 x년 더하기 7년[한 이레]이라는 기간을 더 기다려야 하는 것입니다. 지금부터 십대강국의 출현까지 몇 년이 될찌 혹은 몇 십년이 될찌는 아 무도 모릅니다. 그러므로 적그리스도가 현재 나타나서 한 이레의 조약을 맺지 않은 이 상 그리스도의 재림은 지금부터 7년 이내에는 불가능한 것입니다. 그리고 십대 강국의 출현이 이루어지기 전에는 적그리스도는 도저히 나타날 수 없는 것입니다. 현재로서 우 리는 예수님의 재림이 최소한 7년 + X년이 될 것이라고 밖에는 말할 수 없는 것입니다. 그러므로 예수님이 오늘 밤에 혹은 내일 밤에 오실지 모른다는 말은 다 잘못된 말입니 다. 그러므로 적그리스도가 여기 혹은 저기에 나타났다는 말에 미혹되어서는 안됩니다. 또 무슨 올해나 내년에 성도의 휴거가 있다고 주장하는 말에도 미혹되지 말아야 하겠 습니다. 초림 때에도 정확하게 유태인들이 지키는 유월절에 오셔서 유월절 양으로 드리 신 것처럼 왕의 왕으로 재림하실 예수님도 분명히 유태인들이 지키는 나팔절에 임하실 것입니다. 데살로니가후서 2장 2-3절을 늘 명심하시기 바랍니다. '혹 영으로나 혹 말로나 혹 우리에게서 받았다하는 편지로나 주의 날이 이르렀다고 쉬 동심하거나 두려워하거나 하지 아 니할 그것이라. 누가 아무렇게 하여도 너희가 미혹지 말라. **먼저 배도하는 일이 있고 저 불법 의 사람 곧 멸망의 아들[적그리스도]이 나타나기 전에는 이르지 아니하리니.**'

나팔절 축제는 예수님 오시기 전 1500년 전에 하나님의 명령으로 세워진 절기입니다. 이 절기는 예수님이 두 번 째 오실 날이 언제 인가를 정확하게 보여주는 약속의 날입니다. 참으로 대대로 지키라고 명령하신 레위기 23

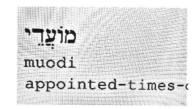

장의 여호와의 일곱 절기는 참으로 심오한 진리를 보여주고 있습니다. 다시 말씀드리지

만 영어성경에는 feast로 번역되어 있고 한글성경에는 절기라고 번역되어 있으나 히브리 원어에는 '모에다' 즉 '약속된 시간'[appointed time]이라고 기록되어 있습니다. 그러므로 정확한 번역은 '여호와의 일곱절기'가 아니고 '여호와께서 약속하신 일곱 때'입니다. 지금까지 앞의 네개의 사건은 모두 하나님이 약속하신 시간에 정확히 이루어졌습니다. 그렇다면 나머지 세개의 사건들 즉 재림[나팔절에]과 이스라엘의 회개[속죄절에]와 천년왕국[초막절에]도 이스라엘 백성들이 지키는 그 절기의 날에 정확하게 맞추어 이루어질 것입니다.

이스라엘 민족은 지금도 이 절기의 올바른 뜻을 이해하지 못한채 하나의 전통적인 명절로 지키고 있을 뿐입니다. 하나님의 형벌로 심령이 강팍해져서 예수님을 구주로 믿지 못하고 있기 때문에 예수님의 재림 때에 자기 백성들이 영적으로 회복 될 것이라는 이 약속의 뜻을 이해하지 못하는 것입니다.

오늘 우리는 이방인의 시대에 살고 있습니다. 우리 이방인에게 허락된 구원의 시대입니다. 교회가 땅끝까지 나가서 이방인의 구원을 이루라는 지상 대 명령을 받고있는 것입니다. 우리는 오순절과 나팔절 사이에 살고 있으면서 머지않아 때가 되면 천사장의 나팔 소리와 함께 우리 주님이 재림하시고 성도들이 부활하며 이스라엘 민족이 주님 앞에 돌아 오게 될 드라마틱하고도 영광스러운 순간을 맞이하게 될 것입니다. 우리는 지혜로운 다섯 처녀처럼 등과 기름을 준비하고 마지막 나팔 소리가 울릴 때에 자지 않고 깨어있어서 신랑되신 주님을 맞이해야 할 것입니다. 마라나타!

다시 보는 요한 계시록

초판 1쇄 인쇄 2018년 05월 23일
초판 1쇄 발행 2018년 05월 28일
지은이 류종재

펴낸이 김양수
편집·디자인 맑은샘

펴낸곳 도서출판 맑은샘
출판등록 제2012-000035
주소 경기도 고양시 일산서구 중앙로 1456(주엽동) 서현프라자 604호
전화 031) 906-5006
팩스 031) 906-5079
홈페이지 www.booksam.kr
이메일 okbook1234@naver.com

ISBN 979-11-5778-284-0 (03230)

∗ 이 책의 국립중앙도서관 출판시도서목록은 서지정보유통지원시스템 홈페이지
  (http://seoji.nl.go.kr)와 국가자료공동목록시스템(http://www.nl.go.kr/
  kolisnet)에서 이용하실 수 있습니다.
  (CIP제어번호 : CIP2018015884)
∗ 이 책은 저작권법에 의해 보호를 받는 저작물이므로 무단전재와 무단복제를 금지하
  며, 이 책 내용의 전부 또는 일부를 이용하려면 반드시 저작권자와 도서출판 맑은샘의
  서면동의를 받아야 합니다.

∗ 파손된 책은 구입처에서 교환해 드립니다.   ∗ 책값은 뒤표지에 있습니다.